一卷在手，含英咀华。

·五千年文化智慧的结晶·

图解
国学常识

梦远 主编

中国华侨出版社
北京

图书在版编目(CIP)数据

图解国学常识/梦远主编.—北京:中国华侨出版社,2016.12(2020.6重印)
ISBN 978-7-5113-6436-4

Ⅰ.①图… Ⅱ.①梦… Ⅲ.①国学–通俗读物 Ⅳ.①Z126-49

中国版本图书馆 CIP 数据核字(2016)第 303024 号

图解国学常识

主　　编：	梦　远
责任编辑：	若　耶
封面设计：	韩立强
文字编辑：	黎　娜
美术编辑：	李丹丹
经　　销：	新华书店
开　　本：	720mm×1020mm　1/16　印张：29　字数：883 千字
印　　刷：	鑫海达(天津)印务有限公司
版　　次：	2017 年 3 月第 1 版　　2020 年 6 月第 2 次印刷
书　　号：	ISBN 978-7-5113-6436-4
定　　价：	68.00 元

中国华侨出版社　北京市朝阳区西坝河东里 77 号楼底商 5 号　邮编：100028
法律顾问：陈鹰律师事务所
发 行 部：(010)58815874　　　传　　真：(010)58815857
网　　址：www.oveaschin.com　　E - m a i l： oveaschin@sina.com

如果发现印装质量问题，影响阅读，请与印刷厂联系调换。

前言

"国学"一说，最早见于近代思想家章太炎先生的《国故论衡》。顾名思义，"国学"就是中国之学，是中华民族在数千年历史中创造的文化。国学堪称中国人的性命之学，中华文化的学术基础、固本之学，是全面提升文化素养的学问。已故著名国学大师季羡林老先生曾提出"大国学"的概念，他说："国学应该是'大国学'的范围，不是狭义的国学。国内各地域文化和56个民族的文化，都包括在'国学'的范围之内。"也就是说，广义的"国学"，就是中国之学、中华之学，是中华各民族优秀传统文化学术的总称。国学融会思想学术、典籍制度、百行百艺、礼仪民俗，蕴含国脉、国魂、国本，是中国人的根基所在、尊严所在。

我们的国家，历史悠久，文化灿烂。我们的祖先留下了5000年文化遗产，国学知识博大精深、包罗万象，可以分为天文、历法、地理、历史、官职、教育、器物、图腾、文学、艺术、戏剧、书法、绘画、科技、民俗、礼仪、医学等方面。国学以学科分，可分为哲学、史学、宗教学、文学、民俗学、伦理学、考据学、版本学等；以传统图书类别分，可分为经、史、子、集四部。国学知识中蕴藏着中华五千年全部文明和智慧的精髓，它构成了中华民族精神生活的客观环境，维系着中华文化之根。学习国学，品读博大的知识，不仅可以帮助我们了解中华民族的优秀文化传统，丰富自身内涵，更能修身养性，领悟历史智慧。

国学的复兴，是时代的呼唤与要求。今天，随着国势上升，我们自然要大力弘扬国学，也要让世界了解国学。了解国学也就是了解我们的历史和现在，也就是了解我们中国人。我们知道，成为文化大国才是真正的强国。在经济全球化背景下，作为一个中国人，我们更应该深入全面地了解我们自己的国学，绝对不能数典忘祖。

千百年来，国学已渗透到社会的方方面面，直接影响着国人的思想、意识、伦理、道德和行为。国学不仅是中国悠久传统文化的明证，也是每一个中国人的立身处世之本，更是我们不可或缺的精神力量。学习国学，了解国学，继承和弘扬中国文化，是每个中国人义不容辞的责任。作为一个现代人，不能不知道传统；作为一个中国人，不能不了解国学。然而，国学典籍汗牛充栋，国学内容庞杂浩繁，即使穷尽毕生之力，也难通万一。

为了帮助读者更方便、更轻松、更快捷地了解和掌握必要的国学知识，开阔文化视野、丰富知识储备、提高人文修养，编者对浩如烟海的国学知识进行了适当的取舍，选取了具有代表性，且读者感兴趣的内容，辑成本书。书中介绍了国学名家、国学典籍、名典名句、哲学宗教、政治军事、古典文学、礼仪风俗、艺术美学、医学科技等各个方面的内容，涵盖了国学各领域的重要内容和基本常识，为读者轻松掌握国学知识提供了一条捷径。书中既有分门别类的严谨解释，又有引人入胜的传略和逸事，可帮助你登堂入室，领略国学的无穷魅力。

本书在广泛收集资料的基础上，力求在"新、奇、趣"上下功夫。"新"就是鲜为人知的，很少被其他书籍提到的知识；"奇"就是不一般，能让人的精神为之一振的事物；"趣"即是兴趣，也是趣味，是人们想看、愿意看的东西。同时，书中还选配了与正文相辅相成的精美图片，使读者身临其境，对国学产生浓厚的兴趣，从中体味到中国文化的博大精深。书中内容丰富、文史兼备、资料翔实，具有超强的参考性和指导性，既是一部容纳中国文化百科知识的实用工具书，又是休闲生活中不可或缺的文化快餐。一书在手，让你尽览国学全貌；一卷在手，让你轻松掌握中国文化精华。

在走向世界的今天，每一个中国人都应该有良好的国学素养。请翻开本书，走进博大精深的国学长廊，领悟国学的精髓，感受国学的智慧，把握传统文化的脉搏，丰富自身的内涵，成为文化达人。

目录

第一章　国学名家

》总　说
国学的定义是什么？/2
国学应该如何分类？/3
整理国故有哪些来龙去脉？/4

》国学名人
"三皇五帝"是指哪些人？/5
尧帝有哪些功绩？/5
舜帝有哪些功绩？/6
大禹有哪些功绩？/7
商汤有哪些功绩？/8
周文王有哪些功绩？/8
为什么说周公是儒学的奠基人？/8
董狐"秉笔直书"是怎么回事？/9
孔子为什么对管仲推崇备至？/9
我们为什么尊孔子为"圣人"？/10
孟子为什么被尊为"亚圣"？/10
荀子的儒家思想有哪些特别之处？/10
为什么说老子是道家思想的创始人？/11
为什么说庄子是战国时期道家思想的代表人物？/11
韩非子有哪些成就？/11
为什么说屈原是伟大的爱国诗人？/12
商鞅是怎样实现自己抱负的？/12
秦始皇的功过应该如何评说？/13

李斯的政绩有哪些？/13
汉高祖对中华文化有哪些影响？/14
汉武帝对中华文化做出了哪些贡献？/15
董仲舒对儒家学说的贡献有哪些？/15
桑弘羊推行的经济政策有哪些？/15
司马迁对中国史学有哪些开创之功？/16
王莽是怎样篡夺汉室天下的？/16
张道陵为什么被道教尊为"祖天师"？/17
王充的思想有哪些独特之处？/17
为什么说诸葛亮是中华民族智慧的化身？/17
名士何晏是个什么样的人？/18
英年早逝的王弼有哪些成就？/18
葛洪在炼丹和医学方面有哪些贡献？/19
陆修静对道教有哪些贡献？/20
为什么说陶弘景是"山中宰相"？/20
寇谦之对道教有哪些改革？/21
玄奘对中国佛教的发展有哪些贡献？/21
为什么说唐太宗是一位卓越的政治家？/22
为什么说杨炎是唐代著名的财政改革家？/22

中国历史上唯一的女皇帝是谁？/22
唐末农民起义最重要的领袖是谁？/23
为什么说王安石是一位伟大的改革家？/23
宋太祖的功过应该如何分析？/26
司马光有哪些成就？/26
是谁开创了道教全真派？/26
丘处机是如何将全真派发扬光大的？/27
为什么说成吉思汗是"一代天骄"？/27
张载对理学有什么贡献？/27
"二程"对理学的发展有什么贡献？/28
朱熹对理学的发展有什么贡献？/28
陆九渊的"心学"是怎么回事？/29
王守仁对"心学"的发展有什么贡献？/30
罗钦顺的"气学"是怎么回事？/30

顾炎武有哪些学术成果？/31
为什么说黄宗羲是"中国思想启蒙之父"？/31
"船山先生"王夫之是一个怎样的人物？/32
为什么说张居正是明朝著名的改革家？/32
徐渭在书法方面有哪些成就？/33
魏忠贤为什么被后人所贬斥？/33
"闯王"李自成是怎样由成功转向失败的？/33
康熙帝有哪些文治武功？/34
乾隆帝的功与过应该如何评说？/34
颜元的思想主张有哪些？/35
章学诚对史学的发展做出了哪些贡献？/35
后世为什么对曾国藩推崇备至？/35
李鸿章何以招致生前身后骂名？/36

第二章　国学典籍

》蒙　学

"三百千"之首的《三字经》有哪些特点？/38
《百家姓》对中华文化产生了哪些影响？/38
《千字文》有哪些独特之处？/39
启蒙读物《弟子规》有哪些特色？/41
为什么说"读了《增广》会说话"？/41
为什么说"读了《幼学》走天下"？/41
《龙文鞭影》是怎样的一本启蒙读物？/42
启蒙读物《小儿语》有些什么特色？/42
《笠翁对韵》对幼童学习有些什么帮助？/42

》经

《周易》究竟是怎样的一本书？/43
《尚书》的传承经历了哪些曲折？/44
我国最早的诗歌总集是哪一部？/45
《周礼》对中国古代政治家有着哪些借鉴作用？/46
《仪礼》何以成为"五经"之一？/47
《礼记》记录了哪些古代礼制？/47
为什么称《左传》为"春秋三传"之首？/48
"春秋三传"中的《公羊传》有哪些特色？/49

"春秋三传"中的《谷梁传》有哪些特色？/49
《论语》在儒学中有着怎样的地位？/49
《孟子》一书体现了孟子的哪些思想？/50
《孝经》对"孝"作了怎样的规定？/51
《大学》对提高人的自身修养有哪些意义？/52
《中庸》对人性修养提出了怎样的要求？/52
为什么说《尔雅》是研究古文献的重要工具书？/53
《方言》一书具有哪些开创性的意义？/53
《说文解字》对训诂、考古有哪些重要意义？/54
为什么说《广雅》是我国最早的百科词典？/55
朱熹的《四书集注》对后世产生了哪些影响？/55

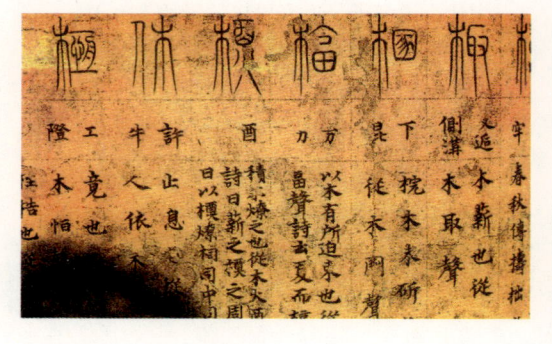

▶ 史

中国最早的一部国别史是哪一部？ /56
《战国策》讲述了哪一时期的史实？ /56
"二十四史"包括哪些史学著作？ /57
我国第一部纪传体通史是哪一部？ /59
中国第一部纪传体断代史是哪一部？ /62
《后汉书》在正史体例上有哪些创新？ /62
《三国志》在史料选择上有哪些特点？ /63
《晋书》作为正史有哪些优缺点？ /63
《宋书》记载了哪个朝代的史实？ /64
江淹为《南齐书》的编写做出了哪些贡献？ /64
《梁书》相对前朝史书有哪些进步之处？ /65
《陈书》是怎样记述陈朝历史的？ /65
为何后人对《魏书》多有贬斥？ /66
《北齐书》的流传经历了哪些曲折？ /66
《周书》记载了哪一个周朝的历史？ /66
《南史》记载了哪些朝代的历史？ /67
《北史》记载了哪些朝代的历史？ /67
《隋书》有哪些对后世影响深远的独创？ /68
为什么《旧唐书》质量不佳却仍然受到重视？ /68
与《旧唐书》相比，《新唐书》有哪些优缺点？ /69
《旧五代史》的史料价值主要体现在哪些方面？ /69
《新五代史》有哪些优缺点？ /70
元代官修《宋史》有哪些缺陷？ /71
为什么说《辽史》是"二十四史"中质量最下者？ /71
为何后世对《金史》评价很高？ /72
为何《元史》备受后人诟病？ /72
《新元史》对《元史》有哪些补正？ /73
《明史》的编撰经历了哪些曲折？ /73
《竹书纪年》对研究先秦历史有哪些重要意义？ /74
《东观汉记》是一部怎样的史书？ /74
《汉纪》对中国编年体史书的发展有哪些影响？ /75

《后汉纪》具有哪些史料价值？ /75
《资治通鉴》为何备受后世赞誉？ /76
《续资治通鉴》记述了哪些朝代的历史？ /76
《东华录》记述的是哪个朝代的历史资料？ /77
为什么说《水经注》既是科学名著又是文学珍品？ /77
《洛阳伽蓝记》有哪些史学、文学价值？ /78
《贞观政要》对后世政治家有哪些借鉴意义？ /79
《太平御览》对保存古代典籍做出了哪些贡献？ /79
宋代最大的一部类书是哪一部？ /79
中国历史上第一部学术史专著是哪一部？ /80
《宋元学案》对研究宋元思想演变有哪些重要意义？ /80
《蒙古秘史》的流传经历了哪些曲折？ /81

▶ 子

为什么说《老子》是一部哲学著作？ /82
《庄子》对中国文人产生了怎样的影响？ /82
《墨子》在逻辑学、自然科学方面有哪些成就？ /83
《荀子》一书反映了荀况的哪些思想主张？ /84
《韩非子》一书包含了哪些法家的思想主张？ /84
《吕氏春秋》为什么被归为"杂家"？ /85
中国最古老的传说故事集是哪一部？ /86
《商君书》体现了商鞅的哪些变法主张？ /86
《鬼谷子》究竟是怎样的一部书？ /87
《尹文子》的思想有些什么特点？ /87
《公孙龙子》中最著名的两个哲学论题是什么？ /90
《六韬》为什么被誉为兵家权谋的始祖？ /90

《孙子兵法》为什么被誉为"兵学圣典"？/90
《孙膑兵法》的流传经历了怎样的传奇？/91
《淮南子》保存了哪些上古神话？/91
《黄石公三略》的军事思想有些什么特色？/92
《法言》对先秦诸子的思想做出了怎样的
　　评价？/92
为什么说《论衡》是一部伟大的唯物主义哲学
　　巨著？/93
《颜氏家训》为什么被视为家庭教育的典范？/94
《传习录》一书主要反映了哪位大哲学家的
　　思想？/94
为什么说《般若经》是佛教思想的奠基
　　之作？/94
《金刚经》主要讨论了佛法中哪一方面的
　　智慧？/95
"色即是空，空即是色"出自哪部佛教典籍？/96
《妙莲法华经》是一部怎样的佛经？/96
如果要了解中国禅宗史，应该阅读哪部书？/96
宣扬世俗生活也能修炼成佛的是哪一部
　　佛经？/97
《六祖坛经》是一部怎样的佛学著作？/98
《法苑珠林》在古代佛教史的研究中有些什么
　　作用？/98
《黄庭经》对道教养生术的发展有哪些影响？/98
《抱朴子》对道教炼丹术的发展有哪些影响？/99
《太平经》包含了哪些道教的思想主张？/99

《太上感应篇》是一部怎样的道家经典？/100
《云笈七签》对道教研究有些什么意义？/100

》集
《楚辞》对中国古典诗歌的发展有着怎样的
　　意义？/101
我国现存收集乐府诗歌最完备的是哪一部？/102
中国最早的妇女史传是哪一部？/102
为什么说《博物志》是一部志怪小说集？/102
《说苑》编撰了哪个时代的史事传说？/103
《山海经》对中国地理的记录准确吗？/103
中国现存最早的诗文总集是哪一部？/104
《七十家赋钞》选录了哪个时期的辞赋？/104
中国最早的有严密体系的文学理论专著是
　　哪一部？/104
中国现存最早的一批五言诗是哪些？/105
收录隋代以前骈文的是哪部书？/108
《玉台新咏》在诗歌选录方面有些什么
　　特点？/108
清代官修的唐五代的文章总集是哪一部？/108
《古文观止》的选编有哪些值得称道之处？/109
哪部书是唐之前古诗的最重要的选本？/109
被誉为"百代诗话之祖"的诗歌评论著作是
　　哪一部？/109
《搜神记》对后世小说产生了怎样的影响？/110
为什么说《唐诗三百首》是最合适的诗教启
　　蒙书？/111

最适合儿童学习宋词的选编本是哪一部？/111
《花间集》对词的发展产生了怎样的影响？/111
为什么说《元曲选》对传播元杂剧起到了重要
　　作用？/112
《沧浪诗话》在诗歌评论上有些什么特色？/112
《词林纪事》是一部什么样的书？/113
《太平广记》对后世文学产生了怎样的
　　影响？/113
《大唐西域记》对后人了解印度历史有些什么
　　帮助？/113
阅读《菜根谭》对人修身养性有些什么积极
　　意义？/114
《阅微草堂笔记》是一部怎样的书？/114
《随园诗话》中袁枚提出了怎样的诗歌
　　理论？/115
中国最早的章回体白话长篇小说是哪一部？/115
中国最著名的浪漫主义神话小说是哪一部？/116
《红楼梦》为什么被称为中国古典小说的巅峰
　　之作？/117
中国第一部历史演义小说是哪一部？/117
"三言二拍"是哪几本书的合称？/118
中国最杰出的现实主义长篇讽刺小说是哪
　　一部？/118
《老残游记》有些什么特色？/119
李汝珍的小说《镜花缘》有些什么缺陷？/119
《西厢记》在艺术上取得了哪些突出成就？/119
剧作大师汤显祖最有名的代表作是哪一部？/120
被誉为"南戏之祖"的是哪一部戏曲？/121

孔尚任的剧作《桃花扇》取得了哪些艺术
　　成就？/121
《长生殿》演绎了哪两个人的爱情故事？/122
《曾国藩家书》为何备受后人推崇？/122
中国历史上最大的百科全书是哪一部？/123
中国古代最大的官修丛书是哪一部？/123
我国现存规模最大、保存最完整的类书是
　　哪一部？/125
中国目前所见年代最早的手工业技术文献是
　　哪一部？/125
中国保存得最完整的古农书巨著是哪一部？/126
现存最早的中药学专著是哪部医书？/126
现存最早的中医理论著作是哪一部？/127
《农政全书》有些什么特色？/127
《伤寒论》对中医的发展做出了哪些重要
　　贡献？/127
孙思邈的《千金方》在医学上取得了哪些
　　成就？/128
为什么说《本草纲目》是一部具有世界性影响
　　的博物学著作？/128
祖冲之的《大明历》取得了哪些突出成就？/129
现存最早、最完整的中国古代数学著作是
　　哪一部？/129

5

为什么说《梦溪笔谈》是一部百科全书式的
　著作？/130
哪部书被誉为"中国17世纪的工艺百科
　全书"？/130

第三章　哲学宗教

》诸子百家

春秋战国的"百家争鸣"是怎么回事？/132
春秋战国时期主要有哪些思想流派？/132
墨家的政治观有些什么特点？/133
墨家的经济观有哪些内容？/133
墨家对后世产生了怎样的影响？/134
法家的形成和发展经历了怎样的过程？/134
法家的核心思想有哪些？/134
法家的理论对后世产生了怎样的影响？/134
春秋战国有哪些著名的兵家代表人物？/135
阴阳家有些什么重要学说？/135
名家学说的代表人物和主要观点有哪些？/135
战国时期纵横家的主要理论和代表人物有
　哪些？/136
农家有些什么观点主张？/136
春秋战国的医家取得了哪些重要成就？/137
杂家学说的特点及代表著作有哪些？/137

》儒　家

儒家是怎样产生的？/140
儒家的核心思想是什么？/140
儒家的政治观是怎样的？有哪些著名言论？/141
儒家的教育观是怎样的？有哪些著名言论？/141
儒家对生死及鬼神之事抱有怎样的态度？/142
儒家的伦理观是怎样的？/142

孔子有哪些著名弟子？他们为儒学的传播做了
　什么贡献？/143
孔子之后，又有哪些著名儒学大家？/143
后世儒学经历了怎样的发展？/143
董仲舒对儒学做了哪些改造？/144
"古文经"和"今文经"之争是怎么回事？/144
东汉大儒郑玄对儒学做出了哪些贡献？/145
后世对文中子有哪些认识？/145
为什么说周敦颐奠定了理学的基础？/145
程朱理学的基本观点有哪些？/146
什么是"格物致知"？/146
"存天理，灭人欲"指的是什么？/146
什么是"陆王心学"？/146
什么是"行知合一"？/147
王守仁的主要贡献有哪些？/147
乾嘉学派的主要贡献有哪些？/147

》道　家

道家的形成和发展经历了怎样的过程？/148
道家的核心思想是什么？/148
如何理解《道德经》中的政治观点？/148
道家的人生观与儒家存在着怎样的差别？/149
道家的宇宙观有些什么特点？/149
道家对后世产生了怎样的影响？/149
"黄老之学"为何能在西汉初期成为主流
　思想？/149

》玄学术数

什么是"河图""洛书"？/152
什么是天干地支？/153
中国的干支纪时体系是怎样的？/153
什么是"太极"？/153
"文王演卦"是怎么回事？/154
"易学"对中国产生了怎样的影响？/154

阴阳五行是怎么回事？/154
谶纬学说为什么在两汉非常兴盛？/155
什么是魏晋玄学？/155
魏晋玄学的发展经历了哪几个阶段？/155

》佛 教

佛教是怎样传入中国的？/156
中国"四大译经家"都有谁？/156
玄奘对佛学有哪些贡献？/157
我国去天竺取经的第一位僧人是谁？/158
历史上崇信佛教的著名皇帝有哪些？/158
什么是"三藏"？/158
佛教的基本教义有哪些？/158
中国佛教有哪些宗派？/158
什么是道场？/159
什么是涅槃？/159
什么是"佛"？/159
佛的称号有哪些？/159
佛祖的十大弟子都有谁？/160
什么是"五方佛"？/160
什么是菩萨？/160
佛教中的四大菩萨都是谁？/161
四大佛教名山是哪四座？/161
四大金刚都是谁？/161
观音菩萨的诞辰是哪一天？/161
什么是罗汉？/162
什么是十八罗汉？/162
关羽为什么能成为佛教中的菩萨？/163
佛教都有哪些节日？/163
什么是袈裟？/164
什么是佛珠？/164
什么是锡杖？/165
佛家七宝是哪七种宝贝？/165
什么是木鱼？/165
什么是五戒十善？/165
什么是舍利子？/166
什么是如来？/166
什么是长老？/166
什么是方丈？/166

什么是拂尘？/166
什么是剃度和戒疤？/167
中国三大石窟是哪三座？/167
中国佛寺的一般格局是怎样的？/167
"佛寺"一词的来源是怎样的？/168
陕西法门寺地宫出土了哪些珍贵的佛教宝物？/168
佛塔的具体作用是什么？/168
佛教为何偏偏对莲花情有独钟呢？/168

》禅 宗

什么是禅？/171
禅宗早期的发展情况如何？/171
初祖达摩是怎样到中国弘法的？/172
六祖慧能对禅宗做了哪些贡献？/172
什么是牛头禅？/172
什么是机锋？/172
什么是棒喝？/173
什么是顿悟？/173
什么是公案？/173
禅宗是怎样影响理学的？/174
禅宗在何时达到鼎盛？/174
禅宗的传承弟子有哪些？/174
禅宗对唐宋诗词有什么影响？/175

禅宗与茶道有什么关系？/175
国内著名禅寺有哪些？/175
风动，幡动，还是心动？/176
什么是禅宗的五宗七派？/176
什么是"出门便是草"？/177
什么是"非关文字"？/177
为什么说芥子能纳须弥山？/178
为什么还是"庭前柏树子"？/179
"南泉斩猫"的公案说明了什么道理？/179
"赵州救火"的公案有着怎样的深刻寓意？/179

》道 教

道教是怎样产生的？/180
道教思想的五大来源是什么？/180
道教的教理和教义是什么？/181
道教的宇宙观是怎样的？/181
道教与道家是什么关系？/181
什么是"三清""四御"？/181
玉皇大帝和王母娘娘是谁？/182
"八仙"都有谁？/182
四大真人都有谁？/182

什么是"五方五老"？/183
道教四大名山是哪些？/183
道教信奉关羽为本教护法神的原因有哪些？/184
道教中有哪些著名神仙？/184
道教有哪些派别？/185
张天师是怎样一个人？/185
道教"四大天师"都有谁？/186
中国第一位女道士是谁？/186
王重阳开创的全真派对道教有哪些影响？/186
丘处机为道教的兴盛做出了怎样的贡献？/186
张三丰究竟是一个怎样的人？/187
道教主要有哪些戒律？/187
道教主要有哪些节日？/188
什么是炼丹术？/188
道教五术指的是什么？/188
道教对中国文化有什么影响？/188
道观的布局是怎样的？/189
道教的十大洞天是哪些？/189
道教的"三十六洞天，七十二福地"是哪些？/190

第四章　政治军事

》官 职

传统的封建官制有些什么特点？/192
传统的封爵制度经历了哪些演变？/192
中国传统的行政制度是怎样的？/193

古代如何选拔官员？/194
征辟制选士是如何操作的？/194
什么是"孝廉"？/194
六部各有些什么职能？/194

什么是总督、都督、提督？其各有哪些
　　职能？ /195
古代授官有哪些不同的名称？各有什么
　　区别？ /195
古代兼代官职有哪些不同的名称？各有什么
　　区别？ /196
古代任免升迁有哪些不同的名称？各有什么
　　区别？ /196
古代官吏是怎样休假的？ /197
古代的考勤制度是怎样执行的？ /197
古代言官有些什么职权？ /197
什么是"衙门"？ /197

》举官制度

中国历代是怎样开科取士的？ /198
科举考试要经过哪些步骤？ /199
什么是监生？什么是贡生？ /200
什么是朝考？ /200
科举考试有哪些"榜"？ /200
状元、榜眼、探花的称谓经历了哪些演变？ /200
什么是"科举四宴"？ /201
什么是"公车"？ /202
为什么科举考试要弥封考卷？ /202
什么是"五魁"？ /202
什么是"八股文"？ /203

》教　育

如何理解"有教无类、因材施教"？ /204

何谓"学在官府"？ /204
什么是"书馆"？什么是"经馆"？ /205
什么是唐代的"国子监六馆"？ /205
学士、硕士、博士的名称最早起源于何时？ /205
什么是"鸿儒"？ /208
我国早期的教育机构有哪些？ /208
什么是国子监？ /208
什么是稷下学宫？ /209
什么是太学？ /209
什么是书院？ /210
中国最早的学校有哪些？ /210
什么是"鸿都门学"？ /210
孔子曾经在杏坛讲学吗？ /210
什么是"孔氏家学"？ /211
哪些书院被并称为四大书院？ /211

》刑　罚

"法"字有些什么特殊的含义？ /212
中国古代的法律形式有哪些？ /212
中国古代的司法机关经历了怎样的演变？ /213
古代对诉讼有哪些规定？ /214
礼与刑有着怎样的关系？ /215
汉文帝时期的刑制改革有哪些重要意义？ /215
什么是"重法地"制度？ /215
什么是朝审？ /216
什么是秋审？ /216
古代的监狱经历了哪些演变？ /217
什么是刑讯？ /217
什么是审讯的"五听"？ /217
什么是"秋决"？ /218
古代的死刑有哪些种类？ /218
什么是奴隶制社会的"五刑"？ /218
什么是封建社会的"五刑"？ /219
女犯五刑有哪些？ /219
什么是宫刑？ /219
什么是"干名犯义"？ /220
诛九族的"九族"怎么算？ /220
"十恶大罪"有哪些？ /221
什么是"免死铁券"？ /221

中国最早的婚姻法典是哪一部？/221

》 兵　制

古代曾有哪些重要的兵役制度？/222
古代的军衔有哪些等级？/223
"将军"一词是怎么来的？/223
"三军"的意义经历了怎样的演变？/224
中国古代有海军吗？/224
中国第一支骑兵产生于什么时候？/224
中国最早的军事院校产生于什么时候？/225
战争中有哪些指挥工具？/225
什么是"露布"？/225
号角有些什么作用？/225
军队中有哪些通信暗码？/226

第五章　古典文学

》 文学种类

什么是汉字的"六书"？/228
什么是"平上去入"？/228
训诂学是研究什么的？/229
何谓"押韵"？/229
"赋、比、兴"分别指代什么？/229
中国文学应该怎样分类？/230
先秦散文有些什么特点？/230
"骚体"指的是什么体裁的诗歌？/231
赋是一种什么体裁的文章？/231
乐府诗有些什么特点？/232
骈文有些什么特点？/232
什么是古体诗？/233
什么是近体诗？什么是四言诗、五言诗、
　七言诗？/233
什么是词？/233
什么是词牌？/235
"变文"是一种什么文学体裁？/235
唐代传奇有些什么特点？/236
什么是"话本"？/236
什么是"诸宫调"？/236
什么是散曲？/237

什么是"诗话"？/237
什么是南戏？/237
什么是元杂剧？/238
章回小说有些什么特点？/238

》 文学流派

什么是"建安风骨"？/239
什么是"正始文学"？/239
太康体诗歌有些什么特点？/240
玄言诗有些什么特点？/240
元嘉体诗歌有些什么特点？/240
永明体诗歌有些什么特点？/241
齐梁体诗歌有些什么特点？/241
什么是宫体诗？/242
玉台体诗歌有些什么特点？/242
什么是韩孟诗派？/242
什么是田园诗派？/242
什么是边塞诗派？/243
什么是元和体诗歌？/244
什么是长庆体诗歌？/244
什么是香奁体诗歌？/245
什么是南唐词派？/245
什么是花间词派？/245

桐城派的文学主张有哪些？ /251
复社诗文有些什么特点？ /251
新乐府运动有哪些文学主张？ /251
什么是古文运动？ /252
什么是北宋诗文革新运动？ /252

》著名作家

为什么说贾谊是中国历史上的传奇人物？ /254
为什么司马相如被称为"赋圣"？ /254
班固的文学成就有哪些？ /255
曹操的诗歌有些什么特点？ /255
后世为什么认为曹植才高八斗？ /255
建安七子的诗文有些什么特点？ /256
竹林七贤指的是哪些人？ /256
陶渊明的诗歌有些什么特点？ /257
谢灵运的山水诗对后世产生了什么影响？ /257
陈子昂的诗歌有些什么特点？ /258
孟浩然的诗歌成就如何？ /258
李白为何被称为"诗仙"？ /258
刘长卿的诗歌有些什么特点？ /259
王维的诗歌有些什么特点？ /259
"初唐四杰"为唐代诗歌的繁荣做出了怎样的贡献？ /259
杜甫为何被称为"诗圣"？ /260
韦应物的诗歌有些什么特点？ /260
为什么称韩愈是"文起八代之衰"？ /261
柳宗元的诗歌有些什么特点？ /261
刘禹锡的诗歌有些什么特点？ /262

什么是吴均体诗歌？ /246
什么是西昆体诗歌？ /246
豪放派诗词有些什么特点？ /246
婉约派诗词有些什么特点？ /247
什么是元祐体？ /247
江西诗派的诗歌有些什么特点？ /247
江湖诗人有些什么特征？ /248
什么是台阁体诗歌？ /248
茶陵诗派有些什么特点？ /249
唐宋派有些什么特点？ /249
公安派的文学主张有哪些？ /249
前后七子复古派有些什么特点？ /249
竟陵派的文风有些什么特点？ /250
几社有哪些文学主张？ /251

白居易的诗歌有些什么特点？ /262
为何孟郊、贾岛有"郊寒岛瘦"之称？ /262
"大历十才子"的诗歌有些什么特点？ /263
李贺为何被称为"诗鬼"？ /263
李商隐的诗歌有些什么特点？ /263
杜牧的诗歌有些什么特点？ /264
唐代最著名的女诗人是哪一位？ /264
温庭筠的诗词有些什么特点？ /264
李煜在诗词方面取得了怎样的成就？ /265

为什么称林逋"梅妻鹤子"？ /265
欧阳修在文学创作上的成就有哪些？ /265
苏轼的文学艺术成就有哪些？ /266
"眉山三苏"指的是哪三位？ /266
"唐宋八大家"指的是哪几位？ /267
柳永的词作有些什么特点？ /267
李清照的词作有些什么特点？ /268
姜夔的诗词有些什么特点？ /268
辛弃疾的词作有些什么特点？ /268
陆游的诗词成就有哪些？ /269
"南宋中兴四大诗人"是谁？ /269
文天祥为什么被称为正气的象征？ /272
元好问在文学方面取得了哪些成就？ /273
关汉卿在元杂剧方面取得了怎样的成就？ /273
"元曲四大家"都有谁？ /274
纳兰性德的诗词有些什么特点？ /274

第六章　礼仪风俗

» 伦　理

什么是儒家所说的"五常"？ /276
什么是"仁"？ /276
什么是"义"？ /276
什么是"礼"？ /277
什么是"智"？ /277
什么是"信"？ /278
什么是儒家所说的"三纲"？ /278
什么是"悌"？ /279
什么是"忠"？ /279
什么是"孝"？ /279
什么是"知耻近乎勇"？ /280
什么是"杀身成仁，舍生取义"？ /280
什么是"己所不欲，勿施于人"？ /281
"国之四维"是什么？ /281
什么是"五伦"？ /281
什么是"三纲八目"？ /282

什么是"十六字心传"？ /282
什么是"孔门三戒"？ /282
做人为何要"寡欲"？ /283
做人为何要"慎独"？ /283
做人为何要"知耻"？ /284
做人为何要坚守"中庸"？ /284
穷、达之时应该各有怎样的人生态度？ /284
"孔颜之乐"是一种什么样的境界？ /285
什么是"内圣外王"？ /285
什么是中国人的"浩然之气"？ /286
"先忧后乐"表现了一种怎样的政治抱负？ /286
古代妇女"三从四德"的源流是什么？ /287
古代烈妇的标准是怎样的？ /287

» 礼　仪

"五礼"是怎样划分的？ /288
祭天之礼是怎样进行的？ /288
帝王为什么要举行封禅之礼？ /289

目录

北京的"九坛八庙"的祭祀对象分别是
　　什么？/289
为什么国家又称"社稷"？/290
中国人为什么对祭祖非常重视？/290
祭祀一般要用哪些祭品？/291
古代有哪些重要礼器？/291
古代对诸侯定期朝见天子的礼仪有些什么
　　规定？/291
什么是宗法？/292
什么是"九拜"？/292
什么是膜拜、折腰？/294
什么是作揖之礼？/294
什么是"唱喏"？/294
古代的跪和坐有什么区别？/294
什么是揖让之礼？/295
古代尊卑长幼之间应该如何排座次？/295
古人排辈的来历是什么？/296
中国人的称谓有些什么讲究？/296
谥号有些什么意义？/296
古代为什么要避讳？/297
诞生礼应该怎样进行？/297
什么是"洗三朝"？/297
什么是"满月礼"？/298
什么是"百日礼"？/298
什么是"周岁礼"？/298
男子的成年礼是什么？/299
女子的成年礼是什么？/299
婚姻"六礼"是什么？/299
新婚之后还有哪些礼仪？/299
古人的丧礼有哪些环节？/300
什么是服丧？/301
区分"五服"有些什么意义？/301
什么是"守制"？/301

》民　俗

为什么说"冬至大如年"？/302
"小年"有些什么祭祀活动？/302
腊八节为什么要喝腊八粥？/302
传统的元旦和现在的元旦是一回事吗？/303

除夕应该怎么过？/303
过春节为什么要贴春联、敬门神？/304
压岁钱有些什么寓意？/304
中国有哪些传统财神？/305
古人是怎样拜年的？/305
为什么说正月初七是"人日"？/306
"福"字为什么要倒着贴？/306
社日有些什么民俗活动？/306
元宵节有些什么民俗活动？/307
为什么二月二又称"龙抬头"？/307
花朝节有些什么民俗活动？/308
三月三的上巳节有些什么民俗活动？/308
清明节有些什么民俗活动？/309
四月初八的浴佛节是自古以来就有的吗？/309
端午节有些什么民俗活动？/309
七夕节有些什么民俗活动？/309
七月十五中元节有些什么民俗活动？/310
中秋节的来源是怎样的？/310
重阳节有些什么民俗活动？/311
"十月一，送寒衣"的由来是什么？/311
什么是"本命年"？/311
中国人的发式经历了怎样的变迁？/311
古人怎样洗头洗澡？/312
女子缠足的陋习是怎样形成的？/312

》 中华纹饰

龙在传统文化中有着怎样的地位？/313
"龙生九子"都有谁？/313
凤凰有些什么祥瑞含义？/314
龟有着怎样的祥瑞意义？/315
鹿有着怎样的祥瑞意义？/316
麒麟有着怎样的祥瑞意义？/316
鹤有着怎样的祥瑞意义？/316
鸳鸯有着怎样的祥瑞意义？/317

喜鹊有着怎样的祥瑞意义？/317
蝙蝠有着怎样的祥瑞意义？/318
蟾蜍为什么能成为财富的象征？/318
什么是饕餮？/318
"岁寒三友"分别指什么？/318
鱼有些什么吉祥寓意？/319
十二生肖指的是哪些？/319
中国"十大名花"都有哪些？/319
还有哪些动物被视为祥瑞的象征？/320

第七章　艺术美学

》 琴

中国传统的鼓有哪些分类？/322
为什么说古琴充满传奇的象征色彩？/322
瑟是一种什么样的乐器？/323
琵琶是一种什么样的乐器？/323
古筝是一种什么样的乐器？/323
箜篌是一种什么样的乐器？/324
编钟是一种什么样的乐器？/324
编磬是一种什么样的乐器？/324
二胡是一种什么样的乐器？/325

箫是一种什么样的乐器？/325
中国古典"十大名曲"有哪些？/325
古曲《梅花三弄》有哪几种风格流派？/326
古曲《阳关三叠》的主题是什么？/326
古曲《高山流水》由何而来？/326
古曲《秦王破阵乐》是为了纪念什么事件？/327
古曲《春江花月夜》有些什么特色？/327
古曲《汉宫秋月》的主题是什么？/328
为什么说《阳春白雪》是高雅的音乐？/328
古曲《渔樵问答》反映了一种什么生活
　态度？/328
《广陵散》背后有着怎样的故事？/329
古曲《兰陵王破阵曲》是为了纪念谁而创
　制的？/329
古曲《平沙落雁》的主题是什么？/329
古曲《十面埋伏》有些什么特色？/330
古曲《霓裳羽衣曲》有什么来历？/330

》 棋

围棋为何历数千年而不衰？/332
中国象棋有些什么特点？/333
什么是叶子戏？/333
什么是骨牌？/333

》 书

中国现存最古老的成熟文字是什么？/334
金文有些什么特点？/334

小篆有些什么特点？ /335
楷书有些什么特点？ /335
隶书有些什么特点？ /335
草书有些什么特点？ /336
行书的结构特点有哪些？ /336
魏碑体有些什么特点？ /337
瘦金体有些什么特点？ /337
什么是石鼓文？ /338
"钟王"之前还有哪些著名的书法家？ /338
钟繇在隶变楷的过程中起到了怎样的关键作用？ /339
四大书法家指的是哪四位？ /339
王羲之为何被称为"书圣"？ /339
智永的书法有些什么特色？ /340
欧阳询对楷书的发展有些什么贡献？ /340
书法中的"初唐四家"都有谁？ /340
王羲之之后成就最高的书法家是谁？ /341
张旭的狂草有些什么特色？ /341
怀素的狂草有些什么特色？ /342
柳公权的书法有些什么特色？ /342
书法中的"宋四家"都有谁？ /342
赵孟頫书法的特色和代表作品有哪些？ /343
董其昌的书画对后世产生了怎样的影响？ /343
清代书法出现了哪些不同的风格？ /343
为什么称《兰亭序》为"天下第一行书"？ /344
为什么称《瘗鹤铭》为"大字之祖"？ /344
故宫三希堂收藏的"三希"各指什么？ /345
北朝时期留下了哪些著名的魏碑作品？ /345

《书谱》对书法的发展有些什么影响？ /345
唐代最著名的楷书碑刻有哪些？ /345
为什么称《祭侄文稿》为"天下第二行书"？ /346
为什么称《寒食帖》为"天下第三行书"？ /346
为什么称《蜀素帖》为"中华第一美帖"？ /346
"中华十大传世名帖"有哪些？ /347

》 画

传统中国画有些什么特色？ /348
中国画的写意技法有些什么特色？ /348
中国画的工笔技法有些什么特色？ /348
什么是"皴"？ /349
泼墨技法有些什么特点？ /349
白描技法有些什么特点？ /350
什么是"十八描"？ /350
什么是指画？ /350
顾恺之的绘画有些什么特点？ /351
张僧繇的绘画有些什么特点？ /351
阎立本的绘画有些什么特点？ /351
吴道子为何被称为"画圣"？ /352
宋徽宗为中国绘画的发展做出了哪些贡献？ /352
宋代李唐的绘画有些什么特点？ /353
李公麟的绘画有些什么特点？ /353
马远的绘画有些什么特点？ /353
"元四家"指的是哪几位元代画家？ /354
金代有哪些著名画家？ /354
"明四家"指的是哪几位画家？ /355
八大山人的绘画有些什么特点？ /355
石涛的绘画有些什么特点？ /355

图解·国学常识

吴门画派对中国绘画的影响有哪些？/356
清代宫廷画有些什么特点？/356
吴昌硕的绘画有些什么特点？/357
顾恺之的《洛神赋图》有些什么特点？/357
我国现存最早的山水画是哪一幅？/358
阎立本的《历代帝王图》有些什么特点？/358
敦煌壁画在中国绘画史上有着怎样的地位？/359
顾闳中的《韩熙载夜宴图》有些什么特点？/359
范宽的《溪山行旅图》有些什么特点？/359
王希孟的《千里江山图》有些什么特点？/359
张择端的《清明上河图》有些什么特点？/360

"扬州八怪"都有谁？/356

第八章　医学天文科技

》医　学

什么是"四诊法"？/362
穴位究竟是什么？/362
什么是经络？/363
什么是脉象？/363
什么是针灸？/364
推拿有什么作用？/364
刮痧有什么作用？/364
什么是拔火罐？/365
什么是药膳？/365
药膳对治疗疾病有些什么功效？/366
"药引子"有什么作用？/367
什么是"道地药材"？/367
什么是"方剂"？/367
为什么中医又称"岐黄之术"？/370
扁鹊对中医的发展做出了哪些贡献？/370
张仲景对中医的发展做出了哪些贡献？/370
华佗的医学成就主要体现在什么地方？/371
"药王"孙思邈的养生妙法有哪些？/371
宋慈对法医学做出了哪些重要贡献？/372
什么是"种痘"？/372
"中华十大名医"都有谁？/373

》天文历法

世界上最早的天文学著作是哪一部？/374
中国人对陨石有着怎样的认识？/374
中国早期天文台经历了哪些演变？/375
中国现存最早的观星台是哪一座？/375
世界上公认的关于太阳黑子的最早记载是哪一条？/376
历史上著名的古老星图有哪些？/376
世界上对哈雷彗星最早的记载是哪一条？/377
什么是五星、七曜？/377
什么是"七政四余"？/378
什么是"三垣"？/378
什么是"四象"？/379
什么是二十八宿？/379
"动如参商"是什么意思？/380

南斗和北斗各指哪个星宿？/380
什么是"十二次"？/380
什么是"太岁"？/381
什么是十二次和二十八宿的"分野"？/381
"彗星袭月"与"白虹贯日"各代表什么星象？/381
中国现存最早的历书是哪一部？/382
夏历、周历、秦历有哪些不同的变化？/382
什么是"老黄历"？/382
什么是闰月？/383
什么是二十四节气？/383
什么是"三伏"？/385
什么是"三九"？/385
什么是"入梅"？什么是"出梅"？/386
帝王年号纪年是如何来的？/386
如何用天干地支纪年？/387
天干地支如何纪月？/387
月相的朔、望、晦分别指代什么？/387
农历一月为何又被称为"正月"？/388
农历十二月为何又被称为"腊月"？/388

各个不同月相的名称是什么？/389
古人如何纪日？/389
什么是"大时"？什么是"小时"？/390
什么是日晷？/390
古代的计时单位有哪些？/391
古代有哪些计时方法？/391
古代十二个时辰是怎样划分的？/391
什么是"更"？什么是"点"？/392

》 科 技
为什么勾股定理又称"商高定理"？/393
我国求取圆周率的重要方法割圆术是谁发明的？/393
祖冲之测算的圆周率数值是多少？/394
针孔成像原理是谁最早发现的？/394
什么是"天元术"？/394
朱世杰的《四元玉鉴》是一本什么书？/395
走马灯运用了什么原理？/395
火药是怎样发明的？/395
中国人是怎样发明指南针的？/396
候风地动仪是一个怎样的仪器？/396

第九章　名典名句

》 典 故
什么是不食周粟？/398
什么是箪瓢陋巷？/398
什么是盗泉？/399
什么是"半部《论语》"？/399
什么是结缨？/399
什么是鸥鸟忘机？/400
什么是尾生抱柱？/400
什么是许由洗耳？/400
什么是坐怀不乱？/400
什么是请君入瓮？/400
什么是退避三舍？/401
什么是曲突徙薪？/401
什么是引而不发？/401

什么是难兄难弟？/401
什么是吴下阿蒙？/402
什么是马齿徒增？/402

什么是祸起萧墙？/402
什么是散木？/402
什么是周公吐哺？/402
什么是南柯一梦？/404
什么是棠棣？/404
《击壤歌》说的是什么？/404
什么是乌台诗案？/404
什么是掉书袋？/405
什么是田横五百士？/405
什么是草木皆兵？/406
什么是华亭鹤唳？/406
什么是千金市骨？/406
什么是沧海一粟？/406
什么是白云苍狗？/407
什么是孟母断织？/407
什么是东床快婿？/408
什么是结草衔环？/408
什么是苏武节？/408
什么是沧海桑田？/409
什么是杵臼之交？/409
什么是东山再起？/409
什么是陈蕃室？/410
什么是相濡以沫？/410
什么是解衣推食？/410
什么是程门立雪？/411
什么是一字师？/411
什么是鼓盆而歌？/411
什么是沆瀣一气？/411
什么是好好先生？/412
什么是皮里阳秋？/412
什么是郢匠挥斤？/412
什么是中山狼？/413
什么是抱刺？/413
什么是挂冠？/413
什么是李广难封？/413

什么是楚囚？/414
接舆歌凤说的是什么？/414
什么是断袖之癖？/415
什么是五日京兆？/415
什么是身无长物？/415
什么是问鼎？/415
什么是长乐老？/416
什么是弹冠相庆？/416
什么是坠楼人？/416
什么是捉刀人？/417
什么是画虎不成反类犬？/417
什么是应声虫？/417
什么是上下其手？/417
什么是羞与哙伍？/417
什么是丧家之犬？/418
什么是弄獐宰相？/418
什么是伴食宰相？/418
什么是执牛耳？/418
什么是食言而肥？/419
什么是唾面自干？/419
什么是杜撰？/419
什么是逐客令？/419
什么是牛衣对泣？/420
什么是青蝇吊客？/420
什么是糟糠？/420
什么是社鼠？/420
什么是掩鼻工谗？/420

》名 句

关于修身的名句有哪些？/421
与政治有关的名句有哪些？/424
与军事有关的名句有哪些？/426
关于立业的名句有哪些？/430
关于治学的名句有哪些？/432
关于德行的名句有哪些？/433

第一章
国学名家

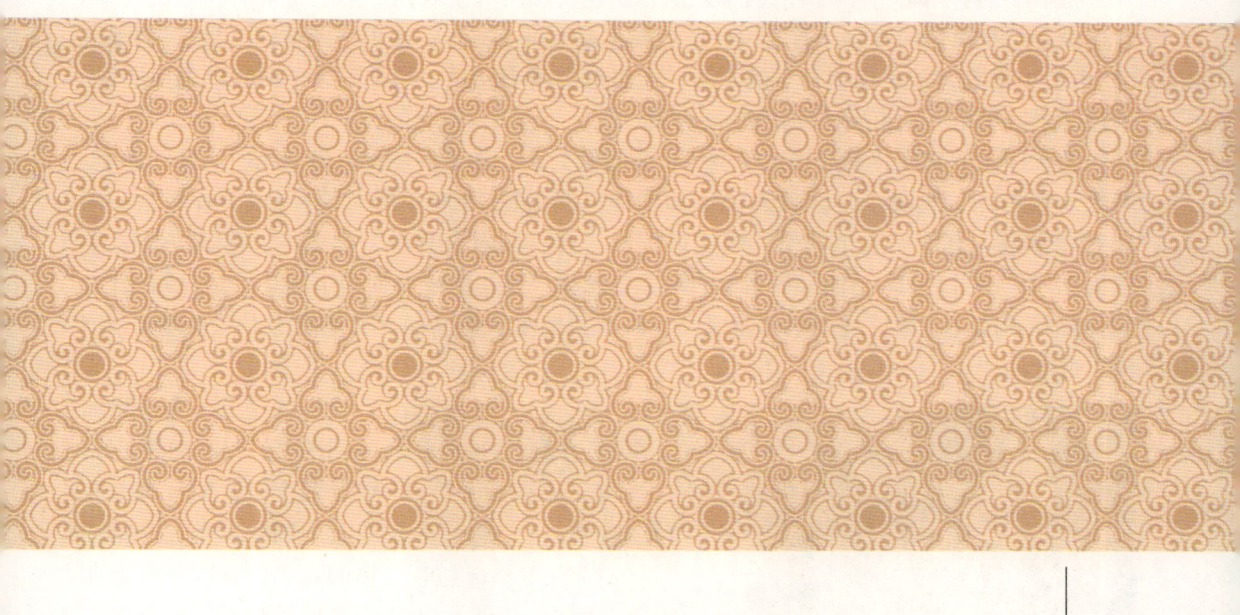

总 说

国学的定义是什么？

"国学"这个词产生于清末西学东渐、文化转型的历史时期。至于是谁的"原创"，现在还没有一个确切的答案。有人说，章炳麟（章太炎）在日本组织"国学讲习会"，刘师培（刘申叔）也有"国学保存会"的发起，大概他们两个就是"国学"这个词的最先使用者。不过这个答案是不是正确，尚待进一步考证。

关于国学的定义，从严格意义上说，到目前为止，学术界还没有做出统一明确的界定。名家众说纷纭，莫衷一是。普遍说法如国粹派邓实在 1906 年撰文说："国学者何？一国所有之学也。有地而人生其上，因以成国焉，有其国者有其学。学也者，学其一国之学以为国用，而自治其一国也。"邓实的国学概念很广泛，但主要强调了国学的经世致用性。这种解释不能完美地诠释国学的定义。或许，我们需要借鉴一下其他类似词汇来理解"国学"这个词。

▲孔子讲学图

和国学差不多意思的名词还有国粹和国故。"国粹"两个字，似乎有点儿夸大中国学术乃完全精粹物的意思，又似乎有点儿为选择精粹而完全抛弃其他那么不太精粹部分的意思，所以人们觉得这个词不那么妥当，又将之改称为"国故"。胡适说，所谓"国故"是包含着过去中国的一切历史与文化，包含着"国粹"，也包含着"国渣"。研究这些历史与文化的学问，就叫"国故学"，简称"国学"。

不过已故当代著名语言学家曹伯韩认为，"国学"这个词还不是十分合理。因为学术没有国界，当代各国都没有特殊的国学，而我们所谓的国学，从内容上看，也就是哲学、文学、史学等的东西。如果将其外延也算上，那么无疑也包括了医学、戏剧、书画、星相、数术等，这些都可以看作世界文化的一部分。而外国人研究中国文化的也不在少数。

所以，我们目前只能暂且给国学一个这样的定义：国学是指以儒学为主体的中华传统文化与学术。当然，即使是这个定义，我们目前还不能将之作为"国学"的准确定义，一切还有待国学研究的进一步发展才能明朗。

国学应该如何分类？

当前的主流认识是将国学以《四库全书》分类，分为经、史、子、集四部，后人又为之增添蒙学。其中以经、子部为重，尤倾向于经部。

《四库全书》是中国古代最大的丛书，编撰于乾隆年间，由当时的纪晓岚、王念孙、戴震等一流学者完成。

经部——经部分为"易类""书类""诗类""礼类""春秋类""孝经类""群经总义类""四书类""乐类""小学类""石经类""汇编类"，主要是儒家经典和注释研究儒家经典的名著。其中最重要的是儒学十三经：《周易》《尚书》《周礼》《礼记》《仪礼》《诗经》《春秋左传》《春秋公羊传》《春秋谷梁传》《论语》《孝经》《尔雅》《孟子》。

史部——史部分为"正史类""编年类""纪事本末类""别史类""杂史类""诏令奏议类""传记类""史抄类""载记类""时令类""地理类""职官类""政书类""目录类""史评类""汇编类"，重要书目如：《史记》《汉书》《后汉书》《三国志》《资治通鉴》《战国策》《宋元明史纪事本末》，等等。

子部——子部分为"儒家类""兵家类""法家类""农家类""医家类""天文算法类""术数类""艺术类""谱录类""杂家类""类书类""丛书类""汇编类""小说家类""释家类""道家类""耶教类""西学格致类"等，重要书目如：《老子》《墨子》《庄子》《荀子》《韩非子》《管子》《尹文子》《慎子》《公孙龙子》《淮南子》《抱朴子》《列子》《孙子》《山海经》《艺文类聚》《金刚经》《四十二章经》，等等。

集部——集部分为"楚辞类""别集类""总集类""词曲类""闺阁类"，重要书目如：《楚辞》《全唐诗》《全宋词》《乐府诗集》《文选》《李太白集》《杜工部集》《韩昌

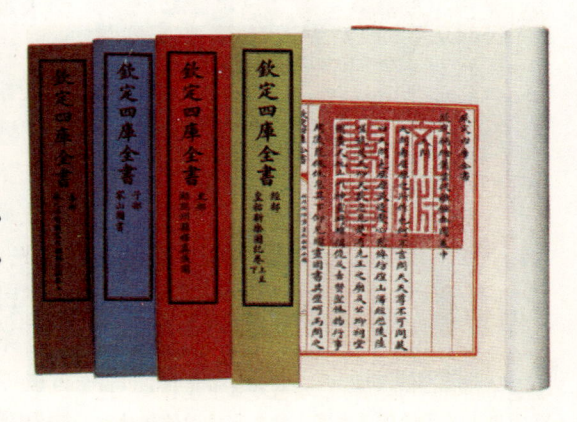

▲《四库全书》
《四库全书》编于清代，是中国传统国学的一部汇总之作，《四库全书》将国学分为经、史、子、集四部，并以不同颜色封面加以区分：经部绿色、史部红色、子部蓝色、集部灰色、总目黄色。

黎集》《柳河东集》《白香山集》，等等。

整理国故有哪些来龙去脉？

1919年，在新文化运动达到顶点、新思潮最为高涨之际，力主"反传统"的学者胡适突然提出要"整理国故"的号召。

此论一出，便引起争论。有人热烈响应，使"整理国故"运动取得了至今仍令人赞叹、堪称丰硕的学术成就，对文化的积累和学术的进步，无疑有着不容否定的巨大意义。

几年后，胡适在《〈国学季刊〉发刊宣言》中写道："中国的一切过去的文化历史，都是我们的'国故'……'国故'包含'国粹'；但它又包含'国渣'。我们若不了解'国渣'，如何懂得'国粹'？"

这些可说是胡适提倡"整理国故"的本意，也可说是"整理国故"的纲领，也即要通过"整理国故"分清传统文化中的精粹与糟粕，去芜取菁，再造新的文明。

这一思路有存有去，有舍有取，重视传统，却意在创新。

具体来说，整理国故运动的意义主要体现在以下几个方面。

第一，整理国故运动促进了中国传统学术的现代转型，推动了新文化运动的启蒙事业，是新文化运动在学术文化领域的延续。

▲胡适
胡适（1891—1962年），安徽绩溪上庄村人。现代历史上著名的国学大家，新文化运动的领袖之一。他发起的"整理国故"运动对国学研究产生了巨大影响。

第二，整理国故运动基本打破了传统学术的"四部"分类，转而主张依照西方现代学术门类对国学进行分科研究，改变了以前学术研究偏重经学的倾向，宣告了传统经学的解体和终结，促进了史学的独立。

第三，整理国故运动促使众多学者冲破传统学术观念的束缚，普及了"经子平等""今古文平等"的治学观念，成功建立起一种"平等的眼光"，大大拓展了国学研究的视野与范围，将国学的研究领域延伸到了一个更加广阔的天地。

第四，整理国故运动借鉴了西方现代学术研究成果，将自然科学的方法广泛运用到国学研究领域，如以考古学方法取代传统的金石研究，促成了民国初期殷墟考古的重大进展。

第五，整理国故运动也促使中国学者借鉴西方的学术研究体制，建立了许多现代学术研究机构和团体，如史语所等，这些团体开展"集团化研究"，取得了令人瞩目的丰硕成果。

国学名人

"三皇五帝"是指哪些人？

我国古代有把远古三个帝王和上古五个帝王合称为三皇五帝的传说，秦始皇为表示其地位之崇高无比，曾采用三皇之"皇"、五帝之"帝"构成皇帝的称号。然而，历史上关于三皇五帝却说法不一。

第一种说法是三皇指天皇、地皇、泰皇，这种说法认为泰皇最贵。另一种说法提出三皇指天皇、地皇、人皇。还有古人认为三皇应为燧人、伏羲、神农，或燧人、伏羲、女娲。此外，《帝王世纪》以伏羲、神农、黄帝为三皇，《通鉴外纪》又以伏羲、神农、共工为三皇。由此可见伏羲和神农占有三皇之两席，诸说基本一致，而第三位，分歧较大。

至于五帝的说法也有所不同，有种说法是黄帝、颛顼、帝喾、唐尧、虞舜这五个人。后来有人认为"五帝"是指伏羲、神农、黄帝、尧、舜。另外，还有炎帝、高辛等人也被列为五帝之中。五帝主要是指传说中原始社会里杰出的部落首领。

多数人认为燧人氏、伏羲氏、神农氏三人是"三皇"，黄帝、颛顼、帝喾、尧帝、舜帝称为"五帝"，该说法大致起源于春秋战国时期。

▲三皇：伏羲、黄帝、神农
此为河南焦作影视城中的三皇雕像，从左至右依次是伏羲（教人畜牧）、黄帝（管理军政）、神农（教人稼穑）。

尧帝有哪些功绩？

尧是中国古代传说的圣王，姓伊祁，号放勋。因封于唐，故称"唐尧"，《尚书》和《史记》都说他名叫放勋。后代又传说他号陶唐，姓伊祁氏，故亦称为唐尧。

尧父乃帝喾，号高辛氏。帝喾在位70年崩，传位给儿子挚。尧13岁辅佐挚，封于陶地，15岁改封于唐地，所以尧号曰陶唐氏。18岁，尧代挚为天子，定都于蒲阪。

《史记》说，尧帝"其仁如天，其知如神，就之如日，望之如云"。接近他如太阳一般，远望他如云霞一样灿烂。尧在位时，天下洪水汤汤，他用鲧治水，九年无功而返，又启用禹，使洪水得以治理。尧设置谏言之鼓，让天下百姓尽其言；立诽谤之木，让天下百姓攻击他的过错。他治天下五十年，问天下治与不治、百姓爱戴自己与否。左右不知，朝野不知。他于是微服访于民间，在田边听到一位老人唱道："日出而作，日入而息，凿井而饮，耕田而食，帝力于我何有哉？"这就是著名的《击壤歌》。

尧帝开创了帝王禅让之先河，他认为儿子丹朱不成器，决定从民间选用贤良之才。他听说舜非常贤明，便微服私访，来到舜居住的历山一带，方圆百里都夸舜是一个贤良之才。尧便决定试一试舜，他把两个女儿娥皇、女英嫁给舜，让两个女儿观其德；把九个男儿安排在舜周围，让九个男儿观其行。把舜放进深山之中，虎豹毒蛇都被他驯服。舜头脑清醒，方向明确，深山之中不迷失，很快就走了出来。尧先让舜在朝中做虞官，试舜三年后，带着舜在尧的文庙祭拜了先祖，此后，舜开始代行天子之政。

尧立70年得舜，3年后舜代替尧执政，尧让位28年后去世。

舜帝有哪些功绩？

舜，历来与尧并称，为传说中的圣王。相传舜的家世甚为寒微，虽然是帝颛顼的后裔，但五世为庶人，处于社会下层。舜的遭遇更为不幸，父亲瞽叟，是个盲人，母亲很早去世。瞽叟续娶，继母生弟名叫象。舜生活在"父顽、母嚚、象傲"的家庭环境里，父亲心术不正，继母两面三刀，弟弟桀骜不驯，几个人串通一气，几次欲置舜于死地而后快；然而舜对父母不失子道，十分孝顺；与弟弟十分友善，多年如一日，没有丝毫懈怠。舜在家里人要加害于他的时候，及时逃脱；稍有好转，马上回到他们身边，尽可能给予帮助，所以是"欲杀，不可得；即求，尝（常）在侧"。身世如此不幸，环境如此恶劣，舜却能表现出非凡的品德，处理好家庭关系，这是他在传说故事中独具特色的一个方面。

由于舜品德高尚，在民间威望很高，无论他到哪里，人们都愿意追随。不久，在他周围就形成了一个村落。当时部落联盟领袖尧年纪已高，要选继承人，大家都推举舜。于是，尧就把自己的两个女儿娥皇、女英嫁给舜，又派人侍奉其左右，观察其德行，并让舜管理百官，观察其能力。经过考查，尧发现舜是个难得的贤才，就禅位于舜。

舜执政以后，传说有一系列的重大政治行动，呈现出一派励精图治的气象。他重新修订历法，又举行祭祀上帝、天地四时、山川群神的大典；还把诸侯的信圭收集起来，再择定吉日，召见各地诸侯君长，举行隆重的典礼，重新颁发信圭。尧死以后，舜在政治上又有一番大的兴革。

舜任命禹担任司空，治理水土；命后稷主持农业，掌管农业；命契为司徒，掌管教化；命皋陶为司法官，执掌刑法；命益担任虞官，掌管山林；命伯夷为秩宗，主管祭祀典礼；命夔为乐官，执掌音乐和教育；命龙为纳言，负责传达命令，收集意见；等等。舜还规定，每三年考核一次官员的政绩，根据三次考察的结果决定官员的提升或罢免。经过这番整顿，官员职守分明，建立了辉煌的业绩，百业由此兴旺。

舜在年老的时候，认为自己的儿子商均不肖，就确定了威望最高的禹为继任者，并由禹来摄行政事。舜与尧一样，都是禅位让贤的圣王。

▲尧舜禅位图

据说舜在尧死之后，在位39年，到南方巡守时，死于苍梧之野，葬于江南九嶷山，称为"零陵"。

大禹有哪些功绩？

禹，通常尊称为大禹，与尧舜并称为传说中的古圣王，又是夏王朝的开国君主。《史记》说他名文命，《帝王世纪》说字密。"帝禹为夏后而别氏，姓姒氏"，但一般称作夏禹。

传说禹为"黄帝之玄孙"，既是贵胄，其家又世为大臣。禹父即治水无功的鲧，于帝尧的时代登用，帝舜时被放逐。

禹于舜时为司空，治理水土，其主要工作是治水，接续其父未竟的事业。

大禹治水的传说故事，历来传颂不绝。禹受命治水，并有益和后稷做助手。禹这个人聪慧机敏，勤恳踏实，言行一致，又能身为表率。他走遍天下，"陆行乘车，水行乘船，泥行乘橇，山行乘辇"，踏勘水情地势，规划治水大计。

禹治洪水采用的方法，以疏导为主。大禹治水，最感人的是关于他自身的传说。他在治水中表现的艰苦卓绝的作风，忘我的精神，坚韧不拔的意志，在中国人民心中历久弥新。禹在外治水，无暇顾及家庭，曾"三过家门而不入"。

在我国到处都有关于大禹的遗迹和传闻。安徽怀远县境内有禹墟和禹王宫，陕西韩城有禹门，山西河津县城有禹门

▲大禹像

口，山西夏县中条山麓有禹王城址，河南开封市郊有禹王台，禹县城内有禹王锁蛟井，湖北武汉龟山东端有禹功矶，湖南长沙岳麓山巅有禹王碑，甚至远在西南的四川南江县还建有禹王宫，而河南洛阳更有大禹开凿龙门的传说。这些遍布中国的大禹遗迹，记刻着大禹的丰功和人们的思念。

商汤有哪些功绩？

汤是帝喾之子契的14世孙，商族第15代首领，商王朝的建立者，又称太乙、武汤、武王、天乙、成汤、成唐等。商族原来是活动在夏朝东边部落，因汤施行仁政，爱护百姓，深得民众的拥护，周围的一些小国慕名前来归附，商族的势力迅速强大起来。

当时，夏王桀残暴无道，王朝内部动荡不安。汤趁此时机计划取代夏。他在伊尹和仲虺的帮助下，先灭掉了商附近的一小国葛国，之后经过11次的出征，先后灭掉周边十余个拥护夏朝的小国，成为当时的强国。汤发布征伐夏桀的誓师辞《汤誓》，于鸣条之战中一举灭夏，建立了中国历史上第二个奴隶制国家商朝，定都于亳。

▲ 商汤像

周文王有哪些功绩？

周文王是商朝末年周族的首领，姬昌、周侯、西伯、姬伯等都是对他的称呼，文王是他死后追封的尊号。

周文王原为商朝的诸侯，位居三公，封为西伯。他是一位礼贤下士、尊老爱少的统治者，因不满商纣王暴政，被拘于羑里。《史记》中说"文王拘而演周易"就是记载他被拘时的作为。文王归周后，不断发展生产，训练军队，灭掉周围的小国，势力日增。至姬昌去世，周已得三分之二的天下，为武王灭商奠定了基础。

为什么说周公是儒学的奠基人？

周公旦，姓姬，名旦，亦称叔旦，周代第一位周公。西周时期的政治家、军事家、思想家、教育家，被尊为"元圣"，周公是周文王的第四子，周武王的同母弟。因采邑在周，称为周公。武王死后，其子成王年幼，由他摄政当国。当时其兄弟管叔、蔡叔和霍叔等人勾结商纣子武庚和徐、奄等反叛。他奉命出师，三年后平叛，并将势力扩展至海。后建成周洛邑，作为东都。相传他制礼作乐，建立典章制度，在巩固和发展周王朝的统治上起了关键性的作用，对中国历史的发展产生了深远影响。其言论见于《尚书》诸篇，他也被尊为儒学奠基人，是孔子最崇敬的古代圣人之一，《论语》中曾说："甚矣吾衰也！久矣吾不复梦见周公。"

董狐"秉笔直书"是怎么回事?

董狐,春秋晋国太史,亦称史狐,生卒年不详。周太史辛有的后裔,因董督典籍,故姓董氏。据说今翼城县东50里的良狐村即其故里。董狐秉笔直书的事迹,实开我国史学直笔传统的先河。

《左传·宣公二年》记载,晋灵公夷皋聚敛钱财,残害臣民,举国上下为之不安。作为正卿的执政大臣赵盾,多次苦心劝谏,灵公非但不改,反而肆意残害。他先派人刺杀赵盾,未遂,又于宴会上伏甲兵袭杀,未果。赵盾被逼无奈,只好出逃。当逃到晋国边境时,听说灵公已被其族弟赵穿带兵杀死,于是返回国都,继续执政。

太史董狐以"赵盾弑其君"记载此事,并宣示于朝臣,以示笔伐。赵盾辩解,说是赵穿所杀,不是他的罪。董狐申明理由说:"子为正卿,亡不越境,反不讨贼,非子而谁?"意思是他作为执政大臣,在逃亡未过国境时,原有的君臣之义就没有断绝,回到朝中,就应当组织人马讨伐乱臣,不讨伐就未尽到职责,因此"弑君"之名应由他承当,这是按写史之"书法"决定的。

孔子为什么对管仲推崇备至?

管仲(?—公元前645年)因辅佐齐桓公成为春秋时期的第一霸主而被称为"春秋第一相",他名夷吾,又名敬仲,字仲,又称管敬仲,颍上(今属安徽)人。

管仲少时丧父,家庭生活贫困,为了维持家庭生计经营商业,为后来辅助齐桓公经济富国思想提供了实践基础。后来管仲从事政治活动,曾支持公子纠与小白(即齐桓公)争夺君位。小白取得君位后,经鲍叔牙的力荐,不计前嫌,拜其为齐国上卿(即丞相)。

在政治上,管仲推行君主、二世卿共同分管齐国,并在国中设立各级军事编制、设官吏管理,还建立了人才选拔制度,规定了士、农、工、商各行其业;对外积极促使齐桓公采取尊王攘夷的方针以建立霸权。在经济上,管仲主张发展经济以富国强兵,进行了按土地分等征税、禁止贵族掠夺私产、发展盐铁业、铸造货币、调剂物价等一系列经济改革,齐国由此国力大振。

管仲的改革推动了奴隶制向封建制过渡,成效显著,对整顿齐国内政、发展经济、充实国力等方面起了重要作用,孔子曾感叹说:"假如没有管仲,我也要穿他族服装了。"

管仲的政治、经济思想收录在《管子》中,该书共24卷,85篇,今存76篇。

▲管仲像

我们为什么尊孔子为"圣人"?

孔子(公元前551年—前479年),名丘,字仲尼。儒家的始创人,被后世尊称为"万世师表",也被称为"圣人"。

孔子一生周游列国,先后到过卫、陈、蔡、楚、宋等国,致力于宣扬其政治抱负,回复周代时的礼乐,但终究未能成功。后来返回鲁国,此时孔子已经68岁。此后,他潜心于讲学和著书,为民间私学的兴起奠定了基础。在此期间,他与弟子重新编订了"五经",并撰写了《春秋》,记载了春秋时期所发生的大事,并借此阐发儒家的价值观。

孔子去世后,他的弟子们将他一生的言论,去粗取精地摘录了下来,这就是著名的《论语》,对中国思想界、学术界产生了深远的影响。

孟子为什么被尊为"亚圣"?

孟子(公元前372年—前289年),名轲,字子舆,又字子车、子居。他是孔子之孙子思的再传弟子。鉴于他对儒学的巨大贡献,后世奉其为"亚圣"。因此历史上总把孟子和孔子相提并论,提及儒家,必说"孔孟"。

孟子自幼便在母亲的教育下,用功读书,学成以后便以孔子的继承者自称,广招弟子,并且到各国游学,宣扬他的"仁政""王道"等主张。他先后到过齐、宋、鲁、滕、梁等国,拜见过梁惠王、齐宣王等君主。虽然受到了尊敬与礼遇,可是因其思想保守,和当时的主流思想背道而驰,因此并没有得到重用,唯有滕文公曾经试图推行他的政治主张,最后也未能成功。

到了晚年,孟子回乡讲学,据说与他的弟子万章、公孙丑等人,共同著书,写成了《孟子》七篇。它的篇目分别为:梁惠王、公孙丑、滕文公、离娄、万章、告子以及尽心。由于每篇的分量都很多,故而又分为上、下两篇,因此,全书共分十四卷。孟子的言论和事迹大多保存在这七篇当中。

荀子的儒家思想有哪些特别之处?

荀子(公元前313年—前235年),名况,字卿,赵国郇邑人,战国后期著名的思想家、教育家。历史上关于荀子的记载很少,而且出入很大。荀子是继孔子和孟子之后最大的儒学家。他的思想都记载于《荀子》一书中,对中国两千多年的封建社会产生了广泛而深远的影响。荀子曾经游历燕、齐、楚、秦、赵等多国,后来,在兰陵安居下来,一直到死。

在兰陵时荀子开始从事教书与著书的工作,历史上著名的韩非和李斯就是他在这时候的学生,他也正是在这段时间完成了他的代表作品——《荀子》。荀子虽然是儒家的继承人,但他并没有盲目地将儒家学说照单全收。而是将其融会贯通、加以发挥,并提出了"性本恶"等对后世产生深远影响的观点。

为什么说老子是道家思想的创始人？

老子姓李，名耳，字伯阳，生卒年不详，约生活在春秋末年，楚苦县历乡曲仁里人，也就是今天的亳州市涡阳县闸北郑店。谥聃。有人叫他李耳，也有人叫他老聃。他是我国古代伟大的思想家、哲学家，道家学派的创始人，被道教奉为教主或教祖，尊为"道德天尊"。老子修道德，其学主无为之说，以自隐无名为务。据《史记》记载：老子曾担任"周藏室之史"，深懂周朝的图书典籍，学识渊博，目睹了周王室的衰微后，便弃官西去，抵达函谷关时，遇到了关令尹喜。尹喜请求他著书，"老子乃著书上下篇，言道德之意，五千余言，而去"，最终成了隐士，"莫知所终"。这里说的"五千余言"其实就是著名的《道德经》。

▲老子骑牛图　明　陈洪绶

为什么说庄子是战国时期道家思想的代表人物？

庄子（约公元前369年—前286年），名周，字子休，战国时代宋国蒙人，据《史记》所记载与梁惠王、齐宣王是同一时期的人。

庄子是著名的思想家、哲学家、文学家，是道家学派的代表人物，因继承并发展了老子的哲学思想，后世习惯将他与老子并提，称作"老庄"，而将他们的哲学称作"老庄哲学"。

庄子早期曾在蒙地做过漆园吏，后来一直隐居。他生活清苦，却淡泊名利。楚王听说了他的贤德，便派使者以千金相馈赠，并邀请他出任宰相。他拒绝了，随即终身不再出仕，隐居于抱犊山中。

庄子一生学识渊博，交游甚广，著有《庄子》一书，主导思想是对《老子》的继承，然而却也有很多自己独到的见解。《庄子》全书十余万言，大多采用寓言的形式。其中，《渔父》《盗跖》《胠箧》等篇，主要是用来攻击孔子的言论，从而辨明老子的学说的。他的著作是中国哲学史上的又一座丰碑。

韩非子有哪些成就？

韩非（？—公元前233年），姓韩名非，战国末年韩国人，出身于贵族，是韩国的公子。

韩非口吃，不善于言谈，喜好著书。他曾与李斯是同学，共同师从荀子。

韩非目睹当时韩国衰微，多次劝谏韩王，但韩王并没有听从他的谏言。韩非痛恨朝廷不能修明法治，实行富国强兵的政策，反而重用一些没有实际经验、好空发牢骚的人。于是他借鉴了历史的得失变乱，写下了《孤愤》《五蠹》《内外储》《说林》《说难》等十余万言的著作，成为法家思想的集大成者。

韩非的著作面世后，秦王大加赞赏。后来韩非子奉韩王之命出使秦国，因为李斯的嫉贤妒能，使得韩非受到了秦王的猜忌，最终被李斯用毒药毒死。

▲ 韩非像

为什么说屈原是伟大的爱国诗人？

屈原（约公元前339年—约前278年），名平，出身于楚国的贵族家庭，是战国时期楚国的诗人、政治家，秭归三闾乡乐平里人。

屈原自幼勤奋好学，胸怀大志，26岁就担任楚国左徒兼三闾大夫。

顷襄王即位后，屈原受到迫害，并被放逐到江南。

公元前278年，秦国大将白起带兵南下，攻破了楚国国都，屈原的政治理想破灭，对前途感到绝望，虽有心报国，却无力回天，只得以死明志，就在同年五月五日端午节这天投汨罗江自杀。

屈原不但是一位具有远见卓越的政治家，也是楚辞的创始人和代表作家，是三峡里的"第一流才子"。屈原的政治生活虽然是个悲剧，但作为诗人，他给后人留下了《离骚》《天问》等20多篇不朽的诗篇。这些都是中国文学宝库的珍贵遗产。

商鞅是怎样实现自己抱负的？

商鞅（公元前390年—前338年），姓公孙，名鞅，秦孝公时封于商邑，故名商鞅，号为商君。商鞅为卫国庶出公子，故也称为卫鞅。商鞅起先在魏相公叔痤的手下担任中庶子一职。公叔痤得知商鞅怀才不遇，便向魏惠王推荐商鞅。商鞅并未被惠王重用，等到公叔痤去世后，秦孝公下令于国中求贤能之人，于是商鞅西行进入秦国。

商鞅入秦后，秦孝公前后四次接见他。孝公拒绝施行儒家的仁政德治，而对霸道非常崇尚，这与商鞅的法家思想不谋而合，于是商鞅在秦国一度得到了重用，并在秦国推行了最为彻底的变法运动。

▲ 商鞅像

商鞅在秦国先后两次实行变法，较为彻底地革除了旧的封建制度，实行了新制度，使得秦国迅速走上了强盛之路，成为战国时期第一等强国。后来，因为商鞅的变法触及了贵族保守派的利益，所以受到了他们的陷害，最终被车裂而死。

秦始皇的功过应该如何评说？

秦始皇（公元前259年—前210年），是中国的第一个皇帝，名嬴政，秦庄襄王之子（有人说他是吕不韦的私生子），中国历史上杰出的政治家、军事家，也是著名的暴君。嬴政出生在赵国，在赵国过了9年孤独的生活，13岁即王位，39岁称帝，建立了中国历史上第一个统一的、多民族的、专制主义中央集权制国家——秦国。

秦始皇的并天下、称皇帝、废封建、置郡县、销兵器、迁富豪、夷险阻、征百越、逐匈奴、通沟渠、车同轨、书同文、一法度等措施，对于全国之大一统，对于中国政制之创建、中国版图之确立、中华民族之传承，都有着重大影响。

可是，秦始皇的专制独裁、横征暴敛、严刑峻法，使秦朝在统一中国后只历时十五年即告覆亡。

秦始皇一方面是首创统一局面的"千古一帝"，一方面是专制独裁的"暴君"，对于其功过，我们应辩证地看待。

李斯的政绩有哪些？

李斯是秦代丞相，也是秦汉时代著名的文学家。他早年为楚国郡小吏，后来跟随荀子学帝王之术。当看到"楚王不足事，而六国皆弱"后，便在战国末年入秦。初为吕不韦舍人，因向嬴政献灭六国统一天下之大计，受到重用，拜为长史。公元前237年，大臣建议驱逐六国客卿。李斯上《谏逐客书》阻止，被秦王采纳，不久官为廷尉。

秦统一天下后，李斯官至丞相。他主张废分封，设郡县；明法度，定律令；禁私学，以加强专制主义中央集权的统治；以小篆为标准，统一全国文字；销毁民间兵器，加强对人民的统治。

秦始皇死后，李斯与赵高合谋伪造遗诏，迫扶苏自杀，立胡亥为二世皇帝。公元前208年，李斯被赵高诬陷为谋反，腰斩于咸阳闹市。

▲秦统一文字表

汉高祖对中华文化有哪些影响？

汉高祖刘邦（公元前256年—前195年），字季（一说原名季），沛县丰邑中阳里（今江苏丰县）人，起兵于沛（今江苏沛县）。

刘邦在兄弟四人中排行第三。秦朝时曾担任泗水亭长，在秦末农民战争中起义，登高一呼，天下英雄云集于麾下。

公元前207年12月，刘邦所率起义军率先攻入秦都咸阳，公元前206年被项羽封为汉王，封地为汉中、巴蜀（因此在战胜项羽后建汉朝时，国号定为"汉"）；公元前202年，刘邦击败项羽，在定陶城边的汜水北岸称帝，7月建都长安（今陕西省西安市）。

登基后，刘邦采取休养生息的宽松政策，不仅安抚了人民，也促成了汉代雍容大度的文化基础。可以说刘邦使四分五裂的中国真正统一起来，而且还逐渐把分崩离析的民心凝集起来。

他对中国的统一强大、汉文化的保护发扬有一定的贡献。

▲ 歌风台
汉高祖平定英布叛乱后，于归途中经故乡沛县，酒酣之时，有感于昔日亡秦灭楚的戎马生涯，欣喜于既成帝业，即兴击筑而歌："大风起兮云飞扬，威加海内兮归故乡，安得猛士兮守四方。"后人于鸣唱处筑"歌风台"以纪念。

汉武帝对中华文化做出了哪些贡献？

汉武帝刘彻（公元前157年—前87年），字通，幼名彘，汉朝第七位皇帝，中国历史上伟大的政治家、战略家。汉武帝是汉景帝刘启之子。4岁被册立为胶东王，7岁时被册立为太子，16岁登基，在位五十四年（公元前141年—前87年），其间，他任用卫青、霍去病北击匈奴，基本解除了汉朝北方的边患，建立了西汉王朝最辉煌的功业。他的雄才大略、文治武功使汉朝成为当时世界上最强大的国家，他也因此成了中国历史上伟大的皇帝。但他统治期间连年征战，损耗了国力，因此后世也批评他穷兵黩武。

汉武帝创造了六个"第一"：第一个用儒家学说统一思想的皇帝；第一个创立太学培养人才的皇帝；第一个大力拓展中国疆土的皇帝；第一个开通西域的皇帝；第一个用皇帝年号来纪元的皇帝；第一个用罪己诏形式进行自我批评的皇帝。

董仲舒对儒家学说的贡献有哪些？

董仲舒（公元前179年—前104年），西汉时期著名的思想家。他提出的"罢黜百家，独尊儒术"主张确立了儒学的主导地位，对中国的政治、思想产生了深远的影响。董仲舒思想的主要特色，是以儒家学说为基础，引入阴阳五行理论，构建"大一统"和"天人感应"的新思想体系。董仲舒的思想，是西汉在总结历史经验的基础上，选择出适合中国历史的官方哲学，对巩固汉代统治秩序与维护大一统的局面起到了积极的作用，也为后世封建统治者提供了统治的理论基础。

桑弘羊推行的经济政策有哪些？

桑弘羊，汉武帝时大臣。洛阳人。出身于商人家庭，自幼有心算才能，13岁入侍宫中。自元狩三年（公元前120年）起，终武帝之世，历任大司农中丞、大司农、御史大夫等重要职务，深得武帝宠信。元狩年间以后，在桑弘羊的参与和主持下，先后实行了盐、铁、酒官营，均输、平准、算缗、告缗，统一铸币等经济政策。此外，还组织了60万人屯田戍边，防御匈奴。这些措施都在不同程度上取得了成功，暂时缓解了经济危机，史称当时"民不益赋而天下用饶"。桑弘羊以此赐爵左庶长。武帝后元二年（公元前87年），桑弘羊由搜粟都尉迁任御史大夫，与霍光、田千秋、金日䃅、上官桀四人同受遗诏辅佐昭帝。始元六年（公元前81年），昭帝召集各地贤良文学至长安，会议盐铁等国家大事。贤良文学反对盐铁官营和均输平准等与民争利的政策，力主改弦更张，桑弘羊与之展开辩论。由于桑弘羊的坚持和封建国家财政方面的需要，当时除废止酒类专卖改为征税外，盐铁官营等各项重要政策仍沿袭不变。次年，桑弘羊因与霍光政见发生分歧，被卷入燕王旦和上官桀父子的谋反事件，最终被处死。

司马迁对中国史学有哪些开创之功？

司马迁（公元前145年或前135年—？），字子长，左冯翊夏阳（今陕西韩城西南）人。西汉史学家，文学家。

司马迁10岁开始学习古文书传。约在汉武帝元光、元朔年间，向董仲舒和孔安国学习。20岁时，从京师长安南下漫游，江淮流域和中原地区都留下了他的足迹，每到一个地方，都考察风俗，采集传说。

元封三年（公元前108年），司马迁继承其父司马谈之职，任太史令，此后，司马迁开始撰写《史记》。后因替投降匈奴的李陵辩护，获罪下狱，受腐刑。出狱后任中书令，继续发愤著书，终于完成了《史记》的撰写。人称其书为《太史公书》。是中国第一部纪传体通史，为后世留下了一笔珍贵的文化遗产。

司马迁还撰有《报任安书》，记述了他下狱受刑的经过和著书的抱负，为历代所传颂。

▲ 司马迁祠

王莽是怎样篡夺汉室天下的？

王莽（公元前45年—公元23年），字巨君，新朝的建立者，魏郡元城（今河北大名县东）人。公元8年—23年在位。

西汉哀帝自元寿二年（公元前1年）六月去世后，9岁的汉平帝即位，太皇太后王政君临朝称制，以其侄王莽为辅政大臣，出任大司马，封"安汉公"。初始元年（8年），王莽篡位称帝，登基成为一朝开国君主，改国号为"新"，年号"始建国"。其后推行了一系列改制措施，但其改制不但没有挽救西汉末年的危机，反而使矛盾进一步激化，导致了赤眉、绿林为主的农民起义。公元23年，赤眉、绿林军攻入长安，王莽被杀，在位15年，死时69岁。

张道陵为什么被道教尊为"祖天师"？

张道陵（34—156年），道教创始人，第一代天师。本名张陵，东汉沛国丰邑（今江苏丰县）人。据传为汉留侯张良的八世孙。建武十年（34年）正月十五夜，生于吴之天目山，7岁读老子《道德经》二篇，即了其义。为太学书生，通晓天文、地理、诸子、五经，从学者千余人。

永平二年（59年）以直言极谏科中，拜巴郡江州令（今重庆），时年26岁。因素志于黄老之道，见世风日下，不久遂弃官隐于北邙山（今河南洛阳北）。汉章帝、和帝诏征，皆不就。后与弟子王长从淮入江西鄱阳，诉流至云锦山（今龙虎山），炼九天神丹，三年丹成而龙虎见，山因以名。又闻蜀中民风淳厚，易可教化，便入蜀于鹤鸣山修道。

汉安元年（142年）感太上授以正一盟威之道或云三天正法正一科术要道法文，创立了道教。立二十四治，以祭酒分领，不喜施刑罚，廉耻治民，符水治病，百姓奉之为师。尊老子为教祖，奉《老子五千文》撰《老子想尔注》，阐扬道教教义，称"道"即是"一"，"一散形为气，聚形为太上老君"，以"道"为最高信仰。永寿二年（156年），以盟威都功诸品秘箓、玉册、剑印付子张衡，与夫人雍氏升仙而去，年123岁。唐天宝七载（748年）册赠"太师"，僖宗中和四年（884年）封为"三天扶教大法师"。宋理宗加封"正一静应显佑真君"。道教尊为祖天师、泰玄上相、降魔护道天尊。

▲ "中国道教发源地"碑 20世纪90年代立于鹤鸣山。

王充的思想有哪些独特之处？

王充（27—约97年），东汉唯物主义哲学家，在中国哲学史上也非常著名。他反对当时流行的天人感应说，提出"元气"说，认为"元气"是天地万物的基础，人也是由天地之气而形成的，这是古代朴素唯物主义的体现。此外，王充还反对有神论，认为人的生命与精神，均以"精气"为物质基础，"死而精气灭"。王充曾作《问孔》和《刺孟》等篇，反对儒家古是今非的观点，提出"汉高于周"的历史进步观点。王充的主要著作有《讥俗》《政务》《论衡》《养性》等，今仅存《论衡》。他的思想对中国唯物主义思想的发展影响很大。

为什么说诸葛亮是中华民族智慧的化身？

诸葛亮（181—234年），字孔明，号卧龙，三国时期杰出的政治家、军事家、战略家、散文家、外交家、发明家。千百年来，诸葛亮已经成为中华民族智慧的化身，其传奇性的故事亦为世人所歌颂。

诸葛亮娴熟韬略，学识渊博，兼通天文地理，奇门遁甲。多谋略，善巧思，曾革新"连弩"，造"木牛""流马"，推演兵法，作"八阵图"。

207年，刘备"三顾茅庐"于襄阳隆中，诸葛亮提出了著名的《隆中对》，"足不出户而知天下三分"。223年，后主刘禅即位，诸葛亮受封武乡侯，勤勉谨慎，事必躬亲，赏罚严明。与东吴联盟，改善和西南各族的关系，实行屯田，加强战备。227年，上疏《出师表》于刘禅，率军出驻汉中，前后六次北伐中原，多以粮尽无功。234年，终因积劳成疾，病逝于五丈原军中，实现了他"鞠躬尽瘁，死而后已"的诺言。

▲成都武侯祠

名士何晏是个什么样的人？

何晏（？—249年），三国魏玄学家，字平叔，南阳宛县（今河南南阳）人。汉大将军何进之孙，《魏略》认为其有可能是何进弟何苗之孙。因何晏父早逝，曹操纳何晏母尹氏为妾，何晏被收养，为曹操所宠爱。少以才秀知名，好老、庄之言。"美姿仪而色白"，犹如敷粉，"行步顾影"，人称"傅粉何郎"。《晋书》称他"好服妇人之服"。服散，称"服五石散，非唯治病，亦觉神明开朗"。娶魏金乡公主。服饰似于魏太子曹丕，故为曹丕所憎，称其为"假子"，文帝时未授官职。明帝以其浮华，亦抑之，仅授冗官。正始年间（240—248年）曹爽秉政，何晏党附爽，因而累官侍中、吏部尚书，典选举，爵列侯，仗势专政，后因依附曹爽，为司马懿所杀，夷三族。

何晏与夏侯玄、王弼倡导玄学，崇尚清谈，为玄学的奠基人之一。其主要著作有《论语集解》《道德论》等。

英年早逝的王弼有哪些成就？

王弼（226—249年），魏晋玄学理论的奠基人之一。字辅嗣，山阳高平（今山东邹城、金乡一带）人。

王弼"幼而察慧，年十余，好老氏，通辩能言"。何晏曾叹称："仲尼称后生可畏，若斯人者，可与言天人之际乎！"据何劭《王弼传》载，王弼十多岁时，即"好老氏，通辩能言"。他曾与当时许多清谈名士辩论各种问题，以"当其所得，莫能夺也"，深得当时名士的赏识。王弼为人高傲，"颇以所长笑人，故时为士君子所疾"。正始中，大将军曹爽擅权，王弼补台郎。正始十年（249年），曹爽被杀，王弼受案件牵连丢职。同年秋天，遭疠疾亡，年仅24岁。

王弼人生短暂，但学术成就卓著，其著作有《周易注》《老子注》《论语释疑》等，颇有创见，为后世所重。

18

葛洪在炼丹和医学方面有哪些贡献？

葛洪（283—363年），字稚川，自号抱朴子，丹阳句容（今属江苏）人，为东晋道教学者、炼丹家、医药学家。

葛洪读书很多，学识非常渊博。他曾经当过中小官吏，晚年在罗浮山修道炼丹，从事著述，直到逝世。他的著作共有200多卷，流传到现在的，主要有《抱朴子》和《肘后备急方》。

葛洪对炼丹术很有研究。《抱朴子》中内篇《金丹》《仙药》和《黄白》三篇，就是我国古代的炼丹术名著。葛洪通过炼丹，掌握了不少化学知识。葛洪在炼丹过程中所用的原料，也比前人多得多。

葛洪对医学也很有研究。《抱朴子》和《肘后备急方》中记载了不少植物药和矿物药的性能和功用，此外，他还在世界上首次记载了天花病，比西方早了500多年。

葛洪对吐纳术也很有研究。他说："吐故纳新者，因气以长气。"这是一种以运气为主的锻炼身体的方法，对于后来医学中的气功疗法影响很大。

▶ 葛稚川移居图　元　王蒙
此图描绘的即是葛洪携众家眷移居罗浮山的情景。画面山重水复，高峰巍峨，谷涧潺潺。山脚板桥搭于水上，葛洪立桥上，头戴道冠，身着道袍，左手执扇，右手牵鹿，正回首望着桥下随行家人。前有二僮一卸担歇坐，一负篾绕山前行。山道盘曲环绕，从山脚伸至岳林深处。全幅构图饱满繁密，几乎不留空隙，用笔细密工匀，设色冷暖相间，丰富雅致，是王蒙山水画又一风格之杰作。

陆修静对道教有哪些贡献？

陆修静（406—477年）为南朝著名道士，早期道教的重要建设者。字元德，吴兴东迁（今浙江吴兴东）人。三国吴丞相陆凯之后裔。少宗儒学，博通坟籍，旁究象纬，又喜道术，精研玉书。及长，好方外游，遗弃妻子，入山修道。初隐云梦，继栖仙都。为搜求道书，寻访仙踪，乃遍游名山，声名远播。宋元嘉（424—453年）末，陆修静辗转至京师，宋文帝刘义隆钦慕其道风，召入内宫，讲理说法。时太后王氏雅信黄老，降母后之尊，为其执门徒之礼。后因避太初之乱南游。于大明五年（461年），至庐山，在东南瀑布岩下营造精庐，隐居修道。宋明帝刘彧即位，思弘道教，泰始三年（467年）召见于华林园延贤馆，"先生鹿巾谒帝而升，天子肃然增敬，躬自问道，咨求宗极。先生标阐玄门，敷释流统，莫非妙范，帝心悦焉"。明帝乃于北郊天印山筑崇虚馆以居之。

陆修静禁止道官自行署职，实行按级晋升的制度，并强调"采求道官，勿以人负官，勿以官负人"的组织措施。他还对道教经典进行了整理和分类，编撰了《灵宝经目》一书，并创造了三洞四辅十二类的道教典籍分类体系，此体系为后世整理道书、编修"道藏"所沿用。此外，他还重视道教斋仪的作用，汲取儒家的封建礼法、道德规范等，使道教斋法不仅有了系统的仪式戒科，而且使斋戒仪范的理论更加完备。

元徽五年（477年）卒，时年72岁。弟子奉其灵柩还庐山。诏谥简寂先生，以庐山旧居为简寂馆。宋徽宗宣和（1119—1125年）年间，封为丹元真人。其弟子最著名者有孙游岳、李果之等。

为什么说陶弘景是"山中宰相"？

陶弘景（456—536年），字通明，自号阳陶隐，人称"山中宰相"，南朝梁时丹阳秣陵（今江苏南京）人。南朝齐、梁时期的道教思想家、医药家、炼丹家、文学家，晚号华阳隐居，卒谥贞白先生。南朝南齐南梁时期的道教茅山派代表人物之一。

他自幼聪明异常，10岁读葛洪《神仙传》，便立志养生，15岁著《寻山志》。20岁被引为诸王侍读，后拜左卫殿中将军。36岁梁代齐而立，隐居句曲山（茅山）华阳洞。梁武帝早年便与陶弘景认识，称帝之后，想让其出山为官，辅佐朝政。陶弘景于是画了一张画，两头牛，一个自在地吃草，一个带着金笼头，被拿着鞭子的人牵着鼻子。梁武帝一见，便知其意，虽不为官，但书信不断，常以朝廷大事与他商讨，人称"山中宰相"。

陶弘景的思想脱胎于老庄哲学和葛洪的神仙道

▲天地水三官大帝像　明彩绘

教，杂有儒家和佛教观点。工草隶，行书尤妙，对历算、地理、医药等都有一定研究。曾整理古代的《神农百草经》，并增收魏晋间名医所用新药，成《本草经集注》七卷，共载药物730种，并首创沿用至今的药物分类方法，以玉石、草木、虫、兽、果、菜、米实分类，对本草学的发展有一定的影响。另著有《真诰》《真灵位业图》《陶氏效验方》《补阙肘后百一方》《陶隐居本草》《药总诀》等。

寇谦之对道教有哪些改革？

寇谦之（365—448年）为北魏著名道士，南北朝新天师道（也称"北天师道"）的改革者和代表人物。原名谦，字辅真。祖籍上谷昌平（今属北京），后迁居冯翊万年（今陕西临潼）。自称东汉光武帝时雍奴侯寇恂的十三世孙。其父寇修之，为苻坚东莱太守；其兄寇赞在北魏初任南雍州刺史。

寇谦之夙好仙道，有绝俗之心，少年时曾修张鲁之术，服食饵药，历年无效。后随仙人成公兴，随之入华山，采食药物不复饥。继隐嵩山，修道七载，声名渐著。后出山入世，整理改革已不大合时宜的天师道旧制度及科范礼仪、道官教义等，为后世道教斋仪奠定了基础，世称寇天师。

玄奘对中国佛教的发展有哪些贡献？

玄奘（602—664年），名陈祎，洛州缑氏（今河南偃师滑国故城）人。世称三藏法师，俗称唐僧。唐高僧，佛教学者、旅行家，与鸠摩罗什、真谛、义净并称为中国佛教四大翻译家，唯识宗的创始者之一。出家后遍访佛教名师，因感各派学说分歧，难得定论，便决心至天竺学习佛教。唐太宗贞观三年（629年，一说贞观元年），从凉州出玉门关西行，历经艰难抵达天竺。初在那烂陀寺从戒贤受学。后又游学天竺各地，并与当地学者论辩，名震天竺。求学17年后，于贞观十九年（645年）回到长安。组织译经，共译出经、论75部，凡1335卷。所译佛经，多用直译，笔法谨严，丰富了祖国古代文化，并为古印度佛教保存了珍贵典籍，世称"新译"。曾编译《成唯识论》，论证"我"（主体）、"法"不过是"识"的变现，都非真实存在，只有破除"我执""法执"，才能达到"成佛"境界。所撰又有《大唐西域记》，是研究印度、尼泊尔、巴基斯坦、孟加拉国以及中亚等地古代历史地理的重要资料。历代民间广泛流传其故事，如元吴昌龄《唐三藏西天取经》杂剧，明吴承恩《西游记》

▲玄奘
玄奘是唐代著名高僧，佛教唯识宗的实际创始人之一。他历尽艰险，前往天竺求取真经，回国后又翻译了大量佛经，为中国佛教的发展做出了巨大贡献。

小说等，均由其事迹衍生。

为什么说唐太宗是一位卓越的政治家？

唐太宗（598—649年）即李世民，李渊次子，是唐朝第二代皇帝，中国封建社会伟大的军事家、卓越的政治家、著名的书法家和诗人。

李世民在位23年，在位期间选贤任能，兼听纳谏，视民如子，不分华夷，海纳百川，国泰民安，社会安定，经济发展繁荣，世誉"贞观之治"，也是中国历史上最繁荣强盛的时期之一。

李世民精于战法，善于运用骑兵，出奇制胜。临战身先士卒，统军驭将，恩威并用。对降将和少数民族将领，能竭诚相待，委以重任，被尊为"天可汗"。

李世民不仅将封建社会推向鼎盛高峰，还身体力行地倡导书法，他也是我国书法史上以行书刻碑的首创人物。

▲唐太宗像

为什么说杨炎是唐代著名的财政改革家？

杨炎（727—781年），字公南，凤翔天兴人，别号小杨山人。杨炎是唐代著名的财政改革家，两税法的倡导者。唐德宗时任宰相，在此期间，他将国家赋税从归皇帝私有、由宦官掌握的大盈库收归国库大藏库，恢复了安史之乱前国家公赋与皇帝私藏分管的制度，维护了国家公赋收支独立的原则。建中元年（780年），杨炎主持在全国施行两税法。他提出与西周以后的"量出为入"原则相对立的"量入为出"的财政概念；并主张"人无丁（丁男）、中（中男），以贫富为差"，作为两税法的课税基础，抛弃了唐代原来以人丁为征课标准的租庸调制，转而以土地、业产等财富的多寡，按每户的贫富差别进行课征。这使得封建人身依附关系有所削弱，适应了当时社会经济发展的需要。计资而税的两税法代替西晋以来计丁而税的制度，是一项带有划时代意义的措施，在中国财政思想史上是一个大突破。两税法还采用了以钱定税的原则，除谷米外，均按田亩计算货币缴纳，反映了唐代中叶货币经济的发展。两税法大为简化了税制，便利了租税的征收，免去了税吏许多催索的苛扰，不但使国家的财政收入增加，而且也减轻了人民负担。

中国历史上唯一的女皇帝是谁？

武则天（624—705年），是中国历史上唯一的女皇帝，且在位时颇有政绩，这在千年前的男权社会中难能可贵。她的事迹千百年来一直为人们谈论。

武则天自幼聪慧好学，胆识超人。在父亲的栽培下，十三四岁就博览群书，通晓事理。

14岁时，武则天以俊美的长相被选入宫中，受封"才人"。良好的个人素质加上姿色娇艳，令唐太宗很喜欢她，赐号"媚娘"。后来失宠，结识李治。

经过一系列的磨难，武则天终于成为高宗李治的皇后。强劲的武皇后协助高宗处理军国大事，佐政30年后，亲登帝位，自称圣神皇帝，改国号为周，成为中国历史上空前绝后的唯一女皇。

唐末农民起义最重要的领袖是谁？

黄巢（？—884年），曹州冤句（今山东菏泽）人，初为盐帮首领，乾符二年（875年），王仙芝反唐，黄巢在家乡与子侄起兵响应，后二人分道扬镳。乾符五年（878年），王仙芝兵败被杀，余部投奔黄巢，黄巢实力大增，自立为黄王，自称"冲天大将军"。此后带领属下流动作战，转战大半个中国，曾四次渡过长江，两次渡过黄河，于中和元年（881年）攻陷长安，自立为帝，建立大齐政权。但好景不长，次年，唐军组织反击，黄巢决策失误，一路向东败退，于中和四年（884年）在山东被部下所杀。黄巢残暴毒虐，观念狭隘，滥杀无辜，史称"黄巢杀人八百万"。

为什么说王安石是一位伟大的改革家？

王安石（1021—1086年），字介甫，晚号半山，卒谥"文"，小字獾郎。封荆国公，世人又称王荆公。江西临川（今江西省东乡区）人。北宋杰出的政治家、思想家、文学家、改革家，唐宋八大家之一。在文学中具有突出成就。其诗"学杜得其瘦硬"，长于说理与修辞，善用典，风格遒劲有力，警辟精绝，亦有情韵深婉之作。著有《临川先生文集》。

治平四年（1067年）神宗初即位，诏王安石知江宁府，旋召为翰林学士。熙宁二年（1069年）提为参知政事，从熙宁三年起，两度任同中书门下平章事（相当于宰相），开始推行新法，但由于保守派的阻挠以及用人不当，导致变法失败，于熙宁九年罢相，此后隐居，病死于江宁（今江苏南京市）钟山，谥号"文"，又称王文公。其政治变法对北宋后期社会经济具有很深的影响，已具备近代变革的特点，被列宁誉为"中国11世纪伟大的改革家"。

▲王安石像

唐宋八大家

唐宋八大家，是唐宋时期以写诗歌和散文为主的八位文学家的合称，即唐代的韩愈、柳宗元和宋代的欧阳修、苏洵、苏轼、苏辙、王安石、曾巩八人。

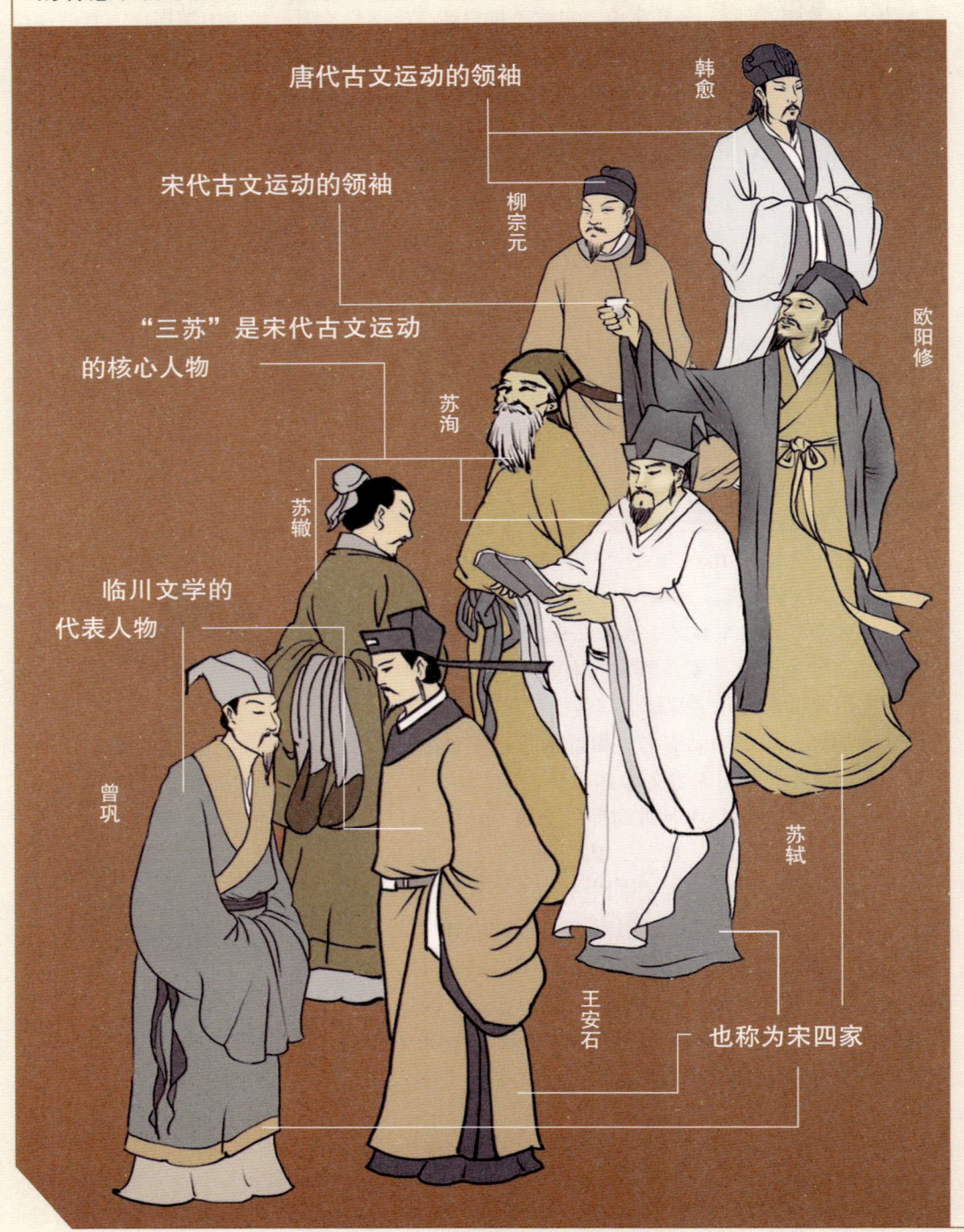

唐代古文运动的领袖——韩愈

宋代古文运动的领袖——柳宗元

"三苏"是宋代古文运动的核心人物——苏洵、苏辙

临川文学的代表人物——曾巩

欧阳修

苏轼

王安石

也称为宋四家

唐宋八大家称谓起源

明初,朱右将韩愈、柳宗元、欧阳修、苏洵、苏轼、苏辙、王安石、曾巩的文章编成《八先生文集》,八大家之名始于此。

明中叶,唐顺之所纂的《文编》,仅取以上八位散文家的文章,为唐宋八大家名称的定型和流传起了一定的作用。

后推崇唐顺之的茅坤根据朱、唐的编法选了八家的文章,辑为《唐宋八大家文钞》,唐宋八大家之称遂固定下来。

唐宋八大家的内部关系

- 苏洵、苏轼、苏辙三人合称"三苏",苏洵是苏轼和苏辙的父亲,苏轼是苏辙的哥哥。
- 欧阳修是苏轼的老师,王安石、曾巩也都曾拜欧阳修为师。
- 唐宋八大家又分为唐二家(韩愈、柳宗元)和宋六家(苏轼、苏洵、苏辙、欧阳修、曾巩、王安石)。

唐宋八大家对散文的推动

在唐贞元、元和时期,韩愈、柳宗元掀起古文运动,使得唐代的散文发展到极致,形成了"辞人咳唾,皆成珠玉"的局势。而到了宋代则以欧阳修为魁,他荐拔和指导了王安石、曾巩、苏洵、苏轼、苏辙等散文家,对他们的散文创作产生了很大的影响。唐宋八大家提倡散文,反对骈文,对当时和后世的文坛产生了深远的影响。

韩 愈	《原毁》《师说》《柳子厚墓志铭》《祭十二郎文》
柳宗元	《永州八记》《童区寄传》《种树郭橐驼传》
欧阳修	《朋党论》《醉翁亭记》
曾 巩	《唐论》《寄欧阳舍人书》《上福州执政书》
王安石	《答司马谏议书》《鲧说》《读孟尝君传》《书刺客传后》《伤仲永》
苏 洵	《颜书四十韵》
苏 轼	《石钟山记》《放鹤亭记》《赤壁赋》《后赤壁赋》
苏 辙	《新论》《六国论》《上皇帝书》《上枢密韩太尉书》

宋太祖的功过应该如何分析？

宋太祖赵匡胤（927—976年），宋朝开国君主，涿州人。后周时任殿前都点检，武艺高强，创太祖长拳，领宋州归德军节度使，掌握兵权。后发动陈桥兵变，即帝位，国号宋，结束五代扰攘的局面。赵匡胤生平最大的贡献就是重新恢复了中原地区的统一，使民众有了安定的环境，为社会的繁荣发展创造了良好的条件。在统治时期，赵匡胤汲取了唐朝宦官专权、藩镇割据导致灭亡的教训，奉行"文以靖国"这一理念，削夺了武官的权力，实行"重文轻武"的基本国策。通过尊孔崇儒、完善科举、任用贤能、以法治国、发展生产等措施，扭转了唐末以来武夫专权的黑暗局面，令经济、文化空前繁盛。但他过度重文轻武、偏重防内，造成宋朝长期积弱不振。赵匡胤在位16年，庙号太祖。

▲ 宋太祖赵匡胤像

司马光有哪些成就？

司马光（1019—1086年），北宋时期著名政治家、史学家、散文家。北宋陕州夏县涑水乡（今山西运城安邑镇东北）人，字君实，号迂夫，晚年号迂叟，世称涑水先生。赠太师、温国公、谥文正。司马光自幼嗜学，尤喜《春秋左氏传》。

宋仁宗宝元元年（1038年），司马光年方二十，中进士甲科。宋英宗继位前任谏议大夫，宋神宗熙宁年间拜翰林学士、御史中丞。

熙宁三年（1070年），司马光因反对王安石变法，出知永兴军。次年，判西京御史台，居洛阳15年，专门从事《资治通鉴》的编撰。哲宗即位，还朝任职。元丰八年（1085年），任尚书左仆射兼门下侍郎，主持朝政，排斥新党，废止新法。数月后去世。追赠太师，温国公，谥文正，著作收在《司马文正公集》中。

司马光和王安石是同时代的人物，二人虽然政见相左，但私交却很好，被后世引为美谈。

▲《资治通鉴》书影

是谁开创了道教全真派？

王重阳（1112—1170年），金代道士，全真道创始人。原名中孚，字允卿，后改名世雄，字德威。入道后，改名嚞，字知明，号重阳子。祖籍陕西咸阳大魏村，出身于庶族地主家庭，后迁终南县刘蒋村。幼好读书，后入府学，中进士，系京兆学籍。金天眷元年（1138年），应武略，中甲科，遂易名世雄。47岁时，深感"天遣文武之进两无成焉"，愤然辞职，慨然入道，隐栖山林。金正隆四年（1159年），弃家外游，自称于甘河镇遇异人授以内炼真诀，悟道出家。金大定元年（1161年），在南时村挖穴墓，取名"活死人墓"，自居其中，潜心修持2年。大定三年，功成丹圆，迁居刘蒋村。大定七年，独自乞食，东出潼关，前往山东布教，建立全真道。其善于随机施教，尤长于以诗词歌曲劝诱世人，以神奇诡异惊世骇俗。在山东宁海等地宣讲教法。同时，先后收马钰、孙不二、谭处端、刘处玄、丘处机、郝大通、王处一为弟子，即全真七子。大定十年携弟子马钰、谭处端、刘处玄、丘处机4人返归关中，卒于开封途中。葬于终南刘蒋村故庵（今陕西鄠邑区祖庵镇）。

至元六年（1269年）王重阳被追封为"重阳全真开化真君"，至大三年（1310年），进封为"重阳开化辅极帝君"。

王重阳糅合儒释道三家思想，主张三教合一，声称"儒门释户道相通，三教从来一祖风"。他认为修道之根本在于修心，只要心地清净，则身在凡尘而心已在圣境。其著作有《重阳立教十五论》《重阳教化集》等，均收入《正统道藏》。

丘处机是如何将全真派发扬光大的？

丘处机（1148—1227年），金代登州栖霞（今属山东）人，字通密，号长春子，后赠号长春真人。年十九出家于宁海昆仑山（今山东牟平东南），师王重阳。丘处机在王重阳去世后入磻溪穴居，历时六年，行携蓑笠，人称"蓑笠先生"。后又赴饶州龙门山（今宝鸡市）隐居潜修七年，成为全真道龙门派创始人。

1220年，丘处机应成吉思汗征召，不远万里前往大雪山（今阿富汗兴都库什山）与成吉思汗会见。进言"敬天爱民为本"，"清心寡欲为要"，被尊为"神仙"。从此丘处机所代表的道教全真派得到了蒙古皇室的扶持，显赫一时。

为什么说成吉思汗是"一代天骄"？

元太祖成吉思汗（1162—1227年），孛儿只斤氏，名铁木真。蒙古族，世界历史上的杰出政治家、军事家。1206年，被推举为蒙古帝国的大汗，统一蒙古高原各部落。在位期间，多次发动征服战争，征服地域西达黑海海滨，东括几乎整个东亚，建立了世界历史上著名的横跨欧亚两洲的大帝国。1227年七月，在蒙古军围困西夏首都时，成吉思汗病逝于今宁夏南部六盘山（一说灵州），终年66岁。元世祖至元二年（1265年）上庙号太祖。次年，追上谥号圣武皇帝，至大二年（1309年）加谥法天启运圣武皇帝。

▲成吉思汗像

张载对理学有什么贡献？

张载（1020年—1077年），字子厚。北宋陕西凤翔郿县（今陕西眉县）人，世称横渠先生。

张载是程颢、程颐的表叔，他们三人与周敦颐、邵雍并称为"北宋五子"。张载是关学的开创者，也是理学的奠基者之一。张载于宋仁宗嘉祐二年（1057年）中进士，历授崇文院校书、知太常礼院。后因反对王安石变法遭贬，就此辞官。归家后，专注于读书讲学，开创"关学"，名震一时。

张载年少时博览群书，颇有出仕建功之志，但在范仲淹勉励下，投身学术研究。出入佛老，终于形成了自己独到的儒家思想。他一生主张"实学"，强调经世致用。与二程的"洛学"不同，张载认为世界的"本源"是"气"，而非"理"。通过"气"的概念，张载构建起了一个独特的"一元论"哲学体系。他曾提出著名的"横渠四句"，认为读书人要"为天地立心，为生民立命，为往圣继绝学，为万世开太平"。

南宋嘉定十三年（1220年），宋宁宗赐谥"明"，宋理宗淳祐元年（1241年），封郿伯，从祀孔庙。《正蒙》一书是张载最后的著作，也是其一生思想的最高总结。

"二程"对理学的发展有什么贡献？

▲程颢

▲程颐

"二程"即程颢（1032—1085年）、程颐（1033—1107年）。程颢，字伯淳，世称明道先生；程颐，字正叔，世称伊川先生。二人祖籍洛阳，生于湖北黄陂，他们早年一同求学于周敦颐。

"二程"共同创立了"洛学"，为理学奠定了基础。其学说被称为"二程学派""二程儒学"。"二程"在哲学上发挥了孟子至周敦颐的性理之学，建立了以"天理"为核心的理学体系。在学术上，他们提出的最重要的命题是"万物皆只是一个天理"，认为阴阳二气和五行只是"理"或"天理"创生万物的材料。

从此，"理"或"天理"被当作中国哲学的最高范畴使用，被视为世界的本体。

"二程"认为人类社会的制度及与之相适应的社会道德规范，也都是"理"在人间社会的具体表现形态。二程的"人性论"来源于子思、孟子的性善论。但二程的人性论在性善论的基础上又进一步深化，回答了性为什么至善、为什么会产生恶的因素等一系列问题。二程认为人性有"天命之性"和"气质之性"的区别，前者是天理在人性中的体现，未受任何损害和扭曲，因而是至善无疵的；后者则气化而生的，不可避免地受到"气"的侵蚀，产生弊端，因而具有恶的因素。

二程儒学后来由朱熹发扬光大，在明朝成为官学，称为"程朱理学"。

朱熹对理学的发展有什么贡献？

朱熹（1130—1202年），南宋著名理学家、思想家，字元晦，后改仲晦，号晦庵。别

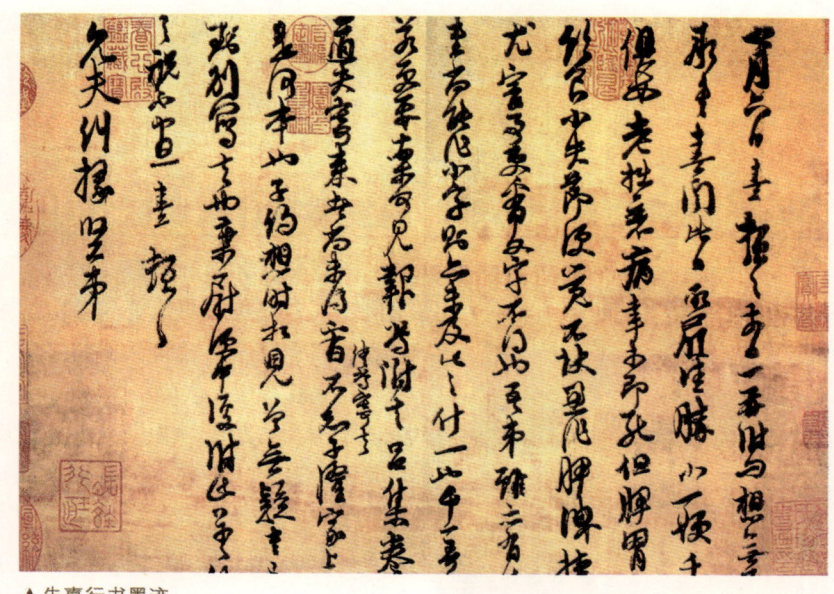

号紫阳，祖籍徽州婺源（今属江西），侨寓建阳（今属福建）崇安。18岁举建州乡贡，19岁登王佑榜进士，22岁授左迪功郎，初任泉州同安县主簿，为官四十八年。庆元六年（1200年）病逝，享年71岁。赐谥曰"文"（称朱文公），累赠太师，追封信国公，后改徽国公，从祀孔子

▲朱熹行书墨迹

庙。明朝通称先儒朱子，清康熙五十一年（1712年）诏升大成殿配享，位列十哲之次。

朱熹曾在岳麓书院讲学，他还重建了庐山的白鹿洞书院，邀请了吕祖谦、陆九渊等学者讲学。

朱熹把《大学》重新整理，认为："经一章盖孔子之言，而曾子述之；其传十章，则曾子之意而门人记之也。"他又将《论语》跟《孟子》，以及《礼记》一书中的两篇《大学》《中庸》，合订为一部书，定名"四书"。"四书"遂与"五经"合称为"四书五经"，成为后来科举考试的核心内容。

朱熹发扬《大学》中的"格物、致知、诚意、正心、修身、齐家、治国、平天下"的思想，成为后世学者必宗的追求。朱熹的学说对中国影响深远，此后的各朝各代都以他的儒学理论为正统，道学家甚至以朱熹的是非为是非，而他所倡导的封建礼教，也成为束缚中国人思想的枷锁。

陆九渊的"心学"是怎么回事？

陆九渊（1139—1192年），号象山，字子静，南宋著名哲学家、教育家，抚州金溪（今属江西）人。与当时著名的理学家朱熹齐名，史称"朱陆"。陆九渊是中国"心学"的创始人。明代王阳明发展其学说，成为中国哲学史上著名的"陆王学派"，对近代中国理学产生深远影响。

陆九渊曾在贵溪龙虎山建茅舍聚徒讲学，因其山形如象，自号象山翁，世称象山先生、陆象山。"居山五年，阅其簿，来见者逾数千人。"南宋淳熙二年（1175年），吕祖谦邀请陆九渊、朱熹等人参加"鹅湖之会"，会上陆九渊雄辩滔滔，朱熹认为陆九渊的学说简略空疏，而陆九渊则指出朱熹的学说支离破碎。双方最终不欢而散。

陆九渊是"心学"的创始人,他主张"吾心即是宇宙","明心见性","心即是理",重视持敬的内省工夫。明代王守仁将陆九渊的"心学"发扬光大,被学界称为"陆王学派"。

王守仁对"心学"的发展有什么贡献?

王守仁(1472—1528年),字伯安,别号阳明,浙江余姚人。是我国明代著名的文学家、哲学家、思想家、政治家和军事家,曾带兵平定了宁王朱宸濠的叛乱。他的主要成就在于"心学",他继承并发展了陆九渊的学说,被学界称为"陆王学派"。王守仁反对程颐、朱熹通过事事物物追求"至理"的"格物致知"方法,而提倡从自己内心中去寻找"理",认为"理"全在人"心","理"化生宇宙天地万物,人秉其秀气,故人心自秉其精要。在知与行的关系上,王守仁从"天地万物本吾一体"的理论出发,反对朱熹的"先知后行"之说,而主张"知行合一"。临终前,王守仁对自己哲学思想进行了简要概括,即著名的"四句教":无善无恶心之体,有善有恶意之动,知善知恶是良知,为善去恶是格物。

▲王守仁

因王守仁曾在余姚阳明洞天结庐,且自号阳明子,故被学者称为阳明先生,现在一般都称他为王阳明,其学说世称"阳明学"。在中国、日本、朝鲜半岛以及东南亚国家都有重要而深远的影响。蒋介石对王守仁推崇备至,曾改台北的草山为阳明山。日本近代的著名军事家东乡平八郎,也为王阳明学说所折服,特意佩一方印章,上刻"一生俯首拜阳明"。

罗钦顺的"气学"是怎么回事?

罗钦顺(1465年—1547年)字允升,号整庵,泰和(今属江西)人,明朝哲学家、大儒。明代"气学"的代表人物,是和王阳明分庭抗礼的大学者。弘治六年(1493年)进士,官至南京吏部尚书,被称为"江右"大儒。年83卒,赐太子太保,谥"文庄"。

罗钦顺对程朱理学的改造、对"气学"的创建、对佛学的批判,使他在中国古代思想史上有着重要影响与地位。著有《困知记》《整庵存稿》《整庵续稿》。

对于陆九渊和王阳明的心学,罗钦顺的态度是批判。对于程朱理学,罗钦顺的态度是部分扬弃,用理气为一物修正了朱熹理气二分的理气论。罗钦顺晚年潜心格物致知之学,继承、改造了朱熹的格物致知说,指出格物是格天下之物,不只是格此心;穷理是穷天下事物之理,不只是穷心中之理;主张"资于外求",达到"通彻无间"、内外合一的境界。

明中期许多学者都曾与罗钦顺通信讨论过学术问题,王阳明和罗钦顺在不少学术观点上发生过激烈的争论,而王阳明的弟子欧阳德也曾在"良知""格物"等问题上和罗钦顺辩论过。罗钦顺的思想远传日本,影响了日本德川时代一些著名哲人的思想。黄宗羲也认为罗钦顺"大有功于圣门"。

顾炎武有哪些学术成果?

顾炎武(1613—1682年),苏州府昆山县(今江苏昆山)人,原名绛,字忠清。明亡后改名炎武,字宁人,亦自署蒋山佣,世称亭林先生,明末清初著名的思想家、史学家、语言学家。曾参加抗清斗争,后来致力于学术研究,留心于经世致用之学。对宋明所传心性之学深感不满。晚年侧重经学的考证,考订古音,分古韵为10部,著有《日知录》《音学五书》等,他是清代古韵学的开山祖,成果累累。

顾炎武一反宋明理学的唯心主义内容,转而强调客观的调查研究,提出以"实学"代替"理学"的主张。开一代之新风,提出:"君子为学,以明道也,以救世也。徒以诗文而已,所谓雕虫篆刻,亦何益哉?"顾炎武还倡导对经史进行严谨考证,他的这一思想主张直接影响了清代中期的"乾嘉学派",他甚至被视为此派思想的主要奠基人。

顾炎武强调做学问必须先立人格:"礼义廉耻,是谓四维。"提倡"天下兴亡,匹夫有责",他的这一观点激励了后世的无数仁人志士。

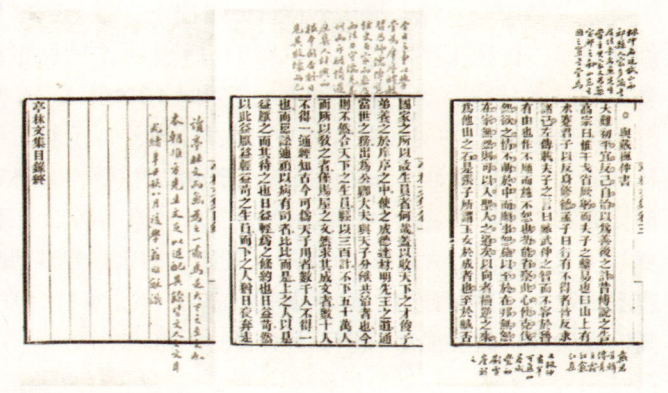

▲ 顾炎武的《亭林文集》
顾炎武被人尊称为亭林先生,此为晚清翁同龢所收藏的《亭林文集》,上面还有翁同龢的读书笔记。

为什么说黄宗羲是"中国思想启蒙之父"?

黄宗羲(1610—1695年),字太冲,号梨洲,世称南雷先生或梨洲先生,浙江宁波余姚明伟乡黄竹浦(今黄埠镇)人。黄宗羲与顾炎武、王夫之并称明末清初三大思想家(或明末清初三大儒);与弟黄宗炎、黄宗会号称"浙东三黄";与顾炎武、方以智、王夫之、朱舜水并称为"明末清初五大师"。黄宗羲亦有"中国思想启蒙之父"之誉。

黄宗羲的父亲是东林党人,被阉党所害,后来他又组织复社与阉党斗争,清军南下时,他曾组织乡勇抵抗。此后隐居讲学,康熙曾屡次征召,皆不应,后参与《明史》编纂。

黄宗羲学识渊博,大凡天文、历算、音律、经史百家、释道、农工等无不深究。治学以捍卫阳明心学自任,力主诚意慎独之说。他反对朱熹等人"理在气先"的理论,认为"理"并不是客观存在的物质实体,而是"气"的运动规律,认为"气质人心是浑然流行之体,公共之物也",他的这一观点具有唯物论的特色。

黄宗羲和顾炎武、王夫之等人是明代中国民本思想萌芽的代表人物。黄宗羲提出"天下为主，君为客"，"有治法而后有治人"，"天子之所是未必是，天子之所非未必非"，对君权的绝对提出了质疑，有的学者认为黄宗羲的思想是近代民主思想，西方学者称黄宗羲为"中国自由主义先驱"。

黄宗羲的著作有《明夷待访录》《行朝录》《明儒学案》《宋元学案》等，其中《明儒学案》是中国第一部学术史。

"船山先生"王夫之是一个怎样的人物？

王夫之（1619—1692年），字而农，号涢斋，别号一壶道人，晚年居衡阳之石船山，世称"船山先生"。明末清初杰出的思想家、哲学家，与顾炎武、黄宗羲同称明末三大学者。明崇祯年间，王夫之求学岳麓书院，师从吴道行，崇祯十一年（1638年）肄业。在校期间，吴道行教以湖湘家学，传授朱张之道，较早地影响了王夫之的思想，形成了王夫之湖湘学统中的济世救民的基本脉络。明亡后，清顺治五年（1648年），王夫之在衡阳举兵抗清，阻击清军南下，战败退肇庆，任南明桂王政府行人司行人，以反对王化澄，几陷大狱。至桂林依瞿式耜，桂林陷没，式耜殉难，乃决心隐遁。辗转湘西以及郴、永、涟、邵间，窜身洞窟，伏处深山，后回到家乡衡阳潜心治学，在石船山下筑草堂而居，人称"湘西草堂"，在此撰写了许多重要的学术著作。王夫之33岁以后就开始"栖伏林谷，随地托迹"，甚至变姓名为瑶人以避世，直到他死去。刻苦研究，勤恳著述，垂40年，得"完发以终"，始终未剃发。他是一个孤高耿介的人，是中国知识分子中稀有的人物。

为什么说张居正是明朝著名的改革家？

张居正（1525—1582年），字叔大，少名白圭，号太岳，谥号"文忠"，湖广江陵（今属湖北）人，又称张江陵。明代政治家，改革家。

张居正5岁入学，7岁能通"六经"大义，12岁考中了秀才，13岁时就参加了乡试，写了一篇非常漂亮的文章，只因湖广巡抚顾璘有意让张居正多磨炼几年，才未中举。16岁中了举人，23岁时为嘉靖二十六年（1547年）进士，由编修官至侍讲学士令翰林事。隆庆元年（1567年）任吏部左侍郎兼东阁大学士。隆庆时与高拱并为宰辅，为吏部尚书、建极殿大学士。万历初年，与宦官冯保合谋逐高拱，代为首辅。当时明神宗年幼，一切军政大事均由张居正主持裁决，前后当政10年，实行了一系列改革措施，成效卓著。他清查地主隐瞒的田地，推行一条鞭法，改变赋税制度，使明朝政府的财政状况有所改善；用名将戚继光、李成梁等练兵，加强北部边防，整饬边镇防务；用潘季驯主持浚

▲张居正像

治黄淮，亦颇有成效。万历十年（1582年）卒，赠上柱国，谥文忠。死后不久即被宦官张诚及守旧官僚所攻讦，籍其家；至天启时方恢复名誉。著有《张太岳集》《书经直解》等。

徐渭在书法方面有哪些成就？

徐渭（1521—1593年），是明代杰出的书画家、文学家，山阴（今浙江省绍兴）人。初字文清，改字文长，号天池山人，或署田水月、青藤老人、青藤道人、青藤居士、天池渔隐、金垒、金回山人、山阴布衣、白鹇山人、鹅鼻山侬等别号。

徐渭自幼聪慧，文思敏捷，胸有大志，但一生遭遇十分坎坷，可谓"落魄人间"。曾入胡宗宪幕府，为抗倭大计屡出奇谋，后胡宗宪遭谗，他也受到牵连，甚至一度发狂。后来又因杀妻而入狱七年，出狱后游历塞外，教名将李如松兵法，并结识蒙古首领俺答汗之妻三娘子。晚年回到绍兴，以卖画为生。

徐渭中年学画，继承梁楷减笔和林良、沈周等写意花卉的画法，故擅长画水墨花卉，用笔放纵，画残菊败荷，水墨淋漓，古拙淡雅，别有风致。兼绘山水，纵横不拘绳墨，画人物亦生动，其笔法更趋奔放、简练，干笔、湿笔、破笔兼用，风格清新，恣情汪洋，自成一家，形成"青藤画派"。他自己尤以书法自重，自称"吾书第一、诗二、文三、画四"。其传世著名作品有《墨葡萄图》轴、《山水人物花鸟》册、《牡丹蕉石图》轴、《墨花》九段卷等。

魏忠贤为什么被后人所贬斥？

魏忠贤（1568—1627年），原名李进忠。明朝末期宦官，北直隶肃宁（今属河北）人。出身于市井无赖，后为赌债所逼遂自阉入宫做太监，在宫中结交太子宫太监王安，得其佑庇。后又结识皇长孙朱由校奶妈客氏，与之对食。对皇长孙，则极尽谄媚事，引诱其宴游，甚得其欢心。泰昌元年（1620年），朱由校即位，是为熹宗。魏升为司礼秉笔太监。

时东林党人士吏部尚书赵南星在朝廷中排斥反对派，于是非东林派愤而结交魏忠贤。1624年，魏忠贤遭到杨涟的弹劾，但幸免于难，于是开始大规模迫害镇压东林党人士，天启五年（1625年）魏忠贤借熊廷弼事件，诬陷东林党的左光斗、杨涟、周起元、周顺昌、缪昌期等人有贪赃之罪，大肆搜捕东林党人。天启六年（1626年），魏忠贤又杀害了高攀龙、周宗建、黄尊素、李应升等人，东林书院被全部拆毁，讲学亦告中止。至此，东林党被阉党势力彻底消灭，时东林"累累相接，骈首就诛"。

魏忠贤极受宠信，被封为"九千岁"。在其全盛时期，各地官吏阿谀奉承，纷纷为他设立生祠。崇祯帝朱由检登位以后，遭到弹劾，被流放凤阳，在途中畏罪自杀。

"闯王"李自成是怎样由成功转向失败的？

李自成（1606—1645年），明末农民起义领袖，原名鸿基。称帝时以李继迁为太祖，

▲ 李自成雕像

世居陕西米脂李继迁寨。童年时给地主牧羊（一说家中非常富裕），曾为银川驿卒。崇祯二年（1629年）起义，后为闯王高迎祥部下的闯将，勇猛有识略。崇祯八年（1635年）荥阳大会时，提出分兵定向、四路攻战的方案，受到各部首领的赞同，声望日高。次年高迎祥牺牲后，他继称闯王。崇祯十一年在潼关战败，仅率刘宗敏等10余人，隐伏商雒丛山中（在豫陕边区）。次年出山再起。崇祯十三年又在巴西鱼腹山（一作复山）被困，以五十骑突围，进入河南。其时中原灾荒严重，阶级矛盾极度尖锐。李岩提出"均田免赋"等口号，获得广大人民的欢迎，散播"迎闯王，不纳粮"的歌谣。部队发展到百万之众，成为农民战争中的主力军。崇祯十六年在襄阳称新顺王。同年，在河南汝州（今临汝）歼灭明陕西总督孙传庭的主力，旋乘胜进占西安。次年正月，建立大顺政权，年号永昌。不久攻克北京，推翻明王朝。由于起义军领袖犯了胜利时骄傲的错误，迫害吴三桂的家属。逼反吴三桂，清朝贵族入关，联合进攻农民军。李自成迎战失利，退出北京，率军在河南、陕西抗击。永昌二年（1645年），李自成在湖北通山九宫山考察地形时神秘消失，李自成余部降清后，又再度反叛，继续坚持抗清斗争。

康熙帝有哪些文治武功？

康熙即清圣祖（1654—1772年），名爱新觉罗·玄烨，是大清入关后第一位皇帝——顺治皇帝的第三子，后被封为皇太子，继而即位为大清皇帝。康熙皇帝8岁登基，在位61年。

康熙10岁丧母，在其祖母孝庄太后的教导下长大成人。他虽年幼，却年少老成，16岁便铲除了鳌拜，继而平定三藩，稳定了西南边陲；他统一台湾，扩大了大清的版图，他讨伐准噶尔噶尔丹，更加稳定了大清的西北疆土。在位期间政治清明，阶级矛盾得到缓和，开创了封建王朝的最后一个盛世——康乾盛世。

▲ 康熙帝读书像

乾隆帝的功与过应该如何评说？

乾隆即清高宗（1711—1799年），爱新觉罗·弘历，清世宗四子，1735—1795年在位。继位后，先后讨平西北、西南，抗击廓尔喀入侵，鼓励垦荒，颁布禁书令，迭兴文字狱，开四库全书馆，编纂《四库全书》《续三通》《皇朝三通》等。晚年，自号"十全老人"，陶醉于文治武功，听任和珅专权，日益腐败。而且他观念保守，推行闭关政策，并排斥科学技术，导致了中国近代的落后。

颜元的思想主张有哪些？

颜元（1635—1704年），字易直，又字浑然，号习斋，直隶博县北杨村（今属河北省）人。

颜元的学术思想有一个变化发展过程。24岁时，他"深喜陆、王，手抄《要语》一册"。26岁时，始知程朱理学之学旨，34岁"因司周公之六德、六行、六艺，孔子之四教，正学；静坐读书，乃知程朱王为禅学、俗学所浸淫，非正务也"。从此以后，他力主恢复尧舜周孔之道，猛烈抨击程朱陆王学说，从原来笃信理学变成批判理学的杰出代表，学术思想发生了根本性的转变。他主张读书的目的应该是"经世致用"，而非程朱理学所倡导的"格物致知"。

颜元毕生从事教育活动。62岁时，应郝公函之聘，主持肥乡漳南书院。他亲自规划书院规模，制定了"宁粗而实，勿妄而虚"的办学宗旨，这比较集中地反映了他的教育主张。颜元一生培养了众多的学生，其中有记录可查者达100多人。高足李恭（1650—1733年），继承和发展了颜元的学说，形成了当时一个较为著名的学派，后人称为"颜李学派"。

章学诚对史学的发展做出了哪些贡献？

章学诚（1738—1801年），清代史学家、思想家、方志学家。字实斋，会稽（今浙江绍兴）人。乾隆四十三年（1778年）进士。曾援授国子监典籍，主讲定州定武、保定莲池、归德文正等书院。后入湖广总督毕沅幕府，协助编纂《续资治通鉴》等书。

早年博涉史书，中年入京，遍览群籍。53岁入湖广总督毕沅幕府，主修湖北通志。晚年目盲，著述不辍。身处嘉乾汉学鼎盛之世，力倡史学，独树一帜。以"六经皆史"说纠正重经轻史的偏失，反对"舍今而求古，舍人事而言性天"的学风。主张"史学所以经世""作史贵知其意"。阐发史学义例，表彰通史撰述，重视方志编纂，提出"辨章学术，考镜源流"的目录学思想，建立了较为系统的历史学和目录学理论。因其说与当时学术界好尚不合，直至晚清始得传播。所编和州、永清、亳州诸志，深受后世推重。代表作品为《文史通义》《校雠通义》，学术价值甚高。另有《方志略例》《实斋文集》等。后人辑为《章士遗书》刊行。曾辑《史籍考》，志愿宏大，惜未成书，稿亦散失。

后世为什么对曾国藩推崇备至？

曾国藩（1811—1872年），湖南湘乡（今双峰县）人，中国近代史上最有影响的人物之一。他中进士留京师后十年七迁，连升十级，37岁任礼部侍郎，官至二品。后因丧母回乡丁忧，恰逢太平天国横扫湖湘，他因势在家乡创办湘军，为清王朝平定了太平天国运动，被封为一等勇毅侯,且世袭罔替,成为清代以文人而封武侯的第一人,后历任两江总督、直隶总督,在任上处理"天津教案"时对外国人妥协,致其声誉受损,两年后病逝,死后谥"文正"。

曾国藩一生谨慎,梁启超曾称他"立德、立功、立言三不朽",毛泽东曾说:"愚于近人,独服曾文正。"

李鸿章何以招致生前身后骂名?

李鸿章(1823—1901年),晚清军政重臣,淮军创始人和统帅,洋务运动的主要倡导者。字子黻、渐甫,号少荃、仪叟。安徽合肥人。1847年中进士。1853年,受命回籍办团练,多次领兵与太平军作战。1858年,入曾国藩幕府襄办营务。1860年,统带淮扬水师。湘军占领安庆后,被曾国藩奏荐"才可大用"。1862年,编成淮勇五营,曾国藩以上海系"筹饷膏腴之地",命淮勇乘英国轮船抵沪,自成一军,是为淮军。1863—1864年,率淮军攻陷苏州、常州等地,和湘军一起镇压了太平天国。1865年,分别在上海和江宁(今江苏南京)创立江南机器制造总局和金陵机器制造局。1866年,继曾国藩署钦差大臣,专办镇压捻军事务。次年,授湖广总督。其后,采取"就地圈围""坚壁清野"等战略,相继在山东、江苏间和直隶(约今河北)、山东间剿灭东、西捻军。1870年,继曾国藩任直隶总督兼北洋通商大臣,从此控制北洋达25年之久,并参与掌管清政府外交、军事、经济大权,成为清末权势最为显赫的封疆大吏。1888年,建成北洋海军。1901年去世。谥文忠,晋封一等侯。著有《李文忠公全集》。

太平天国被镇压以后,李鸿章开始着手操办洋务,设立了江南制造局、金陵制造局、天津机器局、轮船招商局等,发展近代工业、航运业,推动了中国的近代化。1888年,李鸿章着手创立北洋水师,其为中国第一支近代化海军舰队,但在甲午海战中,北洋水师全军覆没,李鸿章被迫代表清廷与日本签订丧权辱国的《马关条约》。

李鸿章一生共签下包括《马关条约》《辛丑条约》在内的30多个不平等条约,这也是他招致身前身后骂名的主要原因。然而这些外交失败的根源在于近代中国的落后,也不能全怪在李鸿章头上,他曾自言自己不过是大清破屋的一个裱糊匠而已。梁启超在《李鸿章传》对他的评价是:"吾敬李鸿章之才,吾惜李鸿章之识,吾悲李鸿章之遇。"

▲李鸿章
李鸿章也靠镇压太平天国运动起家,成为晚清的实力派。然而他甲午海战失利,又主持签署了众多不平等条约,因而招致生前身后骂名。

第二章
国学典籍

蒙 学

"三百千"之首的《三字经》有哪些特点？

《三字经》的作者是谁，现在有多种说法：第一种说法认为是宋末区适子。第二种说法认为是明代黎贞。第三种说法则认为是区适子所撰，黎贞增广；第四种说法则被大多数人认同，即王应麟撰。王应麟（1223—1296年），南宋学者，字伯厚，号深宁居士。清代学者夏之翰、贺兴思等均考证《三字经》是王应麟所撰。

自南宋以来，《三字经》已有几百年历史，是学习中华传统文化不可多得的儿童启蒙读物，共1720字，可谓家喻户晓，脍炙人口。三字一句的韵文极易成诵，内容包括了中国传统的教育、历史、天文、地理、伦理和道德以及一些民间传说，广泛生动而又言简意赅。用典多，知识性强，是一部在儒家思想指导下编成的读物，充满了积极向上的精神。

《三字经》内容的排列顺序极有章法，体现了作者的教育思想。作者认为教育儿童要重在礼仪孝悌，端正孩子们的思想，知识的传授则在其次，即"首孝悌，次见闻"。训导儿童要先从小学入手，即先识字，然后读经、子两类的典籍。经部子部书读过后，再学习史书，书中说"经子通，读诸史"。该书最后强调学习的态度和目的。可以说，《三字经》既是一部儿童识字课本，同时也是作者论述启蒙教育的著作。

《百家姓》对中华文化产生了哪些影响？

《百家姓》本是北宋初年钱塘（杭州）的一个书生所编撰的蒙学读物，将常见的姓氏编成四字一句的韵文，像一首四言诗，便于诵读和记忆，因此，流传至今，影响极深。《百家姓》收录姓氏498个，其中单姓436个、复姓62个。

《百家姓》是中国流行最长、流传最广的蒙学教材之一。它的成书和普及要早于《三字经》。据南宋学者王明清考证，该书前几个姓氏的排列是有讲究的：赵是指赵宋，既然是国君的姓理应为首；其次是钱姓，钱是五代十国中吴越国王的姓氏；孙为当时国王钱俶的正妃之姓；李为南唐国王李氏。他判断《百家姓》"似是两浙钱氏有国时小民所著"。

《百家姓》采用四言体例，句句押韵，虽然它的内容没有文理，但读来顺口，易学好记，与《三字经》《千字文》相配合，成为中国古代蒙学中的固定教材。该书颇具实用性，熟悉它，于古于今都是有裨益的。

《百家姓》是中国独有的文化现象，流传极广，影响极深，它所辑录的姓氏，体现了中国人对宗脉与血缘的强烈认同感。姓氏文化，或谱牒文化，是中国文化的重要组成部分。中国人是世界上"寻根意识"最重的族群。

《百家姓》在历史的衍化中，为人们寻找宗脉源流，建立血亲意义上的归属感，帮助人们认识传统的血亲情结，提供了重要的文本依据。它是中国人认识自我与家族来龙去脉不可缺少的文化文献基础蓝本。

《千字文》有哪些独特之处？

《千字文》，顾名思义，它是把1000个字连在一起的一篇文章。

《千字文》编纂于南朝梁武帝时期，至今已经有近1500年的历史，梁武帝萧衍擅长文学，还非常喜欢书法。他命人从王羲之的墨迹中选出1000个各不相同的字，并教散骑侍郎周兴嗣按照四言韵律的形式，把这1000字组成一篇文章，称为《千字文》。据说周兴嗣是在一夜中，将1000个字编纂成文的，第二天，雄鸡唱晓的时候，周兴嗣竟然须发皆白，可见他思索之艰难。

《千字文》叙述了有关自然、社会、历史、伦理、教育等方面的内容，便于初学者进行启蒙教育。《千字文》问世一千多年来的流传表明，它既是一部优秀的童蒙读物，也是中国优秀传统文化的一个组成部分，得到了人们的普遍重视和喜爱，这足以使它流传到久远的将来。《千字文》在中国古代的童蒙读物中，是一篇承上启下的作品。它那优美的文笔、华丽的辞藻，使得众多童蒙读物都无法望其项背。

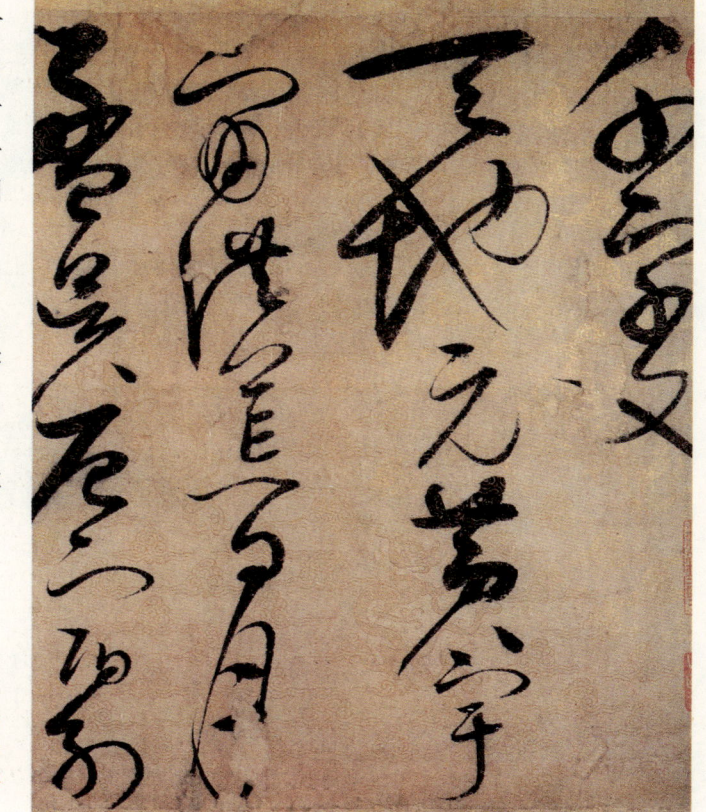

▶ 草书千字文　宋徽宗
宋徽宗疏于国事却擅长书法绘画，是历史上有名的文人皇帝。他的草书《千字文》在历代名人所书《千字文》中也堪称精品。

《千字文》的作者

周兴嗣小档案

姓名： 周兴嗣，字思纂。
生卒： 469~521 年
籍贯： 安徽省当涂县
职业： 文学家
著作： 撰有《皇帝实录》《皇德记》《起居注》《职仪》《千字文》等专著百余卷，文集十卷传世。

初出茅庐

- **13岁** → 南京游学。→ 十几年后，精通了各种纪事文章的写法。
- **齐隆昌元年（494年）** → 齐侍中谢朏任吴兴（今浙江湖州）太守时非常欣赏周兴嗣的才学，任职期满后，推举周兴嗣为桂阳（今湖南省桂阳县）郡丞（郡守的副职）。

平步青云

- **梁天监元年（502年）** → 萧衍（梁武帝）代齐建梁，周兴嗣上奏《休平赋》，文章非常优美，受到萧衍重视，聘用他任"安成王国"侍郎，后升为员外散骑侍郎。
- **梁天监七年（508年）** → 周兴嗣常出入宫廷，梁武帝令其为文，如《铜表铭》《栅塘碣》《北伐檄》《次韵王羲之书千字》，每奏辄称善。
- **梁天监九年（510年）** → 任新安郡丞，任满后，重任员外散骑侍郎，协助编撰国史。
- **梁天监十二年（513年）** → 升任给事中 — 周兴嗣的双手常年患有风疽（湿疹）病，升任"给事中"后，又染上了疠疾，结果左眼失明。梁武帝萧衍抚摸着他的手，感叹地说："斯人也，而有斯疾也！"当场亲笔抄写了一份专治风疽病的秘方，赐给周兴嗣。可见梁武帝对周兴嗣何等爱惜。
- **梁普通二年（521年）** → 病故。

启蒙读物《弟子规》有哪些特色？

《弟子规》原名《训蒙文》，原作者李毓秀（1662—1722年）是清朝康熙年间的秀才。《弟子规》一书以《论语·学而》"弟子入则孝，出则悌，谨而信，泛爱众，而亲仁，行有余力，则以学文"为中心。分为五个部分，具体列述弟子在家、出外、待人、接物与学习上应该恪守的守则规范。后来清朝贾存仁修订改编《训蒙文》，并改名《弟子规》，是启蒙养正，教育子弟敦伦尽分、防邪存诚，养成忠厚家风的最佳读物。

《弟子规》浅显易懂，押韵顺口，内容符合封建伦理，尤其注重家庭教育与生活引导。其影响之大，读诵之广，仅次于《三字经》，堪称学童们的生活规范。

为什么说"读了《增广》会说话"？

《增广》即《增广贤文》，是中国古代儿童启蒙书目，又名《昔时贤文》《古今贤文》。书名最早见之于明代万历年间的戏曲《牡丹亭》，据此可推知此书最迟写成于万历年间。后来，经过明清两代文人的不断增补，才改成现在这个模样，称《增广昔时贤文》，通称《增广贤文》。作者一直未见任何书载，只知道清代同治年间儒生周希陶曾进行过重订，很可能是民间创作的结晶。

《增广》从表面上看似乎杂乱无章，但只要认真通读全书，不难发现有其内在的逻辑。其绝大多数句子都来自经史子集、诗词曲赋、戏剧小说以及文人杂记，其思想观念都直接或间接地来自儒释道各家经典，从广义上来说，它是雅俗共赏的"经"典普及本。不需讲解就能读懂，通过读《增广》同样能领会到经文的思想观念和人生智慧。

为什么说"读了《幼学》走天下"？

《幼学》即《幼学琼林》，最初叫《幼学须知》，又称《成语考》《故事寻源》。一般认为最初的编著者是明末的西昌人程登吉（字允升），也有的人认为是明景泰年间的进士邱睿。在清朝的嘉靖年间由邹圣脉做了一些补充，并且更名为《幼学故事琼林》。民国费有容、叶浦荪和蔡东藩等又进行了增补。全书共分四卷。

《幼学琼林》是骈体文写成的，全书全部用对偶句写成，容易诵读，便于记忆。全书内容广博、包罗万象，被称为"中国古代的百科全书"，人称"读了《增广》会说话，读了《幼学》走天下"。

书中对许多的成语出处做了许多介绍，读者可掌握不少成语典故，此外还可以了解中国古代的著名人物、天文地理、典章制度、风俗礼仪、生老病死、婚丧嫁娶、鸟兽花木、朝廷文武、饮食器用、宫室珍宝、文事科第、释道鬼神等诸多方面的内容。书中还有许多警句、格言，到现在仍然传诵不绝。

《龙文鞭影》是怎样的一本启蒙读物？

《龙文鞭影》原名《蒙养故事》，明代万历时萧良有撰。后经安徽人杨臣诤加以增订，改名《龙文鞭影》。所谓龙文，指的是古代一种千里马，据说它只要看到鞭子的影子便会奔跑驰骋。以《龙文鞭影》为书名，形象地反映了该书"逸而功倍"的效果。

该书内容主要来自二十四史中的人物典故，同时又从《庄子》和古代神话、小说、笔记如《搜神记》《列仙传》《世说新语》等书中广泛收集故事。辑录了历史上许多著名人物如孔子、司马迁、诸葛亮、李白、杜甫、朱熹等人的轶闻趣事。

全书共收辑了包括孟母断机、毛遂自荐、荆轲刺秦、鹬蚌相争、董永卖身、红叶题诗等2000多个典故，文字简练扼要，而能阐明故事梗概，可称为一本典故大全。

该书全文都用四言，成一短句，上下两句对偶，各讲一个典故。逐联押韵，全书按韵编排，读起来朗朗上口，十分方便儿童记忆。

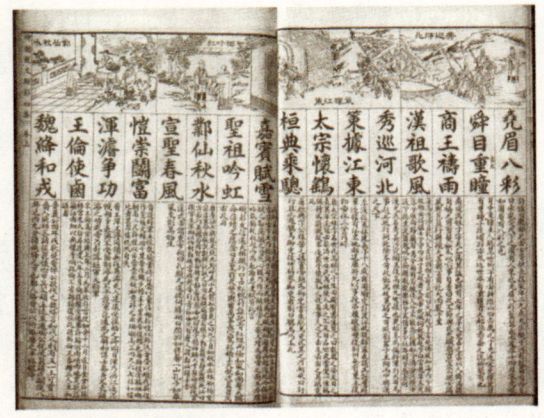

▲《龙文鞭影》书影

《龙文鞭影》内容均为四言短句，上下两句对偶，且各讲一个典故，逐联押韵。这个版本不但详细注释了每个典故，还为其中的一些典故配上了插图，更适合幼童阅读。

启蒙读物《小儿语》有些什么特色？

《小儿语》，明代吕得胜所撰。吕得胜，河南宁陵人，字近溪，生活在嘉靖时期。他很关心儿童的教育工作，主张儿童有知识时，就要进行正确教育。当时民间流传一些儿歌，如"盘却盘""东屋点灯西屋亮"之类，他认为这些儿歌对儿童固然无害，但对品德修养以及后来的发展也没有什么好处。于是他着手编写新的儿歌，用来代替旧的儿歌，终成此书。

此书语言浅近，人人明白。用四言、六言、杂言（字数不等）的语言形式，宣传一些做人的道理，其中有消极的成分，也提出了每个人应该具有的良好品德。此书问世以来，很受欢迎，在民间广为流传，影响很大。

《笠翁对韵》对幼童学习有些什么帮助？

《笠翁对韵》由明末清初的李渔编撰。李渔（1611—1680年），原名仙侣，号天征，后改名渔，字笠翁，一字笠鸿、谪凡。祖籍在浙江兰溪下李村，生于雉皋（即今江苏如皋），是明末清初一位杰出的戏曲和小说作家。他仿照《声律启蒙》写了一本旨在作诗的韵书，被称为《笠翁对韵》。

该书内容声韵协调，朗朗上口，从单字到多字的层层属对，入唱入吟，十分优美，对加强初学者语音、词汇、修辞方面的训练大有裨益。

经

《周易》究竟是怎样的一本书?

《周易》是最能体现中国文化的经典，它认为世界万物是发展变化的，其变化的基本要素是阴（--）和阳（—），《周易·系辞》中说："一阴一阳之谓道。"世界上千姿百态的万物和万物的千变万化都是阴阳相互作用的结果。《周易》研究的对象是天、地、人三才，而以人为根本。三才又各具阴阳，所以《周易》以六爻而构成六十四卦。乾为纯阳之卦，坤为纯阴之卦，乾坤是阴阳的总代表，也是阴阳的根本，此二卦是《周易》中最重要的两卦，也是《周易》阴阳哲学的基础。

今本《周易》的内容主要包括"经"和"传"两部分。"经"的部分主要是六十四卦的卦形符号与卦爻辞。所谓的卦爻辞，即系于卦形符号下的文辞，其中卦辞每卦一则，总括全卦大意，爻辞每爻一则，分指各爻旨趣。

"传"实际上是阐释《周易》经文的专著，即《彖传》上下、《象传》上下、《文言》《系辞传》上下、《说卦传》《序卦传》《杂卦传》，共计7种10篇。因其阐发经文大义，如本经之羽翼，被称为"十翼"，后世统称《易传》。

《周易》中运用八卦预测信息的方法的发明，正是我国人民具有唯物主义世界观的真实写照。《周易》是古老而又灿烂的文化瑰宝，堪称中国文化的源头活水。它有着极其丰富的

卦名	卦象	自然	性情	家族	方位	二进制
乾	☰	天	健	父	西北	111
兑	☱	泽	悦	少女	西	110
离	☲	火	丽	中女	南	101
震	☳	雷	动	长男	东	100
巽	☴	风	入	长女	东南	011
坎	☵	水	陷	中男	北	010
艮	☶	山	止	少男	东北	001
坤	☷	地	顺	母	西南	000

▲八卦及其取象

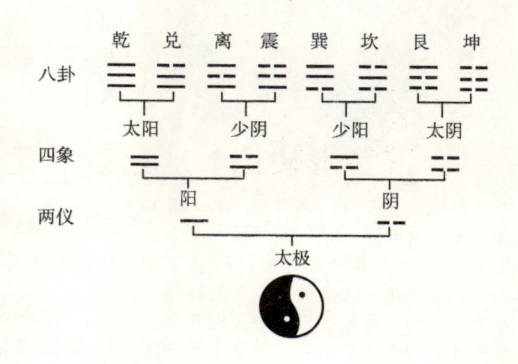

▲太极到八卦
太极生两仪，两仪生四象，四象生八卦。

内容,对中国几千年来的政治、经济、文化等领域都产生了深刻的影响。古人用它来预测未来、决策国家大事、反映当前现象,上测天,下测地,中测人事。然而这只是古人在未掌握科学方法之时所依托的一种手段,并不是真正的科学。虽然有些理解与科学相符,那是因为这个理解正好有科学合理性,但不能因此就说它是科学的,只能当它是一种文化。

《尚书》的传承经历了哪些曲折?

《尚书》原称《书》,到汉代改称《尚书》,意为上代之书。《尚书》是我国最古的官方史书,是我国第一部上古历史文件和部分追述古代事迹著作的汇编,它保存了商周特别是西周初期的一些重要史料。《尚书》相传由孔子编撰而成,但有些篇目是后来儒家补充进去的。

《尚书》的流传极其复杂曲折。汉人传说先秦时《书》有100篇,其中《虞夏书》20篇,《商书》《周书》各40篇,每篇有序,题孔子所编。《史记·孔子世家》也说到孔子修《书》。但近代学者多以为《尚书》编定于战国时期。秦始皇焚书之后,《书》多残缺。仅存《书序》。汉初,《尚书》为秦博士伏生所传,存29篇,被称为《今文尚书》。

汉武帝时期,鲁恭王拆孔子故宅一段墙壁,发现另一部《尚书》,用先秦六国时字体书写,所以称《古文尚书》,它比《今文尚书》多16篇,孔安国(孔子十一世孙)读后献于皇家。因未列于学官,《古文尚书》未能流传。东晋元帝时,梅赜献伪《古文尚书》及孔安国《尚书传》。这部《古文尚书》比《今文尚书》多出25篇,又从《今文尚书》中多分出5篇,而当时今文本中的《秦誓》篇已佚,所以伪古文与今文合共58篇。唐太宗时,孔颖达奉诏撰《尚书正义》,就是用今古文真伪混合的本子。但南宋朱熹、吴棫以后,梅氏的《古文尚书》受到质疑,最终被定论为伪书。

2008年,清华大学获捐校友从海外购买的一批战国竹简,其中发现了多篇《尚书》,均是焚书坑儒前的版本,目前已经释读了三分之一,其余仍在释读研究中。

《尚书》是中国古老的历史文献,绝大部分内容应属于当时官府处理国家大事的公务文书,因此成为中国历代统治者治理国家的"政治课本"和理论依据。

《尚书》所录,为虞、夏、商、周各代典、谟、训、诰、誓、命等文献。其中虞、夏及商代部分文献是据传闻而写成,

▲伏生授经图轴 明 崔子忠

伏生,名胜,秦时官博士,精通《尚书》。此图根据伏生将《尚书》传授给弟子晁错的故事而作。画中大树荫立,枝叶茂盛如华盖,树下伏生盘坐于蒲团上,聚目凝视着伏在石案上记写《尚书》内容的晁错。其旁有一侍女,也关注着晁错奋笔疾书的样子。

不尽可靠。"典"是重要史实或专题史实的记载;"谟"是记君臣谋略的;"训"是臣开导君主的话;"诰"是勉励的文告;"誓"是君主训诫士众的誓词;"命"是君主的命令。还有以人名为标题的,如《盘庚》《微子》;有以事为标题的,如《高宗肜日》《西伯戡黎》;有以内容为标题的,如《洪范》《无逸》。这些都属于记言散文。也有叙事较多的,如《顾命》《尧典》。其中的《禹贡》,托言夏禹治水的记录,实为古地理志,与全书体例不一,当为后人的著述。自汉以来,《尚书》一直被视为中国封建社会的政治哲学经典,既是帝王的教科书,又是贵族子弟及士大夫必遵的"大经大法",在历史上影响很大。

历来注释和研究《尚书》的著作很多,有唐孔颖达的《尚书正义》、宋蔡沈的《书集传》、清孙星衍的《尚书今古文注疏》。宋两浙东路茶盐司刻本《尚书正义》20卷。

我国最早的诗歌总集是哪一部?

《诗经》是中国最早的诗歌总集。它收集了从西周初期至春秋中叶大约500年间的诗歌305篇。先秦称为《诗》,或取其整数称《诗三百》。西汉时被尊为儒家经典,始称《诗经》,并沿用至今。

关于《诗经》的编辑,汉代有两种说法:行人采诗说和孔子删诗说。现在一般认为是周朝朝廷派专门使者到全国各地采集民谣,呈送天子阅览,以了解民情,后来孔子对这些诗歌资料进行了删定。

《诗经》所录,均为曾经入乐的歌词。《诗经》的体例是按照音乐性质的不同来划分的,分为风、雅、颂三类。"风"为民间的歌谣。《风》诗是从周南、召南、邶、鄘、卫、王、郑、齐、魏、唐、秦、陈、桧、曹、豳等15个地区采集上来的土风歌谣。共160篇。大部分是民歌。"雅"即朝廷之乐,大部分为贵族的作品。《雅》诗是宫廷宴享或朝会时的乐歌,按音乐的不同又分为《大雅》31篇,《小雅》74篇,共105篇。除《小雅》中有少量民歌外,大部分是贵族文人的作品。"颂"是宗庙祭祀的乐歌和史诗,内容多是歌颂祖先的功业的。《颂》诗又分为《周颂》31篇,《鲁颂》4篇,《商颂》5篇,共40篇。

▲豳风　清　吴求

豳风图册表现的是《诗经·国风》中产生时间最早的诗的内容,一些章节与周公有关。"豳"原是周人的祖先公刘的居住地,由于周人对农业极为重视,所以豳诗多与农桑稼穑有关。本图描述农历八月,枣子已熟,农人打枣、拾枣、剥枣的情景。

全部是贵族文人的作品。从时间上看，《周颂》和《大雅》的大部分当产生在西周初期；《大雅》的小部分和《小雅》的大部分当产生在西周后期至东迁时；《国风》的大部分和《鲁颂》《商颂》当产生于春秋时期。从思想性和艺术价值上看，三颂不如二雅，二雅不如十五国风。

《诗经》对中国的文学史、政治、语言，甚至思想上都有着非常深远的影响。孔子对《诗经》有很高的评价。对于《诗经》的思想内容，他说"诗三百，一言以蔽之，思无邪"。对于它的特点，则"温柔敦厚，诗教也"（即《诗经》使人读后有澄清心灵的功效，作为教化的工具实为最佳良策）。

在古代，《诗经》还有政治上的作用。春秋时期，各国之间的外交，经常用歌诗或奏诗的方法来表达一些不想说或难以言喻的话，类似于现在的外交辞令。

孔子说："不学诗，无以言。"显示出《诗经》对中国古代文学的深刻影响。诗经开启了中国数千年来古典文学之先河，亦开创了中国现实主义为主的文学作品之先河。此后，以《诗经》为代表的现实主义和以《楚辞》为代表的浪漫主义构成了中国古代诗歌的两大主流。

《周礼》对中国古代政治家有着哪些借鉴作用？

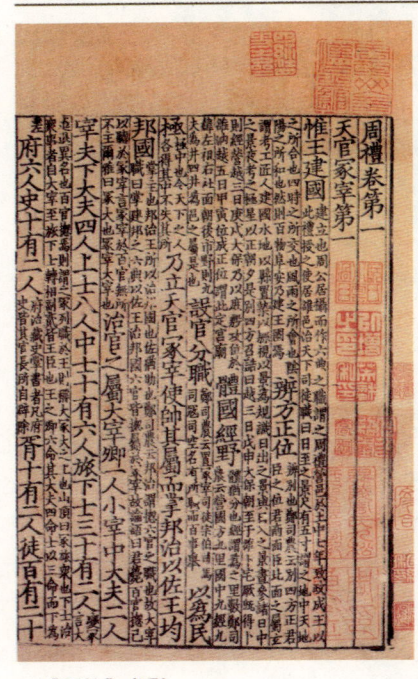

▲《周礼》书影
所谓周礼有两层意思：一是周代的礼法、政法制度，其中包括分封制、宗法制与其相对应的政法、礼法制度，它们有力地维护了周的统治；另一层意思是礼俗，包括周代的各种文化制度、风俗，后代各种礼法制度的制定多参照周礼。

《周礼》是儒家经典，相传是周公所著，其涉及的内容极为丰富。大至天下九州，天文历象；小至沟洫道路，草木虫鱼。凡邦国建制，政法文教，礼乐兵刑，赋税度支，膳食衣饰，寝庙车马，农商医卜，工艺制作，各种名物、典章、制度，无所不包，堪称上古文化史之宝库。

西汉的景帝、武帝之际，河间献王刘德从民间征得一批古书，其中一部名为《周官》。原书当有天官、地官、春官、夏官、秋官、冬官等六篇，冬官篇已亡，汉儒取性质与之相似的《考工记》补其缺。王莽时，因刘歆奏请，《周官》被列入学官，并更名为《周礼》。东汉末，经学大师郑玄为《周礼》作注，使得《周礼》一跃而居《三礼》（《周礼》《仪礼》《礼记》）之首，成为儒家的皇皇大典之一。

《周礼》一书，体大思精，学术与治术无所不包，因而受到历代学者的重视，后儒叹为"非圣贤不能作"。所谓"学术"，是说该书从来就是今古文之争的焦点。苏辙、万斯同都曾对其提出质疑，著名经师何休还贬之为"六国阴谋之书"；康有为则指斥它出于王莽篡汉时刘歆的伪造。相反，褒之者如刘歆、郑玄等则誉之为"周公之典"。

所谓"治术",是说《周礼》作为治国纲领,成为历代政治家取法的楷模。《周礼》的许多礼制,影响百代。如从隋代开始实行的"省六部制"中的"部"就是仿照《周礼》的"官"置的。历朝修订典制,如唐《开元六典》、宋《开宝通礼》、明《大明集礼》等,也都是以《周礼》为蓝本,斟酌损益而成。又如《周礼》记载的"左祖右社、面朝后市"的都城格局,成为历代帝王建都的楷模。

《周礼》一书含有丰富的治国思想,对后世有着深远的影响。历史上每逢重大变革之际,多有把《周礼》作为重要的思想资源,效法其精神执行改革,如西汉的王莽改制、北朝的宇文周革典、北宋的王安石变法等,无不以《周礼》为依据。

《仪礼》何以成为"五经"之一？

《仪礼》是中国古代记载典礼仪节的书,简称《礼》,亦称《礼经》《士礼》,与《周礼》《礼记》合称"三礼"。

《仪礼》文字艰涩,内容枯燥,治史者对它望而生畏。但该书是"三礼"中成书较早的一部,记载了周代的各种礼仪,其中以记载士大夫的礼仪为主,保存的仪节单很多,曾有"礼仪三百,威仪三千"的记载。但传到汉代只剩了17篇,包括冠、婚、丧祭、朝聘、射乡五项典礼仪节,由高堂生作为专供士大夫阶层施行的"士礼"传授,称作《礼经》,为"五经"之一。

汉宣帝时,以戴德、戴圣、庆普三家所传习的《礼经》立于学官,当时属今文经（见经今古文学）。不久在鲁境又出现《礼古经》,除有17篇外,又多出"逸礼"39篇,但这部分后来散佚。今文经传至西汉末,有戴德、戴圣、刘向三个篇次不同的本子。汉末郑玄用刘向编排之本作注,并记明今古文之异同,今只有此本传下。

该书至晋代始称《仪礼》,当时门阀为宗法需要,特重其中详定血统亲疏的《丧服》诸篇,出现了不少相关著作。后世研究此书也不乏大儒,唐贾公彦撰《仪礼疏》17卷,南宋时与郑注合刊为《仪礼注疏》。宋、元、明,陆续有不少研究著作。清代研究者有10余家,以胡培翚《仪礼正义》为世所称。

《礼记》记录了哪些古代礼制？

《礼记》也是一部关于典章制度的书籍。此书的编定者是西汉礼学家戴德和他的侄子戴圣。戴德选编的85篇本叫《大戴礼记》,在后来的流传过程中若断若续,到唐代只剩下了39篇。戴圣选编的49篇本叫《小戴礼记》,即我们今天见到的《礼记》。这两种书各有侧重和取舍,各有特色。东汉末年,著名学者郑玄为《小戴礼记》作了出色的注解,后来这个本子便盛行不衰,并由解说经文的著作逐渐成为经典,到唐代被列为"九经"之一,到宋代被列入"十三经"之中,成为士人必读之书。

全书用记叙文形式写成,一些篇章具有相当的文学价值。有的用短小生动的故事阐明某一道理,有的气势磅礴、结构严谨,有的言简意赅、意味隽永,有的擅长心理描写和刻画,

▲ 新津崖墓汉画像石《孔子问礼》
此画像石绘孔子向老子问礼的情景，这一事件被绘于墓室画像石上，足见此事对国人影响之深。

书中还收有大量富有哲理的格言、警句，精辟而深刻。

《礼记》主要记载和论述了先秦的礼制、礼仪，记录了孔子和弟子等的问答，记述了修身做人的准则。其内容广博，门类杂多，涉及政治、法律、道德、哲学、历史、祭祀、文艺、日常生活、历法、地理等诸多方面，几乎包罗万象，集中体现了先秦儒家的政治、哲学和伦理思想，是研究先秦社会的重要资料。

为什么称《左传》为"春秋三传"之首？

《左传》原名《左氏春秋传》，又称《春秋左氏传》，或者称《左氏春秋》，是一部史学名著和文学名著，是我国现存第一部叙事详细的编年体史书。旧时相传是春秋末年左丘明为解释孔子的《春秋》而作，后世对此多有争议。《左传》记事起自鲁隐公元年（公元前722年），迄于鲁悼公十四年（公元前453年），以《春秋》为本，通过记述春秋时期的具体史实来说明《春秋》的纲目，实际上就是为《春秋》所做的注解，是儒家重要经典之一。西汉时称之为《左氏春秋》，东汉以后改称《春秋左氏传》，简称《左传》。

《左传》取材于王室档案、鲁史策书、诸侯国史等。记事基本以《春秋》鲁十二公为次序，内容包括诸侯国之间的聘问、会盟、征伐、婚丧、篡弑等，对后世史学、文学都有重要影响。主要记录了周王室的衰微，诸侯争霸的历史，对各类礼仪规范、典章制度、社会风俗、民族关系、道德观念、天文地理、历法时令、古代文献、神话传说、歌谣言语均有记述和评论。晋范宁评"春秋三传"的特色时说："《左氏》艳而富，其失也巫（指多叙鬼神之事）。《谷梁》清而婉，其失也短。《公羊》辩而裁，其失也俗。"

《左传》是研究先秦历史和春秋时期历史的重要文献，它代表了先秦史学的最高成就，对后世的史学产生了很大影响，特别是对确立编年体史书的地位起了很大作用。它补充并丰富了《春秋》的内容，不但记录鲁国一国的史实，而且还兼记各国历史；不但记录政治大事，还广泛涉及社会各个领域的"小事"；一改《春秋》流水账式的记史方法，代之以有系统、有组织的史书编纂方法；不但记述了春秋时的史实，而且还引征了许多古代史实，大大提高了《左传》的史料价值。

"春秋三传"中的《公羊传》有哪些特色？

《公羊传》亦称《春秋公羊传》《公羊春秋》，也是专门解释《春秋》的一部典籍，其起讫年代与《春秋》一致，即公元前722年至公元前481年，其释史十分简略，而着重阐释《春秋》的"微言大义"，用问答的方式解经。

《公羊传》的作者旧题是战国时齐人公羊高，他受学于孔子弟子子夏，后来成为传《春秋》的三大家之一。《公羊春秋》作为家学，最初只是口耳相传，至公羊高的玄孙公羊寿方与齐人胡毋生合作，将《春秋公羊传》定稿"著于竹帛"。所以班固《汉书·艺文志》笼统地将其作者称为"公羊子"。

《公羊传》的体裁特点，是经传合并，传文逐句传述《春秋》经文的大义，与《左传》以记载史实为主不同。《公羊传》是今文经学的重要经籍，历代今文经学家时常用它作为议论政治的工具。同时它还是研究至秦汉间儒家思想的重要资料。

后世注释《公羊传》的书籍主要有东汉何休的《春秋公羊解诂》、唐朝徐彦的《公羊传疏》、清朝陈立的《公羊义疏》等。

"春秋三传"中的《谷梁传》有哪些特色？

《谷梁传》是《谷梁春秋》的简称，它是一部对《春秋》的注解。传说孔子的弟子子夏将这部书的内容口头传给谷梁俶，亦名谷梁赤，字元始，谷梁赤将它写成书记录下来，但实际上这部书的口头传说虽然早已有了，但其成书时间是在汉朝。据后人考证，《谷梁传》书中曾引用公羊子的话并加以辩驳，因此认为成书要较《公羊传》为晚。晋人范宁撰《春秋谷梁传集解》，唐朝杨士勋作《春秋谷梁传疏》，清朝钟文烝所撰《谷梁补注》为清代学者注解《谷梁传》的较好注本。

《谷梁传》的书写方式也是问答式，用这种方式来注解《春秋》。《谷梁传》着重宣扬儒家思想，重礼义教化和宗法情谊，为缓和统治集团的内部矛盾，稳定封建统治的长远利益服务，因而也受到统治阶级的极大重视。它是我们研究秦汉间及西汉初年儒家思想演变的重要资料。

《论语》在儒学中有着怎样的地位？

《论语》是一本以记录春秋时思想家、教育家孔子和他的弟子及再传弟子言行为主的汇编，成书于战国初期，由孔子门生及其再传弟子辑录整理。内容涉及政治、教育、文学、哲学以及立身处世的道理等多方面，是研究孔子及儒家思想尤其是原始儒家思想的主要资料。

焚书坑儒后，到西汉时期仅有口头传授及从孔子故宅夹壁中所得的本子，计有：鲁人口传的《鲁论语》20篇，齐人口传的《齐论语》22篇，从孔子故宅夹壁中发现的《古论语》21篇。西汉末年，帝师张禹精治《论语》，并根据《鲁论语》，参照《齐论语》，另成一论，

图解·国学常识

称为《张侯论》。东汉末年，郑玄以《张侯论》为依据，参考《齐论语》《古论语》，作《论语注》，是为今本《论语》，共20篇，492章，其中记录孔子与弟子及时人谈论之语约444章，记孔门弟子相互谈论之语48章。

《论语》首创语录之体。汉语文章的典范性也发源于此。《论语》一书比较真实地记述了孔子及其弟子的言行，也比较集中地反映了孔子的思想。据统计，在《论语》中，孔子讲"仁"的地方共109次，讲"礼"的地方共75次。在春秋时期的战争不断的环境中，孔子致力于恢复"礼乐制度"，以便使社会平稳地过渡到一个新的"天下有道"的社会。而他认为实现这一理想的途径，就是推行"仁政"，恢复礼乐。

《论语》以记言为主，"论"是论纂的意思，"语"是话语，经典语句，箴言。"论语"即是论纂（先师孔子的）语言。作为一部优秀的语录体散文集，《论语》以言简意赅、含蓄隽永的语言，记述了孔子的言论。其中所

▲孔庙杏坛
该坛位于孔庙大成门与大成殿之间甬道正中，原为孔子旧宅教授堂遗址，宋时将此堂旧址"除地为坛，环植以杏，名曰杏坛"。整个建筑玲珑典雅，为孔子从事教育活动的重要标志。

记孔子循循善诱的教诲之言，或简单应答，点到即止；或启发论辩，侃侃而谈，文字富于变化，娓娓动人。

《孟子》一书体现了孟子的哪些思想？

《孟子》一书是孟子的言论汇编，记录了孟子的语言、政治观点和政治行动，属语录体散文集。《孟子》共有7篇传世：《梁惠王》《公孙丑》《滕文公》《离娄》《万章》《告子》《尽心》，每篇各分上下两卷，共十四卷。孟子学说的出发点为性善论，提出"仁政""王道"，主张德治。

南宋时朱熹将《孟子》与《论语》《大学（书）》《中庸》合在一起称"四书"。直到清末，"四书"一直是科举必考内容。在《孟子》一书中，集中地体现了孟子的政治思想、哲学思想和教育思想。孟子的政治思想与孔子一脉相承，并把孔子"仁"的政治思想发展为"仁政"学说。这一学说主张统治者要施仁政于民，以德服人，实行王道，反对以力服人，实行霸道；对臣民应减轻刑罚与赋税，发展农业生产；对百姓应施行道德教化，使他们人人能"正心、诚意、修身、齐家"，从而使国家长治久安。

《孟子》具有较强的民本主义思想——"民为贵，社稷次之，君为轻。"孟子认为，国家存在的根本不在于"天时、地利"，而在于"人和"，"得道者多助，失道者寡助"，劝诫

统治者要与民同忧同乐。《孟子》非常重视教育对人的影响作用；强调人的自我教育，主张修身养性，"养吾浩然之气"，以完善自我；他还教育人们为实现远大奋斗目标，要有"苦其心志""劳其筋骨""饿其体肤"的吃苦精神，并提出了"富贵不能淫，贫贱不能移，威武不能屈"的道德标准，树立了中国人的气节。

《孝经》对"孝"作了怎样的规定？

《孝经》是中国古代儒家的伦理学著作。有人说是孔子自作，但南宋时已有人怀疑是出于后人附会。清代纪昀在《四库全书总目》中指出，该书是孔子"七十子徒之遗言"，成书于秦汉之际，自西汉至魏晋南北朝，注解者上百家。现在流行的版本是唐玄宗李隆基注，宋代邢昺疏。全书共分18章。

该书以孝为中心，比较集中地阐发了儒家的伦理思想。它肯定"孝"是上天所定的规范，"夫孝，天之经也，地之义也，人之行也"。书中指出，孝是诸德之本，"人之行，莫大于孝"，国君可以用孝治理国家，臣民能够用孝立身理家，保持爵禄。《孝经》在中国伦理思想中，首次将孝亲与忠君联系起来，认为"忠"是"孝"的发展和扩大，并把"孝"的社会作用绝对化、神秘化，认为"孝悌之至"就能够"通于神明，光于四海，无所不通"。

《孝经》对实行"孝"的要求和方法也做了系统的规定，主张把"孝"贯串于人的一切行为之中，"身体发肤，受之父母，不敢毁伤"，是孝之始；"立身行道，扬名于后世，以显父母"，是孝之终。它把维护宗法等级关系与为封建专制君主服务联系起来，主张"孝"要"始于事亲，中于事君，终于立身"。同时提出了"孝"的具体要求："居则致其敬，养则致其乐，病则致其忧，丧则致其哀，祭则致其严"。

《孝经》在唐代被尊为经书，南宋以后被列为"十三经"之一。在长期的封建社会中它被看作"孔子述作，垂范将来"的经典，对传播和维护封建纲常起了很大作用。

▲孝经图卷　南宋　佚名
此画卷取材于儒家经典著作《孝经》十八章，每章一图，图文并茂。画面中人物虽小却形神兼备，体态各异，栩栩如生，笔触细腻而工整，设色浓艳，布局合理。

《大学》对提高人的自身修养有哪些意义？

《大学》原为《礼记》第四十二篇。宋朝程颢、程颐兄弟把它从《礼记》中抽出，编次章句。朱熹将《大学》《中庸》《论语》《孟子》合编注释，称为"四书"，从此《大学》成为儒家经典。至于《大学》的作者，程颢、程颐认为是"孔氏之遗言也"。朱熹把《大学》重新编排整理，分为"经"一章，"传"十章。认为"经一章盖孔子之言，而曾子述之；其传十章，则曾子之意而门人记之也"。

《大学》的版本主要有两个体系：一是经朱熹编排整理，划分为经、传的《大学章句》本；一是按原有次序排列的古本，即《礼记》中的《大学》原文。一般谈论《大学》，都以朱熹《大学章句》本为准。

"大学"是对"小学"而言，是说它不是讲"详训诂，明句读"的"小学"，而是讲治国安邦的"大学"。"大学"是大人之学。

《大学》为"初学入德之门也"。"经"一章提出了明明德、亲民、止于至善三条纲领，又提出了格物、致知、诚意、正心、修身、齐家、治国、平天下八个条目。八个条目是实现三条纲领的途径。在八个条目中，修身是根本的一条，"自天子以至于庶人，壹是皆以修身为本"。十章分别解释明明德、新民、止于至善、本末、格物致知、诚意、正心、修身、齐家、治国平天下。明明德是指弘扬光明正大的品德。新民是指让人们革旧图新。止于至善是指要达到最好的境界。本末是指做事要分清主次，抓住根本。格物致知是指穷究事物的原理来获得知识。诚意就是"勿自欺"，不要"掩其不善而著其善"。正心就是端正自己的心思。修身就是加强自身修养，提高自身素质。齐家就是管理好自己的家庭、家族。治国平天下是谈治理国家的事。

《大学》文辞简约，内涵深刻，影响深远。数百年来无数仁人志士由此登堂入室以窥儒家之门。该书从实用主义角度，对现代人如何做人、做事、立业等均有深刻启迪意义。

《中庸》对人性修养提出了怎样的要求？

《中庸》原是《小戴礼记》中的一篇。旧说《中庸》是子思所作。其实是秦汉时儒家的作品，它也是中国古代讨论教育理论的重要论著。《中庸》在宋代受到重视，但最早探索《中庸》的并非儒生，而是方外之士——释智圆。释智圆之后，司马光对《中庸》作了较多论述。后来北宋程颢、程颐极力尊崇《中庸》。南宋朱熹又作《中庸集注》，并把《中庸》和《大学》《论语》《孟子》并列称为"四书"。宋元以后，《中庸》成为学校官定的教科书和科举考试的必读书，对古代教育产生了极大的影响。

《中庸》是儒家阐述"中庸之道"，并提出人性修养的教育理论著作。《中庸》郑玄注："中庸者，以其记中和之为用也；庸，用也。孔子之孙子思作之，以昭明圣祖之德也。"

《中庸》又提出了有德之人必须好"三达德"，实行"五达道"，才能达到"中庸"的境界。所谓"五达道"，即"君臣也，父子也，夫妇也，昆弟也，朋友之交也"。处理这五方面关系的准则是："君惠臣忠""父慈子孝""夫义妇顺""兄友弟恭""朋友有信"。"五达道"

的实行，要靠"三达德"：智、仁、勇。而要做好"三达德"，达到中庸的境界，就要靠"诚"。教育的目的就是要人们努力进行主观心性的养成，以达到"至诚"的境界。

《中庸》还阐述了学习程序，并强调"择善而固执之"的勤奋不懈精神。它说："博学之，审问之，慎思之，明辨之，笃行之。"这是为学必有的过程。它又说："有弗学，学之弗能弗措也；有弗问，问之弗知弗措也；有弗思，思之弗得弗措也；有弗辨，辨之弗明弗措也；有弗行，行之弗笃弗措也。人一能之，己百之；人十能之，己千之。果能此道矣，虽愚必明，虽柔必强。"其在教育上提出的为学程序与顽强的学习精神，至今仍有借鉴意义。

为什么说《尔雅》是研究古文献的重要工具书？

《尔雅》是中国最早的一部解释词义的书，是中国古代的词典。《尔雅》也是儒家的经典之一，列入"十三经"之中。其中"尔"是近正的意思；"雅"是"雅言"，是某一时代官方规定的规范语言。"尔雅"就是使语言接近官方规定的语言。《尔雅》是后代考证古代词语的一部著作。

《尔雅》被认为是中国训诂学的开山之作，在训诂学、音韵学、词源学、方言学、古文字学方面都有着重要影响。同时《尔雅》也是我国第一部按义类编排的综合性辞书，是疏通包括"五经"在内的上古文献中词语古文的重要工具书。

《尔雅》的作者历来说法不一。有的认为是孔子门人所作，有的认为是周公所作，经后人增益而成。后人大都认为是秦汉时人所作，经过代代相传，各有增益，在西汉时被整理加工而成。大约是秦汉间的学者缀辑春秋战国秦汉诸书旧文增益而成的。

班固在《汉书·艺文志》著录有《尔雅》3卷20篇。唐朝以后将它列入"经部"，使其成为儒家经典之一。现存《尔雅》为19篇，与班固所说的20篇不同。有人认为这主要是分篇的方法不同，而清朝的宋翔凤则认为是原来有一篇"序"失落造成的。

▲《尔雅》书影

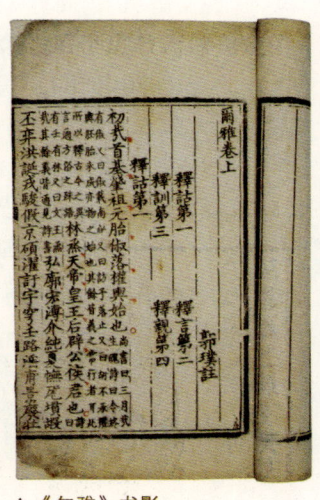

《方言》一书具有哪些开创性的意义？

《方言》一书的全称是《輶轩使者绝代语释别国方言》，作者扬雄（公元前53年—公元18年），字子云，西汉蜀郡成都（今四川成都）人。他是文学家、哲学家，又是著名语言学家。

《方言》不仅是我国语言学史上第一部对方言词汇进行比较研究的专著，在世界语言学史上也是一部开辟语言研究的新领域、独创个人实际调查的语言研究新方法的经典性著作。在《方言》尚未完全成书之时，与扬雄相识的张伯松就盛赞它是"悬诸日月不刊之书"。

《方言》经东晋郭璞注释之后流传至今。今本《方言》计13卷，大体轮廓可能仿《尔雅》体例，但卷内条目似乎不及《尔雅》严格有条理。其体例大致有两种：给出一词，分列各地称谓的不同，如卷八释"猪"；再有，罗列一组同义词，给出共同解释，再分别辨析各地之不同。但卷十二、卷十三往往以一词释一词，而没有方言词汇比较方面的内容，与前10卷大不相同。何九盈怀疑最后二卷可能原来是分作4卷的（扬雄自己说全书是15卷），且扬雄生前并没有把《方言》写完，现在的后二卷原本只是写作提纲。后扬雄因病去世，没有来得及把这两卷中有关方言的对比写进各条之下，以致成了未最后完成的书稿。

13卷的《方言》所收的词条计有675条（据周祖谟《方言校笺》统计），每一条下，作者往往先提出一个或几个同义词作为条目，然后或用一个词来解释它们，或分别说明各个词的使用地域，所以实际词目远远超过了条数。

《说文解字》对训诂、考古有哪些重要意义？

《说文解字》是中国第一部系统地分析汉字字形和考究学源的字书，也是流传最广的中文必备工具书。

《说文解字》，简称《说文》，汉朝许慎编著，是首部按部首编排的汉语字典。原书作于100年—121年，现已失落，但其中大量内容被汉朝以后的其他书籍引用，并有北宋徐铉于雍熙三年（986年）校订完成的版本（称为"大徐本"）流传至今，宋以后的说文研究著作多以此为蓝本。原文以小篆书写，逐字解释字体来源，全书共分540部首，收字9353个，另有"重文"即异体字1163个，共10516字。

《说文解字》总结了先秦、两汉文学的成果，保存了汉字的形、音、义，是研究甲骨文、金文和古音、训诂不可缺少的桥梁。特别是《说文》对字义的解释一般保存了最古的含义，对理解古书上的词义更有帮助。书中关于秦汉时期全国各地方言的介绍使其成为了解中国古方言的一本参考书籍。

此书保存了研究古代社会历史、文化等各方面的材料，是我们整理我国优秀的文化遗产的重要的阶梯。《说文》包括各种含义的字的解释，反映了古代的政治、经济、文化、风俗习惯，成为我们了解古代的一些历史情况和各种知识的一个窗口。

▲手抄说文解字帖 唐

为什么说《广雅》是我国最早的百科词典？

《广雅》是我国最早的一部百科词典，三国魏时张揖撰。张揖字稚让，魏明帝太和（227—233年）年间博士。《广雅》共收字18150个，是仿照《尔雅》体裁编纂的一部训诂学汇编，相当于《尔雅》的续篇，篇目也分为19类，各篇的名称、顺序，说解的方式，甚至全书的体例，都和《尔雅》相同，有些条目的顺序也与《尔雅》相同。所不同的是，《广雅》取材的范围要比《尔雅》更加广泛，所谓"广雅"，就是增广《尔雅》之意。其书搜集极广，举凡汉代以前经传的训诂，《楚辞》《汉赋》的注释，以及汉代的字书、《方言》《说文解字》等书的解说都兼括在内，这也使它成为研究汉魏以前词汇和训诂的重要著作。

《广雅》原书分上、中、下3卷，隋代曹宪作音释，因避隋炀帝杨广讳，改称《博雅》，自称所著为《博雅音》。曹宪所著本，《隋志》作4卷，《唐志》则改作10卷，书名仍称《广雅》，沿用至今。后世对《广雅》的注释颇多，其中最著名的是清代王念孙的《广雅疏证》10卷，音准义精，影响很大。

朱熹的《四书集注》对后世产生了哪些影响？

《四书集注》全称是《四书章句集注》，是儒家理学名著，是南宋大儒朱熹的代表性的著作之一，包括《大学章句》1卷、《中庸章句》1卷、《论语集注》10卷，《孟子集注》14卷。注释发挥了众多理学家的论点，较系统地反映了朱熹的理学思想。明朝统治者重视理学，将《四书集注》作为官定的必读注本和科举考试的依据，朱熹的理学思想也成为明清两代的官方主体思想。

《四书集注》是朱熹倾注毕生心血之作，他至临死前一天还在修改《大学·诚意章》的注，如他自己所说"毕力钻研，死而后已"。

当然，此书也常被后世反对朱熹理学的学者所批判，如清初毛奇龄反对朱熹理学，曾撰《四书改错》批评《四书集注》，书中首句便称"四书无一不错"，他在书中罗列朱熹《四书》注释的错误达451条。

▲《监本四书》书影
朱熹为"四书"所作之注是封建社会对"四书"经义最权威的解释，科举考试都以朱熹的《四书集注》为准。

史

中国最早的一部国别史是哪一部？

《国语》是中国最早的一部国别史著作。记录了周朝王室和鲁国、齐国、晋国、郑国、楚国、吴国、越国的历史。上起周穆王西征犬戎（约公元前965年），下至智伯被灭（公元前453年）。记录了各国贵族间朝聘、宴飨、讽谏、辩说、应对之辞以及部分历史事件与传说故事。

关于国语的作者，古今学界多有争论，尚无定论。司马迁最早提到国语的作者是左丘明（他在《报任安书》中提到"左丘失明，厥有《国语》"），其后班固、刘知几等都认为是左丘明所著。但晋代以后，许多学者开始怀疑，至今仍争论不休。普遍看法是，《国语》是战国初期一些熟悉各国历史的人，根据当时周朝王室和各诸侯国的史料，经过整理加工汇编而成。

《国语》按照一定顺序分国排列，在内容上偏重于记述历史人物的言论。这是《国语》体例上最大的特点。《国语》共21卷。其中周语3卷、鲁语2卷、齐语1卷、晋语9卷、郑语1卷、楚语2卷、吴语1卷、越语2卷。其内容涵盖经济、财政、军事、兵法、外交、教育等方方面面，是研究先秦历史的重要资料。

《国语》在内容上有很强的伦理倾向，弘扬德的精神，尊崇礼的规范，认为"礼"是治国之本。而且非常突出忠君思想。同时，它反对专制和腐败，提倡重视民意，重视人才，具有浓重的民本思想。

《战国策》讲述了哪一时期的史实？

《战国策》是中国古代的一部史学名著，也是一部国别体史书。全书按东周、西周、秦、齐、楚、赵、魏、韩、燕、宋、卫、中山依次编写，共33卷，约12万字。是先秦历史散文中成就最高、影响最大的著作之一。有人推测为秦末著名辩士蒯通所作，但没有确凿证据。西汉末年，刘向将其编定为33篇。宋时已有缺佚，由曾巩作了订补，此书历代多有注释。湖南长沙马王堆出土的西汉帛书，记述战国时事，定名为《战国纵横家书》，与本书内容相似，或许是刘向编订之前的《战国策》原型。

《战国策》不仅是一部历史著作，也是一部非常好的历史散文集。它比较客观地记录了

▲ 士的崛起

战国时期，养士之风盛行，著名的"战国四公子"都有养士千人。养士与主人之间建立起一种新型的隶属关系。张仪、苏秦便出自这样的阶层。

当时的一些重大历史事件，是战国历史的生动写照。它还详细地记录了当时纵横家的言论和事迹，展示了这些人的精神风貌和思想才干，此外，书中还记录了一些义勇志士的人生风采。

《战国策》的文学成就也非常突出，在中国文学史上，它标志着中国古代散文发展的一个新时期，文学性非常突出，尤其在人物形象刻画、语言文字运用、寓言故事等方面具有非常鲜明的艺术特色。

"二十四史"包括哪些史学著作？

"二十四史"是我国古代二十四部正史的总称，即《史记》（汉司马迁）、《汉书》（汉班固）、《后汉书》（南朝宋范晔）、《三国志》（晋陈寿）、《晋书》（唐房玄龄等）、《宋书》（南朝梁沈约）、《南齐书》（南朝梁萧子显）、《梁书》（唐姚思廉）、《陈书》（唐姚思廉）、《魏书》（北齐魏收）、《北齐书》（唐李百药）、《周书》（唐令狐德棻等）、《隋书》（唐魏徵

◀ 清道光重修"二十四史"书影

中国历代重视修史，到清朝，选取正史二十四部，合称为"二十四史"，并集中刊刻，这是清代道光年间的刊刻版本。

等）、《南史》（唐李延寿）、《北史》（唐李延寿）、《旧唐书》（后晋刘昫等）、《新唐书》（宋欧阳修、宋祁）、《旧五代史》（宋薛居正等）、《新五代史》（宋欧阳修）、《宋史》（元脱脱等）、《辽史》（元脱脱等）、《金史》（元脱脱等）、《元史》（明宋濂等）、《明史》（清张廷玉等）。

三国时期社会上已有"三史"之称。"三史"通常是指《史记》《汉书》和东汉刘珍等写的《东观汉记》。《后汉书》出现后，取代了《东观汉记》，列为"三史"之一。"三史"加上《三国志》，称为"前四史"。

历史上还有"十史"之称，它是记载三国、晋朝、宋、齐、梁、陈、北魏、北齐、北周、隋朝10个王朝的史书的合称。后来又出现了"十三代史"。"十三代史"包括了《史记》《汉书》《后汉书》和"十史"。

到了宋代，在"十三史"的基础上，加入《南史》《北史》《新唐书》《新五代史》，形成了"十七史"。

明代又增以《宋史》《辽史》《金史》《元史》，合称"二十一史"。

清朝乾隆初年，刊行《明史》，加先前各史，总名"二十二史"。后来又增加了《旧唐书》，成为"二十三史"。后来从《永乐大典》中辑录出来的《旧五代史》也被列入正史，经乾隆皇帝钦定，合称"钦定二十四史"。乾隆四年至四十九年武英殿刻印的《钦定二十四史》，是中国古代正史最完整的一次大规模汇刻。

1920年，柯劭忞等撰《新元史》脱稿，1921年，大总统徐世昌以《新元史》为"正史"，与"二十四史"合称"二十五史"。但也有人不将《新元史》列入，而改将《清史稿》列为二十五史之一。或者将两书都列入正史，合称"二十六史"。

如果不将民国时期编撰的《新元史》和《清史稿》纳入其中，那么这二十四史总共3249卷，约4000万字。它记叙的时间，从第一部《史记》记叙传说中的黄帝起，到最后一部《明史》记叙到明崇祯十七年（1644年）止，前后历时4000多年，用统一的本纪、列传的纪传体编写。

序号	书名	作者	卷数
1	史记	西汉·司马迁	130
2	汉书	东汉·班固	100
3	后汉书	南朝宋·范晔	120
4	三国志	西晋·陈寿	65
5	晋书	唐·房玄龄等	130
6	宋书	南朝梁·沈约	100
7	南齐书	南朝梁·萧子显	59
8	梁书	唐·姚思廉	56
9	陈书	唐·姚思廉	36
10	魏书	北齐·魏收	114
11	北齐书	唐·李百药	50
12	周书	唐·令狐德棻等	50
13	隋书	唐·魏徵等	85
14	南史	唐·李延寿	80
15	北史	唐·李延寿	100
16	旧唐书	后晋·刘昫等	200
17	新唐书	宋·欧阳修、宋祁	225
18	旧五代史	宋·薛居正等	150
19	新五代史	宋·欧阳修	74
20	宋史	元·脱脱等	496
21	辽史	元·脱脱等	116
22	金史	元·脱脱等	135
23	元史	明·宋濂等	210
24	明史	清·张廷玉等	332
相关	新元史	民国·柯劭忞等	257
相关	清史稿	民国·赵尔巽等	529

▲二十四史

"二十四史"的内容非常丰富，记载了历代经济、政治、文化艺术和科学技术等各方面的事迹，是研究中国乃至世界历史的宝贵资料。

我国第一部纪传体通史是哪一部？

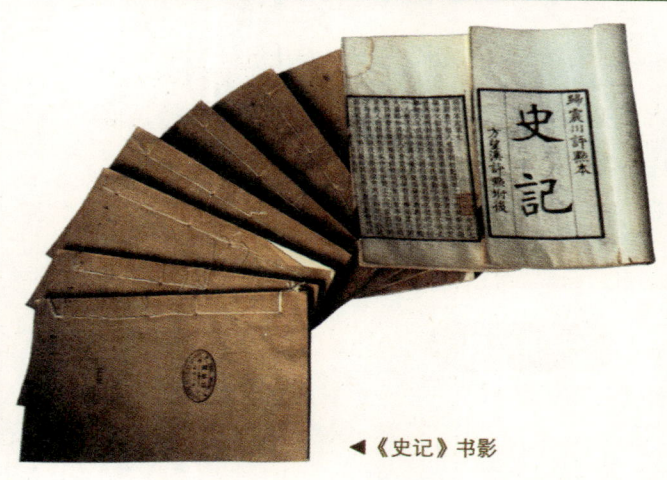

《史记》最初没有固定书名，或称"太史公书"，或称"太史公记"，也省称"太史公"。"史记"本来是古代史书的通称，从三国开始，"史记"由通称逐渐成为"太史公书"的专名。《史记》作者司马迁，字子长，左冯翊夏阳（今陕西韩城）人。生于汉景帝中元五年（公元前135年），大约卒于汉武帝征和三年（公元前90年）。

《史记》从传说中的黄帝开始，一直写到汉武帝元狩元年（公元前2年），叙述了我国3000年左右的历史。《史记》序中写道，全书有本纪12篇，表10篇，书8篇，世家30篇，列传70篇，共130篇。班固在《汉书·司马迁传》中提到《史记》缺少十篇。今本《史记》也是130篇，但有少数篇章显然不是司马迁的手笔。汉元帝、成帝时的博士褚少孙曾补写过《史记》，今本《史记》中"褚先生曰"就是他的补作。《史记》取材相当广泛，当时社会上流传的《世本》《国语》《国策》《秦记》《楚汉春秋》《诸子百家》等著作和国家的文书档案，以及实地调查获取的材料，都是司马迁写作《史记》的重要材料来源。此外，司马迁对搜集的材料做了认真的分析和选择，淘汰了一些无稽之谈。对一些不能弄清楚的问题，或者采用阙疑的态度，或者记载各种不同的说法。由于取材广泛，修史态度严肃认真，所以，《史记》记事翔实，内容丰富。

◀《史记》书影

《史记》对后世史学和文学的发展都产生了深远影响。其首创的纪传体编史方法为后世所推崇，而且其文笔优美，述事生动，对后世文学的发展也产生了不小的影响，被鲁迅誉为"史家之绝唱，无韵之《离骚》"。

《史记》比较广泛地传播流行，大约是在东汉中期以后。唐朝时期，由于古文运动的兴起，文人们对《史记》给予了高度的重视，当时韩愈、柳宗元等都对《史记》特别推崇。宋元之后，欧阳修、郑樵、洪迈、王应麟各家，以及明朝的公安派、清朝的桐城派，都十分赞赏《史记》的文笔。于是《史记》的声望与日俱增，各家各派注释和评价《史记》的书也源源不断出现。其中最有影响的是俗称"三家注"的《史记集解》（刘宋裴骃之注）、《史记索隐》（唐司马贞注）和《史记正义》（唐张守节注）。

司马迁其人

司马迁小档案

姓名：司马迁，字子长。
生卒：公元前145年~前87年。
年代：西汉。
职业：史官。
籍贯：西汉中期夏阳（今陕西韩城南）人。
成就：编著《史记》，开创纪传体史学。

大事年表

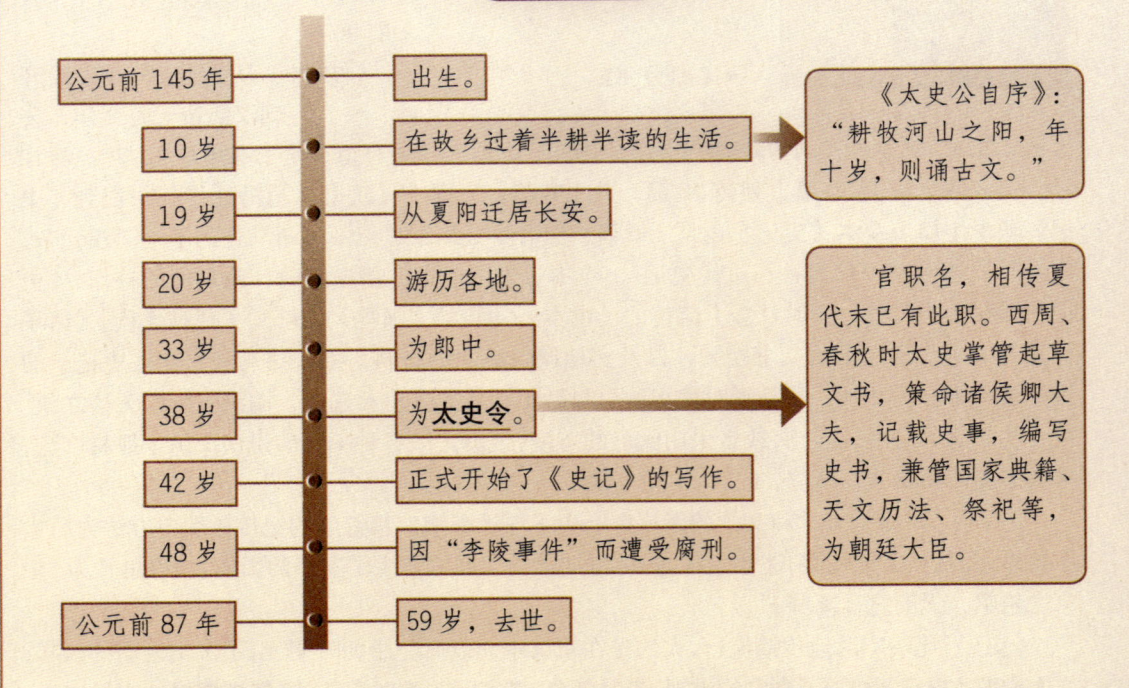

公元前145年	出生。
10岁	在故乡过着半耕半读的生活。
19岁	从夏阳迁居长安。
20岁	游历各地。
33岁	为郎中。
38岁	为**太史令**。
42岁	正式开始了《史记》的写作。
48岁	因"李陵事件"而遭受腐刑。
公元前87年	59岁，去世。

《太史公自序》："耕牧河山之阳，年十岁，则诵古文。"

官职名，相传夏代末已有此职。西周、春秋时太史掌管起草文书，策命诸侯卿大夫，记载史事，编写史书，兼管国家典籍、天文历法、祭祀等，为朝廷大臣。

伟大的史学家司马迁

《史记》是由司马迁撰写的中国第一部纪传体通史，记载了上自上古传说中的黄帝时代，下至汉武帝元狩元年3000多年的历史。《史记》最初没有书名，或称"太史公书""太史公传"。"史记"本是古代史书的通称。

司马迁的家世对《史记》创作的影响

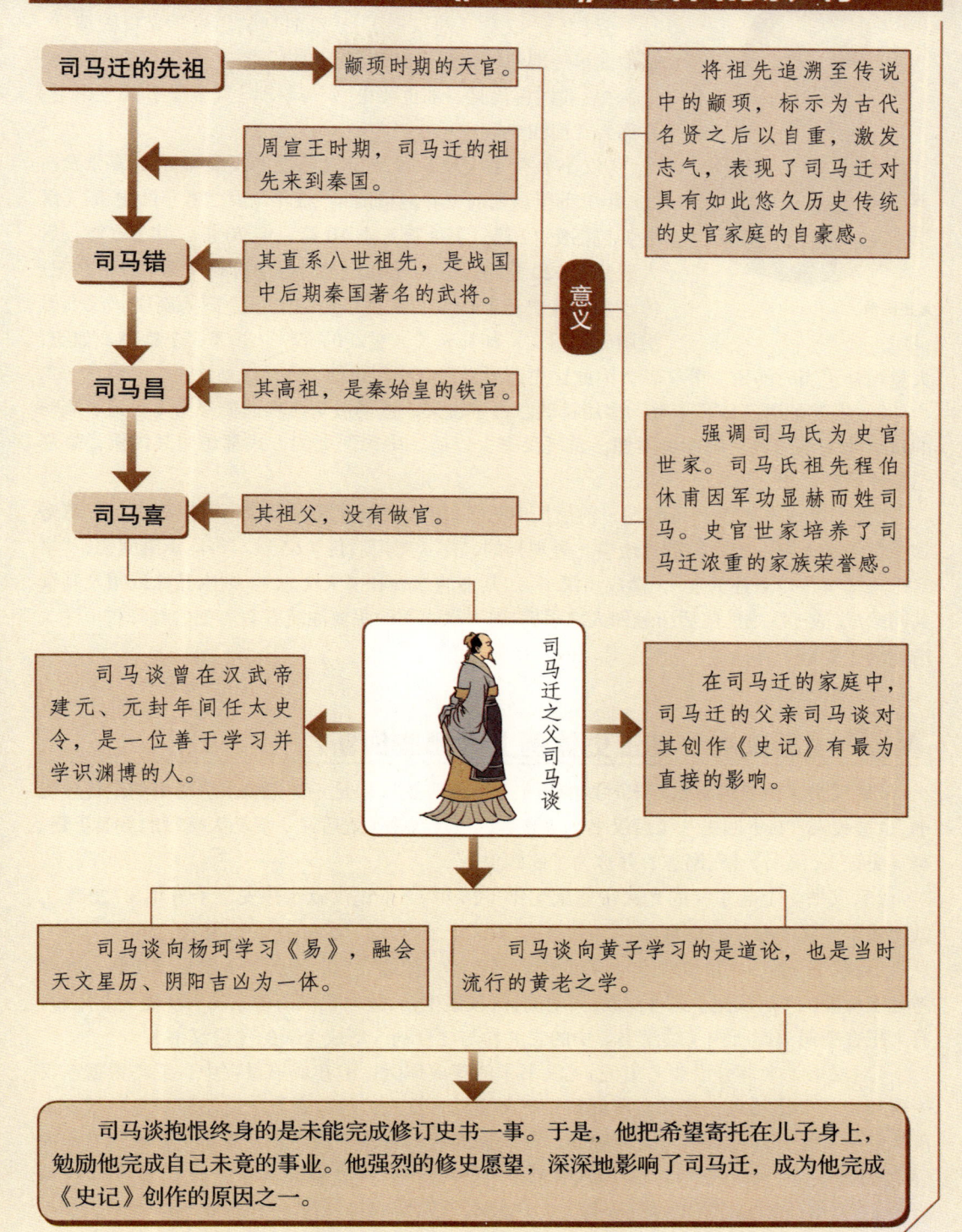

司马迁的先祖 → 颛顼时期的天官。

← 周宣王时期,司马迁的祖先来到秦国。

司马错 ← 其直系八世祖先,是战国中后期秦国著名的武将。

司马昌 ← 其高祖,是秦始皇的铁官。

司马喜 ← 其祖父,没有做官。

意义

- 将祖先追溯至传说中的颛顼,标示为古代名贤之后以自重,激发志气,表现了司马迁对具有如此悠久历史传统的史官家庭的自豪感。
- 强调司马氏为史官世家。司马氏祖先程伯休甫因军功显赫而姓司马。史官世家培养了司马迁浓重的家族荣誉感。

司马迁之父司马谈

← 司马谈曾在汉武帝建元、元封年间任太史令,是一位善于学习并学识渊博的人。

→ 在司马迁的家庭中,司马迁的父亲司马谈对其创作《史记》有最为直接的影响。

司马谈向杨何学习《易》,融会天文星历、阴阳吉凶为一体。

司马谈向黄子学习的是道论,也是当时流行的黄老之学。

司马谈抱恨终身的是未能完成修订史书一事。于是,他把希望寄托在儿子身上,勉励他完成自己未竟的事业。他强烈的修史愿望,深深地影响了司马迁,成为他完成《史记》创作的原因之一。

▲ 班固像

中国第一部纪传体断代史是哪一部？

《汉书》，又称《前汉书》，东汉时期的历史学家班固编撰，是中国第一部纪传体断代史，"二十四史"之一。《汉书》是继《史记》之后我国古代又一部重要史书，与《史记》《后汉书》《三国志》并称为"前四史"。

《汉书》全书主要记述了上起西汉的汉高祖元年（公元前206年），下至新朝的王莽地皇四年（23年），共230年的史事。《汉书》包括纪12篇，表8篇，志10篇，传70篇，共100篇，后人划分为120卷，共约80万字。《汉书》中所载汉武帝以前之纪、传，多用《史记》旧文，武帝以后之史事，则为新撰。汉书虽沿用史记旧文，却补充了大量新的资料，并非完全抄袭。如纪，大量增补了当时的诏令等文献，因此比史记更显得有史料价值。

《汉书》的语言庄严工整，多用排偶、古字古词，遣词造句典雅远奥，与《史记》流畅的口语化文字形成了鲜明的对照。自《汉书》以后，中国纪史的方式都仿照其体例，纂修纪传体的断代史。

《汉书》成书于汉和帝时期，前后历时近40年。班固世代为望族，家多藏书，父班彪为当世儒学大家，曾采集前史遗事，旁观异闻，作《史记后传》65篇。班固承继父志，"亨笃志于博学，以著述为业"，撰成《汉书》。其书的八表和《天文志》，则由其妹班昭及马续共同续成，故《汉书》前后历经四人之手完成。《汉书》的主要注疏者有唐朝的颜师古（注）、清朝的王先谦（补注）。

《后汉书》在正史体例上有哪些创新？

《后汉书》由我国南朝刘宋时期的历史学家范晔编撰，是一部记载东汉历史的纪传体史书，也被收入"二十四史"。《后汉书》是继《史记》《汉书》之后又一部私人撰写的重要史籍。与《史记》《汉书》《三国志》并称为"前四史"。

《后汉书》上起东汉的光武帝建武元年（25年），下讫汉献帝建安二十五年（220年），共记述了东汉196年的史事。

《后汉书》纪10卷和列传80卷的作者是范晔，他综合当时流传的七部后汉史料，并参考袁宏所著的《后汉纪》编写而成，简明周详，叙事生动，故取代以前各家的后汉史。北宋时，有人把晋朝司马彪所作《续汉书》中的志8卷与之合刊，形成今天的《后汉书》。

《后汉书》大部分沿袭《史记》《汉书》的现成体例，但在成书过程中，范晔根据东汉一代历史的具体特点，则又有所创新，有所变动。首先，他在帝纪之后添置了皇后纪。东汉从和帝开始，连续有六个太后临朝。把她们的活动写成纪的形式，既名正言顺，又能准确地反映这一时期的政治特点。其次，《后汉书》新增加了《党锢传》《宦者传》《文苑传》《独行传》《方术传》《逸民传》《列女传》7个类传。范晔是第一位在纪传体史书中专为妇女作传的史学家。尤为可贵的是，《列女传》所收集的17位杰出女性，并不都是贞女节妇，其中就包括并不符合礼教道德标准的才女蔡琰。

《三国志》在史料选择上有哪些特点？

《三国志》是晋代陈寿编写的一部主要记载魏、蜀、吴三国鼎立时期的纪传体国别史，详细记载了从黄巾之乱开始（184年）到晋武帝太康元年（280年）一共90多年的历史。《三国志》全书65卷，《魏书》30卷，《蜀书》15卷，《吴书》20卷。《三国志》位列中国古代二十四史，与《史记》（司马迁）《汉书》（班固）《后汉书》（范晔、司马彪）并称"前四史"。

《三国志》不仅是一部史学巨著，更是一部文学巨著。陈寿在尊重史实的基础上，以简练、优美的语言为我们绘制了一幅幅三国人物肖像图。人物塑造得非常生动。《三国志》取材精审，作者对史实经过认真的考订、慎重的选择，对不可靠的资料进行了严格的审核，不妄加评论和编写，慎重地选择取材之源。

▲刘备塑像

到了南北朝时期，南朝宋文帝认为陈寿所著《三国志》记事过简，命裴松之为之作补注。裴松之以补缺、备异、惩妄、论辩等为宗旨，博采群书140余种，其中90%以上是今天已经亡佚的，由此保存了大量的史料，注文较正文多出3倍，开创了作注的新例，其价值不在陈寿所著的《三国志》之下。

《晋书》作为正史有哪些优缺点？

《晋书》记载了从司马懿开始到晋恭帝元熙二年（420年）为止，包括西晋和东晋的历史，并用"载记"的形式兼述了十六国割据政权的兴亡。共130卷，包括帝纪10卷，志20卷，列传70卷，载记30卷，共132卷。后来叙例、目录失传，今存130卷。

《晋书》为唐代官修史书，编者共21人。其中监修三人：房玄龄、褚遂良、许敬宗；天文、律历、五行等三志的作者为李淳风；拟订修史体例为敬播；其他16人为令狐德棻、来济、陆元仕、刘子翼、卢承基、李义府、薛元超、上官仪、崔行功、辛丘驭、刘胤之、杨仁卿、李延寿、张文恭、李安期和李怀俨。

《晋书》记载完备，兼记两晋历史，而且对十六

▲《晋书》（元末刊本）书影
《晋书》为唐代官修正史，记述了西晋和东晋的历史。此为元代末年刊刻的《晋书》。

国史事有专门记述，与前代晋史相比，《晋书》的内容较为详尽且广博，纪传中收录的大量诏令、奏疏、书札及文章，虽冗长，但有多方面的史料价值。此外，《晋书》中的志，多从东汉、三国时期写起，弥补了《后汉书》《三国志》的不足。《晋书》还有"载记"三十卷，记载了古代中国少数民族匈奴、鲜卑、羯、氐、羌建立的十六国政权。这是《晋书》在纪传体史书体例上的一个创造。

但是《晋书》也存在诸多缺点，记述了大量神怪故事，连《搜神录》《幽明录》中一些荒诞之谈也加以收录。而且没有充分利用当时的史料，又过于追求文辞的华丽，致使全书错漏百出，钱大昕甚至批评《晋书》"涉笔便误"。

《宋书》记载了哪个朝代的史实？

《宋书》记事始于南朝宋武帝永初元年（420年），下迄宋顺帝升明三年（479年），记载了南朝刘宋政权60年的史事。作者是南梁朝的沈约，含本纪10卷、志30卷、列传60卷，共100卷。沈约根据之前何承天、山谦之、苏宝生的《宋书》，进行增删、订补工作，将宋末十几年的史迹加以补充。《宋书》保存了很多史料，包括当时的诏令奏议、书札、文章等，参考价值很高。此外，《宋书》各志中的叙述，经常溯及至魏晋时期，这在一定程度上弥补了《三国志》等书的缺陷。今本个别列传有残缺，少数列传是后人用唐高峻《小史》《南史》所补。

◀ 刘裕像

刘裕（363～422年），南朝宋开国君主，字德舆，小字寄奴。为政崇尚简约，实行"庚戌土断"，集权中央。谥武，庙号高祖。

江淹为《南齐书》的编写做出了哪些贡献？

《南齐书》，记载自齐高帝建元元年（479年）至齐和帝中兴二年（520年）一共23年的南齐历史。南梁朝萧子显撰，梁武帝天监年间，吴均曾请求撰写《齐史》，未获准许，后萧子显自告奋勇承担了这个任务。经过几年的努力，书成上奏，梁武帝下诏付秘阁收藏。

《南齐书》也是纪传体史书。原名《齐书》，鉴于与李百药《齐书》同名，宋时改称为《南齐书》。全书原为60卷，《自序》一卷早已亡佚，今存59卷，本纪8卷，志11卷，列传40卷。

萧子显在编纂时参考了之前史家檀超和江淹奉诏修未成的齐史体例。还参考了熊襄的《齐典》、沈约的《齐纪》、吴均的《齐春秋》和江淹著的《齐史》十志等。《南齐书》部帙不大，年代又短，居然也撰写八篇志，这其中无疑包含江淹的首创之功。《南齐书》同《宋书》一样，宣扬鬼神、佛道之事，且过分讲究华丽的辞藻，这是《南齐书》的缺点，也是那个时代的文风使然。

后人也曾增补此书，陈述撰《补南齐书艺文志》4卷，清人万斯同《历代史表》中有《齐诸王世表》1卷、《齐将相大臣年表》1卷、《齐方镇年表》1卷。

《梁书》相对前朝史书有哪些进步之处？

《梁书》唐朝人姚思廉著，纪传体记载南朝梁朝史。书成于贞观十年（636年），此书记述了南朝萧齐末年的政治和萧梁皇朝（502—557年）50余年的史事，包含本纪6卷、列传50卷，无表、无志。

姚思廉之父姚察在隋时有旧稿，大业二年（606年）姚察死，嘱其子思廉续书，贞观三年（629年）思廉奉命修史，房玄龄和魏徵为总监修，并采谢昊、顾野王诸家旧作，贞观十年（636年）书成。《梁书》中有26卷的后论署为"陈吏部尚书姚察曰"，说明这些卷是出于姚察之手，这几乎占了《梁书》的半数。在行文文风方面，《梁书》除引用文以外的部分不以当时流行的骈体文，而以散文书写，这是其一大特色。在对历史变化的看法上，《梁书》摈弃了天命论，转而强调英雄创造历史，这在当时无疑是进步的。

《陈书》是怎样记述陈朝历史的？

《陈书》记载了自陈武帝即位（557年）至陈后主亡国（589年）前后共33年间的史实，也是一部纪传体断代史，成书于贞观十年（636年），也是姚思廉所著。和《梁书》一样，《陈书》也有很多来自姚思廉之父姚察的旧稿，此外还参照了其他历史材料和他人撰写的史书。

由于陈朝政权只存在了33年，在政治、经济、文化方面没有特别的建树，因此《陈书》内容比不上《梁书》那样充实，本纪和列传都非常简略。

《陈书》的史料来源除陈朝的国史和姚氏父子所编旧稿外，还有陈《永定起居注》8卷，《天嘉起居注》23卷，《天康光大起居注》20卷，《太建起居注》56卷，《至德起居注》4卷等历史材料和他人撰写的史书。

《陈书》遍载诏书和诗赋文章，史事则多隐恶扬善，如陈霸先杀梁敬帝萧方智（543—558年）之事、陈叔宝荒淫等史实，皆避而不谈。但魏徵、曾巩、赵翼认为《陈书》在记述陈朝"其始之所以兴""其终之所以亡"方面，尤其是在揭示

▲ 历代帝王图卷·陈后主像　唐　阎立本
陈后主承父祖之业，割据江南，内惑于张孔二贵妃，外惑于群小，以致国破家灭，身为臣房，入隋后贪求爵禄，是以隋文帝叹曰："陈叔宝全无心肝！"

陈武帝的"度量恢廓,知人善任"和陈后主的"耽荒为长夜之饮,嬖宠同艳妻之孽"方面,有些还是有意义的。

为何后人对《魏书》多有贬斥？

《魏书》记述了4世纪末~6世纪中叶北魏王朝的历史。全书124卷,其中本纪12卷,列传92卷,志20卷。因有些本纪、列传和志篇幅过长,又分为上、下卷或上、中、下三卷,实际一共130卷。

《魏书》为北齐史官魏收所撰,所以他在此书中以东魏北齐为正统,不为西魏三帝立纪,称南朝为岛夷。因作者借修史酬恩报怨,因此《魏书》也被称为"秽史"。后来隋文帝认为魏收之书不实,又命魏澹、颜之推别撰,隋炀帝又敕杨素、潘徽、褚亮、欧阳询别撰。刘知几《史通》,赵翼《二十二史札记》对此书均有贬词。从今天出土石刻资料看,作者用汉制附会鲜卑旧制,用后来的汉名代替原来鲜卑姓名等情况十分严重,但是此书保留了大量重要史料,也是我们今天研究北魏历史的重要著作。

《北齐书》的流传经历了哪些曲折？

《北齐书》,它虽以记载北朝北齐的历史为主,但实际上记述了从高欢起兵到北齐灭亡前后约80年的历史,集中反映了东魏、北齐王朝的盛衰兴亡。《北齐书》共有50卷,其中包括本纪8卷和列传42卷。

《北齐书》成书于贞观十年(636年),为李百药所撰。《北齐书》成书前,李百药先后于唐太宗贞观元年(627年)和贞观三年(629年)两次奉诏编纂北齐史书,他在其父李德林所撰《齐书》遗稿的基础上,参考了隋朝史家王劭所撰的编年体《齐志》,最终编成《齐书》。

后来《北齐书》严重散佚,到南宋时,50卷的《北齐书》仅剩一卷帝纪、16卷列传是李百药的原文;其余各卷,都是后人根据唐代史家李延寿所撰《北史》抄补修成的。由于《北史》当时并没有散佚,故后人根据《北史》以补写《北齐书》,在文字上非尽属百药原文,但在内容上则不失真实,因为《北史》的北齐史部分基本上都采自《北齐书》。《北齐书》原名《齐书》,在宋朝时,为区别萧子显的《齐书》而改为《北齐书》。

《周书》记载了哪一个周朝的历史？

《周书》是一部记述北朝宇文氏建立的周朝的纪传体断代史书,全书共50卷,有本纪8卷、列传42卷。唐代令狐德棻主编,参加编写的还有岑文本和崔仁师等人。贞观三年(629年),唐太宗诏修梁、陈、齐、周、隋五代史,令狐德棻与岑文本、崔仁师负责撰北周史,成书于贞观十年(636年),与《北齐书》《梁书》《陈书》《隋书》同时进呈御览。

《周书》文笔简洁爽劲,颇得后人赞许,清代史家赵翼说它"叙事繁简得宜,文笔亦极简劲"。而且《周书》不只是记述西魏及北周皇朝的史事,内容还兼顾了同时代的东魏、北齐、梁与陈等四朝的重大史事，对于帝位更迭、重大动乱，皆详加载明，反映了当时中国历史发展的大势及纷繁的历史事件。

《南史》记载了哪些朝代的历史？

《南史》是合南朝宋、齐、梁、陈四代历史为一编的纪传体史著，记事起自南朝宋武帝永初元年（420年），止于陈后主祯明三年（589年），记述了南朝四代170年的历史。《南史》共80卷，包含宋本纪3卷、齐本纪2卷、梁本纪3卷、陈本纪2卷、列传70卷。实际是由李太师及其子李延寿两代人共同编撰完成。

《南史》没有采取编年体，而是把南朝各史的纪传汇总起来，删繁就简，以便阅读。列传中不同朝代的父子祖孙，以家族为单位合为一卷，对于了解门阀制度盛行的南北朝社会，提供一定的方便。

《南史》文字简明，事增文省，在史学上占有重要地位。其不足处在于作者突出门阀士族地位，过多采用家传形式。例如将不同朝代的一族一姓人物不分年代，集中于一篇中叙述，实际成为大族族谱，而且《南史》《北史》中，某些传文亦有重复现象。

《北史》记载了哪些朝代的历史？

《北史》也是唐代李延寿所撰，其记事上起北魏登国元年（386年），下迄隋义宁二年（618年），记述了北朝的北魏、西魏、东魏、北周、北齐和隋共六代233年史事。全书共100卷，其中本纪12卷，列传88卷。

《北史》主要在《魏》《齐》《周》《隋》四书基础上删订改编而成，并参考各种杂史，"鸠聚遗逸，以广异闻"，"除其冗长，捃其菁华"，体例完整，文字优美。

李延寿撰写这《南史》和《北史》是为了"追终先志"，继承父亲李太师未完成的事业。李氏父子均为北方人，因此，对北朝的历史、掌故、风俗、人情都较熟悉。因此《北史》内容远较《南史》佳，历代多有褒扬。自有南北二史之后，《宋书》《南齐书》《魏书》《梁书》《陈书》《北齐书》《周书》《隋书》被称为"八书"，史称"二史八书"。

▲鲜卑山

鲜卑山位于今内蒙古自治区呼伦春自治旗阿里镇西北约10公里处的嫩江支流甘河北岸，山上有北魏拓跋鲜卑祖先所居石室——嘎仙洞。

《隋书》有哪些对后世影响深远的独创？

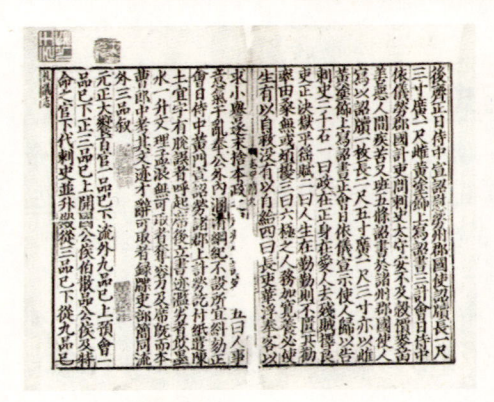

▲《隋书》宋刻本书影
隋朝是一个承前启后的封建王朝，在政策制度上多有创新，对后世影响很大，对此《隋书》都进行了详细辑录。

《隋书》是记述从隋文帝开皇元年（581年）至恭帝义宁二年（618年）共38年的纪传体史书。共85卷，其中帝纪5卷、列传50卷、志30卷。

隋文帝时，王劭已撰成《隋书》80卷。唐高祖武德四年（621年），令狐德棻首先提出修梁、陈、齐、周、隋等五朝史的建议，隔年，唐朝廷命史臣编修，数年仍未成书。唐太宗贞观三年（629年）命房玄龄监修隋史，另纪传部分监修的还有颜师古、孔颖达、许敬宗等。贞观十年（636年）成书。帝纪5卷、列传50卷，志30卷，多人共同编撰，分为两阶段成书，开始以魏徵为其主编，魏徵去世后，又由长孙无忌续为主编，完成未完成的部分。从草创到全部修完共历时35年。

《隋书》作者群皆是饱学之士，有很高的修史水平。品评人物较少阿附隐讳，而且《隋书》还保存了大量政治外交、社会经济以及科技文化资料。如《西域传》首次记载昭武九姓诸国，是为研究西域历史的重要史料。《隋书》也记载祖冲之对圆周率的研究，以及张子信和刘焯关于"日行盈缩"的讨论。

另外，由于当时史馆所修的梁、陈、齐、周、隋五代史都没有志，唐太宗遂于贞观十五年（641年）下诏让于志宁、李淳风、韦安仁、李延寿、敬播等人续撰《五代史志》，最初由令狐德棻监修，唐高宗永徽三年（652年）改由长孙无忌监修，显庆元年（656年）书成上奏。该书衔接《晋书》书志部分。最初为单行本，因内容以隋为主，隋代又居五代最末，故后来被编入《隋书》。现被称作《隋书》十志。其中《经籍志》为继《汉书·艺文志》后中国重要代表性图书目录，其所采用的经、史、子、集四部分类法对后世影响甚大，于中国目录学史上具有重要意义。

为什么《旧唐书》质量不佳却仍然受到重视？

《旧唐书》是现存最早的系统记录唐代历史的一部史籍。原名《唐书》，宋代欧阳修、宋祁等编写的《新唐书》问世后，才改称《旧唐书》。此书共200卷，包括本纪20卷、志30卷、列传150卷。

后晋天福六年（941年），晋高祖石敬瑭命张昭远、贾纬等人撰唐史，由宰相赵莹监修。后晋开运二年（945年）书成，时因刘昫为相，故该书署名刘昫撰。

《旧唐书》修撰时间短促，质量不佳，北宋人严厉地批评《旧唐书》"纪次无法，详略失中，文采不明，事实零落"，甚至《杨朝晟传》《王求礼传》和《丘神勣传》有并列两传的情况。实际上，《旧唐书》只是抄录现成的唐史有关文献，照抄国史、实录及唐末文书档案，甚至许多"大唐""本朝""今上"字样仍然保留。而唐武宗以后的宣、懿、僖、昭、哀五代，无实录存下，则杂采各家传闻和《唐年补录》和《唐末三朝闻见录》诸书。因此《旧唐书》的价值主要体现在保存了大量史料。

此外，《旧唐书》还记录了大量的我国少数民族的史料，以及他们和中原的唐王朝相互交往的亲密关系。比如，文成公主和松赞干布婚姻的纪实，金城公主入藏的史迹，以及突厥、回纥、吐蕃、契丹等北方、西北、东北、西南许多民族的历史记录，都在《旧唐书》里有较多的记载。在唐朝和邻国日本、朝鲜、印度的关系史方面，《旧唐书》记载也较为详细，其分量比起别的同类正史来要多得多，史实也较可靠。

与《旧唐书》相比，《新唐书》有哪些优缺点？

《新唐书》是记述中国唐代历史的纪传体史书。共225卷，包括本纪10卷、志50卷、表15卷、列传150卷。北宋宋祁、欧阳修等撰，宋仁宗嘉祐五年（1060年）全书完成，由曾公亮进呈。

比起《旧唐书》来，《新唐书》确有自己的一些特点和优点。《新唐书》对"志"十分重视，新增《仪卫志》《选举志》和《兵志》，原有的《天文志》和《历志》篇幅超过《旧唐书》3倍。《新唐书》也恢复了立"表"，立了《宰相表》《方镇表》《宗室世系表》《宰相世系表》。

在史料方面，因为北宋时期比较安宁，有许多在战乱时期不易收集到的史料，《新唐书》所依据的唐人文献及唐史著作均审慎选择，删除当中的谶纬怪诞内容，使《新唐书》在体例和笔法、风格上显得比《旧唐书》完整、严谨得多。另外，《新唐书》在列传的标名上也做了归纳整理，如把少数民族仕唐将领合并到"诸夷藩将传"中、把割据的藩镇也归到一起来写，等等。这样，就使得眉目更为清楚。这些都是在文笔、编裁方面，新书胜于旧书之处。

▲欧阳修像
欧阳修参与编撰了《新唐书》。

同时，《新唐书》的缺陷也不容忽视，后人多批评欧阳修撰《新唐书》时"着意文字而忽略考证"，而且作者正统思想尤为强烈，对隋末窦建德等农民军十分反感，常常恶语相加。宋祁文风尚古，他将《旧唐书》里原有的诏令、奏议以及记叙文字删去甚多，以致文字艰涩难懂，同时也丢失了许多资料，给后世研究带来很大困扰。由于《新唐书》存在不少问题，在颁行不久，吴缜就写了《新唐书纠谬》，共举出该书460条错误。在找出《新唐书》差错的同时，亦认为撰修者是"不知刊修之要而各徇私好"。

《旧五代史》的史料价值主要体现在哪些方面？

宋太祖开宝六年（973年）四月诏修《五代史》，由薛居正监修，卢多逊、张澹、刘兼、李穆、李九龄等七人同修，以范质《五代通录》作底本，并参考五代时期各朝实录，至翌年闰十月甲子日成书，前后只用了一年。后因欧阳修《新五代史》问世，此书便被冠以"旧"史。全书记述从后梁开平元年（907年）开始至周世宗显德七年（960年）北宋灭后周。共150卷，含本纪61卷、列传77卷、志12卷，以五代断代为书。有《梁书》24卷，《唐书》50卷，《晋书》24卷，《汉书》11卷，《周书》22卷，志12卷。少数民族如契丹、吐蕃、回鹘、党项等则写入《世袭列传》《僭伪列传》《外国列传》。

《旧五代史》中各代的《书》是断代史，《志》则是五代典章制度的通史，《杂传》则记述包括十国在内的各割据政权的情况。这种编写体例使全书以中原王朝的兴亡为主线，以十国的兴亡和周边民族的起伏为副线，叙述条理清晰，较好地展现了这段历史的面貌。

当然，《旧五代史》也有不少缺点。其中最主要的就是因成书太快，来不及对史料加以慎重的鉴别，有的照抄五代时期的实录，甚至把当时人明显为了某种政治目的而歪曲史实和溢美人物的不实之词录入书中。但是从史料角度说，如此实录也为后人保存了大量原始资料，尤其经过长期南北分裂混乱，许多五代时期的"实录"和其他第一手材料大部散佚，因而这部近乎"实录"压缩本的史书，其史料价值就更高了。

《旧五代史》原本在明代散佚，今本乃清代四库馆自《永乐大典》等文献中辑出，是"二十四史"中的唯一辑本。

《新五代史》有哪些优缺点？

《新五代史》也是记述五代历史的纪传体史书，起止年代与《旧五代史》一样。全书共74卷，包括本纪12卷、列传45卷、考3卷、世家及世家年谱11卷、四夷附录4卷。原名《五代史记》，后人为了与薛居正的《旧五代史》相区分开，改称为《新五代史》。此书是唐代设馆修史以后唯一的私修正史，编撰者是欧阳修，因是私撰，所以一直藏于家。欧阳修去世后才由家人上呈于朝廷。

《新五代史》撰写时，增加了"旧五代史"所未能见到的史料，如《五代会要》《五代史补》《五代史阙文》《唐余录》《九国志》等，因此《新五代史》在《旧五代史》的基础上更加翔实。

总体看来，《新五代史》的史料价值比《旧五代史》要少一些，因为是欧阳修在删繁就简时，将不少具体资料也一并删去。另外欧阳修写《新五

五代十国兴亡表

朝代和国名	创建人	起止年代	灭于何朝
后梁	朱温	907－923	后唐
后唐	李存勖	923－936	后晋
后晋	石敬瑭	936－947	契丹
后汉	刘知远	947－950	后周
后周	郭威	951－960	宋
吴	杨行密	902－937	南唐
南唐	徐知诰	937－975	宋
吴越	钱镠	907－978	宋
楚	马殷	927－951	南唐
闽	王审知	909－945	南唐
南汉	刘䶮	917－971	宋
前蜀	王建	907－925	后唐
后蜀	孟知祥	934－965	宋
南平	高季兴	924－963	宋
北汉	刘旻	951－979	宋

代史》时，采用孔子的《春秋》笔法，为尊者讳，寓褒贬，重议论，并强调君臣封建思想。对此，顾炎武、钱大昕等学者多有批评，认为欧阳修迂腐，既著史书，却不重视史实的探讨，好发议论，爱说空话，读来令人生厌。

虽然如此，欧阳修毕竟是宋代著名的文学大家，古文运动的领导人和集大成者，所以《新五代史》文笔简洁，叙事生动，当时人就认为它的笔力与《史记》不相上下。《新五代史》的文笔之出色，的确在"二十四史"中是罕见的。

元代官修《宋史》有哪些缺陷？

《宋史》于元末至正三年（1343年）开始与《辽史》《金史》同时修撰，由元丞相脱脱和阿鲁图先后主持。全书有本纪47卷，志162卷，表32卷，列传255卷，共计496卷，约500万字，是"二十四史"中篇幅最庞大的一部官修史书。

《宋史》的特点是史料丰富，叙事详尽。两宋史学发达，本朝史书的修撰，在北宋前期由崇文院承担，王安石变法后，主要由秘书省负责。官修的当代史有记载皇帝言行的起居注，记载宰相、执政议事及与皇帝问对的时政记，根据起居注、时政记等按月日编的日历，详细记载典章制度的会要，还有编年体的"实录"和纪传体的"国史"。元末修撰的这部《宋史》，是元人在旧有宋朝国史资料的基础上编撰而成，基本上保存了宋朝国史的原貌。

《宋史》的体例完备，融会贯通了以往纪传体史书所有体例，纪、传、表、志俱全，而且有所创新。如外国和蛮夷分别列传，这就分清了国内的民族和国外的邻邦的界限。《宋史》的列传比前代史书都丰富，共收入多达2000余人。

《宋史》的最大缺点是比较粗糙。由于成书时间短，只用了两年零七个月，而且时值元朝濒临崩溃的前夕，因此编纂得比较草率。编写中对史料缺乏认真鉴别考订，资料也没有精心裁剪；书的结构比较混乱，编排失当，从整体来看，北宋详而南宋略。此外，宁宗以后的史实多缺而不载。列传虽然占的篇幅很大，入传的人物有2800多人，但缺漏的人物仍然不少。

为什么说《辽史》是"二十四史"中质量最下者？

《辽史》是记述辽朝历史的纪传体史书，共116卷，包括本纪30卷、志32卷、表8卷、列传45卷、国语解1卷。《辽史》由丞相脱脱担任总裁，总裁官是铁木儿塔识、贺惟一、张世岩、欧阳玄、揭傒斯、吕思诚，由廉惠山海牙、王沂、徐昺、陈绎曾等四人分别执笔撰写而成。《辽史》的组织撰写、成书非常仓促。从至正三年（1343年）四月始修，至次年三月便大功告成，只用了11个月时间。

《辽史》的主要史料来源为辽末耶律俨的《皇朝实录》、金朝陈大任的《辽史》及南宋叶隆礼的《契丹国志》等。

《辽史》的最大特色是列表较多，共有八表，仅次于《史记》和《汉书》。《辽史》的表多，减少了立传之繁，省却了许多篇幅，弥补了纪、志、传记载的不足。其中的《游幸》《部族》

《属国》三表，是《辽史》的创新。通过列表，使读者对各部族、各属国的情况，以及与辽朝中央的关系，都一目了然。减省了不少笔墨。当然，表里记载的材料难免与纪、志、传中的重复，但列表多在一定程度上弥补了《辽史》过于简略的缺点，从而使"一代之事迹亦略备"。

但是，《辽史》成书很仓促，而依据史料范围又比较狭窄，书中的缺陷是比较多的，最严重的，就是过于简略，以致漏载了许多修史所必不可少的内容。为此，数百年来，《辽史》一直受到学者们的批评和指责，甚至被认为是"二十四史"中质量最下者。

▲契丹出行图

为何后世对《金史》评价很高？

《金史》是记述金朝历史的纪传体史书，全书135卷，其中本纪19卷、志39卷、表4卷、列传73卷，后附《金国语解》1卷。记述了上起金太祖收国元年（1115年）阿骨打称帝，下至金哀宗天兴三年（1234年）蒙古灭金，共120年的历史。元丞相脱脱等主持编修。

历代对《金史》的评价很高，认为它不仅超过了《宋史》《辽史》，也比《元史》高出一筹。《金史》编得好，一来是由于原有的底本比较好，因为金朝注重史书的编纂工作。二来是因为元人对此书经营已久，与宋、辽二史仓促成书不一样，所以本书首尾完备、条例整齐、简约而无疏漏、周赡而不繁芜，所以在宋、辽、金三史之中，《金史》是最为完善的。

当然，《金史》也有许多不足之处。有的重要人物没有列传，甚至无记载，而有的重要事情也没有记载，此外，《金史》列传中的人名杂乱，一人多名或译名不一的现象很多。

为何《元史》备受后人诟病？

《元史》是系统记述元朝兴亡过程的一部纪传体史书，成书于明朝初年。全书210卷，包括本纪47卷、志58卷、表8卷、列传97卷，记述了从蒙古族兴起到元朝建立和灭亡的历史，由宋濂、王祎主编。

《元史》的《本纪》和《志》占全书一半，而《本纪》占全书近四分之一，《文宗纪》几乎是一年一卷。清代学者钱大昕说："古今史成之速，未有如《元史》者；而文之陋劣，亦无如《元史》者。"主要认为它的编纂工作过于草率，错误百出，清代汪辉祖的《元史本证》指出《元史》中3700余项错误。例如，《元史》中存在有一人两传的缺失，如速不台与雪不台本是一人，完者都与完者拔都是一人，石抹也先与石抹阿辛是一个人，《元史》中都列有两传。再者，译

▲宋濂像

名不一，如八思巴，又译八合思八、巴思八、八合斯巴等。为此，后世学者多有补正之作。

即使如此，从史学角度而言，由于《大元一统志》《元经世大典》等书已经散佚，《元史》作为研究元代之原始史料之价值，仍然是不能忽视的。

《新元史》对《元史》有哪些补正？

《新元史》是记述元朝历史的一部纪传体史书，以《元史》为底本，斟酌损益，重加编撰而成。全书257卷，包括本纪26卷、表7卷、志70卷、列传154卷。清末民初的史学家柯劭忞撰。

清代洪钧出使欧洲各国后，发现西方各国之蒙古学研究甚丰，遂罗集当时西方有关蒙古之书，翻译成《元史译文证补》，在中国印行后，震惊史学界，引起中国参考西书重修元史之风，如魏源《元史新编》、邵远平《元史类编》。直到清末民初柯劭忞集三十年努力撰成《新元史》，凡257卷，才算有了一部差强人意的元代史书。1921年，中华民国大总统徐世昌下令将《新元史》列为"正史"，与旧有"二十四史"合称为"二十五史"。

《新元史》的内容比《元史》充实，它补充了元世祖以前的蒙古史事。阿劭忞修《新元史》时，利用了《蒙古秘史》和《元史译文证补》。《新元史》的体例基本沿袭旧史，但也有一些改动。如本纪前增加一篇《序纪》，记述成吉思汗以前的史事，这同《金史》的本纪之前增加一篇《世纪》相仿。又如，在本纪的最后增加了元顺帝儿子的《昭宗纪》。此外，《新元史》还纠正了很多《元史》的错误，还按照时代先后，对人物列传的编排次序作了合理的调整。

当然，《新元史》也存在一些不足。最大的缺点是没有编写《艺文志》，而且书中所引用的新资料，都没有注明出处，以致后人研究元史时，使用它的史料深感不便。柯劭忞修的《新元史》仍脱不出历代旧史的重修办法，叠床架屋，卷帙浩繁；加之书首没有《叙例》，让人看不出他著书的义例。此外，《释老传》里没有补上耶教传等，马可·波罗等人在元朝的活动，也没有写入，这些都是《新元史》的不足之处。

《明史》的编撰经历了哪些曲折？

《明史》是"二十四史"的最后一部，全书共323卷，包括本纪24卷、志75卷、列传220卷、表23卷，记述了自朱元璋洪武元年（1368年）至朱由检崇祯十七年（1644年）近300年的历史。其卷数在"二十四史"中仅次于《宋史》，但其修纂时间之久、用力之勤却大大超过了以前诸史。《明史》署名张廷玉撰，实际上清朝从顺治二年（1645年）就有了修《明史》之议，到乾隆四年（1739年）才最终成书刊成，前后延续将近一个世纪，其间经历四次大修，数易其稿，参与修撰者多是博学大儒，如黄宗羲、万斯同、范锡同、王鸿绪、汤斌、朱彝尊、陆陇其、张廷玉、朱轼、孙嘉淦，等等，规模空前。即使在定稿之后，乾隆年间又曾查改，直到乾隆五十四年（1789年）才全部勘定完成，并编入《四库全书》。

《明史》修成之后，得到后代史家的好评，清史学家赵翼在《廿二史札记》卷31中说："近代诸史自欧阳公《五代史》外，《辽史》简略，《宋史》繁芜，《元史》草率，唯《金史》

行文雅洁，叙事简括，稍为可观，然未有如《明史》之完善者。"

当然，《明史》有其明显的缺点。由于清代文字狱大盛，清帝曾下令销毁大量明朝文献，并极力贬低明朝史事，而且《明史》对纲常名教的宣扬和对明末流寇造反的痛恨，都达到极致。此外，由于《明史》是清朝的作品，作者常常不得不用曲笔隐瞒真相，使《明史》的真实性和可靠性大打折扣，研究者需要参看其他史书和明人笔记以及海外保留下来的少量资料。

《竹书纪年》对研究先秦历史有哪些重要意义？

《竹书纪年》是战国时魏国史书。该书原无名题，后世以所记史事属于编年体，称为《纪年》，又以原书为竹简，也称为《竹书》，一般称为《竹书纪年》，亦称《汲冢纪年》《汲冢古文》或《汲冢书》。晋太康二年（281年）左右，汲县（今河南卫辉西南）有人盗掘当地古墓，发现了一批写在竹简上的古书。朝廷知道后，将竹简全部取出，加以整理，这就是《竹书纪年》。此书对研究先秦史有很高的史料价值，在中国史学史上也是一部重要著作。

《竹书纪年》共13篇，叙述了夏、商、西周和春秋、战国的历史，按年编次。周平王东迁后用晋国纪年，三家分晋后用魏国纪年，至"今王"23年为止。由于竹简散乱，以及战国文字"于时即已不能尽识"，《竹书纪年》的整理仍存在争论和问题。晋惠帝时，秘书丞卫恒又从事"考正"，尚未完成即在一次统治者的内部争斗中被杀。他的朋友续成其事，对这批竹书"随疑分释，皆有义证"，使其最终成书。

《竹书纪年》有不少地方与《史记》记载有很大差异，被认为比较接近史实，如"太甲杀伊尹""文丁杀季历""共伯和干王位"等。这使其成为历代研究先秦历史必不可少的参考。

《竹书纪年》原简可能在晋代永嘉之乱时亡佚，但初释本和考正本仍继续传抄流行。但到宋代，传抄本也散佚殆尽。清代学者从史书中辑收《竹书纪年》的各种引文，重新再组合成一份复原版的"竹书纪年"。这一份一般称为《古本竹书纪年》。明代嘉靖以后，出现了两卷所谓的《今本竹书纪年》。由于来路不明以及体例与历来所引《竹书纪年》有所不同，《今本竹书纪年》历来被斥为元明时人之伪作。

《东观汉记》是一部怎样的史书？

《东观汉记》是记载东汉光武帝至灵帝一段历史的纪传体史书。因官府于东观设馆修史而得名。此书经过几代人的修撰才最后成书。汉明帝刘庄命班固、陈宗、尹敏、孟异等共撰《世祖本纪》。班固等人又撰功臣、平林、新市、公孙述事迹，作列传、载记28篇奏上。这是该书的草创时期，著书处所在兰台和仁寿闼。安帝时，刘珍、李尤、刘騊駼等奉命续撰纪、表、名臣、节士、儒林、外戚等传，起自光武帝建武年间，终于安帝永初时期，书名《汉记》。此后，地点移至南宫东观。此后伏无忌、黄景等又承命撰诸王、王子、功臣、恩泽侯表和南单于、西羌传以及地理志。桓帝时，又命边韶、崔寔、朱穆、曹寿撰孝穆、孝崇二皇传和顺烈皇后传，外戚传中增入安思等皇后，儒林传增入崔篆诸人。崔寔又与延笃作百官表和顺帝功臣孙程、郭镇及郑众、蔡伦等传。至此，共撰成114篇，始具规模。灵帝时，马日䃅、蔡邕、杨彪、卢植、韩说等又补作纪、志、传数十篇,下限延伸到灵帝。

范晔《后汉书》问世前,该书影响较大,与《史记》《汉书》并称"三史",人多诵习。范书流行后,才逐渐被人忽视。据《隋书·经籍志》著录,全书143卷。《旧唐书·经籍志》著录为127卷,可见唐代官方收藏本已减少了16卷。《宋史·艺文志》著录为8卷,已基本散佚殆尽。

清姚之骃曾辑集佚文8卷,所据之书限于《续汉书》(十志刘昭注)、《后汉书》(李贤注)、《北堂书钞》《艺文类聚》《初学记》五书,遗漏很多。乾隆时修《四库全书》,馆臣以姚辑本为基础,参以《永乐大典》诸韵所载,又旁考其他各书,补其阙失,所增达十分之六,厘定为24卷,其中包括帝纪3卷、年表1卷、志1卷、列传17卷、载记1卷、佚文1卷,刊入《武英殿聚珍丛书》。

▲汉明帝刘庄像

《汉纪》对中国编年体史书的发展有哪些影响?

《汉纪》是记述西汉历史的编年体史书,30卷,作者是东汉时期的荀悦。荀悦(148—209年),字仲豫,汉献帝时做过侍讲,后来任秘书监、侍中,著作有《申鉴》等。

汉献帝觉得班固的《汉书》难懂,于是让荀悦根据《左传》编年纪事的体例写《汉纪》供他参阅。

《汉纪》共约18万字,不足《汉书》的四分之一。时间起于汉元年(公元前206年),止于王莽地皇四年(23年)。由于荀悦写此书的目的是为了让汉献帝了解《汉书》,所以主要是在对《汉书》进行删节的基础上完成的,内容和《汉书》基本相同,区别不大。

荀悦《汉纪》的地位,主要体现在促进了《春秋》和《左传》所用的编年体形式的成熟化。通过他的努力,编年体逐渐完善起来,成为和纪传体并重的两种基本史书体裁。书中常用"荀悦曰"的形式发表有见地的史论,行文流畅,成就很高,受到后人赞扬。现在,常见的版本是《四部丛刊》本。

《后汉纪》具有哪些史料价值?

《后汉纪》是一部编年体的东汉史。记事溯自新莽元凤四年(17年)绿林起义,止于汉献帝延康元年(220年)曹魏代汉,全书30卷,21万余字。作者为东晋时期的袁宏。

袁宏在《后汉纪》里发挥编年体的长处,以时间为经,理出了东汉一代历史的发展线索;以人物、事件为纬,展示了同时期各事件间的联系,及各人、各事在历史发展过程中的作用,容易使人们建立起对东汉史的整体印象。

清代王鸣盛于《十七史商榷》中言:"宏所采亦云博矣,乃竟少有出范书外者,然则诸书精实之语,范氏摭拾已尽。"是说范晔《后汉书》是诸家后汉书的总结性之作,袁宏《后汉纪》在内的其他诸家后汉书,已经没有什么参考价值。但是"其中多有范氏所删取而不尽录者",可以订正《后汉书》的谬误,补充其不足之处。

《资治通鉴》为何备受后世赞誉?

《资治通鉴》是一部规模空前的编年体通史巨著。全书294卷,约300多万字,另有《考异》《目录》各30卷。《资治通鉴》所记历史断限,上起周威烈王二十三年(公元前403年),下迄后周显德六年(959年),前后共1361年。全书按朝代分为16纪,即《周纪》5卷、《秦纪》3卷、《汉纪》60卷、《魏纪》10卷、《晋纪》40卷、《宋纪》16卷、《齐纪》10卷、《梁纪》22卷、《陈纪》10卷、《隋纪》8卷、《唐纪》81卷、《后梁纪》6卷、《后唐纪》8卷、《后晋纪》6卷、《后汉纪》4卷、《后周纪》5卷。由我国古代著名历史学家、政治家司马光和他的助手刘攽、刘恕、范祖禹、司马康等人历时19年编纂完成。

▲《资治通鉴》书影

在此书中,编者总结出许多经验教训,供统治者借鉴,书名的意思是"鉴于往事,资于治道",即以历史的得失作为鉴戒来加强统治,所以叫《资治通鉴》。书由神宗赐名并作序,另外司马光还编写了《通鉴考异》30卷、《通鉴目录》30卷,以备参考和检阅,又由刘恕另写《通鉴外纪》,记述了自庖羲(伏羲)至周的历史。

《资治通鉴》取材极为广泛,除了历代"纪传体"断代史(所谓"正史")之外,还采用了大量的"杂史"、文集、笔记等有关著作,考订史实,舍弃"符瑞"等神怪材料,删繁就简、取精用宏,先由助手分段撰写,再经司马光删削润色总其成,所以全书读来如出一人手笔,很少有自相矛盾之处,文字也简洁流畅,富有文学色彩。

《资治通鉴》的编写,为我国提供了一部非常有价值的历史资料,它是继《史记》之后的我国又一历史巨著,司马光也和司马迁并称为"史学两司马"。然而就《资治通鉴》编写目的而言,正如题名一样"鉴于往事,资以治道",是为使后代统治者吸取前代盛衰兴亡的经验教训,所以它着重于政治、军事,而缺少社会经济变动的记载。此外,司马光思想保守,反对变革,他的这一思想在书中尤为明显。

《资治通鉴》自成书以来,历代帝王将相、文人骚客、各界要人争读不止。点评批注《资治通鉴》的帝王、贤臣、鸿儒及现代的政治家、思想家、学者不胜枚举、数不胜数。对《资治通鉴》的称誉,除《史记》之外,几乎没有任何一部史著可与之相媲美。

《续资治通鉴》记述了哪些朝代的历史?

《续资治通鉴》上承《资治通鉴》,起自宋太祖建隆元年(960年),迄于元顺帝至正二十八年（1368年），以编年体形式记载宋、辽、金、元的历史，前后409年。共220卷，展示了宋、辽、金、元四朝兴衰治乱的历史，其中北宋部分较为精确，元代部分较为简略。作者为清代乾隆时期进士毕沅。

毕沅积20余年之力，四易其稿，以宋、辽、金、元四朝正史为经，以徐乾学《资治通鉴后编》为基础，参以李焘《续资治通鉴长编》、李心传《建炎以来系年要录》、叶隆礼《契丹国志》及各家说部、文集约百数十种，写就此书。记述详明，文字简要，取材宏博，考证谨严，编排合理，总引资料达300余种，纠正了以往宋史专著详北宋略南宋的偏颇，还增加了少数民族的资料。梁启超对该书评价极高，认为"有毕《鉴》则各家续《鉴》皆可废也"。

《东华录》记述的是哪个朝代的历史资料？

《东华录》是编年体清代史料长编。有"蒋录""王录"两种。乾隆三十年（1765年），重开国史馆，蒋良骐任纂修，就《清实录》及其他官书文献摘录清初六朝五帝史料，成书32卷。全书内容按年月日顺序排次，起太祖天命元年（1616年），迄世宗雍正十三年（1735年）。因为国史馆在东华门内，故题为《东华录》，通称《蒋氏东华录》。蒋录失于简略，但保存了传本所不载的一些重要史料，对研究清初历史仍有重要参考价值。

光绪年间，王先谦据改修本实录，仿蒋氏抄录乾隆、嘉庆、道光三朝史料，辑为《东华录续编》，共230卷。对"蒋录"则重新加以详编和补充，增加195卷，于光绪十年（1884年）成书，称《九朝东华录》。后潘颐福辑咸丰朝《东华录》，王氏亦加以增补，成书100卷。加自辑同治朝《东华录》100卷，合称《十一朝东华录》，俗称《王氏东华录》。全书于有清一代200余年间大事，年经月纬，约略可见，为研究清史的重要史籍。在《清实录》刊行前，该书颇为学者所推重。

为什么说《水经注》既是科学名著又是文学珍品？

"四库"之中，《水经注》被归为史部地理类，是我国古代较完整的一部以记载河道水系为主的综合性地理著作，以《水经》所记水道为纲。北魏时郦道元所著。此书在我国长期历史发展进程中有过深远影响，自明清以后不少学者从各方面对它进行了深入细致的专门研究，形成了一门内容广泛的"郦学"。

《水经注》对《水经》作了极大的扩充，《水经》记载的河流仅137条，大量的支流被忽略了，而《水经注》则记录更小的支流，大小河流竟多至1252条，是《水经》的10倍，此外还有500多处湖泊和沼泽，200多处泉水和井水等地下水，伏流有30余处，瀑布60多处，岩溶洞穴46处，温泉31处，各种桥梁超过90座，津渡亦有90余处；建筑方面记有中外古塔30多处，宫殿120余处，

▲《水经注》书影

各种陵墓 260 余处，寺院 26 处。而且观察得也很仔细，有些地方还详细记下了河谷的宽度、河床的深度、水量和水位的季节变化、含沙量、冰期等。

《水经注》不仅讲河流，还详细记载了河流所经的地貌、地质矿物和动植物，所记矿物如金、银、铜、铁、锡、汞等，非金属矿物有雄黄、硫黄、盐、石墨、云母、石英、玉、石材等有 20 余种，岩石 19 种。此外，《水经注》中还记载了许多古生物残骸化石和遗迹化石，甚至人类化石。

《水经注》对历史学、考古学、地名学、水利史学以至民族学、宗教学、艺术等方面都有着重要的参考价值。以上这些内容不仅在数量上惊人，更重要的是作者采用了文学艺术手法进行了绘声绘色的描述，所以它还是我国古典文学名著，在文学史上居有一定地位。它"写水着眼于动态"，"写山则致力于静态"，它"是魏晋南北朝时期山水散文的集锦，神话传说的荟萃，名胜古迹的导游图，风土民情的采访录"。《水经注》在语言运用上也是出类拔萃的，仅就描写的瀑布来说，它所用的词汇就有：泷、洪、悬流、悬水、悬涛、悬泉、悬涧、悬波、颓波、飞清等，变化无穷。所以说《水经注》不仅是科学名著，也是文学艺术的珍品。

《洛阳伽蓝记》有哪些史学、文学价值？

《洛阳伽蓝记》是一部集历史、地理、佛教、文学于一体的名著（《四库全书》将其列入史部地理类），又称《伽蓝记》，为北魏人杨炫之所撰，成书于东魏孝静帝时。书中历数北魏洛阳城的佛寺，分城内、城东、城西、城南、城北五卷叙述，对寺院的缘起变迁、庙宇的建制规模及与之有关的名人轶事、奇谈异闻都记载详核。与郦道元《水经注》一起，历来被认为是北朝文学的双璧。

洛阳城自魏孝文帝太和十七年（493 年）迁都于此，直到孝静帝天平元年（534 年）迁都邺城止，一直是北方政治、经济、文化的中心。尤其是孝文帝推行改革后，洛阳城达到空前的繁荣。其间因为天子后妃崇佛，王公士庶竞相舍宅施僧。上起太和末年，下至永熙，四十年间，修建寺宇达到 1300 余所。这些浮屠建筑的壮丽，装饰的华美和贵家的豪奢都给人留下了深刻的印象。寺院见证了北魏京城洛阳的兴废，不少大伽蓝（如胡太后建造的永宁寺）还成为重大历史事件的舞台。

《洛阳伽蓝记》作于北魏灭亡，东西魏分裂（534 年）后，杨炫之借佛寺盛衰，反映国家兴亡，其中既寄托了故国哀思，又寓含着治乱训鉴。至于缀拾旧闻掌故，详述京城地理，正《魏书》之曲笔，补史志之阙失，在历史地理研究方面也具有重要地位。

▲ 造像　南北朝

《四库全书总目提要》称"其文秾丽秀逸,烦而不厌",从文学艺术的角度来看也是上乘之作。

《贞观政要》对后世政治家有哪些借鉴意义?

《贞观政要》是一部政论性的历史文献,唐史学家吴兢撰。全书10卷40篇,8万余字。其书以记言为主,所记基本上是贞观年间唐太宗李世民与臣下魏徵、王珪、房玄龄、杜如晦等人关于施政问题的对话以及一些大臣的谏议和劝谏奏疏。此外也记载了一些政治、经济上的重大措施。

《贞观政要》虽记载史实,但不按时间顺序组织全书,而是从总结唐太宗治国施政经验,告诫当今皇上的意图出发,将君臣问答、奏疏、方略等材料,按照为君之道、任贤纳谏、君臣鉴戒、教诫太子、道德伦理、正身修德、崇尚儒术、固本宽刑、征伐安边、善始慎终等一系列专题内容归类排列,使这部著作既有史实,又有很强的政论色彩;既是唐太宗贞观之治的历史记录,又蕴含着丰富的治国安民的政治观点和成功的施政经验。这部书是对中国史学史上古老记言体裁加以改造更新而创作出来的,是一部独具特色,对人富有启发意义的史学著作。

▲ 魏徵像

《太平御览》对保存古代典籍做出了哪些贡献?

《太平御览》是中国古代类书。宋太宗命李昉等14人编辑,始于太平兴国二年(977年),成于太平兴国八年(983年)。初名《太平总类》,太宗按日阅览,改题此名。全书1000卷,分55部,每部之下又分若干子目,共4558类,以引证广博见称。据书前"图书纲目"所载,引用图书1690种,连同杂书、诗、赋、铭、箴等,引书实用2579种。所引用的古书十之七八都已失传,是保存古代佚书最为丰富的类书之一,因而倍显珍贵。

此书体例是每条引证都先写书名,次录原文,按时间先后排列,不加己见。所采多为经史百家之言,小说和杂书引得很少。正文作大字,注文作双行小字,附于本句之下,较其他类书更为明晰。

《太平御览》初名《太平类编》《太平编类》,后改名为《太平御览》。《太平御览》与《太平广记》《文苑英华》《册府元龟》合称为"宋汇部四大书"。

宋代最大的一部类书是哪一部?

《册府元龟》初名《历代君臣事迹》。北宋真宗于景德二年(1005年)九月廿二,下诏王钦若、杨亿修历代君臣事迹,前后八年,至大中祥符六年(1013年)八月十三书成。《册府元龟》广泛取材于正史、实录，但不取笔记杂史，引处一律不注出处，成书多达1000卷，是宋代存世最大的著作，字数近千万，在《四库全书》中篇幅居第二（仅次于《佩文韵府》），其中唐朝、五代实录史料极其丰富。全书总共有1104门，门有小序，述其指归。又总括为帝王、闰位、僭伪等31部，部有总序，总计1000卷。

《册府元龟》的编纂目的是"欲载历代事实，为将来典法，使开卷者动有资益"，编纂的特点是所采资料不改旧文，但由于所采多为常见书，又不加注资料出处，因此一直不为学者所重视。但由于该书征引繁富，也成为后世文人学士运用典故、引据考证的一部重要参考资料。其中唐、五代史事部分，是《册府元龟》的精华所在，不少史料为该书所仅见，即使与正史重复者，亦有校勘价值。清代曾据其校补《旧唐书》，近代陈垣也曾用其补全《周书》《魏书》缺页。

中国历史上第一部学术史专著是哪一部？

《明儒学案》为中国第一部严格意义上的学术史专著。《明儒学案》系统记载、总结论述了明代学术思想的发展演变和流派，是明代思想史、哲学史、学术史的专著。作者是"明末清初三大思想家"之一的黄宗羲。

此书是黄宗羲的代表作之一，全书一共62卷，于康熙十五年（1676年）成书。全书以王守仁心学发端发展为主线，一共记载了有明一代210位学者。首篇《师说》提纲挈领全书，《师说》总纲之后，分别列出了17个学案，大致依据时间先后推移次序和学术流派传承关系。每个学案都有较为固定的结构，拥有案序、传和语录；其中案序为概说该学派之基本情况，诸如该派的主要学术观点，主要代表人物，与其他学派的关系，等等，传即是学者传记，语录即是收录该派名言至理并附有评论。

《明儒学案》开后世"学案"体之先声，取材丰富，编纂有法，分类有序，证论切要，对后世学术思想影响深远。梁启超《清代学术概论》称："清代学术之祖当推宗羲，所著《明儒学案》，中国自有学术史，自此始也。"

《宋元学案》对研究宋元思想演变有哪些重要意义？

《宋元学案》共100卷,此书最早为黄宗羲整理。康熙十五年（1676年）黄宗羲完成《明儒学案》后续修此书，但仅成17卷并序而卒，其子黄百家续作，又成8卷，后由私淑弟子全祖望、杨开沅等于1747—1755年补述，未刊行而卒，后来底稿归勤县卢氏抱经堂、残本归宿愿蒋氏。

此后宗羲六世孙黄征、七世孙黄直垩又补充为86卷，道光年间流入浙江学政陈少宗之手。道光十八年（1838年）王梓材、冯云濠受督学何凌汉委托，补正校订，始成100卷。

全书共记宋元学者超过2000人。道光十八年（1838年）刊于浙江，却毁于鸦片战争。光绪五年（1879年）张汝霖再次主导，翻刻于长沙，成通行的100卷《宋元学案》。此书从草创到成书、刊印、通行，前后历经200余年，可谓历尽坎坷。

为方便了解宋、元二代理学家、哲学家的生平、思想大要,全书首冠《考略》,历叙成书始末,次《序录》,次学案正文,并节录了宋、元二代诸儒思想的文章。此书是研究中国宋元思想演变的重要参考。

《蒙古秘史》的流传经历了哪些曲折?

《蒙古秘史》是一部记述蒙古民族形成、发展、壮大之历程的历史典籍,是蒙古民族现存最早的历史文学长卷。其作者不详,成书年代大概在1228年(也有人认为是1240年)。

《蒙古秘史》本名"Monggul nighucha tobchiyan",明代人音译为"忙豁仑·纽察·脱卜赤安",意为"蒙古的秘密书册",即《元史·虞集传》的"脱卜赤颜"及《元史·察罕传》的"脱必赤颜"。

此书原是蒙古文。当初明朝推翻元朝、占领元朝首都大都(今北京),获得了蒙古王室世代相传的金匮之书——《蒙古秘史》。朱元璋为了训练通晓蒙古语的翻译人才,命令投降明朝的那些通晓蒙古语的色目人纂写教材,又精细地用汉字标蒙古词汇的发音,编成了蒙汉对照的生字表《华夷译语》;更将《蒙古秘史》用同样方法翻译——汉字意译、标音,给予汉文名字《元朝秘史》。

《元朝秘史》辗转传抄,蒙古原文已失,只余下汉字的标音与意译,以及一段段的简单总译。直到清朝中后期才被学者叶德辉、钱大昕、李文田等大为推广。

虽然《元朝秘史》丢失蒙古文原文,但内容却保留得最完整。近代学者皆以汉字版的《元朝秘史》为本,比对罗氏《黄金史》以还原《蒙古秘史》的全文内容。

《蒙古秘史》记载了成吉思汗一生的经历,大部分都是第一手史料,甚至是唯一的记载。这些史实在其他史书绝口不提或轻轻带过,却详细记载于《蒙古秘史》。

此外,书中还记录了大量的社会变迁史、文化风俗史和审美精神史等资料,保存了蒙古族及中亚各民族的神话传说、故事寓言、诗歌格言等内容。《蒙古秘史》也是研究13世纪蒙古语的重要资料,是蒙古语音韵学的重要依据。书中有大量的押头韵诗,是蒙古文学的鼻祖。

《蒙古秘史》是游牧民族历史上的第一部史书,书中对游牧民族的生活、思想都有史无前例的详细记载,绝对是游牧民族的经典。

▲《蒙古秘史》书影
此为1908年刊行的《蒙古秘史》。

子

为什么说《老子》是一部哲学著作？

《老子》一书，又名《道德经》或《道德真经》。《道德经》《易经》和《论语》被认为是对中国人影响最深远的三部思想巨著。一般认为是战国初期的老子李耳所著。分为上、下两册，共5000字左右。《道德经》是后来的名称，最初老子书称为《老子》而无《道德经》之名。其成书年代至今仍无定论，不过根据1993年出土的郭店楚简的年代推算，其成书年代至少在战国中前期。

《老子》以"道"解释宇宙万物的演变，认为"道生一，一生二，二生三，三生万物"，"道"乃"夫莫之命而常自然"，因而"人法地，地法天，天法道，道法自然"。"道"为客观自然规律，同时又具有"独立不改，周行而不殆"的永恒意义。《老子》书中包含了大量朴素辩证法观点，如，认为一切事物均具有正、反两面，并能由对立而转化，"正复为奇，善复为妖"，"祸兮福之所倚，福兮祸之所伏"。又以为世间事物均为"有"与"无"之统一，"有、无相生"，而"无"为基础，"天下万物生于有，有生于无"。此外，书中还有大量的民本思想："天之道，损有余而补不足，人之道则不然，损不足以奉有余"；"民之饥，以其上食税之多"；"民之轻死，以其上求生之厚"；"民不畏死，奈何以死惧之？"，等等。其学说对中国哲学发展具有深刻影响。

▲郭店楚简
郭店楚简于1993年在湖北省出土，共保存了先秦时期的儒家和道家典籍18篇。其中《老子》3篇，与今本《老子》存在一定差异。

《庄子》对中国文人产生了怎样的影响？

《庄子》又名《南华经》，道家经文，是战国早期庄子及其门徒所著，到了汉代道教出现以后，便尊之为《南华经》，且奉庄子为南华真人。

《汉书·艺文志》载《庄子》有52篇，今存33篇，分为三部分。内篇7部，外篇15部，杂篇11部。内篇乃为庄子所著，外篇多数为庄子所著，但间有弟子所篡补者；杂篇多为后学弟子所推衍。

▲庄周梦蝶图 元 刘贯道

《庄子·齐物论》曰："昔者庄周梦为胡蝶，栩栩然胡蝶也，自喻适志与！不知周也。俄然觉，则蘧蘧然周也。不知周之梦为胡蝶与，胡蝶之梦为周与？周与胡蝶，则必有分矣。此之谓'物外'。""庄周梦蝶"在后世成为文人士大夫热衷表现的题材，上图人物线条高古，构图严谨，刻画了庄周闲适的性情。

细观《庄子》一书，书中多次提到老聃，的确谈无为无己之论，但是更多的是谈论孔子、颜渊之流，且不如前人所说讽刺儒家、肯定道家，而是将儒家学说加以发挥，与道家加以结合，从而成就了真正的庄学。庄子的学说是从人的角度出发的，所以人人读来都会备感亲切。书中的许多观点和见解，尤其是对待外物的智慧态度，完全超越了时空限制，对于今天的人来说，照样可以借鉴效法。

后人在思想、文学风格、文章体制、写作技巧上受《庄子》影响的，可以开出很长的名单，即以第一流作家而论，就有阮籍、陶渊明、李白、苏轼、辛弃疾、曹雪芹等，由此可见其影响之大。

《庄子》这部文献的出现，标志着在战国时代，我国的哲学思想和文学语言，已经发展到非常玄远、高深的水平，《庄子》堪称我国古代典籍中的瑰宝。因此，庄子不但是我国哲学史上一位著名的思想家，同时也是我国文学史上一位杰出的文学家。无论在哲学思想方面，还是文学语言方面，他都给予了我国历代的思想家和文学家以深刻而巨大的影响，在我国思想史、文学史上都有极其重要的地位。

《墨子》在逻辑学、自然科学方面有哪些成就？

《墨子》一书是墨子（名墨翟）及墨家学派的著作汇编，在西汉时刘向整理成71篇，但六朝以后逐渐流失，现在所传的《道藏》本共53篇，原来都写墨翟著，但其中也有墨子弟子以及后期墨家的著述文章，这是现在研究墨家学派的主要史籍。

按内容，《墨子》一书可分五组：从《亲士》到《三辩》七篇为墨子早期著作，其中前三篇掺杂有儒家的理论，应当是墨子早年"习儒者之业，受孔子之术"的痕迹；后四篇主要是尚贤、尚同、天志、节用、非乐等理论。从《尚贤上》到《非儒下》24篇为一组，系统地反映出墨子"兼爱""非攻""尚贤""尚同""节用""节葬""非乐""天志""明鬼""非命"十大命题，是《墨子》一书的主体部分。《经说》上、下及《大取》《小取》6篇，着重阐述认识论和逻辑学，在逻辑史上被称为后期墨家逻辑或墨辩逻辑（古代世界三大逻辑体系之一，另两个为古希腊的逻辑体系和佛教中的因明学），其中还包含许多自然科学的内容，特别是天文学、几何光学和静力学。《耕柱》至《公输》5篇是墨子言行记录，体例与《论语》相近，是墨子弟子们辑录的，也是研究墨子事迹的第一手资料。《备城门》以下到末20篇（含已佚九篇），专讲守城技巧与城防制度，其制度与秦相近，是战国时期秦国墨者所作，这是研究墨家军事学术的重要资料。

▲《墨子》书影
清光绪湖北崇文书刻本。总计53篇，大多为墨翟弟子及其后世门人对墨翟言行的记述。

《墨子》内容广博，包括了政治、军事、哲学、伦理、逻辑、科技等方面，是研究墨子及其后学的重要史料。西晋鲁胜、乐壹都为《墨子》一书做过注释，可惜已经散佚。现在的通行本有孙诒让的《墨子闲诂》，以及《诸子集成》所收录的版本。

《荀子》一书反映了荀况的哪些思想主张？

《荀子》由荀子（名荀况）所著，现存32篇，大部分是荀子自己的著作，涉及哲学、逻辑、政治、道德许多方面的内容。

在自然观方面，他反对信仰天命鬼神，肯定自然规律是不以人的意志为转移的，并提出人定胜天的思想；在人性问题上，他提出"性恶论"，主张人性有恶，否认天赋的道德观念。强调后天环境和教育对人的影响；在政治思想上，他坚持儒家的礼治原则，同时重视人的物质需求，主张发展经济和礼治法治相结合。在认识论上，他承认人的思维能反映现实，但有轻视感官作用的倾向。

在有名的《劝学篇》中，他集中论述了他对学习的见解。文中强调"学"的重要性，认为只有博学才能"知助而无过"，同时指出学习必须联系实际，学以致用，学习态度应当精诚专一，坚持不懈。他非常重视教师在教学中的地位和作用，认为国家要兴旺，就必须看重教师，同时对教师提出严格要求，认为教师如果不给学生做出榜样，学生是不能躬行实践的。

《荀子》的文章论题鲜明，结构严谨，说理透彻，有很强的逻辑性。语言丰富多彩，善于比喻，排比偶句很多，有他特有的风格，对后世说理文章有一定影响。

《荀子》中的5篇短赋，开创了以赋为名的文学体裁；他采用当时民歌形式写的《成相篇》，文字通俗易懂，运用说唱形式来表达自己的政治、学术思想，对后世也有一定影响。

《韩非子》一书包含了哪些法家的思想主张？

《韩非子》是战国末期韩国法家集大成者韩非的著作。这部书现存55篇，约10余万言，

84

大部分为韩非自己的作品。

《韩非子》一书,重点宣扬了韩非法、术、势相结合的法治理论。韩非"法""术""势"相结合的理论,达到了先秦法家理论的最高峰,为秦统一六国提供了理论基础,同时,也为以后的封建专制制度提供了理论根据。

韩非的朴素辩证法思想也比较突出,他首先提出了矛盾学说,用矛和盾的寓言故事,说明"不可陷之盾与无不陷之矛不可同世而立"的道理。值得一提的是,《韩非子》书中记载了大量脍炙人口的寓言故事,最著名的如"自相矛盾""守株待兔""讳疾忌医""滥竽充数""老马识途"等。这些生动的寓言故事,蕴含着深隽的哲理,其思想性和艺术性的完美结合,给人们以智慧的启迪,具有较高的文学价值。韩非的文章说理精密,文锋犀利,议论透辟,推证事理,切中要害,比如《亡征》一篇,分析国家可亡之道达47条之多,实属罕见。《难言》《说难》二篇,无微不至地揣摩所说者的心理,以及如何趋避投合,周密细致,无以复加。

当时,在中国思想界以儒家、墨家为显学,崇尚"法先王"和"复古",韩非子的观点是反对复古,主张因时制宜。韩非子根据当时的形势情况,主张法治,提出重赏、重罚、重农、重战四个政策。韩非子提倡君权神授,自秦以后,中国历代封建王朝的治国理念都深受韩非子学说的影响。

《吕氏春秋》为什么被归为"杂家"?

《吕氏春秋》是战国末年(公元前239年前后)秦国丞相吕不韦组织属下门客们集体编撰的,又名《吕览》。此书共分为12纪、8览、6论,共12卷,160篇,20余万字。

由于《吕氏春秋》内容驳杂,有儒、道、墨、法、兵、农、纵横、阴阳家等各家思想,所以《汉书·艺文志》等将其列入杂家。传说此书完稿后,吕不韦将其公布在秦首都咸阳的城门上,公告天下,只要有人能在书中增删一字,就赏赐千金。这是"一字千金"的典故。

《吕氏春秋》的12纪是全书的大旨所在,是全书的重要部分,分为《春纪》《夏纪》《秋纪》《冬纪》。每纪都是5篇,共60篇。《春纪》主要讨论养生之道,《夏纪》论述教学道理及音乐理论,《秋纪》主要讨论军事问题,《冬纪》主要讨论人的品质问题。8览,现存63篇,显然脱去一篇。内容从开天辟地说起,一直说到做人务本之道、治国之道以及如何认识、分辨事物、如何用民、为君等。6论,共36篇,杂论各家学说。

《吕氏春秋》深得后人好评。司马迁称它"备天地万物古今之事"。东汉高诱在给它作注时说它"大出诸

▲吕不韦

吕不韦是秦朝相国,秦朝统一天下的功臣之一,《吕氏春秋》即为其召集门客而作。

子之右"。但客观地说，《吕氏春秋》不是一部系统的哲学著作，它有一定的思想价值，但更重要的是资料价值，它保存了先秦各家各派的不同学说，还记载了不少古史旧闻、古人遗语、古籍佚文及一些古代科学知识，其中不少内容是其他书中所没有的。

《吕氏春秋》的注释本有清朝人毕沅的《吕氏春秋新校正》，近代以来，陈奇猷的《吕氏春秋校释》可以作为参考。

中国最古老的传说故事集是哪一部？

《晏子春秋》是记叙春秋时代著名政治家、思想家晏婴言行的一部书。是中国最古老的传说故事集，共8卷，包括内篇6卷（谏上下、问上下、杂上下），外篇2卷，计215章，大约成书于战国末期，是后人假托晏婴的名义所作。

这部书详细地记述了齐国灵公、庄公、景公三朝贤相晏婴的生平轶事及各种传说、趣闻，215个小故事相互关联和补充，构成了栩栩如生的完整的晏子形象。这部书的语言明快简洁、幽默风趣，人物对话富有性格特征，特别是洋溢于人物语言中的幽默感，不但使故事意趣盎然，而且增加了语言的辛辣和讥讽。作者还善于运用比喻的手法，一些寓以生活哲理的比喻，后来成为独立的语汇或成语。这些故事虽不能完全当作信史看待，但多数是有一定根据的，可与《左传》《国语》《吕氏春秋》等书相互印证，作为反映春秋后期齐国社会历史风貌的史料。

▲晏婴像

《商君书》体现了商鞅的哪些变法主张？

《商君书》是记载商鞅思想言论的资料汇编，又称《商君》《商子》，共29篇，现存《商君书》共有26篇，其中两篇只有篇目而无内容，加上《群书治要》卷36引《商君书·六法》中一段，实际只有24篇半。

《商君书》侧重记载了法家革新变法、重农重战、重刑少赏、排斥儒术等言论，主要反映了法家的政治思想。

其一是革新变法思想，这是法家思想的精髓。《更法》篇详细记述了商鞅与甘龙、杜挚在秦孝公面前争论变法的问题。

其二是重农重战思想，这是法家思想的重要内容。《商君书》中有关重农重战的论述最多，如《农战》说："国之所以兴者，农战也。""善为国者，仓廪虽满，不偷于农。""国待农战而安，主待农战而尊。"国家富强的功效就在农战两项。

其三是重刑少赏的思想。加重刑罚，轻微奖赏（有时也说厚赏）是法家的重要思想。《错法》篇说："明君之使其臣也，用必出于其劳，赏必加于其功。功常明，则民竞于功。为国而能使其尽力以竟以功,则兵必强矣。"《去强》篇说:"重罚轻赏,则上爱民,民死上;重赏轻罚,则上不爱民,民不死上。兴国行罚,民利且畏;行赏,民利且爱。"加重刑罚,减轻赏赐,就是君上爱护人民,人民就肯为君上死。加重赏赐,减轻刑罚,就是君上不爱护人民,人民就不肯为君上而死。可见法家是重刑而轻赏的。

其四是重本抑末,反对儒术。所谓"末",是指商业和手工业。这也是法家思想的重要组成部分。

《鬼谷子》究竟是怎样的一部书?

《鬼谷子》是一部研究社会政治斗争谋略权术的书,旧传由王诩著,实为后人根据其言论整理而成。该书成书于先秦时期,共有14篇,其中第13、第14篇已失传。《鬼谷子》的版本,常见者有道藏本及嘉庆十年江都秦氏刊本。

《鬼谷子》一书,从主要内容来看,是针对谈判游说活动而言的,但是由于其中涉及大量的谋略问题,与军事问题触类旁通,也被称为兵书。书充满功利主义思想,认为一切合理手段都可以运用。它讲述了作为弱者的一无所有的纵横家,应该如何运用谋略口才进行游说,才能控制作为强者的握有一国政治、经济、军事大权的诸侯国君主。

▲张仪像
战国时期魏国人,和苏秦同拜鬼谷子为师,学习纵横之术。

《鬼谷子》书中有大量的谋略术、知情术、决策术、游说术、用人术等,是研究社会政治斗争谋略权术的智慧之书,引导读者在社会竞争中"以智取胜"。直到今日,研读《鬼谷子》也是有一定现实意义的。

《尹文子》的思想有些什么特点?

《尹文子》,战国时期尹文所著,旧列名家,今本仅1卷,分《大道》上下两篇,语录与故事混杂,各段自成起讫。上篇论述形名理论,下篇论述治国之道,可以看作是形名理论的实际运用。其思想特征以名家为主,综合道法,亦不排斥儒墨。自道以至名,由名而至法,上承老子,下启荀子、韩非。《尹文子》的形名论思想,为研究中国逻辑思想史者所重视,其对语言的指称性与内涵等关系的思考,颇值得玩味。文章善于运用寓言说理,虽然不如"白马非马"有名,但是却很有趣味。主要版本有明《子汇》本、《诸子集成》本,新注本有历时熙的《尹文子简注》。

中国古代散文发展浅析

我国古代把与韵文、骈体文相对的不押韵、不重排偶的散体文章称为散文。我国古代散文的发展大致经历了以下几个时期：

先秦

发端

第一部散文集——《尚书》

成篇的散文可以追溯到《尚书》，所录为虞、夏、商各代典、谟、训、誓、命等文献。

诸子散文

《吕氏春秋》 兼有儒、道、墨、法、农诸家学说。

《韩非子》 代表法家"因时制宜"的主张。

《庄子》 代表道家庄子"无为而治"的主张。

《论语》《孟子》 儒家诠释"仁"的著作。

《墨子》 代表墨家墨子"兼爱"的主张。

历史散文——记述历史事件、历史人物的文章和书籍

古代最早的记事详备的编年体史书——《左传》

记录春秋240年间列国的政治、军事、外交活动和言论以及天道、鬼神、灾祥、占卜之事。

《左传》

古代最早的国别体史书——《国语》《战国策》

记载周王朝及诸侯各国之事，记言多于记事。

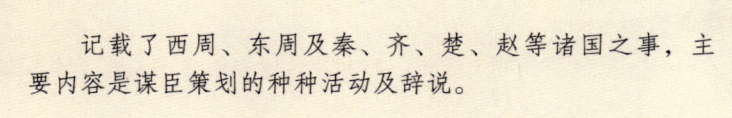

《国语》

记载了西周、东周及秦、齐、楚、赵等诸国之事，主要内容是谋臣策划的种种活动及辞说。

《战国策》

两汉

高峰

- **史传文**
  - （西汉）《史记》，两汉散文的最高成就，古代最早的纪传体通史。
  - （东汉）《汉书》，杰出的历史散文著作，古代最早的纪传体断代史。
- **政论文**
  - 贾谊分析秦王朝过失的《过秦论》——古代最早的优秀政论文；晁错以主张募民备塞的《守边劝农疏》《论贵粟疏》，最为著名。
- **赋**
  - 汉代出现了一种新的文体——赋，讲究文采、韵节，兼具诗歌和散文的双重性质。接近散文的称文赋，接近骈文的称"骈赋"。

魏晋南北朝

衰落

曹操

魏晋南北朝的文坛出现了新的格局，在各种文体中，辞赋创作的时代特征最为突出，与汉赋的对比也最为鲜明。讲究对偶、声律和藻饰之美成为风气，文章的句式结构逐渐发生变化，其结果是骈文的出现和成熟。

唐宋

复兴

韩愈 柳宗元

中唐韩愈、柳宗元领导古文运动，反对浮华的骈俪文，大力提倡作古文，一时从者甚众，成为文坛的主要风尚。

欧阳修

北宋时，欧阳修力倡古文，苏氏父子等人互相应和，古文日渐占领文坛。

元明清

余晖

桐城派代表——姚鼐

这时期散文基本上继承发展了唐宋古文运动的精神。
元代散文园地寂寞，缺少名家和名篇。
明代前后七子的复古派，主张文必秦汉，诗必汉唐。
清代影响最大的是桐城派，提倡古文，强调学习先秦两汉散文和唐宋八大家散文。

《公孙龙子》中最著名的两个哲学论题是什么？

《公孙龙子》是战国后期名家代表人物公孙龙的著作。《汉书·艺文志》中收录了《公孙龙子》14篇，但现在只保存下来了6篇。第一篇《迹府》是后人搜集的有关公孙龙的事迹，其他5篇基本上可以肯定是公孙龙所作。

作为名家的代表人物，公孙龙以"白马非马"论和"离坚白"而著名，他的这些思想分别见于《白马非马论》和《坚白论》中，这是公孙龙名辨思想的核心内容。在《公孙龙子》一书中，公孙龙主要研究了概念的内涵和外延，以及事物的共性和个性所具有的内在矛盾，他的特点就是夸大这种矛盾，并否认两者的统一，所以最后得出违背常理的结论。即白马不是普通所说的马，颜色中的白色和质地的坚硬他也人为地分裂开来论述。

另外，在《指物论》中他还着重论述了指与物的关系。"指"即事物的概念或名称，"物"是具体的事物，它们的关系也就是物质与意识的关系。《通变论》则论述了对运动变化的看法。《名实论》讨论名与实的关系。上述的5论组成了一个完整的学说体系。

《公孙龙子》的注释本，有宋朝人谢希深的注本，以及清朝陈澧的《公孙龙子注》，近代陈柱的《公孙龙子集解》、王启湘的《公孙龙子校诠》也可以参考。

《六韬》为什么被誉为兵家权谋的始祖？

《六韬》又称《太公六韬》《太公兵法》，今本共存6卷，旧题周初太公望（即姜子牙）所著，普遍认为是后人伪托之作，真实作者已不可考。现在一般认为此书成于战国时代。全书以太公与文王、武王对话的方式编成。

今本《六韬》共分六部：文韬——论治国用人的韬略；武韬——讲用兵的韬略；龙韬——论军事组织；虎韬——论战争环境以及武器与布阵；豹韬——论战术；犬韬——论军队的指挥训练。

《隋书·经籍志》明确记载："《太公六韬》五卷，周文王师姜望撰。"但从南宋开始，《六韬》一直被怀疑为伪书，特别是清代，更被确定为伪书。然而，1972年4月，在山东临沂银雀山西汉古墓中，发现了大批竹简，其中就有《六韬》的50多枚，这就证明《六韬》至少在西汉时已广泛流传了。

《六韬》是一部集先秦军事思想之大成的著作，对后代的军事思想有很大的影响，被誉为是兵家权谋的始祖。司马迁《史记·齐太公世家》称："后世之言兵及周之阴权，皆宗太公为本谋。"北宋神宗元丰年间，《六韬》被列为《武经七书》之一，为武学必读之书。《六韬》在16世纪传入日本，18世纪传入欧洲。

《孙子兵法》为什么被誉为"兵学圣典"？

《孙子兵法》又称《孙武兵法》《吴孙子兵法》《孙子兵书》《孙武兵书》等，是中国古典军事文化遗产中的璀璨瑰宝，是中国优秀文化传统的重要组成部分，是世界三大兵书之一，其内容博大精深，思想精深富赡，逻辑缜密严谨。是我国古代流传下来的最早、最完整、最著名的军事著作，在中国军事史上占有重要的地位，其军事思想对中国历代军事家、政治家、思想家产生非常深远的影响，其已被译成日、英、法、德、俄等十几种文字，在世界各地广为流传，享有"兵学圣典"的美誉。

《孙子兵法》作者为春秋末年的齐国人孙武。一般认为，《孙子兵法》成书于专诸刺吴王僚之后至阖闾三年孙武见吴王之间，即公元前515年至前512年。全书分为13篇，是孙武初次见面赠送给吴王的见面礼，事见司马迁《史记》："孙子武者，齐人也，以兵法见吴王阖闾。阖闾曰：子之十三篇吾尽观之矣。"有用兵如《孙子》，策谋《三十六计》的说法。

《孙子兵法》实为中华千古奇书，自问世以来历来被奉为兵家宝典。《孙子兵法》也是深深扎根于中国的主流哲学，以自然科学为基础，以"成就人、成就事"为目标的应用科学。时至今日，更是成为商界必备实战手册，不仅可以启迪人做正向思考，更可以开发人创新的智慧。

▲孙武塑像

《孙膑兵法》的流传经历了怎样的传奇？

《孙膑兵法》又名《齐孙子》，系与《孙子兵法》区别之故。《汉书·艺文志》称"《齐孙子》八十九篇，图四卷"，但自《隋书·经籍志》始，便不见于历代著录，大约在东汉末年便已失传，以致后人认为其实际上并不存在。1972年，临沂银雀山汉墓竹简出土，使这部古兵法重见天日。但由于年代久远，竹简残缺不全，损坏严重。经竹简整理小组整理考证，文物出版社于1975年出版了简本《孙膑兵法》，共收竹简364枚，分上、下编，各15篇。对于这批简文，学术界一般认为，上篇当属原著无疑，系在孙膑著述和言论的基础上经弟子辑录、整理而成；下篇内容虽与上篇内容相类，但也存在着编撰体例上的不同，是否为孙膑及其弟子所著尚无充分的证据。1985年，文物出版社出版的《银雀山汉墓竹简（壹）》中，收入《孙膑兵法》凡16篇，系原上编诸篇加上下篇中的《五教法》而成，其篇目依次为：擒庞涓、见威王、威王问、陈忌问垒、篡卒、月战、八阵、地葆、势备、兵情、行篡、杀士、延气、官一、五教法、强兵。

《淮南子》保存了哪些上古神话？

《淮南子》又名《淮南鸿烈》，"鸿"是广大的意思，"烈"是光明的意思，作者认为此书包括了广大而光明的通理。全书内容庞杂，它将道、阴阳、墨、法和一部分儒家思想糅合起来，但主要的宗旨倾向于道家。《汉书·艺文志》则将它列入杂家。

此书是西汉宗室淮南王刘安招宾客，在他主持下编写的。据《汉书·艺文志》云："淮南内二十一篇，外三十三篇。"颜师古注曰："内篇论道，外篇杂说。"现今所存的有21篇，大概都是原说的内篇所遗。

《淮南子》一书是以道家思想为指导，吸收诸子百家学说，融会贯通而成，是战国至汉初黄老之学理论体系的代表作。《淮南子》在阐明哲理时，旁涉奇物异类、鬼神灵怪，保存了一部分神话材料，像"女娲补天""后羿射日""共工怒触不周山"等古代神话，主要靠本书得以流传。

《黄石公三略》的军事思想有些什么特色？

《黄石公三略》是中国古代的一本著名兵书。《黄石公三略》又称《三略》，原名《黄石公记》，旧题黄石公撰。共分上略、中略、下略3卷，共3800余字。学者一般认为此书是后人托名伪作，其真实作者已不可考，认为大约成书于西汉末年。

此书是一部糅合了诸子各家的一些思想，专论战略的兵书，其最显著的思想特色是兼容博采：主张以道家谋略取天下，以儒家思想安天下，以法家原则御将卒，以阴阳家观点识形势，以墨家人才观尚贤纳士，形成杂取诸家之长而又相辅相成，浑然一体且又独具特色的兵学思想体系；侧重从国家大战略的角度考察军事问题，注重论述治军御将。南宋晁公武称其："论用兵机之妙、严明之决，军可以死易生，国可以存易亡。"北宋神宗元丰年间被列《武经七书》之一。

从此，《三略》取得了兵学经典的地位。此后，有很多学者为它做注解说，并对它做出了很高的评价，这也正是《三略》之所以为历代众多政治家、军事家所高度推崇的原因所在。

▲黄石公
黄石公本名崔广，秦末汉初的著名隐士，"商山四皓"之一。相传他曾在秦末出山授予张良兵法。《三略》即托名为他所作。

《法言》对先秦诸子的思想做出了怎样的评价？

《法言》是汉代扬雄的学术著作。全书13篇，每篇为1卷，模仿《论语》写成。

《法言》尊重儒学，推崇孔子，认为离开"五经"而好读"诸子"，那就不能"识道"。

它批评老子"捶提仁义，绝灭礼学"；庄周、杨朱"荡而不法"；墨翟、晏婴"俭而废礼"；申不害、韩非"险而无化"。但对老子"言道德"，庄周提倡"少欲"，邹衍主张"自持"，则持赞赏态度。

《法言》重视智，强调知识的重要；肯定"学"的作用，反对老庄"学无益"的观点；在人性论上提出人性有善有恶，即"性善恶混"的观点，宣扬儒家的仁义道德思想；承认历史是进化的，肯定改革的必要；批判关于神仙的迷信观念。该书在当时起了进步的作用，对桓谭、王充产生过积极的影响。

为什么说《论衡》是一部伟大的唯物主义哲学巨著？

《论衡》一书为东汉王充所作，大约作成于汉章帝元和三年（86年），现存文章有85篇。

东汉时代，儒家思想在意识形态领域里占支配地位，但与春秋战国时期所不同的是儒家学说打上了神秘主义的色彩，掺进了谶纬学说，使儒学变成了"儒术"，而其集大成者并作为"国宪"和经典的是皇帝钦定的《白虎通义》。王充写作《论衡》一书，就是对这种儒术和神秘主义的谶纬

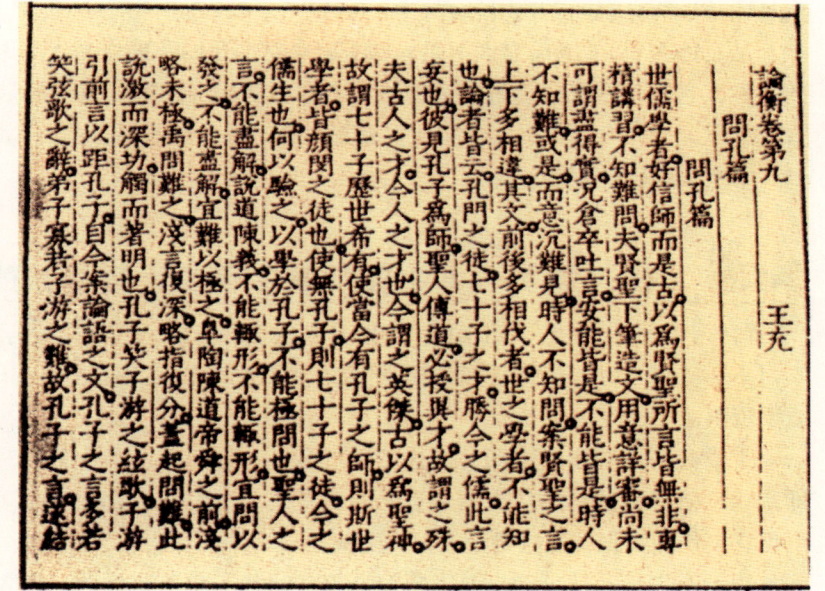

▲ 王充的《论衡》书影

《论衡》的主要观念：1.以自然元气说，否定神学、天命。2.以自然元道观为基础，批判谶纬之学、天人感应等。3.以命定说论人性和社会哲学。《论衡》的主要内容：1.揭穿荒诞的迷信，排斥鬼神和禁忌。2.反对盲目崇拜，批评夸张的记载。3.开厚古薄今之风，宣汉朝之德。

说进行批判。《论衡》细说微论，解释世俗之疑，辨照是非之理，即以"实"为根据，疾虚妄之言。"衡"字本义是天平，《论衡》就是评定当时言论的价值的天平，它的目的是"冀悟迷惑之心，使知虚实之分"。因此，它是古代一部不朽的唯物主义的哲学文献。

《论衡》书不仅对汉儒思想进行了尖锐而猛烈的抨击（但它并不完全否定儒学），而且它还批判地吸收了先秦以来各家各派的思想，特别是道家黄老学派的思想，对先秦诸子百家的"天道""礼和法""鬼神与薄葬""命""性善和性恶"等，都进行了系统的评述。因此，后人称《论衡》书是"博通众流百家之言"的古代小百科全书。

《颜氏家训》为什么被视为家庭教育的典范?

《颜氏家训》是南北朝时期记述个人经历、思想、学识以告诫子孙的著作,颜之推撰,7卷,共20篇。

作为中国传统社会的典范教材,《颜氏家训》直接开后世"家训"之先河,是我国古代家庭教育理论宝库中的一份珍贵遗产,其价值不仅表现在该书"质而明,详而要,平而不诡"的文章风格上,以及"兼论字画音训,并考正典故,品第文艺"的内容方面,而且还表现在该书"述立身治家之法,辨正时俗之谬"的现世精神上。因此,历代学者对该书推崇备至,视之为垂训子孙以及家庭教育的典范,誉其为"中国家训之祖"。纵观历史,颜氏子孙在操守与才学方面都有惊世表现,如颜师古、颜真卿、颜杲卿等人,都令人对颜家留下深刻印象,更足证其祖所立家训之效用彰著。

从总体上看,《颜氏家训》是一部有着丰富文化内蕴的作品,不失为我国古代优秀文化的一种,它不仅在家庭伦理、道德修养方面对我们今天有着重要的借鉴作用,而且对研究古文献学,研究南北朝历史、文化也有着很高的学术价值;同时,作者在特殊政治氛围(乱世)中所表现出的明哲思辨,对后人有着宝贵的认识价值。

《传习录》一书主要反映了哪位大哲学家的思想?

《传习录》是王守仁(即王阳明)的语录和论学书信集。"传习"一词源出自《论语》中的"传不习乎"一语。《传习录》包含了王阳明的主要哲学思想,是研究王阳明思想及心学发展的重要资料。

上卷经王阳明本人审阅,阐述了知行合一、心即理、心外无理、心外无物、意之所在即是物、格物是诚意的功夫等观点,强调圣人之学为身心之学,要领在于体悟实行,切不可把它当作纯知识,仅仅讲论于口耳之间。

中卷有书信八篇,均出自王阳明亲笔,回答了对于知行合一、格物说的问难之外,还谈了王学的根本内容、意义与创立王学的良苦用心,同时,也精彩地解释了王学宗旨。此卷另有两篇短文,阐发了王阳明的教育思想。

下卷为其弟子辑录,未经其本人审阅,但较为具体地解说了他晚年的思想,王阳明结合自己纯熟的修养功夫,提出本体功夫合一、满街都是圣人等观点,尤其引人注目的是充满争议的"四句教"。

《传习录》集中反映了王阳明的心性之学,在中国古代哲学史上有着重要的地位。直到今天,王阳明的思想在当代新儒家中仍有其深刻的影响。

为什么说《般若经》是佛教思想的奠基之作?

《般若经》是佛教经典,由般若部类的众多经典汇编而成。"般若"是"般若波罗蜜多"的略称,是指一种佛、菩萨所具有的不同于凡俗之人的智慧,它既是修行所要达到的目的,也是观察一切事物的准则。般若类经典在印度出现较早，大约在印度案达罗王朝中叶（约1世纪中叶），般若类佛经就已问世，龙树时代（2或3世纪）流行的般若类经典有《小品般若》和《大品般若》两种（仅篇幅长短不同，其中心内容还是基本相同的）。最早传入中国的般若经是支娄迦谶在汉桓帝中平年间所译的《道行般若经》10卷。

《般若经》的中心思想就是"性空假有"，即认为世间的万事万物都是因缘和合而成，没有实在的自性，故称为"性空"。但"性空"并非虚无，虚假的现象仍然存在，这种虚假的现象就称作"假有"。"性空"和"假有"是一个事物的两个方面。只有获得般若智慧，才能在观察事物时，不为事物的假象所迷惑，才能摆脱世俗认识的束缚，把握佛教真谛，达到觉悟的境界。

《般若经》在魏晋南北朝颇为盛行，并与同时期的玄学思想互相影响，互相推波助澜，以致在上层门阀士族阶层中更是风靡一时。《般若经》在玄学思想影响下，后来形成般若学的"六家七宗"，可见影响之大。唐代玄奘法师曾翻译600卷本《般若经》。

《金刚经》主要讨论了佛法中哪一方面的智慧？

《金刚经》是佛教经典，全名《金刚般若波罗蜜经》。金刚指最为坚硬的金属，喻指勇猛地突破各种关卡，让自己能够顺利地修行证道；般若为梵文中智慧的音译；波罗蜜多意

▲《金刚经》
此为唐代印制的《金刚经》，是现存最早的雕版印刷作品之一，发现于中国敦煌，现存大英博物馆。

为到达彼岸；经者径也，学佛成佛之路。全名是指按照此经修持能成就金刚不坏之本质，修得悟透佛道精髓智慧，脱离欲界、色界、无色界三界而完成智慧（到达苦海彼岸）。

《金刚经》通篇讨论的是空的智慧。一般认为前半部说众生空，后半部说法空。经文开始，由号称佛陀十大弟子中"解空第一"的须菩提发问。《金刚经》就是围绕佛陀对这些问题的解答而展开的。

《金刚经》传入中国后，自东晋到唐朝共有6个译本，以鸠摩罗什所译《金刚般若波罗蜜经》最为流行。

"色即是空，空即是色"出自哪部佛教典籍？

《心经》即《摩诃般若波罗蜜多心经》的简称，又称《般若波罗蜜多心经》《般若心经》，是般若经系列中一部言简义丰、博大精深、提纲挈领、极为重要的经典，为佛教徒日常背诵最多的佛经之一。

心指心脏，含有精要、心髓等意。《心经》系将内容庞大之般若经浓缩，成为表现"般若皆空"精神之简洁经典。全经举出五蕴、三科、十二因缘、四谛等法以总述诸法皆空之理。"色即是空，空即是色"一语，即是出自《心经》。

《心经》的早期译本，以鸠摩罗什所译之《摩诃般若波罗蜜大明咒经》为佳。后来唐代高僧玄奘也曾翻译《心经》，其语言简练，含义准确，备受后人推崇，也是后期流传的主要版本。《心经》是历代抄写最多的佛经之一，至今仍有欧阳询、赵孟頫等书法大家的抄经墨迹存世。

《妙莲法华经》是一部怎样的佛经？

《妙莲法华经》，简称《法华经》，也是后秦鸠摩罗什所译，7卷28品，69000余字，收录于《大正藏》第9册。《法华经》是释迦牟尼佛晚年在王舍城灵鹫山所说。《法华经》成立年代约纪元前后，最晚不迟于公元1世纪。

《法华经》是佛陀释迦牟尼晚年所说教法，属于开权显实的圆融教法，大小无异，显密圆融，显示人人皆可成佛之一乘了义。经中宣讲内容至高无上，明示不分贫富贵贱，人人皆可成佛。

《法华经》行文流畅，辞藻优美，在佛教思想史、文学史上，都具有不朽的价值，是自古以来流布最广的经典之一。

如果要了解中国禅宗史，应该阅读哪部书？

《五灯会元》是中国佛教禅宗史书，20卷。宋淳祐十二年（1252年），一说绍定（1228—1233年）年间杭州灵隐寺普济禅师编集。有宋宝祐元年（1253年）和元至正二十四年（1364年）两个刻本。

"五灯"系指五部禅宗灯录：北宋法眼宗道原的《景德传灯录》，北宋临济宗李遵勖的

《天圣广灯录》，北宋云门宗唯白的《建中靖国续灯录》，南宋临济宗悟明的《联灯会要》和南宋云门宗正受的《嘉泰普灯录》。此"五灯"先后于北宋景德元年（1004年）至南宋嘉泰二年（1202年）的近200年间分别成书。

"五灯"共150卷。内容层见叠出，诸多重复。《五灯会元》与"五灯"相比，篇幅减少一半以上。书中对宋末之前著名的禅师"机缘"语录，均加综缀，删削不多。禅家之瞬目扬眉，擎拳举指；或行棒行喝，竖拂拈槌；或持叉张弓，辊球舞笏；或拽石搬土，打鼓吹毛；以及一问一答，一唱一提，一默一言，一吁一笑等等机用，莫不备载。所以元明以来，好禅士之流多藏其书，而"五灯"单部反而流通较少。

《五灯会元》的继作有明净柱《五灯会元续略》8卷；通容《五灯严统》25卷；文琇《五灯会元补遗》1卷等。

宣扬世俗生活也能修炼成佛的是哪一部佛经？

《维摩诘经》为佛教经典之一，因为此经的主人公为维摩诘居士，故而得名。姚秦三藏法师鸠摩罗什、唐玄奘、宋法戒和尚都曾译过此经。此经宣传世俗生活也能修炼成佛，唐诗人王维受其影响，故取字摩诘。

维摩诘是梵文音译，意译为净名。无垢称诘，意思是以洁净、没有污染而称的人。他是一个在家的大乘佛教的居士，是著名的在家菩萨。据《维摩诘经》讲，维摩诘是古印度毗舍离地方的一个富翁。但他勤于攻读，虔诚修行，能够处相而不住相，对境而不生境，得圣果成就，成为菩萨，又号金粟如来，他才智超群，享尽人间富贵又善论佛法，深得佛祖尊重。

《维摩诘经》集中讨论不二论。《维摩诘经》运用不可思议的不二法门，消解一切矛盾的思想，影响了禅宗思想、禅悟思维、公案机锋。

▲《维摩诘居士论法》壁画

《六祖坛经》是一部怎样的佛学著作？

《六祖坛经》是中国佛教禅宗典籍，亦称《六祖大师法宝坛经》，简称《坛经》。禅宗六祖慧能（亦作惠能）说，弟子法海集录。

《坛经》记载了慧能一生得法传法的事迹及启导门徒的言教，内容丰富，文字通俗，是研究禅宗思想渊源的重要依据。

《六祖坛经》可分三部分，第一部分即是在大梵寺开示"摩诃般若波罗蜜法"。第二部分，回曹溪山后，传授"无相戒"，故法海于书名补上"兼授无相戒"。这时《坛经》开始外传，俗称《六祖法宝记》。第三部分，是六祖与弟子之间的问答。

《六祖坛经》的中心主张是佛性本有、见性成佛，"以定慧为本"，"佛法在世间，不离世间觉"。指出"法即一种，见有迟疾"，"法无顿渐，人有利钝"。

佛性本有思想与《涅槃经》"一切众生悉有佛性"之说一脉相承。《坛经》认为："心地但无不善，西方去此不遥；若怀不善之心，念佛往生难到"。"若欲修行，在家亦得，不由在寺。在家能行，如东方人心善；在寺不修，如西方人心恶。"

《坛经》的思想对禅宗的发展起了重要作用。

▲六祖慧能
慧能是禅宗三十三祖、东土禅宗第六祖，他以"菩提本无树，明镜亦非台。本来无一物，何处惹尘埃"一偈得五祖弘忍衣钵，《坛经》即记录了他的言教。

（图中文字：三十三祖慧能大师）

《法苑珠林》在古代佛教史的研究中有些什么作用？

《法苑珠林》，又名《法苑珠林传》或《法苑珠林集》，100卷。唐代道世法师据各种经典编纂而成。

全书分为100卷668部，概述佛教之思想、术语、法数等，博引诸经、律、论、纪、传等，共计400多种，其中有很多今已不存之经典，如《佛本行经》《菩萨本行经》《观佛三昧经》《西域志》《中天竺行记》的引文，是研究印度中世纪历史和地理沿革的重要资料。又因为其以内容之不同而分类，故使用极为方便。其引用之文并非照经文抄录，而系录其要义，因而保留了很多古代佛教的流传史料，是我国佛教文献中极其珍贵的一部书，在宋朝被编入《大藏经》。

《黄庭经》对道教养生术的发展有哪些影响？

《黄庭经》是道教上清派的重要经典，属于洞玄部。现传《黄庭经》分为《黄庭内景玉经》《黄庭外景玉经》和《黄庭中景玉经》三种，但因中经出现较晚，所以一般不将之纳入《黄庭经》。据现代人考证，《黄庭经》大约成书于魏晋，与著名女道士魏华存有着一定联系。

在王羲之"书成换白鹅"的故事中，他所抄写的经书就是《黄庭经》。

《黄庭经》认为人体各处都有神（"泥丸百节皆有神"），首次提出了三丹田的理论。同时还介绍了许多存思观想的方法，如关于吐纳行气的方法，认为人应当效法长寿之龟，引气到丹田，以保持体内元气。也讲述了关于咽津和宝精、固精的问题，如经常叩齿咽津，可使齿坚发亮，童颜常驻等。还强调了恬淡无欲的思想，主张修炼者要恬淡无欲，清静无为、虚静自守。《黄庭经》所述的一些内修养生之术，与《周易参同契》的炼丹之道相结合，在唐宋时期流变为内丹道，成为中唐以后道教养生方术的主流。

《抱朴子》对道教炼丹术的发展有哪些影响？

《抱朴子》是东晋道家理论著作，东晋葛洪撰。今存"内篇"20篇。论述神仙、炼丹、符箓等事，自称"属道家"；"外篇"50篇，论述"时政得失，人事臧否"，自称"属儒家"。"外篇"中《钧世》《尚博》《辞义》《文行》等篇有关于文学理论批评的内容。

《抱朴子》在道家体系中具有重要的地位，而葛洪本人也被认为是道家的重要人物。对道家学派的发展具有重要作用。书中论述了宇宙本体、丹药的制作方法及应用，讨论了各种方术的学习及应用等内容，强调了修仙必须积累善行，建立功德，慈善为怀。

《抱朴子》总结了战国以来神仙家的理论，从此确立了道教神仙理论体系；又继承魏伯阳炼丹理论，集魏晋炼丹术之大成；它也是研究我国晋代以前道教史及思想史的宝贵材料。

▶《李八百炼丹图》
炼丹是道教的标志性活动，《抱朴子》集魏晋炼丹术之大成，被后世炼丹道人奉为圭臬。

《太平经》包含了哪些道教的思想主张？

《太平经》是道教的主要经典，以阴阳五行解释治国之道，宣扬散财救穷、自食其力。又名《太平清领书》。据《后汉书·襄楷传》记载，汉顺帝时，琅琊人宫崇诣阙，献其师于吉所得神书，号曰《太平清领书》。此神书即《太平经》，系东汉原始道教重要经典。原书按十天干分为10部，每部17卷，共170卷。今道藏本仅残存57卷，另有唐人闾丘方远节录的《太平经钞》10卷，敦煌遗书《太平经目录》1卷。近人王明据有关资料辑校补遗，撰成《太平经合校》一书，大体可见原书旧貌。

此经假托神人（又称天师）与六方真人问答，演说原始道教教义和方术。其卷帙浩繁，内容庞杂，大抵以奉天法道，顺应阴阳五行为宗旨，广述治世之道，伦理之则，以及长寿成仙、治病养生、通神占验之术。其说虽受汉代谶纬神学影响，宣扬灾异祥瑞，善恶报应观念，"多巫觋杂语"，但亦自成体系，以顺天地之法，治政修身，达于天下太平为主旨。有代表下层民众反对统治者恃强凌弱，主张自食其力，周穷救急的思想，故为张角等早期民间道教领袖所利用，组织发动农民起义。后世道教各派教义，都受此书影响。

《太上感应篇》是一部怎样的道家经典？

《太上感应篇》是道教劝善书之一，简称《感应篇》，作者不详。《宋史·艺文志》收录李昌龄《感应篇》1卷，《正统道藏》太清部有《感应篇》30卷，题"李昌龄传，郑清之赞"。《重刊道藏辑要》有《太上感应篇集注》等，《道藏精华录百种》有《太上感应篇樾义》2卷。该文思想可上溯至《玉钤经》《道戒》和《抱朴子·内篇·微旨》转引的《易内戒》《赤松子传》和《河图记命符》等书。《太上感应篇》篇幅不长，计1200多字，主要借太上之名，阐述"天人感应"和"因果报应"。

▲ 自然界的一切运动变化都与人有关系

《云笈七签》对道教研究有些什么意义？

《云笈七签》是择要辑录《大宋天宫宝藏》内容的一部大型道教类书。北宋天禧三年（1019年），当时任著作佐郎的张君房编成《大宋天宫宝藏》后，又择其精要万余条，于天圣三年至七年（1025—1029年）间辑成本书进献仁宗皇帝。道教称藏书之容器曰"云笈"，分道书为"三洞四辅"七部，故张君房在该书的序言中有"掇云笈七部之英，略宝蕴诸子之奥"等语，因名《云笈七签》。

张君房虽称此书乃"掇云笈七部之英"而成，但这仅指它的内容是掇《大宋天宫宝藏》七部之英，而不是体例也按七部分类，实际上它是将摘录的七部内容按性质加以归类的。

《云笈七签》素为道教界和学术界所重视。《大宋天宫宝藏》早已亡佚，幸赖此书得以考见其概貌。因此书具有系统、全面和简明等优点，故而人称"小道藏"，是了解和研究道教必备的资料。

集

《楚辞》对中国古典诗歌的发展有着怎样的意义？

《楚辞》是一部收录中国战国时期楚地诗歌的诗集，汉代时，刘向把屈原的作品及宋玉等人"承袭屈赋"的作品编辑成集，名为《楚辞》。《楚辞》是仅次于《诗经》的中国历史上第二部诗歌作品集，与《诗经》一样成为之后2000多年中国古代诗歌发展的源头。

《楚辞》原收楚人屈原、宋玉及汉代贾谊、淮南小山、东方朔、王褒、刘向等人的辞赋共16篇，后王逸增入己作《九思》，成17篇。该书以屈原的作品为主，其《离骚》《九歌》《天问》等篇是全集的精华。

《楚辞》打破了《诗经》四字一句的死板格式，是对中国古代诗歌发展的一次大的解放。《楚辞》采取三言至八言参差不齐的句式，篇幅和容量可根据需要而任意扩充，这样的特点，容纳而且催生了更精彩细腻的艺术技巧，诸如比喻、象征、托物起兴等表达手法，都得到更大的发展。形式上的活泼多样使楚辞更适宜于描写复杂的社会生活和表达丰富的思想感情。

《楚辞》在中国诗歌史上占有重要的地位，后人常将《诗经》的《国风》与《楚辞》的《离骚》以风、骚并称，分别代表了中国古典诗歌的现实主义和浪漫主义风格。

▶湘君湘夫人图

我国现存收集乐府诗歌最完备的是哪一部？

《乐府诗集》为宋代郭茂倩所编。现存100卷，是现存收集乐府诗歌最完备的一部。主要辑录汉魏到唐、五代的乐府歌辞兼及先秦至唐末的歌谣，共5000多首。它收集广泛，各类有总序，每曲有题解。它是继《诗经》之后，一部总括我国古代乐府歌词的著名诗歌总集。

"乐府"本是朝廷掌管音乐的机关，最早设立于汉武帝时，其职责就是制作乐谱，收集歌词和训练音乐人才。其歌词的来源有二：一是文人专门创作；一是从民间收集。后来，人们将乐府机关采集的诗篇通称为乐府，或乐府诗、乐府歌辞。

《乐府诗集》把乐府诗分为郊庙歌辞、燕射歌辞、鼓吹曲辞、横吹曲辞、相和歌辞、清商曲辞、舞曲歌辞、琴曲歌辞、杂曲歌辞、近代曲辞、杂歌谣辞和新乐府辞等12大类。其中最著名的两首诗歌是《木兰诗》和《孔雀东南飞》，被合称为"乐府双璧"。

《乐府诗集》的重要贡献是把历代歌曲按其曲调收集分类，使许多作品得以汇编成书。这对乐府诗歌的整理和研究提供了很大的方便。

中国最早的妇女史传是哪一部？

《列女传》是一部介绍中国古代妇女行为的书，也有观点认为该书是一部妇女史。作者一般认为是西汉刘向，不过尚存争论。《列女传》共分7卷，共记叙了105名妇女的故事。这7卷分别是：母仪传、贤明传、仁智传、贞顺传、节义传、辩通传和孽嬖传。

刘向编撰《列女传》的主要目的是劝谏皇帝、嫔妃及外戚，传说他呈《列女传》时，还呈送了《列女颂图》，画为屏风，汉成帝的班婕妤在其诗中曾谈到在宫内看到《列女图》，并以此来鉴戒自己。

《列女传》对后世影响很大。有一些故事流传至今，如"孟母三迁"的故事即出自该书。后来，中国的史书多有专门的篇章记叙各朝妇女事迹，如《后汉书》中的《列女传》就记述了东汉的17位著名女性。

为什么说《博物志》是一部志怪小说集？

《博物志》是西晋张华编撰的一部志怪小说集。其内容包罗万象，有山川地理知识，有历史人物传说，有奇异草木虫鱼、飞禽走兽，也有怪诞神仙方技故事，可谓熔神话、古史、博物、杂说于一炉。此书保存了很多古代神话材料，如其中八月浮槎至天河见织女的传闻，就是牛郎织女神话的原始资料。

据东晋王嘉《拾遗记》称，此书原有400卷，后来晋武帝令张华删订为10卷，但此说无旁证。《隋书·经籍志》杂家类著录本书即为10卷。前三卷记地理动植物，第四、五卷是方术家言，第六卷是杂考，第七至第十卷是异闻、史补和杂说。此书问世后，多有仿作，如宋李石《续博物志》、明游潜《博物志补》、明董斯张《广博物志》等。

《说苑》编撰了哪个时代的史事传说？

《说苑》是西汉刘向所著。原书 20 卷，后仅存 5 卷，大部分已经散佚，经宋曾巩搜辑，复为 20 卷，每卷各有标目。20 卷的标目依次为：君道、臣术、建本、立节、贵德、复恩、政理、尊贤、正谏、敬慎、善说、奉使、权谋、至公、指武、谈丛、杂言、辨物、修文、反质。分类纂辑先秦至汉代史事传说，杂以议论，借以阐明儒家的政治思想和伦理观念。一般以第一则或前数则为一卷的大纲，杂引前人言论陈说本卷主旨，以下便用大量历史上的实例加以证明。刘向还编有《新序》一书，性质与此书类似。

由于书中取材广泛，采获了大量的历史资料。书中记载的史事，有的可与现存典籍互相印证，有的则存在一定出入，这使得本书成为考证古史的重要参考。同时，《说苑》还是一部富有文学意味的重要文献，内容多哲理深刻的格言警句，叙事意蕴讽喻，文字简洁生动，清新隽永，有较高的文学欣赏价值，对魏晋乃至明清的笔记小说也有一定的影响。

《山海经》对中国地理的记录准确吗？

《山海经》是先秦古籍，是一部记载了许多神话传说的上古地理书。全书 18 篇，约 31000 字。五藏山经 5 篇、海外经 4 篇、海内经 4 篇、大荒经 4 篇、海内经 1 篇。《山海经》原来是有图的，叫《山海图经》，但魏晋以后失传。

《山海经》一书的作者和成书时间都还未确定。过去认为为大禹、伯益所作，现代一般认为其成书非一时，作者亦非一人。《山海经》现在最早的版本是经西汉刘向、刘歆父子校勘而成，他们认为"山海经者，出于唐虞之际"。

《山海经》记载了 100 多个邦国，550 座山，300 水道以及邦国山水的地理、风土物产等信息。《山海经》中对于动物的记载，据统计有 277 种之多。其《山经》所载的大部分是历代巫师、方士和祠官的踏勘记录，经长期传写编纂，多少会有所夸饰，但仍具有较高的参考价值，是研究古代地理不可缺少的参考资料。

此外，《山海经》还记述了许多上古神话，如夸父追日、女娲补天、后羿射九日、黄帝大战蚩尤、共工怒触不周山从而引发大洪水、鲧偷息壤治水成功、天帝取回息壤杀死鲧以及最后大禹治水成功的故事等。古代中国也一直把

▲烛阴 明 《三才图会》
据《山海经》记载，北海外钟山有神名为烛阴，身长百里，人面而龙身。《山海经》是一部奇书，自其图佚失后，后世又有补画，这是明代《三才图会》中的烛阴图。

《山海经》作历史看待，但由于该书成书年代久远，连司马迁写《史记》时也认为："至《禹本纪》《山海经》所有怪物，余不敢言之也。"

中国现存最早的诗文总集是哪一部？

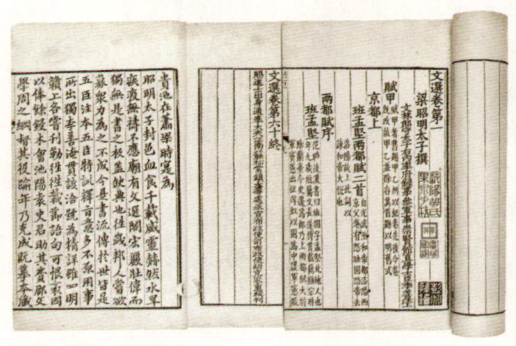

《文选》即《昭明文选》，是中国现存的最早一部诗文总集，由南朝梁武帝的长子萧统组织文人共同编定。萧统死后谥为"昭明"，所以称为《昭明文选》。

《文选》只选录先秦至梁的诗文辞赋，不选经、子，史书中也只略选"综辑辞采""错比文华"的论赞，可以看出编者已初步注意到文学与其他类型著作的区分，在艺术形式上尤重骈俪、华藻。

全书共60卷，分为赋、诗、骚、七、诏、册、令、教、文、表、上书、启、弹事、笺、奏记、书、檄、移、对问、设论、辞、序、颂、赞、符命、史论、史述赞、论、连珠、箴、铭、诔、哀、碑文、墓志、行状、吊文、祭文，共38类。所选多大家之作，其中楚辞、汉赋和六朝骈文占有相当比重，诗歌则多选对偶严谨的颜延之、谢灵运等人作品，陶渊明等人平易自然之作则入选较少。总体来说，《昭明文选》仅用几十卷的篇幅，就大致罗列了先秦至梁代初期的重要作品，展示了各种文体发展的轮廓，为后人研究此段时间的文学史提供了重要资料。

关于《文选》的"选学"在唐朝与《五经》并驾齐驱，盛极一时，是士子的必治之学。至北宋年间，民间传谣曰："文选烂，秀才半。"宋代甚至称其为"文章祖宗"。此后历代有关《文选》的研究也从未中断，至今仍是研究梁以前文学的重要参考资料。

▲《文选》书影
《文选》问世后，为历代文人所重视，是文人的必读书。

《七十家赋钞》选录了哪个时期的辞赋？

《七十家赋钞》是中国古代先秦至南北朝时期的辞赋选集，这一时期也是中国赋体文学的鼎盛时期。此书为清代张惠言编辑。书中辑录了自屈原《离骚》至北朝庾信的辞赋共206篇，编为6卷。卷首有编者自序，序中以屈原为辞赋之祖和最高标准，概述了辞赋的源流和演变，同时还评点了入选的作家作品。全书选择严谨，是一部很好的辞赋选集。现存版本有道光年间康绍镛刻本，光绪年间重刻本等。

中国最早的有严密体系的文学理论专著是哪一部？

《文心雕龙》是中国文学理论批评史上第一部有严密体系的文学理论专著，也是一部理论批评著作，成书于南朝齐和帝中兴元年（501年）左右，作者为刘勰。

《文心雕龙》分上下两部，每部 25 篇，包括总论、文体论、创作论、批评论和总序等五部分。其中总论 5 篇，论"文之枢纽"，打下理论基础；文体论 20 篇，每篇分论一种或两三种文体；创作论 19 篇，分论创作过程、作家风格、文质关系、写作技巧、文辞声律等；批评论 5 篇，从不同角度对过去时代的文风及作家的成就提出批评，并对批评方法作了探讨，也是全书的精彩部分；最后一篇《序志》是全书的总序，说明了自己的创作目的和全书的部署意图。

▲《文心雕龙》书影

《文心雕龙》的版本较多，最早的刻本是元至正本。这个本子是以后各版本的祖本。此外尚有清人黄叔琳的《文心雕龙辑注》、今人范文澜《文心雕龙注》、杨明照《文心雕龙校注》、周振甫《文心雕龙注释》。

《文心雕龙》全书以孔子美学思想为基础，兼采道家，全面总结了齐梁以前的美学成果，细致地探索和论述了语言文学的审美本质及其创造、鉴赏的美学规律。

全书重点有两个：一个是反对不切实用的浮靡文风；一个是主张实用的"擗文必在纬军国"的落实文风。这些观点的提出，在当时是非常难能可贵的，这也对后世的文学创作产生了巨大影响。

中国现存最早的一批五言诗是哪些？

《古诗十九首》是一组中国五言古诗的统称。这些诗共有 19 首，一般认为是汉朝的一些无名诗人所作。最早由梁代萧统编入《文选》，并命名为"古诗十九首"。古诗十九首在历代都被给予了很高的评价，对后世的诗歌创作有巨大影响。

《古诗十九首》习惯上以首句作为标题，依次为：《行行重行行》《青青河畔草》《青青陵上柏》《今日良宴会》《西北有高楼》《涉江采芙蓉》《明月皎夜光》《冉冉孤生竹》《庭中有奇树》《迢迢牵牛星》《回车驾言迈》《东城高且长》《驱车上东门》《去者日以疏》《生年不满百》《凛凛岁云暮》《孟冬寒气至》《客从远方来》《明月何皎皎》。这些诗歌实际上是一组抒情诗，其主要内容为描写夫妇、恋人和朋友间的离别和思念、士人的失意与愿望，经常透露出人生无常、生命苦短的情绪。

《古诗十九首》被认为是我国古代最早的一些五言古诗，明王世贞称其为"千古五言之祖"。这组诗歌语言质朴直率，意境深婉，极大地影响了后世诗人的创作，历代的诗评作家都给予了极高的评价。钟嵘《诗品》中说："文温以丽，意悲而远，惊心动魄，可谓几乎一字千金。"刘勰《文心雕龙》中说："观其结体散文，直而不野，婉转附物，怊怅切情，实五言之冠冕也。"

中国古代诗歌发展史

诗歌发展历程：《诗经》→ 楚辞→汉赋→汉乐府诗→建安诗歌→魏晋南北朝民歌→唐诗→宋词→元曲→明清诗歌→现代诗。简单总结是：歌而诗，诗而词，词而曲。

上古 先秦

口头歌谣

诗歌产生于文字发明之前，它是人们在劳动、歌舞中渐渐形成和发展起来的。上古时代只是口头传唱，没有文字记录。

《诗经》和楚辞

先秦诗歌的发展经历了一个从口头到书面、从民间到官廷、从集体歌唱到诗人创作的漫长过程。周王朝为了制礼作乐，设有专门的采诗官，春秋两季到各地搜集歌谣；贵族为了祭祖、宴客、出兵、打猎、讽喻等目的写诗、献诗，在公元前6世纪左右编成《诗》。从汉武帝起儒家将其奉为经典，因此称为《诗经》。

楚辞是在楚地歌谣的基础上创作的有浓厚的地方色彩的新诗体。其影响最深远的为屈原，他开创了我国诗歌浪漫主义的先河。

屈原

汉代 魏晋南北朝

汉乐府和《古诗十九首》

乐府诗歌继承《诗经》现实主义传统，全面而深刻地反映了当时的社会生活和人民的思想感情。《古诗十九首》标志着五言诗由产生发展到最终的成熟，它以怨而不怒的态度、形象的语言、比兴手法形成独特的含蓄的风格，对后世的抒情诗有直接的影响。

三曹和建安七子

曹植　曹操　曹丕

三曹

建安七子

建安文学继承汉乐府民歌的现实主义传统，普遍采用五言形式，诗作表现了时代精神，具有慷慨悲凉的阳刚之气。

第二章　国学典籍

木兰代父从军

南北朝时期，最大的成就是民歌的发展。南朝民歌题材狭窄、风格艳丽、喜用双关，代表作《西洲曲》。北朝民歌题材广泛、风格刚健、语言直率，《木兰辞》代表了北朝民歌的最高成就。

盛唐诗歌

唐诗是我国古代诗歌的最高峰。李白、杜甫分别代表了古典诗歌中浪漫主义和现实主义的最高成就。白居易是新乐府运动的倡导者。山水田园诗派以标举隐逸、寄情山水、歌咏田园生活为其特征，代表作家有王维、孟浩然。边塞诗派作品多描写塞外奇异风光，抒写将士乐观豪迈精神及在征戍生活中的复杂矛盾情感，诗风奔放昂扬，代表作家有高适、岑参。

隋唐五代

岑参
高适

宋代

诗重理趣

江西诗派：黄庭坚、陈师道、陈与义、苏轼。
南宋中兴四大诗人：陆游、尤袤、范成大、杨万里。
宋词：婉约派：柳永、李清照；豪放派：苏轼、辛弃疾。

元代

元曲四大家

元曲，包括散曲和杂剧。散曲是金、元两代兴起，由词蜕化出来的一种歌曲，体式与词相近，较为自由，可以在字数定格外加衬字，较多地使用口语。杂剧，以北曲演唱为基础的戏曲形式。成就最高者：关汉卿、白朴、马致远、郑光祖，史称元曲四大家。

清代

清诗（龚自珍）、清词（纳兰性德）

龚自珍是首开近代新诗风的最杰出的诗人，他的诗紧紧围绕现实政治这个中心，或批判，或抒慨，富有社会历史内容。纳兰性德是清代最著名的词人之一，他的词哀感顽艳、情真意切、痛彻肺腑，令人不忍卒读。

现代

白话诗

现代诗也叫白话诗，一般不拘于格式和韵律。形式自由，意涵丰富，意象经营重于修辞运用，强调自由开放和直率陈述。

早期，诗、歌与乐、舞是合为一体的。诗即歌词，在实际表演中总是配合音乐、舞蹈而歌唱，后来诗、歌、乐、舞各自发展，独立成体，诗与歌统称诗歌。孔子认为，诗具有兴、观、群、怨四种作用。陆机则认为："诗缘情而绮靡。"

孔子

收录隋代以前骈文的是哪部书？

《骈体文钞》是中国古典骈文总集，由清代李兆洛编选而成。共辑入先秦至隋的作品31卷，分为上、中、下3编。上编包括铭刻、颂、箴、谥诔、诏书、策令、檄移、弹劾等18体，是所谓"庙堂之制，奏进之篇"；中编包括书、论、序、碑记等8体，多属指事述意之作；下编包括设辞、连珠、笺牍、杂文等5体，多属缘情托兴之作。编者认为，文之起源不分骈散，故主张骈散合一。该书选入司马迁的《报任安书》、诸葛亮的《出师表》等，便是这一主张的具体体现。此书编成于嘉庆末年。有嘉庆末唐氏原刻本，《四部备要》谭献评点本。

《玉台新咏》在诗歌选录方面有些什么特点？

《玉台新咏》是东周至南朝梁代的诗歌总集，历来认为是南朝徐陵在梁中叶时所编。

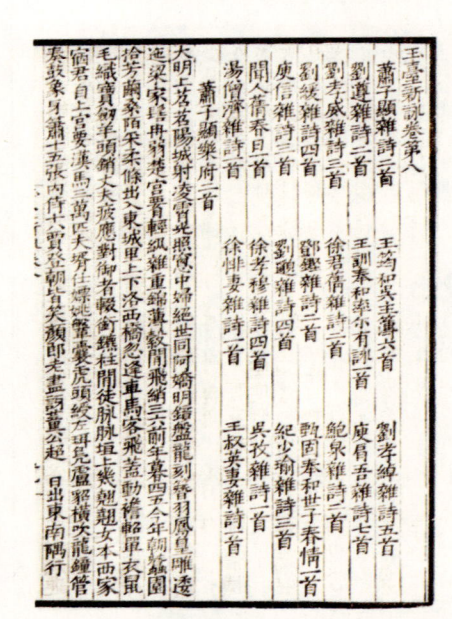

其在流传过程中，曾经一些人篡改，所以有人怀疑此书非徐陵所编，而出于稍后的人之手。但此说尚不足以成为定论。

据徐陵《玉台新咏序》，本书编纂的宗旨是"选录艳歌"，即主要收男女闺情之作。全书收诗769篇，计有五言诗8卷，歌行1卷，五言四句诗1卷，共为10卷。除第9卷中的《越人歌》相传作于春秋战国之间外，其余都是汉以后至南梁的作品，是今日研究汉到梁之诗歌的重要参考资料。中国最长篇叙事诗《孔雀东南飞》首见于此书。除艳歌外，还有一些反映现实的歌咏作品，如《上山采蘼芜》写女性遭遇婚变，《娇女诗》写活泼可爱的少女，《王昭君辞》写王昭君远嫁异邦的辛苦。其他还有班婕妤、鲍令晖、刘令娴等女作家的作品。

现存的版本以明无锡孙氏活字本为早，《四部丛刊》有影印本。明末赵均有覆宋刊本，后有文学古籍刊行社影印本。清吴兆宜的注释及纪容舒的《考异》都曾参考赵本。

▲《玉台新咏》书影
《玉台新咏》选录了南梁以前的闺情诗歌，《孔雀东南飞》就始见于此书。

清代官修的唐五代的文章总集是哪一部？

《全唐文》是清代官修的唐五代的文章总集，嘉庆十三至十九年（1808—1814年）由董诰领衔，阮元、徐松、曹振镛等107人参与编纂而成。全书共1000卷，取《四库全书》《永乐大典》《古文苑》《文苑英华》《唐文粹》为底本，共收录文章18488篇（一说20025篇），作者3024人（一说3035人），每一位作者都附有小传。编次以唐及五代诸帝居首，其次是后妃、诸王、公主，再次为各朝作者、释道、闺秀、宦官、四裔附编书末。

此书汇集了唐朝及五代的文章，为学者查阅使用这些资料提供了方便。但该书在编纂、考订上还有不少缺点，包括文章漏收、误收、重出，作者弄错，题目和正文的讹脱，小传记事不确，采用的书不注出处等。后世又有补作，如清末藏书家陆心源撰《唐文拾遗》《唐文续拾》补辑遗文达3000篇，新增作者将近500人。

《古文观止》的选编有哪些值得称道之处？

《古文观止》是清代吴楚才、吴调侯叔侄两人选编和注释的一部文言散文选集，二吴均是浙江绍兴人，长期设馆授徒，编选此书的目的是"正蒙养而裨后学"，实际上就是为其学生编撰的诵读教材。

《古文观止》成书于清康熙三十四年（1694年），书中选编了上启先秦下至明代的299篇散文作品，其中绝大多数为古文，个别为骈文中的经典作品，作品题材涉及史传、策论、游记、书信、笔记等。编者的衡文标准基本上兼顾到思想性与艺术性，虽然以古文为正宗，但也收入骈文4篇，在当时是难能可贵的。在文章中间或末尾，选者有一些夹批或尾批，对初学者理解文章有一定帮助。体例方面一改前人按文体分类的习惯，而是以时代为经，以作家为纬，值得肯定。

由于《古文观止》入选作品题材广泛、代表性强、语言精练，篇幅短小，言辞优美，非常适合初涉文言文的塾童，因而一经出版便非常流行，成为文言文教学的经典教材。

哪部书是唐之前古诗的最重要的选本？

《古诗源》由清人沈德潜选编，是唐之前古诗的最重要的选本。全书选辑了先秦至隋各个时代的诗歌，也包括一些民歌谣谚。共700余首古诗，分14卷：古逸1卷，汉诗4卷，晋诗3卷，宋诗2卷，魏诗1卷，齐梁诗2卷，陈、北魏、北齐、北周、隋诗共1卷。唐以前的诗歌中，比较著名的篇章（除《诗经》《楚辞》外）基本都已选录在内。

被誉为"百代诗话之祖"的诗歌评论著作是哪一部？

《诗品》是在刘勰《文心雕龙》以后出现的一部品评诗歌的文学批评名著，原名《诗评》，南朝钟嵘撰，共3卷，是中国历史上第一部诗论专著，后人称之为"百代诗话之祖"，对后世的诗歌理论和诗话著作有很大影响。

《诗品》专论五言诗，共品评了两汉至南梁的诗人122人，计上品11人，中品39人，下品72人。全书分序言与品语两部分，序言论述了诗的发生、体裁流变以及诗的本质，对诗歌创作的时俗流弊予以批评。品语则迎合汉末以来流行的品评人物之风，效仿刘歆"七略裁士"、班固"九品论人"，建立了一套诗学源流与比较评论体系。评价主要从以下几方面着眼：一是论赋比兴，二是论风骨和词采，三是重视诗味，四是注意摘引和称道诗中佳句，

109

但他摘句论诗的批评方式，虽然反映了当时创作上"争价一句之奇"的倾向，也开了后代摘句批评的不良风气。

因作者的美学思想难免受时代风气影响，故其品评不乏失当之处，如将张协诗列为上品、魏武帝诗为下品，而最受后人诟病的是陶渊明诗仅列中品。

《搜神记》对后世小说产生了怎样的影响？

《搜神记》是晋代干宝编撰的志怪小说集。原本30卷，但早已散佚，今本系后人缀辑增益而成，仅得20卷，共有大小故事454个。主要是各种民间关于鬼怪、奇迹、神异以及神仙方士的传说，也有采自正史中记载的祥瑞、异变等，其中不乏情节重复的故事，每个故事的叙述非常简短，文学水平也不是非常出色，但对中国后世的传奇小说发展影响很大，后世很多传奇小说如"唐人传奇"、《聊斋志异》等的写作方法都和《搜神记》相似。

《搜神记》记载的部分志怪，有的被后来发扬、演变成戏剧、小说的题材，如《三国演义》中的"左慈戏曹操""孙策杀于吉"，部分"二十四孝"的故事，关于彭祖长寿、葛永成仙、南海鲛人、神农架野人、相思树的故事，"含沙射影""黄粱一梦"，等等，皆源自《搜神记》。鲁迅写《故事新编》中的眉间尺和嫦娥奔月也受到《搜神记》的影响，黄梅戏《天仙配》的主要情节也是改编自《搜神记》。

◀ 干莫炼剑图　清　任预

为什么说《唐诗三百首》是最合适的诗教启蒙书？

《唐诗三百首》的编者是清代孙洙，别号蘅塘退士，江苏无锡人。他在沈德潜的《唐诗别裁》及王士禛的《古诗选》《唐贤三昧集》《唐人万首绝句选》等诗集的基础上，杂以其他唐诗选本，编成此书。

《唐诗三百首》共选入唐代诗人77位，计310首诗，其中五言古诗33首、乐府46首、七言古诗28首、七言律诗50首、五言绝句29首、七言绝句51首。按诗人计以杜甫最多，有38首、王维诗29首、李白诗27首、李商隐诗22首。内容题材广泛，反映唐代的政治矛盾、边塞军事、宫闱妇怨、酬酢应制、宦海升沉、隐逸生活等的诗作皆有。但《唐诗三百首》也有一些遗珠之憾，如杜甫《自京赴奉先县咏怀五百字》《北征》，白居易《新乐府》以及皮日休等人的作品，未被选入。

《唐诗三百首》自问世后就是儿童诗教启蒙书，其内容浅显，容易为读者所接受，俗话说："熟读唐诗三百首，不会作诗也会吟。"

最适合儿童学习宋词的选编本是哪一部？

《宋词三百首》是最流行的宋词选本，编者朱孝臧，原名祖谋，字古微，好沤尹，又号彊村、上彊村民，浙江归安人，生活于清末民初。

唐诗、宋词是我国古典文学的两座高峰，两宋是词的成熟与繁荣时期，期间名家辈出，留下了许多脍炙人口的词作。朱孝臧仿《唐诗三百首》选编的《宋词三百首》，实际收入宋词283篇，大致按作者的时间顺序排列。此书自问世后，即受到社会的欢迎，与《唐诗三百首》一样，成为重要的儿童诗教启蒙书。

《花间集》对词的发展产生了怎样的影响？

《花间集》为五代时后蜀赵崇祚所编撰，成集于940年。全书共10卷，收录唐温庭筠、皇甫松、五代韦庄、薛昭蕴、牛峤、张泌、毛文锡、牛希济、欧阳炯、和凝、顾敻、孙光宪、魏承班、鹿虔扆、阎选、尹鹗、毛熙震、李珣等18家500首词。在1900年敦煌石室藏《云谣集》发现之前，《花间集》被认为是最早的词选集。

集中以温词居首，其词浓艳精美，多咏闺情，开花间一派风气。其后韦庄疏淡明丽，注入思乡怀旧之情，与温词并称，代表了其中两种主要风格。宋人论及《花间集》，都赞扬其文字富艳精工，但几乎没有人称许其思想内容。虽然《花间集》在内容上虽不无缺点，在词史上却是一座里程碑，它集中而典型地反映了我国早期词史上文人词创作的主体取向、审美情趣、体貌风格和艺术成就，真实地体现了早期词由民间状态向文人创作转换、发展过程的全貌。更为重要的是，花间词规范了"词"的文学体裁和美学特征，最终确立了"词"的文学地位，并对宋元明清词人的创作产生了深远影响。

为什么说《元曲选》对传播元杂剧起到了重要作用？

《元曲选》是明代臧懋循编辑的一部杂剧选集。全书共 100 卷，分 10 集，每集 10 卷，每卷 1 本杂剧。其中收录元代杂剧 94 种，明代杂剧 6 种，总计 100 种，故又称《元人百种曲》。这些杂剧是他从自家所藏秘本及麻城刘承禧所藏之内府本中遴选出来，刊刻时略做增删，但改动不多，基本忠实原著。现存元人杂剧总数不足 200 种，而《元曲选》中所收元代作品，即占现存总数的一半以上。而且，集中收录了关汉卿、白朴、马致远、秦简夫、李文蔚等众多作家的名剧，影响很大，对元代杂剧的传播起了重要作用，成为后世研究元代杂剧的重要参考。

《元曲选》在刊行时，还为杂剧附图，每剧附图 2 幅，个别 4 幅，总计 224 幅图。其插图临摹古代名画家的不同画法，生动、逼真地将各剧的情节特点表现出来，其图画线条细腻、流畅，极尽婉丽之美，在中国版画史上具有非常重要的地位。

▲《元曲选》插图

《沧浪诗话》在诗歌评论上有些什么特色？

《沧浪诗话》为南宋严羽所著，是一部以禅喻诗，着重于谈诗的形式和艺术性的诗歌理论著作。严羽，字丹丘，一字仪卿，自号沧浪逋客，邵武（今属福建）人。

全书分为《诗辨》《诗体》《诗法》《诗评》和《考证》5 门，《诗辨》一门是全书总纲，鲜明地提出了论诗宗旨。《诗体》主要论述诗歌风格体制演进变化的历史，在一定程度上勾勒出中国古代诗歌发展的线索和轮廓。《诗法》着重阐明写法和技巧方面的要求。《诗评》则举例评析汉魏以来诗歌，进一步阐明汉魏盛唐诗为第一的理由。《考证》是对某些诗篇的作者、分段、异文等的考辨。

《沧浪诗话》在当时就引起注意和争论，后来明代的前七子、后七子和清代神韵、性灵两派诗论，都对严氏观点的不同方面做了引申和发挥。《沧浪诗话》对诗歌的形象思维特征和艺术性方面的探讨，对中国古代诗歌的发展是有贡献的。但其脱离生活和某些唯心色彩的弊病，对后世也有不良影响。

《词林纪事》是一部什么样的书？

《词林纪事》为清代张思岩所辑。全书共22卷，辑录唐词1卷，五代词1卷，宋词17卷，金词1卷，元词2卷，共收词人422家，大体按词人时代先后排列。

所录词人附有其生平事迹、轶闻，以及有关词人所作词的评论，所录词征引本事，并有考证，搜集资料较为丰富，引用书目达395种。书中所引书皆注明出处，但不尽依原文，多随意增删，致失其本来面目。

此书有乾隆刻本、道光刻本。

《太平广记》对后世文学产生了怎样的影响？

《太平广记》是宋代李昉等人编著的大型类书。因为它编成于宋太宗太平兴国三年（978年），所以定名为《太平广记》。此书取材于汉代至宋初的野史小说、释藏、道经和以小说家为主的杂著，共编成500卷，目录10卷，共分92大类，下面又分150小类，其中以神仙、鬼、报应、神、女仙、定数、畜兽、草木、再生、异僧、征应等十一类约占全书之半。

《太平广记》引书400多种，其中绝大部分小说都是唐代的作品，如六朝志怪、唐人传奇等，有些篇幅较小的书几乎全部收录，其中一些古书如《旌异记》《启颜录》等，原本早已散佚，仅靠此书得以流传。全书最值得重视的是第484至492卷，这几卷所收的《李娃传》《东城老父传》《柳氏传》《长恨传》《无双传》《霍小玉传》《莺莺传》等，都是唐人传奇的名篇，幸赖此书得以保存。

《太平广记》对于后世文学的影响很大。宋代以后，唐人小说单行本已逐渐散失，元人的话本、杂剧、诸宫调等多从《太平广记》一书中选取题材、转引故事，加以演绎。宋人蔡蕃曾节取书中的资料，编为《鹿革事类》《鹿革文类》各30卷。明人冯梦龙又据本书改编为《太平广记钞》80卷。明清人编的《古今说海》《五朝小说》《说郛》《唐人说荟》等书，也往往转引《太平广记》。近代鲁迅辑录《古小说钩沉》《唐宋传奇集》时，也充分利用了此书。

《大唐西域记》对后人了解印度历史有些什么帮助？

《大唐西域记》是唐代著名高僧玄奘口述，门人辩机奉唐太宗之敕令笔受编集而成。《大唐西域记》共12卷，成书于唐贞观二十年（646年），记录了玄奘游历印度、西域19年间的所见所闻。

此书是记载中国佛教教史的最重要的文献之一，也是研究西域、印度古代地理不可或缺的文献。玄奘在西行求法的征程中，经历了十数年时光，所到国家上百，观礼佛寺宝塔成千上万，亲历事

▲那烂陀寺遗址

故和接触的人物不计其数,而《大唐西域记》里连同他每走一地所处方位、距离、国体民情、风俗习惯、气候物产、文化历史都写得清清楚楚,就连哪个寺院所奉某乘某宗、僧众多少、是何人讲什么经、多少卷等,都写得十分详尽,准确无误。这些记载又被后来的历史文献和文物考古所佐证。依据玄奘所撰《大唐西域记》记载提供的线索,对著名的印度那烂陀寺、圣地王舍城、鹿野苑古刹等遗址进行考古发掘,使得大量文物古迹重见天日,成为考古史上一大奇迹。甚至今天印度人引以为傲的阿育王的事迹,也基本是来源于玄奘的记载。

阅读《菜根谭》对人修身养性有些什么积极意义?

《菜根谭》是明代还初道人洪应明所著的一部论述修养、人生、处世、出世的语录世集。洪应明,字自诚,号还初道人,今江苏金坛人。传说他过一所古刹时,于残经败纸中拾得《菜根谭》一录,将其带回家中后,便"重加校雠,缮写成帙",最终成书刊行,后来还传入日本。

此书由前后两集和《菜根谭续遗》3部分组成,共536条,其中前集225条,后集135条,共360条,合一周天之数。《菜根谭续遗》为近代从日本所传版本中辑出的前后集所没有的150余条,这些应当是后人的曾续之作。

《菜根谭》之书名,应该源自宋儒汪信民的一句话:"得常咬菜根,即做百事成。"意为"人的才智和修养只有经过艰苦磨炼才能获得"。此书采用语录体,糅合了儒家的中庸思想、道家的无为思想和释家的出世思想关于人生处世哲学的表白。其文辞优美,对仗工整,含义深邃,耐人寻味,是一部有益于人们陶冶情操、磨炼意志、奋发向上的通俗读物。

《阅微草堂笔记》是一部怎样的书?

《阅微草堂笔记》为清朝短篇志怪小说集,为清代乾隆朝著名才子纪昀的笔记型作品。全集分5书,共24卷,1208则,约40万字。主要搜辑当时流传的各种狐鬼神仙、因果报应、劝善惩恶之类的乡野怪谭,或者是作者亲身听闻的奇闻逸事。故事范围也随作者足迹遍及全中国,远至新疆、云南等偏远之地。

《阅微草堂笔记》内文记述若真若假,作者借由这些志怪的描写而来折射出当时官场的腐朽堕落之态,进而反对宋儒的空谈性理而疏于实践的理气哲学,讽刺道学家的虚伪卑鄙,揭露社会人心的贪婪及保守迷信。同时,对处于社会下层的广大人民悲惨境遇的生活,纪昀在笔调中也表达出深刻的同情。每则故事结尾处都有作者的感触评价,以衡平的语气来评断其故事来龙去脉,清理事之曲直,颇为耐人寻味。

鲁迅曾对《阅微草堂笔记》有很高的评价:"唯纪昀本长文笔,多见秘书,又襟怀夷旷,故凡测鬼神之情状,发人间之幽微,托狐鬼以抒己见者,隽思妙语,时足解颐;间杂考辨,亦有灼见。叙述复雍容淡雅,天趣盎然,故后来无人能夺其席,固非仅借位高望重以传者矣。"

▲纪昀像

《随园诗话》中袁枚提出了怎样的诗歌理论？

《随园诗话》是清代最有影响的一部论诗著作，作者是清代"乾隆三大家"之一的袁枚，因其住宅名为随园，故称"随园诗话"。全书一共26卷（《诗话》16卷，《诗话补遗》10卷），近57万字，在古代文学评论类书籍中堪称巨制。

《随园诗话》属随笔性质，其所论内容，从诗人的先天资质，到后天的品德修养、读书学习及社会实践，几乎囊括了与诗歌相关的方方面面，其主要宗旨是阐述作者的"性灵说"诗论，他要么采录大量"一片性灵"的诗作论证其"性灵说"的理论，要么以"性灵说"的美学思想为标准来采集、褒扬时人之佳作。

此书选诗颇为广泛，甚至还收入了大量女子诗，诗歌体裁也相当丰富。但其收入诗歌也有"太滥"之嫌，一些卑靡轻佻的诗歌也收入其中，有些诗歌甚至未曾校订，多有差错。但总体上瑕不掩瑜，据说《随园诗话》印行后，"上自朝廷公卿，下至市井负贩，皆知贵重之"，甚至海外琉球国都慕名求取。

中国最早的章回体白话长篇小说是哪一部？

《水浒传》是我国第一部白话长篇小说，也是第一部以民众反抗斗争为题材的长篇小说。其内容讲述梁山泊以宋江为首的绿林好汉，由被迫落草，发展壮大，直至受到朝廷招安，东征西讨的历程。又名《忠义水浒传》，初名《江湖豪客传》，一般简称《水浒》。关于其作者颇多争论，一般认为是元末明初的施耐庵，也有人认为是其与弟子罗贯中合著或者由罗贯中续写而成。

《水浒传》的故事最初起源于北宋宣和年间，从南宋开始就成为民间口头文学的主要题材，到了元代，出现了话本《大宋宣和遗事》，描述了晁盖、吴加亮（吴用）等36人的故事，初步具有了《水浒传》的故事梗概。《水浒传》就是作者在这些故事的基础上进行创作的。不过也有观点认为，《水浒传》中梁山好汉的生活原型来自与作者施耐庵关系甚密的张士诚领导的盐民起义。

《水浒传》描写了梁山一百零八将各自不同的故事，叙述豪放、粗犷，通过人物的言语、行为来表现其矛盾的内心世界。人物性格刻画各有特色，情节曲折、语言生动，有很高的艺术价值。全书成功地塑造了宋江、林冲、李逵、鲁智深、武松等一批鲜明的人物形象，也向读者展示了宋代的政治与社会状况，真实地反映了封建社会的腐朽和黑暗，揭露了当时官逼民反的社会现实。

▲《水浒传》人物绣像
古代《水浒传》在刊行时，往往有版画绣像，此为民国年间的《水浒》绣像人物，为宋江和戴宗。

《水浒传》对中国社会和传统文学都产生了巨大影响。《水浒传》被改编成京剧、评书等多种曲艺形式,长期演出,深得百姓喜爱。英雄人物身上体现出的各种道德观,如轻生死重义气、敢作敢为、劫富济贫等,在相当程度上影响了大众评判是非善恶的标准。

《水浒传》位列中国古代四大名著之一,在文学成就上受到后世不少文学评论家的赞许。金圣叹将《水浒传》与《离骚》《庄子》《史记》、"杜诗"、《西厢记》合称为"六才子书"。李渔将《水浒传》与《三国演义》《西游记》《金瓶梅》定为"四大奇书"。这些评价都反映了《水浒传》在中国文学史上的崇高地位。

中国最著名的浪漫主义神话小说是哪一部?

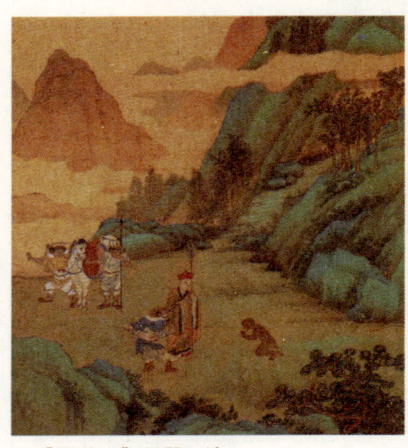

《西游记》为中国"四大名著"之一,是一部浪漫主义神话小说,书中讲述了唐三藏与徒弟孙悟空、猪八戒、沙僧、白龙马,历经81次磨难,到西天取经的故事,表现了惩恶扬善的古老主题。《西游记》成书于明代中期,作者颇多争论,一般认为是江苏淮安的吴承恩。

全书共100回,60余万字。1至12回是全书的引子,其中前7回讲孙悟空的出身和大闹天宫等故事;8至12回则介绍另一主人公唐僧,交代取经的缘由;13至100回是全书的主要部分,讲述唐僧、孙悟空师徒四人降妖伏魔、西天取经的故事。其中最经典的故事有孙悟空大闹天宫、高老庄收八戒、流沙河收沙和尚、三打白骨精、人参果、盘丝洞、火焰山、真假美猴王等。在与妖魔鬼怪进行斗争中刻画了师徒四人鲜明的个性。故事生动有趣,老少皆宜,几百年来深受百姓喜爱。

▲《西游记》图册 清
明代吴承恩的《西游记》问世后,各种表现唐僧师徒取经故事的艺术题材相继涌现,如诗歌、绘画、书法、雕塑、建筑等,不仅有巨大的美学价值,而且在民俗学、社会学上也有不小成就。《西游记》图册由清代康熙时期的四大书法家之一的陈奕禧书写上简单的文字说明,图画生动传神,富有想象力,图文并茂,使故事情节经过图片与文字得到更好的体现和延伸。

《西游记》的故事原型是唐玄奘西游天竺的历史事件,在唐朝后期和五代时期的许多记载中已经出现了西行取经的故事。敦煌石窟存有西夏初年绘制的玄奘取经壁画,其中已经出现持棒猴行者形象。南宋刊印的话本《大唐三藏取经诗话》,已经发展出美猴王的故事。元明之际的杂剧《二郎神锁齐天大圣》描写了孙悟空的来历。吴承恩就是在这些故事传说的基础上编写了《西游记》。

自问世以来,《西游记》在中国及世界各地广为流传,被翻译成多种语言,在中国,乃至亚洲部分地区家喻户晓。其中孙悟空、唐僧、猪八戒、沙僧等人物和大闹天宫、三打白骨精、火焰山等故事尤其为人熟悉。几百年来,西游记被改编成各种地方戏曲、电影、电视剧、动画片、漫画等,版本繁多。在日本等亚洲国家也出现了以孙悟空与红孩儿为主角的文艺作品,样式众多,数量惊人。

《红楼梦》为什么被称为中国古典小说的巅峰之作？

《红楼梦》是我国"四大名著"中唯一成书于清朝的，也是一部古典章回体长篇小说，此书原名《石头记》，在第一次活字印刷之后变更为现名。其作者也存在颇多争论，现一般认为前80回为曹雪芹所作，后40回由高鹗所补，有人认为程伟元也参与了后40回的撰写。

《红楼梦》以贾、史、王、薛四大家族为背景，以贾宝玉、林黛玉的爱情悲剧为主线，着重描写贾、宁二府由盛到衰的过程。描述了贾宝玉、林黛玉、薛宝钗、王熙凤等一大批有血有肉、鲜明生动的人物形象，全面地描写封建社会末世的人性世态及种种无法调和的矛盾。

▲林黛玉像

《红楼梦》在艺术上取得了辉煌的成就，其叙述和描写就像生活本身那样丰富、深厚、逼真、自然。在小说中还包含着诗、词、曲、赋、偈、酒令、笑话、谜语、题匾、八股文等各种不同文体的创作与批评，乃至有命理卜辞、脉案药方、讼状塘报等。其涉及的文字题材，包罗万象，蔚为大观，反映了作者深厚的文学功底和出众的才华。

长期以来，《红楼梦》被视为中国最具文学成就的古典小说及章回小说的巅峰之作，以至于以一部作品构成了一门学术性的独立研究学科——红学，这在文学史上是极为罕见的。《中国大百科全书》评价说，红楼梦的价值怎么估计都不为过。《大英百科》评价说，《红楼梦》的价值等于整个的欧洲文学的价值。

中国第一部历史演义小说是哪一部？

《三国演义》全称《三国志通俗演义》，"四大名著"之一，是中国历史演义小说的经典之作。一般认为作者是元末明初的罗贯中。小说以东汉末年为历史背景，以刘关张三兄弟、诸葛亮、东汉、曹魏、蜀汉及东吴六大路线为中心，讲述了东汉末年黄巾起义至魏、蜀、吴三国鼎立，再到西晋统一为终结的历史。在广阔的社会历史背景上，展示出那个时代尖锐复杂而又极具特色的政治军事冲突。小说叙事精巧，精彩地演绎了多种谋略，虽与史实多有出入，仍被誉为"中国谋略全书"。

三国故事很早就在中国古代民间流传。宋、元时期，三国故事被搬上舞台，《东京梦华录》记载有"说三分"的民间艺人，到了元代至治年间出现了新安虞氏所刊的《全相三国志平话》。罗贯中就在这些民间传说和戏曲、话本的基础上，结合陈寿《三国志》和裴松之注的史料，根据他个人对社会人生的体悟，最终创作了《三国志通俗演义》。

现存最早刊本是明朝嘉靖年所刊刻的，俗称"嘉靖本"，全书24卷，亦有弘治刻本的

《三国志通俗演义》。清朝康熙年间，毛纶、毛宗岗父子辨正史事、增删文字，修改成今日通行的 120 回本《三国演义》。

《三国演义》塑造了一大批鲜明生动，有生命力的人物形象，其中最为成功的有诸葛亮、曹操、关羽、刘备等人，他们都是中国文学史上的经典。此外，《三国演义》还有大量的战争描写，构思宏伟，手法多样，其中官渡之战、赤壁之战等战争的描写波澜起伏，跌宕跳跃，读来令人惊心动魄、荡气回肠。

《三国演义》开创了历史小说的先河。自罗贯中把三国历史写成小说以来，文人纷纷效法，历史小说便蔚然成为一大潮流。直到现在，中国几千年的历史，都被写成了各种历史小说，这些都是对罗贯中历史演义的继承和发展。

▲《三国演义》故事绣像
此绣像描绘的是《三国演义》中"青梅煮酒论英雄"的故事。

"三言二拍"是哪几本书的合称？

"三言二拍"是明代 5 本著名传奇短篇小说集的合称。"三言"即《喻世明言》《警世通言》《醒世恒言》，作者为冯梦龙。"二拍"则是拟话本小说集《初刻拍案惊奇》和《二刻拍案惊奇》的合称，作者为凌蒙初。明末抱瓮老人从这 5 部书中选出佳作 40 篇编成《今古奇观》，故有"三言二拍"的合称。

"三言二拍"每部书都有 40 卷，每卷为一个短篇小说，收录的是宋元话本和明代拟话本。"三言"刊刻于天启年间，都是冯梦龙从大量古今通俗小说中精选出来的题材，其中多为宋元明话本中艺术佳作，历来为读者称誉。它的出现，标志着古代白话短篇小说整理和创作高潮的到来。

"二拍"与"三言"不同，基本上都是个人创作，是作者从《太平广记》《夷坚志》《剪灯新话》《剪灯余话》等书中取材演绎而成，它实际上是一部个人的白话小说创作专集。

中国最杰出的现实主义长篇讽刺小说是哪一部？

《儒林外史》是清代吴敬梓创作的一部章回体长篇小说，全书共 56 回（一般认为最后一回非吴所作），约 40 万字，描写了近 200 个人物。小说假托明朝，实际描写了康乾时期科举制度下读书人的功名和生活。

《儒林外史》是中国文学史上一部杰出的现实主义长篇讽刺小说，它真实地描绘了康乾时期知识分子生活的沉浮，境遇的顺逆，功名的得失，仕途的升降，情操的高尚与卑劣，理想的倡导与破灭，出路的探索与追寻。全书故事情节虽没有一个主干，可是有一个中心贯穿其间,那就是反对科举制度和封建礼教的毒害,讽刺因热衷功名富贵而造成的极端虚伪、恶劣的社会风习。

《儒林外史》是我国古代讽刺文学的典范,它不仅直接影响了近代谴责小说,而且对现代讽刺文学也有深刻的启发。晚清谴责小说,如《二十年目睹之怪现状》《官场现形记》《老残游记》《孽海花》等,都是继承《儒林外史》的余绪。

《老残游记》有些什么特色?

《老残游记》是晚清的四大谴责小说之一,署名洪都百炼生作,实际作者为刘鹗。光绪二十九年(1903年)发表于《绣像小说》半月刊上,到13回因故中止,后重载于《天津日日新闻》,并全部发表。

全书20回,叙述了江湖医生老残在游历中的所见、所闻、所为。老残是作品中体现作者思想的正面人物。他浪迹江湖,以行医糊口,自甘淡泊,不入宦途。但他关心国家和民族的命运,同情百姓的痛苦,是非分明,侠肝义胆。追随其足迹,可以清晰地看到清末山东一带社会生活的面貌。《老残游记》最擅长描写风景的功夫,书中千佛山的景致,桃花山的月夜,都明净清新,令人神往。其对王小玉唱书的描写,堪称神来之笔。

鲁迅在《中国小说史略》中将刘鹗的《老残游记》、李伯元的《官场现形记》、吴趼人的《二十年目睹之怪现状》和曾朴的《孽海花》并称为"清末之谴责小说"。

李汝珍的小说《镜花缘》有些什么缺陷?

《镜花缘》是一部神魔小说,清代李汝珍所作。全书共100回,可分为3大部分,第一部分是第1至第6回,写《镜花缘》故事由来,铺垫出谪凡神话的框架。第二部分是第7至第50回,写文士唐敖的海外游历与唐小山寻父(寻根)之旅,是《镜花缘》最受瞩目的部分。旅行中见闻多出自《山海经》《博物志》等古代地理博物小说并加改编,既讽刺时事,也呈现某程度的乌托邦理想。第三部分为后50回,写武则天开试女科,录取天下才女。但这部分笔调平淡无聊,实为卖弄学问之作,价值不高。

《镜花缘》继承了《山海经》中的一些材料,经过作者的再创造,凭借他丰富的想象、幽默的笔调,运用夸张、隐喻、反衬等手法,创造出了结构独特、思想新颖的长篇小说。但是小说对人物的刻画不足,众才女的个性不够鲜明。尤其后半部偏重于知识的炫耀,令人生厌。所以鲁迅说"则论学说艺,数典谈经,连篇累牍而不能自已矣"。

《西厢记》在艺术上取得了哪些突出成就?

《西厢记》全名《崔莺莺待月西厢记》,作者王实甫,元代著名杂剧作家。《西厢记》大约写于元贞、大德年间(1295—1307年),是王实甫的代表作。这个剧一上舞台就惊倒四座,博得男女青年的喜爱,被誉为"西厢记天下夺魁"。

图解·国学常识

《西厢记》故事,最早起源于唐代元稹的传奇小说《莺莺传》,其故事在宋金时代流传更广,一些文人、民间艺人纷纷改编成说唱和戏剧。王实甫基本依据这部诸宫调,将《西厢记》改编成多人演出的戏剧剧本,使故事情节更加紧凑,融合了古典诗词,文学性大大提高。

《西厢记》最突出的成就是从根本上改变了《莺莺传》的主题思想和莺莺的悲剧结局,把男女主人公塑造成在爱情上坚贞不渝,敢于冲破封建礼教的束缚,并经过不懈的努力,终于得到美满结果的一对青年,突出了"愿普天下有情人都成眷属"的主题思想。在艺术上,剧本通过错综复杂的戏剧冲突,来完成莺莺、张珙、红娘等艺术形象

▲《西厢记·惊梦》插图　清　任薰

的塑造,使人物的性格特征生动鲜明,加强了作品的戏剧性。

《西厢记》剧本完成后,迅速流行,几乎中国所有几百个剧种都以其为原本上演过这部戏,以后的许多著作都提过这部剧本,许多故事和剧本受其影响,开始表现基于爱情,冲破"门当户对"的封建礼教观念的美满婚姻或悲剧,如《梁山伯与祝英台》《牛郎织女》《天仙配》《宝莲灯》等。《西厢记》可以说是首开先河,在世界上是第一部表现纯爱情的长篇作品,艺术成就甚高。

剧作大师汤显祖最有名的代表作是哪一部?

《牡丹亭》原名《还魂记》,又名《杜丽娘慕色还魂记》,是明代剧作家汤显祖的代表作,创作于1598年,描写了杜丽娘和柳梦梅的生死之恋。此剧与《紫钗记》《南柯记》和《邯郸记》并称为"玉茗堂四梦"。

剧情梗概如下:大家闺秀杜丽娘一日在花园中睡着,与一名年轻书生在梦中相爱,醒后寻梦不得,抑郁而终,临终前她将自己的画像封存并埋入亭旁。三年后,岭南书生柳梦梅赴京赶考,碰巧发现了杜丽娘的画像,杜化为鬼魂寻到柳并叫他掘坟开棺,于是杜丽娘复活。后来柳赶考并高中状元,但由于战乱发榜延时,仍为书生的柳受杜之托寻找丈人——正在处理战乱的杜宝。杜宝认定此人胡言乱语,将其打入大狱。得知柳高中状元后才将其放出,但始终不认其为女婿。最终闹到金銮殿之上才得到解决,杜柳二人终成眷属。

《牡丹亭》是汤显祖最著名的剧作,在思想和艺术方面都达到了其创作的最高水准。剧

本推出之时,便一举超过了另一部爱情故事《西厢记》。据记载,"《牡丹亭》一出,家传户诵,几令《西厢》减价"。

被誉为"南戏之祖"的是哪一部戏曲?

《琵琶记》,元末南戏,温州高明所撰,描写了汉代书生蔡伯喈与赵五娘悲欢离合的故事,共42出。此书被誉为"南戏之祖",是我国古代戏曲中的一部经典名著。

故事改编自民间南戏《赵贞女》(更早时还有金院本《蔡伯喈》),但原故事中背亲弃妇的蔡伯喈变为了全忠全孝的人。大致剧情是书生蔡伯喈与赵五娘婚后想过幸福生活,其父蔡公不允,逼其赶考。中状元后又被要求与丞相女儿结婚,蔡伯喈不允,丞相不从。上任后家中遭遇饥荒,父母双亡,他却并不知晓。蔡伯喈想念父母,想辞官回家,朝廷不从。最终一路行乞进京的赵五娘终于找到了蔡伯喈,故事团圆收场。

剧中采用双线结构。一条线蔡伯喈,一条线是赵五娘。两条线索交错发展,对比排列,产生了强烈的悲剧效果和巨大的艺术感染力。文字上对人物形象塑造非常成功,心理刻画尤其突出。

此剧代表了南戏的最高成就,标志着南戏从民间俚俗艺术形式发展到了全面成熟阶段,因此,它是南戏发展史上的里程碑。

孔尚任的剧作《桃花扇》取得了哪些艺术成就?

《桃花扇》是清初作家孔尚任经10余年苦心经营,三易其稿写出的一部传奇剧本,完成于康熙三十八年(1699年)。全剧共40出,通过男女主人公侯方域(朝宗)和李香君的爱情故事反映了明末南明灭亡的历史。

剧情大致如下:明代末年,"东林党人"逃难到南京,组织"复社",和魏忠贤余党、已被罢官的阮大铖斗争。此时复社中坚侯方域邂逅秦淮歌妓李香君,两人坠入爱河。侯方域送李香君一把题诗扇,而和其"梳栊"(和妓女结婚称梳栊)。后来阮大铖匿名托人赠送丰厚妆奁以拉拢侯方域,被李香君坚决退回,阮大铖怀恨在心。弘光即位后,起用阮大铖,阮大铖趁机陷害侯方域,迫使其投奔史可法,并强将李香君许配他人。李香君坚决不从,撞头欲自尽未遂,血溅

▲彩绘本《桃花扇》插图　清

诗扇。侯方域的朋友杨龙友利用血点在扇中画出一树桃花。南明灭亡后，李香君入山出家，扬州陷落后侯方域逃回寻找李香君，最后也出家学道。

桃花扇是侯方域、李香君定情之物。孔尚任以此记录男女主人公的沉浮命运，又用它勾连出形形色色的人物活动。在社会混乱、社稷倾圮的时代，作者把高尚的人格给予身为妓女的李香君，把一个孱弱的灵魂赋予了享有盛名的才子。而将最深沉的同情寄予了在了社会地位卑微的民间艺人身上。孔尚任借助他们之口，抒发了对末世既临的无可奈何、无可挽回的叹息。

《桃花扇》脱稿之后立即引起社会的关注，在舞台上经常演出，康熙皇帝还专门派人向孔尚任索要剧本，看到其中描述南明皇帝耽于声色的情节，常皱眉顿足说："弘光弘光，虽欲不亡，其可得乎！"

《长生殿》演绎了哪两个人的爱情故事？

《长生殿》是清初剧作家洪昇所写的剧本，共50折，完成于康熙二十七年（1688年）。故事取材自唐代诗人白居易的长诗《长恨歌》和元代剧作家白朴的剧作《梧桐雨》，讲述了唐玄宗和杨贵妃之间的爱情故事。

剧情大致如下：玄宗宠幸贵妃杨玉环，但后来又宠幸其妹妹虢国夫人，私召梅妃，引起杨玉环不快，最终两人和好，于七夕之夜在长生殿对着牛郎织女星密誓永不分离。由于唐玄宗终日和杨玉环游乐，不理政事，终于导致安史之乱。唐玄宗和随行官员逃离长安，在马嵬坡军士哗变，唐玄宗不得已让杨玉环自尽。杨玉环死后深切痛悔，受到土地神和织女协助，成为蓬莱仙子。后来安史之乱平定，唐玄宗回到长安，日夜思念杨玉环，见月伤心，最终感动了织女，使二人在月宫中最终团圆。

《长生殿》谴责了唐玄宗的穷奢极侈，但同时又表现了对唐玄宗和杨玉环之间的爱情的同情，间接表达了对明朝统治的同情，还寄托了作者对美好爱情的向往。

这部剧本情节跌宕起伏，高潮迭起，配乐的音乐家徐麟严格照曲律填词，使整个音乐布局与曲辞密切配合，乐声与剧情完美统一。所以此剧一经演出，立刻引起轰动，北京城中几乎家家会唱其中的唱段。其片段被各种戏剧剧种改编，梅兰芳的京剧《贵妃醉酒》就改编自《长生殿》。

《曾国藩家书》为何备受后人推崇？

《曾国藩家书》记录了曾国藩在清道光三十年至同治十年前后达30年的翰苑和从武生涯，近1500封。所涉及的内容极为广泛，小到人际琐事和家庭生计，大到对进德修业、经邦纬国之道的阐述，是曾国藩一生的主要活动和其治政、治家、治学之道的生动反映。其家书行文从容镇定，形式自由，随想而到，挥笔自如，在平淡家常中蕴含真知良言，具有极强的说服力和感召力。尽管曾国藩留传下来的著作太少，但仅就一部家书中可以体现他的学识造诣和道德修养，从而赢得了"道德文章冠冕一代"的称誉，并成为中国封建社会最后一个精神偶像。

曾国藩的这些书信，不仅生动有趣，更具价值的是，这些书信中包含了许多即使是在今天看来也很有意义的经验教训。可以说，《曾国藩家书》就是一部协调人际关系的指南，一部正直、严肃的为人处世的教科书。所以，从清末以来，这部书就已广为流传，民国年间更是畅销风行。

中国历史上最大的百科全书是哪一部？

《永乐大典》是明代永乐年间编纂的一部大型类书，明成祖即位后，即令解缙等人修书，首成于永乐二年（1404年），初名《文献集成》；明成祖过目不甚满意。于次年再命姚广孝、郑赐、刘季箎、解缙等人重修，启用了南京文渊阁的全部藏书，于永乐五年（1407年）定稿进呈，明成祖看了十分满意，亲自为序，并命名为《永乐大典》，后又清抄至永乐六年（1408年）冬天才正式成书。《永乐大典》汇集了古今图书七八千种，全书22937卷，11095册，约3.7亿字，是一部规模空前的中国百科全书式的文献集。

《永乐大典》修成后，未能付之刊印，仅抄录一部，藏于皇宫。嘉靖末年抄写成副本，而正本却就此失踪。副本《永乐大典》在清代收藏不善，陆续遗失。近代更是被八国联军焚毁、劫掠。现在嘉靖副本《永乐大典》在全球范围仅存400余册，其中223册存藏国内，国家图书馆馆藏221册。

《永乐大典》汇集了上自先秦、下迄明初的8000余种典籍，除了著名的经史子集，还有哲学、文学、历史、地理、宗教、医卜等各类著作，包罗万象，是中国历史上最大的一部百科全书，它比著名的《不列颠百科全书》成书年代早了300多年。此外，《永乐大典》收录了许多后世已经残缺或佚失的珍贵书籍，如《薛仁贵征辽事略》、宋本《水经注》等，其所征引的材料，都是完整地抄录原文，保存了许多宝贵的文献的原貌，所以人们称其为"辑佚明初以前珍本秘籍的宝库"。

《永乐大典》的编排方式非常科学，有点类似于今天字典的拼音检字法，只是当时依据的是明朝的《洪武正韵》。其体例是"用韵以统字，用字以系事"，也就是说，每个韵目下有很多单字，每个单字下分列与之相关的天文、地理、人事、名物以及诗文词曲等各方面的内容。

《永乐大典》不仅篇幅巨大、收集广泛，而且缮写工整，书中的文字全部用毛笔以楷书写成，每半页8行，大字占一行，小字抄成双行，每行28个字；《永乐大典》中还有许多精致的插图，山川地形都以白描手法绘制图形，形态逼真，书为硬裱书面，由粗黄布包裹，典雅庄重，被中外专家学者视为罕见的珍品。

中国古代最大的官修丛书是哪一部？

《四库全书》是中国古代最大的一部官修书，也是中国古代最大的一部丛书，分经、史、子、集四部，故名"四库"。此书从清乾隆三十八年（1773年）开始修撰，以永瑢负责，于敏中为总裁，纪昀为总纂官，召集了陆锡熊、孙士毅、戴震、周永年、邵晋涵等数千文人学者，历经十年才最终编成。

据文津阁藏本，《四库全书》共收录古籍3503种、79337卷、装订成36000余册，整套书收录了从先秦到清乾隆前大部的重要古籍（一部分被列为禁书），涵盖了古代中国几乎所有学术领域，规模远超《永乐大典》。

整套书分为经、史、子、集四部，44类66属，经部包括易类、书类、诗类、礼类、春秋类、孝经类、五经总义类、四书类、乐类、小学类等10个大类；史部包括正史类、编年类、纪事本末类、杂史类、别史类、诏令奏议类、传记类、史钞类、载记类、时令类、地理类、职官类、政书类、目录类、史评类等15个大类；子部包括儒家类、兵家类、法家类、农家类、医家类、天文算法类、术数类、艺术类、谱录类、杂家类、类书类、小说家类、释家类、道家类等14大类；集部包括楚辞、别集、总集、诗文评、词曲等5个大类。除了章回小说、戏剧戏曲之外，以上门类基本上囊括了当时社会上流传的各种图书。就书籍作者而言，包括了妇女、僧人、道家、宦官、军人、帝王、外国人等在内的各类人物的著作。

为了美观和便于识别，《四库全书》采用分色装潢，经部绿色，史部红色，子部月白色（或浅蓝色），集部灰黑色。《四库全书总目》因为是全书纲领，采用代表中央的黄色。

乾隆四十九年（1784年）四套书陆续完成，全书共抄7部，分别藏于北京紫禁城文渊阁、京郊圆明园文源阁、奉天（今沈阳）故宫文溯阁、承德避暑山庄文津阁，合称"内廷四阁"（或"北四阁"）。又在镇江金山寺建文宗阁，扬州大观堂建文汇阁，杭州西湖行宫孤山圣因寺建文澜阁，即"江浙三阁"（或"南三阁"），各藏抄本一部。副本存于京师翰林院。

编纂《四库全书》时，清廷为维护统治，大量查禁明清两朝有违碍字句的古籍，归为禁书。据统计，在长达10余年的修书过程中，禁毁图书3100多种、15万部以上，不啻为一场文化浩劫。

《四库全书》完成至今的两百年间，中国历经动乱，《四库全书》也同样饱经沧桑。其中，文源阁本在1860年英法联军火烧圆明园时焚毁。文宗、文汇阁本在太平天国运动期间被毁。杭州文澜阁藏书楼1861年在太平军第二次攻占杭州时倒塌，所藏《四库全书》散落民间，后陆续补齐，中华人民共和国成立后入藏浙江省图书馆。

翰林院副本于1900年庚子事变中被毁。1949年，文渊阁本被运至台湾，现藏台北"故宫博物院"。文溯阁本1922年险些被卖给日本人，现藏甘肃省图书馆。文津阁本于1950年调拨到中国国家图书馆，这是目前唯一一套原架原函原书保存的版本。

▲ 四库全书楠木匣

我国现存规模最大、保存最完整的类书是哪一部？

《古今图书集成》原名《文献汇编》或称《古今图书汇编》，系康熙皇三子胤祉奉康熙之命与侍读陈梦雷等编纂的一部大型类书，康熙皇帝钦赐书名，雍正皇帝写序，因此冠名为"钦定"。此书编撰大约开始于康熙四十年（1701年）前后，康熙四十五年（1706年）四月完成初稿。

后来在雍正年间，蒋廷锡奉命重新编校，补全"医部"，最终于雍正六年（1728年）印制完成。

此书采集广博，内容丰富，正文共计10000卷，目录40卷，共分为5020册、520函、42万余筒子页，1.6亿字。内容分为6汇编、32典、6117部。按天、地、人、物、事次序展开，规模宏大、分类细密、纵横交错。

▲《古今图书集成》书影

《古今图书集成》是清代前期编撰的一部大型类书，此书影为雍正皇帝为其御制的序言。

举凡天文地理、人伦规范、文史哲学、自然艺术、经济政治、教育科举、农桑渔牧、医药良方、百家考工等无所不包，图文并茂，因而成为查找古代资料文献的十分重要的百科全书。

由于之后的《四库全书》受清文字狱影响，大量书籍被列为禁书，遭到销毁删改，因此收书不全，错漏甚多，而成书时间较早的《古今图书集成》则收录了一些《四库全书》不收或未曾收录的典籍，还包括康熙晚年所出的律令、方志等。

《古今图书集成》与《永乐大典》《四库全书》并列为中国古代三部皇家巨作。由于国家图书馆至今仍存有完整的《古今图书集成》雍正版内府铜活字本，因此《古今图书集成》成为我国现存规模最大、保存最完整的类书。

同时，该书也是中国铜活字印刷史上卷帙最浩繁、印制最精美的一部旷世奇作。

中国目前所见年代最早的手工业技术文献是哪一部？

《考工记》是中国目前所见年代最早的手工业技术文献，这部著作记述了齐国官营手工业各个工种的设计规范和制造工艺，保留有大量先秦手工业生产技术、工艺美术资料，记载了一系列的生产管理和营建制度，一定程度上反映了当时的思想观念。

今天所见《考工记》，实际是《周礼》的一部分。《周礼》原名《周官》，由"天官""地官""春官""夏官""秋官""冬官"6篇组成。西汉时，"冬官"篇佚缺，河间献王刘德便取《考工记》补入。刘歆校书编排时改《周官》为《周礼》，故《考工记》又称《周礼·考工记》（或《周礼·冬官考工记》）。

《考工记》篇幅并不长，但科技信息含量却相当大，内容涉及先秦时代的制车、兵器、礼器、钟磬、炼染、建筑、水利等手工业技术，还涉及天文、生物、数学、物理、化学等自然科学知识，其在中国科技史、工艺美术史和文化史上都占有重要地位。

中国保存得最完整的古农书巨著是哪一部？

▲耙地图　南北朝

《齐民要术》是中国保存得最完整的古农书巨著，也是世界农学史上最早的专著之一。此书为北魏官员贾思勰所著，成书于东魏武定二年（544年）以后。

《齐民要术》由序、杂说和正文三大部分组成。正文共92篇，分10卷。11万字；其中正文约7万字，注释约4万字。另外，书前还有"自序"和"杂说"各一篇，其中的"序"广泛摘引圣君贤相、有识之士等注重农业的事例，以及由于注重农业而取得的显著成效。一般认为，杂说部分是后人加进去的。

书中内容相当丰富，涉及面极广，收录了1500年前中国农艺、园艺、造林、蚕桑、畜牧、兽医、配种、酿造、烹饪、储备，以及治荒的方法，书中援引古籍近200种，所引《氾胜之书》《四民月令》等汉晋重要农书现已失传，后人只能从此书了解当时的农业运作，其对古代农业研究的意义不言而喻。

现存最早的中药学专著是哪部医书？

《神农本草经》是现存最早的中药学专著，为我国早期临床用药经验的第一次系统总结，被誉为中药学经典著作。全书分3卷，载药365种（植物药252种，动物药67种，矿物药46种），分上、中、下三品，文字简练古朴，是中药理论精髓。

此书大约成书于秦汉时期，作者不详，原书早已佚失。南朝陶弘景为《神农本草经》作注，并补充《名医别录》，编定《本草经集注》共7卷，把药物的品种数目增加至730多种。清朝孙星衍将《神农本草经》考订辑复，成为现在通行本。

书中对每一味药的产地、性质、采集时间、入药部位和主治病症都有详细记载。对各种药物怎样相互配合应用，以及简单的制剂，都做了概述。更可贵的是早在2000年前，我们的祖先通过大量的实践治疗，已经发现了许多特效药物，其药用价值已被现代科学所证实。

现存最早的中医理论著作是哪一部？

《黄帝内经》是现存最早的中医理论著作，为中国传统医学四大经典著作之一（其余三部为《伤寒论》《金匮要略》《温病条辨》）。此书共18卷，《素问》《灵枢》各有9卷、81篇。内容包括摄生、阴阳、脏象、经络和论治之道。

相传《黄帝内经》是黄帝与岐伯、雷公、伯高、俞跗、少师、鬼臾区、少俞等多位大臣讨论医学的记述，但一般认为其成书于战国时期，也有学者认为成书应在西汉中期。

此书经数次散佚、整理、辑补、注释，整理注释此书较为著名的有晋朝的皇甫谧，南北朝的全元起，唐代的杨上善、王冰等人，其中王冰的注释版本对后世影响最大。

《黄帝内经》整理先人积累的丰富的医疗经验，将其升华为理性认识，从而形成了系统的医学理论，并且进一步驾驭医疗实践，建立了中医学临床规范，成为中国传统科学中探讨生命规律及其医学应用的系统学问。此书实际上为传统中医学理论体系的建立打好了结构框架，奠定了中医学发展的基础，所以中医亦称为"岐黄之术"。《黄帝内经》也对后世中医学产生了巨大影响，东汉张仲景的《伤寒杂病论》和唐朝孙思邈的《千金要方》等无不以《黄帝内经》的医学理论为基础。

《农政全书》有些什么特色？

《农政全书》为明代徐光启所作。这部书总结了中国古代劳动人民的许多农业生产经验和技术，引用古代著作和文献300多种。该书讲了气候、地理、优种对农业生产的影响，介绍了农业生产技术，对屯兴水利、三项农业措施做了详细阐述。徐光启死后，其子徐骥将此书推介给崇祯皇帝，于崇祯十二年（1639年）正式出版发行。

《农政全书》按内容大致上可分为农政措施和农业技术两部分。前者是全书的纲领，后者是实现纲领的技术措施。所以在书中人们可以看到开垦、水利、荒政等一些不同寻常的内容，并且占了将近一半的篇幅，这是其他的大型农书很少见的，这也大大增加了此书的实用价值。

《伤寒论》对中医的发展做出了哪些重要贡献？

《伤寒论》，是一部阐述外感及其杂病治疗规律的专著，为东汉末年"医圣"张仲景所撰。张仲景见当时动乱频繁，疫病流行，便"勤求古训，博采众方"，作《伤寒杂病论》16卷。此书原貌不复可见，后世分成两书，分别流通。其中最主要的部分，即为《伤寒论》，创设六经辨证，并列方治，用以治疗外感伤寒。对于内伤杂病，则依病名分类，列方处置，称为《金匮要略》。

《伤寒论》全书共12卷，22篇，397法。除去重复之外共有药方112个。全书重点论述人体感受风寒之邪而引起的一系列病理变化及进行辨证施治的方法。它把病症分为太阳、阳明、少阳、太阴、厥阴、少阴六种，即所谓"六经"。根据人体抗病力的强弱，病势的进退缓急等方面的因素,将外感疾病演变过程中所表现的各种症候归纳出症候特点、病变部位、损及何脏何腑,以及寒热趋向、邪正盛衰等作为诊断治疗的依据。

该书总结了前人的医学成就和丰富的实践经验,集汉代以前医学之大成,作者结合自己的临床经验,系统地阐述了多种外感疾病及杂病的辨证论治,理法方药俱全,在中医发展史上具有划时代的意义和承前启后的作用,对中医的发展做出了重要贡献。具体而言,他不仅为诊治外感疾病提出了辨证纲领和治疗方法,也为中医临床各科提供了辨证论治的规范,从而奠定了辨证论治的基础,因此被后世医家奉为经典。

孙思邈的《千金方》在医学上取得了哪些成就?

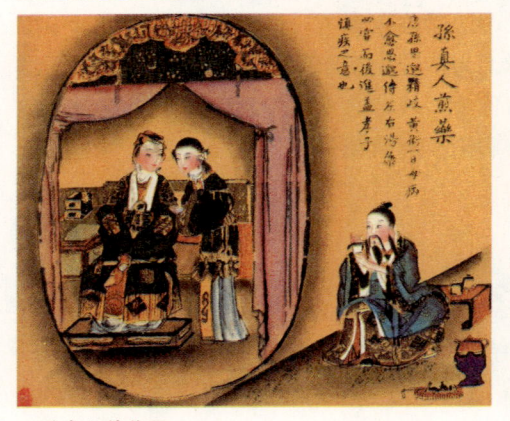

《千金方》全名《备急千金要方》,是一部综合性临床医学巨著,唐代"药王"孙思邈著,成书于唐永徽三年(652年),全书共30卷。《千金翼方》续其后,成书于唐永淳元年(682年),其补足前书之不足,经整理加工而成,也是30卷。

《千金方》卷1为医学总论及本草、制药等;卷2—卷4妇科病;卷5儿科病;卷6七窍病;卷7—卷10诸风、脚气、伤寒;卷11—卷20系按脏腑顺序排列的一些内科杂病;卷21消渴、淋闭等症;卷22疔肿痈疽;卷23痔漏;卷24解毒并杂治;卷25备急诸术;卷26—卷27食治并养性;卷28平脉;卷29—卷30针灸孔穴主治。总计233门,合方论5300首。

▲孙真人煎药图

此书所载医论、医方较系统地总结了自《内经》以后至唐初的医学成就,是一部科学价值较高的著作。而且《千金方》的29—30卷专论针灸,填补了唐以前针灸文献的空白,对中国针灸学的发展做出了重大的贡献。

为什么说《本草纲目》是一部具有世界性影响的博物学著作?

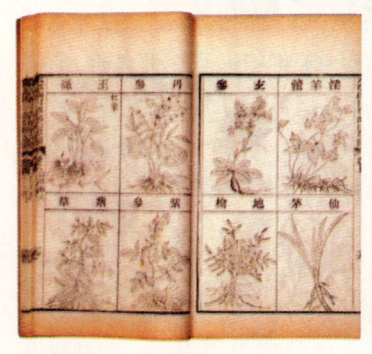

《本草纲目》是一部集16世纪以前中国本草学大成的著作。作者是明朝的李时珍,撰成于万历六年(1578年),1590年正式刊行。

《本草纲目》实际上是李时珍为修改古代医书的错误而编,他以毕生精力,亲历实践,广收博采,实地考察,对本草学进行了全面的整理总结,历时29年编成,是李时珍30余年心血的结晶。全书共52卷,190多万字,记载了1892种药物(新增374种),分成16部、60类。书中附有药物图1109幅,方剂11096首(其中8000余首是李时珍

▲《本草纲目》书影

自己收集和拟定的），每种药物分列释名（确定名称）、集解（叙述产地）、正误（更正过去文献的错误）、修治（炮制方法）、气味、主治、发明（前三项指分析药物的功能）、附方（收集民间流传的药方）等项。

《本草纲目》改进了中国传统的分类方法，格式比较统一，叙述也比较科学和精密，其分类方法对动植物分类学的发展具有很大意义。同时，此书还纠正了前人的许多错误之处，又加入了许多新的药物。对某些药物的疗效，李时珍还通过自己的经验做了进一步的描述。《本草纲目》不仅是一部药物学著作，还是一部具有世界性影响的博物学著作，书中涉及的内容极为广泛，在生物、化学、天文、地理、地质、采矿乃至历史方面都有一定的贡献。

祖冲之的《大明历》取得了哪些突出成就？

《大明历》亦称"甲子元历"。它不是明朝的立法，而是南北朝时期祖冲之创制的一部先进历法。成书于刘宋大明六年（462年），510年施行，共实行了80年。

《大明历》规定一回归年长度为365.2428日，这个数据是中国宋统天历（1199年）以前，最符合实际的一个数据。此外，《大明历》还首次采用了岁差的概念（45年11月差1°），这是中国历法史上的第二次大变革。历法采用

▲ 祖冲之儿子祖暅在开立圆术中设计的立体模型

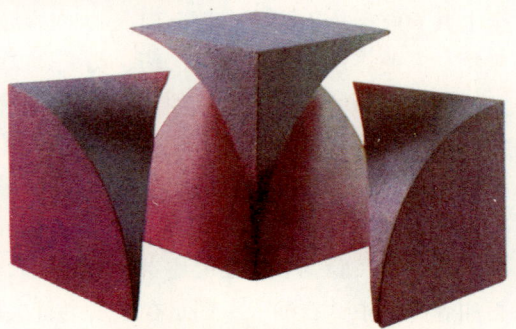

391年置144闰月来代替以前何承天《元嘉历》19年7闰的办法，更加准确。还首次求出通常称为交点月的日数为27.21223日，这与现在的精确值27.21222日非常接近。

现存最早、最完整的中国古代数学著作是哪一部？

《九章算术》是现存最早的中国古代数学著作之一，是《算经十书》中最重要的一种。其作者已不可考，西汉的张苍、耿寿昌曾经做过增补和整理，其时大体已成定本。三国时期，刘徽为《九章》作注，唐代李淳风又重新作注（656年），作为《算数十经》之一，将其版刻印刷，作为通用教材。

《九章算术》共收有246个数学问题，分为9大类：方田（田亩计算和分数计算）、粟米（粮食交易计算）、衰分（分配比例的算法）、少广（开平方和开立方）、商功（工程数学问题，以体积的计算为主）、均输（税收等更加复杂的比例问题）、盈不足（双设法）、方程（一次方程组的解法和正负数的加减法）、勾股（勾股定理的应用）。在一个或几个问题之后，还列出了这些问题的解法。

《九章算术》总结了自周朝以来的中国古代数学，它的出现标志着中国古代数学体系的形成，是中国古代数学体系的初期代表作。《九章算术》的许多数学问题都是世界上记载最早的，如关于分数、双设法、一次方程等的论述。

图解·国学常识

为什么说《梦溪笔谈》是一部百科全书式的著作？

▲《梦溪笔谈》书影

《梦溪笔谈》是北宋的沈括所著的笔记体著作，大约成书于11世纪，收录了沈括一生的所见所闻和见解，反映了我国古代特别是北宋时期自然科学达到的辉煌成就。

《梦溪笔谈》包括《笔谈》《补笔谈》《续笔谈》三部分。《笔谈》36卷，分故事、辩证、乐律、象数、人事、官政、权智、艺文、书画、技艺、器用、神奇、异事、谬误、讥谑、杂志、药议17个门类。《补笔谈》3卷，包括上述内容中11门。《续笔谈》1卷，不分门。全书共609条（不同版本稍有出入），内容涉及天文、历法、气象、地质、地理、物理、化学、生物、农业、水利、建筑、医药、历史、文学、艺术、人事、军事、法律等诸多领域。

《梦溪笔谈》是中国科学技术史上的重要文献，是一部百科全书式的著作，在许多领域都取得了令人瞩目的成就。比如在数学方面开创了"隙积术"和"会圆术"。天文方面指出极星不在天极，并得出冬至日长、夏至日短等结论。在历法上大胆创新，提出《十二气历》。地理学方面以流水侵蚀作用解释奇异地貌成因。物理方面记载了磁偏角、凹面镜成像实验和声音共振实验。书中还记述当时一些重大科技成就，如指南针、活字印刷术、炼铜、炼钢、石油等。其中"石油"一词是在该书中首次提出的，并且沿用至今。

哪部书被誉为"中国17世纪的工艺百科全书"？

▲《天工开物》插图

《天工开物》初刊于1637年，是中国古代一部综合性的科学技术著作，有人也称它是一部百科全书式的著作，作者是明朝科学家宋应星。英国汉学家李约瑟称其为"中国17世纪的工艺百科全书"。此书到清朝时几近失传，近代在日本发现后才重新刊行于中国。《天工开物》记载了明朝中叶以前中国古代的各项技术。全书分为上中下3篇，共18卷，并附有123幅插图，描绘了130多项生产技术和工具的名称、形状、工序。此书是世界上第一部关于农业和手工业生产的综合性著作，它对中国古代的各项技术进行了系统的总结，构成了一个完整的科学技术体系，全面反映了当时中国的工艺技术成就。书中记述的许多生产技术，一直沿用到近代。《天工开物》是中国科技史料中保留最为丰富的一部书，反映了中国明代末年出现资本主义萌芽时期的生产力状况，具有极高的科研价值。

第三章
哲学宗教

诸子百家

春秋战国的"百家争鸣"是怎么回事?

所谓"百家争鸣"是指春秋战国时期知识分子中涌现出不同学派及各学术流派争芳斗艳的局面。《汉书·艺文志》将战国主要思想学派分为10家——儒、墨、道、法、阴阳、名、纵横、杂、农、小说。

春秋战国时期是中国历史上思想文化最为辉煌灿烂的时代,出现了诸子百家相互争鸣的学术景象,这一时期成为中国历史上政治学术、文化思想大融合的重要时期,代表各阶级、各阶层,各派政治力量的学者或思想家,都企图根据本阶级或本集团的利益和要求,对宇宙、社会和万事万物做出解释或提出主张。他们广收门徒,著书立说,互相论战,出现了学术上的繁荣景象,被后世称为"百家争鸣。"

"百家争鸣"反映了当时激烈和复杂的社会矛盾,尤其是新兴地主和没落奴隶主之间的阶级斗争。这一时期的思想,奠定了中国整个封建时代的文化基础,对中国古代文化影响深远。

▲百家争鸣示意图

春秋战国时期主要有哪些思想流派?

春秋战国时期出现了许多相互竞争的思想流派,根据汉代历史学家刘歆《汉书·艺文志》中的概括,最为主要的有10家,分别是:

(1)儒家,以六艺为法,崇尚"礼乐"和"仁义",提倡"忠恕"和不偏不倚的"中庸"之道,主张"德治"和"仁政"。

(2)道家,以春秋末年老子关于"道"的学说作为理论基础,以"道"说明宇宙万物的本质、本源、构成和变化,主张道法自然,顺其自然。

（3）墨家，以"兼相爱，交相利"作为学说的基础。
（4）法家，主张以法治国，"不别亲疏，不殊贵贱，一断于法"，故称为法家。
（5）名家，因从事论辩名（名称、概念）实（事实、实在）为主要学术活动而被后人称为名家。
（6）阴阳家，因提倡阴阳五行学说，并用它解释社会人事而得名。
（7）纵横家，是中国战国时以纵横捭阖之策游说诸侯，从事政治、外交活动的谋士。
（8）杂家，战国末期的综合学派。因"兼儒墨、合名法"，"于百家之道无不贯综"（《汉书·艺文志》及颜师古注）而得名。
（9）农家，因注重农业生产而得名。此派出自上古管理农业生产的官吏，他们认为农业是衣食之本，应放在一切工作的首位。
（10）小说家，《汉书·艺文志》云："小说家者流，盖出于稗官。街谈巷语，道听途说者之所造也。"

墨家的政治观有些什么特点？

墨家在政治上主张"尚贤""尚同"和"兼爱非攻"。

"尚同"是要求百姓与天子皆上同于天志，上下一心，实行义政。"尚贤"包括选举贤者作为官吏，选举贤者作为天子国君。

所谓"兼爱"，包含平等与博爱的思想。墨子要求君臣、父子、兄弟都

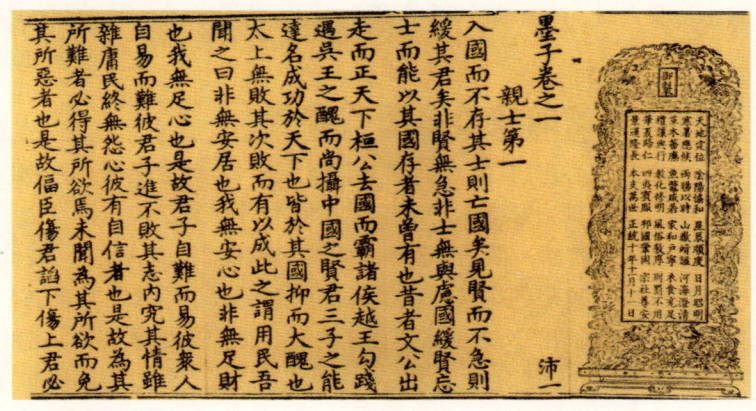

▲《墨子》书影

要在平等的基础上互相友爱，"爱人若爱其身"，并认为社会上出现恃强凌弱、尊贵卑贱的现象，是因为天下人不相爱所造成的。

同时，墨子也看到了春秋战国时期，最大的社会弊端就是战争。因此，墨子由"兼爱"的思想引申出了"非攻"，即不要战争，维护和平。"兼爱非攻"是墨子最著名的思想。

墨家的经济观有哪些内容？

墨家在经济上主张强本节用。"节用"是墨家非常强调的一种观点，其抨击君主、贵族的奢侈浪费，尤其反对儒家看重的久丧厚葬的礼仪风俗，认为君主、贵族都应如古代的贤王大禹一样，过着清廉俭朴的生活。墨子要求墨者在这方面也能身体力行。

墨家对后世产生了怎样的影响？

墨家哲学思想反映了从宗法奴隶制下解放出来的小生产者阶层的二重性，其思想中的合理因素被后来的唯物主义思想家所继承和发展，其神秘主义的糟粕也被秦汉以后的神学目的论者所吸收和利用。墨家不仅在中国哲学史上产生过重大影响，而且在宇宙论、数学、物理学、机械制造等科学技术领域和军事诸多方面有着很大的成就和贡献。

法家的形成和发展经历了怎样的过程？

春秋时期，管仲、子产即是法家的先驱。

战国初期，李悝、商鞅、申不害、慎到等开创了法家学派。慎到主张在政治与治国方术之中，"势"，即权力与威势最为重要。申不害强调"术"，政治权术。商鞅强调"法"，法律与规章制度。

至战国末期，韩非综合商鞅的"法"、慎到的"势"和申不害的"术"，以集法家思想学说之大成。韩非认为"不可一无，皆帝王之具也"。明君如天，执法公正，这是"法"；君王驾驭人时，神出鬼没，令人无法捉摸，这是"术"；君王拥有威严，令出如山，这是"势"。

法家的核心思想有哪些？

法家的核心思想是以"法"引领社会。其理论根据是万物以道为原本，"法"是"道"在社会的体现。法家推行法治思想的根本目的是富国强兵。为了富国强兵，法家主张改革贵族奴隶主世袭制，强调奖励耕战，减轻赋税。

法家法治思想的现实依据就是战国时期天下争雄，已非古法所能治，认为"各当时而立法，因事而制礼"。古礼只适用于古代，而当时必须实行法治，并同时提出与其法治思想一致的历史观，认为历史是发展的，"不必法古"，"反古不可非"。

法家的法治思想在不同的法家思想家那里，法治、术治、重势思想各有侧重：商鞅重法治，申不害重术治，慎到强调重势，韩非则成为法家思想的集大成者。

法家的理论对后世产生了怎样的影响？

法家是先秦诸子百家对法律最为重视的一派，主张"以法治国"，而且提出了一整套的理论和方法，为后来的秦朝建立中央集权的统一国家提供了有效的理论依据。汉朝继承了秦朝的集权体制以及法律制度，并以此为基础初步形成我国古代封建社会的政治与法制主体。

法家对我国法理学方面做出了很大贡献，对法律的起源、本质、作用以及法律同社会经济、时代要求、国家政权、伦理道德、风俗习惯、自然环境以及人口、人性的关系等基本理论问题都做了探讨，而且卓有成效。

法家所讲的驾驭术，包括国家行政治理技术和经济实体治理技术，对现代管理学仍然具有借鉴意义。

春秋战国有哪些著名的兵家代表人物？

春秋战国时期，出现了一大批战功显赫的兵家名将，其中最著名的有孙武、吴起、孙膑、范蠡、司马穰苴、尉缭、赵武灵王等。

孙武，字长卿，春秋末期齐国乐安（今山东惠民县人），中国古代著名军事家，我国古代军事理论的奠基人，著有《孙子兵法》13篇。

吴起，卫国左氏（今山东省曹县西北人），战国初期著名军事家、政治家。

孙膑，战国中期齐国人，著名军事家，孙武后裔。约活动于公元前380年至公元前320年。

范蠡，楚国宛（今河南南阳）人，春秋末军事谋略家、政治家。

司马穰苴，春秋时齐国大夫，因任司马之官，所以称司马穰苴，春秋末期军事家。

尉缭，魏国大梁（今河南开封）人，入秦游说，被秦王政（即后的秦始皇）任命为国尉，所以称尉缭，战国后期军事家，著有《尉缭子》24篇。

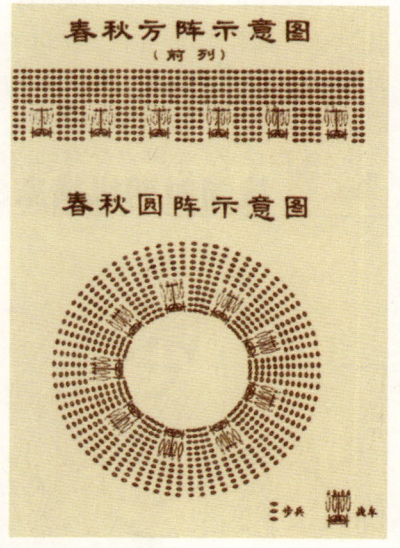

▲春秋兵阵示意图

赵武灵王，是战国时期赵国的国君，著名的政治家、军事家。

阴阳家有些什么重要学说？

"阴阳"的概念，最早见于《易经》，"五行"的概念最早见于《尚书》，但两种观念的产生，可以追溯到更久远的年代。到战国时代，阴阳和五行渐渐合流。

阴阳家是战国时期重要学派之一，因提倡阴阳五行学说，并用它解释社会人事而得名。这一学派应当是源于上古执掌天文历数的阶层，也称"阴阳五行学派"或"阴阳五行家"。

阴阳家最重要的思想是"五行"。《尚书·洪范》载："五行：一曰水，二曰火，三曰木，四曰金，五曰土。"古人认为，宇宙万物就是由这五种基本物质构成的。这也是关于宇宙社会属性及其变化规律的范畴系统。五行的"行"字，有"运行"之意，故五行中包含着一个非常重要的观念，便是变动运转的观念，也就是"相生"与"相克"。

名家学说的代表人物和主要观点有哪些？

名家是先秦时期以思维的形式、规律和名实关系为研究对象的学派，该学派萌芽于春秋末期，战国时称"刑名家"或"辩者"，西汉始称"名家"。代表人物有邓析子、尹文子、惠子、公孙龙子。名家作为一个学派，并没有统一的主张，仅限于研究对象的相同，而各学说差异很大。主要观点有"合同异"和"离坚白"。

"合同异"，就是认为万物之"同"与"异"都是相对的，皆可"合"其"同""异"而一体视之。该观点以宋国人惠施为代表。惠施提出著名的"历物十事"，即"天与地卑，山与泽平""泛爱万物，天地一体"等十个命题。

"离坚白"，就是认为一块石头，用眼只能感觉其"白"而不觉其"坚"，用手只能感觉其"坚"而不觉其"白"。所以"坚"和"白"是分离的、彼此孤立的。该观点以赵国人公孙龙为代表，"白马非马""坚白石二"等命题都是由他提出的。

战国时期纵横家的主要理论和代表人物有哪些？

纵横家的主要理论为纵横，合众弱以攻一强，此为纵；事一强以攻诸弱，此为横。前者主要以连为主，强调如何用外交手段联合团结，所以阳谋多阴谋少；后者主要以破为主，阐述如何利用矛盾和利益制造裂痕，所以阴谋多而阳谋少。

纵横家认为这一战略思想，是行辩术成大事的基础。若不能精通此术则必定游说而不成。所以对纵横谋士要求要知大局，善揣摩，通辩辞，会机变，全智勇，长谋略，能决断。

纵横家的始祖为鬼谷子，鬼谷子曾授苏秦、张仪、孙膑、庞涓四大弟子，都是战国时的风云人物。

▲鬼谷子

农家有些什么观点主张？

农家，是先秦在经济生活中注重农业生产的学派。战国时，农家代表人物为许行。

《汉书·艺文志·诸子略》将农家列为九流之一，称："农家者流，盖出于农稷之官。播百谷，劝耕桑，以足衣食，故八政一曰食，二曰货。"孔子曰："所重民食，此其所长也。""所重民食"也正是农家的特点，尊神农氏。

农家学派主张推行耕战政策，奖励发展农业生产，研究农业生产问题。农家对农业生产技术经验的总结与其朴素辩证法思想，都在《管子·地员》《吕氏春秋》《荀子》等典籍中有所体现。

春秋战国的医家取得了哪些重要成就？

春秋战国时期是中国古代医药学史上的重要时期,当时朴素的辩证法思想和唯物主义哲学的发展,使医学开始摆脱巫术的羁绊,走上独立、科学的发展道路。

经史诸家著作如《左传》《老子》《论语》《孟子》《吕氏春秋》《韩非子》《荀子》《礼记》等均根据各自的哲学思想对医学相关问题作了相关论述,形成各种哲理性的医学理论观点。

同时,在社会上也出现了专职医生,如医缓、医和及秦越人(扁鹊)等,他们让医学理论具有更显著的科学性、实用性和理性,因此医学

▲扁鹊像

逐渐成为医疗产生事业的主导。许多专门的医学著作也陆续问世,如《黄帝内经》《五十二病方》等书。

杂家学说的特点及代表著作有哪些？

杂家,中国战国末至汉初的哲学学派,其学说以博采各家之说见长。杂家的特点是"采儒墨之善,撮名法之要","于百家之道无不贯通"。杂家虽只是集合众说,兼收并蓄,然而通过采集各家言论,贯彻其政治意图和学术主张,所以也可称为一家。《汉书·艺文志》将其列为"九流"之一。

《汉书·艺文志·诸子略》载:杂家著作有《盘盂》26篇,《大禹》37篇,《五子胥》8篇,《子晚子》35篇,《由余》3篇,《尉缭》29篇,《尸子》20篇,《吕氏春秋》26篇,《淮南内》21篇,《淮南外》33篇等。其中以《吕氏春秋》《淮南王》(但也有人认为《淮南王》一书以道家为主,兼采众家,应属道家著作,《淮南王》在古代也曾被划入道藏)为代表著作。杂家著作现在只留下《吕氏春秋》《淮南王》《尸子》(原书已佚,今仅有后人辑本)三书。

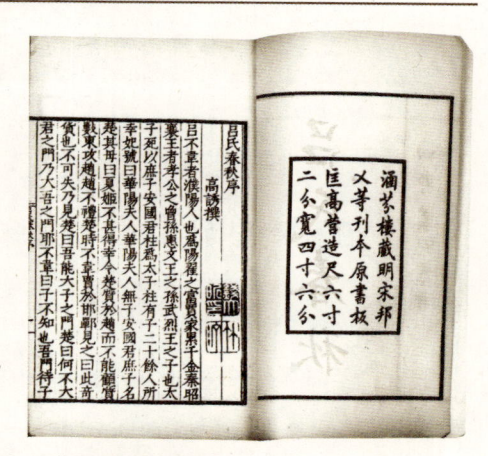

▲《吕氏春秋》书影

《吕氏春秋》以道家黄老思想为主,兼收儒名、法、墨、农和阴阳各派言论,是杂家的代表作。

儒、释、道浅析

孔子 　　　　　　　　老子 　　　　　　　　释迦牟尼

儒家	道家	佛家
文化主旨		
进取	规律	奉献
哲学倾向		
入世哲学	出世哲学	以出世的思想，做入世的事业
做人标准		
仁、义、礼、智、信	领悟道、修养德、求自然、守本分、淡名利	诸恶莫做、众善奉行、遵守十戒、心灵安定、运用智慧
人生观		
积极进取、建功立业	顺其自然、自我完善	慈爱众生、无私奉献
价值观		
在创造物质财富的过程中实现自我价值	以完善的自我带动和谐的社会	在为他人献爱心、为社会做贡献的过程中实现个人价值最大化
世界观		
世界是展现才华的舞台	大自然是人类赖以生存的环境，追求人与自然和谐相处的天人合一境界	相由心生，世界就在自己心中；一念之差，便可创造地狱、极乐
形象比喻		
主食，如米饭、馒头等，不吃就会饿	副食，如各种炒菜、汤羹等，不吃没滋味	水果，如苹果、香蕉等，不吃不甜蜜

儒学思想的起源浅析

儒之记载

甲骨文：有儒帝子、儒人、儒师、子儒的记载。

《周礼·大宰》："以九两系邦国之民：一曰牧，以地得民；二曰长，以贵得民；三曰师，以贤得民；四曰儒，以道得民……"

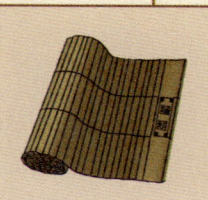

《论语·雍也》："汝为君子儒，毋为小人儒。"

由此可见，儒之起源甚久，似乎与王官的产生、发展与演变有关。

到了孔子的时代，儒这一阶层已发生了相当大的分化，至少形成了"君子儒"与"小人儒"两极阵营。

儒之起源

刘歆

《七略别录佚名》说，"儒家者流，盖出于司徒之官"，其功能是助人君顺阴阳明教化，特征是游文于"六经"之中，留意于仁义之际，祖述尧舜，宪章文武。刘歆还说，唐虞之隆、殷周之盛，儒学的功能实已获得相当的成功。

章太炎

章太炎认为包括儒家在内的诸子百家实际上都是出于古代"王官"。《原儒》中说："儒有三科，关达、类、私之名。达名为儒，儒者，术士也……类名为儒，儒者，知礼乐射御书数；私名为儒，即那些助人君顺阴阳明教化者流。"他强调，"今独以传经为儒，以私名则异，以达名、类名则偏，要之题号由古今异"。

胡适

《说儒》中推测最初的儒是殷人，都是殷的遗民。在胡适的概念中，儒的职业有点类似于基督教中的牧师。儒是古宗教的教师，治丧相礼之外，他们还要做其他的宗教事务。

儒 家

儒家是怎样产生的？

《汉书·艺文志》："儒家者流，盖出于司徒之官，助人君顺阴阳明教化者也。游文于六经之中，留意于仁义之际，祖叙尧、舜，宪章文、武，宗师仲尼，以重其言，于道为最高。"

孔子所处的春秋时代，由于社会内部不可调和的矛盾引起的深重危机摇撼了传统文化的权威性，对传统文化的怀疑与批判精神与日俱增。孔子把当时所处的时代精神注入自己的思想体系中，并对传统文化加以适当的改造，在社会实践中建立一种新的和谐秩序和心理平衡，形成儒家思想的雏形。这种情况到了大变革的战国时代显得尤为突出。儒家是春秋时期百家争鸣中出现的一个重要学派。由伟大的思想家、教育家孔子所创立，后来由思想家、文学家孟子加以发展。

儒家的核心思想是什么？

儒家思想的核心：仁、义、礼、智、信、恕、忠、孝、悌。

仁：爱人。孔子思想体系的理论核心。

义：原指"宜"，即行为适合于"礼"。孔子以"义"作为评判人们的思想、行为的道德原则。

礼：孔子及儒家的政治与伦理范畴。

智：同"知"，孔子的认识论和伦理学的基本范畴。指知道、了解、见解、知识、聪明、智慧等。

信：指待人处事的诚实不欺，言行一致的态度。为儒家的"五常"之一。

恕："己所不欲，勿施于人。"包含有宽恕、容人之意。

忠："己欲立而立人，己欲达而达人。"孔子认为忠乃表现于与人交往中的忠诚老实。

孝：孔子认为孝悌是仁的基础，孝不仅限于对父母的赡养，而应着重对父母和长辈的尊重，认为如缺乏孝敬之心，赡养父母也就视同于饲养犬，乃大逆不孝。

悌：指对兄长的敬爱之情。孔子非常重视悌的品德，其弟子有若根据他的思想，把悌与孝并称，视之"为仁之本"。

儒家的政治观是怎样的？有哪些著名言论？

儒家的政治观具有强烈的民本思想倾向。孔子的"仁政""泛爱众"等重民思想，是儒家重民思想的源头。孟子则明确提出了"民为贵，社稷次之，君为轻"，董仲舒"天之生民非为王也，而天立王以为民也。故其德足以安乐民者，天予之；其恶足以贼害民者，天夺之"的观点，比孟子更进一步，在君权神授观念下，道出了"王"存在的理由是"为民"。朱熹、王夫之也提出明确的"恤民"主张。

▲侍席鲁君　明　《圣迹图》
此图反映的是鲁哀公曾问政于孔子的故事，孔子说："为政之急，莫大乎使民富且寿也。省力役，薄赋敛，则民富；崇礼教，远罪戾，则民寿。"这段话正体现了儒家"行仁政""崇礼教"的政治主张。

儒家的教育观是怎样的？有哪些著名言论？

儒家的教育观可以概括为：教育对象的广泛性；教育与社会政治、经济的不可分性；教育目的是培养有助于社会稳定与发展的全面发展人才；教育内容上强调整体性与全面性。此外，还强调教育教学方法的辩证性等。

孔子说："见贤思齐焉，见不贤而内自省也。"意思是，见人有品德，就应向他看齐，虚心学习他的善行；见到人有不良的品德表现，也要对照检查自己，引以为戒，防止出现类似的缺点或毛病。

孔子说："学而时习之，不亦说乎？"同时还指出不好学者有"六蔽"："好仁不好学，其蔽也愚；好知不好学，其蔽也荡；好信不好学，其蔽也贼；好直不好学，其蔽也绞；好勇不好学，其蔽也乱；好刚不好学，其蔽也狂。"在重视学习道德知识的同时，儒家还重视道德思维的训练，注重学与思的结合，强调"学而不思则罔，思而不学则殆"。

孔子重视学生身体力行，言行一致，做到"言必信，行必果"。

儒家对生死及鬼神之事抱有怎样的态度？

《论语》载："季路问事鬼神。子曰：'未能事人，焉能事鬼？'曰：'敢问死。'曰：'未知生，焉知死？'"当问及鬼神和死亡的问题时，孔子教育学生从现实出发，要重视人事和人生的现实。李贽说："生之必有死也，犹昼之必有夜也。死之不可复生，犹失之不可复返也。人莫不欲生，然卒不能使之久生；人莫不伤逝，然卒不能止之使勿逝。既不能使之久生，则生可以不欲矣。既不能使之勿逝，则逝可以无伤矣。故吾直谓死不必伤，唯有生仍可伤尔。勿伤逝，愿伤生也！"李贽通过对生与死的必然性的认识，提出可以不必悲伤于死亡，重要的是关注今生，把握今生。

儒家强调祭祀的重要性，但却不信有鬼神。儒家重视丧葬礼仪，并不是由于信奉鬼神，而是由于重视去世的祖先。

儒家的伦理观是怎样的？

儒家的伦理观主要表现在道德本位、忠君尊上和家族中心三个方面。最有代表性的就是"三纲五常"。

▼ "三纲""五常"
此长卷形象地展示了"三纲""五常"的内涵。①君为臣纲。②夫为妻纲。③父为子纲。④仁，仁者爱人，取材自谢安劝哥哥谢奕善待老翁的故事。⑤礼，取材自景公尊让的故事。⑥义、礼、信，取材自孔子化行中都的故事。当时，孔子制定制度：尊老爱幼、各行其道、路不拾遗、等价交换、童叟无欺等，这反映了儒家重义、明礼、诚信的伦理观。

"三纲"是指"君为臣纲,父为子纲,夫为妻纲",要求为臣、为子、为妻的必须绝对服从君、父、夫,同时也要求君、父、夫为臣、子、妻做出表率。它反映了封建社会中君臣、父子、夫妇之间的一种特殊的道德关系。

"五常"即仁、义、礼、智、信,是用以调整、规范君臣、父子、兄弟、夫妇、朋友等人伦关系的行为准则。

孔子有哪些著名弟子?他们为儒学的传播做了什么贡献?

相传孔子有弟子三千,贤弟子七十二人,在德行方面表现突出的有颜渊、闵子骞、冉伯牛、仲弓;在语言方面表现突出的有宰我、子贡;办理政事能力较强的有冉有、子路;熟悉古代文献的有子游、子夏。在孔子的弟子中,有不少人都干出了一番成就,对于当时政治,尤其是对孔子思想的传播、对儒家的形成和发展,起了重要作用。其中影响最大的应属子贡,其作用之巨,是孔门弟子中无人所能企及的。他学绩优异,文化修养丰厚,政治、外交才能卓越,理财经商能力高超。在孔门弟子中,子贡是把学和行结合得最好的一位。

孔子之后,又有哪些著名儒学大家?

孔子之后的儒学大家主要有孟子、荀卿、董仲舒、"二程"、朱熹、陆九渊和王阳明。

孟子,战国时期鲁国人(今山东邹城人),汉族。名轲,字子舆,又字子车、子居。中国古代著名思想家,教育家,战国时期儒家代表人物。

荀子,《史记·荀卿列传》记录了他的生平。荀子于五十年始来游学于齐,至襄王时代"最为老师","三为祭酒"。

董仲舒,汉代思想家,政治家。广川人(今河北衡水),汉族。西汉时期著名的唯心主义哲学家和今文经学大师。

"二程"指程朱理学的奠基者,宋代理学的创始人程颢、程颐二人,洛阳(今河南洛阳)人,中国北宋理学家。程颢,字伯淳,又称明道先生;程颐,字正叔,又称伊川先生,世称"二程"。著作有《二程集》。

朱熹,南宋著名理学家、思想家、哲学家、诗人、教育家、文学家。字元晦,后改仲晦,号晦庵,别号紫阳。

陆九渊,号象山,字子静。南宋著名哲学家、教育家。

王阳明,名守仁,字伯安,别号阳明,汉族,浙江余姚人,明代著名的文学家、哲学家、思想家、政治家和军事家。

后世儒学经历了怎样的发展?

在先秦儒家之后,儒学的发展大致经历了以下几个阶段:

(1)西汉的董仲舒以儒学为基础,以阴阳五行为框架,兼采诸子百家,建立起新儒学。

其核心是"天人感应","君权神授"。其思想集中于《天人三策》和《春秋繁露》。

（2）唐朝中期的儒学大师韩愈，从维护封建统治出发，用儒家的天命论和封建纲常来反对佛道的观点。

（3）理学是以儒家思想为基础，吸收佛教和道教思想形成的新儒学，是宋代主要的哲学思想。朱熹是理学发展的集大成者，朱熹继承了北宋哲学家程颢、程颐的思想，进一步完善和发展了客观唯心主义的理学体系，后人称之为程朱理学。

（4）明中叶的王阳明反对朱熹把心与理视为两种事物的观点，创立与朱熹相对立的主观唯心主义理论——心学。

董仲舒对儒学做了哪些改造？

董仲舒的学说中，不仅接受和发扬了荀子关于礼法并重、刑德兼用的理论，而且还大量吸收了墨家"兼爱""尚同"的理论，甚至于墨家学说中某些带有宗教色彩的思想。

最为突出的是，他在专攻春秋公羊学时，充满了阴阳家的阴阳五行学说，并使这一思想成为汉代以后儒学中的一个重要组成部分。班固在《汉书·五行志》中说，"董仲舒治公羊春秋，始推阴阳，为儒者宗"，明确地指出了这一事实。

董仲舒对儒学的发展不仅在于学理方面，而且在于他把儒学推向政治制度化和宗教化的方向。

董仲舒研究的春秋公羊学，是一种密切联系社会现实的学说，董仲舒以此使得儒学与当时的实际社会政治制度联系了起来。

▲《春秋公羊传》书影
董仲舒在专攻春秋公羊学时，杂糅了阴阳五行思想，使其成为儒学的一个重要组成部分。

"古文经"和"今文经"之争是怎么回事？

西汉时期，今文经学盛行，当时各经（"五经""六经"）博士均由今文经学派把持。西汉末年平帝时期，设古文经博士，与今文经博士相对。王莽改制失败后，东汉光武帝废除古文经提倡今文经，但古文经在民间仍然很有影响。同时，随着今文经学研究日渐走向烦琐，其影响也日益衰退。到东汉中叶以后，古文经学崛起发展，并压倒今文经学。

东汉以后，今古文经学之争随着学术风气和政治形势的变化时起时伏。东汉至唐，基本上是古文经占据优势，宋代则以怀疑而著称的"宋学"兴起。宋学一反古文经学的训诂、传注传统，主张直接从经文中寻求义理。这一时期，正统的古文经学告衰，明代，经学进一步衰落。清代前期，古文经学复兴，至乾隆、嘉庆年间，随着乾嘉学派的出现而达到全盛时期。嘉庆、道光年间，古文经学进入尾声，今文经学却又兴起。魏源、龚自珍及康有为等人主张变法，他们吸取了汉代今文经学派主张改制的思想，极力提倡今文经学。随着清王朝的覆灭，长达2000多年的今古文学派之争也随之结束。

东汉大儒郑玄对儒学做出了哪些贡献？

郑玄，字康成，北海高密（今山东省高密市）人。东汉末年经学大师，他遍注儒家经典，以毕生精力整理古代文化遗产，使经学一度进入"小统一时代"。

郑玄对儒家经典的注释，曾经长期被封建统治者作为官方教材，收入九经、十三经注疏中，对于儒家文化乃至整个中国文化的流传都有非常重要的贡献。

郑玄以古文经学为生，兼采今文经学之长，使二者融为一体形成郑学。郑学盛行，是经学史上承先启后具有划时代意义的大事。

郑玄以其丰富的著述创立了"郑学"，破除了过去今古文经学的家法，初步统一了今古文经学，使经学进入了一统时代，对经学的发展做出了重大贡献。

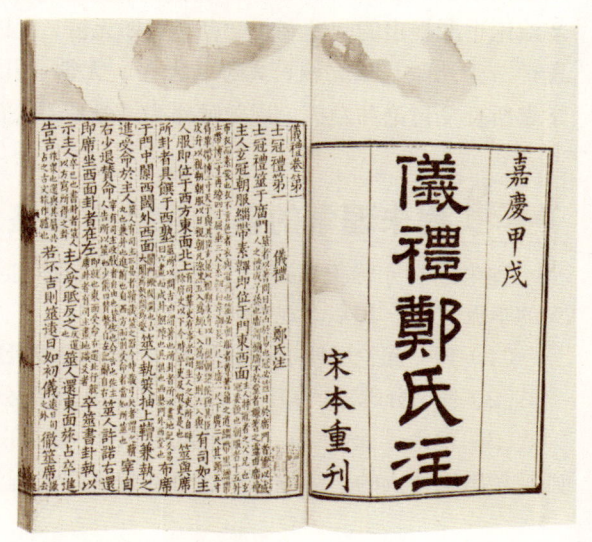

▲《仪礼郑氏注》书影

郑玄是东汉末年的大儒，是汉代经学之集大成者，其学说被后世称为"郑学"。其为儒家经典所做的注解，被后世奉为权威。

后世对文中子有哪些认识？

文中子，隋代大儒，姓王名通，字仲淹，隋河东郡龙门县（今山西省万荣县）人。是当时望族太原王氏的旁支。仁寿三年（603年）西游长安，见隋文帝，献上"太平十二策"，但未受重用，遂吟《东征之歌》而归。后于北山白牛溪聚徒授业，"门人常以百数，唯河南董恒、南阳程元、中山贾琼、河东薛收、太山姚义、太原温彦博、京兆杜淹等十余人为俊颖，而以姚义慷慨，方之仲由；薛收理识，方之庄周"。隋室四度征召，始终不仕。大业十三年（617年）病逝于龙门县万春乡甘泽里第，弟子取《周易·坤卦·象辞》"黄裳元吉，文在中也"之义，私谥为"文中子"。著有《续六经》（又名《王氏六经》），已佚，《文中子中说》，简称《中说》，仍流传至今。

王通虽然著作等身，但他英年早逝，年仅38岁。他的孙子王勃是初唐四杰之一，他的弟子魏徵亦成了唐太宗初年的名臣。他的学说，对后来宋代的理学影响深远。著名的启蒙读物《三字经》把他列为诸子百家的五子之一："五子者，有荀、扬、文中子、及老、庄。"

为什么说周敦颐奠定了理学的基础？

周敦颐，原名敦实，避英宗旧讳改敦颐，谥号"元公"，字茂叔，号濂溪先生，中国宋代（北宋）大儒，思想家、理学家、哲学家。

周敦颐的理学思想，对尔后的学术产生了广泛而深刻的影响。《太极图·易说》《易通》成了理学不刊经典，甚至比作《论语》《孟子》。周敦颐在宇宙论、性论、道德论、教育论、政治论中所提出的问题和哲学范畴，如无极、太极、阴阳、五行、动静、性命、善恶、主静、鬼神、生死、礼乐、诚、无思、无为、无欲、几、中、和、公、明、顺化等，为其后的理学家所反复讨论和发挥。周敦颐作为理学奠基人的地位已成定论，其历史影响极其深远。

程朱理学的基本观点有哪些？

程朱理学亦称程朱道学，是宋明理学的主要派别之一，也是理学各派中对后世影响最大的学派之一。其基本观点包括：

（1）理一元论的唯心主义体系，认为理或天理是自然万物和人类社会的根本法则；

（2）理一分殊，认为万事万物各有一理，此为分殊。物、人各自之理都源于天理，此为理一；

（3）存天理、灭人欲。天理构成人的本质，在人间体现为伦理道德"三纲五常"。"人欲"则是超出维持人的生命欲求和违背礼仪规范的行为，与天理相对立。

什么是"格物致知"？

"格物致知"是中国古代儒学思想的一个重要概念，源于《礼记·大学》。"格物致知"的大众诠释是根据南宋朱熹学说的部分观点，认为"格物致知"就是研究事物而获得知识、道理。

《现代汉语词典》将"格物致知"解释为："推究事物的原理法则而总结为理性知识。""格物致知"包含现在所说的"实事求是"精神，但是，其内涵远比"实事求是"丰富。

"存天理，灭人欲"指的是什么？

"存天理，灭人欲"属于心性修炼的思想。"天理"是公，是大善，是人的仁爱之心。"人欲"是私，是小恶，是人的自私之情。"存天理"就是存善，追寻天理，循道而行。"灭人欲"就是去恶，克己省身，修身养性。简单地说，"存天理"就是向善，"灭人欲"就是去恶。通俗的理解朱熹的"存天理、灭人欲"就是要防范个人欲望的过度膨胀，追寻维护社会、道德、政风和民风的和谐与美好。

什么是"陆王心学"？

"陆王心学"是指南宋陆象山和明代王阳明为代表的心学一系，是在与道学一系的辩论中不断发展起来的。

南宋时期，理学家陆象山把"心"作为宇宙万物的本原，提出"心"就是"理"的主张，强调"宇宙便是吾心，吾心便是真理"，认为天地万物都在心中。因此他的学说被称为"心学"。陆象山曾经与朱熹曾进行过多次辩论，辩论的范围涉及理学的所有核心问题，辩论的影响也涉及当时多个学派。

明代的王阳明，是心学的集大成者，他的思想实际上是朱陆之辩的一个成果。

阳明心学既是对象山心学的继承和发扬，同时也可看作是对于朱陆学说的综合。

什么是"行知合一"？

所谓"知行合一"，是指认识事物的道理与在现实中运用此道理，是密不可分的。

"知行合一"是中国古代哲学中认识论和实践论的命题，主要是关于道德修养、道德实践方面的。中国古代哲学家认为，不仅要认识（"知"），尤其应当实践（"行"），只有把"知"和"行"统一起来，才能称得上"善"。

明武宗正德三年（1508年），心学集大成者王守仁首次提出"知行合一"的说法。"知行合一"，不是一般的认识和实践的关系。"知"，主要指人的道德意识和思想意念。"行"，主要指人的道德践履和实际行动。"知行合一"思想包括两层意思，即"知中有行，行中有知"和"以知为行，知决定行"。

王守仁的主要贡献有哪些？

王守仁，初名云，字伯安，世称阳明先生，明代大臣，思想家，浙江余姚人。在哲学方面，他是心学发展的集大成者，认为"心外无物，心外无理"，心是天地万物的"主宰"。在伦理道德修养方面，他提出致良知，认为"良知"是每个人都有的，"满街都是圣人"，但并不是每个人都能照着良知去做，去"致"良知。由此他进一步提出知行合一学说，一方面强调道德意识的自觉性，另一方面强调道德实践，要言行一致。晚年王守仁把他的思想归结为"四句教"，即"无善无恶心之体，有善有恶意之动，知善知恶是良知，为善去恶是格物"。他的思想流行达几百年之久，形成阳明学派，在明代影响极大。著有《传习录》《大学问》《阳明先生文录》等，后人辑《王文成公全书》38卷传世。

乾嘉学派的主要贡献有哪些？

乾嘉学派是中国清代的学术流派之一，又称汉学、朴学、考据学派。因其在乾隆、嘉庆两朝达于极盛，故有此名，其代表人物有惠栋、戴震、钱大昕、段玉裁、王念孙、王引之等。其中有吴、皖二派之分：吴派创自惠周惕，成于惠栋；皖派创自江永，成于戴震。

乾嘉学派继承古代经学家考据训诂的方法，加以条理发展，治学以经学为主，以汉儒经注为宗，学风平实、严谨，不尚空谈。以古音学为主要研究对象，通过古字古音以明古训，明古训然后明经，为其共同的学术主张。这一学派重音韵、文字、训诂之学，扩及史籍、诸子的校勘、辑佚、辨伪，留意金石、地理、天文、历法、数学、典章制度的考究。在诸经的校订疏解中，取得了超前的成就，对古籍和史料的整理，亦有较大贡献。

道 家

道家的形成和发展经历了怎样的过程？

道家是春秋战国时期"百家争鸣"中形成的一个以"道"为核心的学派。其创立者是思想家老子（李耳），主要代表人物是著名思想家庄子（庄周）。后来道家又与名家、法家合流，兼取阴阳家、儒家、墨家的长处而形成了"黄老学派"，主张以虚无为本，以因循为用，因时因物，无为而无不为。汉武帝之后，中国社会开始独尊儒术，黄老之学逐渐衰落，但是道家思想至今依然影响着中国传统思想文化。

道家的核心思想是什么？

道家思想的核心是"道"，认为"道"，是宇宙的本源，也是统治宇宙中一切运动的法则。可以简单概括为"道法自然"和"无为而治。"

道家提出"道法自然"的思想，认为人的一切思想和行为应该与自然相一致、协调，不能违背自然，更不能破坏自然的和谐。

道家主张统治者应实行"无为而治"。"无为"即是"顺应自然"。"圣人无心，以百姓之心为心"，治理天下，要顺应民心，不要对百姓多加干扰，要让人民自己得到自然发展。

如何理解《道德经》中的政治观点？

《道德经》中的政治观点主要是"无为而治"，认为在理想国里，国家的统治者应当是一个圣人，唯有圣人才能担当起治国的重任，圣人也应该成为理想国的统治者。道家认为，圣人治国，不是要忙于做事，而是要裁撤废除过去本不应做的事情，以至"无为"。

▲紫气东来
图中老子身着赤衣，须眉皆白、高额、凸颧、阔耳、长颔，笑意盈盈、童颜鹤发。

老子认为，世事纷繁，种种烦恼，不是因为事情做得太少，而是因为事情做得过多。

道家的人生观与儒家存在着怎样的差别？

儒家崇尚礼乐，道家师法自然；儒家强调人与社会的和谐统一，以维护现实既定的宗法秩序，道家则更多地强调人与"自然"的一致，以追求理想中的"无我"境界；儒家以成就道德人格、建立救世事业为价值取向，主张内圣外王之道，而道家则以获得个人内心平静自在为价值取向，消极自保，以避祸、保全自己为最低目标，以各安其命为最高目标；儒家的思想是积极入世的、追逐功利的，道家的思想主张则是倾向于出世的、超然物外的。

可以说，儒家的人生观与道家在所有的根本点上，都是以对方为反对派而出现的。

道家的宇宙观有些什么特点？

道家对宇宙来历的思考始于老子，他认为天地不是从来就有的。天地形成之前，先有道，由道而派生出天地，这一过程被概括为：道形成原始的统一体，统一体分化成两个对立的力量，这二者相互渗透，它们的相互渗透生成了万物，即"道生一，一生二，二生三，三生万物"。老子说的"二"，常被理解成天与地。老子之后的道家具体思考了天地的来源，形成了系统的学说。《道原》一书中讨论了这一过程，它指出在天地形成以前，只有无限的空间，其中一片黑暗，什么也没有生成，只有精气充满，神气一往一复。这精、神之气，也就是道，由它形成了天地和万物。

道家对后世产生了怎样的影响？

道家对中国文化的贡献与儒家同等重要，只是在政治思想上一为显学一为隐学而已。道家在思想理论上的深度与辩证性，为中国哲学提供了创造力的泉源。同时，道家文化在中国艺术、绘画、文学、雕刻等各方面的影响，更是占据绝对优势主导地位，甚至可以说中国艺术的表现即为道家艺术的表现。并且，道家哲学对中国政治活动也提供了更为广阔的空间，使得中国知识分子不会因为有太强的儒家本位政治理想而执着于官场的追逐名利，能够轻松地发现进退之道，理解出世与入世之间的智慧。

"黄老之学"为何能在西汉初期成为主流思想？

"黄老之学"起于稷下道家，其同尊传说中的黄帝和老子为道家创始人。

西汉初年，由于秦朝的暴政之后，人民迫切需要休养生息，当时的统治者顺应历史要求，以黄老清静之术治理天下，采取清静无为，与民休息的宽松政策。于是起源于战国时期的黄老之学，蔚然大兴，盛极一时。当时以研究黄老之学而著名的人物有陈平、田叔、黄生、邓章、郑当时、司马谈等人。

道家的传承、演变

"道家"一词的出现

"道家"一词西汉时才出现,初现于司马谈的《论六家要旨》,后司马谈等人将老子、庄子、列御寇、杨朱、彭蒙、慎到等人归为道家。

司马谈

道家的传承

起源 道家思想的起源很早,传说中轩辕黄帝就有天人合一的思想。

道家的演变

先秦道家

产生 春秋末年,以老子《道德经》问世为标志,道家思想形成。

兴盛 战国时期,道家内部分化为不同派别,著名的有六大派:老庄学派、杨朱学派、黄老学派、彭蒙田骈慎到派、老子学派和宋尹学派。

先秦时期,道家有三位显世的代表人物:老子、庄子、杨朱。他们所共同构造的道家文化,成为中华文明的一个重要的分支。

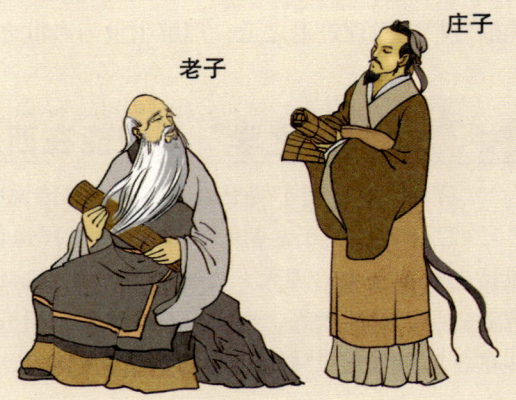

老子　庄子

第三章　哲学宗教

秦汉黄老之学

- **挫折**：秦统一中国，秦始皇选择法家思想，并在统一中国后不久焚书坑儒，使包括道家在内的诸子百家全部受挫。
- **辉煌**：汉朝建立后，由于长期战乱的破坏，在反思秦统治思想的基础上，选择道家作为治国思想，造就了"文景之治"。
- **压制**：汉武帝执政后，采纳董仲舒的建议"崇尚儒术"，道家的发展暂时受到压制。

黄老之学始于战国而盛行于西汉时期。它是借黄帝之名，宗老子之学，兼取儒、法、阴阳各家而建立起来的。从广义上讲，凡秦汉时期的道家思潮，皆可称为黄老之学；从狭义上讲，只有正式托名于黄帝、老子的学说，才是黄老之学。

汉文帝刘恒

魏晋玄学

- **复活**：魏晋南北朝时期，谈玄之风兴起，道家思想重新复活。这次的重点是对老庄的重新阐释，并形成了影响深远的魏晋玄学。此后老庄成为道家正统，一直延续至今。

玄学是魏晋时期出现的一种崇尚老庄的思潮，也可以说是道家之学一种新的表现方式，故又有新道家之称。其思潮持续时间自汉末起至宋朝中叶结束。

王弼

隋唐重玄学和宋元内丹生命学

- **潜藏**：隋唐五代至宋元时期，虽然道家思想屡次成为大乱之后治国的急救包，也是部分士大夫失意之后的精神寄托，但它绝大多数时候处于边缘化状态。
- **复兴**：晚清，随着西方的冲击，儒家统治秩序受到强烈冲击，加上道家与西方自由民主等观念多有相合之处，道家思想再次复兴。

玄学术数

什么是"河图""洛书"?

"河图""洛书"是关于中国古代文明的著名传说,有关记载最早见于《尚书·顾命》。

《易》曰:"河出图,洛出书,圣人则之。"相传,距今七八千年前的伏羲时代,有一龙马从黄河跃出,身上刻有"一六居下,二七居上,三八居左,四九居右"的数字,即为"河图"。伏羲依照河图而演绎为八卦。今孟津老城西北的负图寺(亦名伏羲庙),据说就是当年"龙马负图"的地方。大禹治水时,有一神龟从洛河爬出,背上数字排列为"戴九履一,左三右七,二四为肩,六八为足,五居中央",即为"洛书"。

宋初道士陈抟提出一龙图即"河图"。后来,刘牧又据此发展为"河图"和"洛书"两种图式。

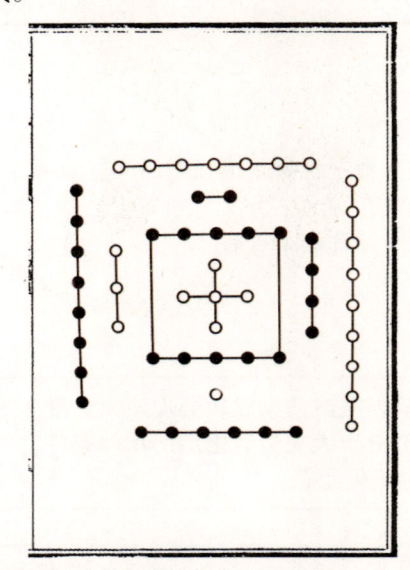

▲河图

河图就是十个数字的排列,其口诀为:一六共宗水、二七同道火、三八为朋木、四九为友金、五十共守土。其图左旋相生,即右金生下水,下水生左木,左木生上火,上火生中土,反映了五行之间的相生关系。

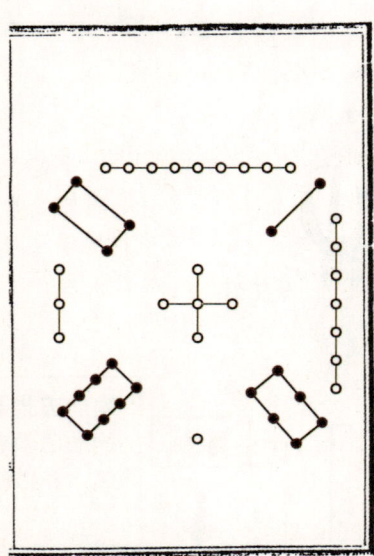

▲洛书

洛书的口诀为:"戴九履一、左三右七、二四为肩、六八为足、五居中央。"其右旋相克,后人将其与八卦九宫对应,衍生出诸多变化。

什么是天干地支？

"天干地支"简称"干支"。在中国古代的历法中，甲、乙、丙、丁、戊、己、庚、辛、壬、癸被称作"十天干"，子、丑、寅、卯、辰、巳、午、未、申、酉、戌、亥被叫作"十二地支"。二者按照固定的顺序互相配合，组成了干支纪法。从殷墟出土的甲骨文来看，天干地支在我国古代主要用于纪日，此外还曾用来纪月、纪年、纪时等。

中国的干支纪时体系是怎样的？

天干共十个：甲、乙、丙、丁、戊、己、庚、辛、壬、癸。

地支共十二个：子、丑、寅、卯、辰、巳、午、未、申、酉、戌、亥。

将十天干和十二地支顺序搭配，就构成了六十个干支，俗称"六十花甲子"。中国传统历法中的干支纪时制就是用这"六十花甲子"来依次、循环地纪年、纪月、纪日和纪时辰。一个时辰相当于现在的两个小时，一天分为十二个时辰。

什么是"太极"？

"太极"一词最早见于《易传·系辞上》。以后这一概念影响了儒学、道教等文化流派。《易纬乾凿度》和《列子》谈到太易、太始、太初、太素、太极宇宙五阶段说法。宋儒周敦颐在《太极图说》开篇就说："无极而太极。"这把《老子》中提到的"无极"一词注入了理学含义，也就把无极的概念与太极联系在一起。清代乾隆年间太医院汇编的《医宗金鉴》则采用了五阶段说法（聂文涛谈《周易》）："无极太虚气中理，太极太虚理中气。乘气动静生阴阳，阴阳之分为天地。未有宇宙气生形，已有宇宙形寓气。从形究气曰阴阳，即气观理曰太极。"

"太极"逐步被理解成阐明宇宙从无极而太极，以至万物化生的过程。其中的太极即为天地未开、混沌未分阴阳之前的状态，两仪即为太极的阴、阳二仪。《系辞》又说："两仪生四象，四象生八卦。"就是指浩瀚宇宙间的一切事物和现象都包含着阴阳二极，以及表与里的两面。它们之间既互相对立又相互依存的关系，就是物质世界的一般律，是众多事物的纲领和由来，也是事物产生与毁灭的根由所在。

▲太极图
太极生阴阳两仪，两仪又生四象，即太阳、少阳、太阴、少阴。图中主体的黑白部分象征太阳、太阴，而两个小的黑白圆圈则象征少阳、少阴。

"文王演卦"是怎么回事？

商朝末年，纣王无道，任用奸佞，把周文王囚禁在羑里长达7年。在被囚禁的这段时间，周文王精心钻研，把伏羲先天八卦进行重新排位，创立了流传至今的《周易》，又称"后天八卦"。通过周文王的重新排位，八卦在运用上更合理、更方便。在中国2000多年的封建社会中，《周易》被称为"大道之源，众经之首"，在《周易》哲学思想的影响下派生出一系列数术门类的学科，在民间以至海外广泛流传。

◀ 后天八卦
此图为后天八卦，并描绘出了各卦象与方位、地理、干支等的对应关系。

"易学"对中国产生了怎样的影响？

"易学"源远流长。上古时人们为了了解宇宙自然，采用龟卜、占筮等方法想鬼神卜问，经过漫长岁月的积累，《连山》《归藏》《周易》分别在夏、商、周三代集结成书，为易学的形成奠定了基础。战国时期一些系统阐释《周易》经文的文字陆续被收集起来，汇成《易传》，标志着"易学"诞生。

2000多年来，对"易学"的研究从未间断，使得"易学"不断得到丰富和发展，易学的范围和内容也不断扩大，"易道广大，无所不包，旁及天文、地理、乐律、兵法、韵学、算术，以逮方外之炉火，皆可援易以为说，而好易者又援以为易，故易说至繁"，从而形成一门具有东方独特思维方式、集中国几千年文明智慧于一体、以探索天道人理变易规律为目的的系统学术。易学对中国传统文化产生了巨大影响。

阴阳五行是怎么回事？

阴阳是中国古代哲学的一对范畴。阴阳的最初含义是很朴素的，表示阳光的向背，向日为阳，背日为阴，后来引申为气候的寒暖，方位的上下、左右、内外，运动状态的躁动和宁静等。中国古代的哲学家们进而体会到自然界中的一切现象都存在着相互对立而又相互作用的关系，就用阴阳这个概念来解释自然界两种对立和相互消长的物质势力，并认为阴阳的对立和消长是事物本身所固有的，进而认为阴阳的对立和消长是宇宙的基本规律。

五行是指木、火、土、金、水五种物质的运动。中国古代人民在长期的生活和生产实践中认识到木、火、土、金、水是必不可少的最基本物质，并由此引申为世间一切

▲ 五行图

事物都是由木、火、土、金、水这五种基本物质之间的运动变化生成的,这五种物质之间,存在着既相互滋生又相互制约的关系,在不断地相生相克运动中维持着动态的平衡,这就是五行学说的基本含义。

谶纬学说为什么在两汉非常兴盛?

谶纬学说总的思想属于阴阳五行体系,其中虽包含一部分有用的天文、历法、地理知识和古史传说,但绝大部分内容荒诞不经,可以穿凿附会地作几种不同的解释,并可任意证实其中一种是"正确"的,为改朝易代制造了根据。它适应了当时封建统治者的需要,故流行一时,在东汉被称为内学,尊为秘经。谶纬之学自哀帝、平帝至东汉,在帝王的提倡和支持下,加之俗儒的附和,盛行于世,成为官方的统治思想。

什么是魏晋玄学?

魏晋玄学是中国魏晋时期出现的一种崇尚老庄的思潮。"玄"这一概念,最早出现于《老子》:"玄之又玄,众妙之门。"扬雄也讲玄,他在《太玄》说:"玄者,幽万类,不见形者也。"王弼《老子指略》中说:"玄,谓之深者也。"玄学就是研究幽深玄远问题的学说。魏晋时代的人们注重《老子》《庄子》和《周易》,称之为"三玄",而《老子》和《庄子》则被视为"玄宗"。魏晋玄学的主要代表人物包括何晏、王弼、阮籍、嵇康、向秀、郭象等。

魏晋玄学的发展经历了哪几个阶段?

魏晋玄学的发展经过4个时期:

第一是曹魏正始时期。玄学家以何晏、王弼为代表,以《周易》《老子》为理论论据,盛倡"贵无",鼓吹"言不尽意",主张"名教出于自然",为门阀士族利益服务。

第二是西晋初至元康时期。玄学家以竹林名士阮籍、嵇康为代表,思想上与何王学派对立,在名教与自然的关系上主张"越名教而任自然",代表庶族寒门的利益。

第三是晋元康时期。玄学家以裴頠为代表,提倡"崇有论",反对"贵无论"。

第四是晋永嘉时期。玄学家以向秀、郭象为代表,是玄学的综合和完成时期。

▼《高逸图》 唐 孙位
竹林七贤都是魏晋名士,也是玄学大师。

佛　教

佛教是怎样传入中国的？

▲白马寺山门

白马寺有中国佛寺"祖庭"之称，因汉明帝"感梦求法"，遣使迎天竺沙门摄摩腾与竺法兰回洛阳后，按天竺式样为两位沙门所建的精舍。"白马"之名则取自"白马驮经"的典故。

据史籍记载，汉明帝永平七年（64年）派遣使者12人前往西域访求佛法。67年他们同两位印度僧人迦叶摩腾和竺法兰回到洛阳，带回许多经书和佛像，并且翻译了一部分佛经，相传就是现存的《四十二章经》，也就是《阿含经》的节要译本。同时在首都建造了中国第一个佛教寺院，就是保存至今的白马寺。白马寺据说是因为当时驮载经书、佛像的白马而得名。所以，佛教最初传入中国应该早于汉明帝时期，但是作为一个宗教，得到政府的承认崇信，并在中国初步建立它的基础和规模，可以说是始于汉明帝年代。

中国"四大译经家"都有谁？

中国"四大译经家"是指鸠摩罗什、真谛、玄奘和不空。

鸠摩罗什，后秦时僧人，出生于西域龟兹国。他与弟子一起翻译并系统介绍了龙树中观学派的著作，如《中论》《百论》《十二门论》《大智度论》，还有《成实论》、大品《般若经》《法华经》《维摩诘经》《阿弥陀经》等。

真谛，南朝梁、陈时代来华僧人。本是西天竺人，中大同元年（546年）应梁武帝邀请，来华译经传教。他与弟子共译经卷64部270多卷，译作《摄大乘论》影响最大，是南朝摄论学派的主要理论依据。

玄奘，俗称"唐三藏""唐僧"。他从贞观三年（629年）到贞观十九年（645年）西行求法，带回经律论600余部。回国后先后译出经论共75部，1335卷，其中主要有《大般若经》《大菩萨藏经》《称赞净土经》《瑜伽师地论》《大毗婆沙论》《成唯识论》和《俱舍论》等。

不空，唐代密宗的创始人之一，本是狮子国人，后随师来华。译有《仁王护国经》《金刚顶经》等经典77部，1200多卷。

玄奘对佛学有哪些贡献？

玄奘对中国佛学的贡献主要有两方面，一是创立学说，二是翻译佛经。

玄奘创立的学说主要有：

（1）五种姓说。进一步发挥了印度戒贤一系五种姓说，即把一切众生划分为声闻种姓、缘觉种姓、如来种姓、不定种姓、无种姓。

（2）唯识论。研究唯识论的重要著作，有《成唯识论》、"唯识三大部"，即窥基的《成唯识论述记》、慧沼《成唯识论了义灯》、智周《成唯识论演秘》。

（3）因明。因明在印度瑜伽学系中就十分发达。世亲之后，经过陈那和护法的发展，因明和唯识学说就紧密地结合。玄奘在此基础上又有新的发展。

玄奘翻译了大量佛经，对佛学的传播做出了不可磨灭的贡献。他与弟子先后译出经论共75部，1335卷。玄奘梵文造诣精深，翻译出来的语句非常精确，在他的主持下纠正了旧译的很多错误，后人称玄奘直译的经文为"新译"。

可以说那烂陀寺最盛时期所传承的佛学精华，基本上都由玄奘翻译并在中国传播了。

▲ 玄奘墓塔

我国去天竺取经的第一位僧人是谁？

我国去天竺取经的第一位僧人是东晋时期的法显和尚。

法显，东晋僧人、旅行家、翻译家。本姓龚，平阳武阳（今山西襄垣县）人，是中国僧人到天竺留学的先驱者。

法显为求取佛律，于东晋安帝隆安三年（399年）自长安出发，西渡流沙，越葱岭至天竺求法。先后于北、西、中、东天竺获《方等般泥洹经》《摩诃僧祇部律》《萨婆多部钞律》《杂阿毗昙心论》《摩诃僧祇阿毗昙》等梵本；于狮子国（斯里兰卡）获《弥沙塞律》《长阿含》《杂阿含经》《杂藏经》等梵本；并由海路经耶婆提国（在今印度尼西亚爪哇），于义熙八年（412年）抵青州长广郡牢山（今山东青岛崂山）。次年达建康（今江苏南京），于道场寺与佛陀跋陀罗译6卷本《大般泥洹》《摩诃僧祇律》《方等般泥洹经》《杂藏经》《杂阿毗昙心论》等。另撰有《佛国记》，记录了他的行程及见闻。

历史上崇信佛教的著名皇帝有哪些？

佛教传入中国后，早期主要是在上层皇族贵族阶层流行，并迅速融入中华文化，最初是靠特权阶层倡导自上而下流行开的。历史上崇信佛教的皇帝很多，最主要的有五个，即南朝梁武帝萧衍、隋文帝杨坚、唐代武则天、明太祖朱元璋和清世祖顺治。

什么是"三藏"？

"三藏"，又叫"三法藏"。藏，梵语，意谓容器、谷仓、笼等。"三藏"即经藏、律藏和论藏，指的是印度佛教圣典的三种分类。

佛教的基本教义有哪些？

佛教的基本教义可分为两大方面：一是关于善恶因果与修行的，二是关于生命和宇宙的。佛教关于生命和宇宙的理论，是建立在佛教修行（主要是禅悟）基础上的。所以，从具体内容上看，这两大方面是不可能截然分开的。

佛教的基本教义，具体有：缘起、法印、四谛、八正道、十二因缘、因果业报、三界六道、三十七道品、涅槃，以及自成一体的密宗法义等。

中国佛教有哪些宗派？

中国佛教主要有八宗，即性、相、台、贤、禅、净、律、密八大宗派。

法性宗：又名三论宗。此宗主要依据的经典是《中观论》《百论》《十二门论》等。

法相宗：又名瑜伽宗。此宗主要依据的经典是《解深密经》《瑜伽师地论》《成唯识论》等。

天台宗：此宗主要依据的经典是《法华经》《大智度论》《中论》等。
华严宗：以名贤首宗。此宗主要依据的经典是《华严经》等。
禅宗：此宗的经典依据是《楞伽经》《般若经》《六祖坛经》等。
净土宗：此宗主要依据的经典是《阿弥陀佛经》《无量寿经》等。
律宗：律宗主要是学习和研究戒律的。
密宗：又名真言宗。此宗依《大日经》《金刚顶经》建立三密瑜伽，事理观行，修本尊法。

什么是道场？

"道场"原意是指佛成道的场所。梵文 Bodhimanda 的意译，音译为菩提曼荼罗。如《大唐西域记》卷八称释迦牟尼成道之处为道场。后来"道场"一词借指供佛祭祀或修行学道的处所。如中国佛教五大名山，分别为文殊菩萨、普贤菩萨、地藏菩萨、观音菩萨、弥勒菩萨的道场。也泛指佛教、道教中规模较大的诵经礼拜仪式，如水陆道场、慈悲道场、天师道场等。

▲ 如来立像　南北朝

什么是涅槃？

涅槃又称作泥洹、泥曰、涅槃那、涅隶槃那、抳缚南、匿缚喃。意译作灭、寂灭、灭度、寂、无生，与择灭、离系、解脱等词同义，或作般涅槃（般，完全之义，意译作圆寂）、大般涅槃（大，即殊胜之意。又作大圆寂）。原来指吹灭，或表吹灭的状态；其后转指燃烧烦恼之火灭尽，完成悟智（即菩提）之境地。涅槃就是超越生死（迷界）之悟界，也是佛教实践的终极目的，所以用来表示佛教的特征而列为法印之一，称"涅槃寂静"。

什么是"佛"？

"佛"，全称佛陀、佛驮、休屠、浮陀、浮屠、浮图、浮头、没驮、勃陀、馞陀、步他。意译觉者、知者、觉。觉悟真理者之意。亦即具足自觉、觉他、觉行圆满，是佛教修行的最高果位。自觉、觉他、觉行圆满三者，凡夫无一具足，声闻、缘觉二乘仅具自觉，菩萨具自觉、觉他，由此更显示佛之尊贵。不应把佛理解成神通广大的神仙，佛者觉也，即得到了大智慧。

佛的称号有哪些？

佛是佛陀的简称，即修行到所有功德都圆满。佛有 10 种德号，这 10 种称号是：
（1）如来：乘如实之道而来成正觉。"如"在佛经中称真如，就是绝对真理，"如来"

是说佛是掌握着绝对真理来到世上说法以普度众生的圣者。

（2）应供：应该受到人和天的供养。

（3）正遍知：全面地、真正地知道一切佛法。

（4）悉知三明（宿命、天眼、漏尽）和五行（圣、梵、天、婴儿、病）。

（5）善逝：非常自在地入于涅槃。

（6）世间解：能了解世间的一切事理。

（7）无上士：至高无上之士。

（8）调御丈夫：能调整治理修行方法的大丈夫。

（9）天人师：佛是一切天和人的导师。

（10）佛世尊：佛应该是一切世人所共同尊重的。

▲ 本尊如来坐像　云冈石窟　南北朝

佛祖的十大弟子都有谁？

佛祖的十大弟子，又叫作释迦十圣、十弟子。指的是佛弟子中特别卓越的十个人。关于这十大弟子，《维摩经》卷上《弟子品》《灌顶经》卷八、《出三藏记集》卷十二均有记载。十大弟子是：摩诃迦叶尊者、优波离尊者、罗侯罗尊者、舍利弗尊者、须菩提尊者、富楼那尊者、阿那律尊者、摩诃目犍连尊者、摩诃迦旃延尊者和阿难尊者。

什么是"五方佛"？

在佛教密宗里，供奉的主尊佛是"五方佛"。"五方佛"又称"五智佛""五智如来"。

五尊佛中，正中者是法身佛毗卢遮那佛，接下来是南方欢喜世界宝生佛、东方香积世界阿閦佛、西方极乐世界阿弥陀佛、北方莲花世界微妙声佛不空成就佛。这五尊佛代表中、南、东、西、北五方。

密宗的"五方佛"实际上表现的是佛教"转识成智"的问题。体现了密宗借助事相表达佛教理论的特点。五种佛都是大日如来"五智"的不同化身。

什么是菩萨？

菩萨是"菩提萨埵"的简称，"菩提"汉译是"觉悟"，"萨埵"汉译是"众生"或"有情"（一切有感情的众生），全译是"觉有情"。它包括自觉和觉他两层意思，即菩萨既是已经"觉悟的众生"，又是以觉悟他人为己任的有情。

除了一般菩萨外，还有像观音、地藏、文殊、普贤一类的"大菩萨"，又意译为"大士、圣士、开士"等名称。菩萨的地位仅次于佛，是协助佛传播佛法，救助众生的人物。

在佛教初创的时期，仅把释迦牟尼累世修行的前身和尚无成佛的悉达多王子称为菩萨。

后来，根据"人人具有佛性，人人皆可成佛"的理论，把凡是立下宏愿，上求佛道，下化众生之人都称为菩萨。

佛教中的四大菩萨都是谁？

佛教中的四大菩萨，象征着四种理想的人格，即愿、行、智、悲。

象征愿力的是地藏王菩萨；象征实践的是普贤菩萨；象征智慧的是文殊菩萨；象征慈悲的是观世音菩萨。

四大佛教名山是哪四座？

中国佛教四大名山指的是：山西五台山、四川峨眉山、安徽九华山和浙江普陀山。四大名山分别供奉文殊菩萨、普贤菩萨、地藏菩萨和观音菩萨。随着佛教的传入，四大名山自汉代开始建寺庙，修道场，延续至清末。中华人民共和国成立后受到国家的保护，并对寺院进行了修葺，已成为蜚声中外的宗教、旅游胜地。

四大金刚都是谁？

佛教的四大金刚指的是：五台山秘魔岩神通广大泼法金刚；峨眉山清凉洞法力无量胜至金刚；须弥山摩耳崖毗卢沙门大力金刚；昆仑山金雺岭不坏尊王永住金刚。

民间供奉的"四大金刚"又称"四大天王"，即东方持国天，名多罗吒，身白色，穿盔甲，手持琵琶，主乐神；南方增长天，名毗琉璃，身青色，穿盔甲，手握宝剑，护法神；西方广目天，名毗留博叉，身白色，穿盔甲，手持蜃，传法神；北方多闻天，名毗沙门，身绿色，穿盔甲，右手持宝伞，左手握银鼠，降魔施财之神。根据印度佛教传说，在须弥山中有一山名犍陀罗山，山有四峰，四大天王便各居一峰，护一方天下，故称四大天王。在中国古代，四大天王还有"风调雨顺"的含义——持剑者风（锋）也；持琵琶者调也；持伞者雨也；持蜃者顺也。

观音菩萨的诞辰是哪一天？

观音菩萨圣诞的起源和依据，现在均无法考定。隋唐以来，民间便形成了广泛的观音信仰，并逐渐形成了以敬奉观音为主的三个农历宗教节日：二月十九为观音诞生日，六月十九为观音成道日，九月十九为观音出家日，民间有的将这三日并称为观音菩萨圣诞。每逢这三个节日，寺院均要举行庆祝仪式，其一般祝仪是：唱《香赞》，诵菩萨名、《大悲咒》，唱《观音大士赞》《观音菩萨偈》，念观音圣号，拜愿，三皈依毕。广大佛教徒庆祝观音圣诞的香会称作观音会。

《法华经·观音普门品》中说，观音菩萨能化现三十三种身相，免除众生各种苦恼和急难，有求必应，大慈大悲，普救人间众生。因此，中国古代民间非常崇信观音菩萨，世人将观音菩萨奉为"救苦救难，有求必应"的万能之神。

什么是罗汉？

罗汉，是阿罗汉的简称，最早从印度传入我国。意译上有三层解释：一是可以帮人除去生活中的一切烦恼；二是可以接受天地间人天供养；三是可以帮人不再受轮回之苦。

罗汉的形象一般是出家的比丘模样，头部没有须发，身穿袈裟，全身没有任何装饰，或坐或立，是藏传佛教各类造像艺术中最为朴实无华的象征。

▲罗汉尊者
此图为《十六罗汉图》部分之诺距罗尊者像。诺距罗尊者邛杖斜倚在古木座椅上，鹰目高鼻，双手合十作拜谒状。

什么是十八罗汉？

十八罗汉是指佛教传说中十八位永住世间、护持正法的阿罗汉，由十六罗汉加二尊者而形成。他们都是历史人物，均为释迦牟尼的弟子。具体是指：

（1）宾度罗跋罗堕阇，坐鹿罗汉：曾乘鹿入皇宫劝喻国王学佛修行。

（2）迦诺迦伐蹉，欢喜罗汉：原是古印度一位雄辩家。

（3）诺迦跋哩陀，举钵罗汉：是一位托钵化缘的行者。

（4）苏频陀，托塔罗汉：他因怀念佛陀而常手托佛塔。

（5）诺距罗，静坐罗汉：又为大力罗汉，因过去乃武士出身，故力大无穷。

（6）跋陀罗，过江罗汉：过江似蜻蜓点水。

（7）迦理迦，骑象罗汉：本是一名

驯象师。

（8）伐阇罗弗多罗，笑狮罗汉：原为猎人，因学佛不再杀生，狮子来谢，故有此名。

（9）戌博迦，开心罗汉：曾祖露其心，使人觉知佛于心中。

（10）半托迦，探手罗汉：因打坐完常只手举起伸懒腰，而得此名。

（11）罗怙罗，沉思罗汉：佛陀十大弟子中，以密行居首。

（12）那伽犀那，挖耳罗汉：以论"耳根清净"闻名，故称挖耳罗汉。

（13）因揭陀，布袋罗汉：常背一布袋笑口常开。

（14）伐那婆斯，芭蕉罗汉：出家后常在芭蕉树下修行用功。

（15）阿氏多，长眉罗汉：传说出生时就有两道长眉。

（16）注荼半托迦，看门罗汉：为人尽忠职守。

（17）降龙罗汉：庆友尊者，传说曾降伏恶龙。后据民传转世为济公活佛，惩恶扬善，普救众生。

（18）伏虎罗汉：宾头卢尊者，曾降伏过猛虎。

关羽为什么能成为佛教中的菩萨？

关羽被奉为佛教中的"伽蓝菩萨"，主要是因为佛教的普及和民间化。

据说关羽因为曾经过五关斩六将，犯得杀孽太重，所以死后的关羽成了不能投胎转世的厉鬼，在荆山附近游荡。后来碰到了天台宗的祖师智𫖮大师，在智者大师一番佛法教化下，关羽被褪去凶厉之气而进入佛门，并发愿做佛教的护法。从此天台宗开始供奉关羽，来代替原来的伽蓝众神。此后，各种佛教寺院纷纷效仿，渐渐确立了关羽"伽蓝菩萨"的称谓和佛教寺院右护法的地位。

佛教都有哪些节日？

佛教节日主要有：

正月初一：弥勒佛圣诞。

正月初六：定光佛圣诞。

二月初八：释迦牟尼佛出家。

二月十五：释迦牟尼佛涅槃。

二月十九：观世音菩萨圣诞。

二月廿一：普贤菩萨圣诞。

三月十六：准提菩萨圣诞。

四月初四：文殊菩萨圣诞。

四月初八：释迦牟尼佛圣诞。

四月十五：佛吉祥日——释迦牟尼佛诞生、成道、涅槃三期同一庆。

五月十三：伽蓝菩萨圣诞。

六月初三：护法韦驮尊天菩萨圣诞。

六月十九：观世音菩萨成道——此日放生、念佛，功德殊胜。

七月十三：大势至菩萨圣诞。

七月十五：盂兰盆节，又称为僧自恣日、佛欢喜日，是佛教徒举行供佛敬僧仪式及超度先亡的节日。

七月廿四：龙树菩萨圣诞。

七月三十：地藏菩萨圣诞。

八月廿二：燃灯佛圣诞。

九月十九：观世音菩萨出家纪念日。

九月三十：药师琉璃光如来圣诞。

十月初五：达摩祖师圣诞。

冬月十七：阿弥陀佛圣诞。

腊月初八：释迦如来成道日。

腊月廿九：华严菩萨圣诞。

◀菩萨交脚像　南北朝

什么是袈裟？

袈裟又称作袈裟野、迦罗沙曳、迦沙、加沙，意译为坏色、不正色、赤色、染色等。为佛教僧众所穿着的法衣，以其色不正，故有此名。

袈裟乃圣贤的标志，自古为佛教教团所尊崇。穿着袈裟的利益有十：一者菩提上首；二者处众人天；三者父母返拜；四者龙子舍身；五者龙披免难；六者国王敬信；七者众生礼拜；八者罗刹恭敬；九者天龙护佑；十者得成佛道。

什么是佛珠？

佛珠，又称念珠，是指用线来串起一定数目的珠粒，在念佛或持咒时，用以记数的随身法具。佛珠的起源，通常认为是由于古印度人有璎珞鬘条缠身的风尚，沿袭至后世，逐渐演变成为佛珠。其梵文原语包括四种意义：

（1）音译"钵塞莫"，意译作"数珠"。

（2）音译"阿叉摩罗"，意译作"珠鬘"。

（3）音译"渣巴摩罗"，意译作"念诵鬘"。

（4）音译"阿叉修多罗"，意译作"珠之贯线"。

什么是锡杖？

锡杖，是僧人携带的一种道具。比丘乞食时，只能用锡杖击地出声，请人出来，故又名声杖。锡杖有三种用途：一为驱逐野兽害虫用；二为年老人用；三为保卫自己。此杖头部用锡，中部用木，下部用牙或角制成。僧人持杖往外云游时叫作"飞锡"，住下某处叫作"留锡"或"挂锡"，外出布教时叫作"巡锡"。佛教举行宗教仪式时，有时也用短锡杖，一面挥动此杖，一面口唱梵咒。

佛家七宝是哪七种宝贝？

佛教七宝，是指七种珍宝，又称作七珍。七宝指的是砗磲、玛瑙、水晶、珊瑚、琥珀、珍珠、麝香这七种。但不同的经书所译的七宝各不相同，鸠摩罗什译的《阿弥陀经》所说七宝为金、银、琉璃、玻璃、砗磲、赤珠、玛瑙；玄奘译《称赞净土经》所说七宝为金、银、吠琉璃、颇胝迦、牟娑落揭拉婆、赤真珠、阿湿摩揭拉婆；般若经所说的七宝是金、银、琉璃、珊瑚、琥珀、砗磲、玛瑙；法华经所说的七宝是金、银、琉璃、砗磲、玛瑙、真珠、玫瑰；阿弥陀经所说的七宝是金、银、琉璃、玻璃、砗磲、赤珠、玛瑙。

什么是木鱼？

木鱼，是一种打击乐器。原为佛教"梵吹"（宗教歌曲）的伴奏乐器。明代王圻《三才图会》："木鱼，刻木为鱼形，空其中，敲之有声……今释氏之赞梵吹皆用之。"清代以来流行于民间。木鱼呈团鱼形，腹部中空，头部正中开口，尾部盘绕，其状昂首缩尾，背部（敲击部位）呈斜坡形，两侧三角形，底部椭圆；木制槌，槌头橄榄形。

▲木鱼

什么是五戒十善？

五戒是指不杀生、不偷盗、不邪淫、不妄语、不饮酒。佛教认为，这些行为应该严格禁止，所以称为五戒。

十善是在五戒的基础上建立的，身、口、意三业分成十种。反之，称为十恶。

身业有三种：不杀、不盗、不邪淫；

口业有四种：不妄语欺骗、不是非两舌、不恶口伤人、不说无益绮语；

意业有三种：不贪、不嗔、不愚痴。

什么是舍利子？

舍利子印度语叫作驮都，也叫设利罗，译成中文叫作灵骨、身骨、遗身，是经过火葬后所留下的结晶体。但是舍利子跟一般死人的骨头完全不同。其形状千变万化，有圆形、椭圆形，有的成莲花形，有的成佛或菩萨状；颜色有白、黑、绿、红的，也有各种颜色；舍利子有的像珍珠，有的像玛瑙、水晶；有的透明，有的像钻石一般光彩照人。

什么是如来？

"如来"即是"佛"，"如来"和"佛"实际是一个意思。

如来的实际意义是：乘如实之道而来成正觉。"如"在佛经中称真如，就是绝对真理，如来，是说佛是掌握着绝对真理来到世上说法以普度众生的圣者。比如称释迦牟尼佛或称释迦牟尼如来，都是一样的。佛有十种称号，"如来"是其中之一。

什么是长老？

在佛教中，"长老"是指德长年老之谓，《要解》云："德腊俱尊，故名长老。"

德，指德行，德行以行专解深，行解相资为主。长老之德，要行中有解，解中有行，行解相得益彰，并已证得阿罗汉果，才能称为长老之德行。

腊，指戒腊、法腊。戒腊指的是比丘受具足戒以后的年数，法腊指沙弥剃度出家后的年数，每年结夏安居的最后一日，即农历七月十五日，是"受岁之日"，自此名为"一法岁"。比丘受具足戒一年称"一戒腊，"逐年递增，沙弥出家一年称"一法腊"，亦逐年递增，戒腊或法腊须在五十腊以上的，才能得到"长老"的尊称。

什么是方丈？

佛教中方丈原意是指禅寺的长老或住持所居之处。据《维摩诘经》载，身为菩萨的维摩诘居士，其卧室一丈见方，但能广容大众。禅寺比附此说，故名。至唐代怀海建立住持制度后，方丈专指住持的居室，同时又作为一般寺院内主持僧的尊称。《景德传灯录》卷六载怀海所制《禅门规式》："既为化主，即处于方丈，同净名（即维摩诘译名）之室，非私寝之室也。"

什么是拂尘？

拂尘，又称拂子、尘尾，其制法是将兽毛、麻等扎成一束，再加一长柄，用来拂除蚊虫。戒律中允许比丘

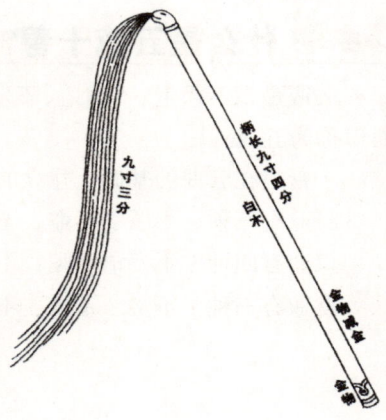

什么是剃度和戒疤？

剃度，是佛教徒剃发受戒的一种仪式。佛教认为剃发出家是接受戒条的一种规定，由此度越生死之因，故名。

戒疤，又称香疤。是佛教徒为求受清净戒体而燃香于身上所遗留的疤痕。受戒时燃戒疤又称"烧香疤"，所燃香疤的数目一般有一、二、三、六、九、十二几种。十二点表示受戒律中最高的"菩萨戒"。

中国三大石窟是哪三座？

中国三大石窟是指莫高窟、云冈石窟和龙门石窟。

莫高窟，俗称千佛洞，位于甘肃省河西走廊西端，敦煌市东南公里，在鸣沙山东麓50多米高的崖壁上，洞窟层层排列。迄今保存有北凉至元代的多种洞窟700多个，壁画50110平方米，彩塑2700余身。

云冈石窟，位于山西省大同市西北的武周山北崖上。距今已有1500多年的历史，现存主要洞窟53个，大小造像51000多躯。

龙门石窟，位于河南省洛阳市南13公里处，龙门石窟凿于北魏孝文帝迁都洛阳（494年），直至北宋，现存佛像10万余尊，窟龛2300多个。

▲龙门石窟

中国佛寺的一般格局是怎样的？

中国佛寺的一般格局是主要建筑安置在面南背北的中轴线上，附属设施安置在东西两侧。自南往北依次是：山门（整个寺院的入口，山门内左右两侧分设钟、鼓楼）、天王殿、大雄宝殿（大雄宝殿对于整个佛寺建筑群体是中心建筑物，它不论在建筑体积和质量，都在其他单体建筑之上）、法堂毗卢殿或藏经阁、方丈室等。

这些中轴线上的正殿两侧设有观音殿、地藏殿、伽蓝殿、祖师殿、药师殿、罗汉堂等配殿。观音殿、罗汉堂有时也建独立殿堂区。

佛寺东面是僧人们居住生活的区域，云游挂单的僧人住在寺院西边接待区。

"佛寺"一词的来源是怎样的？

寺在中国原为官司之名，汉代字书《释名》曰："寺嗣也，治事者相嗣续于其内也。"《罗璧志余》中记载："汉设鸿胪寺待四方宾客。永平中佛法入中国，馆摩腾法兰于鸿胪寺。次年敕洛阳城西雍门外立白马寺，以鸿胪非久居之馆，故别建处之。其仍以寺名者，以僧为西方之客，若待以宾礼也。此中国有僧寺之始。"西方称寺为僧伽蓝，僧伽蓝汉译为众园，佛经上所说的伽蓝陀竹园、祇树给孤独园，都是西域的寺名。中国梁武帝时，称其所建之寺为萧寺。后魏太武帝创立伽蓝，称其为招提。隋炀帝大业年间，改天下之寺为道场，至唐朝复改为寺。

陕西法门寺地宫出土了哪些珍贵的佛教宝物？

陕西法门寺地宫，是目前发现的世界上年代最久远、规模最大、等级最高的佛塔地宫。

1987年4月，考古人员对法门寺地宫进行了发掘，封闭了1113年的2000多件文化宝藏得以面世。其中包括地宫出土的佛指舍利（一个金骨和三个影骨），是世界上目前发现的有文献记载和碑文证实的释迦牟尼佛真身舍利，是佛教世界的最高圣物。还有盛装第四枚佛指舍利的八重宝函，是世界上发现的制作最精美、层数最多、等级最高的舍利宝函。

▲ 法门寺鎏金银质真身菩萨像　唐

佛塔的具体作用是什么？

佛塔的起源，可以追溯到释迦牟尼佛以前。在佛陀涅槃后，弟子们因为缅怀、纪念佛陀，便建塔以供养佛舍利。

随着佛教的流传和发展，造塔的原因也有很多，并不一定都是为了收纳敬奉舍利。而在佛塔中，通常会安奉着圣者舍利、经书及各种吉祥物品，让绕塔及顶礼者皆能积集功德。

佛教为何偏偏对莲花情有独钟呢？

莲花，又称荷花。它是佛教经典和佛教艺术经常提到和见到的象征物，也可以说是佛教的教花。

走进寺庙，人们会看到佛祖释迦牟尼的坐像，身穿通肩大衣，手作说法印，结跏趺坐在莲花台上。称为"西方三圣"之首的阿弥陀佛也结跏趺坐在莲台上，双手仰掌足上，掌中托着一个莲台；以大慈大悲闻名的观音，更是身穿白衣，坐在白莲花上，一手持着一只净瓶，一手执着一朵白莲。可见，佛教与莲花确实有着不解之缘。

世间万物，佛教为何偏偏对莲花情有独钟呢？

一方面，是莲花的特性与佛教追求的境界。"荷花出淤泥而不染"的特别属性，与人世间的佛教信徒希望自己不受尘世的污染的愿望相一致，保持洁净，以便顺利进入净土佛国。

另一方面，佛教诞生地古印度自古有爱莲的风气。在印度莲花被视为神的象征，是印度的国花。已知的最早与莲有关的艺术品，也是把莲与神结合在一起的，是一尊头上戴着莲花的裸体女神像，在印度的恒河流域出土，是公元前3 000年的遗物。文献中有关印度莲花女神的记载，最早见于印度的吠陀文献，说莲神生于莲花，站在莲花上，戴着莲花的花环。

▲柱础　南北朝
此时代的建筑风格都或多或少地融入了佛教建筑的特色。

所以，我们所见的佛像和佛经中，介绍净土佛国的圣贤都以莲花为座，或坐、或站，都在莲花台之上，以代表其清净庄严。所以说莲花是佛国净土的象征，也是佛教不可少的标志。

图解·国学常识

儒、释、道三教

西方学者评出的"东方三大圣人"

老子　孔子　六祖慧能

三人正好代表了中国三教：以孔子为代表的儒教，以老子为代表的道教，以禅宗六祖慧能为代表的中国佛教。

儒家　伦　儒家最主要的是一个字：伦，即伦常。封建社会由于人们所处社会地位和阶级的不同，每个人都应各安其位。儒家认为天下一盘棋，上天把你摆放在哪里，赋予你什么权力、职责、义务，那么你就遵守履行你的责、权、义，你就要乐天知命。

佛家　性　佛家讲"见性"。性，即心性，也就是修养。佛家有七个字："见性、救世、通万有。"见到你的心性，叫内观内照，就是你要想到有一盏探照灯，来照亮你，你自己先要能看明白你是一个什么样的人。

道家　命　道家的核心是"命"，既是生命的命，也是修炼的命——是意义完整的作为一个活生生的人而不是机器，有这样的命或人生，你这个人才算活得有价值，你要修一个好的人生、快乐的人生、健康的人生，那才过得有意义。

三教一体

经过长期的演变，儒、释、道三教互相渗透、互相同化，某种程度上已"三教一体"了。少林寺有一个供奉释迦牟尼、孔子、老子的地方，对联是："百家争理，万法一统；三教一体，九流同源。"

第三章 哲学宗教

禅 宗

什么是禅？

禅，佛教中禅宗"禅那"的简称，也有译为"弃恶"或"功德丛林"的。其意译为"思维修"或"静虑"，是佛教禅宗的一种修持方法，其中有祖师禅与佛祖禅的区别。译为"思维修"是依因立名，即指一心思维研修为因，得以定心，所以叫"思维修"。译为"静虑"是依体立名，禅那之体，寂静而具审虑之用，所以叫"静虑"。静即定，虑即慧，定慧均等之妙体即为"禅那"。也就是佛家一般讲的参禅。虚灵宁静，把外缘（外在事物）都摒弃掉，不受其影响；把神收回来，使精神反观自身（非肉身）即是"禅"。

禅宗早期的发展情况如何？

中国禅宗为菩提达摩（南北朝时期南天竺人）创立。达摩于北魏末年首先活动于洛阳（今河南洛阳市），后到嵩山（今河南登封市）少林寺，面壁九年修持佛法，修习禅定，倡二入四行之禅修原则，以《楞伽经》授徒，后世以达摩为中国禅宗初祖，以嵩山少林寺为禅宗祖庭。

达摩在少林寺有嗣法弟子慧可、道育等，僧璨为再传，璨弟子为道信。信弟子弘忍立东山法门，为禅宗五祖。门下分赴两京弘法，名重一时。其中有神秀、惠能二人分立北宗渐门与南宗顿门。神秀住荆州玉泉寺，晚年入京，为三帝国师，弟子有嵩山普寂、终南山义福；惠能居韶州曹溪宝林寺，门下甚众，以惠能为六祖，时称"南能北秀"。北宗主张"拂尘看净"的渐修，数传后即衰微；南宗传承很广，成为禅宗正统，以《楞伽经》《金刚经》为主要教义根据，代表作为《六祖坛经》。

▲双色套印《金刚经注》 辽

初祖达摩是怎样到中国弘法的？

初祖达摩，全称初祖菩提达摩，南天竺人，婆罗门种姓，自称佛传禅宗第二十八祖。南朝梁武帝时航海到广州。梁武帝信佛。达摩到南朝都城建业与梁武帝会面，但是面谈不契，于是北上北魏都城洛阳，后卓锡嵩山少林寺，面壁九年，传衣钵于慧可。后出禹门游化终身。东魏天平三年（536年）卒于洛滨，葬于熊耳山。

达摩在中国始传禅宗，"直指人心，见性成佛，不立文字，教外别传"，经二祖慧可、三祖僧璨、四祖道信、五祖弘忍、六祖慧能等大力弘扬，成为中国佛教中的最大宗门，后人尊称达摩为中国禅宗初祖，尊嵩山少林寺为中国禅宗祖庭。

六祖慧能对禅宗做了哪些贡献？

六祖慧能（亦称惠能）是禅宗的发扬光大者，主张教外别传、不立文字，提倡心性本净、佛性本有、直指人心、见性成佛。慧能以后，禅宗广为流传，于唐末五代时达于极盛。禅宗使中国佛教发展到了顶峰，对中国传统文化的发展具有重大影响。禅宗佛学特点在于其高度的理性化，几乎完全没有神学气息。禅宗修持以定慧一体为特色。禅宗后分五宗，分别为曹洞宗、临济宗、云门宗、法眼宗和沩仰宗，虽分五宗，确同一心印，法脉相承，灯灯相续。

六祖慧能的南禅思想以其巨大的、潜移默化的力量影响着中国文化和世界文明的发展。六祖慧能也被视为世界杰出思想家之一。

什么是牛头禅？

四祖道信的弟子法融于贞观十七年，在牛头山幽栖寺北岩下创立茅茨别室，故后人把法融一系的禅学称为牛头禅。

牛头禅因诞生于三论宗和南朝玄学兴盛的地区，所以受两者的影响很大。法融的《绝观论》以"大道冲虚幽寂"起始，立"虚空为道本"，觉得"观身实相，观佛依然……实相者，即空相也"。受南方禅学的影响，牛头禅倡导"道遍无情""无情成佛"的教义。

什么是机锋？

"机锋"为禅宗用语，又作禅机。机，指的是受教法所激发而活动的心之作用，或指契合真理的关键、机宜；锋，指的是活用禅机的敏锐状态。机锋的意思是说禅师或禅僧与他人对机时，常以寄寓深刻、无迹象可寻，乃至非逻辑性的言语来表现一己的境界或考验对方。

第三章 哲学宗教

什么是棒喝？

禅宗认为佛法不可思议，开口即错，用心即乖。所以，不少禅师在接待初学者时，常一言不发地当头一棒，或大喝一声，或"棒喝交驰"提出问题让他回答，借以考验其悟境，打破初学者的执迷，棒喝因此成为佛门特有的施教方式。《续传灯录》："茫茫尽是觅佛汉，举世难尽闲道人。棒喝交驰成药忌，了忘药忌未天真。"后用来比喻促人醒悟的警告为棒喝或当头棒喝。

什么是顿悟？

顿悟是禅宗的一个法门，是相对于渐悟法门而言的。它是指通过正确的修行方法，迅速地领悟佛法要领，从而指导正确的实践并获得成就。

关于顿悟的概念，在佛学里来源于六祖慧能的"坛经"。六祖在坛经里提出"顿悟"概念的内涵大致有以下几方面：

第一，"迷闻经累劫，悟则刹那间"，"一刹那间妄念俱灭"，可见顿悟是指人思维的突变或飞跃。

第二，"顿见真如本性"，"顿悟菩提"，可见顿悟是悟自己的佛性，由于人皆有佛性，所以顿悟功能人皆有之。

第三，顿悟即是无念，"何名无念，若见一切法心不染着，是为无念"，可见顿悟结果不染着一般的概念或一般的烦恼之法。

第四，"前念迷即凡夫，后念悟即佛"，"我于忍和尚处（指在五祖那里），一闻言下便悟，顿见真如本性，是以将此教法流行"。

▲以禅入画

梁楷的画被时人评为"描写飘逸"，"逸"指的是自由奔放、意趣超尘、潇洒自然、不拘法度的风格，这种风格对以后中国绘画产生了重大影响，此图正是梁楷"逸"格的集中体现。

什么是公案？

公案本义是指官府中判决是非的案例。禅宗将历代高僧的言行记录下来，作为坐禅者的指示，久而久之也成为一种思考的对象，或修行坐禅者的座右铭，这些言行录就像政府的正式布告，既不可侵犯，又可启发思想，供人研究，并且作为后代依凭的法式，故称公案。这种风气始于唐代，至宋代大为兴盛。公案有五种重要的含义：作悟禅的工具，作考验的方法，作权威的法范，作印证的符信，作究竟的指点。

173

禅宗是怎样影响理学的？

理学在思想上受佛教影响很大。起初主要受华严宗影响，北宋中期后则深受禅宗影响。

理学奠基人程颐、集大成者朱熹，都深受禅宗影响。程颐极力强调的"主敬"（见《二程遗书》卷一五）与禅宗的"坐禅入定"同义。朱熹所谓的心体"湛然虚明""心量广大"（见《朱子语类》卷五），在概念上完全沿袭《六祖坛经》。

至于陆九渊、王守仁一派的主观唯心主义理学，更是深受禅宗影响。陆、王宣扬"宇宙便是吾心，吾心即是宇宙"，"心外无物"，"良知良能"，"发明本心"，等等，与禅宗"心生万法"，"本性是佛"，"心本自知"等是一脉相承的。

禅宗在何时达到鼎盛？

禅宗发展的鼎盛时期是中晚唐时期到五代。

从初祖达摩至六祖慧能大师的禅道，都是处于被排挤和压迫的阶段。禅宗在武则天王朝至唐玄宗时期，才由岭南传播，渐渐普及于长江以南的湖南、江西之间，后世说的"来往江湖"的成语，便因为这个缘故而起。而且六祖的门下弟子，大多歇迹山林，专修禅寂，到了再传弟子如马祖道一、百丈怀海等以后，才建立了南传禅宗曹溪顿教的风格。所以禅宗发展的鼎盛时期是中晚唐时期到五代。

根据记载，当时中国几乎所有的寺庙都参禅，上到皇帝宰相、朝廷显贵，下至各地方州、府县官僚，许多人都与禅师有所交往，以至于影响到当时的朝鲜、日本等国也对禅宗产生浓厚兴趣。

禅宗的传承弟子有哪些？

惠能弟子中最负盛名的是南岳怀让与青原行思。另有神会居洛阳菏泽寺，创菏泽宗，被尊为七祖。门下有磁州智如、益州南印等。

怀让住古南岳天柱山，创南岳系。青原住江西吉安，创青原系。怀让弟子道一尊称马祖。其门下怀海影响最大，称洪州禅。怀海弟子有黄檗希运，沩山灵佑。希运门人义玄在河北镇州创临济宗。灵佑与其弟子仰山慧寂创沩仰宗。

行思门下石头希迁一系数传至洞山良价，再传至曹山本寂，师徒共创曹洞宗。希迁另一弟子天皇道悟数传至义存，其门下师备之再传文益创法眼宗，住金陵清凉寺；师备同门文偃住韶州云门山，创云门宗。

晚唐至五代，禅宗发展极盛。两宋之后，儒道释三教合流，禅宗风格略变。大量"公案""诵古"文字著述问世。宋代，临济宗中又分出方会所创之杨岐宗和慧南所创之黄龙宗。

现代中国禅宗代表人物有虚云和尚。

禅宗对唐宋诗词有什么影响？

唐朝时六祖慧能继承禅宗五祖的衣钵之后，对禅宗佛教的宗教仪式、佛性理论、修行方式等进行了一系列较为彻底的改革，逐步实现了佛教的中国化并播扬于全国。这种变化主要表现在慧能所提出的"即心即佛""无念为宗""明心见性""顿悟成佛"等禅学主张。唐朝是中国禅宗的兴盛时期，对唐代士大夫们的思想、审美观、创作都产生了巨大影响。到宋代以后，由于复杂多变的时局，使禅宗进一步广泛而深刻地影响着宋代士大夫的日常生活及其诗文创作、美学理论。因此，唐宋时期禅宗思想的发展，带来了当时文人审美态度、审美要求、审美情趣的巨大变化，使他们的诗歌及其艺术理论带有浓厚的禅学意味，形成诗禅之说。"以禅喻诗""以禅论诗"风行一时。

禅宗与茶道有什么关系？

在唐代由于陆羽等人的倡导，品茶之风开始繁盛。当时因为禅宗寺院的茶叶种植，饮茶之风逐渐传入佛教界，于是有了"茶禅一味"的说法产生，即茶道精神与禅的精神相互一致。

在禅宗的丛林寺院里，茶的重要性尤其显著。在禅宗诸多仪式之中，都必须举行茶礼。

茶圣陆羽本人就出身佛门，他的师傅积公大师就是个茶癖，他的好友诗僧皎然也极爱饮茶。皎然的诗多处描绘他与陆羽共同采茶、制茶、品茶的情景。因此，陆羽的茶文化思想不可避免地吸收了许多禅宗的思想。

禅宗主张"顿悟"即"明心见性"。而茶能使人心静，不乱不烦，有乐趣，又有节制，与禅宗变通佛教规诫相适应，以茶助禅是对修行非常有利的方式。

古代文献中有许多禅宗僧人种茶、采茶、饮茶的记载。而其中体现禅宗"了却苦难，得悟正道"的"茶道"，则形成中国茶文化中一支重要的精神力量——佛教茶文化。随后经过历代僧侣们的不断补充和发展，中国茶道文化更加丰富，走向世界。

国内著名禅寺有哪些？

中国有很多著名的禅寺，如曹溪南华寺、杭州灵隐寺、镇江金山寺等。

南华寺位于广东韶关南六十里处的曹溪，原名叫宝林寺。据记载，六祖慧能在得弘忍印可、密授衣钵后，在韶州曹溪宝林寺开堂说法，传授顿悟教义。宋开宝三年（970年），御赐额匾"南华寺"，袭用至今。

杭州灵隐寺，名震天下。该寺始建于东晋，在南宋时被定为中国佛教丛林五山之一，属临济宗。元、明时废而重建。清顺治六年（1649年），始全方位重建，康熙初年赐名"云林禅寺"。

江苏镇江金山寺，据说也始建于东晋，原名泽心寺，梁武帝天监四年（505年）在此设水陆法会。自唐起，统称为金山寺。宋代以设水陆法会而闻名，云门宗佛印了元禅师曾于此居住。南宋后该寺成为临济宗的重要道场。

▲ 金山寺

　　天童寺号称近代佛教的四大丛林之一，位于浙江太白山中。始建于西晋，迭经兴废。唐大中元年（847年），该寺成为禅寺。北宋时，改名为景德寺，为禅宗知名道场。南宋建炎三年（1129年），曹洞宗的正觉禅师在该寺倡导"默照禅"。

风动，幡动，还是心动？

　　《六祖坛经》里记载，有一天，六祖慧能在广州法性寺混在人群中听人讲《涅槃经》。不知怎的，有两个和尚看到幡被风吹动就争执起来，一个说是风在动，一个说是幡在动。早得了五祖真传的慧能看他们争得面红耳赤实在憋不住，便插口说："不是风动，不是幡动，仁者心动。"一句话说得大家目瞪口呆，"一众骇然"。

什么是禅宗的五宗七派？

　　禅宗的五宗七派指的是：

　　曹洞宗。由洞山良价与其弟子曹山本寂创立，良价禅师治所在今江西宜丰县洞山，良价的弟子本寂在豫章洞山（今江西宜丰洞山）普利院学法数年，后到曹山（今江西宜黄境内）弘扬师法。由于良价住洞山，本寂居曹山，所以禅林中把师徒两人创立、弘扬的新禅宗称为"曹洞宗"。

　　临济宗。黄檗希运禅师住持宜丰的黄檗山寺（今江西境内）时初露端倪，义玄从希运学法33年之后往镇州（河北正定）建临济院后创立。因义玄住镇州（治所在今河北正定）临济院而得名。

　　沩仰宗。沩山灵佑及其弟子仰山慧寂创立于湖南宁乡沩山密印寺。沩仰宗强调机和用，信位和人位，及文字和精神之间的差别。

云门宗。文偃创立。因文偃住韶州云门山（在今广东乳源瑶族自治县北）光泰禅院而得名。

法眼宗。文益创立。南唐中主李璟赐谥其为"大法眼禅师"而得名。

黄龙派。慧南创立。因其住黄龙山（在今江西南昌市）而得名。

杨岐派。方会创立。因住杨岐山（在今江西萍乡市北）而得名。

什么是"出门便是草"？

"出门便是草"是著名的禅宗公案之一。据《五灯会元》记载，有一位行脚僧对石霜庆诸禅师提到他在洞山禅师那儿听到的一段话。洞山说："诸位外出行脚时，要向万里无寸草的地方去。"然后又问大家："这个万里无寸草处该怎么去？"没有人回答，石霜听了行脚僧的转述，脱口就说："出门便是草。"

这个公案是说，没有妄念没有烦恼的地方何必到万里之外去找，只要心不出门、不离自性就可以了。

什么是"非关文字"？

六祖慧能大师的"诸法妙理，非关文字"的理论，把佛法奥义超越于文字之上，认为真正的佛理禅意只在自己的心悟之中，而不是流于语言文字的表面形式。

关于慧能大师倡导的习禅"非关文字"的南宗禅观点，曾有一则故事：有一次，慧能大师听无尽藏比丘尼读诵《涅槃经》，无尽藏比丘尼读后，慧能大师随即就能为其解说经义。这位比丘尼就捧着经文向他请教不认识的字。慧能说："我虽不识字，至于其中的意思你只管问我。"比丘尼说："你连字都不认识，怎么能理解经文的意思呢？"慧能说道："诸佛妙理，非关文字。"比丘尼十分惊异，

▲六祖斫竹图　宋　梁楷
六祖慧能曾经是个樵夫，此图反映了六祖进山砍竹的故事，画家以寥寥数笔，就勾勒出了六祖的生动形态。

告诉当地的佛教信徒说:"慧能是一位精通佛理的人,我们应该虔诚地供养他。"于是当地人便争相前来供养慧能。

为什么说芥子能纳须弥山?

佛经上所说的"须弥藏芥子,芥子纳须弥",意思是偌大一个须弥山塞进一粒小小的菜籽之中刚刚合适。形容佛法无边,神通广大。来源于《维摩经不思议品》:"若菩萨住是解脱者,以须弥之高广,内芥子中,无所增减。"

佛门和世俗社会是相通的,就像芥子和须弥山可以互相包容一样。芥为蔬菜,子如粟粒,佛家以芥子比喻极为微小。须弥山原为印度神话中的山名,后为佛教所用,指帝释天、四大天王等居所,其高八万四千由旬,佛家以"须弥山"比喻极为巨大。

须弥藏芥子是事实,芥子纳须弥是禅理。如果能明白理事之间本无障碍,那么这就是游刃有余地理解禅理了。

▲须弥山
这是藏传佛教所绘制的须弥山图,在浩瀚的宇宙中,须弥山从中间隆起,其周围是七层铁围山,铁围山外围是广袤的咸海,咸海之四方是四大部洲和八小部洲,我们所居的南瞻部洲呈斧头状,位于南侧。须弥山分四层,其上是三十三天,天界诸神居于其中。

为什么还是"庭前柏树子"？

"庭前柏树子"一语出于赵州从谂禅师。

有一天，某和尚问赵州："什么是祖师西来意？"

赵州答："庭前柏树子。"

和尚说道："你只指出了一个物体。"

赵州再答："不然，我并没有指给你一个物体。"

于是对方再问："什么是祖师西来意？"

赵州仍然答："庭前柏树子。"

剥去禅的隐语，赵州所说的是，道即在庭前的柏树子中。

柏树子是他所说的物体，是用这个物体去表达道的无所不在。所以他指给那个和尚的并不只是一个物体，但是因为那个和尚自己的观点黏着于物体，所以不能超脱。

"南泉斩猫"的公案说明了什么道理？

据载，南泉和尚座下东西两堂的僧人争要一只猫，正好让他看见，南泉便对大家说："说得出就救得这只猫，说不出就杀掉它。"大家无言以对，南泉于是把猫斩为两段。赵州和尚（即从谂禅师）从外面回来后，南泉把经过说给他听，赵州和尚听了，脱下鞋子放在头上就走了出去。南泉说："刚才若你在场，就救了猫儿。"

"南泉斩猫"这一公案的寓意其实很简单，赵州和尚把鞋放在头顶，意为"本末倒置"，说的是为猫争吵不休的和尚们本末倒置了。南泉普愿禅师要说的是：修身说禅，得道成佛是僧人为之追求的重大目标；若为一只猫的归属起纷争，岂不是"道不得"？这些弟子们，没有关注自身追求，求小利而失大志，所以禅师提刀斩猫为两段。

"赵州救火"的公案有着怎样的深刻寓意？

"赵州救火"为唐代赵州从谂禅师勘验大众的公案。

赵州从谂禅师曾在南泉普愿禅师座下，负责火头的工作。有一天，赵州想勘验大家，故意关上房门在里边烧火，弄得满屋子烟，而后大叫："救火呀！救火呀！"

大众听到后赶紧跑来，赵州却说："说得契合，我才开门。"大众相望无言。

这时，南泉普愿将钥匙从窗户间递给赵州，赵州便自己开门出来。

赵州以火比喻心中之烦，生死之火宅，将房门暗喻为吾人心灵自性之门。

南泉不答一语，只将钥匙从窗户送入，即表示修行去恶、见性成佛是自家事，唯由自己躬身力行才能成办，非是他人所能代劳。

反之，自己不知开门，却冀求门外之人前来救火，则无疑是向心外求法，必是了不可得。赵州早知其理，只是想借此理来勘验大众，怎奈大家都无言以对。

道 教

道教是怎样产生的？

对于道教的产生，现存的史料和道教经书中的说法各不相同。《魏书》中认为道教起源于老子；葛洪则认为起源于"二仪未分"之时的"元始天王"。目前普遍认为道教源于中国古代各地的巫术和鬼神信仰，尔后各地巫俗信仰（如鬼道、方仙道等）再与儒、道、释、墨、五行、阴阳等诸家学说相结合而创造的一种各地不同的民间信仰体系。

先秦时期神仙思想对道教产生和发展有很大影响。战国时许多地区出现了鼓吹长生不老和不死之药的方士，这成为道教服食丹药成仙的思想渊源，并影响了道教丹鼎派外丹和内丹两派的发展。汉代董仲舒的天人感应理论以及谶纬之学的兴起，也对道教的产生有很重要的影响，而佛教的传入加速了道教的产生。方仙道和黄老道在汉朝的泛滥对道教的产生起了催化作用。

在东汉，出现了以修道炼养解释《道德经》的著作《老君道德经河上公章句》，被认为是道家思想向道教理论过渡的一个标志。

▲张道陵
张道陵是中国道教的实际创始人之一。他于东汉末年创立五斗米道，形成了完整的宗教系统，被后世尊称为"张天师"。

道教思想的五大来源是什么？

道教思想的五大来源为：一是中国古代宗教和民间巫术；二是战国至秦汉的神仙传说与方士方术；三是先秦老庄哲学和秦汉黄老之学、黄老崇拜；四是儒学与阴阳五行思想；五是古代医学与体育卫生知识。

道教的教理和教义是什么？

道教从创教之初，就以老子的《道德经》为基本经典，将其中的"道"和"德"作为根本的信仰。道教认为"道"是宇宙万物的本原和主宰，无所不在，无所不包，万物都是从"道"演化而来。而"德"则是"道"的体现。三清尊神则是"道"最初的人格化显现，也代表了宇宙创生的三个重要过程，三清化生出天地宇宙和自然诸神，这些称为先天尊神（天尊），乃道所演化，所以道教徒祝颂语常曰"无量天尊"。道教认为人类通过某些方式可以达到与道合一的境界。

道教重生恶死，追求长生不老，认为人的生命可以自己做主，而不用听命于天。认为人只要善于修道养生，就可以长生不老，得道成仙。所以产生了许多修炼方法：炼丹、服食、吐纳、胎息、按摩、导引、房中、辟谷、存想、服符和诵经等。

道教的宇宙观是怎样的？

道教的宗教义理是道家思想理论的继承和发展。也就是说，老庄思想是道教重要的思想理论渊源。道教与其他宗教一样，作为一种神学的思想体系，对宇宙的本原、人生的真谛、彼岸世界的存在和达到彼岸世界的途径等一系列问题，都做出了明确的回答。

道教认为，宇宙是由"道"演化而形成的。道教《常清静经》中说："大道无形，生育天地；大道无情，运行日月；大道无名，长养万物。"这就是道教对宇宙生成论的最简明概括。

道教与道家是什么关系？

道家思想是一种哲学学派，道教是一种宗教信仰。道家思想成形于先秦时期，直到东汉末"黄老"一词才与神仙崇拜这样的概念结合起来。道教尊老子为宗又追求长生不死，这和老子的哲学思想是有相悖之处的，将二者完全混为一谈是认识上的误区。

在西方，道家与道教被统称为Taoism，以Religious Taoism（道教）和Philosophical Taoism（道家）将它们区分开来。西方学者普遍认为道教是纯哲学的道家思想宗教化的产物，而道教支持者认为道教和道家在思想上有互补之处。

▲李老君

李老君就是老子，道家的创始人，道教则奉其为太上老君，为"三清"之一。实际上，老子的道家学说与道教的主张并不一致。

什么是"三清""四御"？

"三清"是道教所指的玉清、上清、太清三清境。南朝梁沈约《桐柏山金庭馆碑》："此盖栖灵五岳，未驾夫三清者也。"唐吕岩《七言》诗之四八："津能充渴气充粮，家住三清玉帝乡。"另外,"三清"也是道教对元始天尊、灵宝天尊、道德天尊的合称。

"四御"为道教天界尊神中辅佐"三清"的四位尊神,所以又称"四辅"。其全称是:中天紫微北极大帝、南极长生大帝、勾陈上宫天皇大帝和承天效法后土皇地祇。

玉皇大帝和王母娘娘是谁?

玉皇大帝,又称"玉帝"或"昊天上帝",或"玄穹高上玉皇大天帝""昊天金阙无上至尊自然妙有弥罗至真玉皇大帝"等。玉皇大帝是道教中最高级的神明之一,地位仅在三清尊神之下。道教认为玉皇为众神之王,在道教神阶中修为境界不是最高,但是神权最大。道教认为,玉皇总管三界(天上、地下、空间),十方(四方、四维、上下),四生(胎生、卵生、湿生、化生),六道(天、人、魔、地狱、畜生、饿鬼)的一切阴阳祸福。

王母娘娘,又称金母、瑶池金母、西王母,名叫瑶琼,传说中的女神。原是掌管刑罚和灾疫的怪神,后来在流传过程中逐渐女性化与温和化,而成为年老慈祥的女神。相传王母住在昆仑山的瑶池,园里种有蟠桃,食之可长生不老。

"八仙"都有谁?

"八仙"是我国民间广为流传的道教八位神仙。八仙之名,明代以前众说不一,有汉代八仙、唐代八仙、宋元八仙,所列神仙各不相同。至明吴元泰《八仙出处东游记》(即《东游记》)始定为:铁拐李(李玄/李洪水)、汉钟离(钟离权)、张果老、蓝采和、何仙姑(何晓云)、吕洞宾(吕岩)、韩湘子、曹国舅(曹景休)。

▲八仙图 清 黄慎
八仙为我国喜闻乐见的神话人物,其中张果老倒骑毛驴,铁拐李遍走天下,韩湘子捻箫而吹,吕洞宾仗剑天涯等故事为人所乐道。正是"八仙过海,各显神通"。本图人物形神各异,个性突出,传神入化,笔触劲健流畅,顿挫有致。构图上,人物正、侧、立、蹲、躬身各异,错落有致而避免呆板,而每人形姿又符合其个性特征。八仙似欲跃出画端,踏波而去。

四大真人都有谁?

四大真人,即南华真人、冲虚真人、通玄真人、洞灵真人,道教尊之为四大真人。

南华真人,为先秦道家学派的庄周,字子休,宋国(今河南商丘东北)人。唐玄宗天宝元年追封庄子为南华真人,称《庄子》为《南华真经》。

冲虚真人,为春秋末至战国前期道家学者列子。列子名御寇,亦名圄寇、圉寇,郑国人。唐玄宗天宝元年(742年)封其为"冲虚真人",号其书为《冲虚真经》。

通玄真人,据传为战国末黄老新道家的代表

第三章　哲学宗教

人物文子，姓辛名幸，一名计然，葵丘濮上人。唐玄宗天宝元年封其为通玄真人。诏封其著为《通玄真经》。

洞灵真人，为古代仙人，又称亢桑子、亢仓子、庚桑子。传说他姓庚桑，名楚，陈国人。又传说为《庄子》中的寓言人物，得太上老君之道，能以耳视目听。相传《亢桑子》一书自其所著，唐玄宗天宝元年诏封为《洞灵真经》封其为"洞灵真人"。

什么是"五方五老"？

五方五老天君，是东南西北中五方之天神，一说为元始天尊所化。五方五老的名号分别为：东方青帝青灵始老九炁天君、南方赤帝丹灵真老三炁天君、中央黄帝玄灵黄老一炁天君、西方白帝皓灵皇老七炁天君、北方黑帝五灵玄老五炁天君。

另有一说，认为五方五老是南方南极观音、东方崇恩圣帝、三岛十洲仙翁东华大帝君（即东王公）、北方北极玄灵斗姆元君（佛教中二十诸天的摩利支天）、中央黄极黄角大仙。

第三种说法将五老和五帝等同，都是天地开辟之前的先天神灵，即东方青灵始老天君，号青帝；南方丹灵真老天君，号赤帝；中央元灵始老天君，号黄帝；西方皓灵皇老天君，号白帝；北方五灵玄老天君，号黑帝。此"五老"与泰山、衡山、嵩山、华山、恒山相对应。

道教四大名山是哪些？

道教四大名山是指湖北武当山、江西龙虎山、四川青城山和安徽齐云山。

武当山又名太和山，位于湖北省丹江口市，主峰海拔1612米。米芾曾称其为"天下第一山"。这里是真武大帝的道场，又是武当拳的发源地。相传汉代阴长生，唐代吕洞宾，明

▲青城山

183

代张三丰等均在此修炼。

龙虎山位于江西省鹰潭市，是我国典型的丹霞地貌区，奇峰秀美。相传张道陵曾在此炼丹，丹成而龙虎见，故改名龙虎山。后来第四代张天师由鹤鸣山转到这里，至民国末年已承袭63代，历时1900年，为道教"第三十二福地"和张天师子孙世居之地。

青城山位于四川省都江堰市西南，主峰老霄顶海拔1260米。全山林木青翠，四季常青，自古就有"青城天下幽"的美誉。青城山是道教的发源地之一，"天师"张道陵曾到此结茅传道，青城山遂成为道教的发祥地，成为天师道的祖山，全国各地历代天师均来青城山朝拜祖庭。

齐云山又名白岳、云岳，位于安徽省屯溪市，以幽深奇险著称。有三十六奇峰、七十二怪岩、二十四涧及其他许多洞泉飞瀑，与黄山、九华山合称"皖南三秀"，素有"天下无双胜境，江南第一名山"之誉。

此外，有的说法也将崆峒山、鹤鸣山列入道教四大名山之中。

道教信奉关羽为本教护法神的原因有哪些？

道教信奉关羽为本教护法神的原因主要有三个：

（1）道教传统的"敬天尊祖"思想。

敬天和尊祖，是中华民族的传统信仰和道德观。道教是中华民族土生土长的宗教，继承了这一思想信仰，所以在道教神团里有着众多的历史人物神。关羽是忠勇的代表，所以能够成为道教的护法神。

（2）历代统治者的重视。

统治者为了利用关羽的忠义形象教育民众顺应自己的统治，因此自唐开始一直到清，将关羽逐步提升为重要的神灵祭祀。道教为了在国家宗教事务中占有较之其他宗教的优势，也竭力逢迎统治者的意愿，由于统治者崇拜关羽，道教也将关羽列为自己的护法神，借此与统治者的意愿保持一致。

（3）下层民众的信仰。

除上层的正统的官方道教外，还有在社会下层广大群众中传播的道教，关羽不仅为王朝所推崇，同时深入民间，成为财神、行业神和聚落保护神，而且为秘密宗教、结社所尊崇。道教为了吸引民众，说服民众信奉本教，自然也将关羽列入本教，使之成为本教的护法神。

道教中有哪些著名神仙？

道教信奉的最高尊神是"三清"，其次为玉皇，其次为四御，再次则为众天神。其他分司不同职责的神仙，老百姓最熟悉的有风、雨、雷、电、水、火诸神，以及财神、灶神、城隍、土地等。

道教有哪些派别？

道教内部门派众多，因分派标准不同而名称各异。

据学理分有积善派、经典派、符箓派、丹鼎派（金丹派）、占验派五类。

按地区分有龙门派、崂山派、随山派、遇山派、华山派、嵛山派、老华山派、鹤山派、霍山派、武当派等。

按人划分则有少阳派（王玄甫）、正阳派（钟离汉）、纯阳派（吕洞宾）、海蟾派（刘操）、三丰派（张三丰）、萨祖派（萨守坚）、紫阳派（张伯端）、伍柳派（伍冲虚、柳华阳）、重阳派（王中孚）、尹喜派（关尹）、金山派（孙玄清）、阎祖派（阎希言）等。

按道门分有混元派（太上老君）、南无派（谭处瑞）、清静派（孙不二）、金辉派（齐本守）、正乙派（张虚静）、清微派（马丹阳）、天仙派（吕纯阳）、玄武派（真武大帝）、净明派（许旌阳）、云阳派（张果老）、虚无派（李铁拐）、云鹤派（何仙姑）、金丹派（曹国舅）、玉线派（樵阳真人）、灵宝派（周祖）、太一教（萧抱珍）、全真教（王重阳）、正一教（张宗演）、真空派（鼓祖）、铁冠派（周祖）、日新派、自然派（张三丰）、先天派、广慧派等。

历史上还有正一宗（张道陵）、南宗（吕纯阳）、北宗（王重阳）、真大宗（张清志）、太一宗（黄洞一）、五大宗之分法和天师道、全真道、灵宝道、清微道四大派的分法。还有道德、先天、灵宝、正一、清微、净明、玉堂、天心八派的说法。

▲永乐宫道教壁画
三清殿中的"朝元图"壁画，泰定三年（1325年）由马君祥等人绘制而成，描绘了诸神朝拜元始天尊的故事，以8个帝后主像为中心，周围有金童、玉女、星宿、力士等共286尊，场面开阔，气势恢宏。这些壁画为我国古代壁画中的经典佳作。

张天师是怎样一个人？

张陵，中国东汉五斗米道创立者，后改名张道陵，字辅汉，敬为张天师。沛国丰邑（今江苏丰县）人。少时喜读河洛图讳、天文地理之书。曾入太学，通达五经，又好黄老之学，举荐"贤良方正直言极谏科"。汉明帝时曾任巴郡江州（今四川重庆）令，后隐居北邙山（今河南洛阳北），修炼长生之道。朝廷久征不就。东汉顺帝时，修道于鹄鸣山（今四川大邑县境内），创立五斗米道。教门中尊老子为教主，以《老子五千言》为经典，自称太上老君，授为"三天法师正一真人"。制作道书24篇，建立24治区，各治立道官祭酒，以统治道民。道民有犯小过者以悔过自新为奉道之主旨，并用符水咒法为道民治病。传有弟子王长、赵升等。子孙世袭天师道号，历代帝君皆加有封号。

道教"四大天师"都有谁？

"天师"原是古代对有道者的尊称，后世道教徒称张道陵为天师。"四大天师"为道教史上的四位重要真人，分别是张道陵、葛玄、许逊（许旌阳）、萨守坚，为玉皇殿前的四位天神。另一种说法是：张道陵、许逊、邱弘济、葛洪为四大天师。

中国第一位女道士是谁？

中国第一位女道士是西晋时的魏华存，她也是中国第一个女道教学者，后来被上清派奉为开派祖师。她出身官宦家庭，从小受到良好教育，具有深厚的文化素养。天师道北迁以后，中原地区成了道教的活动中心，魏华存受其影响，加入了天师道，凭着她过人的才气和道徒们的拥戴而成为祭酒中唯一的女性。

魏华存对道教的养生理论进行了深入的研究，首创了三丹田、八景、二十四真的养生理论，并根据自己的修炼实践写下了具体的修习方法；还搜集了《太上宝文》《太洞真经》《黄庭经》等道教典籍，形成了一套完整的道教教义，是上清派的理论基础。

王重阳开创的全真派对道教有哪些影响？

王重阳开创的全真派，是中国道教的一个重要支派。全真教除继承中国传统道教思想以外，还将符箓、丹药等及其思想以外的内容重新整理，为以后的道教奠定了基础。

王重阳主张儒、释、道三教平等，三教合一，提出"三教从来一祖风"的融合学说。全真道内以《道德经》《孝经》《般若波罗蜜多心经》为必修经典，认为修道即修心，除情去欲，存思静定、心地清静便是修行的真捷径。所以，全真教不崇尚符箓，不从事黄白炼丹。王重阳死后三年，全真道传教范围波及关中、河南、河北、山东大部分地区，遍于社会各个阶层。在组织上、理论上为全真教的兴盛发展奠定了基础。

丘处机为道教的兴盛做出了怎样的贡献？

丘处机，全真道掌教人，字通密，号长春子。登州栖霞人（今属山东）人。丘处机在王重阳去世后入磻溪穴居，历时六年，行携蓑笠，人称"蓑笠先生"。后又赴饶州龙门山（今宝鸡市）隐居潜修七年，成为全真龙门派创始人。

在丘处机的影响下成吉思汗曾令"止杀"。1224年，丘处机回到燕京，奉旨掌管天下道教，住天长观（今白云观）。同年，丘处机曾持旨释放沦为奴隶的汉人和女真人3万余，并通过入全真教即可免除差役的方式，解救了大批汉族学者。自此，全真教盛极一时，丘处机的声誉亦登峰造极。寺庙改道观、佛教徒更道教者不计其数。1227年，丘处机病逝于天长观，终年80岁。元世祖时，追封其为"长春演道主教真人"。

张三丰究竟是一个怎样的人？

张三丰，本名通，字君实或君宝，汉族，辽东懿州（今辽宁阜新）人。元末明初时期的儒者、道士。善书画，工诗词，中统元年，曾举茂才异等，任中山博陵令。游宝鸡山中，有三山峰，挺秀仓润可喜，因号三丰子。明英宗赐号"通微显化真人"；明宪宗特封号为"韬光尚志真仙"；明世宗赠封他为"清虚元妙真君"。

史书记载张三丰龟形鹤背，大耳圆目，须髯如戟，寒来暑往仅一纳衣，雨雪天气蓑衣着身。1258年，宗教界爆发了中国历史上规模最大的一次佛道大辩论。蒙古大汗蒙哥亲临主持，嵩山少林寺长老福裕和全真教高道张志敬分别率队参加舌战，结果道教遭到惨败。从此，道教日渐衰沉。但一个世纪后，张三丰在武当山创立一个新的道派——三丰派，掀起了中国道教发展史上的最后一波，并成为武当武功的创立者。

▲武当山

道教主要有哪些戒律？

道教戒律是一些约束道士思想言行的准则，依照不同的教派有不同的内容。戒律的内容主要有不得杀生，不得喝酒吃肉，不得偷盗，不得邪淫等。戒律是教徒必须遵守的，而且必须有一个受戒仪式一名道士才能算作教徒。

根据规则的严紧程度，道教戒律可以分成上品戒，中品戒，下品戒。根据戒律的多少有"三戒""五戒""八戒""十戒""老君二十七戒"等。除戒律外，还有道教清规，就是道士犯戒以后的处罚手段。具体条例因派别不同而规定也不同。

现存道教戒律主要收入《正统道藏》三洞之戒律类。《云笈七签》和《道藏辑要》亦有收录。较著者有《太上经律》《洞玄灵宝天尊说十戒经》《太上老君经律》《天仙大戒》《初真戒》《中极戒》等。

道教主要有哪些节日？

道教节日一般为诸神圣诞，或传统民俗节日。各宫观在这些节日里，一般要举行道场，祈祷祥瑞，或超度亡灵。其主要节日有：

三清圣诞（冬至日元始天尊圣诞，夏至日灵宝天尊圣诞，二月十五日道德天尊圣诞）；

玉皇圣诞（正月初九）；

三元节（上元正月十五，中元七月十五，下元十月十五）；

九皇会（九月初九）；

真武大帝圣诞（三月初三）；

东岳大帝圣诞（三月二十八）；

文昌帝君圣诞（二月初三）；

关圣帝君圣诞（五月十三）；

吕祖圣诞（四月十四）；

丘祖圣诞（正月十九）。

什么是炼丹术？

炼丹术是古代炼制丹药的一种技术，是近代化学的先驱。我国自周秦以来就创造和应用了将药物加温升华的这种制药方法。

炼丹术所制成的药物有外用和内服两种，外用者至今还很有价值，内服则由于其毒性较大而逐渐被淘汰。

道教五术指的是什么？

道教五术为：山、医、命、相、卜。

山，是通过食饵、筑基、玄典、拳法等方法来修炼"肉体"与"精神"，以达充满身心的一种学问。

医，是利用方剂、针灸、灵治等方法，以达到保持健康、治疗疾病目的的一种方法。

命，是透过推理命运的方式来了解人生，以穷达自然法则，进而改善人命的一种学问。其方法就是以人出生的时间和阴阳五行为理论基础。

相，一般包括"印相、名相、人相、家相、墓相（风水）"等五种，以观察存在于现象界形相的一种方术。

卜，是利用时间或是异常征兆，而随时进行占卜吉凶之法，如太乙、奇门、六壬、测字、占梦等。

道教对中国文化有什么影响？

道教对中国传统文化的影响是深远而又多方面的，它对人们的思想道德、文学艺术、科学技术等方面都有着重要的影响。

道教文化中的"我命在我,不在天"的思想经过长期宣传,深入人心,使人定胜天的信念成为中华民族的优良传统。

道教对文学方面影响也是极为广泛的。道教追求在现实世界上建立"人人无贵贱,皆天之所生也","高者抑之,下者举之","有余者损之,不足者补之"的平等社会。这种对理想境界的追求影响了许多文学家。

在艺术方面,道教的建筑在中国建筑史上留下了不可磨灭的光辉笔迹。在建筑艺术、建筑美学上达到了极为完美的境界,有着丰富的文化和科技内涵。

▲《抱朴子》内篇　东晋　葛洪

在音乐上,许多道教音乐都是中国传统文化的一笔宝贵财富。

在科学技术方面,中国古代四大发明中的火药,就是道教方士在炼制丹药中发明的。

在医药学方面上,许多炼丹家往往是兼攻化学、药物学和医学,如晋代葛洪不仅著有《抱朴子·内篇》,记载了他对炼丹过程中所观察到的化学变化的认识,还撰有《金匮药方》《肘后备急方》《神仙服食药方》等多种医药书籍。

道观的布局是怎样的?

道观的布局主要有两种形式。

一种为均衡对称式建筑,根据八卦方位,乾南坤北,即天南地北,以子午线为中轴,坐北朝南的布局,使供奉道教尊神的殿堂都设在中轴线上。两边则根据日东月西,坎离对称的原则,设置配殿供奉诸神。这种对称的布局,体现了"尊者居中"的等级思想。

另一种布局是按五行八卦方位确定主要建筑的位置。按照阴阳五行思想,东方作青龙,为木,属阳,正符合道士修炼达到"纯阳",返还于"道"的目的。西跨院则为配殿,或是作为云游道众和香客们的临时客房。大多数宫观的建筑格局为传统的四合院。这种格局对应了木、火、金、水四正,加上中央土,五行俱全。大的宫观由数进四合院、三合院纵向铺开,层层院落依次递进,形成鳞次栉比的发展势态。

道教的十大洞天是哪些?

洞天,是指道家编造的所谓神仙居住的名山胜境。十大洞天是指:

王屋洞府,又称"小有清虚之天"。坐落在山西恒曲和河南济源两县交界处的王屋山。

委羽洞府,又称"大有空明之天"。位于浙江黄岩县的委羽山。

西城洞府,又称"太元总真之天"。坐落在青海的西倾山。

西玄洞府,又称"三元极真之天"。坐落在西岳华山。

青城洞府,又称"宝仙丸室之天"。位于四川灌县的青城山。

赤诚洞府,又称"紫玉清平之天"。坐落于浙江天台县的赤诚山。

▲ 王屋洞天

王屋洞天是十大洞天之首,又称"小有清虚之天"。坐落在山西恒曲和河南济源两县交界处的王屋山。

罗浮洞府,又称"朱明曜真之天"。位于广东增城和博罗两县之间的罗浮山。
句曲洞府,又称"金坛华阳之天"。坐落在江苏茅山。
括苍洞府,又称"成德隐玄之天"。位于浙江仙居和临海两县之间的括苍山。
林屋洞府,又称"左脚幽虚之天"。坐落在江苏的西湖庭山。

道教的"三十六洞天,七十二福地"是哪些?

三十六洞天是指:霍林洞天、蓬玄洞天、朱陵洞天、仙林洞天、玄关洞天、司马洞天、虚陵洞天、洞灵真天、山赤水洞天、会极亢洞天、玄德洞天、天宝洞天、生上洞天、天司洞天、玄真洞天、真化洞天、太乐洞天、大玉洞天、耀宝洞天、宝玄洞天、秀乐洞天、玉宝洞天、阳观洞天、太元洞天、华妙洞天、金庭洞天、丹霞洞天、仙都洞天、青田洞天、朱日洞天、太生洞天、良常洞天、紫玄洞天、天盖洞天、白马洞天和金华洞天。

七十二福地包括:地肺山、盖竹山、仙山、东仙源、西仙源、南田山、玉溜山、青屿山、郁木洞、丹霞山、君山、大若岩、焦源、灵墟、沃洲、天姥岭、若耶溪、金庭山、清远山、安山、马岭山、鹅羊山、洞真墟、青玉坛、光天坛、洞灵源、洞宫山、陶山、皇井、烂柯山、勒溪、龙虎山、灵山、泉源、金精山、阁皂山、始丰山、逍遥山、东白源、钵池山、论山、毛公坛、鸡笼山、桐柏山、平都山、绿萝山、虎溪山、彰龙山、抱福山、大面山、元晨山、马蹄山、德山、高溪蓝水山、蓝水、玉峰、天柱山、商谷山、张公洞、司马梅山、长在山、中条山、湖鱼澄洞、绵竹山、泸水、甘山、汉山、云山、庐山和东海山等。

第四章
政治军事

官 职

传统的封建官制有些什么特点？

中国古代的封建官制，是指在皇帝之下设置的中央官制与地方官制上下两级官僚机构。中央政府作为皇帝的辅政机构，主要设置宰辅、宰相及负责各方面事务的政务机构。在地方上，建立了一整套由中央层层统摄的严密的地方统治机构。

同时，为保证各级官僚机构有充分的人选及各级官员对皇帝尽忠尽责，还配备了一套比较系统、完备的官吏选拔及职官管理制度。

在这种制度下，各级官吏只对皇帝负责。官吏们依据等级地位的高下，分别成为拥有不同权限的权贵阶层。但他们不得以贵族的身份进行治理，而必须以皇帝的仆役资格行使治理。大小官吏的任免予夺等一切权力，都集中在皇帝手中。

传统的封爵制度经历了哪些演变？

▲常遇春像
1361年，常遇春随同朱元璋等率舟师进入鄱阳湖，与陈友谅进行了36天的大恶战。在这次战役中，常遇春功勋卓著，后来被封为开平王。

爵又叫爵位，是中国古代帝王对有血缘关系的亲族和功臣授予的一种称号，是社会地位高低和享受物质利益多少的标志。一般依据血缘关系的亲疏或功劳的大小授予不同的爵位。商、周时期，封爵就是分封诸侯，爵称同时也是官称。春秋战国时期，封爵制度发生了很大变化，主要依据对国家的贡献与功劳的大小来授予爵位。

秦国推行的是典型的军功爵制，把在战争中立下的军功同爵位、享受的待遇联系起来。汉代实行两种封爵制度，一种是将宗室封为王、侯两等，一种是对功臣的封爵。以后各代基本依照秦制。元代，凡是宗室、驸马通称诸王。明代以皇子为亲王，亲王之子为郡王。文武官员的封爵是公、侯、伯三级，各加地名为封号，但只有岁禄而无实际的封邑。清代宗室封爵为十等，按宗亲世系分别授予，宗室凡年满二十岁均可具名题请。另外，对皇帝的妃嫔、女儿、姐妹、姑母，甚至功臣的母亲、妻子等，也授予封号。

中国传统的行政制度是怎样的？

夏商周时期实行的是封国建藩的地方行政体制，诸侯虽然具有地方长官的属性，但仍具有相对的独立性。

进入封建社会以后，专制主义中央集权制度的建立，不仅表现为中央政权集中掌握在皇帝手中，而且还表现在地方权力集中到中央，由中央对地方的统属关系所构成的行政组织形式，称为郡县制。

在漫长的历史沿革过程中，地方行政机构的组成层次曾出现过：郡县或州县两级制；州、郡、县，或路、府、县，或道、府（州）、县三级制；省、路、府、县，或省、道、府、县四级制。经过这样划分，就形成了一张大网，逐层布下，遍布全国每一个角落，而提控网纲的就是皇帝。

在地方权力的分配上，历代统治阶级的指导思想都是：分割地方权力，使之各有其主，并且使地方官吏之间互相制约。

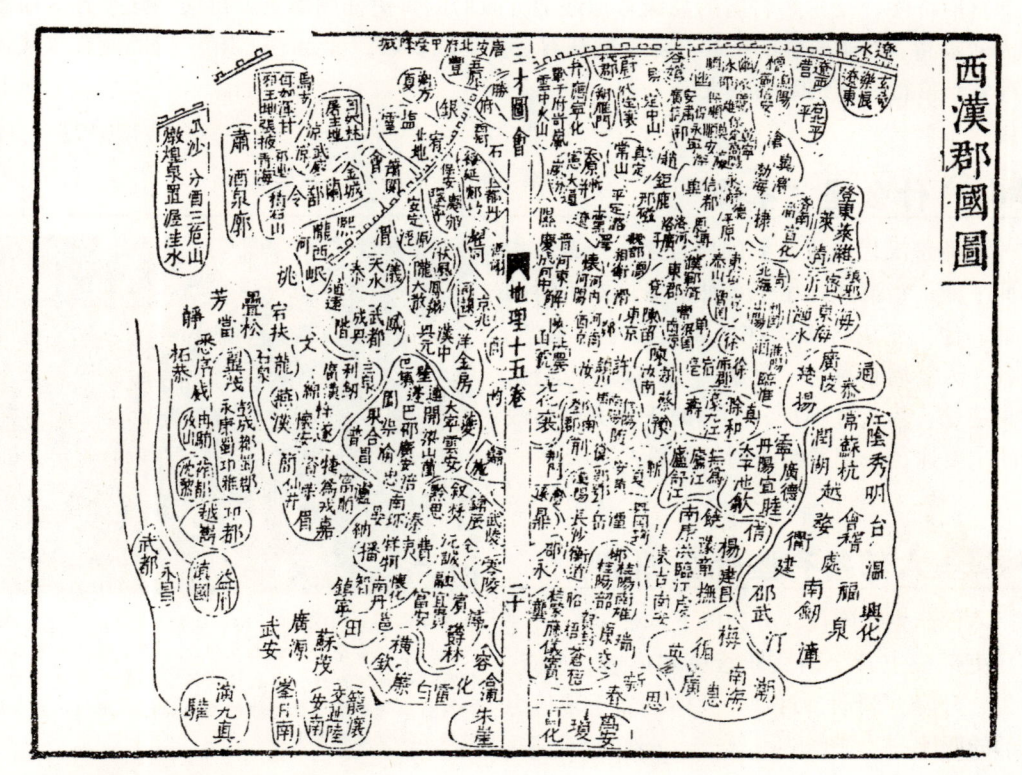

▲西汉郡国图　明　《三才图会》
此为明代人所绘的西汉地图，当时推行的是郡国并行制，郡由皇帝直接控制，而国则由分封的诸侯王管理，七国之乱后，大量国被削减成为郡，促进了皇权的集中。

图解·国学常识

古代如何选拔官员？

招聘作为一项选拔官吏和征求人才的办法，在我国由来已久。早在《孟子》一书中便记载了商汤派人五次往返，"以币聘"伊尹的故事。后来，类似这种的招聘层出不穷。

在我国历史上，人才招聘的黄金时代当推两汉。汉代的招聘制度归纳起来有以下特点：

一是按州县定名额，与地方官的举荐连在一起，成为一项较为经常性的制度。二是专门招聘精通某种学问、技艺的。如汉昭帝始元五年（公元前82年），招聘精通《孝经》《论语》《尚书》的专门人才。三是特为办一件事情而招聘，事毕而罢。

汉代以后，在九品中正制度下，招聘制度徒具虚名。特别在隋唐以后，科举成为主要选官方法，招聘制度渐趋衰微。但是三国曹操，唐朝李渊、李世民，明朝朱元璋，元朝忽必烈时期，也利用招聘办法选拔了不少人才。

征辟制选士是如何操作的？

征辟制是汉代选拔官吏制度的一种形式。征，是皇帝征聘社会知名人士到朝廷充任要职。辟即官府辟除，是中央官署的高级官僚或地方政府的官吏任用属吏，再向朝廷推荐。前者多为名望高、品学兼优的社会名流，被征召者多委以要职，称为"征君"。辟除制在汉武帝以前就已推行，直到隋朝被废。

什么是"孝廉"？

孝廉是汉代选拔官吏的科目之一。孝，指孝悌；廉，指清廉。始于董仲舒贤良对策时的奏请，他主张由各郡国在所属吏民中荐举孝、廉各一人。后合称为"孝廉"。举荐每年进行，以封建德行为人才标准，为当时士大夫参与政治的主要途径。到了明清则俗称举人为孝廉。

六部各有些什么职能？

六部产生于隋代，分为以下六种：

吏部：主管全国文职官吏的挑选、考查、任免、升降、调动、封勋，大体相当于现代组织部的职能。

▲举孝廉图　西汉
汉代选官以察举和考试为主体，察举是经过考察后进行荐举的选官制度，盛行于西汉。孝廉、茂才等常科和特科成为察举制度实践的具体途径。图为内蒙古和林格尔墓壁画举孝廉图。

户部：主管国家户籍、田亩、货币、各种赋税、官员俸禄，大体相当于现代的农业农村部、财政部。

礼部：主管朝廷重要典礼（如祭天地、祭祖先等）、科举考试、接待外国来宾，类似于现代的教育部和外交部礼宾司。

兵部：主管全国武职官员、练兵、武器、驿站，相当于现代的国防部。

刑部：主管国家司法、行政，大体相当于现代的司法部。

工部：主管兴修水利、重要的土木建筑工程，大体相当于现代的水利部和建筑工程部。

各部的最高长官是"尚书"，副长官称"侍郎"。

什么是总督、都督、提督？其各有哪些职能？

总督：是管辖一省或数省军政的地方最高长官，这个职称始于明朝。但明代的总督，主要负责军务和粮饷，还不是固定的职务。但从此总督职权日益扩大，兼掌民政，实际上逐渐成为地方军政首长。清康熙以后，总督成了正式的封疆大臣，品级为一品，军政民刑都管。

都督：汉末就设置都督，三国时有"都督诸州军事"。都督一职，在汉末设置时，主要指领兵打仗的将帅，一般不理民事。魏晋以后，有些都督往往兼任驻地的刺史，这样就总揽了军政大权，形成了"军管"。唐代各州都设都督，大都成为当辖区的军政总首长，往往会形成"割据"的独立王国。

提督：这个官职主要是在清朝成为要职。有两种提督，一种是提督学政，各省一人，掌学校政令，负责岁、科考试，考察师生的优劣，又称为学政、学台。凡全省大事，有权和督、抚一起参加讨论。另一种提督，即提督军务总兵官，负责一个省的军务。从一品，和总督同，比巡抚、藩台、臬台三大宪的品级还高。

▲湘军将臣图　清　吴友如
画中称曾国藩为"赠太子太傅原任武英殿大学士两江总督一等勇毅侯谥文正曾公国藩"，其中"两江总督"为官职名称，"一等勇毅侯"为爵位，"文正"为谥号。

古代授官有哪些不同的名称？各有什么区别？

征：招聘授官，尤指朝廷直接招聘授官。

辟：招聘授官。

选：量才授官。

荐：下级向上级推荐授官。

举：选拔。

点：指派，尤指皇帝指派。

简：任命。

补：任命补缺，多指照例补缺。
进：升任，尤指高级官员的升任。
起：由民间征聘。或罢官后再授官职。
赠：对官员的先世或已死的官员授予职称，封衔。

古代兼代官职有哪些不同的名称？各有什么区别？

领：常指兼任。
摄：兼理，尤指暂兼。
守：兼理，指比本职高的兼职。
行：兼管，指比本职低的兼职。
判：中枢官兼任地方官。
知：同"判"。
权：暂代官职。
假：同"摄"。
署：代理无本官的职位，也称"署理"。
护：上级官员离职，由次一级官员守护印信代行职权。

古代任免升迁有哪些不同的名称？各有什么区别？

"三省六部"制出现以后，官员的升迁任免由吏部掌管。官职的任免升降常用以下词语：

拜：用一定的礼仪授予某种官职或名位。
除：拜官授职。
擢：提升官职。
迁：调动官职，包括升级、降级、平级转调三种情况。为易于区分，人们常在"迁"字的前面或后面加一个字，升级叫迁升、迁授、迁叙，降级叫迁削、迁谪、左迁，平级转调叫转迁、迁官、迁调，离职后调复原职叫迁复。
谪：降职贬官或调往边远地区。
黜："黜"与"罢""免""夺"都是免去官职。
去：解除职务，其中有辞职、调离和免职三种情况。辞职和调离属于一般情况和调整官职，而免职则是削职为民。

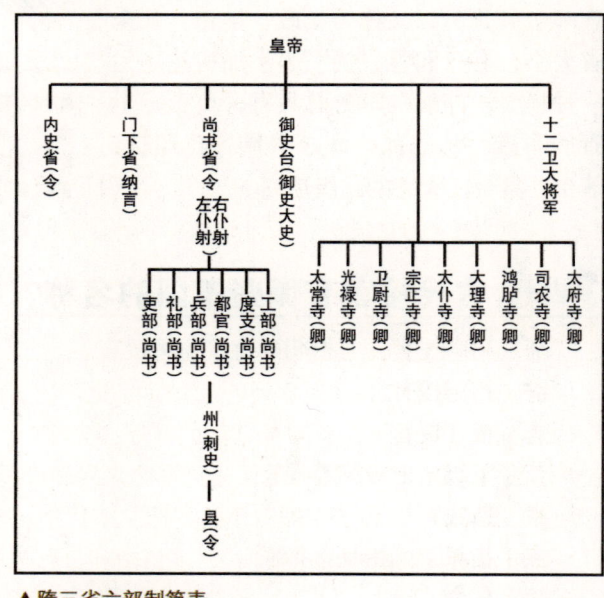

```
                    皇帝
    ┌────┬────┬────┬────┬──────────┐
  内史  门下  尚书  御史台       十二卫大将军
  省(令) 省(纳言) 省(令 左右仆射) (御史大夫)     │
              │                    ┌──┬──┬──┬──┬──┬──┬──┐
        ┌─┬─┬─┬─┬─┬─┐              太  光  卫  宗  太  大  鸿  司  太
        吏 礼 兵 都 度 工            常  禄  尉  正  仆  理  胪  农  府
        部 部 部 官 支 部            寺  寺  寺  寺  寺  寺  寺  寺  寺
       (尚(尚(尚(尚(尚(尚           (卿)(卿)(卿)(卿)(卿)(卿)(卿)(卿)(卿)
        书)书)书)书)书)书)
              │
            州(刺史)
              │
            县(令)
```

▲隋三省六部制简表

乞骸骨：年老了请求辞职退休。

古代官吏是怎样休假的？

我国的休假制度由来已久，从汉代起，政府机关便规定每5天休息一日，称"五日休"。唐代改为"旬休"，每10天休息一日。在休假日里，政府机关的办公活动还是照样进行的。譬如汉代的霍光在休假时，就往往由上官桀去代他办公，这大概是采取轮休的办法。

除定期的休假日外，还有节假日。唐代中秋节给假3日，寒食清明4日；明代冬至给假3日，元宵10日。此外还定有"急假"，官吏用以处置紧急家事，一年以60日为限。

对官吏的假日，历代均有严格的规定。唐代规定三品以上假满之日，须到衙门报到，否则罚俸禄一月。清朝初年，随着西方的传教士进入我国，"礼拜天"这一宗教用语开始在我国出现。辛亥革命后，开始实行星期日休息制。

古代的考勤制度是怎样执行的？

我国的考勤制度起源很早，但当时的考勤，主要是对国家官吏而言。至于考勤表的使用，根据文献记载，当不晚于清代。清政府在国家机构中设置"画到簿"专司考勤。画到簿为官吏考功的重要凭证之一，与红本一起存入内阁大库，以备查验。但由于它反映不出迟到、早退等情况，所以没有多大的约束力。

咸丰年间，成立总理衙门，为了防止画到溜号的弊端，提高办事效率，就规定对其官吏"核其勤惰"，分别予以"请奖"或者"参劾"，这便是历史上考勤与奖惩相结合的开始。

古代言官有些什么职权？

古代帝王为了听取建议和批评意见，专门设立了言官。言官在各朝的称谓，不尽相同，秦朝设谏大夫，属郎中令；两汉时改称谏议大夫，属光禄勋；隋朝时仍称谏议大夫，属门下省；唐沿隋制，又增设左、右拾遗。宋朝时专门设立谏院，首长称左、右谏议大夫，言官可以参议军国大事，拾遗补阙，实际是皇帝的高级谋士。

什么是"衙门"？

"衙门"是指旧时官员办公的机关，因此，凡是古代此类机构均可称为衙门，高至皇帝属下的各部，低至州县官府都是衙门。早在先秦时代，武装的仪仗，为了显得威武，所以常模仿猛兽，以士兵为锋利的爪，把军前大旗做成牙形，慢慢演变出现了指官府为"牙门"的说法。再演变，"牙"字被专用的"衙"字代替，才定型为"衙门"。

不过，老百姓眼中的"衙门"，多是指和自己关系密切的基层州县衙门了。县衙负责全县治安、生产、税收、征兵、地方祭祀、传达御旨、陈情上奏、缉拿盗匪、民生衣食住行几乎全管。县官像是一县之家的大家长，人们称其为父母官不无道理。

举官制度

中国历代是怎样开科取士的？

科举是中国古代读书人所参加的人才选拔考试，它是封建王朝通过考试选拔官吏的一种制度。由于采用分科取士的办法，所以叫作科举。

科举制最早起源于隋朝。隋朝统一全国后，用科举制代替九品中正制。科举制度在唐朝得以完善。唐代科举考试的科目分常科和制科两类。每年分期举行的称常科，由皇帝下

▲殿试图
此图描绘学子们正在完成皇宫中皇帝举行的殿试。明朝科举考试内容为八股文，也称制艺、制义、时艺、时文、八比文；因题目取于四书，又称四书文。八股文是封建统治者扼杀人才、钳制思想的工具。

诏临时举行的考试称制科。唐代取士，不仅看考试成绩，还要有名士的推荐。因此，考生纷纷奔走于公卿门下，向他们投献自己的代表作，叫投卷。向礼部投的叫公卷，向达官贵人投的叫行卷。武则天开创殿试，还开创了武举。

宋朝是科举制度的改革时期。宋代也有常科、制科和武举。不过，宋代常科的科目比唐代大为减少，其中进士科仍然最受重视，进士一等多数可官至宰相，所以宋人以进士科为宰相科。宋代科举形式上放宽了录取和作用的范围，又确立了三年一次的三级考试制度。宋代科举开始实行糊名和誊录，并建立防止徇私的新制度。

明朝是科举制度的鼎盛时期。明代统治者对科举高度重视，科举方法之严密也超过了以往历代。明代以前，学校只是为科举输送考生的途径之一。到了明代，进学校却成为科举的必由之路。明代正式科举考试分为乡试、会试、殿试三级。

科举制度在清朝走向灭亡。科举制发展到清代，日趋没落，弊端也越来越多。已不适应新的时局变化，到了1906年，清政府正式下令废止科举，延续了1300多年的科举制终于消亡。

科举考试要经过哪些步骤？

童生试：也叫"童试"，明代由提学官主持、清代由各省学政主持的地方科举考试，包括县试、府试和院试三个阶段，院试合格后取得生员（秀才）资格，方能进入府、州、县学学习，所以又叫入学考试。应试者不分年龄大小都称童生。

乡试：也称为"大以"，是明清两代每三年在各省省城（包括京城）举行的一次考试，因在秋八月举行，故又称秋闱（闱，考场）。凡本省生员与监生、贡生、荫生、官生，经科考、录科、录遗考试合格者，均可应考。主考官由皇帝委派。考后发布正、副榜，正榜所取的叫举人，第一名叫解元。

会试：各地于秋季发解举人，冬季集中于京师礼部，参加于来春举行的考试，称会试。唐、宋时已然，至元代皇庆二年始有其名。明清两代每三年在京城举行的一次考试，又称"礼部试""春试""春闱""礼闱"。考试由礼部主持，皇帝任命正、副总裁，各省的举人及国子监监生皆可应考，录取三百名为贡士，第一名叫会元。成贡士后可参加殿试。

殿试：是科举制最高级别的考试，皇帝在殿廷上，对会试录取的贡士亲自策问，以定甲第。实际上皇帝有时委派大臣主管殿试，并不亲自策问。录取分为三甲：一甲三名，赐"进士及第"

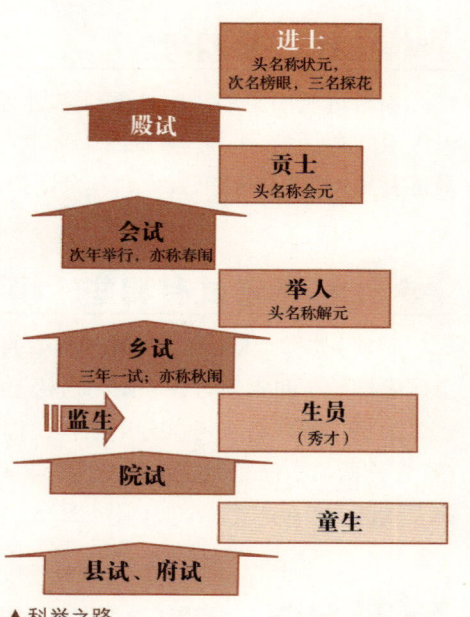

▲科举之路

古代士子从童生到进士，需要经历童生试、乡试、会试、殿试，分别取得秀才、举人、贡士、进士之名号。

的称号，第一名称状元（鼎元），第二名称榜眼，第三名称探花；二甲若干名，赐"进士出身"的称号；三甲若干名，赐"同进士出身"的称号。二、三甲第一名皆称传胪，一、二、三甲统称进士。

什么是监生？什么是贡生？

监生即国子监的学生。或由学政考取，或地方保送，或皇帝特许，后来捐钱就能取得监生资格。其名始于唐代。明初由各省选送了才行俱优的生员入监为监生，举人会试落第者亦可入监。清入监肄业的有贡生、监生、官生（七品以上官子弟之聪敏好学者）、经提学官考选提拔的廪增附生及满洲勋臣子弟、先贤后裔等。乾隆以前，考课很严，后渐成虚文。清后期捐纳监生泛滥，此类监生多以之求官，监生之名，反而为人贱视。

科举时代，挑选府、州、县生员（秀才）中成绩优异者，升入京师的国子监读书，称为贡生，意即以人才贡献给皇帝。明代有岁贡、选贡、恩贡和细贡；清代有恩贡、拔贡、副贡、岁贡、优贡和例贡。清代贡生，别称"明经"。会试考中的考生被称作"贡生"，第一名为"会元"贡生相当于举人副榜。

什么是朝考？

新科进士引见前，由礼部以名册送翰林院掌院学士，奏请皇帝，再试于保和殿，并特派大臣阅卷，称为朝考。考试以诗文四六各体出题，视其所能。考试后，以成绩等第分别授职。最优者录用为翰林院庶吉士，其余则担任主事、中书、知县等职。

科举考试有哪些"榜"？

副榜：亦称"备榜"。科举考试中的一种附加榜示。即于录取正卷外，另取若干名之意。会试副榜始于明永乐时，乡试副榜始于明嘉靖时。清初，会试与乡试亦有副榜。

两榜：唐代进士考试分甲乙科，称两榜。清代以会试（进士）、乡试（举人）为甲榜乙榜，合称两榜。唐黄滔《酬徐正字夤》诗："名从两榜考升第，官自三台追起家。"《儒林外史》第二六回："他父亲是个武两榜。"

状元、榜眼、探花的称谓经历了哪些演变？

殿试初设时，设三甲取士，一甲三人都可以称为状元。因为第一名位于榜首，第二人、第三人分列左右，在进士榜的位置好像人的双眼。于是将黄榜之上，榜首之下的一甲二、三名统称为金榜之眼，不分第二、第三，全称作榜眼。到南宋时期，将探花的称谓专属第三名，而榜眼也成为进士第二人的专用名称，状元也成为第一名的专属。

什么是"科举四宴"？

为了笼络天下士人通过科举考试，踏上仕途为统治者效劳，古代科举制度还组织顺利通过科举考试的士子参加由官方、朝廷主办的盛大庆祝宴会，以示恩典，这就是我国古代著名的科举四宴。科举四宴中的鹿鸣宴、琼林宴是文科宴，会武宴、鹰扬宴为武林宴。

鹿鸣宴兴起于唐，是为新科中举的举人而设的宴席。在省城举办乡试以后，由州、县长主持宴请中举的士子，因为宴会上要唱《诗经·小雅》中的"鹿鸣"之诗："呦呦鹿鸣……"因而取名为"鹿鸣宴"，有祝贺之意。

琼林宴是为新科进士举行的宴会，由礼部主持，始于宋代。"琼林"原为宋代名苑，在汴京（今开封）城西，宋徽宗政和二年（1112年）以前，在琼林苑宴新及第的进士，此后相沿通称为"琼林宴"。其后又有闻喜宴、恩荣宴之称。

鹰扬宴是武科乡试放榜后考官及考中武举者共同参加的宴会。其名源于《诗经·大雅·大明》"维师尚父，时维鹰扬"。所谓"鹰扬"，是取威武如鹰之飞扬的意思。

会武宴，是武科在皇宫殿试放榜后在兵部举行的宴会。规模排场浩大，群英聚会，盛

▲鹿鸣盛宴　清　吴友如
此为湖北巡抚谭继洵（即谭嗣同之父）为湖北的辛卯（1891年）科举人举行的鹿鸣宴场景。

况空前。

在封建时代，学子们不仅把这种宴会当作殊荣，而且更重要的是当作学术地位、任职高低的一种标志。尽管与宴者是少数人，但对大多士子具有极大的吸引力，都视为人生四大喜事之一，奋力追求。

什么是"公车"？

早在汉代，便有了以公家车马送应试举人赴京的传统。后来，满洲贵族入主中原，为了发展文治，需要笼络天下的知识分子。

顺治八年（1651年），朝廷做出规定："举人公车，由布政使给予盘费。"即应试举人的路费由政府的布政使供给，路费的多少，因路程的远近而不同。广东琼州府最多，每名三十两，山东最少，每名只有一两。其余地区，由三两至二十两不等。另外还规定，云南、贵州和新疆的应试举人除每人发给白银三两，还发给火牌，凭牌供给驿马一匹，车上插一面"礼部会试"黄布旗，这样，"公车"就成了应试举人的代称。

可以说，"公车"是公共汽车的前身，不过其只为赴京应试的举人服务，普通老百姓是无缘乘坐的。

▲铜车　汉
西汉时期，国家十分重视人才的征辟和任用，对各郡推荐的人才，政府派车接到都城考察任用，史称"公车"。

为什么科举考试要弥封考卷？

历代为了防止考试阅卷录取中的弊端，多采用弥封考卷的办法。唐代开科取士时，试卷上有举人的姓名、籍贯，能靠特权录取。武则天曾下令用纸糊上举人姓名，但没有形成制度。

考卷弥封制度始于宋。宋太宗淳化年间采用监丞陈靖的建议，推行"糊名考校"法。糊住姓名、乡贯，决定录取卷后，才拆弥封，以"革考官窝私之弊"。不过从字体上，或许还能辨认。因此宋真宗大中祥符八年（1015年）设誊录院，由书吏抄试卷副本，而让考官评阅副本。

什么是"五魁"？

什么是"五魁"呢？实际上，"五魁首"是"五经魁首"的简称。"五魁首"者，系指古人苦读《诗》《书》《易》《礼》《春秋》五种经籍著作，以求功名，夺得魁首。明代科举考试，以儒家五经（《诗》《书》《礼》《易》《春秋》）取士，每经的第一名叫"经魁"；每科前5名，必然分别是每一经的第一名（经魁），俗称"五魁"。

民间将"魁"解释成"鬼之脚右转，如踢北斗"，魁跟中国古代的星宿崇拜有很深的关系。魁星，又称奎星，是天上二十八星宿之一，"奎主文运"。古时，魁星楼、魁星殿遍布全国各地，保佑各地的考生，金榜题名。

在古代民俗中，魁星除了保佑学生，也能保佑老师。魁星和文昌帝君、朱衣神、关公（文衡帝君）、吕洞宾，合成"五文昌"，是教书先生的行业神。

什么是"八股文"？

八股文是明清科举考试时所采取的专门文体，也叫制义、时艺、八比文等。因为它要求文章中应有四段对偶排比的文字，一共八部分，所以叫八股文。"股"是对偶的意思。

八股文的特点是：题目采自"四书""五经"，论述内容以程朱学派的注解为准，结构体裁有一套硬性的规格。全文由破题、承题、起讲、入题、起股、中股、后股、束股、大结等各部分组成，作用互不相同。

八股文对字数也有一定的限制，文中要求点句、勾股，涂改的字于文末以大字注明，试题低两格而试文顶格，不符合规定的试卷取消资格。

八股文从内容到形式都很死板，使士人没有自由发挥的余地，因此后人用"八股文"比喻空洞死板的文章或迂腐的言论。

▲武童试字　清　吴友如
文科举考八股文，而武科举则比试武艺，同时为了防止武官不识字，考武举时还要测试文字。此图就是清朝末年一次武举考试中比试文字的场景。

教 育

如何理解"有教无类、因材施教"？

有教无类、因材施教都是孔子的教育思想。

在孔子之前，"学在官府"，教育是"有类"的，就是说，授受教育的权利，把持在少数贵族的手里。孔子提出了"有教无类"的进步口号，打

▲孔子编订了《诗经》

破了"学在官府"的框框，提高了私人讲学的地位，受教育的范围放宽了。孔子的学生只要献给"束脩"（十条干肉）作为见面礼，就可以随孔子读书。

孔子很重视对学生的"因材施教"，他根据每个人的特点，分别用不同的方法进行教育。他着重培养德行、言语、政事和文学四科的人才。在他的弟子中，德行突出的，有颜渊、闵子骞、冉伯牛和仲弓；言语突出的，有宰我、子贡；政事突出的，有冉有、子路；文学突出的，有子游、子夏。

何谓"学在官府"？

"学在官府"是西周教育制度的主要特征。主要体现学术和教育为官方所把持，国家有文字记录的法制规章、典籍文献以及祭祀典礼用的礼器全都掌握在官府，普通百姓根本无缘接触到。西周的政治体制是领主贵族制度，诸侯、大夫都有自己的世袭领地，政府的官职也多是世袭的，史称"世卿世禄"。在这种体制下，培养统治阶级治国人才的学校教育，其对象必然以贵族子弟为主，即所谓"国子"，他们的教育自然由官方来安排。

在"学在官府"体制下，形成了从中央到地方的较为完善的学校教育体制以及以礼、乐、射、御、书、数等六艺为主体的教育内容。

什么是"书馆"？什么是"经馆"？

汉代的私学可分为初、高两级，分别称书馆、经馆。

书馆教育可分为两个阶段：第一阶段主要是识字写字教育，汉代编有多种识字课本，另外也进行一些基本的数学常识教育。第二阶段则开始接受儒家学说的基础教育，教材有《孝经》《论语》等。

经馆实际上是一些著名学者聚徒讲学的场所。经馆教师中有在职和退隐的官员，也有终生不仕的学者。其中有不少古文经学的学者，因为其学术不能立于学官，只能在民间传授。有些经馆的规模很大，弟子众多，老师不能个个当面传授，只有少数高足才能直接聆听私学大师的教诲，这部分人常称为"及门弟子"或"授业弟子"，其他人只能在教师那儿登记姓名，临时请教，称为"著录弟子"。

什么是唐代的"国子监六馆"？

唐代最高学府是国子监，分为东西两监，分别设在洛阳和长安。唐代国子监下分设六馆，有国子学、太学、四门学、律学、书学、算学。其中律、书、算三学馆是培养专才，相关的专业知识是学习的重点。国子学、太学、四门学主要学习儒家经典，用来培养通才。

六馆入学的资格不同。第一等的是国子学，入国子学者须是唐朝三品以上显贵的子孙，"外藩"学生非皇子王孙不得入；太学为第二等，入太学者是唐朝五品以上官僚的子弟；四门学，供唐朝七品以上的低级官吏子弟入学就读。

国子监的所有学生都是公费就读，食宿全部由唐朝政府供给。不过，学生入学时要给老师送礼，一般情况就是一壶酒、一束干肉再加一段布帛而已。唐朝规定：国子监学生每年进行考试，考试及格即为"及第"，若再通过吏部的"释褐试"就能出去做官，但连续9年考不中就要退学。

学士、硕士、博士的名称最早起源于何时？

学士，最早出现在周代，是指那些在学校读书的人。魏晋以后，学士是指以文字技艺供奉朝廷的官吏。南北朝以后，学士是指司文学撰述的官员。唐代翰林学士是文学侍从之臣。明代翰林院士、翰林侍读、侍讲学士是词臣的荣衔。明朝末年设有典礼院，亦置学士。

硕士，名称最早起源于五代，《五代史》记载："前后左右者日益亲，则忠臣硕士日益疏。"硕士，在古代是指品节高尚、学问渊博的人。

博士，此词最早起源于战国时代。当时博士是一种官职，是博古通今、知识渊博的人。古代的博士大体有三种职责：一是备皇帝顾问，参与朝政。二是负责保管朝廷的文献档案，从事编撰著述。三是传授学问，培养人才。

孔子家世渊源

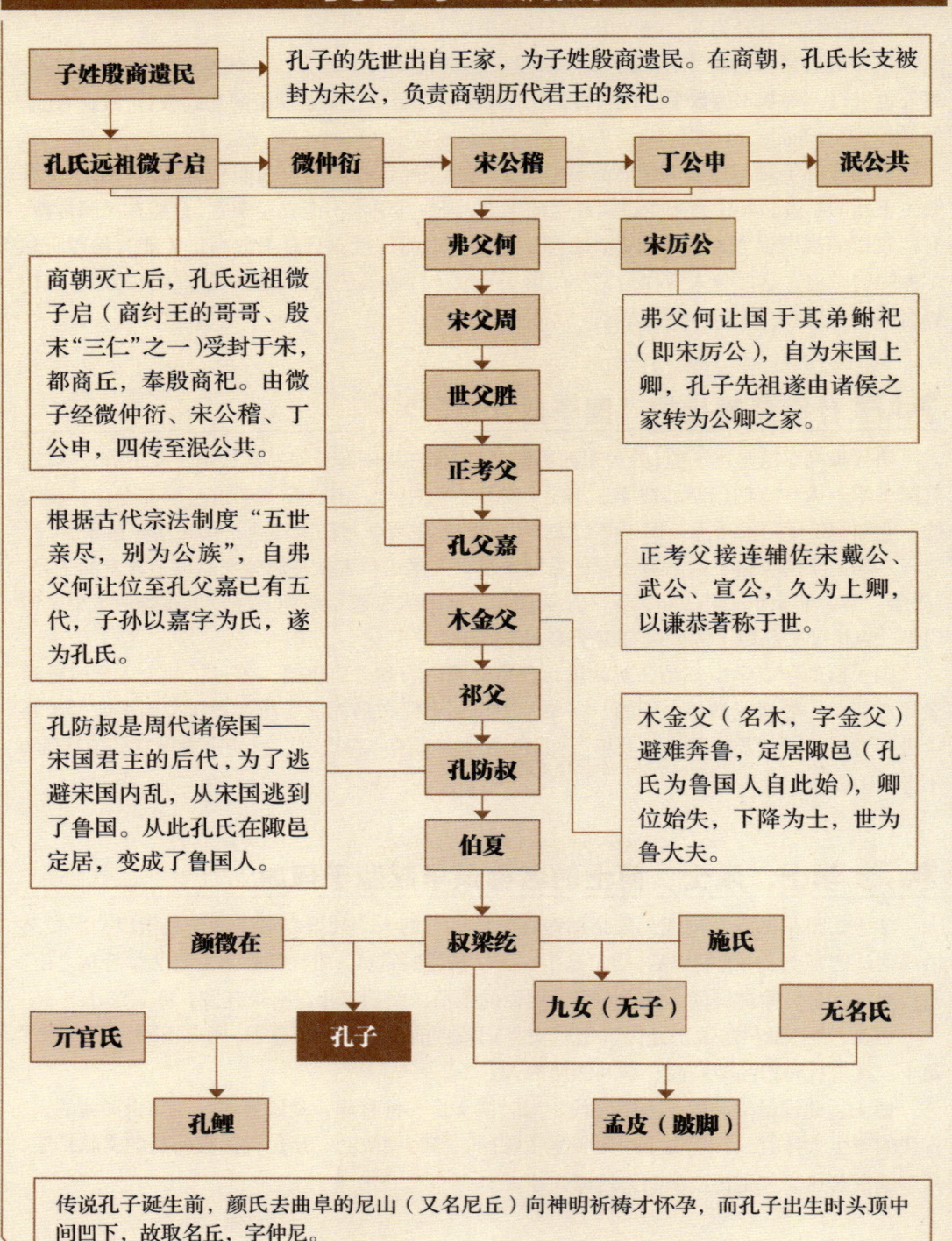

- **子姓殷商遗民** → 孔子的先世出自王家，为子姓殷商遗民。在商朝，孔氏长支被封为宋公，负责商朝历代君王的祭祀。

- **孔氏远祖微子启** → 微仲衍 → 宋公稽 → 丁公申 → 湣公共

商朝灭亡后，孔氏远祖微子启（商纣王的哥哥、殷末"三仁"之一）受封于宋，都商丘，奉殷商祀。由微子经微仲衍、宋公稽、丁公申，四传至湣公共。

- 弗父何 — 宋厉公
- 宋父周
- 世父胜
- 正考父
- 孔父嘉
- 木金父
- 祁父
- 孔防叔
- 伯夏

弗父何让国于其弟鲋祀（即宋厉公），自为宋国上卿，孔子先祖遂由诸侯之家转为公卿之家。

根据古代宗法制度"五世亲尽，别为公族"，自弗父何让位至孔父嘉已有五代，子孙以嘉字为氏，遂为孔氏。

正考父接连辅佐宋戴公、武公、宣公，久为上卿，以谦恭著称于世。

木金父（名木，字金父）避难奔鲁，定居陬邑（孔氏为鲁国人自此始），卿位始失，下降为士，世为鲁大夫。

孔防叔是周代诸侯国——宋国君主的后代，为了逃避宋国内乱，从宋国逃到了鲁国。从此孔氏在陬邑定居，变成了鲁国人。

- 颜徵在 — 叔梁纥 — 施氏
- 九女（无子）— 无名氏
- 亓官氏 — 孔子
- 孔鲤
- 孟皮（跛脚）

传说孔子诞生前，颜氏去曲阜的尼山（又名尼丘）向神明祈祷才怀孕，而孔子出生时头顶中间凹下，故取名丘，字仲尼。

"孔子问礼于老子"一事

私塾先生，虚心求教，立一家之说——儒家。

图书馆馆长，真心指点，立一家之说——道家。

孔子

老子

《史记》《庄子》《吕氏春秋》《礼记》等都记载了孔子向老子问礼一事。《史记》有两处，《庄子》有5处。关于孔子向老子问礼的次数，学界存在分歧，有学者认为3次，有学者认为4次或5次。孔子问礼年龄跨度为17—60岁。

孔子问礼于老子，不是两大学问家简单的"历史会面"，其对我国文化的影响是深远的。老子创立道家、孔子创立儒家，儒道两家思想互补共同构成了中国传统文化的两大主干，若明若暗地影响了中国历史的发展进程。

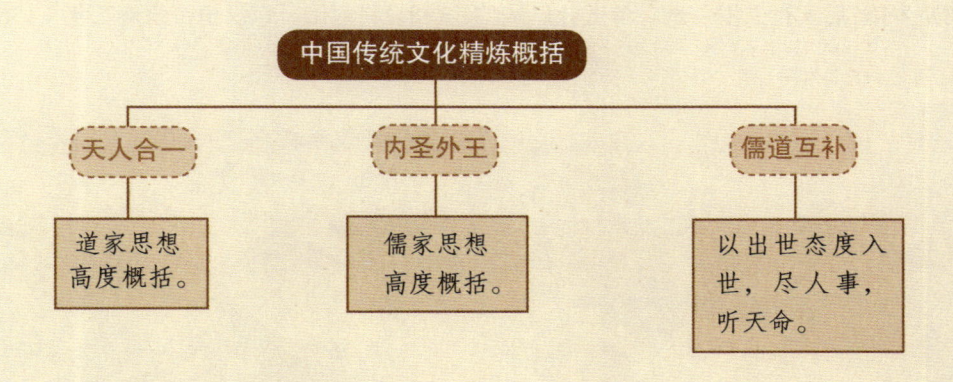

中国传统文化精炼概括

- 天人合一：道家思想高度概括。
- 内圣外王：儒家思想高度概括。
- 儒道互补：以出世态度入世，尽人事，听天命。

什么是"鸿儒"？

汉代王充提出的人才培养的理想目标。他将人才分为四等："能说一经者为儒生；博览古今者为通人；采掇传书以上书奏记者为文人；能精思著文、联结篇章者为鸿儒。故儒生过俗人，通人胜儒生，文人逾通人，鸿儒超文人。故夫鸿儒，所谓超而又超者也。"他以此反对当时经学教育所培养的"章句之生"，认为教育目标应是培养博通古今、善于思考、能著书立说的"鸿儒"。

我国早期的教育机构有哪些？

校：夏代学校的名称，举行祭祀礼仪和教习射御、传授书数的场所。至于"校"，原指用木头或竹子围成栏格作为养马之所。后来逐渐演变为习武和比武的场所。

庠：殷商时代学校的名称。《孟子·寡人之与国焉》："谨庠序之教，申之以孝悌之义。"另外，商朝的学校名称还有"学""右学""左学""序"等。

序：孟子认为，"序"就是射的意思，从文字学角度来解释，"序"从"广"，金文的"序"字，像人在"个"中射箭的样子，以表示习射之所。大致来说，军事教育是序的重要教育内容。

国学：先秦学校分为两大类，国学和乡学。国学为天子或诸侯所设，包括太学和小学两种。太学、小学教学内容都是"六艺"（礼、乐、射、御、书、数）为主，小学尤以书、数为主。

乡学：与国学相对而言，泛指地方所设的学校。

什么是国子监？

汉魏设太学，西晋改称国子学，隋又称国子监，从此国子监与太学互称，都是最高学府兼有教育行政机构的职能。历代太学、国子监都注重考试，但考试形式方法不尽相同。汉初定岁试，后实行二岁一试。考试分口试、策试和设科射策。东汉桓帝永寿二年（156年），

▼雍正帝临辟雍讲学图　清

更定课试之法，每两年考一次，不限录取名额，以通经多寡授以不同的官职。这种注重课试、以试取士的做法，打破了世卿世禄、任人唯亲的制度，对于选拔封建贤德之才，具有积极的意义。唐代中央官学的旬试、岁试、毕业试；宋代实行太学的三舍试法；明清国子监则实行一年积满八分为合格的积分试法。

什么是稷下学宫？

稷下学宫是古代齐国设立的一处专供各地学者著书论辩、传道授业的场所和机构，是我国最早的由政府创办的高等学府。同时，它还明显地具有政府的咨询参议机构的性质。位于齐国都今山东临淄西门外，大约创建于田齐桓公田午时期，至齐王建时衰弱，历时140余年，繁盛时达"数百千人"。当时云集稷下的主要学者有孟子、荀子、宋钘、尹文、慎到、环渊、邹衍、田骈、彭蒙、淳于髡、接子、鲁仲连、田巴、貌说、邹奭等。这些学者在学术上各有所主，分属各派，没有统一的模式，也不威慑于权势，自由地宣传自己的学说和主张，百家立异，各驰其说，争辩求知，蔚成风气。

什么是太学？

太学是中国古代的大学，西周已有太学之名。西周的太学，亦称大学。天子和诸侯均设之。汉武帝罢黜百家儒独尊儒术之后，在长安建立太学。最初太学中只设五经博士，置博士弟子五十名。及至唐初，太学规模完备，盛极一时。宋代太学形成一套比较完整的学制。元、明、清时期则不设太学，只设国子学或国子监，就学的生员皆称太学生、国子生。

▲《熹平石经》残石

什么是书院？

书院为乐育人才之地，是我国古代公众教育制度的一种，类似学校的教育机构。官办书院始于唐，盛于宋，是私人或官府所设的聚徒讲授、研究学问的场所，古代书院都有教学行政组织、领导班子，有学田作为经费来源，经济独立，供学生膳食并按所制定的院规、教学计划、课程设置等进行有序的教学和生活。书院的主持人古称"掌教"或"主讲"，明代称"山长"，谓其尊同山岳。宋代著名的四大书院是：江西庐山的白鹿洞书院、湖南长沙的岳麓书院、湖南衡阳的石鼓书院和河南商丘的应天府书院。清光绪三十二年（1906年）清廷明令"废除科举，广设学堂"，书院至此全部消亡。

中国最早的学校有哪些？

我国最早的大学——太学，创建于西汉元朔五年（公元前24年）。据载，是汉武帝为教化子孙而创办的，主要传授儒家经典。

我国最早培养数学人才的学校——算学，创建于隋文帝时期。

我国最早培育军事人才的学校——武学，创建于北宋庆历三年（1043年）。

我国最早培养医务人才的学校——医学，创建于南朝元嘉二十年（443年）。该学校是我国历史上最早形成系统教育的一所专科学校。我国最早培养外语人才的学校——外语馆，成立于明代永乐年间，由宫廷翰林院创办。

我国最早的女子学校，于1896年6月1日，由中国女学会在上海创办，开始只有16名女生，仅办2年就停办了。

我国近代最早的大学是1898年设立的京师大学堂，它是今天北京大学的前身。

什么是"鸿都门学"？

鸿都门学，即东汉文学艺术专门学校，因校址设于洛阳鸿都门而得名，建于灵帝光和元年（178年）。学生由州、郡三公择优选送，多数是士族看不起的社会地位不高的平民子弟。专攻辞赋、小说、尺牍、字画，为中国古代专科学校之始。宦官派为了壮大自己的势力，对鸿都门学的学生特别优待。学生毕业后，多给予高官厚禄，有些出为刺史、太守，入为尚书、侍中，还有的封侯赐爵。鸿都门学一时非常兴盛，学生多达千人，但延续时间不长。一因士族的猛烈攻击，二因黄巾起义，它随着汉王朝的衰亡而结束。

孔子曾经在杏坛讲学吗？

"杏坛"的典故最早出自庄子的一则寓言。庄子在那则寓言里，说孔子到处聚徒授业，每到一处就在杏林里讲学。休息的时候，就坐在杏坛之上。后来人们就根据庄子的这则寓言，把"杏坛"称作孔子讲学的地方，也泛指聚众讲学的场所。后来，人们在山东曲阜孔庙大成殿前为之筑坛、建亭、书碑、植杏。北宋时，孔子后代又在曲阜祖庙筑坛，球植杏树，遂以"杏坛"名之。

什么是"孔氏家学"？

孔氏家学，源于杏坛讲学。孔子在杏坛首开私人讲学之风，开创了平民教育的先例。孔子死后，他的四孙"即宅为庙，藏乐服礼器，世以家学相承，自为师友"，其教育者当为孔氏后裔，其学者亦不超越孔氏子孙，这就是孔氏家学的开端。魏文帝黄初二年（221年），"修起孔子庙"并"于庙外扩建屋宇，以居学者"，以培养孔氏家族的子弟。宋仁宗延佑年间，孔氏庙学又增颜、孟二氏子弟，孔氏庙学遂成为孔、颜、孟三氏学。明太祖洪武元年（1368年）"改庙学名三氏子孙教授司"，宪宗成化元年（1465年）"颁给三氏学官印"，始正式名为三氏学。神宗万历十年（1582年），孔子第六十一代孙孔宏将庙学迁之于按察司东。万历十五年（1587年），又从巡按御史毛在之请，增入嘉祥曾氏，改名为四氏学。

哪些书院被并称为四大书院？

岳麓书院：始建于北宋初期。北宋开宝九年（976年），朱洞以尚书出任潭州太守，接受了刘鳌的建议，在原有僧人兴办的学校基础上创建了岳麓书院。大中祥符八年（1015年），宋真宗亲自召见山长周式，对周式兴学颇为嘉许，亲书"岳麓书院"匾额。在周式执掌下，岳麓书院的从学人数和院舍规模都有很大发展，遂成为天下四大书院之一。南宋时期，著名理学家张栻主教岳麓，他邀请朱熹前来讲学，成为当时一大盛事。明朝时，王守仁曾在此讲学，书院兴盛一时。到了清末，岳麓书院改为湖南高等学堂，成为湖南大学的前身。

白鹿洞书院：位于江西九江庐山五老峰南麓的后屏山之阳。南唐升元年间，白鹿洞正式辟为书馆，称白鹿洞学馆，亦称"庐山国学"。宋仁宗五年，改称"白鹿洞之书堂"，与当时的岳麓书院、应天书院、嵩阳书院并为"四大书院"。

嵩阳书院：位于嵩山南麓、登封市北约三公里处。创建于北魏孝文帝太和八年（484年）时，时称嵩阳寺，至唐代改为嵩阳观，到五代时周代改建为太室书院。宋代理学的"洛学"创始人程颢、程颐兄弟都曾在嵩阳书院讲学，此后，嵩阳书院成为宋代理学的发源地之一。明末书院毁于兵燹，清代康熙时重建。

应天书院：位于河南商丘（北宋时商丘称应天），为五代后晋时的商丘人杨悫所开办。北宋政权建立后，实行开科取士。因这里人才辈出，百余名学子科举中第者竟多达五六十人。宋大中祥符二年（1009年）真宗帝大为嘉叹，正式赐额为"应天书院"。范仲淹来应天书院求学，后来还担任应天书院掌学主教。

刑 罚

"法"字有些什么特殊的含义？

"法"的繁体写作"灋"，由"水""廌""去"三部分组成。按三部分意思来说，它们体现了公平、公正、决断。

"水"是指执法要像水一样平如镜，代表公平。

"廌"（音"志"）是一种神兽，又名"獬豸"。传说它天性爱主持正义，能判别真假虚实。它头上长有一只角，看到两人动手争斗，便立即用角准确地猛撞无理一方；见到有人吵架争论起来，亦马上用嘴去咬胡搅蛮缠之人。神兽会秉公办事仗义执言，所以，古代执法官员戴"獬豸冠"。"廌"字当然代表仗义公正。

"去"是去掉，引申作解决、法断之意。

▲"法"字
法字的古体字由"水""廌""去"三部分组成，分别代表公平、公正和决断，形象地道出了"法"的意义。

由此可见，古"灋"字是这三方面意思的组合，说明了古人造此字时颇费了一番心机呢！不过它难写难认，后来便简化成"法"字了。

中国古代的法律形式有哪些？

中国古代的法律形式很多，总结起来有如下几种：刑、法、律、令、典、式、格、诏、诰、科、比、例。

刑：在夏、商、西周和春秋时期通用。其含义和法相同，基本指刑律，不指刑罚。后来，刑称为法或律，战国以后常指肉刑或刑罚。

法：这是商鞅变法之前的常用法律形式，春秋战国时期，各国变法时都以法为名称，如魏国的《法经》、晋国的《被庐之法》。商鞅变法将法改为律后，法仅仅在广义上使用。

律：这是商鞅变法后中国古代常用的法律形式，应用广泛，如秦的《田律》，汉朝《九章律》，魏晋之后，有《魏律》《晋律》《北齐律》《隋律》《唐律》《大明律》《大清律》。

令：指统治者就某一具体事务颁布的命令。是律的辅助性法律，在隋唐时期有专门法典，

▲《唐律疏议》

如《开皇令》和《贞观令》。

典：最早出现于唐朝的《唐六典》，是中国历史上第一部行政法典。后来的宋和元明清都有此类法典。

格：格也是一种行政法规。格作为独立的法律形式，最早出现于东魏的《麟趾格》。明清时将格的内容归入了会典和其他形式的法规，不再独立。

科：汉朝到南北朝时期的法律形式，科意思是断，所以依法断罪叫作科罪。在隋唐以后，敕的地位重要，科被敕和格所代替。

例：和比一样，例也是一种断罪原则，也是汉、唐、宋、明、清时期的法律形式，但名称不同。秦称"廷行事"，即法庭成例。汉朝称为"故事"，即以《春秋》中已有的故事作为断罪的依据。到了明清时，例和律并行，日益重要，在清朝时，其效力甚至高过了律。

诏：是古代皇帝发布的命令，也是很重要的一种法律形式，又叫诏令。皇帝的诏令经常具有最高的法律效力。既可以认可、公布法律，也可以改变、废除法律。

除了以上的法律形式之外，还有敕、诰、命、制、程等。值得注意的是，中国古代是专制集权社会，皇帝的权力是至高无上的，所以，他可以用诏、敕、诰等法律形式来发布新的命令，任意破坏现存的法律。这就构成了中国古代法律的最重要的一个特点：法自君出。

中国古代的司法机关经历了怎样的演变？

中国古代的司法机关在西周时期有了明确的从事司法审判的司寇，在此之前的夏商时期只是有了监狱这种司法执行机关，到西周时古代的司法机关基本形成。秦朝建立后，中央司法机关是廷尉府，最高司法官是廷尉。秦地方的司法机关由郡守和县令兼任。疑难案件上报中央，一般的则自己处理。秦朝的司法机关体制奠定了以后中国历代王朝司法机关的基础。

汉朝基本继承了秦朝的制度，包括司法体制，汉朝中央的司法机关仍然是廷尉，地方则与秦朝相同。但汉武帝之后，王权逐渐加强，出现了尚书台这种中枢组织，从而侵夺了廷尉的司法权。汉朝时皇权对司法权的控制进一步加强。

到了三国两晋南北朝，除了基本继承汉朝司法制度外，也有了一些发展。北齐将廷尉改称大理寺，下属官员也增多了，扩大了司法机关的规模。更重要的一点是，死刑的复核权收归了皇帝，这是古代司法制度的一大变化。

在隋唐时期，古代的司法制度基本成熟、制度化。隋唐的司法机关是三个：大理寺、刑部和御史台。宋朝的司法机关也是继承了唐朝的体制，但也有些变化，如宋太宗时期设置了审刑院，侵夺了大理寺和刑部的部分职权，到神宗时撤销，职权又分归大理寺和刑部。宋朝还规定地方司法官必须亲自审理案件，否则处以徒二年的刑罚。从这以后，一直到明清时期，800多年的时间里，州（府）县官员都要亲自审判案件。

元朝在继承前朝的体制基础上，也有变化，在保留刑部和御史台的同时，设置大宗正府来代替大理寺。蒙古人享受了很多的司法特权。

明清时期也是以三法司为主要司法机关。但是其职权发生了变化，大理寺的审判权归了刑部，而刑部的复核权则给了大理寺，御史台改名为都察院。

明朝的特务组织如锦衣卫、东厂、西厂也都有司法审判权，甚至还凌驾于普通三法司之上，直接受皇帝管辖，自行审判、执行。

古代司法机关的发展变化，体现出皇权逐步加强的趋势，司法机关一直隶属于行政，最终隶属于皇帝，说明了司法仅仅是君主专制的一种工具，司法的独立是很难出现的。

▲吏部尚书王忠肃公　明
王忠肃公即王翱，明朝名臣，历任御史、右都御史、提督辽东军务、总督两广军务、吏部尚书等职，任内刚明廉直。

古代对诉讼有哪些规定？

古代的诉讼制度规定，诉讼必须逐级告状，一般不许越级告状。但有重大冤情被压制无法申诉的，可以向皇帝直接告状，但经常要冒承担冲撞皇帝仪仗责任的危险。

为了防止乖戾之徒诬告别人，在告状时，诉状上要写明事实，不许说自己不能确定的事。同时，如果写匿名信告别人的状，要被流放两千里。

古代社会的诉讼权受到很大限制，除了谋反、谋大逆、谋叛外，各朝代都规定，子孙不许控告父母和祖父母，奴婢不许告主人及主人的亲属。如果违反，要处绞刑。但是，如果任何人犯了上述三种重罪，那么任何人都必须向官府举报。可见，封建社会法律是以维护皇权为第一目的的。

对于民事诉讼一般是要在基层根据伦理道德进行调解，调解不成才可以到官府告状，不经过调解私自到官府的，要被处罚，并被视为刁民。

礼与刑有着怎样的关系？

周公制礼后，礼在西周就具备了法的性质。礼从积极方面来规定人们应该做什么，而刑则从消极方面来规定人违礼以后如何处罚。礼包括两个方面，一是国家系统的典章制度，如宗法制、分封制和国家活动等，二是人们的行为规范和婚、丧、冠、祭等各种礼仪。刑则指《吕刑》，是西周中期穆王命司寇吕侯制作的，以论刑为主，强调执法慎重。

礼主要在贵族内部执行，所以一般都是用教化的方式推行，使人们自觉遵守，防止犯上作乱。如果违背了礼，就要受到刑的制裁。

汉文帝时期的刑制改革有哪些重要意义？

公元前167年，汉文帝下诏废除肉刑，开始进行刑制改革。这就是中国历史上有名的文帝刑制改革。

形制改革起源于一次案件，当时齐国的太仓令淳于公犯罪要被处以肉刑，他只有五个女儿，没有儿子，小女儿缇萦便陪同父亲到了京城长安，向文帝上书，说愿意去做官奴，以赎父亲的肉刑。文帝很感动，让丞相张苍和御史大夫冯敬商议改革方案，方案将原来要执行的墨刑、劓刑和斩左、右趾改成笞刑和死刑。

这次改革改变了原来包括肉刑的奴隶制五刑制度，这是奴隶制五刑向封建五刑制过渡的开始。景帝即位后，继续刑制改革，两次颁布诏书，将肉刑数量大幅度减少。同时，还规定了刑具的长短薄厚，以及受刑的部位，行刑中间不许换人等。但宫刑在这次改革中没有废除。

这次刑制改革是中国古代刑制从野蛮时期到文明时期的转折点，此后，到南北朝时期，肉刑逐渐被废除，封建五刑制到北齐时出现了雏形，为隋唐封建五刑制的定型奠定了基础。

▲ 缇萦像

什么是"重法地"制度？

重法地是宋朝的一种法律制度，对某些特殊地区的特定犯罪施加重刑，这个地区就叫作重法地。

北宋时，为了保证京城以及其他重要城市的安全，宋仁宗创建了重法地这种制度。在开始的时候，只在京城地区适用，即开封府各县。到了神宗时，颁布新法律，加重处罚，而且株连家属，没收家产，对累犯和惯犯也施加重刑。以后，重法地又有发展，适用的地区越来越多，不但将某地直接宣布为重法地，而且在非重法地对于一些特定犯罪行为也用重法来处理。

北宋时适用重法地的地区占了领土的三分之一多，基本包括了长江以北所有地区。重法地制度执行了40年后，在宋哲宗时被废除。

图解·国学常识

什么是朝审？

朝审是明朝的一种审判制度，在秋后处决犯人之前，召集朝廷大臣共同复审死罪囚犯。这实际上是一种会审复核制度，表示对人生命的重视。

这种制度开始于明英宗时期，他认为人命关天，一旦处死就无法复生，后果难以挽回。所以英宗规定，在每年的霜降以后，对于将要处决的死罪犯要重新复审，参加的大臣除了司法部门外，几乎包括了在京的所有重臣，如公、侯、伯、驸马、内阁学士、六部尚书、侍郎等。由于参与的官员级别很高，基本包括了在京的最主要官员，所以朝审也号称"九卿圆审"。

一般朝审的死刑犯都是普通的死罪犯人，重犯都已经遵照"决不待时"（即不等到秋冬季节就执行死刑）的原则在平时被处决了。因此，在秋后处决的死罪犯都是一般的杀人犯、严重的盗窃犯。

▲平遥县署
县署即县衙，是古代县官办公审案之地，堂中悬挂着"明镜高悬"匾额，象征办案官员目光敏锐、识见高明，能洞察一切。

什么是秋审？

秋审是清朝的一种审判制度，从明朝发展而来。秋审的对象是复审各省上报的被处以死刑的囚犯。审判官的组成是中央各部院的长官。

秋审执行于顺治十五年（1658年），首先要求各省的督抚将自己省内所有被判处斩和斩监候案件和布政使、按察史会通复审，分别提出四种处理意见：情实、缓决、可矜、可疑。然后将有关案件的情况汇总报送刑部，而囚犯则集中到省城关押。在每年八月，中央各部院长官会审后，提出处理意见，报皇帝审批。如果确认实情，秋后就要处决。缓决如果连续了三次，就可以免死罪，减轻发落。如果是可矜，也可以免死减等发落。可疑则退回各省重新审理。

秋审体现了对死刑的重视，但其判决有时也根据当时形势的需要来定，如果是治安混乱时期，就有可能加重，如果太平时期，可能会减轻。

古代的监狱经历了哪些演变？

监狱的起源可以追溯到远古时代，狱是原始人驯养野兽的井槛或者岩穴，到氏族社会后，用来关押俘虏，驱使他们劳动。国家产生之后，作为国家机器的一部分，监狱也产生了。

"监狱"一开始并不叫监狱。夏朝时叫"官"，商朝叫"圉"，周朝叫"圜土"，秦朝叫"囹圄"，直到汉朝才开始叫"狱"。秦时，不仅京城有狱，地方也开始设狱。汉时，监狱更是名目繁多。南北朝时期的北朝，又开始掘地为狱，发明了"地牢"。唐朝时，州县都有了监狱。宋朝各州都设置了类似周朝的圜土的狱，犯人白天劳役，晚上监禁。明朝京、州、府、县都有监狱，称狱为监也自明律始，清朝沿袭下来。监狱的职能，即对犯罪的事实要进行核实，对犯人进行教改。

什么是刑讯？

在中国古代的司法审判中，用刑具对受审的人进行肉体折磨，以此强取口供作为定罪的证据，这就是一般所说的刑讯。秦朝的刑讯称"榜掠"，李斯就是被赵高用"榜掠"逼供被迫认罪的。到了汉代，刑讯已经制度化。

秦汉时期规定，如果审判时，被告经常推翻口供，拒不认罪的，就可以使用刑讯。在魏晋南北朝时期，刑讯的弊端得到一些抑制，统治阶层提出了依法刑讯的主张，对于刑讯的刑具和规格都做了规定。

唐朝时，刑讯制度基本法制化，唐律规定，官僚贵族和70岁以上、15岁以下的人，还有残疾人和孕妇可以免于刑讯。唐朝之后的宋、元、明、清都继承了唐朝的刑讯制度。为了防止法外刑讯激起民众反抗，皇帝中有的颁布诏书，严禁非法刑讯，并对违法官吏处以重刑。

什么是审讯的"五听"？

五听是封建社会法官审判案件的主要方式，确立于西周，要求法官通过对原告和被告察言观色，通过五种具体方式审理清楚案情，然后进行公正的判决。听即是判断。

五听是：

一、辞听，根据其言语错乱判断是否在说谎。

二、色听，观其颜色，看是否因说谎而脸红。

三、气听，如果无理则会喘息加重。

四、耳听，如果理亏就听不清法官的话，可能在设法自圆其说。

五、目听，如果无理则两眼慌乱无神。

通过这五种方式，再结合当事人的话，核实证据，做出合理判决。此后，中国历代官员都用这五种方式审理案件。

什么是"秋决"?

古代执行死刑一般是在秋冬季节,这与古人的自然神权观念有关,即顺应天意。春夏是万物生长的季节,而秋冬是树木凋零的季节,象征肃杀。处决犯人也是如此。

从西周开始就有了秋冬行刑的做法,到了汉朝成了制度。除了谋反等大罪可以立即处决外,一般死刑犯都要等到秋天霜降后冬至以前才能执行。

古代还有行刑的禁忌,唐宋规定正月、五月、九月为断屠月,每月的十斋日为禁杀日(初一、初八、十四、十五、十八、二十三、二十四、二十八、二十九),即使谋反重罪也不能在这些日子处死。明朝也规定十斋日禁止行刑,否则笞四十。国家进行的大的祭祀活动时也禁止行刑。

古代的死刑有哪些种类?

中国古代的死刑种类很多,死刑不仅仅是剥夺犯罪人的生命,还包括了羞辱、报复等含义。有的是很残忍的酷刑,其种类有:凌迟、斩首、绞、赐死、弃市、车裂、脯、戮、炮格、磔、烹、焚、枭首等。有的是法定刑,如斩首、弃市、凌迟、绞,其他的则是一些临时设置或使用的酷刑。

▲死刑图

什么是奴隶制社会的"五刑"?

中国古代的五刑是五种刑罚的统称,可分为奴隶制五刑和封建制五刑。奴隶制五刑是指墨、劓、刖、宫、大辟。封建制五刑指笞、杖、徒、流、死。奴隶制五刑在汉文帝之前通行,封建制五刑在隋唐之后通行。两种五刑制只是对古代刑罚的一种概括,不能完全包括古代的刑罚制度。

奴隶制五刑中除了大辟即死刑外,其他四种又叫作肉刑,因为这四种刑罚是对肉体的刑罚,而且受刑后无法复原。

墨:又叫黥刑,先割破人的面部,然后涂墨,伤好后留下深色的伤疤。汉文帝废除肉刑后,经过魏晋隋唐,都没有此刑,但五代和宋又恢复,辽金元明清都有刺面刑,但有的轻罪则刺胳膊。到清末光绪末期，彻底废除。

劓：即割鼻子，汉文帝废除肉刑后，用笞三百代替，后来，又减少了笞数。

刖：夏朝称膑，周时称刖。是指斩掉左脚、右脚或者斩双脚。有的说称膑是去掉膝盖骨。秦朝称为斩趾。

宫：又叫淫刑、腐刑、蚕室刑。开始是惩罚那些有淫乱行为的人，后来处此刑的人与淫乱无关。宫刑是五刑中仅次于死刑的一种重刑。东汉时曾经用这种刑罚来作为死罪减等刑。隋朝时正式废除。

大辟：即死刑。秦汉以前的死刑种类很多，如戮、烹、车裂、枭首、弃市、绞、凌迟等。

什么是封建社会的"五刑"？

封建制五刑在隋唐以前已经存在，到了隋唐正式定为法定刑罚使用。

笞：笞打，原来的刑具用小荆条拧成，到了清朝则用竹板做成。这种刑一般打臀部。受刑的轻重和行刑人有关，可以徇私舞弊。

杖：用粗荆条拧成，到隋朝时定为法定刑，击打部位是背、臀和腿。宋、明、清和隋唐相同，到清朝末年法律改革时废除。

徒：强制犯人劳役的刑罚，即劳役。唐朝不附加杖刑，而宋朝则加脊杖。

流：就是将犯人流放到边远地区，不准回乡。隋的流刑分三等：1000里，1500里，2000里，分别劳役两年、两年半和三年。唐朝则各加1000里，但劳役时间减少，都是一年。

死：隋唐之后，死刑一般是两种，绞和斩。宋、元、明、清还加上了凌迟。明、清加枭首。

女犯五刑有哪些？

女犯五刑是专门为女子制定的五种刑罚，分别是刑舂、拶、杖、赐死和幽闭。

刑舂：在施以黥、劓等肉刑后押送官府或边境军营，服晒谷、舂米之劳役。

拶刑：拶是夹犯人手指头的刑罚，故又称拶指，唐、宋、明、清各代，官府对女犯惯用此逼供。

杖刑：隋唐以来五刑之一。宋、明、清三代规定妇人犯了奸罪，必须"去衣受杖"，除造成皮肉之苦外，并达到凌辱之效。

赐死：古代对身份特殊的罪人采用赐毒酒、赐剑、赐绫、赐绳等物，由其自毙。妇人多赐绫缎，历代沿用。

幽闭：开始于秦汉。即用木槌击妇人腹部，人为地造成子宫脱垂，是对犯淫罪者实施的一种酷刑。

什么是宫刑？

宫刑，又称腐刑、阴刑、蚕室或椓刑，即"丈夫割其势，女子闭于宫"，割除生殖器官，对于本人来说，毁灭了他的人生乐趣，对他的家族来说，剥夺了他遗传的权利。因此，宫刑是对人的非常严厉的惩罚。

传说中宫刑早在尧舜时期就有了。据考证，宫刑最初的作用是为了惩罚男女之间不正当的性关系，但是，随着时代的发展，宫刑的施刑范围扩大了，扩大到与初意完全不相干的地步，成为滥施惩罚、压迫民众的一种严酷手段。西周时受宫刑的罪名已相当多见，而且受刑对象是广大奴隶和一般平民。

宫刑在汉王朝更为普遍。三国时，曹操曾提出将某些死刑改为宫刑，很多大臣都反对。晋王朝也有人提出恢复宫刑的主张，也没有能够实行。南北朝时期，宫刑又死灰复燃。北魏时宫刑一般多用于被认为是谋反大逆者的子孙。西魏、北周末见宫刑事例，但也未见废除宫刑的文告，直到隋王朝杨坚才正式下诏将宫刑废除。

▲ 司马迁像
司马迁曾受过宫刑。

隋代以后，正式规定使用宫刑的王朝有辽和明。到了清朝，有所谓"闰刑"，即一些在刑制上没有明确列出条目的酷刑，其中也难免没有宫刑了。

什么是"干名犯义"？

"干名犯义"是在元朝确立的一种罪名，除了反叛、谋逆、故意杀人以外，儿子不许作证父亲所犯的罪行，奴隶不许告发自己的主人，妻妾、弟弟、侄子不许告发自己的丈夫、哥哥、叔叔伯伯，如果违背法令，出现告发行为，就是违背伦理道德、大伤风化的"干名犯义"。

如果有人不遵守法令规定，出现告发情况，对于被告作自首处理，对于告发的人则给予惩罚。这是元朝加强对诉讼人身份控制的一种措施，主要目的是维护封建的伦理道德。元朝的这种制度明朝和清朝都继承了。

诛九族的"九族"怎么算？

"株连九族"是古代一种酷刑。那么"九族"是哪九族呢？

说法一，指父族四、母族三、妻族二；

说法二，是指父族三、母族三、妻族三。

父族四是指姑之子（姑姑的子女）、姊妹之子（外甥）、女儿之子（外孙）、己之同族（父母、兄弟、姐妹、儿女）；母族三是指母之父（外祖父）、母之母（外祖母）、从母子（娘舅）；妻族二是指岳父、岳母。父族三比父族四少了姊妹之子。妻族三比妻族二多了妻兄弟、姐妹。

还有一种说法是从己身往上数：父，祖，曾祖，高祖；在自己身往下数：子，孙，曾孙，玄孙。共九族。如果再加上门生，就是十族了。

"十恶大罪"有哪些？

在古代，这十恶是有所指的。古代封建刑法制度中的"十恶"之名，原来称"重罪十条"，设立于南北朝时期的《北齐律》中，是将严重危害国家利益和伦理道德的行为归纳成十条，以示为重点镇压对象。"列重罪十条：一曰反逆，二曰大逆，三曰叛，四曰降，五曰恶逆，六曰不道，七曰不敬，八曰不孝，九曰不义，十曰内乱。"到隋唐时，随着佛教的兴盛，统治者遂将佛教之中的"十恶"之名引入律法，代替了《齐律》中的"重罪十条"，即谋反、谋大逆、谋叛、恶逆、不道、大不敬、不孝、不睦、不义、内乱。

谋反：妄图危害皇帝的政权，即夺位。古文是"谋危社稷"，国家通称社稷，代称君主。

谋大逆：图谋侵害皇帝的宫殿、宗庙、陵墓。

谋叛：即预谋叛国，投向敌对政权。

恶逆：殴打及谋杀父母、祖父母，杀伯叔父母、姑、兄姊、外祖父母、丈夫、丈夫的祖父母、父母。

不道：杀死一家没有犯死罪的三人，而且将尸体肢解。

大不敬：触犯皇帝尊严地位的七种犯罪。

不孝：告发、咒骂父母、祖父母，祖父母健在时分家，供养不及时，诈称父母、祖父母死等。

不睦：谋杀五服内的亲属，殴打、告发丈夫，殴打其他亲属等。

不义：丈夫去世隐瞒不办丧事，为丈夫守孝期间擅自脱孝服穿喜庆衣服，擅自改嫁。

内乱：指家族内的乱伦。

由于"十恶"之罪直接危害了封建专制制度的核心——君权、父权、神权和夫权，所以自隋代在《开皇律》中首次确立"十恶"之罪以后，历代封建法典皆将之作为不赦之重罪，因此，民间遂有"十恶不赦"之说。

什么是"免死铁券"？

铁券是皇帝分封功臣做诸侯王时所颁发的凭据，起于汉代。《汉书·高帝纪》载："（刘邦）又与功臣剖符作誓，丹书铁契，金匮石室，藏之宗庙。"由于分封功臣的誓词是用丹砂写在铁制的契券上，所以称为"丹书铁券"，或"誓书铁券"。为了取信和防止假冒，将铁券从中剖开，朝廷和诸侯王各保存一半。唐以后铁券不是"丹书"而是嵌金，券词黄金镶嵌。誓词有所封的爵衔、官职、邑地及据以受封的功绩，另刻有"卿恕九死，子孙三死，或犯常刑，有司不得加责"。明代铁券依唐制，所谓"免死"，除谋反大逆，一切死刑皆免。但免死之后要革爵革禄，不许仍袭故封。

中国最早的婚姻法典是哪一部？

在西汉时期，我国已经有了第一部婚姻法典——《汉婚律》，它的内容包括婚姻范围（禁止直系亲属通婚），夫妻双方的权利和义务，以及后嗣、离婚等几个方面的法规。这部《汉婚律》特别强调维护家族内部尊卑秩序，集中体现了统治阶级的利益。

兵 制

古代曾有哪些重要的兵役制度？

兵役制度是国家的重要军事制度之一，它随着国家的出现而产生，又随着国家的经济情况、政治制度和军事需要而变化。我国从古到今，曾有过多种不同的兵役制度。

民军制：夏、商、周时代，兵役寓于田制之中，有受田权利的成年男子，都有服兵役的义务，平时耕牧为民，战时出征为兵。西周时规定每家出一人为"正卒"，随时准备出征；其余为"羡卒"，服后备兵役。军队的核心由王家和贵族子弟组成。

征兵制：秦始皇统一中国后，规定17岁至60岁的男子无论贵贱都必须服兵役两年。守卫京师一年称"正卒"，守卫边防一年称"戍卒"。西汉初年，规定年满20岁的男子都要向官府登记，从23岁起服兵役两年。一年在本郡服役，学习骑射，称"正卒"，一年守卫京师或屯田戍边，称"卫士"，或"戍卒"。

▲木兰从军图　清　吴友如
木兰从军是中国脍炙人口的故事。据推测，木兰诗应该写于北魏时期，当时实行的是世袭兵役制，木兰家应该是军户，其父亲年迈，又无长男，不得已木兰才代父从军。

府兵制：这一制度始于西魏，隋唐逐渐完善。唐代的府兵建立在均田制基础上，男子20岁至60岁受田，都有服兵役的义务。府兵由设置在各地的军府管理，平时散居务农，农隙进行教练，还要轮番宿卫京师或戍守边防，战时奉命出征。战争结束后，"兵散于府，将归于朝"。府兵的社会地位较高，可免除赋役，征战有功者可得勋级，死亡者家属可受抚恤。

募兵制：北宋时，朝廷直接管辖的禁军，从全国各地招募；守卫各州的厢兵，在本州范围内招募；守卫边境地区的藩兵，从当地少数民族中招募；保卫乡土的乡兵，由各地按户籍抽调的壮丁组成。此外,还强迫罪徒当兵。士兵的社会地位降低。

世袭兵役制:早在三国、两晋时就实行过这种制度,把士兵之家列为军户,父死子继,兄终弟及,世代服兵役。元代初期,规定15岁以上70岁以下的蒙古族男子"尽金为兵",后因兵源不足,又规定汉人20户出一兵,凡当过兵的"壮士及有力之家"都列为军户,世代为兵。明代,各卫所的军士,少数驻防,多数屯田,农时耕种,农隙训练,战时出征。军士之家列为军户,世代服兵役。清代的八旗兵,也采用世袭兵役制。凡16岁以上的八旗子弟,"人尽为兵",世代相袭。后又招募汉人当兵,称"绿营兵"。

古代的军衔有哪些等级?

元帅:唐代设有元帅、副元帅等战时最高统帅,宋有兵马大元帅,元有都元帅、元帅。

将军:春秋时晋国以卿为将军,战国时始为武官名,汉代将军名号颇多,魏晋南北朝更繁,隋唐以后历代皆设有将军官名。

校:古代军队的编制单位,统带一校之官称校尉。汉武帝初置中垒、屯骑、步兵、越骑、长水、胡骑、射声、虎贲等八校尉,为专掌特种军队的将领,其地位略次于将军,后通称将佐为八校。

尉:春秋时晋国上、中、下三军皆设尉,秦汉时太尉、大尉、中尉地位颇高,以后带尉字的官员地位逐渐下降。唐代折冲府以300人为团,团设校尉。明清时的卫士和八九品阶官称校尉,清代七品官中有正尉、副尉。

士:夏商周三代,天子、诸侯皆有上士、中士、下士之官,是卿大夫以下的低级官职,秦以后间有袭用古制而以上、中、下士为官职者。

"将军"一词是怎么来的?

奴隶社会没有将军,掌管军事的官职叫司马。那时国家军队数量并不多,天子只有六军(每军2500人),诸侯最多不超过三军。各军的统帅叫卿,卿以下叫大夫(师),大夫以下叫士。

到了春秋时代,诸侯为了扩大势力范围,不断增加兵力,因此,大国诸侯常常拥有三军以上的兵力,而编制上也只有三军,只能设三卿。于是就把扩充军的统帅称作"将军",意即将领一军的意思。以后军队数量越来越大,将军也就越来越多了。作战时军队得由一人统率,因此,在将军中选拔出"大将军"或"上将军"来全盘指挥。

到了汉代,军队数量更多,于是又出现了骠骑将军、车骑将军、卫将军等级别。以后,各朝将军的名称虽不尽相同,但将军分成许多级别这一原则却是相同的。

▲ "马踏匈奴"石雕 西汉
这是霍去病墓前众多石雕之一,是汉武帝为表彰霍去病出征匈奴的战功而建立的纪念碑。霍去病曾被封为骠骑将军。

"三军"的意义经历了怎样的演变？

所谓"三军"最早源于春秋后期。春秋时，大国通常都设三军，如晋、齐、鲁、楚等国，但各国称谓有所区别，如晋国称中军、上军、下军；楚国称中军、左军、右军；齐国、鲁国和吴国都称上、中、下三军。三军各设将、佐等军衔，其中中军的地位较高，也更为骁勇善战。

后来，随着时代的演进，上、下、中军渐渐被前军、中军、后军所代替。到了唐宋以后，这已经成为军队的一种固定建制。不过，这时候的"三军"与春秋时候又有不同，主要在于"三军"各军是担任不同作战任务的各种部队。三军的前军是先锋部队；中军是主将统率的部队，也是主力；后军主要担任掩护和警戒任务。

今天，前军、中军、后军编制已完全消亡，而被现代的陆、海、空三军所替代。

中国古代有海军吗？

我国是世界上最早建立海军的国家之一。大约在3700多年前，夏朝出兵攻打山东半岛上一个叫斟寻的小国时，双方都有武士持戈驾舟迎战。公元前6世纪，我国便有了比较完善的海军组织。伍子胥在太湖里帮吴国训练海军，他把战舰划分为许多种类，分担攻坚、驱逐、冲锋等任务。

我国记载最早的海战发生于公元前485年，当时吴国军舰从海路进攻山东半岛的齐国，双方的舰队在黄海相遇，展开激战，结果吴军被齐军打败。

▲东汉斗舰复原图

我国历史上第一个建立雄厚海军力量的是三国时的孙吴。东吴的水军主力在长江，共有500艘战舰。

我国还是第一个在战舰上安装火炮的国家。11世纪初，我国战船上开始采用火球、火箭。到12世纪初，南宋的战船上，大部分都安装有火枪、火炮等武器，比欧洲早两个世纪。

中国第一支骑兵产生于什么时候？

春秋时期秦穆公的"畴骑"，是我国历史上最早的骑兵。"畴骑"，见于《韩非子·十过》。以往旧注大多为"畴，等也。言马齐等皆精妙也"。或者注为："畴骑，同一规格的马。"这种解释是不妥当的。《史记·历书》裴骃集解引如淳曰："家业世相传为畴。"清人钱大昕说："如氏家业世世相传之解，最为精当……而凡世相传之业，皆可当畴人之目也。"因此，"畴骑"应释为"世世传习骑术者"。古多世业，父子相传，兄弟相及，在骑兵刚刚出现的时候，骑术是一种比较特殊的军事技术，因而成为"世世相传之业"是很自然的。

中国最早的军事院校产生于什么时候？

一般认为，我国军事院校的历史，最早始于1043年北宋庆历年间的武学。其实早在前秦时期，就有了军事学校。据《资治通鉴》记载，前秦皇帝苻坚于380年办过实属军事院校的教武堂，教员是晓达阴阳、精通孙武兵法的专家，学员则是身经百战的骁勇战将，而校址则选在位于水陆交通要道的渭城，可见当时苻坚对这所军事院校是何等重视。

不过教武堂办起来之后，却遭到了一些文武大臣的反对。最后，反对的呼声压过了支持的，苻坚不得不下令解散了这所教武堂。

战争中有哪些指挥工具？

古代战争是通过旗、金、鼓进行调度指挥的，古人称之为"三官"。鼓与金、旗都是古代指挥战争的用具。

鼓是用来鼓舞士气，指挥军队前进的信号。在战斗中，擂鼓是进攻与冲锋的信号，它起着鼓舞士气的作用，直接影响到战争的胜负。据文献记载，每次战斗要击鼓三通，共千槌，每通鼓则为333槌。

金，也是一种战争中所用的指挥信号。"鸣金收兵"的金就是钲，是一种铜质响器，敲击铜钲表示军队收兵、免战或坚守。

军旗，也是指挥战争的重要信号。旗是古代指挥军队的重要工具，不同颜色表示不同方面，分别指挥各方，东方为青旗，南方为赤旗，西方为白旗，北方为黑旗，中央为黄旗，黄旗可指挥全军。另外，全军的灵魂是帅旗，因此战斗中夺取敌方帅旗成为将士的首要目标。

▲甬钟　秦

什么是"露布"？

露布是古代军旅上一种专用的文书，有时也写在木板上，所以也叫露版。目的是公布最新形势，以鼓励士气。在露版上插羽毛，表示急上加急，类似如鸡毛信。

到隋已制定了一套宣露布的礼仪。《隋书·礼仪志》载："开皇中，乃诏太常卿牛弘、太子庶子裴政撰宣露布礼。及九年平陈，元帅晋王，以驿上露布。兵部奏，请依新礼宣行。承诏集百官、四方客使，并赴广阳门外，服朝衣，各依其列。内史令称有诏，在位者皆拜，宣讫，拜，舞蹈者三，又拜。"

号角有些什么作用？

古代军旅中使用的号角是用兽角做成的，故亦称"角"，它是东汉时由边地少数民族传入中原的。由于它发声高亢凌厉，在战阵上用于发号施令或振气壮威，如"鸣角收兵"之例。后来，角也用于帝王大臣出行时的仪仗。随着角被广泛使用，制角的材料也就改用了较易获得的竹木、皮革，还有铜角、螺角。角的型号也长短大小有别，以适应不同的需要。元明以后，竹木、皮革制作的角渐消失，铜角使用最为广泛。到清末，新军创建，"洋式"军号盛行，角就退出历史舞台了。

军队中有哪些通信暗码？

从记载上看，最早制定军队秘密通信暗码的是周代初期的著名军事家太公望，即姜子牙。他制定了两种通信密码，一种叫阴符，一种叫阴书。

阴符是一种较为简便的秘密通信手段，使用者事先制造一套尺寸不等、形状各异的"阴符"。每只符都代表一定意义，只为通信双方知道。在战争过程中，收符者根据收到阴符的尺寸、形状，即可明白统帅部的意图。

阴符共有八种：一、大胜克敌之符，长一尺；二、破阵擒将之符，长九寸；三、降城得邑之符，长八寸；四、却敌极远之符，长七寸；五、警众坚守之符，长六寸；六、请粮益兵之符，长五寸；七、败军亡将之符，长四寸；八、失利亡士之符，长三寸。

后来，在这八种阴符基础上，发展成各种不同用途的虎符、兵符、令箭、金牌、符节，使之能表达更多的内容，这些通信方法，一直沿用到清代末期才被淘汰。

阴书比起阴符来，又进了一步，应用"乙合而再离，三发而一知"的方法。所谓"乙合而再离"，就是把一份完整的军事文书，裁成三份，分写在三枚竹简上。

所谓"三发而一知"，就是派三个通信员分别持这三枚竹简，分别出发，到达目的地后，将三枚竹简合而为一，就能通读文书原意。中途如果其中一人或二人被敌捕获，也不致泄密。

▲阳陵铜虎符
此符是秦始皇调动军队的凭证，用青铜铸成卧虎状，可中分为二，虎的左、右颈背各有相同的错金篆书铭文12字："甲兵之符，右在皇帝，左在阳陵。"意为此兵符，右半存皇帝处，左半存驻扎阳陵（今陕西咸阳市东）的统兵将领处；调动军队时，由使臣持右半符验合，方能生效。

第五章
古典文学

文学种类

什么是汉字的"六书"?

汉字的"六书"指的是古人分析汉字的构造和使用目的归纳出来六种条例。

"六书"这一概念始见于《周礼·地官·保氏》:"保氏掌谏王恶而养国子以道,乃教之六艺……五曰六书。"东汉郑玄注引郑众说:"六书,象形、会意、转注、处事、假借、谐声也(处事即'指事';谐声即'形声')。"班固在《汉书·艺文志》中把六书之名定为象形、象事、象意、象声、转注、假借。许慎《说文解字叙》则把六书之名定为:指事、象形、形声、会意、转注、假借。一般来说,六书中象形、指事、会意、形声属于造字之法,即汉字结构的条例;转注、假借则属于用字之法。

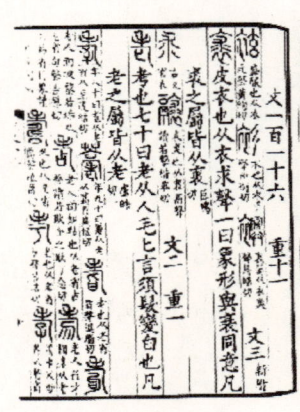

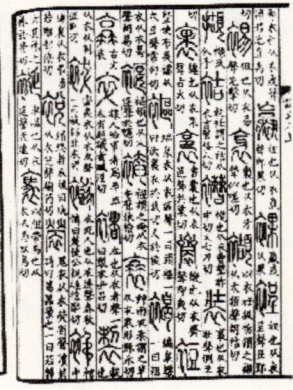

六书反映了战国末期至汉代人们对汉字的结构和使用情况的认识。它是建立在小篆的基础上的,是一个不够完善的条例。但是,对于大多数的汉字来说,特别是对古文字而言,它还是能够予以说明。"六书说"是汉语言文字学史上的一个重大创见。

▲《说文解字》书影
《说文解字》是第一部按部首编排,并以六书理论解释字形、字义、字音及其互相关系的汉语字典。

什么是"平上去入"?

平、上、去、入是古代汉语的四声。古代汉语中共有平、上、去、入四个声调,而现代汉语则由阴平、阳平、上声、去声构成。因此,从古代到现代语音变化可概括为八个字:"平分阴阳,入派三声(入声合入到平、上、去三声中)。"现在的普通话里已经没有了入声(有些方言里还保留部分入声)。古人作诗讲究平仄,如果以现代汉语来看,阴平、阳平属于平声,上声、去声属于仄声,入声也属于仄声。这样就会出现一个问题,那就是现代汉语中的阴平、阳平中的一些字，虽然在今天看来属于平声，但是如果它们是由古代汉语中的入声转化而来的，那么在古代就应该归入仄声，而非平声。

训诂学是研究什么的？

训诂学是中国传统研究古书中词义的学科，是中国传统语文学——"小学"的一个分支。训诂学在译解古代词义的同时，也分析古书中的语法、修辞现象，从语言的角度研究古代文献，帮助人们阅读古典文献。

所谓"训诂"，也称为"训故""故训"，"古训""解故""解诂"。用通俗的语言解释词义叫"训"；用当代的话解释古代的语言叫"诂"。"训诂"连用，最早见于春秋时期鲁国人毛亨注释《诗经》的书，书名叫作《诗故训传》，"故""训""传"是三种注解古文的方法。训诂合用始见于汉朝的典籍。训诂学有广义和狭义之分。广义的训诂学包括音韵学和文字学，狭义的训诂学只是小学中与音韵、文字相对的学科。

何谓"押韵"？

押韵，又称为"压韵"，指的是在韵文的创作中，在某些句子的最后一个字，都使用韵母相同或相近的字，使朗诵或咏唱时，产生铿锵和谐感。这些使用了同一韵母字的地方，称为韵脚。讲押韵，必须弄清三个概念：

韵，韵母和韵部。韵是就韵腹、韵尾和声调而言，它不管韵头。

韵母是就韵头、韵腹、韵尾而说的，它不管声调。

韵部是就韵腹、韵尾而说的，它不管韵头和声调。

押韵是增强诗歌节奏性的重要手段，近体诗为了使声调和谐、容易记忆，对押韵特别讲究。古人通常使用官方颁布的专门指导押韵的书，如《唐韵》《广韵》《礼部韵略》《佩文诗韵》《诗韵集成》《诗韵合璧》等，其中以南宋王文郁撰的《新刊韵略》最为流行，即世人所谓的"108部平水韵"。

"赋、比、兴"分别指代什么？

赋：平铺直叙，开门见山。

比：比喻。

兴：托物起兴，先言他物，然后借以联想，引出诗人所要表达的事物、思想、感情。

《诗经》的主要表现方法，也是中国古代诗歌的主要表现方法。最早提出这种说法的是《周礼·春官》。关于赋、比、兴的解释，归纳起来大致有两种。一是将赋、比、兴与政治教化、美刺讽谏紧密相连。最早做出这种解释的是汉代的郑玄。二是将赋、比、兴解释为单纯的艺术思维和表现手法，最早做出这种解释的是汉代的郑众，将"比"视为修辞中的比喻手法，将"兴"视为托"草木鸟兽以见意"的手法，这种解释为后代许多学者所继承。他们的说法都比较准确地概括了赋、比、兴作为表现手法的基本特征。

赋、比、兴的归纳和研究在中国古代诗歌理论和创作发展中有着十分重要的意义。它不但使诗歌艺术思维和表现方法在理论上的认识日趋深刻和完美，而且推动了诗歌在创作中的日趋丰富和完美，对促进古代诗歌的发展起了积极的作用。

中国文学应该怎样分类？

1. 诗歌

按国别分，诗歌可分为中国诗歌和外国诗歌；按时代分，可分为古代诗歌和新诗；古代诗歌按体例分为诗、词、曲；古诗又分为古体诗和近体诗；词可分为小令(58字以内)、中调(59—90字)和长调(91字以上)；元曲可分为小令和套数（又叫套曲）；新诗可分为自由诗和用旧形式写成的新诗。

2. 小说

按篇幅及其容量分，小说可分为长篇小说、中篇小说、短篇小说和微型小说。按内容分，可分为历史小说、现代小说、科幻小说、公案小说、武侠小说、言情小说、传奇小说等。按写作体例分，可分为章回体小说、日记体小说、书信体小说、自传体小说等。按语言形式分，可分为文言小说、白话小说等。

3. 散文

散文在不同的时代有着不同的含义。现代散文主要包括叙事散文、抒情散文和议论散文。古代散文的外延是相当广的概念，赋、骈文、辩、说、论、奏议、序跋、赠序、铭、祭文、杂记、童话、民间故事、寓言、传说、传奇等，都属于散文的一类。

▲《伐檀》诗意图

《伐檀》是"魏风"中的第六首，奴隶们在砍伐檀树制造车辆时，想到自己一天劳累不堪，还吃不饱穿不暖，而奴隶主们却过着不劳而获的寄生生活，因而发出愤怒的责问。上图取材于"坎坎伐檀兮，置之河之干兮。河水清且涟漪"之意境。

4. 戏剧

戏剧是一种综合性舞台艺术，这里所说的戏剧实际上是剧本，即与小说、诗歌、散文并列的一种文体。戏剧可分为不同的种类：按艺术形式和表现手法分，可分为话剧、歌剧和舞剧。按剧情繁简和结构分，可分为独幕剧、多幕剧。按题材反映的时代分，分为历史剧、现代剧。按矛盾冲突的性质分，分为悲剧、喜剧、正剧。

先秦散文有些什么特点？

先秦散文思想深刻丰富，有个性而又各成体系。春秋战国是社会大变革的时期，诸子百家尽管思想观点有分歧，但有两点大致相同：一是敢于正视当时的社会现实，以治世为根本出发点。二是对"民"十分重视，或言邦本，或称神主，甚至提出民贵君轻主张，诸子多以为民请命的姿态上下游说。这两种精神，成为中国文学的优良传统，后世许多杰出的作家，都关注国运民生，与人民的命运息息相关。

这一时期作品的形式风格多样。诗分风、骚，文有史、论。《论语》警策，《墨子》谨严，《孟子》雄畅，《庄子》恣肆，《荀子》淳厚，《韩非子》犀利，《春秋》隐约，《左传》富艳，《战国策》夸饰，都可供后人借鉴。后世很多文体也大多被认为源于先秦。正如刘勰所言："故论说辞序，则《易》统其首；诏策章奏，则《书》发其源；赋颂歌赞，则《诗》立其本；铭诔箴祝，则《礼》总其端；纪传盟檄，则《春秋》为根；并穷高以树表，极远以启疆。所以百家腾跃，终入环内者也。"

"骚体"指的是什么体裁的诗歌？

骚体是屈原在楚国民歌的基础上所创作的一种抒情韵文，以《离骚》为代表，一般篇幅较长，句式灵活参差，多六七言，以"兮"字作语助词。由于后人常以"骚"来概括《楚辞》，所以"骚体"也可称为"楚辞体"。骚体可以称诗，亦可以指赋。汉代司马相如的《长门赋》《大人赋》，班固的《幽通赋》，张衡的《思玄赋》等作品与《离骚》体裁相类，所以后者也被称之为"骚体赋"。

骚体诗主要有以下特征：

一是句式上的突破。骚体诗创造了一种以六言为主，夹杂了五言、七言的大体整齐而又参差灵活的长句句式。这是对四言体的重大突破。

二是章法上的革新。"骚体"不拘于古诗的章法，放纵自己的思绪，或陈述，或悲吟，或呼告，有发端，有展开，脉络是极其分明的。

三是体制上的扩展。屈原以前的诗歌大多只是十多行、数十行的短章。而《离骚》则长达372句，2469字，奠定了中国古代诗歌的长篇体制。

▲屈原像

赋是一种什么体裁的文章？

赋是中国古典文学的一种重要文体。虽然对于现代人而言，赋远不及诗词、散文、小说那样脍炙人口。但是，在古代，尤其在汉唐时代，诗与赋往往连称并举，从曹丕的"诗赋欲丽"和陆机的"诗缘情而绮靡，赋体物而浏亮"可见一斑。赋产生于战国，兴盛于汉唐，衰落于宋元明清。

赋是汉代最具代表性，最能彰显其时代精神的一种文学样式。它是在远承《诗经》赋颂传统，近《楚辞》的基础上，兼收战国纵横之文的铺张恣意之风和先秦诸子作品的相关因素，综合而成的一种新文体。它与汉代的诗文一起，成就了汉代文学的灿烂与辉煌。汉赋的特点主要包括：一、语句上以四六字句为主，并追求骈偶；二、语音上要求声律谐协；三、文辞上讲究藻饰和用典。排偶和藻饰是汉赋的一大特征。经历了长期的演变，发展到中唐，在古文运动的影响下，赋又出现了散文化的趋势，不讲骈偶、音律，句式参差，押韵也比较自由形成散文式的清新流畅的气势，称为"文赋"。

乐府诗有些什么特点？

汉魏两晋南北朝时期，中央政府一直设有管理音乐和歌曲的专门官署乐府，负责采集和编制各种乐曲，配诗演唱。这些配乐演唱的诗歌，就称为"乐府诗"，简称"乐府"。现存乐府诗的数量众多，其中有不少采录自民间歌谣，更多的则是文人作品。乐府诗原是配合音乐的，但是后来许多文人，只是用乐府体写作，并不配乐。在体式上，乐府诗以五言为主，兼有七言和杂言。句式也比较灵活自由，语言通俗易懂，自然流畅，朗朗上口，生活气息十分浓厚。这种淳朴的诗歌风格，文字简单清新，弥漫在诗里的感情，不但具有普遍意义，而且纯真自然。乐府诗是中国诗歌史上的一个里程碑，它象征着文人诗的开始，象征着诗开始追寻个性自由和个性化。乐府诗中的诗歌，可以称为真正地抒发情怀的诗。

骈文有些什么特点？

▲滕王阁图　元　夏永
此图根据唐代王勃的《滕王阁序》文意绘制而成，描绘中国四大楼阁之一的"滕王阁"，界画精丽，上部题有《滕王阁序》的全部文字。

骈文是中国古代特有的一种文体，其句多用四六对仗，故又称四六文、四六骈俪、骈体等，兼具骈文要点而且押韵的称为骈赋。此文体在文学史上评价不高主要因为后期作品华而不实，适于写景而不适于叙事。

骈文特点主要包括：

一是全篇文章均由对偶构成，除少数散句外，都可以分为上下联，字数、词性和结构几乎完全相同，行文流畅。

二是对偶句由四字或六字组成。初期以四字、六字为主，偶尔掺杂有五字、七字。齐梁以后四六格式定型化，所以也称四六文。

三是讲究声韵上的平仄。初期骈体文分韵骈文和无韵骈文，南北朝开始讲究韵律，唐后愈发严格。

四是用词注重藻饰和用典，后期用字生

僻，内容虚幻，被认为华而不实。

什么是古体诗？

古体诗，又称古风。在中国唐朝之前的诗，往往都称为古体诗，唐朝之后，就称为近体诗。它们的区别在于：古体诗是一种较少拘束的诗体，多半是字数不拘的偶数句，不严格讲究平仄与对仗，也不讲究韵脚。还有相当一部分唐朝或之后的诗作故意依古体而不依今体，也属于古体诗。古体诗最基本的体裁是五言古诗，以及七言古诗。全部体裁则可分为七种：四言、五言、七言、五七杂言、三七杂言、三五七杂言、错综杂言。此外，乐府通常也归类为古体诗。

目前，中国最广为人知的古体诗多为五言诗或七言诗，代表作有《古诗十九首》、陶渊明的《归园田居》、李白的诸多古风、杜甫的"三吏三别"、白居易的《琵琶行》等。四言诗有曹操的《观沧海》等。杂言诗有李白的《行路难》《将进酒》等。

什么是近体诗？什么是四言诗、五言诗、七言诗？

近体诗，又称今体诗或格律诗，是中国讲究平仄、对仗和押韵的诗体。为有别于古体诗而有近体之名，近体诗兴起于唐代，代表诗人有李白、杜甫、李商隐、陆游等。

四言诗、五言诗和七言诗是中国古代诗歌常见的体裁。其中的"言"，指字。比如，从形式上说，四言诗也就是四个字为一句的古诗。四言诗是古代产生最早的一种诗体，《诗经》中的《国风》《小雅》《大雅》等都是以四言诗为基本体裁。

五言诗在汉代正式兴起。相对于四言诗，五言诗虽然只是增加了一个字，但它增加的是整整一个节奏，表现功能强了很多，给诗句的变化提供了更多余地。从建安时期开始，五言诗压倒了四言诗，进入了它的全盛时期。曹丕的《燕歌行》，一般被认为是第一篇成熟的七言诗。七言诗字数比五言、四言多，一句可以表达比较复杂、完整的意思，声调更加舒缓、悠长。唐代以后，五言诗和七言诗成为主要的诗体，四言诗趋于消亡。

什么是词？

词是一种诗歌艺术形式，是中国古代诗体的一种，又称为曲子词、诗馀、长短句、乐府。词起于中国南北朝时期的南朝梁代，形成于唐代，在宋代达到其顶峰。词一开始是伴曲而唱的一种文体，所以写词又称作填词、倚声。后来逐渐独立出来，成为一门专门的诗歌艺术。因为词原本是配乐歌唱的一种诗体，句的长短随歌调而改变，因此又称长短句。有小令和慢词两种，一般分为上下两阕。有的词限定在某些字上可以不押韵。明代顾从敬刻《类编草堂诗余》中，将分类编排的旧本改为按调编排的新本，将词重新分为长调、中调、小令三类：58字以内为小令，59字至90字为中调，91字以上为长调。

词的发展史

始于唐代

《旧唐书》记载："自开元（唐玄宗年号）以来，歌者杂用胡夷里巷之曲。"当时的都市有很多以演唱为生的优伶乐师，根据唱词和音乐节拍配合的需要，创作或改编出一些长短句参差的曲词，这便是最早的词了。

定型于五代

五代十国时期，倚声填词蔚为成风。西蜀与南唐二地，经济文化最为发达，成为词人会集地。西蜀花间词人中，以韦庄的成就最高；南唐词人中以李璟、李煜、冯延巳最为出色。

盛于宋代

进入宋代后，名家辈出，经历了词的繁荣时期，词的创作在苏轼、辛弃疾等大词人手中得到了最大的提高与发展，得与唐诗并称。

元明时代衰落

清代重新进入发展状态

纳兰性德是清代最著名的词人之一。他的诗词不但在清代词坛享有很高的声誉，在中国文学史上，"纳兰词"也占有光彩夺目的一席之地。

什么是词牌？

词牌，又称为词格，是填词用的曲调名。词最初是伴曲而唱的，曲子都有一定的旋律、节奏。这些旋律、节奏的总和就是词调。

词与调之间，或者按词制调，或者依调填词，曲调就称为词牌，其通常根据词的内容来定。宋代以后，词经过不断的发展产生变化，主要是根据曲调来填词，词牌与词的内容并不相关。

在词完全脱离曲之后，词牌便仅仅作为文字、音韵结构的一种定式。一些词牌，除了正名之外，还标有异名，或同名异调。

词的格式和律诗的格式不同：律诗只有四种格式，但是词则总共有一千多种格式。人们不太容易把它们称为第一式、第二式等，所以给它们分别起了名字。这些名字就是词牌。

有的时候，几个格式合用一个词牌，因为它们是同一个格式的若干变体；有的时候，同一个格式而有几个名称，只因为各家叫法不同而已。

"变文"是一种什么文学体裁？

变文是唐朝受佛教影响而兴起的一种文学体裁。这是一种佛教通俗化，佛经再翻译的运动。因为佛经经文过于晦涩，僧侣为了传讲佛经，将佛经中的道理和故事用讲唱的方式来表现，这些故事的内容通俗易懂，写成稿本后就是变文。

变文多取材于佛经或中国古代民间故事，加以铺叙改写。变文的取材，大体上有三种：一是带有佛教故事的变文，如《降魔变文》《破魔变文》等；二是史料性质的变文，如《王昭君变文》《伍子胥变文》《唐太宗入冥记》《韩擒虎话本》等；三是民间传说题材的变文，如《刘家太子变文》《舜子至孝变文》《董永变文》等。变文中经常使用佛教语，如"发善愿""知识""天堂""浊恶""帝释""天女"等。

▲西方净土变
西方净土变，亦称阿弥陀经变，绘阿弥陀西方净土世界，中央为结跏趺坐在大莲花上的阿弥陀佛，左右为诸菩萨弟子，前有供养菩萨、伎乐舞蹈等，场面宏大。

唐代传奇有些什么特点？

唐代传奇，又称唐传奇，指的是唐代的文言短篇小说，其内容多传述奇闻逸事。唐代传奇的语言，一般运用散体，但是多四字句，句法整齐，沿袭六朝志怪小说的传统。个别篇章如《游仙窟》，甚至是以骈体为主，但是大多数作品虽夹杂骈句，基本上仍旧是散体。只是由于作者有意重视文采，不少作品语言颇为华艳。

中唐时期，传奇繁荣，名篇辈出，古文大家韩愈、柳宗元在当时风气影响下，也写了几篇接近传奇的文章，如韩愈的《毛颖传》、柳宗元的《河间传》之类。但它们不像传奇那样注意讲述有趣味的故事，着重表现的是作者的意想和文采，其实"无涉于传奇"。

唐代传奇是中国小说走向成熟的标志，达到了文言小说的巅峰状态。唐传奇中的故事类别繁多，有才子佳人的婚恋传奇、神异的警世传奇、仗义的豪侠传奇等，无论在题材上或艺术表现上，都对后世文学创作有着深远的影响。

什么是"话本"？

话本是宋代的白话小说，当时流行一种名为"说话"的娱乐形式，其内容为说书人讲唱各种题材类型的故事，其讲唱内容的底本，即称为"话本"。

最初的话本只是说书人的讲稿，并不是专对文学的创作，常依赖说书人的发挥。宋代话本小说能兴盛发展，其原因主要有两个：

一是文言小说的没落。唐代传奇是文言小说的高峰，到了宋代，通俗文学已普遍使用白话文体创作，以白话文为主体的话本随即兴起。

二是说唱艺术的繁盛。宋代流行的娱乐"说话"，原意为讲故事，再加上唐代变文的影响，有说有唱，兼具诗词说论，这一表演的兴盛，使其原稿底本逐渐受人重视。

话本可分为三个部分：入话、正文、结尾。

入话：在全篇开始时先引一至数首诗词，再说个与内容相关的小故事。

正文：话本的主体，以白话文为主，也可穿插诗词，如描写景物或人物感情时便可以诗词表达。

结尾：故事结束时以诗词结尾，可点明主题，也可评论故事内容或劝诫听众。

什么是"诸宫调"？

诸宫调是宋元时期的一种大型说唱艺术。歌唱部分运用多种宫调的若干不同曲调编组而成，因此称为"诸宫调"，也称"诸般宫调"。

诸宫调形成于北宋神宗年间，曲调来自唐宋词调、唐宋大曲、宋代唱赚的缠令以及当时流行的其他俗曲。例如，南宋民间艺人张五牛所写的《双渐苏卿诸宫调》、金代董解元的《西厢记诸宫调》、元代南戏《张协状元》，其戏文开始部分由末色所唱诸宫调一段就是实例之一。诸宫调所用的伴奏乐器，在宋代主要用鼓、板、笛；金元时期，加入了弦乐器和其他打击乐器。其中,《西厢记诸宫调》音乐十分丰富,共用了 14 个不同的宫调,150 个左右基本曲调。这些曲牌的乐谱约有三分之一还保存在《九宫大成南北词宫谱》中。

什么是散曲？

散曲,元代被称为"乐府"或"今乐府",产生于民间的俗谣俚曲,是一种同音乐结合的长短句歌词。金元时散曲在北方起源,故又称北曲,包括小令、套数和介于两者之间的带过曲等几种主要形式。散曲从结构上可分为：小令,中调和长调。

散曲之所以称为"散",是与元杂剧的整套剧曲相对而言的。其特性有三点：

一是语言,既注意一定格律,又吸收了口语自由灵活的特点,因此往往会呈现口语化以及曲体某一部分音节散漫化的情况。

二是艺术表现,比近体诗和词更多地采用"赋"的方式,加以铺陈叙述。

三是押韵比较灵活,可以平仄通压,句中还可以衬字。其中,北曲衬字可多可少,南曲有"衬不过三"的说法。衬字,具有口语化、俚语化,并使曲意明朗活泼,穷形尽相的作用。

什么是"诗话"？

诗话是中国古代特有的一种论诗的文体,狭义的诗话指的是诗歌的话本,即关于诗歌的故事,随笔体,如欧阳修的《六一诗话》;广义的诗话指的是诗歌的评论样式,崛起于北宋,是中国古代诗歌体制特别是唐代律诗高度发展的产物,改变了中国古代文学批评原有的格局。诗话写作之风,盛行于宋代,明清两代次之。最著名的有宋代欧阳修的《六一诗话》和清朝袁枚的《随园诗话》等著作。《历代诗话》《历代诗话续编》《清诗话》等,辑集了历代重要的诗话著作。"诗话"还是古代说唱艺术的一种。宋、元时印行的《大唐三藏取经诗话》是现存最早的一部作品,它的特点为韵文与散文并用。

▲《琵琶记·蔡公逼试》插图

什么是南戏？

南戏是中国戏曲史上成熟的最早的文艺戏剧。北宋末年至明朝初年（12—14 世纪）流行于中国东南沿海,为了与同时代的"北曲杂剧"相区别,后人称之为南曲戏文、南戏或戏文。南戏的存在,使中国的古代戏曲、古希腊戏剧和古印度戏剧并称为世界三大古代戏剧体系。南戏诞生于南北宋交接时期的浙江温州（古称永嘉）,因此称"温州杂剧"或"永嘉戏曲"。元朝末年,南戏发展到巅峰,取得了当时剧坛的统治地位。明初,南戏逐渐被新兴的昆山腔所取代,并演化为明清的主要戏剧——"传奇"。

什么是元杂剧?

元杂剧,又称元曲,是盛行于元代的一种戏曲艺术,为散曲或杂剧的通称。相对明传奇(南曲)而言,后世又将元杂剧称为北曲。元杂剧与宋词及唐诗有着同样的文学地位。

元杂剧的戏剧形式包括:故事情节、曲词、宾白、科介等。科介是演出提示,规定表演动作和舞台效果,宾白就是说白,曲词是歌唱部分。元杂剧的剧本一般由四折组成,一套乐曲伴唱一折,所以"折"是音乐的单元,也是剧情的大段落。除四折之外,还可以有楔子。楔子相当于序幕,但也像过场戏放在折与折之间。剧本的结尾一般有两句或四句对子,叫"题目正名",来总结内容,最后一句常用作剧本名称,比如《窦娥冤》:

题目:秉鉴持衡廉访法

正名:感天动地窦娥冤

章回小说有些什么特点?

章回小说是中国古典长篇小说的主要形式,源自魏晋笔记小说、唐传奇、宋话本,到元朝始有具体形式,明清时期得以发扬光大。章回小说的特点是:分回标目,段落整齐,首尾完整,由宋元讲史话本发展而来。章回小说是讲历史兴亡和战争故事,说话人不能把每段故事有头有尾地在一两次说完,必须连续讲若干次,每讲一次就相当于后来的一回。在每次讲话之前,要用题目向听众展示主要内容,这就是章回小说"回目"的源头。从章回小说中常出现的"话说"和"看官"字样,可以看出它和话本之间的继承关系。明末清初,回目采用工整的偶句,逐渐成为固定的形式。此后直至近代,中国的长篇小说和中篇小说,普遍采用这种形式。

▲长篇章回小说《封神榜》年画

什么是"建安风骨"?

汉献帝最后的年号是建安(196—220年),文学史上的建安时期,指的是建安至魏初的一段时间。"建安风骨"指的就是汉魏之际曹氏父子、建安七子等人诗文的俊爽刚健风格。汉末建安时期"三曹"(曹操、曹丕、曹植)和"建安七子"(孔融、王粲、陈琳、徐干、阮瑀、刘桢、应玚),继承了汉乐府民歌的现实主义传统,采取五言形式,以风骨遒劲而著称。他们注重作品本身的抒情性,再加上处于战乱动荡的年代,思想感情常常表现得慷慨激昂。他们的文学作品内容充实、感情丰富,这一特点就是人们常说的"建安风骨",被后世尊为典范。建安时期是中国文学史上的一个辉煌的时代,诗歌、辞赋以及散文都取得了长足的发展,尤其是兴起了中国文学史上第一次文人诗的高潮,奠定了文人诗的主导地位,给后世留下极其深远的影响。

▲ 建安七子
"建安七子"分别是孔融、王粲、阮瑀、陈琳、徐干、应玚、刘桢。其诗作崇尚风骨,多悲凉慷慨之气,抒发救国安邦、忧国忧民之志。

什么是"正始文学"?

正始(240—249年)是魏废帝曹芳的年号,但通常所说的"正始文学",还包括正始以后直到西晋成立这一段时期的文学创作。正始时期的政治现实极其严酷,正始文人集中抒发的是个人在社会压迫下的悲哀。由于周围环境危机四伏,也由于哲学思考的盛行,正始文人很少直接针对政治现状发表意见,而是把从现实生活中所得到的感受,推广为对整个人类社会生活和历史的思考。深刻的理性思考和人生悲哀,构成了正始文学最基本的特点。正始时期著名的文人有"正始名士"和"竹林名士"。前者代表人物是何晏、王弼、夏侯玄。他们主要成就在哲学方面。后者又称"竹林七贤",指阮瑀、嵇康、阮咸、山涛、向秀、王戎、刘伶七人。其中阮瑀、嵇康的文学成就最高。

太康体诗歌有些什么特点?

"太康体"是西晋太康年间出现的一种诗风,或一种诗体。太康为西晋武帝司马炎的年号。"太康体"之名,始见宋代严羽《沧浪诗话·诗体》。梁钟嵘《诗品》载,"太康中,三张、二陆、两潘、一左,勃尔复兴,踵武前王,风流未沫,亦文章之中兴也"。他们的诗歌比较注重艺术形式的追求,讲究辞藻华美和对偶工整。诗歌的技巧虽更臻精美,但有时过分追求形式,往往失于雕琢,流于拙滞,笔力平弱。代表作家有三张(张载、张协、张亢)、二陆(陆机、陆云)、二潘(潘岳、潘尼)、一左(左思)。其中以内容充实、意气豪迈、辞采壮丽、形象鲜明而独树一帜,高于一时的诗人是左思,代表作是《咏史》8首。

玄言诗有些什么特点?

玄言诗指的是盛行于东晋的一种以阐释老庄和佛教哲理为主要内容的诗歌。其特点是玄理入诗,以诗为老庄哲学的说教和注解,严重脱离社会生活。中国文学史上所谓的玄言诗,就它特殊的界定含义来说,是指产生于东晋中期,并在作品中大量敷陈玄学义理,以致造成其内容与当时流行之清谈混同的诗歌。与这类作品相伴随的创作潮流,是东晋玄谈引发出来的消极结果,纵然曾经一度笼罩诗坛,但是明显带有后续力不足的特点,反映了当时士流力图将玄理简单地移植到诗歌中的一次不成功的尝试。其代表人物是孙绰、许询,他们互相仿效,共同推演出了一个诗歌崇尚玄理、举陈要妙的局面。由于玄言诗大多"理过其辞,淡乎寡味",缺乏艺术形象及真挚感情,文学价值不高,所以作品绝大多数失传。

▲谢灵运像

谢灵运(385—433年),陈郡阳夏(今河南太康)人,移籍会稽(今浙江绍兴)。幼年寄居于道馆,族人常以"阿客""客儿"名之,世称"谢客";袭封康乐公,也称"谢康乐"。其诗清新流丽、意境优美,开山水诗一派。钟嵘《诗品》列为上品。黄子云《野鸿诗的》道:"康乐于汉魏外别开蹊径,舒情缀景,畅达理旨,三者兼长,洵堪睥睨一世。"

元嘉体诗歌有些什么特点?

元嘉体是中国南朝宋文帝元嘉年间形成的一种诗风。宋代严羽在《沧浪诗话》中以此来概括鲍照、颜延之、谢灵运的诗风,后世称这三人为元嘉三大家。

元嘉体以描绘山水、讲究辞藻和对偶为其主要特点。其中，谢灵运是山水诗派开创者，鲍照以乐府诗最有名，颜延之则以侍宴、应制之作居多。

他们的创作在内容和风格上不尽相同，但在辞藻华美、对仗精工方面有着共同的趋向。

鲍照的乐府诗辞采遒丽，气韵生动，反映现实的深度远在谢、颜之上，唐代的高适、岑参及李白等都不同程度地从他的诗作中得到启发。总之，三位诗人的创作对齐梁新诗体的形成有一定的影响。

永明体诗歌有些什么特点？

永明体，又称新体诗，是中国南朝齐武帝永明年间盛行的一种以声律为基本特征的诗体。当时的音韵学家周颙发现并创立平、上、去、入四种声调，始著《四声切韵》，沈约等人根据四声和双声叠韵来研究诗的声、韵、调的配合，并提出作诗时要避免声律上的八种毛病（平头、上尾、蜂腰、鹤膝、大韵、小韵、旁纽、正纽）。永明体，即以讲究四声、避免八病、强调声韵格律为其主要特征。永明体是我国诗歌从比较自由的"古体"走向格律严整的"近体"的一座桥梁。南朝齐竟陵王萧子良门下的八位文学家：萧衍、沈约、谢朓、王融、萧琛、范云、任昉、陆倕（合称"竟陵八友"），都是永明体诗歌的作家。其代表人物是谢朓、沈约和王融三人。

永明体的特征：

第一，讲究声律，用韵考究，押平声韵者居多，押本韵很严，至于通韵，很多已接近唐人。

第二，诗的篇幅缩短，句式渐趋于定型，以五言四句、五言八句为主，也有一些是五言十句的。

第三，讲究写作技巧，讲求骈偶、对仗，律句已大量出现，有些典故很自然地融入诗中。

第四，革除了元嘉体痴重板滞的风气，追求流转圆美和通俗易懂的诗风。

第五，讲究诗首尾的完整性，追求构思的巧妙和诗的意境，写景抒情有机地融为一体。

齐梁体诗歌有些什么特点？

齐梁体是南朝齐、梁时期出现的一种诗风，从齐到梁，历时约110年。齐梁体以讲究声律对偶、绮丽浮艳为基本特征，诗歌内容多以吟咏风云、月露，题材狭窄，形式上多追求音律精细，对偶工整，辞藻巧艳，是永明体的继承和发展。永明体的声律理论，重视一句之内声调的抑扬顿挫和上下两句之间声调的参差错落，而忽视了联与联之间的结构关系。齐梁体则不但更加考究一联之内句与句的声律关系，而且已经开始注意到一篇之内联与联的声律结构。齐梁体是连接永明体与唐代五律诗

▲山水画像　南北朝

之间的一座桥梁。齐梁是一个大时代，就整个齐梁诗歌时代还是有不少优秀诗人和作品的，如庾信、谢朓等人的作品，对诗歌形式的创造，特别是对诗歌韵律的发现是齐梁诗人的一大贡献。

什么是宫体诗？

宫体诗是南朝梁、陈间流行的一种诗歌流派。宫体诗多描写宫廷娱乐、宫中女性，诗风柔靡缓弱；也有些宫体诗学习当时南方流行的"吴声歌""西曲歌"，具有较浓郁的民歌情调。从诗歌发展史看，一方面，隋及唐初诗风流于靡弱，多少是受它的内容方面的影响；另一方面，宫体诗特别重视诗歌的艺术形式，它使五言诗的形式更趋格律化。宫体诗指产生于宫廷的以描写宫廷生活为基本内容的诗歌，风格通常流于浮靡轻艳。也就是说，宫体诗是一种有特定内容和风格的宫廷文学。宫体诗最早缘起于人们对徐摛诗体的称呼，以其流行于太子的东宫而得名，这类诗歌的共同艺术特点是：注重辞藻、对偶、声律。代表人物为简文帝萧纲等。

玉台体诗歌有些什么特点？

玉台体，诗体名，因南朝徐陵在梁简文帝萧纲的授意下编选的《玉台新咏》（亦称《玉台集》）一书而得名。《玉台新咏》收录了自汉魏至齐梁的诗歌769首，是一部有特色的诗歌总集。玉台体指的是汉魏六朝时期关涉男女闺情、离情别绪，形式上追求辞藻华艳、声律和谐的这些诗歌。宋严羽《沧浪诗话·诗体》中说："《玉台集》乃徐陵所序，汉魏六朝诗皆有之。或者但谓纤艳者为玉台体，其实则不然。"可知这一诗集，香艳者居多。

什么是韩孟诗派？

韩孟诗派是中唐与新乐府运动时期同时崛起的一个影响较大的诗派，其代表人物是韩愈、孟郊，此外还包括贾岛、卢仝、刘叉等人。由于受韩愈古文运动"陈言务去"的影响，此派较为注重苦吟和锤炼功夫，其创作的特点是通过抒写个人的不幸遭遇来揭示社会的弊病，追求深险怪僻，刻意推敲，诗风奇雄而失之险怪。如"郊寒岛瘦"。其中，代表人物李贺的诗受楚辞、古乐府、齐梁宫体、李白等多方面影响，经过自己的熔铸，形成了独特的冷艳风格。李贺诗歌的意象中带有很大的虚幻和想象成分，构思不拘常法，意象之间跳跃很大，常常超越时间和空间，语言极力避免平淡而追求峭奇，在事物色彩和情态上着力。

什么是田园诗派？

田园诗派是中国古代诗歌的一个流派，其特色在于描写农村的朴实生活和田园的自然风光。田园诗派发展最盛的时期是盛唐时代。当时经济繁荣、社会安定，佛、老思想盛行，

第五章　古典文学

▲辋川图

此图所绘庄园群山环抱，丛林掩映，楼阁台榭，端庄典雅。庄园外，流云绿水，舟楫往来，一派悠闲脱俗的田园境界。相传宋代秦少游在病中观赏了朋友送给他的《辋川图》摹本，觉得自己身临其境，不久便痊愈了。此说或许夸张，但王维的山水画能给人以精神上的陶冶和身心上的审美愉悦，却是不容置疑。

而崇尚老家思想的一些诗人便有了做隐士的愿望，有的就隐退于山野间，将自己的生活、思想寄以田园，所以作品也就有了较多的田园风光。这类作品被后人称为田园诗，而写作田园诗的诗人也就是田园诗派的诗人。田园诗派的代表人物是王维、孟浩然、陈子昂、裴迪、王缙、祖咏、丘为等。其中又以王维和孟浩然的成就最高，所以田园诗派又称为"王孟诗派"。田园诗派的诗歌大部分取材于田园生活，来源于诗人对田园生活的深切感受，直接表明了作者热爱躬耕生活之情，语言平淡而自然，给人一种诗情画意的感受。

什么是边塞诗派？

边塞诗派是中国唐代的一种诗歌流派，代表诗人有高适、岑参、李颀、王昌龄等，以高、岑成就最高，所以也称"高岑诗派"。其诗歌主要是描写边塞战争和边塞风土人情，以及战争带来的各种矛盾，如离别、思乡、闺怨等，形式上多为七言歌行和五、七言绝句，诗风悲壮，格调雄浑，足以表现盛唐气象。盛唐边塞诗的特点，在于以下4个方面：

（1）题材广阔：一方面，将士建立军功的壮志，边地生活的艰辛，战争的酷烈场面，将士的思家情绪；另一方面，边塞风光，边疆地理，民族风情，民族交往等各个方面。其中，以前者为主要题材。

（2）意象宏阔：大处落笔，写奇情壮景。

（3）基调昂扬：气势流畅，富有崇高感。

（4）体裁兼善：歌行、律绝皆有佳作。

什么是元和体诗歌？

元和体是唐宪宗元和年间开始流行的诗体专称，代表作家有韩愈、元稹、白居易等。广义上，指唐宪宗元和以来各种新体诗文。李肇《唐国史补》："元和以后，为文笔则学奇诡于韩愈，学苦涩于樊宗师；歌行则学流荡于张籍；诗章则学矫激于孟郊，学浅切于白居易，学淫靡于元稹，俱名为元和体。"他认为，元和以后流行的新文风，是由韩愈等元和时的著名作家开创的，所以总称元和体。狭义上，指元稹、白居易诗中的次韵相酬的长篇排律和包括艳体在内的流连光景的中短篇杂体诗。《旧唐书·元稹传》说，元稹"与太原白居易友善。工为诗，善状咏风态物色。当时言诗者，称元、白焉。自衣冠士子，至闾阎下俚，悉传讽之，号为元和体"。这说明，元和体即元和时期流行的新体诗，专指元白诗体中的一个方面及模仿的作品而言。

什么是长庆体诗歌？

长庆体指的是唐代诗人白居易、元稹所开创的以《长恨歌》《琵琶行》为代表的七言长篇叙事歌行体。唐穆宗长庆四年（824年），元稹为白居易编集，题作《白氏长庆集》，元稹自己的集子，后亦题名《元氏长庆集》。长庆体由此得名。长庆体的特点：从内容上看，多叙写时事，常常选取具有典型性的人物或事件，通过儿女之情和悲欢离合来反映具有时代和社会意义的主题。如《长恨歌》和《琵琶行》，一写宫闱帝妃的爱情悲剧，一写民间歌女的悲凉身世，是长庆体常用的两种题材。从形式上看，为七言歌行。虽属古体，却又多用律句，间用对偶，只是不像近体那样有严格的格律要求；同时又数句一转韵，平仄

▲白居易《琵琶行》诗意图　明　仇英

韵间隔使用，以求得音调的协调圆转和抑扬变化。从表现手法和语言风格上看，以铺叙为主，往往淋漓尽致，注意叙事与抒情相结合；语言则丰富多彩、婉丽缠绵。

什么是香奁体诗歌？

"香奁体诗"，又名艳体，是唐代韩偓《香奁集》所代表的一种诗风。这类作品多写男女之情和妇女的服饰容态，风格绮丽纤巧。宋代严羽《沧浪诗话·诗体》说："香奁体，韩偓之诗，皆裾裙脂粉之语，有《香奁集》。"韩偓《香奁集序》中称："遐思宫体，未降称庾信攻文；却诮《玉台》，何必倩徐陵作序？初得捧心之态，幸无折齿之惭。柳巷青楼，未尝糠秕；金闺绣户，始预风流。咀五色之灵芝，香生九窍；咽三危之瑞露，春动七情。"可见，香奁体诗的写作渊源于六朝宫体，而描写范围则从宫廷贵族扩大到一般士大夫的恋情、狎邪生活，笔致也更为酣畅。香奁体对后世诗歌有一定影响。宋人叶茵《顺适堂吟稿》中有几首写闺情的七绝，就题名《香奁体》。

什么是南唐词派？

南唐词派指的是以南唐中主李璟、后主李煜和元老冯延巳为代表的词派。因其代表作家冯延巳、李璟和李煜都是南唐君相而得名。唐五代是词的孕育、成熟期，当时西蜀与南唐为五代词的两个中心，而南唐比西蜀具有更优越的环境条件，吸引着文人的大量迁入。冯延巳的词意境深远广阔，形象优美迷离，语言清新婉约，对宋代晏殊、欧阳修等人有很大影响，王国维说他"虽不失五代风格，而堂庑特大，开北宋一代风气"。李璟、李煜也都是具有很高的文艺修养的帝王。特别是李煜，以词抒写家国身世之恨，题材扩大，感慨遥深，语言朴素自然又精炼优美，开拓了抒情歌词前所未有的艺术境界。南唐词派的词风，深深地影响北宋词坛，在词的发展史上占有重要地位。

▲温庭筠
温庭筠是花间词人之首，其词风婉丽、情致含蕴、辞藻浓艳，多为描写美人的苦闷情绪、追求真诚的爱情的词作。

什么是花间词派？

花间词派是晚唐五代以温庭筠为鼻祖而进行词的创作的一个文人词派。它产生于西蜀，得名于赵崇祚所编辑的《花间集》。代表词人除了温庭筠外，还有韦庄、孙光宪、李珣、牛希济。花间词派只继承了温词中偏于闺情、伤于柔弱、过于雕琢的"柔而软"的词风，多数作品尽力描绘妇女的容貌、服饰和情态，辞藻艳丽、色彩华美，题材狭窄、内容空虚，缺乏意境的创造。其中也有少数作品能够脱去浓腻的脂粉气，具有较为开阔的生活内容，而以韦庄成就较高。

由于注重锤炼文字、音韵,从而形成隐约迷离幽深的意境,对后世的文人词产生、发展产生了一定的影响。"花间"词风直接影响了北宋词坛,直到清代"常州词派"。

什么是吴均体诗歌?

吴均体是南朝梁流行的一种诗体,因吴均清拔有古气的独特诗风而得名,盛行于梁武帝天监初年。吴均注意向乐府民歌学习,拟作了不少乐府古诗,继承了鲍照余韵,辞藻华美而又不失清新刚健之气;有的诗托体为喻,婉转抒发怀才不遇的牢骚,有魏晋慷慨任气的遗风,在齐梁的绮靡软媚风尚中流露出些许刚健清新的气息。吴均是南北朝梁代文学家、史学家。字叔庠,吴兴故鄣(今安吉县)人。他出身贫寒,好学,有俊才,通史学。散文以写景见长,文体清拔,时人或仿效之,称为吴均体。如《与朱元思书》《与施从事书》等,皆工于写景,清新秀逸,艺术成就较高,为六朝骈文之名作。诗亦刚健清新,富有感情,明人辑有《吴朝请集》。他还写有志怪小说《续齐谐记》等。

什么是西昆体诗歌?

西昆体是北宋初年一种追求辞藻华美、对仗工整的诗体。宋初,杨亿、刘筠、钱惟演聚集于皇帝藏书的秘阁,编纂《册府元龟》,他们把在编书之余所写的酬唱诗结集为《西昆酬唱集》。这部诗集在当时影响很大,学子纷纷效法,号为西昆体。西昆体诗人大多有良好的词章修养,技法圆熟,善于在诗作中大量撷拾典故和前人的佳词妙语,以求意旨幽深。其作大抵音律谐美、词采精丽,有一定的艺术价值。他们不满白体诗的浅切,也不满晚唐体的枯寂,提倡学习李商隐,主张诗歌语义要深,词章艳丽、用典精巧,对偶工整。但由于西昆体作家,大多社会地位较高,生活优越,因此他们的词内容空虚,点缀升平;形式华美,严重脱离社会生活。许多进步作家竞起补偏救弊,大力呼吁文风改革,一场轰轰烈烈的诗文革新运动因而兴起,它直接影响到宋代各种文学样式的发展。

▲《西昆酬唱集》书影

豪放派诗词有些什么特点?

豪放派是宋词两大流派之一。因为豪放派词作的题材、风格、用调及创作手法等与婉约派多不相同,所以视婉约派为正统的词论家称其为"异军""别宗""别派"。豪放派代表词人有苏轼、辛弃疾、欧阳修等。豪放派词作不仅描写花间、月下、男欢、女爱,而且更喜欢将军情国事的重大题材入词,使词能像诗文一样地反映生活。它境界宏大,气势恢宏、不拘格律、汪洋恣意、崇尚直率,而不以含蓄婉曲为能事。豪放派内部的分派有苏派、辛派、叫嚣派三个阶段性的细支,风格虽总称豪放,但各词人风格亦有区别:苏词清放,辛词雄放,南宋后期的某些豪放词作则显粗放，清朝的豪放词人如陈维崧等亦多寓雄于粗，以粗豪见长。但是，豪放词人嗜于用典、追求散化、议论过多，使得某些词作韵味不浓、词意晦涩、形象不明、格律欠精。

婉约派诗词有些什么特点？

婉约派是宋词流派之一。婉约，即婉转含蓄。词本为合乐而歌，娱宾遣兴，内容不外离愁别绪，闺情绮怨。婉约词派的特点主要是内容侧重儿女风情，结构深细缜密，音律婉转和谐，语言圆润清丽，有一种柔婉之美。但是内容比较狭隘，人们形成了以婉约为正的观念。婉约词风长期影响词坛，直到南宋，姜夔、吴文英、张炎等大批词家，无不从不同的方面承受其影响。代表人物有李清照（宋代最著名的女词人）、李煜、晏殊、欧阳修、柳永、秦观、周邦彦等。

什么是元祐体？

元祐体指的是宋哲宗元祐前后，苏轼及其门下士黄庭坚和陈师道等人相互唱和、相互影响而形成的诗歌。黄庭坚和陈师道二人，在"以文学为诗"和"以才学为诗"方面变本加厉，踵事增华，用事范围上至"儒释老庄之奥"，下至"医卜百家之说"，大大超越了西昆体所依赖的类书。

他们在北宋中叶以来逐渐兴起的学杜思潮的基础上，树起尊杜（杜甫）的大旗，黄诗七律的瘦劲、陈诗五律的沉挚，都颇有杜诗"句法"的神韵。

元祐体是宋代诗学批评中的常见话语。在诗学批评史上，元祐体由南宋被贬、元明被忽视到清代，特别是晚清的被褒和被高扬，最后成为宋诗"鼎盛"的代表。

江西诗派的诗歌有些什么特点？

江西诗派是北宋文学流派，以黄庭坚为创始人。其得名始于北宋后期，宋徽宗初年（1100年），吕本中在其所写的《江西诗社宗派图》中首先提出了"江西诗社宗派"的名称。黄庭坚领导的江西诗派有陈师道、陈与义等25人，其中有10多人是江西人，而且他们所作诗歌的风格都是相同的，都遵循黄庭坚的诗歌风格，所以将他们称为江西诗派。

江西诗派是宋诗发展过程中的重要环节，其自身的演变同时也代表着北宋诗风向南宋诗风的转变。江西诗派在思想内容方面并没有提出什么特别的主张，有时则重描写个人生活经历和抒发作者思想感情，有时反映当时的社会现状。江西诗派的诗人，片面追求"无一字无来处"，作诗好用僻典，炼生词，押险韵，制拗句，讲究语言韵律，走上了形式主义的道路。

江湖诗人有些什么特征？

江湖诗人是个泛称，从广义上说，它不仅指被称为江湖派的一大批诗人，还包括通常被称为"四灵"的赵师秀（字灵秀）、徐玑（字灵渊）、徐照（字灵晖）、翁卷（字灵舒）。

江湖诗人有两个特征：首先，他们是从士大夫中游离出来的下层文人，随着战争的平息和社会的安定，他们既无法通过从军杀敌追求理想的人生，也无法在科举仕途获取功名，所以或啸游江湖，或奔走公卿之门；他们大多对政治并没有坚定的信念与明确的主张，对个人的前景出路却常抱有深深的忧虑与怅惘；同时由于经济繁荣、生活安定，他们又不至于缺吃少穿，于是便把政治理想与个人功业上的失望，转化为对一种高逸情趣的追求，参禅访道，交友吟咏，以此求得心理的平衡。其次，他们大多对诗歌的抒情性比较重视，因而都反对江西派诗风，而提倡一种清丽的诗歌风格。

什么是台阁体诗歌？

台阁体是明代永乐至成化年间的文学流派，代表人物为杨士奇、杨荣、杨溥，号称"三杨"。三人历事成祖、仁宗、宣宗、英宗四朝，都是当时的台阁重臣，故其诗文有台阁体之称。"三杨"位极人臣，备受皇帝宠信，发为诗文，饱含富贵福泽之气。粉饰太平、歌功颂德，"应制"和应酬之作，充斥在他们的诗文集中。因此，台阁体貌似雍容典雅、平正醇实，实则脱离社会生活，既缺乏深湛切著的内容，又少有纵横驰骋的气度，徒有工丽的形式而已。这种文风由于统治者的倡导，一般利禄之士得官之后竞相模仿，以致沿为流派，文坛风气遂趋于庸肤，而且千篇一律。台阁体萎弱冗沓的文风至成化以后渐为时代所不容，先有茶陵诗派的崛起，后有"前七子"的倡言复古，在复古论的冲击之下，台阁体逐渐失去了往昔的地位。

▲ 明朝"三杨"

"三杨"即杨士奇、杨荣、杨溥（从左至右），三人均是明朝的台阁重臣，也是当时的文坛领袖，他们所主张的诗歌被后世称为台阁体。

茶陵诗派有些什么特点？

茶陵诗派是明代成化、正德年间的诗歌流派，因代表诗人李东阳是茶陵人而得名。明代自成化以后，社会弊病已日见严重，台阁体阿谀粉饰的文风已不容不变，于是以李东阳为首的茶陵派诗人起而振兴诗坛，以图洗涤台阁体单缓冗沓的风气，一时成为诗坛主流。茶陵诗派认为学诗应以唐为师，而效法唐诗则又在于音节、格调和用字。尽管他们作品的思想内容还是比较贫弱并颇多应酬题赠之类，但比台阁体诗要深厚雄浑得多。

茶陵诗派不满于台阁体，但由于其自身仍较萎弱，未能开创诗坛新局面，可是它的宗法唐诗的主张，以及师古的创作倾向，却成为前、后七子复古运动的先声。

茶陵诗人还有彭民望、谢铎、张泰及"李门六君子"邵宝、何孟春、石珤、顾清、罗玘、鲁铎等。

唐宋派有些什么特点？

唐宋派是中国明代的文学流派，代表人物有王慎中、唐顺之、茅坤和归有光等人。他们力矫前后七子之弊，主张学习欧阳修、曾巩之文，一时影响颇大。前后七子崇拜秦汉是模拟古人，唐宋派则既推尊三代两汉文章的传统地位，又承认唐宋文的继承发展。唐宋派变学秦汉为学欧（阳修）曾（巩），易佶屈聱牙为文从字顺，是一个进步。唐宋派还重视在散文中抒发作者的思想感情，他们批评复古派一味抄袭模拟，主张文章要直抒胸臆，具有自己的本色。唐宋派对复古派的批评是很尖锐的，指出其要害在于缺乏自己的思想灵魂。唐宋派散文成就超过前后七子，但也并非俱是佳品，他们的作品中有不少表彰孝子烈女的道学文章和应酬文字。

公安派的文学主张有哪些？

公安派是中国明代的文学流派，代表人物为袁宗道、袁宏道、袁中道三兄弟，因其籍贯为公安而得名，其重要成员还有江盈科、陶望龄、黄辉等人。公安派的文学主张主要有以下三点：（1）反对剿袭，主张通变。他们猛烈抨击前后七子的句拟字摹、食古不化的倾向，主张文学应随时代发展而变化，应冲破一切束缚文学创作的藩篱。（2）独抒性灵，不拘格套。所谓"性灵"就是作家的个性表现和真情发露。他们认为"出自性灵者为真诗"，进而强调非从自己胸臆中流出，则不下笔。（3）推重民歌小说，提倡通俗文学。公安派重视从民间文学中汲取营养，并给民歌和通俗小说以高度评价，对提高民间文学和通俗文学的社会地位有积极作用。公安派所作游记、尺牍、小品很有特色，或秀逸清新，或活泼诙谐，自成一家。

前后七子复古派有些什么特点？

前后七子出现在明代，以李梦阳、何景明、李攀龙、王世贞等为代表，称为前后七子

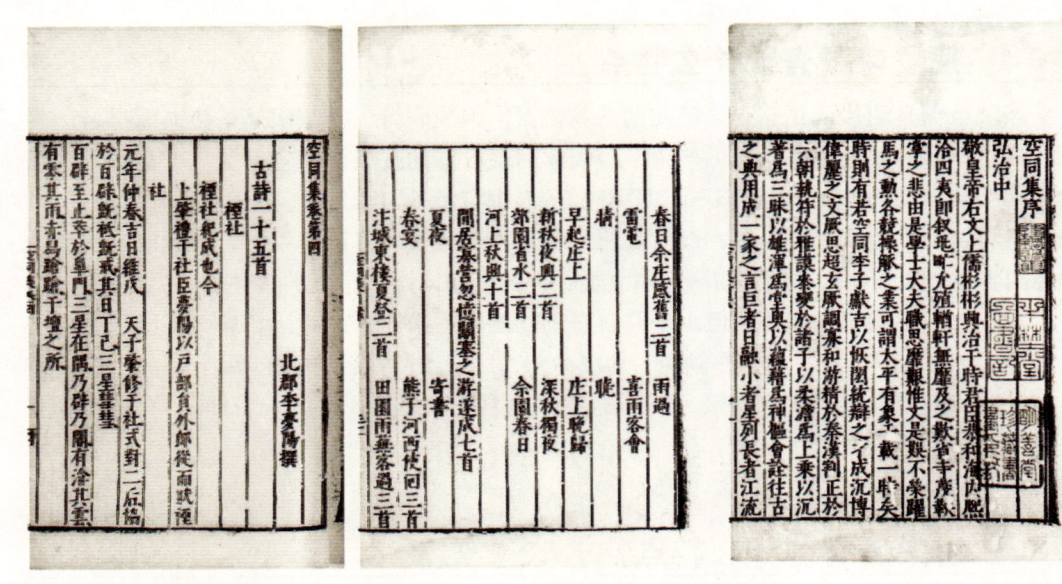

▲ 李梦阳《空同集》书影
李梦阳是"前七子"之首，他提出"古体学习汉魏，近体学唐诗"的观念，对明朝文坛影响很大。其文章收录于《空同集》中。

的十四人，标榜所谓的"复古"，并且提出了"文必秦汉，诗必盛唐"的口号。这种复古，实为拟古。他们凭着少年锐气，起身反抗八股文取士，批其钳制士人的思想，迂腐不通，以及台阁体作家的作品，雅正有余、生气缺乏。从他们提倡的口号，可知他们推崇并模拟的对象是秦汉时代的古文与盛唐的诗歌。然而，前后七子振兴散文诗歌的目的并未达成，其原因有二：一是他们以模拟为创作法门，因此作品缺乏独创的精神与风格；一是前后七子或互相标榜，或互相排挤，把持文坛，目空一切。洁身自好的人士感到厌恶，无不望而却步。所以，前后七子立意虽好，但是方法错误，又才学有限，导致模拟前人作品而失去自己的生命力。

竟陵派的文风有些什么特点？

竟陵派是中国明代后期文学流派，以竟陵人钟惺、谭元春为首。明代中叶以后，前后七子拟古之风甚烈，"文必秦汉，诗必盛唐"成为评判诗文的准则。竟陵派反对前后七子的复古理论，主张文学创作应抒写"性灵"，反对拟古之风。所谓"性灵"是指学习古人诗词中的"精神"，是"幽情单绪"和"孤行静寄"。竟陵派认为公安派的作品俚俗浮浅，倡导"幽深孤峭"风格。所谓"幽深孤峭"，即指文风求新求奇，不同凡响，刻意追求字意深奥。这样竟陵派便形成了刻意雕琢字句、语言佶屈、艰涩隐晦的创作特点和文风格调。竟陵派与公安派一样在明后期反拟古文风中有进步作用，对晚明及以后小品文大量产生有一定的促进之功。但是，他们的作品题材狭窄，语言艰涩，又束缚了创作的发展。

几社有哪些文学主张？

几社为明末文社组织，主要成员有陈子龙、夏允彝、徐乎远、何刚等人。几社命名的由来，根据杜登春《社事始末》载："几者，绝学有再兴之机，而得知其神之义也。"姚希孟《壬申文选序》亦云："近有云间六、七君子，心古人之心，学古人之学，纠集同好，约法三章。"可见，几社的建立，旨在"心古人之心，学古人之学"。他们的文学主张颇受前后七子的影响，反对公安派和竟陵派。但是，他们是站在现实政治的基点上来尊古复古的，作品在一定程度上揭露了时政的混乱、民生的疾苦。明亡之后的作品则表达了对故国的怀念。清兵南下时，夏允彝、陈子龙等人曾经起兵抗清，最终壮烈牺牲。

桐城派的文学主张有哪些？

桐城派是中国清代散文流派，代表人物有方苞、刘大櫆和姚鼐，因三人都是安徽桐城人，世称桐城派，时在乾隆末期。桐城派的文论，以义法为中心，逐步丰富发展，成为一个体系。方苞谓"义"，即言有物，指文章的内容；"法"，即言有序，指文章的形式。他的义经法纬之说，是要求文章内容和形式统一，古文当以"雅洁"为尚，反对俚俗和繁芜。刘大櫆发展了方苞关于"法"的理论，进一步探求散文的艺术性，提出了"因声求气"说。姚鼐是桐城派的集大成者，强调"义理、考证、文章"三者合一。桐城派的文章在思想上多为"阐道翼教"而作，文风上简明达意，条理清晰，清真雅正，颇具特色。桐城派在清代文坛上影响极大，对矫正明末清初的文风、促进散文发展起了一定的作用。

复社诗文有些什么特点？

复社，指明末以江南士大夫为核心的政治、文学团体，代表人物为张溥、张采，时人称为"娄东二张"。复社成员在文学方面受前后七子复古主义影响颇深，"志于尊经复古"，祖述"六经"，并无特别的创见。但是由于他们身处阶级矛盾十分尖锐的时代，又积极参加实际的政治斗争，所以在创作中大都能注重反映社会生活，具有强烈的现实主义倾向，这就有别于前后七子的专意"模古"，也不同于公安、竟陵派的空疏，涌现出一批颇有成就的文学家。诗词方面造诣较高的有吴伟业等，其诗作凝练深沉，对时政的浑浊有所揭露，关心民生疾苦，尤擅七言歌行。散文方面张溥风格亢爽、文笔跌宕，黄淳耀简洁明晰、活泼有致，侯方域富于浪漫气息，各有特色。

新乐府运动有哪些文学主张？

新乐府运动，是由唐代诗人白居易、元稹等所倡导的一场诗歌革新运动。"新乐府"一名，是白居易相对汉乐府而提出的，其含义就是以自创的新的乐府题目咏写时事，这类诗的特点是，自创新题，咏写时事，体现汉乐府的现实主义精神。

251

唐朝贞元、元和之际，白居易、元稹主张恢复古代的采诗制度，发扬《诗经》和汉魏乐府讽喻时事的传统，使诗歌起到"补察时政""泄导人情"的作用。白居易在《与元九书》中提出："文章合为时而著，歌诗合为事而作。"

在《新乐府序》中全面提出了新乐府诗歌的创作原则，要求文辞质朴易懂，便于读者理解；说话要直截了当，切中时弊，使闻者足戒；叙事要有根据，令人信服；词句要通顺，合于声律，可以入乐；宣称要为君、为臣、为民、为物、为事而作，不为文而作。

什么是古文运动？

古文运动是唐代韩愈、柳宗元等人发起的一场以恢复先秦和汉代散文内容充实、长短自由、质朴流畅的传统，反对浮华的文风的文学革新运动。因同时涉及文学的思想内容，所以兼有思想运动和社会运动的性质。

▲韩愈书法

古文运动发起于中唐，但它的成功却在北宋。除韩愈、柳宗元外，唐宋八大家中的其余6人——欧阳修、王安石、曾巩、苏洵、苏轼、苏辙都是北宋中期人。

他们所提倡的散文实际是一种新型的散文，既有所继承，又具有鲜明的个性特色和时代特点。从内容而言，是明道载道，把散文引向政教之用，和当时的政治形势有密切的关系。从形式而言，是由骈体而散体，是散文自身发展的一种要求。这是一次有目的、有理论主张、有广泛参与者并且有深远影响的文学革新。

什么是北宋诗文革新运动？

北宋诗文革新运动，指北宋继唐代古文运动而起的文学革新运动，主要反对以西昆体为代表的浮靡文风，主张对诗、文进行革新。北宋初年，面对土地兼并日剧，各种社会矛盾日益暴露，政治斗争日趋尖锐，一些开明的中下层士大夫、文人主张革除社会弊病，要求文学反映现实。当时风靡文坛的西昆体根本无法担当这样的历史使命，于是推崇韩愈、白居易，反西昆成为政治改革派在文学上的反映。北宋诗文革新运动，继唐代古文运动之后，又一次把古代文学特别是散文以及文论的发展推进了一步，对后世影响巨大。此后，以唐宋八大家为代表的古文传统，一直被奉为正宗。但同时，北宋诗的散文化和以议论为诗的概念化倾向，为南宋理学家的散文所师法，表现了该运动的历史局限。

第五章　古典文学

唐宋古文运动

韩愈

古文

古文，由韩愈最先提出来，他把六朝以来讲求声律及辞藻、排偶的骈文视为俗下文字，认为自己的散文继承了两汉文章的传统，所以称古文。

古文运动　唐中期以及宋朝提倡古文、反对骈文的文体改革运动。

↓

韩愈提倡古文，目的在于恢复古代的儒学道统，将改革文风与复兴儒学变为相辅相成的运动，在提倡古文时，进一步强调以文明道。

先秦和汉代的散文　　　　　　　**骈文**

↓　　　　　　　　　　　　　　　↓

质朴自由，以散行单句为主，不受格式拘束，有利于反映现实生活，表达思想。　**VS**　形式僵化，内容空洞，流于对偶、声律、典故、辞藻等形式，华而不实，成为文学发展的障碍。

↓　　　　　　　　　　　　　　　↓

自由主义、现实主义，推动文学的发展　　　　　唯美主义、形式主义，文学发展的障碍

唐宋古文运动代表

唐代代表——韩愈、柳宗元，反对骈文，提倡古文。
宋代代表——欧阳修，继承并发展韩愈的古文理论。

↓

欧阳修注意培养选拔古文高手，曾巩、王安石、苏轼、苏辙均为宋代古文运动的核心人物。

↓

他们的散文创作，继承和发扬了韩愈、柳宗元的传统，又别开生面，异彩纷呈。

著名作家

为什么说贾谊是中国历史上的传奇人物？

贾谊，西汉洛阳（今河南洛阳市）人，政论家、文学家。18岁即有才名，年轻时由河南郡守吴公推荐，20多岁被汉文帝召为博士。不到一年就被破格提为太中大夫。但是在23岁时，因遭群臣忌恨，被贬为长沙王的太傅。后被召回长安，为梁怀王太傅。梁怀王坠马而死后，贾谊深自歉疚，33岁就忧伤而死。贾谊是中国历史上的传奇人物。在历史上，他俨然是其美德在当时未得到赏识的政治家的典型。他的一生虽然短暂，但是却为中华文化宝库留下了一份珍贵的文化遗产。他是骚体赋的代表作家，代表作有《吊屈原赋》《鵩鸟赋》。在西汉政论散文的园地中，其政论文最为人称道，如《过秦论》《论积贮疏》《治安策》等。

▲ 文君听琴图
司马相如早年任武骑常侍，结识卓文君。卓文君慕其才，私奔相如，同至成都，以卖酒为生。

为什么司马相如被称为"赋圣"？

司马相如，字长卿，蜀郡（今四川省）成都人，善鼓琴，其所用琴名为"绿绮"，是传说中最优秀的琴之一。西汉大辞赋家，作品辞藻富丽，结构宏大，是汉赋的代表作家，后人称之为"赋圣"。《汉书·艺文志》载司马相如有赋29篇，今存《子虚赋》《上林赋》《长门赋》《美人赋》《大人赋》《哀二世赋》6篇，其中《子虚赋》和《上林赋》是汉赋的顶峰作品，其铺陈的描写达到了极致，显示出高度的修辞技巧。鲁迅称其"不师故辙，自摅妙才，广博宏丽，卓绝汉代"。谭兴国《巴蜀文学史稿》中认为其赋集中反映了中国历史上第一个盛世的辉煌。它是时代的产物，同时也体现了对民族统一、国家富强的追求。

班固的文学成就有哪些？

班固，东汉史学家班彪之子，字孟坚，扶风安陵人（今陕西咸阳）。东汉著名史学家、文学家。少年时能作文诵诗赋，博览群书。班固所著《汉书》，是我国第一部纪传体断代史，也是史传文学的名著。所著辞赋以《两都赋》最著名，用西都宾与东都主人对话，"盛称洛邑制度之美，以折西宾淫侈之论"，反映了东汉初期繁荣昌盛之景象。风格模仿《子虚赋》《上林赋》，以长安、洛阳实际史地材料为题材，开拓了散体大赋的新题材。《答宾戏》《幽通赋》皆为述志之作，文辞丰足，多拟他人但仍不失其风。《咏史诗》是写汉文帝时缇萦救父的叙事诗，是现存最早的文人五言诗之一。《隋书·经籍志》著录《班固集》十七卷，已佚。明人辑有《班兰台集》（有《汉魏六朝百三名家集》本），收录其辞赋杂著。

曹操的诗歌有些什么特点？

曹操，字孟德，沛国谯（今安徽省亳州市）人，东汉末年军事家、政治家和诗人。曹操诗歌的内容大致有三种：反映汉末动乱的现实、统一天下的理想和顽强的进取精神，以及抒发忧思难忘的消极情绪。现存的曹操的诗歌，全是乐府歌辞。这些诗歌虽用乐府旧题，却不因袭古人诗意，而是自辟新蹊，不受束缚，却又继承了"感于哀乐，缘事而发"的精神。曹操的诗歌形式是十分创新的。他尤擅写五言体和四言体。《蒿里行》原是杂言，曹操却以五言重写，非常成功。四言诗方面，本自《诗经》之后已见衰落，但曹操却继承了"国风"和"小雅"的传统，反映现实、抒发情感。例如《短歌行》《步出夏门行》等都是四言诗佳作。曹操诗文辞简朴，直抒襟怀，慷慨悲凉而沉郁雄健，华美辞藻并不常见，唯形象鲜明，如《观沧海》一诗，寥寥数笔就以辽阔的沧海景象，表现诗人的胸襟，不加润饰。

▲魏武帝曹操像

受《三国演义》的影响，在许多人的心目中，曹操是个反面人物。实际上，曹操是一位雄才大略的政治家和军事家，他统一北方，使混乱的社会经济得到恢复，对于结束东汉末年的战乱功不可没。同时，曹操在文学上也卓有建树。

后世为什么认为曹植才高八斗？

曹植，字子建，曹操的第三个儿子，三国时期著名诗人，其诗歌对后世有很大影响，才华颇受后世诗人推崇。在杜甫之前，曹植被称作"诗圣"。他与曹操、曹丕并称"三曹"。曹植的作品百余篇，绝大部分是五言诗，后人将其收进《陈思王集》中。曹植作品比较全面地反映了建安文学的成就和特色。南朝宋谢灵运称:"天下才有一石,曹子建(植)独占八斗,我得一斗,天下共分一斗。"这可以说是对曹植的最高评价。《诗品》的作者钟嵘也称赞曹植:"骨气奇高,词彩华茂,情兼雅怨,体被文质,粲溢今古,卓尔不群。"另外,曹植与王粲、刘桢并称"曹王""曹刘"。南朝萧纲《与湘东王书》中称:"远则扬马、曹王,近则潘陆、颜谢。"

建安七子的诗文有些什么特点?

建安七子,又号邺中七子,指的是东汉末年汉献帝时期的七位文学家:孔融、陈琳、王粲、徐干、阮瑀、应玚和刘桢。曹丕在《典论·论文》中首次将他们相提并论。"建安七子"与"三曹"常常被看作是三国时期文学成就的杰出代表。"建安七子"的创作各有独特的风貌。孔融长于奏议散文,作品体气高妙。王粲诗、赋、散文皆有所长,号称"兼善",其作品抒情性强。刘桢擅长诗歌,作品气势高峻,格调苍凉。陈琳、阮瑀,以章表书记而闻名,在诗歌方面也都有一定成就,风格的差异之处在于陈琳刚劲有力,阮瑀则自然畅达。徐干诗、赋皆能,文笔细腻,体气舒缓。应玚亦能诗、赋,其作品和谐而多文采。"建安七子"的创作风格也具有一些共同的特点,这也就是建安文学的时代风格:志深而笔长,梗概而多气。

竹林七贤指的是哪些人?

▲ "七贤"之首嵇康

竹林七贤是指魏末晋初的七位名士:阮籍、嵇康、山涛、刘伶、阮咸、向秀、王戎。"竹林"位于嵇康在山阳的寓所附近。嵇康与其好友山涛、阮籍以及竹林七贤中的其他四位常在其间畅饮聚会,因而时人称之为"竹林七贤"。七人是当时玄学的代表人物,虽然他们的思想倾向不同。嵇康、阮籍、刘伶、阮咸始终主张老庄之学,"越名教而任自然",山涛、王戎则好老庄而杂以儒术,向秀则主张名教与自然合一。他们在生活上不拘礼法,清静无为,聚众在竹林喝酒,纵歌。作品揭露和讽刺司马朝廷的虚伪。竹林七贤的不合作态度为司马氏朝廷所不容,最后分崩离析:阮籍、刘伶、嵇康与司马朝廷不合作,嵇康被杀害,阮籍佯狂避世。王戎、山涛则投靠司马朝廷,竹林七贤最后四散各奔西东。

陶渊明的诗歌有些什么特点？

陶渊明，名潜，字元亮，自号五柳先生，私谥靖节先生，浔阳柴桑（今在江西九江西南）人，晋代文学家，以清新自然的诗文著称于世。陶渊明的出现，使诗歌艺术的脉络重新接上，并且增添了许多新的充满生机的因素。陶诗沿袭魏晋诗歌的古朴作风而进入更纯熟的境地，像一座里程碑标志着古朴的歌诗所能达到的高度。他成功地将"自然"提升为一种美的至境，将玄言诗注疏老庄所表达的玄理，改为日常生活中的哲理，使诗歌与日常生活相结合，并开创了田园诗这种新的题材。具体而言，陶诗的艺术特色可以概括为：

（1）情、景、事、理的浑融。陶诗发乎事，源乎景，缘乎情，而以理为统摄，通过人人可见之物，普普通通之事，表达高于世人之情，写出人所未必能够悟出之理。

（2）平淡中见警策，朴素中见绮丽。陶诗所描写的对象，往往是平常的事物，如村舍、鸡犬、桑麻、荆扉，一切如实说来，并无奇特之处。但是一经诗人笔触，往往出现警策。陶诗善用白描，朴朴素素，明白如话。然而，平淡之中可见绮丽。

▲陶渊明饮酒图　元　钱选

谢灵运的山水诗对后世产生了什么影响？

谢灵运是中国文学史上山水诗派的开创者，自幼好学，博览群书，文字之美与颜延之并称"江左第一"，名动京师。但是他在政治上所代表的王、谢等门阀世族，与当时执政的刘宋王族之间存在着矛盾，因此虽然自视甚高，却一直不被重用。政治上的不得志，使谢灵运转而将精神寄托于自然山水，并在诗歌领域成为一代巨匠。谢灵运以大量山水诗动摇了东晋玄言诗的统治地位，扩大了诗歌的题材范围，丰富了诗歌创作的技巧，对后世诗人有很大的影响。谢诗中许多世代传颂的名句如"野旷沙岸净，天高秋月明"和"池塘生春草，园柳变鸣禽"以及"春晚绿野秀，岩高白云屯"等，细致逼真地刻画出了自然景物之美，给人清新明朗的感觉。

陈子昂的诗歌有些什么特点？

陈子昂，字伯玉，梓州射洪（今四川射洪西北）人。年少时富于浪漫的豪侠性格，684年中进士，上《大周受命颂》受到武则天的赏识，拜麟台正字，后迁右拾遗。陈子昂不避权贵，敢于针砭时弊。696年随从武攸宜征伐契丹。后因痛感自己的政治抱负和许多进步主张不能实现，便于698年辞官返乡。后被诬陷入狱，忧愤而死，年仅42岁。

陈子昂是初唐后期杰出的诗人。在诗歌的理论与创作上，他都表现出了大胆的创新精神。他的诗歌标举汉魏风骨，强调风雅比兴，反对齐梁诗风的形式主义。他是倡导唐代诗歌革新的先驱者，对唐诗发展有很大的影响。他的散文取法古代，摒弃浮艳之风，反对骈文，独具清峻的风格。著作有《陈伯玉集》。

孟浩然的诗歌成就如何？

孟浩然，字浩然，襄州襄阳（今湖北襄樊）人。早年隐居鹿门山，40岁入长安进士落第，失意东归，自洛阳东游吴越。张九龄出镇荆州时，引为从事，后病疽卒。孟诗多写山水田园的幽清境界，却不时流露出一种失意的情绪，所以他的诗虽冲淡而有壮逸之气，为当世诗坛所推崇。孟诗不事雕饰，伫兴造思，富有超妙自得之趣，而不流于寒俭枯瘠。他善于发掘自然和生活之美，即景会心，写出一时真切的感受。如《过故人庄》《春晓》等，自然浑成，而意境清迥，韵致流溢。其抒情之作，如《岁暮归南山》《早寒江上有怀》等，往往点染空灵，笔意在若有若无之间，而蕴藉深微，挹之不尽。盛唐田园山水诗，在继承陶、谢的基础上，有着新的发展，形成了一个诗派。其代表作家中以孟浩然年辈最长，开风气之先，对当时和后世都有很大的影响。

李白为何被称为"诗仙"？

李白，字太白，号青莲居士，少时就显露才华，吟诗作赋，博学广览，在中国诗歌发展史上具有重要地位和深远影响，堪称中国诗坛第一人。首先，李白的诗多是借物抒情、借景抒情，诗中刻画出的自然风景加上优美的词句犹如仙境一般。其次，李白的诗的选词酌句都是字字珠玑、句句佳成，在一定程度上讲是人间的极品，可以用仙人所作来形容。再次，李白的诗歌显示了他极高的才华、丰富的想象力和浓郁的浪漫主义色彩。唐代诗人贺知章叹赏李白的诗，称李白为"天上谪仙人"。自此，"谪仙"之名誉满长安。此外，李白的性格桀骜不驯，不向权贵低腰，那种超凡脱俗的性格，

▲太白醉酒图　清　改琦

正如仙人一般，闲云野鹤，不为世俗的眼光所局限。因此，后人便把李白尊称为"诗仙"。

刘长卿的诗歌有些什么特点？

刘长卿，字文房，郡望河间（今属河北），籍贯宣城（今属安徽）。曾任转运使判官，后被贬为潘州南巴尉，又任睦州司马，官终随州刺史。刘长卿和杜甫，比元结、顾况年长十多岁，但其创作活动主要在中唐。总体而言，其诗气韵流畅，意境幽深，婉而多讽，以五言擅长。他的诗气韵流畅，音调谐美，善于运用简淡的笔触，来表现一种耐人寻味的意念和感觉。超脱自然，深婉不迫，毫无雕琢的痕迹。他的近体诗，婉而多讽；七律尤以工秀见称，五言律诗，当时更负盛名，后来权德舆称道为"五言长城"。可惜的是，其诗大多抒发政治失意的感情，缺乏雄浑苍劲的气派，和中唐诗风更为近。有《刘随州集》十一卷。

王维的诗歌有些什么特点？

王维，字摩诘，盛唐时期的著名诗人，官至尚书右丞，原籍祁（今山西祁县），迁至蒲州（今山西省永济），晚年居于蓝田辋川别墅，汉族。其诗、画成就都很高，苏轼称赞他："味摩诘之诗，诗中有画；观摩诘之画，画中有诗。"晚年无心仕途，专诚奉佛，故后人称其为"诗佛"。王维诗中最能代表其创作特色的是描绘山水田园等自然风景及歌咏隐居生活的诗篇。他继承和发展了谢灵运开创的写作山水诗的传统，吸取了陶渊明田园诗的清新自然，使山水田园诗的成就达到了一个高峰，因而在中国诗歌史上占有重要的位置。尤以山水诗成就为最，与孟浩然合称"王孟"。

王维的创作才能是多方面的。他的五律和五言、七言绝句造诣最高，同时其他各体也都十分擅长，这在整个唐代诗坛是颇为突出的。他的七律或雄浑华丽，或澄净秀雅，为明七子所师法。七古《桃源行》《老将行》《同崔傅答贤弟》等，形式整饬而气势流荡，堪称盛唐七古中的佳篇。散文佳作《山中与裴秀才迪书》清幽隽永，极富诗情画意，与其山水诗的风格很相近。

"初唐四杰"为唐代诗歌的繁荣做出了怎样的贡献？

"初唐四杰"是初唐文学家王勃、杨炯、卢照邻、骆宾王的合称。他们在内容、风格等方面对宫体诗有较大突破，并将五言律诗发展成熟，勇于改革齐梁浮艳的诗风。"四杰"对唐诗发展所做出的贡献大致说来主要表现在以下几个方面：首先，"四杰"为五言律诗奠定了基础，并且使七言古诗发展成熟。王、杨以五律见长，卢、骆擅长七古（七言）。后人所谓的声律风骨兼备的唐诗，自他们开始定型。其次，"四杰"是勇于改革齐梁浮艳诗风的先驱。他们把诗歌从狭隘的宫廷转到广大的市井，从狭窄的台阁移向广阔的江山和边塞，开拓了诗歌的题材，丰富了诗歌的内容，赋予诗歌新的生命力，展现了带有新气息诗风，推动初唐诗歌向着健康的道路发展。尽管他们的诗未能摆脱南朝风气，但其诗风的转变和题材的扩大，预示着唐诗未来的发展方向，并起了积极进步的作用，他们是真正的唐诗的揭幕人。

杜甫为何被称为"诗圣"？

杜甫，字子美，号少陵野老，唐朝现实主义诗人，生于巩县。杜甫与李白一向被视为唐诗星空下的双子星座。前者称"诗仙"，后者称"诗圣"。"诗圣"的说法来源于南宋诗人杨万里，他的《江西宗派诗序》说："苏、李之诗，子列子之御风也。杜、黄之诗，灵均之乘桂舟、驾玉车也。无待者，神于诗者欤？有待而未尝有待者，圣于诗者欤？"宋人称杜甫"圣于诗者"，主要是指杜甫在诗歌史上的"集大成"地位，认为他无体不工、无美不备。后世把杜甫简称为"诗圣"，则突出了其道德含义，认为杜甫诗所展现的人格魅力，集中了儒家文化传统里的一些重要的品质和情怀，如忠义仁爱、民胞物吾、忧国忧民等。郭沫若在为杜甫写的对联中，称杜甫为"诗中圣哲"，也是这个意思，这也符合杜诗中的儒学内涵。

杜甫的代表作有"三吏"(《新安吏》《石壕吏》《潼关吏》)和"三别"(《新婚别》《垂老别》《无家别》)等。杜甫的作品在中国古典诗歌中备受推崇，影响深远。

▲南山诗刻　唐　杜甫

韦应物的诗歌有些什么特点？

韦应物，中国唐代诗人。长安（今陕西西安）人。15岁起以三卫郎为玄宗近侍，出入宫闱，扈从游幸。早年豪纵不羁，横行乡里，乡人苦之。安史之乱起，玄宗奔蜀，流落失职，始立志读书，少食寡欲，常"焚香扫地而坐"。代宗广德至德宗贞元间，先后为洛阳丞、京兆府功曹参军、鄠县令、比部员外郎、滁州和江州刺史、左司郎中、苏州刺史。贞元七年（791年）退职，世称韦江州、韦左司或韦苏州。韦应物是山水田园诗派诗人，后人每以"王孟韦柳"并称。其山水诗景致优美，感受深细，清新自然而饶有生意。而《西塞山》景象壮阔，则显示韦诗雄豪的一面。其田园诗实质为反映民间疾苦的政治诗。代表作有《观田家》。此外，他还有一些感情慷慨悲愤之作，部分诗篇思想消极、孤寂低沉。韦诗各体俱长，七言歌行音调流美，"才丽之外，颇近兴讽"。五律一气流转，情文相生，耐人寻味。五、七绝清韵秀朗,《滁州西涧》的"春潮带雨晚来急,野渡无人舟自横"句,写景如画,为后世称许。韦诗以五古成就最高,风格冲淡闲远,语言简洁朴素。但亦有秾丽秀逸的一面。其五古以学陶渊明为主,但在山水写景等方面,受谢灵运、谢朓的影响。此外,他偶亦作小词。今传有十卷本《韦江州集》、两卷本《韦苏州诗集》、十卷本《韦苏州集》。

为什么称韩愈是"文起八代之衰"?

"文起八代之衰"出自苏轼《潮州韩文公庙碑》,讲的是韩愈抱负宏大,自视甚高,忠君爱国,他的文章切合时弊,提倡文以明道,不平则鸣,是古文运动的领袖人物。八代,指的是东汉、魏、晋、宋、齐、梁、陈、隋八个朝代,"文起八代之衰"意思就是说韩愈的文章胜过前八个朝代,具有划时代的意义。韩愈的散文,雄奇奔放,富于曲折变化,而又流畅明快。他是我国古代善于运用语言的巨匠之一,其散文语言简练、准确、鲜明、生动,善于创造性地使用古代词语,吸收口语创造出新的文学语言,因此他的散文词汇丰富,绝少陈词滥调,句式的结构也灵活多变。他随所要表达的内容和语言的自然音节,曲折舒展,文从字顺;间亦杂以骈俪句法,硬语生辞,映带生姿。因此,从文学角度立论,"文起八代之衰"的赞语,韩愈是受之无愧的。

柳宗元的诗歌有些什么特点?

中唐诗坛,除韩孟的雄奇险怪,元白之平易流畅之外,柳宗元以其特有的诗风而独树一帜。他在自己独特的生活经历和思想感受的基础上,借鉴前人的艺术经验,发挥自己的创作才华,创造出一种独特的艺术风格。其五古诗以山水为题材绘出"清"境,结合自身的遭际创造出独特意象,寓于深厚感情形成"清峻"风格。

其中,一部分五古思想内容近于陶渊明诗,语言朴素自然,风格淡雅而意味深长。另外一些则受谢灵运影响,造语精妙,间杂玄理,连制题也学谢诗。但柳诗能于清丽中蕴藏幽怨,同中有异。

其七古诗以寓言为题材,寓于自己未伸的政治抱负和对自由的向往而形成"悲慨"风格;另外,柳诗还有以慷慨悲健见长的律诗,如《登柳州城楼寄漳汀封连四州》就是唐代七律名篇,绝句《江雪》在唐人绝句中也是不可多得之作。

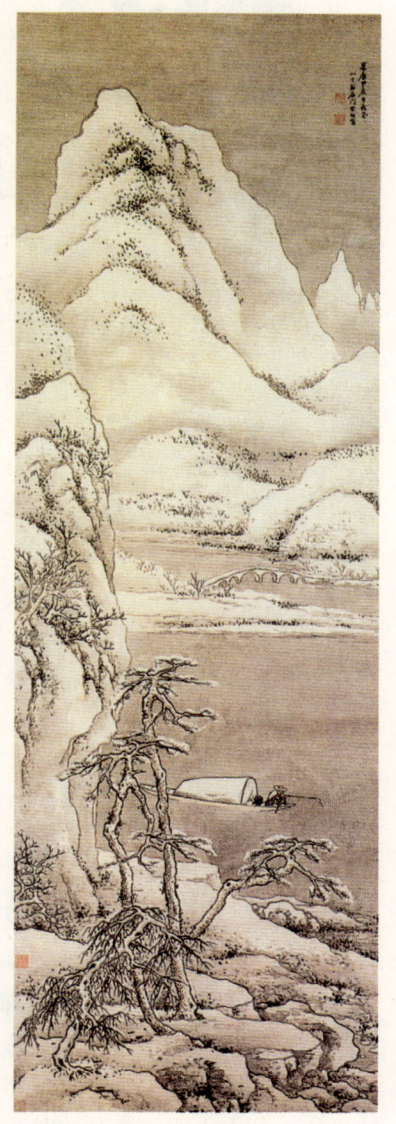

▲柳宗元《江雪》诗意图

刘禹锡的诗歌有些什么特点？

刘禹锡，字梦得，晚年自号"庐山人"，唐代中期诗人、文学家、哲学家、政治家，有"诗豪"之称，世称"刘宾客"。刘诗善使事运典，托物寓意，抒写情怀，多有名篇传世。其诗歌反映民众生活和风土人情，题材广阔，风格上汲取巴蜀民歌含蓄宛转、朴素优美的特色，清新自然，健康活泼，充满生活情趣。其诗风清峻明朗，无论短章长篇，大都简洁明快、风情俊爽，哲人的睿智和诗人的挚情渗透其中，极富艺术张力和雄直气势，具有一种振衰起废、催人向上的力量。其七言绝句简练爽利、晓畅易解，但更深层分析，便会领悟到一种傲视忧患的气概和超越苦难的情怀，一种奔腾的生命活力和面向未来的乐观精神，一种坚毅高洁的人格内蕴。

▲刘禹锡像
刘禹锡是唐代文学家、哲学家。其诗与白居易齐名，世称"刘白"，题材多样，意境雄浑，韵律自然，富于音乐美。

白居易的诗歌有些什么特点？

白居易，字乐天，晚号香山居士，有"诗魔"和"诗王"之称。他将自己的诗分成讽喻、闲适、感伤和杂律四大类。其诗歌特点如下：

（1）通俗性。语言平白浅切，生动自然，朗朗上口，平实而不流于俗套。

（2）写实性。通观白诗，多数用写实的手法来说事和塑造人物。他的笔下人物多数有相同的命运，而又有各自不同的遭遇。有故事，有人物，有情节，有对话，处处刻画得形象鲜明。

（3）抒情性。其抒情写景的诗以极其平常的语言倾吐内心感受，亲切自然，娓娓动人。

（4）叙事性。白诗多以叙事性手法来讲故事，如《长恨歌》和《琵琶行》，皆以叙事为主，兼有抒情。

（5）讽喻性。白居易出身仕途，对朝政的腐败最为清楚，所以创作很多针砭时弊的作品。为民请命兼善天下的风骨在诗中表现得比较突出。

为何孟郊、贾岛有"郊寒岛瘦"之称？

"郊寒岛瘦"，语出苏轼《祭柳子玉文》："元轻白俗，郊寒岛瘦。嚼然一吟，众作卑陋。"这是指唐朝著名的两位诗人孟郊和贾岛，二人以苦吟著称，因其平生遭际大体相当，诗风相似，被后世并称为"郊寒岛瘦"。后人遂以指凄苦的诗文意境风格。"寒"和"瘦"概括了两位诗人的诗风。孟郊的诗多俊寒，即使是登科后，我们从"春风得意马蹄疾"中也能略微体会到诗人心底隐存的寒意。贾岛的诗多清瘦，"鸟宿池边树，僧敲月下门"使我们仿佛置身于那个幽静的环境下。"寒"与"瘦"原本用于描述温度天气与人的形容样貌,这里用来概括诗文的特点,不仅形象生动,而且体现了汉语的灵动与自然。如同"无边落木萧萧下"中,杜甫借用木干枯的意象来表现秋叶下落的萧瑟景象,与此有异曲同工之妙。

"大历十才子"的诗歌有些什么特点?

唐代宗大历年间,有十位诗人代表了一个诗歌流派。据《新唐书》载,十才子为李端、卢纶、吉中孚、韩翃、钱起、司空曙、苗发、崔峒、耿湋、夏侯审。宋以后有异说,但多不可信。他们大都以王维为宗,秉承山水田园诗派的风格,寄情于山水,歌咏自然,其中也有一些佳作。格律归整、字句精工是其作品中显著的特点。作品体裁多用近体格律,很少能见到乐府歌行体。至于情思缅邈、轻酬浅唱则是十才子诗歌的又一特色。十才子作品中虽多游离现实、点缀升平之作,但身处社会动荡的时代,战争的离乱和民间的疾苦不可能不给他带来冲击,所以有时也能偶然在他们作品中得到体现。如卢纶的《逢病军人》和韩翃的《寒食》,借古讽今,思想性和艺术性都很高。

李贺为何被称为"诗鬼"?

李贺,字长吉,世称"诗鬼"。在古今诗坛,李贺算是最不幸的人,猎功名如探囊取物,而徒望进士门槛兴叹,27岁即骑鹤而去,留下的却是宏伟的诗篇。其诡谲的想象、奇特的象征,在大唐诗坛独树一帜。那么,"诗鬼"究竟"鬼"在哪里呢?简单说"鬼气"从内在审美上是一种苦闷至死亡的悲怨,李贺经常站在死的边缘来看世界,似乎是在用鬼眼望人间,用美学理论解释就是用逝去的理想来参照逝去的现实,在悲凉的层面上冷眼望世。这样的体验使读者震撼,触及灵魂深处。除其诗歌中多写及天国鬼境、神仙鬼魅的原因之外,李贺被称为"鬼",可能与他本人的相貌也有一些联系。在《巴童答》中,他写道:"巨鼻宜山褐,庞眉入苦吟。"《新唐书》中称:"为人纤瘦,通眉、长指爪,能疾书。"可以想见其丑陋容貌。以长吉诡谲之诗,配此古寝之貌,"诗鬼"之号堪为绝配!

李商隐的诗歌有些什么特点?

李商隐,字义山,号玉谿生,怀州河内(今河南沁阳市人)。李商隐的诗歌,有的抒发自己政治失意的痛苦心情,有的反映晚唐的政治生活,有的是托古讽今的咏史之作,还有一类描写爱情生活的无题诗。

李商隐的诗具有鲜明而独特的艺术风格,文辞清丽、意韵深微,构思新巧,辞藻华美,想象丰富,格律严整,风格婉转缠绵。但有的作品伤感情调比较浓重,用典过多,隐晦难解。

李商隐的诗经常用典,而且深奥难懂,而且常常每句都用典故。他在用典上有独创,喜用各种象征、比兴手法,有时读了整首诗也不清楚目的为何。正是他好用典故的风格,形成了他作诗的独特风格。但有时用典太过,犯了晦涩的毛病,使人无法了解他的诗意。

此外，李商隐的诗词藻华丽，善于描写和表现细微的感情。

杜牧的诗歌有些什么特点？

杜牧，字牧之，京兆万年（今陕西西安）人，唐代诗人。杜牧擅长诗文，力倡"文以意为主"之论。诗风豪爽清丽，尤工绝句。

后人为了区别于杜甫，称其为"小杜"，又为了区别于李白、杜甫，称杜牧与李商隐为"小李杜"，足见杜牧在文学史上的地位。他的古体诗受杜甫、韩愈的影响，题材广阔，笔力峭健。近体诗则以文辞清丽、情韵跌宕见长。

七律《早雁》用比兴托物的手法，对遭受回纥侵扰而流离失所的北方边塞人民表示怀念，婉曲而有余味。

《九日齐山登高》却是以豪放的笔调抒写自己的旷达胸怀，蕴涵深沉的悲慨。晚唐诗歌的总体趋向是藻绘绮密，杜牧受此时代风气影响，也有注重辞采的一面。

这种重辞采的共性与他的"雄姿英发"的个性相结合，风华流美而又神韵疏朗，气势豪宕而又精致婉约。

唐代最著名的女诗人是哪一位？

薛涛，唐代最著名的女诗人，字洪度，一作宏度。长安（今陕西西安）人。父亲薛郧曾在蜀地做官，父亲死后居于成都，与当时名士元稹、牛僧孺、张籍、白居易、令狐楚、刘禹锡、张祜、段文昌有往来，与元稹交情最笃。相传薛涛容貌美丽，天资聪颖，并且精通音乐。

薛涛与刘采春、鱼玄机、李冶并称唐朝四大女诗人，与卓文君、花蕊夫人、黄娥并称蜀中四大才女。薛涛的诗，不仅有世所传诵的《送友人》《题竹郎庙》等以清词丽句见长的诗歌，还有一些具有思想深度的关怀现实的作品。杨慎说她"有讽喻而不露，得诗人之妙"。《四库全书总目》也认为她的《筹边楼》"托意深远"，"非寻常裙屐所及"。薛涛著有《锦江集》5卷，但已散佚。《全唐诗》中有其诗1卷。后人张蓬舟编有《薛涛诗笺》。

薛涛还曾发明著名的薛涛笺，世谓"南华经、相如赋、班固文、马迁史、薛涛笺、右军帖、少陵诗、达摩画、屈子离骚"，乃古今绝艺。

温庭筠的诗词有些什么特点？

温庭筠，本名歧，字飞卿，太原祁县人，晚唐诗人，花间派词人。温庭筠自幼好学，长于诗词，喜讥刺权贵，多触忌讳。由于形貌奇丑，因号"温钟馗"。政治上，他郁郁不得志，屡试进士不第，官仅至国子助教。生活上，他行无检幅，常出入于歌楼妓院。因此，温庭筠的词风华丽浓艳，而其词的题材内容，主要是以描写美人的苦闷情绪、追求真诚的爱情为主。至于温庭筠的作品特色，《北梦琐言》中言其，"才思艳丽，工于小赋，每入试，押官韵作赋，凡八叉手而八韵成"，时人称"温八叉"。温庭筠诗风上继承唐朝诗歌传统，下启五代文人填词风气之先，特别是作为词人的地位很高。其词风婉丽、情致含蕴、辞藻浓艳，后世词人如周邦彦、吴文英等多受他影响。

李煜在诗词方面取得了怎样的成就？

李煜，初名从嘉，字重光，号钟隐，南唐中主第六子。在诗词方面，李煜具有很高的成就。他前期的词风格绮丽柔靡，不脱"花间"习气。根据内容大致分为两类：一类是描写富丽堂皇的宫廷生活和风花雪月的男女情事，如《菩萨蛮》。后期的词由于生活的巨变，以一首首泣尽以血的绝唱，使亡国之君成为千古词坛的"南面王"。李煜词作语句清丽、音韵和谐，可谓空前绝后。李煜词摆脱了《花间集》的浮靡，不假雕饰，语言明快，形象生动，性格鲜明，用情真挚，亡国后的作品更是题材广阔，含意深沉，超过晚唐五代的词，不但成为宋初婉约派词的开山，也为豪放派打下基础，后世尊称他为"词圣"。后世念及李煜的诗词中有一句相当著名："作个才人真绝代，可怜薄命作君王。"

▲李煜像

为什么称林逋"梅妻鹤子"？

杭州有许多赏梅胜地，杭州西湖的小孤山就有许多梅花。那里有放鹤亭及林和靖先生墓，北宋时代的著名诗人林逋（即林和靖）就长眠在那里。当年他在此植梅，写过不少咏梅佳句，还因"梅妻鹤子"的佳话而闻名古今，咏梅的千古佳句"疏影横斜水清浅，暗香浮动月黄昏"即为他所作。据史料记载，林逋，字君复，浙江钱塘（今杭州市）人，出生于儒学世家。他早年曾游历于江淮等地，后隐居于杭州西湖孤山之下，由于常年足不出户，以植梅养鹤为乐，又因传说他终生未娶，故有"梅妻鹤子"传说的流传。直到今天，很多人都知道"梅妻鹤子"的故事，就连《辞海》中关于"梅妻鹤子"条目也是这样记载的：宋代林逋隐居杭州西湖孤山，无妻无子，种梅养鹤以自娱，人称其"梅妻鹤子"。

欧阳修在文学创作上的成就有哪些？

欧阳修，字永叔，号"醉翁""六一居士"，宋代散文革新运动的卓越领导者。欧阳修在文学创作上的成就，以散文为最高。苏轼评其文时说："论大道似韩愈，论本似陆贽，纪事似司马迁，诗赋似李白。"欧阳修一生写了500余篇散文，各体兼备，有政论文、史论文、记事文、抒情文和笔记文等。他的散文内容充实，深入浅出，精炼流畅，寓奇于平，叙事说理娓娓动听，抒情写景引人入胜，使文坛面目为之一新。欧阳修还开了宋代笔记文创作的先声。他的笔记文，不拘一格，生动活泼，富有情趣，并常能描摹细节，刻画人物。此外，欧阳修打破了赋体的严格的格律形式，写了一些文赋，变唐代以来的"律体"为"散体"，对赋的发展具有开拓意义。

苏轼的文学艺术成就有哪些？

在才俊辈出的宋代，苏轼在诗、文、词、书、画等方面均取得了登峰造极的成就，是中国历史上少有的文学和艺术天才。苏轼散文著述颇丰，其文风格平易流畅，豪放自如，与韩愈、柳宗元和欧阳修三大家并称。苏诗内容广阔，风格多样，而以豪放为主，笔力纵横，穷极变幻，具有浪漫主义色彩，为宋诗发展开辟了新的道路。苏轼在我国词史上占有特殊的地位。他扫除了晚唐五代以来的传统词风，开创了豪放词派，扩大了词的题材，丰富了词的意境，打破了诗庄词媚的界限，对词的革新和发展做出了重大贡献。苏轼还擅长行书、楷书，与黄庭坚、米芾、蔡襄并称"宋四家"。他曾遍学晋、唐、五代名家，得力于王僧虔、李邕、徐浩、颜真卿、杨凝式，而自成一家。苏轼在绘画方面画墨竹，其论书画均有卓见，论画影响更为深远。如重视神似，主张画外有情，画要有寄托，反对形似，反对程式束缚，提倡"诗画本一律，天工与清新"，并明确提出"士人画"的概念等，为其后"文人画"的发展奠定了理论基础。

▲枯木怪石图　北宋　苏轼
苏轼在绘画上倡导"士大夫画"，主张"画以适吾意"，此图以旋转笔锋绘一怪石，几簇焦墨细竹，右侧一枯之木，情境怪异。

"眉山三苏"指的是哪三位？

"眉山三苏"是指北宋散文家苏洵和他的儿子苏轼、苏辙。苏洵，字明允，号老泉，四川眉山人。他的文章，能继承孟子、韩愈议论文传统，形成自己的雄健风格。擅长政论、史论，喜谈兵谋、权变。叙事文较少。用笔矫健奔放，修辞精简雄峻，得力于孟子，且有战国纵

▲ 后赤壁赋图卷（局部） 南宋 马和之
《后赤壁赋》是北宋著名文学家苏轼的散文名篇，描写作者与两位客人复游赤壁的情景，此图即根据此文而作。

横家的气势。苏轼，字子瞻，号东坡居士，谥文忠。苏东坡是个多方面的文学家，散文、诗、词都卓然成家。他强调文章本身的艺术价值，要求自由表达，摆脱形式束缚。其文达到了"文理自然，姿态横生"的艺术境界，"三苏"之中成就最高。苏辙，字子由，号颖滨遗老。其文发展了韩愈"气盛言宜"的论点，平正委婉，在散体古文中，采取排句形式，吸收骈文的技巧，故声调铿锵、色彩优美，写作风格接近欧阳修、苏轼。记叙文纡徐曲折，饶有情节，名作有《黄州快哉亭记》《武昌九曲亭记》等。

"唐宋八大家"指的是哪几位？

唐宋八大家，是唐宋时期八大散文代表作家的合称，即唐代的韩愈、柳宗元和宋代的欧阳修、苏洵、苏轼、苏辙、王安石、曾巩。最初将这8个作家的散文作品编选在一起刊行的是明初朱右的《八先生文集》，明中叶唐顺之在《文编》一书中也选录了这8个唐宋作家的作品。以后不久，推崇唐顺之的茅坤根据朱、唐的编法选了八家的文章，辑为《唐宋八大家文钞》，"唐宋八大家"从此得名。

唐宋八大家乃古文运动的中心人物，他们提倡散文，反对骈文，给予当时和后世的文坛以深远的影响。

由于这8位作家的文学观点比较接近，都主张实用，反对骈体，他们的散文创作都取得了很高的成就，因而"唐宋八大家"一经提出，便被后人普遍接受，成为文学史上的专有名词。

柳永的词作有些什么特点？

柳永，原名三变，字耆卿，福建崇安人，世称柳七、柳屯田。年轻时，常出入歌妓馆，为乐工歌妓撰写歌辞，因而被达官贵人所不齿，屡试不第。于是他索性放浪于汴京、苏州、杭州等都市，以填词为专业。柳永是北宋一大词家，在词史上有重要地位。他扩大了词境，佳作极多，许多篇章用凄切的曲调唱出了盛世中部分落魄文人的痛苦，真实感人。他还描绘了都市的繁华景象及四时节物风光，另有游仙、咏史、咏物等题材。柳永发展了词体，留存200多首词，所用词调竟有150个之多，并大部分为前所未见的，以旧腔改造或自制的新调，又十之七八为长调慢词，对词的解放与进步做出了巨大贡献。柳永还丰富了词的表现手法，他的词讲究章法结构，词风真率明朗，语言自然流畅，有鲜明的个性特色。他上承敦煌曲，用民间口语写作大量"俚词"，下开金元曲。柳词又多用新腔、美腔，旖旎近情，富于音乐美。柳词不仅在当时流传甚广，对后世影响也十分深远。

李清照的词作有些什么特点？

李清照，号易安居士，济南章丘人，宋代杰出的女词人。她出身书香门第，父亲李格非精通经史，长于散文，母亲王氏也知书能文。在家庭的熏陶下，她从小就文采出众。李清照对诗、词、散文、书法、绘画、音乐，无不通晓，以词的成就为最高。李清照的词委婉、清新，感情真挚。李清照前期的词，主要描写少女、少妇的生活，多写闺情，真实地反映了她的闺中生活和思想感情，表现出作者热爱大自然，憧憬美好的爱情生活，冲破了以往花间闺怨词的樊篱，有一定的文学价值。后期的词，多悲叹身世，有时也流露出对中原的怀念，以表达她的爱国思想。李清照的文学创作具有鲜明独特的艺术风格，居婉约派之首，对后世有较大影响，在词坛中独树一帜，称为"易安体"。

▲千秋绝艳图之李清照像

姜夔的诗词有些什么特点？

姜夔，字尧章，一字石帚，别号白石道人，南宋著名诗词作家、音乐家。他不仅是当时一大词家和诗人，而且娴通音律，善吹箫弹琴，有乐论著述，能配合词作自创曲谱，是南宋唯一词调曲谱传世的杰出音乐家。姜夔的诗，风格高秀，继承和发展了江西诗派的风韵，有《白石诗集》传世。他的词曲更为后世所推崇。姜夔和吴文英等是南宋前期词家婉约派主要代表，上继"花间"，强调音乐性，被认为是词家的正宗。姜夔的词风清新峻拔，立意幽远，炼字琢句，倚声协律。《白石道人歌曲》收词80首，其中17首带有曲谱。这17首，每首定有宫调，并以宋代工尺字谱斜行注节，扣于字旁。这些有谱的词调是他一生中文艺创作的精髓，为后人留下了可资研考演唱的丰厚遗产，对南宋后期词坛创新和词式上的格律变化有很大的影响。

辛弃疾的词作有些什么特点？

辛弃疾，字幼安，号稼轩，历城（今山东济南）人，南宋最杰出的词人。辛弃疾善诗文，但以词明世。他一生写了600多首歌词，从不同角度广泛反映自己所处的时代。数量之富，质量之优，皆冠两宋，乃人中之杰、词中之龙。其词艺术风格多样，而以豪放为主。

热情洋溢，慷慨悲壮，笔力雄厚，与苏轼并称"苏辛"。他在词中抒写力图收复失地的情怀，倾诉壮志难酬的悲愤，对南宋上层统治集团的屈辱投降进行揭露和批判，也有不少吟咏祖国河山的作品。在辛词的影响下，豪放词的佳作大量涌现，在词的发展史上取得了和婉约词双峰并峙的地位。所以，从南宋以后，元明清直到当代，不少文学家继承了辛词的豪放传统，在词坛中留下长远的影响。

陆游的诗词成就有哪些？

陆游，字务观，号放翁，越州山阴（今浙江绍兴）人，南宋伟大的诗人。一生著述丰富，存诗9000多首，是我国现有存诗最多的诗人。陆游具有多方面文学才能，尤以诗的成就为最。他的许多诗篇抒写了抗金杀敌的豪情和对敌人的仇恨，风格雄奇奔放，

▲陆游祠

沉郁悲壮，洋溢着强烈的爱国主义激情，在思想上和艺术上都取得了卓越成就，有"小李白"之称。词作量不如诗篇巨大，但和诗同样贯穿了气吞残虏的爱国主义精神。杨慎谓其纤丽处似秦观，雄慨处似苏轼。他的名句"山重水复疑无路，柳暗花明又一村"等一直被广为传诵。陆游的诗词创作，继承了屈原、陶渊明、杜甫、苏轼等人的优良传统，在我国文学史上占有重要地位，著有《渭南文集》《剑南诗稿》《放翁词》《南唐书》等。

"南宋中兴四大诗人"是谁？

在中国诗歌发展史上，南宋"中兴四大诗人"或称"中兴四大家"是大家非常熟悉的诗人群体称谓，就是尤袤、杨万里、范成大和陆游四位大诗人的合称。这几位诗人以独特的诗歌风貌，在南宋初期诗坛掀起一股清新的诗风，给中国诗坛带来一道崭新的风景线。当时杨、陆的声名尤著。尤袤流传下来的作品很少；杨、范虽比不上陆游，但各有特色。杨万里一反江西诗派的生硬槎桠，创立了活泼自然的诚斋体。杨万里、陆游流传下来的作品，数量之多是惊人的。中兴四大诗人代表了宋代诗歌第二个最繁荣的时期。杨万里有《诚斋集》，范成大有《范石湖集》，陆游有《陆放翁集》传世。尤袤诗集已散失，现有辑本《梁溪遗稿》。

图解·国学常识

宋词发展史

北宋前期 第一代词人的因革

代表作家

晏殊

欧阳修

晏殊、欧阳修拉开了宋一代词作的序幕。他们的词乃是五代特别是南唐柔软绮丽词风的延续，同时又有局部拓展，多以小令抒写男女情事，闲雅清旷、秀丽精巧。

晏几道

范仲淹

柳永

晏几道兼晏殊、欧阳修的词风，在回环曲折的笔致中透露出哀怨感伤的情调，真挚动人。

范仲淹突破了晏、欧婉约之格局，别树一帜，其边塞词苍凉开阔、豪放悲壮，开东坡之词风。

北宋前期词坛成就最大、贡献最力者首推柳永，他是宋词史上一个里程碑式的人物。

柳永『三创』

创体。以长调慢词取代先前的小令，扩展了词的容量。

创意。以清新俚俗的市井风情取代先前精致典雅的贵族格调。

创法。讲究铺叙，喜用白描，丰富了词的艺术表现手法。

北宋中期 第二代词人的开创

代表作家

苏轼

宋词至柳永而一变，至苏轼再变。苏轼以诗为词，打破了词体的题材内容的局限，拓新了词的意境；冲破了词为艳科的藩篱，在婉约词家之外另立豪放一派；提高了词的品位，使词在一定程度上突破了音律的束缚，成为独立的新诗体。苏轼全面改革词坛传统风尚，给词史的发展指出"向上一路"，南宋的爱国词派与辛派词人为其嗣响。

第五章 古典文学

北宋后期 — 第三代词人的新变

代表作家

秦观
秦观词一向被认为是婉约派的正宗，多写男女情爱的悲苦与失志文士的幽怨，情韵兼胜，词境凄婉，自成一家。

周邦彦
周邦彦被推崇为北宋词"集大成者"，注重音律法度，风格淳雅浑成，章法缜密圆熟，语言典丽精工，是后来格律词派之先导。

南宋前期 — 第四代词人的辉煌

代表作家

李清照
第四代词人，开始突破以往吟风月弄花草的婉丽流转，给词作注入了鲜明的时代性和强烈的战斗性，词风慷慨悲壮、沉郁苍凉，为中期爱国词高潮的到来奏了先声。此期词坛成就最高、卓然自立的是女词人李清照，她主张词"别是一家"，进一步确立了词体的独立地位。其词化俗为雅，清婉疏淡，语言功力甚深，既自然清新又精美雅洁，号称"易安体"。

南宋中期 — 第五代词人的深化

代表作家

辛弃疾
此期词坛成就最高者为辛弃疾，他以文为词，空前地解放了词体，增强了词的艺术表现力，其独创的"稼轩体"在两宋词坛"屹然另立一宗"。

姜夔
姜夔词风清空峭拔，词境虚灵幽冷，语言瘦劲疏淡，在辛派词人之外别标一格，他上承周邦彦之精工，下开吴文英、张炎之风雅，被奉为雅词之典范。

南宋后期 — 第六代词人的融合

代表作家

文天祥
第六代词人分二派，一派是稼轩之遗响，主要词人有刘克庄、刘辰翁、文天祥等，他们继承苏、辛词风，词作感时伤世，情调沉痛悲郁，词风豪迈粗犷。另一派是白石之羽翼，重要词家有吴文英、周密、王沂孙、张炎等，他们以姜夔为榜样，重视格律技巧，词作凄凉哀怨，格调空灵低婉。

文天祥为什么被称为正气的象征？

文天祥，号文山，南宋杰出的抗元英雄和著名诗人。宋理宗宝祐四年（1256年）考取进士第一名。历任湖南提刑，知赣州。德祐元年（1275年）正月，闻元军东下，文天祥在赣州组织义军，开赴临安。次年被任为右丞相兼枢密使。景炎二年（1277年），进兵江西，收复州县多处。后兵败被俘，妻子儿女皆被执，将士牺牲甚众，他只身逃脱，退广东继续抗元。后因叛徒引元兵袭击，同年12月，在五坡岭被俘。次年，被押送元大都，囚禁4年，经历种种严酷考验，始终不屈。1283年从容就义，年仅47岁。忽必烈惋惜说："好男子，不为吾用，杀之诚可惜也。"文天祥创作了大量的诗、词和散文作品。其中诗作达百余首，成就很高，有《文山先生全集》，其中以《过零丁洋》和在狱中所题《正气歌》最为人所认识和称道，其中前者的"人生自古谁无死，留取丹心照汗青"乃千古绝唱。

▲文天祥《沁园春》诗意图

元好问在文学方面取得了哪些成就?

元好问,字裕之,号遗山,山西秀容(今山西忻州)人,世称遗山先生。金、元之际著名文学家。早先曾在金朝为官,金朝灭亡后,被元政权长期拘管于聊城(今属山东),编有《东坡乐府集选》《唐诗鼓吹》,还有金诗总集《中州集》10卷等,保存了很多金代文献。

元好问诗风刚健,其文弘肆、其词清隽。今存诗1361首,内容丰富。一些诗篇生动反映了当时的社会动乱和百姓苦难,如《岐阳》《壬辰十二月车驾东狩后即事》诗,沉郁悲凉,追踪老杜,堪称一代"诗史"。其写景诗,表现山川之美,意境清新,脍炙人口。诗体裁多样,七言是其所长。

元好问的词今存377首,艺术上以苏、辛为典范,兼有豪放、婉约诸种风格,当为金代词坛第一人。今存散曲仅9首,用俗为雅,变故作新,具有开创性。《续夷坚志》是现存为数不多的金代笔记小说。

关汉卿在元杂剧方面取得了怎样的成就?

关汉卿,号"已斋叟",是"元曲四大家"之一。生平事迹不详。他一生以杂剧的成就最大,共写了60多种,今存18种,最著名的有《窦娥冤》。王国维称其"列之于世界大悲剧中亦无愧色"。关汉卿也写了不少历史剧,如《单刀会》《单鞭夺槊》《西蜀梦》等。散曲今存小令40多首、套数10多首。

▲《窦娥冤》年画

《窦娥冤》是取材于元代社会现实的一部作品,是我国古代一个著名的悲剧,窦娥是封建社会里开始觉醒的被压迫阶级一个成功的悲剧典型。700多年来,这部剧作不仅成为我国戏曲舞台的保留剧目,而且被译成多种文字流传国外。

关汉卿以"我却是蒸不烂煮不熟捶不扁炒不爆响当当一粒铜豌豆"的形象广为人称道,被誉"曲家圣人"。一般认为,正是他将前代未完成的戏曲加以改革,完善了元杂剧的体裁。他通过现实主义的艺术手法,广泛而深入地反映了蒙古统治下的历史环境与不合理的社会制度,塑造了许多有典型性格的人物形象,反映了当时人民的生活与思想感情。著名学者刘大杰曾将关汉卿在中国戏曲史上的地位,媲美于英国的剧作家莎士比亚。

"元曲四大家"都有谁？

"元曲四大家"是指关汉卿、白朴、马致远、郑光祖四位元代杂剧作家。

白朴，字太素，幼年被元好问收养，文学修养很高。其杂剧代表作有《梧桐雨》《墙头马上》等，其中《墙头马上》最为出色，与关汉卿的《拜月亭》、王实甫的《西厢记》和郑光祖的《倩女幽魂》合称为"元代四大爱情剧"。

马致远，号东篱，致远为其字，名不详，人称"曲状元"。他中年出仕，晚年退隐，其作品以反映退隐山林的田园题材为多，风格兼有豪放、清逸的特点。杂剧有描述王昭君传说的《汉宫秋》以及《任风子》等。其散曲《天净沙·秋思》被称为"秋思之祖"。《汉宫秋》被后人称作元曲的最佳杰作。作品收入《东篱乐府》。

郑光祖，字德辉，生平不详。所写杂剧可考者18种，现存《周公摄政》《王粲登楼》《翰林风月》《倩女离魂》《无盐破连环》《伊尹扶汤》《老君堂》《三战吕布》等8种，其中，《倩女离魂》最著名。

此外，也有人将王实甫列入而取代郑光祖。王实甫，名德信。大都（今北京市）人。其所作杂剧中名目可考的有13种。今存有《西厢记》《破窑记》《丽春堂》《芙蓉亭》（有佚曲）、《贩茶船》（有佚曲）等。

纳兰性德的诗词有些什么特点？

纳兰性德，字容若，号楞伽山人，大学士纳兰明珠长子，生于北京，满洲正黄旗人。纳兰性德的诗，特别是词，清新隽秀，自然超逸，哀婉动人，间有雄浑之作。陈维嵩认为，他的词与南唐李后主风格相同，但词中有青春气息，因此长于后主。现在看来，这些人对其艺术特色的评述，还是比较恰如其分的。纳兰性德是清初满洲贵族人士中，文学造诣很深、艺术成就很高的词人。他的作品大多反映了满洲贵族的生活情调，尽管缺少广泛的社会意义，但情真意切，显现出一种华贵的悲哀和优美的感伤。他和朱彝尊、陈维嵩被称为清代"词家三绝"。

第六章
礼仪风俗

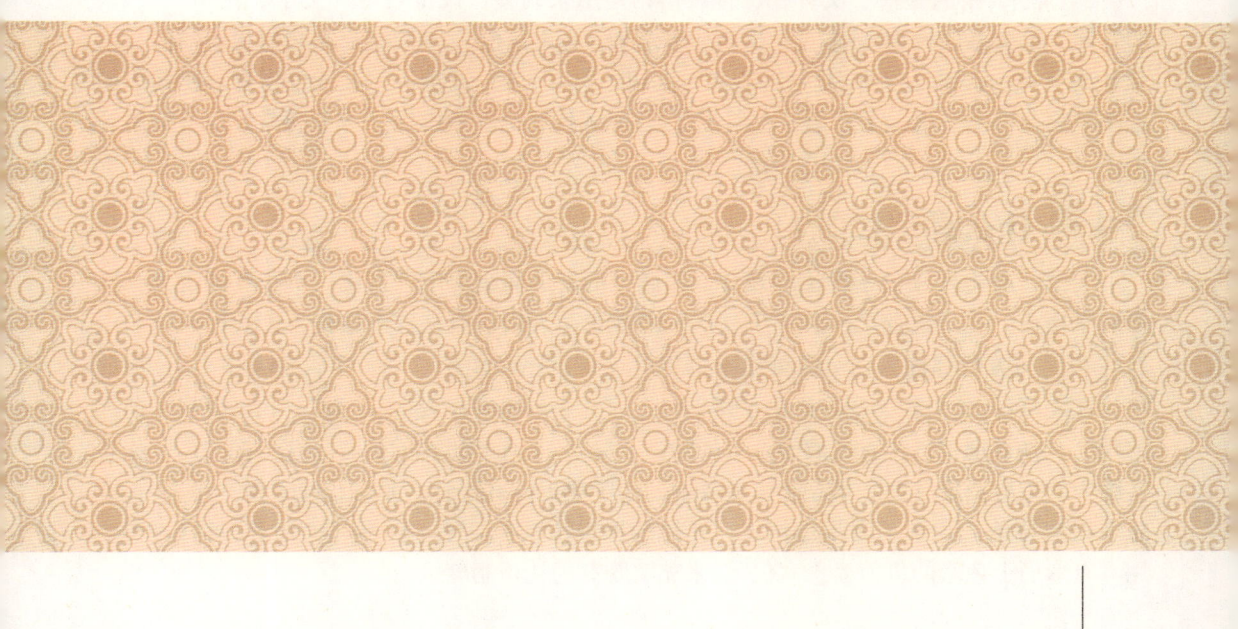

伦 理

什么是儒家所说的"五常"？

"五常"，指的是仁、义、礼、智、信，是用来调整、规范君臣、父子、兄弟、夫妇、朋友等人伦关系的行为准则。"仁"者，爱之理，心之德也。"义"者，事之宜也。"礼"者，天理之节文，人事之仪则也。"智"者，知也。"信"者，诚实也。五常也指五行所代表的五类事物，即木、火、土、金、水的正常运动。《伤寒论》序中说："人禀五常，以有五脏。"

什么是"仁"？

"仁"，是古代人的一种伦理观念，因儒家的发展而成为中国古代一个重要的道德标准和哲学概念。孔子之前已经有关于"仁"的观念，人们一般把尊亲敬长、爱及民众、忠于君主和仪文美德都称为仁。殷墟出土的甲骨文中就已经使用"仁"字，金文中也有"仁"字，在《诗经》《书经》等古经中使用"仁"字，一般指"亲爱""慈爱"。孔子继承了前人的观念，并且把"仁"发展成为系统的学说。"仁"是孔子思想的核心。孔子把"仁"作为实践中的指导原理并使之贯穿于诸道德中。弟子樊迟问孔子什么是仁，孔子说"爱人"，意思就是善待他人，君子应当是仁者。孔子的思想体系中，注重仁和礼的结合，纳仁于礼，用具有形而上色彩的价值概念"仁"，来充实既有的礼乐制度。

什么是"义"？

"义"，一般指公正合宜的道德、道理或行为，是儒家五常（仁、义、礼、智、信）之一。儒家注重要与身边的人建立一种和谐的关系。孔子的中心思想为"仁"，孟子的中心思想是"义"。大儒董仲舒认为，"仁、义、礼、智、信"五常之道是处理人际关系的基本法则。义与仁并用为道德的代表，正所谓"仁至义尽"。义已经成为一种人生观、人生价值观，如"义不容辞""义无反顾""见义勇为""大义凛然""大义灭亲""义正词严"等；义是人生的责任和奉献，如义诊、义演、义卖、义务等，至今仍是中国人崇高道德的表现。

第六章　礼仪风俗

什么是"礼"？

"礼"，指上下有别、尊卑有序等，主要推崇西周的社会观念。礼是中国传统社会道德规范的体现，同时也是古代社会，尤其是封建社会政治制度的体现，是维护宗法等级制度以及与之相适应的人与人交往中的礼节仪式。作为道德规范，它是人一切行为的准则。孔子认为"礼"与"仁"是分不开的，主张"道之以德，齐之以礼"的德治，打破了"礼不下庶人"的限制。孟子把仁、义、礼、智作为基本的道德规范，礼为"辞让之心"，成为人的德行之一。在长期的发展过程中，礼作为中国封建社会的道德规范和生活准则，对中华民族修养的提高起了重要作用。随着社会的变革和发展，尤其是在封建社会的后期，礼越来越成为束缚人们思想、行为的绳索，影响了社会历史的进步和发展。

▲景公尊让　明　《圣迹图》
孔子主张克己复礼，其一生也遵从礼制行事。孔子见齐景公时，齐景公让孔子先行，孔子再三谦让，因为他认为此举不合礼。

什么是"智"？

"智"，即智慧、聪明，有才能，有智谋。孔子认为，有智慧的人才能认识到"仁"对他有利，才能去实行"仁"。只有统治者才是"智者"，他们中绝大多数人都可成为"仁人"，而"小人"则无智。儒家把"智"看成是实现其最高道德原则"仁"的重要条件之一。他们要实现"达德"，而要实现"达德"必须经过五个步骤，即博学、审问、慎思、明辨、笃行。汉儒就已经把"智"列入"五常"之中。

▲忠信济水　明　《圣迹图》

信是孔子非常强调的伦理品德之一，"忠信济水"是说孔子看见一个人渡过了一条很险的河，便问他怎么做到的，那人说："吾以忠信，所以能入而复出也。"孔子很受启发，便回过头告诫弟子要坚持忠信。

什么是"信"？

"信"，是儒家实现"仁"这个道德原则的重要条件之一，也是其道德修养的内容之一。儒家把"信"作为立国、治国的根本。孔子及其弟子提出"信"，是要求人们按照礼的规定互守信用，借以调整统治阶级之间、统治阶级与被统治阶级之间的矛盾。"信"作为儒家的伦理范畴，意为诚实、讲信用、不虚伪。汉儒将"信"列入"五常"之中。《论语·学而》："吾日三省吾身，为人谋而不忠乎？与朋友交而不信乎？传不习乎？……信近于义，言可复也。"信，是做人的根本，是兴业之道、治世之道。守信用、讲信义是中华民族公认的价值标准和基本美德。

什么是儒家所说的"三纲"？

"三纲"，是指"君为臣纲，父为子纲，夫为妻纲"，要求为臣、为子、为妻的必须绝对服从君、父、夫，同时也要求君、父、夫为臣、子、妻做出表率，反映了封建社会中君臣、父子、夫妇之间的一种特殊的道德关系。三纲的观念源自法家《韩非子》："臣事君，子事父，妻事夫。"西汉董仲舒从天人关系出发，根据"天尊地卑"思想，建立了三纲五常，又以"阴阳五行说",确立了"纲常"理论:"君臣父子夫妇之义皆取诸阴阳之道,君为阳,臣为阴;父为阳,子为阴;夫为阳,妇为阴。"后汉章帝召开白虎观会议,正式定"三纲"之说,确认神权、君权、族权、夫权的神圣不可侵犯性。《白虎通义·三纲六纪》称:"三纲者何?……君为臣纲、夫为妻纲、父为子纲。"

什么是"悌"?

"悌"指敬爱兄长、顺从兄长,是儒家的伦理范畴,目的在于维护封建的宗法关系。"悌"常与"孝"并列,称为"孝悌"。儒家是十分重视"孝悌"的,将它看作是实行"仁"的根本条件。《论语·学而》中说:"其为人也孝悌,而好犯上者鲜矣。不好犯上,而好作乱者,未之有也。君子务本,本立而道生。"《孟子·滕文公下》中说:"于此有焉,入则孝,出则悌。"

什么是"忠"?

"忠"是中国古代道德规范之一,原指为人诚恳厚道、尽心尽力,后来成为儒家思想的核心之一,有忠于他人、忠于君主及国家等多种含义,如"君使臣以礼,臣事君以忠","尽心于人曰忠,不欺于己曰信"。随着中国封建专制主义的形成和加强,"忠"成为臣民绝对服从君主的一种片面的义务。宋代以后,"忠"在一定程度上发展成为"君叫臣死,臣不得不死"的愚忠。

▲ 臣子拜见皇帝图
图中皇帝高坐于堂上,左右有太监、仕女侍候,堂下一臣子匍匐在地上毕恭毕敬地叩头,似乎在等待皇帝的吩咐。这幅图表现了封建社会臣子对皇帝的绝对服从。

什么是"孝"?

"孝",是指儿女的行为不应该违背父母、家里的长辈及先人的心意,是一种稳定伦常关系的表现。孝的一般表现为孝顺、孝敬等。孝顺指为了回报父母的养育,而遵从父母的指点和命令,按照父母的意愿行事。"孝"是儒学伦理道德的核心内容之一。孔孟时期,出现了阐发儒家孝道观的经典著作《孝经》。历代儒学之士都大力宣扬"孝道",封建帝王也利用"孝道"来为自己的统治服务。这二者的合力在民间的影响就是《二十四孝》的产生和流传。这样,"孝"就由道德范畴扩展到了政治范畴。统治者利用孝道来教化百姓,就是修其身的过程。向广大民众宣扬孝行,就是希望以此影响人们,以齐其家。这两项措施最终都是为了达到治国平天下的目的。

什么是"知耻近乎勇"?

"知耻近乎勇",语出《礼记·中庸》,意思是知道羞耻就接近勇敢了。儒家所讲的"知耻近乎勇"的勇是勇于改过。这里把羞耻和勇敢等同起来,意思是要人知道羞耻并勇于改过是一种值得推崇的品质,是对知羞改过的人的这种行为的赞赏。春秋时期,吴越交兵,越国兵败。越王勾践入吴宫,做了吴王夫差的奴隶。勾践含羞忍辱,终于获释回国。他卧薪尝胆,访贫问苦,任用贤才,发展生产。这种情况,在中国历代统治者中绝无仅有。十年生聚,十年教训,终于国家富足,军队精壮,一举灭掉吴国,勾践也成为春秋霸主。这就是"知耻而后勇"!

什么是"杀身成仁,舍生取义"?

"杀身成仁,舍生取义",出自孔子《论语·卫灵公》:"志士仁人,无求生以害仁,有杀身以成仁。"这表示君子为了成全仁德,可以不顾自己的生命,或者为了维护正义事业而牺牲生命。有一次,孔子的弟子向孔子请教说:"先生,您讲的仁德、忠义都是极好的。人人相爱,以仁义待人,确实是一种美德。仁德我很想得到,但活在世界上也是我的欲望。

▲宋人伐木

孔子离开曹国,路过宋国,在大树下与弟子练习礼法,宋国司马桓魋要害他,欲拉倒那棵树,弟子们说:"可以离开这里吗?"孔子镇静地说:"天地赋予了我德行,司马能把我怎么样呢?"

假如仁德与生命两者发生了冲突，该怎样处理呢？"孔子严肃地回答说："这有什么可犹豫的呢？凡是真正的志士仁人，都不会因为贪生怕死而损害仁义，而是应该为了成全仁德，可以不顾自己的生命。"

什么是"己所不欲，勿施于人"？

"己所不欲，勿施于人"，语出《论语·颜渊篇》，指的是自己不想要的东西，切勿强加给别人。孔子强调的是，人应该宽恕待人，应提倡"恕道"，只有如此方是仁的表现。"恕道"是"仁"的消极表现，但其积极表现便是"己欲立而立人，己欲达而达人"。《论语》中说：夫子之道，忠恕而已矣。这句话揭示了处理人际关系的重要原则——人应当拿对待自己的行为当作参照物来对待他人。人应该有宽广的胸怀，待人处世之时应该宽宏大量、宽恕待人。如果自己所不欲的，硬推给他人，不仅会破坏与他人的关系，也会将事情弄得僵持而不可收拾。人生在世，除了关注自身的存在以外，还得关注他人的存在，人与人之间是平等的，切勿将己所不欲施于人。人与人之间的交往确实应该坚持这种原则，这是尊重他人、平等待人的体现。

"国之四维"是什么？

"国之四维"，语出《管子·牧民》："国有四维，一维绝则倾，二维绝则危，三维绝则覆，四维绝则灭……何谓四维，一曰礼，二曰义，三曰廉，四曰耻。"管仲把礼义廉耻称为"国之四维"。他认为"礼"就是不能越出应有的节度，即思想行为不能超出贵族等级制的道德规范。"义"，就是自己不推荐自己，即使自己的思想行为符合统治阶级的道德标准。"廉"，就是不隐瞒自己的缺点错误，即廉洁不贪。"耻"就是不与不正派的人在一起，即要知羞耻。

他认为"礼、义、廉、耻"与法相比，比法更为重要，把它们认作支撑国家大厦的四根柱子。社会的安定与进步，要靠道德的引领。礼、义、廉、耻，是道德的四大纲纪。人一生不做坏事，不是慑于法律，而是出于良知，当这样的教育成为大众的普遍意识的时候，国家方能长治久安。

▲贤母图
从此图的题款"临民听狱，以庄以公。哀矜勿喜，孝慈则忠"，可以推知此为贤母向即将离家仆任的儿子所做的教诲。画家以高超的笔法将贤母严肃训诫却又暗含离别伤感之态、儿媳恭顺侍立而又对丈夫依恋不舍之情、儿子恭敬聆听却踌躇难离之意，刻画得极其生动传神。

什么是"五伦"？

所谓"五伦"，即五种人伦关系，语出《孟子·滕文公上》："使契为司徒，教以人伦：父子有亲，君臣有义，夫妇有别，长幼有序，朋友有信。"封建宗法社会以君臣、父子、夫妇、

兄弟、朋友为"五伦"。孟子认为，父子之间有骨肉之亲，君臣之间有礼义之道，夫妻之间挚爱而又内外有别，老少之间有尊卑之序，朋友之间有诚信之德，这是处理人与人之间关系的行为准则。

什么是"三纲八目"？

《大学》中提出了"三纲"和"八目"，强调修己是治人的前提，修己的目的是为了治国平天下，说明治国平天下和个人道德修养的一致性。

所谓"三纲"，指是"明明德""亲民""止于至善"。这既是《大学》的纲领旨趣，也是儒学"垂世立教"的目标所在。"明明德"，就是发扬光大人所固有的天赋的光明道德。"亲民"，是指发扬了善性之后，即从事治民。治民要亲爱人民。"止于至善"，就是要求达到儒家封建伦理道德的至善境界。"为人君止于仁，为人臣止于敬，为人子止于孝，为人父止于慈，与国人交止于信。"这是《大学》提出的教育纲领和培养目标。

所谓"八目"，指的是格物、致知、诚意、正心、修身、齐家、治国、平天下。《大学》："古之欲明明德于天下者，先治其国。欲治其国者，先齐其家。欲齐其家者，先修其身。欲修其身者，先正其心。欲正其心者，先诚其意。欲诚其意者，先致其知。致知在格物。"这是实现"三纲"的具体步骤。

什么是"十六字心传"？

《尚书·大禹谟》中的"人心惟危，道心惟微；惟精惟一，允执厥中。"这十六个字就是儒学乃至中国文化传统中著名的"十六字心传"。宋儒把这十六个字看作尧、舜、禹心心相传的个人道德修养和治理国家的原则。任继愈《中国哲学史》中说："朱熹等认定这十六个字是尧、舜、禹三圣相传的道统的真传，以后宋儒称为'十六字心传。'"以上可参阅宋代朱熹的《中庸章句序》。据传，这十六个字源于尧舜禹禅让的故事。当尧把帝位传给舜以及舜把帝位传给禹的时候，所托付的是天下与百姓的重任，是华夏文明的火种，而谆谆嘱咐代代相传的便是以"心"为主题的这十六个汉字。可见其中寓意深刻，意义非凡。

什么是"孔门三戒"？

"孔门三戒"，出自《论语·季氏》，"君子有三戒：少之时，血气未定，戒之在色；及其壮也，血气方刚，戒之在斗；及其老也，血气既衰，戒之在得"。孔子认为，君子有三个方面需要戒备。年少的时候，精力还没有稳定，要戒备因为美貌而产生的感情和欲望；等到壮年的时候，精力正是旺盛的时候，要戒备争斗；等到年老的时候，精力已经衰弱，要戒备贪得无厌。

做人为何要"寡欲"？

"寡欲"是《老子》中的概念，认为道教徒为人处世应该节制欲望，个人修炼要少思寡欲，才能求得长生。《老子》云"见素抱朴，少私寡欲"，认为"咎莫大于欲得"。道教承袭并衍化了道家的寡欲观，并将欲的内容概括为"不逾乎口实五味，体无衣暖，男女偶适"；认为欲是凶害之根，欲盛则伤气害性。因此，将无欲作为道教的戒律，如"老君二十七戒""《妙林经》二十七戒"等，都要求道教徒摒除俗欲。元代道士景阳子言："人能寡欲止于安，一念澄虚在内观。非礼非仁休妄动，自然悔吝不相干。"《抱朴子·内篇》把内修术和寡欲说相结合，认为学仙之法只是"恬愉澹泊，涤除嗜欲，内视反听，尸居无心"而已。唐宋以后，道教内丹家更要求修道者"在物而心不染，处动而神不乱，无事而不为，无时而不寂"，达到无欲的境界。

做人为何要"慎独"？

"慎独"是中国古代儒家创造出来的独特的自我修身方法，语出《礼记·中庸》："道也者不可须臾离也，可离非道也。是故君子戒慎乎其所不睹，恐惧乎其所不闻。莫见乎隐，莫显乎微，故君子慎其独也。"这里强调的"道"乃"不可须臾离"之意，是"慎独"得以成立的理论根据。综观此文，"慎独"指的是人在独自居处的时候，也能自觉地严于律

▲ 南生鲁四乐图　明　陈洪绶
《大学》里认为最根本的修身方法是"慎独"，也称"内心反省"，认为君子应该进行自我修养从而成为上行下效的典范。

己，谨慎地对待自己的所思所行，防止有违道德的欲念和行为发生，从而使道义时时刻刻伴随自己。能否做到"慎独"，以及坚持"慎独"所能达到的境界，是衡量人们能否坚持自我修身以及在修身中取得成绩大小的重要标准。"慎独"作为自我修身方法，不仅在古代的道德实践中发挥过重要作用，而且对今天的社会主义思想道德建设仍然具有重要的现实价值。

做人为何要"知耻"？

中国的耻感文化可以追根溯源到儒家思想。大致而言，儒家的"耻"有三层意思：

第一，德治之所以有效，在于它能使民众知耻。孔子认为，若仅以刑罚治民，民虽能免于犯罪但却不知道犯罪行为是羞耻的；若以德治教民，民就有羞耻之心，从而自觉地有所不为，自觉地不去犯罪。道德有其底线原则，这种原则的最终实现，是靠耻辱感来完成的。

第二，孔子认为人应该言而有信，以"不信"为耻。言行不一，自食其言是非常可耻的事情，正所谓"君子耻其言而过其行"。

第三，"知耻"体现了士大夫的担当精神。孔子把耻和国家兴亡联系起来，认为不管国家的前途和命运，只知道自己做官领取俸禄的人，是可耻的。把个人的贫贱荣辱和国家兴衰存亡联系起来，应该以国家的无道为耻，把国家的振兴看作自己的责任。

做人为何要坚守"中庸"？

所谓"中庸"，指的是"执中"，而执中又当求"中和"，在一个人还没有表现出喜怒哀乐时的平静情绪为"中"，表现出情绪之后经过调整而符合常理则为"和"。"中庸"的主旨在于修养人性，其中关联及学习的方式（博学、审问、慎思、明辨、笃行），做人的规范如"五达道"（君臣、父子、夫妇、兄弟、朋友之交）和"三达德"（智、仁、勇）等。中庸所追求的修养的最高境界是"至诚"。中庸强调"诚"的重要，诚就是《大学》中所说的"诚意"。"诚"是人类先天的本性，而所谓"不诚无物"，至诚的人才能充分地发挥本性与感化人群，进而成为人类的典范。中庸之道是很难达到的完美境界。孔子说："天下国家可均也，爵禄可辞也，白刃可蹈也，中庸不可能也。"

穷、达之时应该各有怎样的人生态度？

"穷则独善其身，达则兼济天下"，语出《孟子·尽心上》，意思是不得志的时候要洁身自好、修养个人品德，显达时就要兼善天下。"穷则独善其身，达则兼济天下"是作为中国文化精髓的"儒道互补"的体现。前半句表达了儒家的理想主义和入世精神，后半句则显示了道家的豁达态度与出世境界。"独善其身"并不是独自一个人面对，"独"强调自身，因为他不得志，无法对别人产生影响；"善"则是完善的意思，意思是说：不得志的时候我完善自己的品德。在自己得志有能力的时候，可以同时帮助天下人，用"兼"，是指在"独善其身"的基础上"济天下"。这句话是说君子在得志与不得志时应有的人生态度，如此进退才不会失据。

"孔颜之乐"是一种什么样的境界？

"孔颜之乐"是宋明理学中的理想境界。儒学本质上是安身立命之学，是成圣成贤之学。"孔颜之乐"正是安身立命的充分体现，又是理想境界——圣贤境界的标志。

（1）与天地万物同体境界。

"孔颜之乐"主要是与天地万物同体之乐。方法是直接从内心去体认"仁""时""道""自然"，往往不通过其他间接的手段而直指人与天地浑然一体的最高境界，以天地自然作为理想境界的标准。主要人物有邵雍、程颢、谢良佐、陈献章。

（2）与"理"合一的境界。

"孔颜之乐"是与"理"合一的境界。方法是不断地通过内在的"持敬"和外在的"格物穷理"，由生而熟，最终达到"从心所欲不逾矩"的与"理"合一的境界。主要人物有程颐、朱熹、陈埴。

（3）与事功合一的境界。

"孔颜之乐"存在于"博施济众"的事业之中，不可离事而言"乐"，忧乐合一，乐便在忧中，甚至认为"忧"便是"乐"。代表人物有张载、王渐逵等。

（4）"性""情"合一的境界。

"孔颜之乐"是每个人心中自然、自有之乐，是"心"原本具有的状态，是情与"性"即"良知"合一的境界。主要人物有王守仁、王艮、罗汝芳等。

▲孔子杏林讲学图　明

什么是"内圣外王"？

"内圣外王"是一种儒家思想观点，最早出现于道家典籍《庄子》："是故内圣外王之道，暗而不明，郁而不发，天下之人各为其所欲焉，以自为方。"后来才被儒家所继承，指的是个人修养与政治主张。"内圣"，就是将道藏于内心，自然无为；"外王"，就是将道显示于外，推行王道。"内圣外王"，指的是内有圣人之德，外施王者之政，是人格理想及政治理想两者的结合。其中，"内圣"是基础，"外王"则是目的。"内圣外王"作为一种人格理想和政治理想，其强调的是在既定社会体制下的自身修行，并不对外部社会制度有所诉求，要求制度的建设与改善，即要求完善自己的精神层次，但不要求外部制度对自身的保障。在中国封建社会，常常出现"内圣不外王，外王不内圣"的局面，是一种政道有余但治道不足的表现。

什么是中国人的"浩然之气"？

"浩然之气"，语出《孟子·公孙丑》，一般用来形容一种刚正宏大的精神，是一个富有创新思维的哲学概念，对2000多年来中华民族思想道德的传统产生了深远的影响。所谓"浩然之气"，是刚正之气、人间正气，是大义大德造就一身正气。孟子认为，一个人有了浩气长存的精神力量，面对外界一切巨大的诱惑也好，威胁也罢，都能处变不惊、镇定自若，达到"不动心"的境界。这也是孟子曾经说过的富贵不能淫，贫贱不能移，威武不能屈的高尚情操。浩然之气长存于天地之间。在自然，是构成日月星辰、高山大河的元气；在社会，天下太平、政治清明时，便表现为祥和之气，在国家、民族处于危难关头时，便表现为仁人志士刚正不阿、宁死不屈的气节。社会秩序靠它维系而得以长存，道义则是它产生的根本。

▲食气养生图 清 黄慎

"先忧后乐"表现了一种怎样的政治抱负？

"先忧后乐"指的是在天下人忧愁之前先忧愁，在天下人安居乐业之后自己才会觉得快乐，体现了一种忧国忧民、吃苦在先、享受在后的高尚品格。此语出自宋代范仲淹的《岳阳楼记》："先天下之忧而忧，后天下之乐而乐。"作者在这句话中同时也寄托了以天下为己任的政治抱负。北宋庆历四年（1044年），范仲淹的好友滕子京因遭诬陷被贬到岳州当知州，重新修建了岳阳楼，范仲淹受他的嘱托写了一篇《岳阳楼记》，"先天下之忧而忧，后天下之乐而乐"就是其文中的点睛之笔。"先忧后乐"的另一个引申义是积极向上、奋发有为。奋斗是实现理想的阶梯，纵然理想与现实常有矛盾，我们仍应以奋发有为的精神作为通往理想境界的阶梯。只有先在逆境中不断完善自己，才有可能得到成长，最终收获成就的快乐。

古代妇女"三从四德"的源流是什么？

"三从四德"是中国古代对女子的行为规范。"三从"指的是未嫁从父、出嫁从夫、夫死从子。"四德"指的是妇女必备的四种修养："德"（德行）、"言"（言辞）、"容"（容貌）、"功"（技艺），包含传统"妇学"四项教育内容，又称为"四教"或"四行"。

"三从"最早见于十三经中的《仪礼》，在讨论出嫁妇女为夫及为父服丧年限时，说"妇人有'三从'之义，无'专用'之道，故未嫁从父，既嫁从夫，夫死从子"。

"四德"初见于《周礼·天官·内宰》，内宰是教导后宫妇女的官职，教导后宫妇女应当遵守的礼和应当担负的职，当中较高职位的"九嫔"则教导"四德"。后来，"四德"推至对所有妇女的要求，郑玄说："妇德谓贞顺，妇言谓辞令，妇容谓婉娩，妇功谓丝枲。"

古代烈妇的标准是怎样的？

"三贞九烈"是古代烈妇的标准。贞，即贞操；烈，即节烈。封建社会对妇女的贞烈给予很高的赞誉，号召妇女应该宁死不改嫁、不失身。三、九，极言其甚。

此处的"三九"只是个概括，不是具体指三样九样。元代杂剧《合同文字》第三折中说："他元来是九烈三贞贤达妇，兀的个老人家尚然道出嫁从夫。"

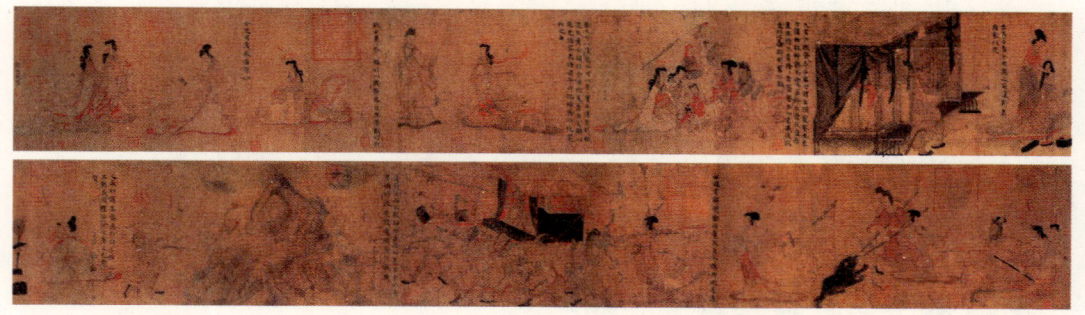

▲女史箴图(唐摹本)
图卷采用一文一图的形式，每图前楷书"箴"文。人物用游丝描，细劲流畅，造型准确，神情也描绘得颇为生动。画中舍身挡熊的冯媛在众人恐慌避走之时傲然不惧。对镜梳妆的姬妾，典雅秀逸、姿态从容，表现出贵族女子的特征。

礼 仪

"五礼"是怎样划分的？

"五礼"是古代的五种礼制，即吉礼、凶礼、军礼、宾礼、嘉礼。

吉礼：是对天神、地祇、人鬼的祭祀典礼。主要内容有：

（1）祀天神：祀昊天上帝；祀日月星辰；祀司中、司命、雨师。

（2）祭地祇：祭社稷、五帝、五岳；祭山林川泽；祭四方百物，即诸小神。

（3）祭人鬼：祭先王、先祖；春祠、秋尝、享祭先王、先祖。

嘉礼：是和合人际关系、沟通、联络感情的礼仪。主要内容有：饮食之礼；婚、冠之礼；宾射之礼；飨燕之礼；脤膰之礼；贺庆之礼。

宾礼：是接待宾客之礼。

军礼：是师旅操演、征伐之礼。

凶礼：是哀悯吊唁忧患之礼。主要内容有：以丧礼哀死亡；以荒礼哀凶札；以吊礼哀祸灾；以襘礼哀围败；以恤礼哀寇乱。

祭天之礼是怎样进行的？

周代祭天的正祭是每年冬至之日在国都南郊圜丘举行。圜丘是一座圆形的祭坛。祭祀之前，天子与百官都要斋戒并省视献神的牺牲和祭器。祭祀之日，天子身穿大裘，内着衮服，头戴前后垂有十二旒的冕，腰间插大圭，手持镇圭，面向西方立于圜丘东南侧。这时鼓乐齐鸣，报知天帝降临享祭。接着天子宰杀献给天帝的牺牲。这些牺牲随同玉璧、玉圭、缯帛等祭品被放在柴垛上，由天子点燃积柴，让烟火高高地升腾于天，使天帝嗅到气味。随后由活人扮饰，作为天帝化身，代表天帝接受祭享的"尸"登上圜丘。天子先向

▲天坛

第六章　礼仪风俗

"尸"献牺牲的鲜血，再依次进献五种不同质量的酒，称作五齐。荐献后，尸用三种酒答谢祭献者，称为酢。饮毕，天子与舞队同舞《云门》之舞。最后，祭祀者分享祭祀所用的酒醴，由尸赐福于天子等。天子还把祭祀用的牲肉赠给宗室臣下。后代的祭天礼多依周礼制定，但以神主或神位牌代替了"尸"。

帝王为什么要举行封禅之礼？

战国时齐鲁有些儒士认为五岳中泰山为最高，帝王应到泰山祭祀。秦始皇、汉武帝等都曾举行过封禅大典。封禅活动实质上是强调君权神授的手段。"封"为"祭天"（多指天子登上泰山筑坛祭天），禅为"祭地"（多指在泰山下的小丘择地祭地）。

封禅是古代帝王在太平盛世或天降祥瑞之时祭祀天地的大型典礼。封禅，最早出现于《管子·封禅篇》，后来司马迁在《史记·封禅书》中曾经引用《管子·封禅篇》中的内容，并对其内容加以演绎，唐代张守节解释《史记》的时候也曾对"封禅"进行了释义，并指出了封禅的目的。大意是说，在泰山顶上筑圆坛以报天之功，在泰山脚下的小丘之上筑方坛以报地之功，即《史记·封禅书》中的"登封报天，降禅除地"。

北京的"九坛八庙"的祭祀对象分别是什么？

九坛指的是天坛、地坛、祈谷坛、朝日坛、夕月坛、太岁坛、先农坛、先蚕坛和社稷坛诸坛，是明清帝王进行各种祭祀活动的地方。社稷坛，是明代迁都北京所建的第一坛。明清两朝

▲太庙
今天的劳动人民文化宫是清朝时期的太庙。

历代皇帝每年春秋第二个月的第一个戊日,要来此祭祀社神与稷神。天坛,又称祭天台,于每年冬至日供皇帝祭天之用。地坛,是明清皇帝每年夏至日祭祀土地神的场所。祈谷坛,是每年农历正月十五日皇帝祈祀五谷丰登之处。朝日坛,用于春分日祭日。夕月坛,在秋分日祭月。先农坛,皇帝于春季第二个月的亥日吉时祭祀神农氏之地。太岁坛,因太岁是值岁之神,皇帝于每年春、冬两季需择吉日来此祭祀,以求岁岁吉祥、国泰民安。先蚕坛,每年春季第二个月的巳日,皇后要来此躬行桑礼,以示对农副业生产的关怀与重视。

八庙指太庙、奉先殿、传心殿、寿皇殿、雍和宫、堂子、文庙和历代帝王庙。太庙,是明清两代封建帝王供奉祖先的场所,即皇帝家庙。奉先殿祭祀皇帝的先祖。传心殿,原为供奉帝王、先师牌位的地方。寿皇殿,是供奉清代帝后、祖先神像之处,同时也是帝后死后入葬前的停灵之所。雍和宫,原为清雍正皇帝胤禛即位前的府邸,乾隆皇帝出生于此,后改为庙宇。文庙,又称孔庙,是元、明、清三代祭祀孔子的地方。历代帝王庙,主要祭祀我国历代的164位皇帝和79位名臣。

为什么国家又称"社稷"?

"社稷",是一个特指名词。社,古指土地之神。古代又把祭土神的地方、日子和祭礼都叫社。稷,古指五谷之神。因此"社稷"从字面来看是说土谷之神。由于古时的君主为了祈求国事太平、五谷丰登,每年都要到郊外祭祀土地和五谷神,社稷也就成了国家的象征,后人就用"社稷"来代表国家。"社稷之忧""社稷之患""社稷之危"都指的是"国家"的忧虑、隐患、安危。

中国人为什么对祭祖非常重视?

祭祖民俗承传数千年,清明节就是中华民族纪念祖先的传统节日,其主要形式是祭祖扫墓。为什么要在清明扫墓呢?这是因为冬去春来,人们会亲自察看先人的坟墓是否因雨季来临而塌陷。在祭扫时,给坟墓铲除杂草,添加新土,供上祭品,燃香奠酒,焚烧纸钱等祭祀仪式来表示对祖先的怀念,是中华民族敦亲睦族、行孝品德的表现。中国人对先人的祭祀是道德信仰,是表达情感的诗意之举,是发自个体情感的感恩与缅怀。冯友兰说,"行祭礼并不是因为鬼神真正存在,只是祭祖先的人出于孝敬祖先的感情,所以礼的意义是诗的,不是宗教的"。我们都明白,祭奠的酒馔"一滴何曾到九泉",但我们却

▲用茶祭祀先祖

相信亲人、先祖能够领受我们的情意与祭奠，这种庄重的仪式是一种情感的、诗意的、道德意义上的真实。

祭祀一般要用哪些祭品？

祭祀神灵，不论什么神，都要有物品作为献礼。从文献记载看，古人常用的祭祀物品有粮食、牺牲、酒和玉帛。粮食主要指黍、稷、粱、菽、麦等。《管子·轻重己》曾言，祭祀时，“盛以麦”，“盛以黍”，并“牺牲以彘”。牺牲指的是为祭祀而宰杀的牛、羊、猪（彘）等牲畜，毛色纯一的牲畜称牺，体全的则为牲。玉帛指的是璧、琮、璋、琥、璜等玩赏之物和丝织品的总称。

古代有哪些重要礼器？

礼器是陈设在宗庙或者是宫殿中的器物，常在祭祀、朝聘、宴飨以及各种典礼仪式上使用，除此之外，礼器还用来显示使用者的身份和等级。

礼器是在原始社会晚期随着氏族贵族的出现而产生的。如在山西襄汾陶寺遗址的龙山文化大墓中，出土有彩绘龙盘及鼍鼓，在良渚文化的一些大墓中，出土有玉琮、玉璧等。

进入商周奴隶制社会后，礼器有了很大的发展，成为“礼治”的象征。这时的礼器包括玉器、青铜器及服饰。玉礼器有璧、琮、圭、璋等。青铜礼器种类数量众多，工艺精美，最为重要，种类有食器（如煮肉盛肉的鼎、盛饭的簋）、酒器（如饮酒器爵，盛酒器尊、壶）、水器（如盥洗器盘、匜）、乐器（如钟、铙）。

进入秦汉封建社会后，青铜礼器逐渐衰落，退出了历史舞台。

▲玉琮形管　良渚文化

这件玉管表现了原始部落一种神秘的图腾崇拜，与当时人们的信仰有很大联系。

古代对诸侯定期朝见天子的礼仪有些什么规定？

古代诸侯定期朝见天子的礼仪称为“朝聘”。朝是诸侯王朝见周王；聘是侯国间有事故，彼此派遣卿大夫聘问。朝见或聘问有一定仪式。朝、聘者进见受朝、聘者时，要献送表明自己身份的珪璋，为“执玉”。受朝聘者则先“辞玉”，后“受玉”，再“还玉”。其间使臣还要向受朝、聘国献送车马和方物；受朝、聘者对来朝、聘者馈赠腊肉、牲畜和刍米等物，以示答谢。按照周代礼制规定，诸侯王要定期朝见周王，向其报告治理侯国的政绩，并献奉财物（即职贡），否则要受到贬爵、削地、讨伐等处罚。朝见表明诸侯对周王具有政治上的臣属或从属及经济上的贡物关系。侯国间的聘问，有的属于诸侯国间的友好往来。但中、小侯国对霸主国的聘问，更多地表现为政治经济上的不平等关系。名为聘问，实为献奉。

▲职贡图
图中人衣着华丽，神态从容，或两两交谈，或怀抱宝剑，或双手持旗。人物均以线条勾勒，细劲婉转，连绵流畅。

什么是宗法？

宗法是西周的重要政治制度，是以血缘关系为基础，核心是嫡长子继承制。

宗法制度起着维护西周政治等级制度和稳定社会秩序的作用。宗法制源于父权家长制家庭。周王朝的王位只传长子。

在宗法制度的基本原则下，周王朝又创设"分封制"，将封国国君的爵位分为"公、侯、伯、子、男"五级，五级以下还有"附庸国"，所有封国的国君总称"诸侯"。诸侯再将部分国土分封给卿大夫作为采邑（邑、关），卿大夫又将部分采邑分给下面的人作为禄田（乡、亭）。如此不断进行国土切割，当此的百姓即以地名为氏，这是中国姓氏的起源。

宗法制的缺点在于诸侯国权力会日渐膨胀，周天子对其采邑的控制权则逐渐丧失。东周以后，各诸侯互相吞并，形成春秋五霸，成为和周王室分庭抗礼的独立王国。

什么是"九拜"？

九拜是我国古代特有的向对方表示崇高敬意的跪拜礼。《周礼》中称："辨九拜，一曰稽首，二曰顿首，三曰空首，四曰振动，五曰吉拜，六曰凶拜，七曰奇拜，八曰褒拜，九曰肃拜，以享右祭祀。"这是不同等级、不同身份的社会成员，在不同场合所使用的礼仪。稽首是跪下后，两手着地，拜头至地，停留一段时间，是拜礼中最重的。顿首是引头至地，稍顿即起，是拜礼中次重者。空首是两手拱地，引头至手而不着地，是拜礼中较轻者。这三拜是正拜。振动，是两手相击，振动其身而拜。吉拜，是先拜而后稽颡，即将额头触地。凶拜，是先稽颡而后再拜，头触地时表情严肃。奇拜，是先屈一膝而拜。褒拜，是行拜礼后为回报他人行礼的再拜。肃拜，是拱手礼，并不下跪，俯身拱身行礼。这是军礼，军人身披甲胄，不便跪拜，所以用肃拜。

礼之起源与发展

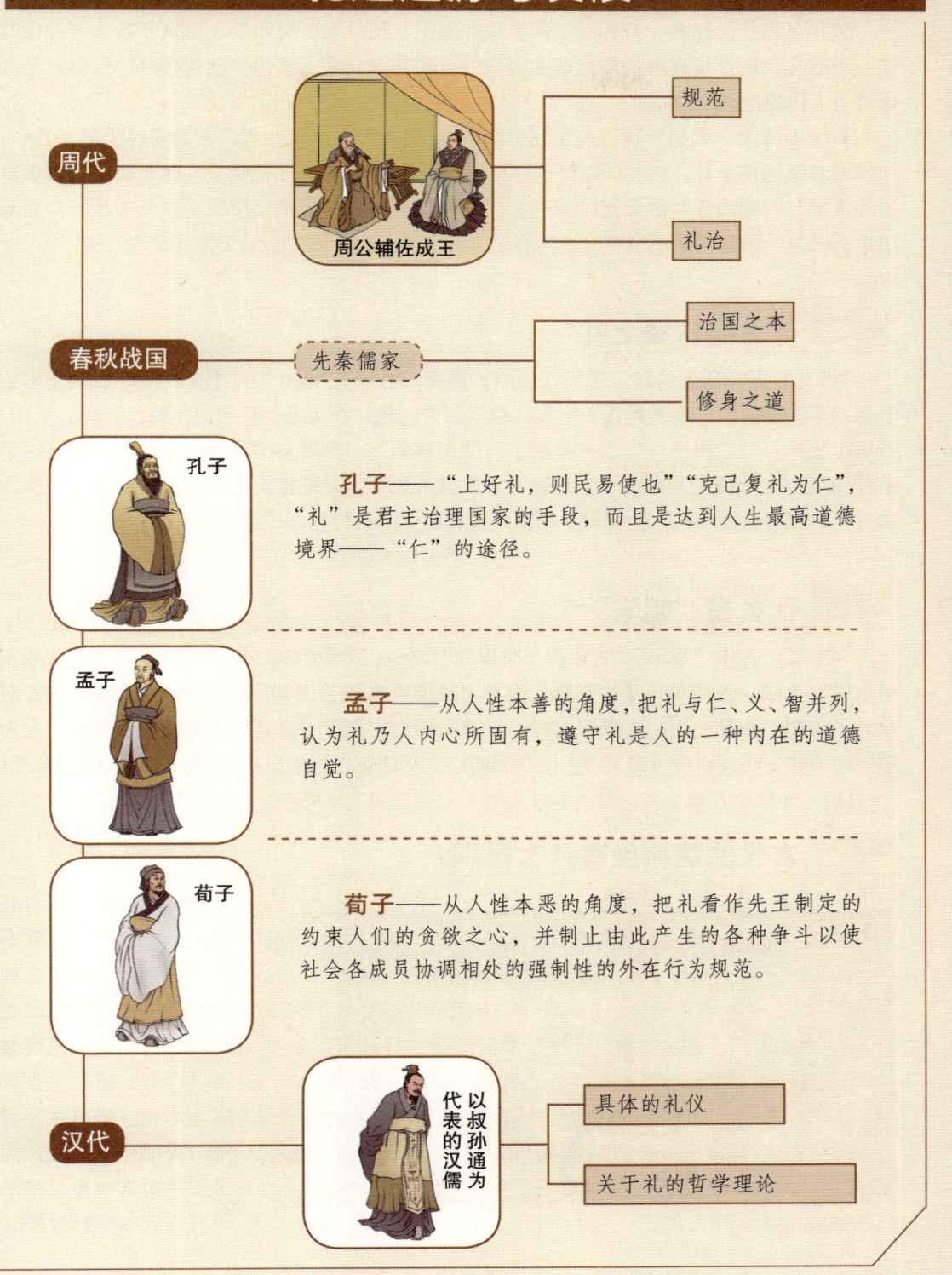

周代 — 周公辅佐成王
- 规范
- 礼治

春秋战国 — 先秦儒家
- 治国之本
- 修身之道

孔子——"上好礼，则民易使也""克己复礼为仁"，"礼"是君主治理国家的手段，而且是达到人生最高道德境界——"仁"的途径。

孟子——从人性本善的角度，把礼与仁、义、智并列，认为礼乃人内心所固有，遵守礼是人的一种内在的道德自觉。

荀子——从人性本恶的角度，把礼看作先王制定的约束人们的贪欲之心，并制止由此产生的各种争斗以使社会各成员协调相处的强制性的外在行为规范。

汉代 — 以叔孙通为代表的汉儒
- 具体的礼仪
- 关于礼的哲学理论

第六章　礼仪风俗

什么是膜拜、折腰？

膜拜是古代的拜礼。行礼时，两手放在额上，长时间下跪叩头。原来专指礼拜神佛时的一种敬礼，后泛指表示极端恭敬或畏服的行礼方式。今人多用"顶礼膜拜"形容对某人崇拜得五体投地。

折腰即拜揖，鞠躬下拜，表示屈辱之意。《晋书·陶潜传》载，陶渊明曾为彭泽县令，州郡派督邮巡视至县，县吏劝陶束带迎见，他感叹地说："吾不能为五斗米折腰，拳拳事乡里小人邪！"李白《梦游天姥吟留别》："安能摧眉折腰事权贵，使我不得开心颜？"后来引申为倾倒、崇拜，如毛泽东《沁园春·雪》："江山如此多娇，引无数英雄竞折腰。"

什么是作揖之礼？

"揖礼"据考证大约起源于周代以前，算起来已经有3000年以上的历史了，其基本姿势为双手抱拳前举。据《周礼》记载，根据双方的地位和关系，作揖有土揖、时揖、天揖、特揖、旅揖、旁三揖之分。土揖是拱手前伸而稍向下，时揖是拱手向前平伸，天揖是拱手前伸而稍上举，特揖是一个一个地作揖，旅揖是按等级分别作揖，旁三揖是对众人一次作揖三下。此外，还有长揖，即拱手高举，自上而下向人行礼。

什么是"唱喏"？

"唱喏"，亦作"唱诺"，古代男子见面礼节之一，叉手行礼，同时出声致敬。这主要用于下属对上级、晚辈对长辈，即给人作揖同时扬声致敬。"唱喏"，原为应答之声，东晋时氏族子弟用以为礼，当时人颇以为异。后乃遍用之。宋以下，又成为贵者出动时侍从大声唱赞的通称。明代周祈《名义考》："贵者将出，唱使避己，故曰唱喏。"

古代的跪和坐有什么区别？

▲三男议事图

"跪"指的是两膝着地，挺直身子，臀不沾脚跟，以示庄重。如《廉颇蔺相如列传》："于是相如前进，因跪请秦王。""坐"指的是古人席地而坐，坐时两膝着地，臀部贴于脚跟。为了表示对人尊重，坐法颇有讲究："虚坐尽后，食坐尽前。""尽后"是尽量让身体坐后一点儿,古人坐于席上,当表示对长者尊敬,有急要之事或谢罪之时,则跪。其姿势为两膝着地,直身,臀部不着脚跟。《史记·刺客列传》:"荆轲见太子,言田光已死,致光之言。太子再拜而跪,膝行流涕。"

什么是揖让之礼?

揖让是指古代宾主相见的礼节。揖让之礼按尊卑分为三种,称为三揖:一为土揖,专用于没有婚姻关系的异姓,行礼时推手微向下;二为时揖,专用于有婚姻关系的异姓,行礼时推手平而致于前;三为天揖,专用于同姓宾客,行礼时推手微向上。揖让还有一种意思是指禅让,即让位于比自己更贤能的人。行"揖让之礼"时,要"足容重,手容恭,目容端,口容止,声容静,头容直,气容肃,立容德,色容庄"。

古代尊卑长幼之间应该如何排座次?

在中国古代官场"座次"尊卑有别,十分严格。官高者为尊居上位,官低者为卑处下位。古人尚右,以右为尊,"左迁"即表示贬官。如《廉颇蔺相如列传》:"以相如功大,拜为上卿,位在廉颇之右。"古代建筑通常是堂室结构,前堂后室。在堂上举行的礼节活动是南向为尊。皇帝聚会群臣,他的座位一定是坐北向南的。因此,古人常把称王称帝叫作"南面",称臣叫作"北面"。室东西长而南北窄,因此室内最尊的座次是坐西面东,其次是坐北向南,再次是坐南面北,最卑是坐东面西。《鸿门宴》中说:"项王、项伯东向坐,亚父南向坐……沛公北向坐,张良西向侍。"由此可见,项王座次最尊,张良座次最卑。

▲紫光阁赐宴图

古人排辈的来历是什么？

辈分的来历源于族谱的编修。族谱是记录家族组织活动的档案材料，兴于宋代，盛于明清之后。修谱的动机是"溯渊源，分疏戚，序尊卑"。族谱的核心内容是记载家族的世系源流、血缘系统，以防血缘关系紊乱而导致家族瓦解。族谱中，家族迁居（开基）始祖之下的代系排列严格分明，不容混淆，是族谱中最具史实价值的部分。许多家族，都实行名字排行制，俗称"排辈分"，即在同一辈分的族人中名或字须用某个统一规定的单字起头，再与其他单字结合成名或字，以示区别。如某一父辈生三子，儿辈名按"令"字排列，如此，在族谱中一看"令"字排行便可知其为兄弟或堂兄弟辈分。排辈分除少数由祖、父辈临时决定外，大多是按先祖早已选定的排行用字。

中国人的称谓有些什么讲究？

称谓广义上可以指名称，狭义上则指人们交往过程中彼此的称呼，这种称呼通常基于血缘关系、职业特性、宗教信仰、社会地位等因素，有时也可以指人的姓氏和名字。称谓是为了表明人们之间的社会关系才产生的，它区分了人们在社会关系中所扮演的不同角色。中华民族对表达同一含义的称谓分为尊称、谦称、雅称、昵称、别称等多种形式。不同场合，对于同一人的称谓是不同的。不同的人对同一含义的称谓也不同，这主要根据扮演的角色不同，称谓随之发生变化。如中国皇帝自称为"朕"，臣民则称之为"陛下"；假如一个已婚中年男性，其职业为教师并兼校长职务，那么其称谓，在学校为"老师"或"校长"，在家里子女称之为"父亲"，妻子称之为"丈夫"，父母则称之为"儿子"。

谥号有些什么意义？

古代帝王、诸侯、大臣等具有一定地位的人死去之后，根据他们的生平事迹与品德修养，评定褒贬，而给予一个寓含善意或带有评判性质的称号，称为谥号。谥号的字大致分为：上谥，即表扬类的谥号，如："文"，表示具有"经纬天地"的才能或"道德博厚""勤学好问"的品德；"康"表示"安乐抚民"；"平"表示"布纲治纪"。下谥，即批评类的谥号，如："炀"表示"好内远礼"，"厉"表示"暴慢无亲""杀戮无辜"，"荒"表示"好乐怠政""外内从乱"等。中谥多为同情类的谥号，如："愍"表示"在国遭忧""在国逢难"；"怀"表示"慈仁短折"。如周厉王是一个昏君，"厉"便是对他予以斥责的下谥。

▲狄仁杰像
狄仁杰谥号"文惠"，是一个美谥。

古代为什么要避讳？

所谓"避"，指的是躲开、回避；所谓"讳"，指的是忌讳。具体而言，是指帝王、圣人、长官、父母（祖父母）以及其他尊长的名字。避讳，就是指人们在说话或者写文章的时候不能直接说出或写出，遇到应该忌讳的人物的名字时，必须设法避开，用音同或音近的字来代替，或用其他办法来改说改写。避讳是我国古代历史上一种特殊的习俗，避讳的种类主要有三种。一种是皇帝的名字，全国的上下臣民都要避讳，这可以叫作"国讳"，也可以叫作"公讳"。另一种是父母或祖父母的名字，全家后代的人都要避讳，这可以叫作"家讳"，或者叫"私讳"。还有一种是既非皇帝，又非尊亲，而是周公、孔子一类圣人的名字，也要避讳，这叫作"圣讳"。

诞生礼应该怎样进行？

诞生礼是中国传统的诞生礼俗之一，多在小孩出生三天后举行，不同地区、民族形式多有不同，一般有祝福、保健、占卜等几层含义。其具体表现形式主要包括以下几种：

（1）男弄璋、女弄瓦

语出《诗经·小雅·斯干》：如果生了男孩，就让他睡在床上，给他穿华美的衣服，给他玩白玉璋；如果生的是女孩，就让她睡在地上，把她包在褓褓里，给她陶制的纺锤玩。

（2）男悬弓、女悬帨

语出《礼记·内则》："子生，男子设弧于门左，女子设帨于门右。"如果生的是男孩，就在侧室门左悬弓一副；如果是女孩，则在侧室门右悬帨。帨是女子所用的佩巾。

（3）名字

孩子出生后，大人为其取名，称为"名字"。

（4）报喜

一般是由孩子的父亲赴亲友家，主要是岳父母家报喜，所持喜物主要有红鸡蛋等。

什么是"洗三朝"？

"洗三朝"，又称"洗三""洗儿"，即在新生儿出生的第三天举行洗礼，是中国古代诞生礼中非常重要的一个仪式。"洗三朝"的用意，一是洗涤污秽，消灾免难；二是祈祥求福，图个吉利。过程如下：用艾熬水，给小孩洗澡。前来祝贺的亲友拿银钱、喜果之类的东西，往洗澡盆里搁，叫作"添盆"。洗婆根据亲友所投物品不同，口念不同的吉祥话。若搁枣儿、栗子，就说"早立子儿"；若搁莲子，就说"连生贵子"。洗完后，有的还用葱在孩子身上拍打三下，取聪（葱）明伶俐之意。洗三时，亲朋好友纷纷以红包贺礼，主人则以糕点等款待，并留亲友吃"洗三面"。洗后，还有一项重要仪式，称为"落脐炙囟"，即去掉新生儿的脐带残余，并敷以明矾，然后熏炙婴儿的囟顶，表示新生儿就此脱离了孕期，正式进入婴儿阶段。

什么是"满月礼"？

"满月礼"又叫弥月礼，当小孩生下足一个月的时候，往往要举家庆贺。满月礼就是这种庆贺的方式。过满月，是在庆祝"家有后人""添丁之喜""足月之喜"。主要风俗有：

（1）满月酒

民间普遍流行的满月礼风俗。这一天，亲朋好友带礼物来道贺，主人设丰盛宴席款待，称为满月酒。

（2）剃胎发

满月时，为小孩第一次剪理头发，称为剃胎发。一般是请理发匠上门，理完后给赏钱。小孩则换上新衣。

（3）移粟

又称移巢、满月游走。民间风俗，婴儿初生是不能随便走动的，到了满月时就可以了。此时，母亲抱着婴儿到别人房间中去，四处游走，称为移粟。

什么是"百日礼"？

民间把小儿百日称作"百岁"。婴儿降生百日，古称"百晬"，俗信以长命百岁为吉，遂将百日称为"百岁"。这一天，亲朋好友以衣服、食品、百家锁等相送表示祝贺。主要风俗有：

（1）穿"百家衣"

幼儿百日，民间风俗给他穿百家衣。父母期望孩子健康成长，认为这需要托大家的福，托大家的福就要吃百家饭、穿百家衣。从各家取一块布片，将布片拼合起来做成服装也就成了百家衣，象征消灾纳祥。

（2）戴长命锁

长命锁是挂在儿童脖子上的一种装饰物，民间认为，只要佩挂上这种饰物，就能"锁"住生命，长命百岁。

▲长命锁

什么是"周岁礼"？

"周岁礼"最普遍的风俗就是"抓周"。"抓周"又称"试儿"，是小孩周岁时举行的一种预测前途和性情的仪式，是第一个生日纪念日的庆祝方式。它与产儿报喜、三朝洗儿、满月礼、百日礼等一样，同属于传统的诞生礼仪，其核心是对生命延续、顺利和兴旺的祝愿，反映了父母对子女的舐犊深情，具有家庭游戏性质，是一种以育儿为追求的信仰风俗，也在客观上检验了母亲是如何带小孩、如何进行启蒙教育的。现在，随着生活水平的提高，抓周这种习俗，越来越多地被许多家庭所重视，许多地方也在有组织地集体举行抓周活动，以此来庆祝宝宝的生日。

男子的成年礼是什么？

"冠礼"是古代男子成年时（20岁）加冠的礼节，即男子的成年礼。冠礼一般在宗庙中进行，由男子的父亲主持，并由指定的贵宾给行冠礼的青年加冠三次，先后加缁布冠、皮弁和爵弁，分别表示有治人、为国出力、参加祭祀的权利。加冠后，由贵宾向冠者宣读祝词，并给起一个与俊士德行相当的美"字"，使他成为受人尊敬的贵族成员。因为男子20岁行冠礼，所以后世将20岁称作"弱冠"。

女子的成年礼是什么？

"笄礼"，俗称"上头""上头礼"，是汉族女子的成年礼。笄，即簪子。自周代开始，规定贵族女子在订婚之后出嫁之前行笄礼。一般在15岁举行，如果一直待嫁未许人，则年至20也要行笄礼。受笄就是在行笄礼时改变幼年的发式，将头发绾成一个髻，然后用一块黑布将发髻包住，随即拿簪插定发髻。主行笄礼者为女性家长，由约请的女宾为少女加笄，表示女子成年了可以结婚。贵族女子受笄后，一般要接受成人教育，授以"四德"等，学习作为媳妇必须具备的待人接物及侍奉舅姑的品德礼貌与女红劳作等本领。后世改为由母亲申以戒辞，教之以礼。

婚姻"六礼"是什么？

西周时期周公制礼中，制定了婚姻成立的条件，称为"六礼"。六礼的内容包括了婚姻成立的六个程序：一是纳采，即男方向女方送彩礼求婚。二是问名，即男方的媒人问女方的名字、生辰，然后到宗庙里占卜吉凶，结果为吉的才能进行下一步，凶的则到此为止。三是纳吉，就是占卜得到吉兆后定下婚姻。四是纳征，男方派人送聘礼到女方家。五是请期，即请女方确定结婚日期。六是亲迎，婚礼之日，男方必须亲自去女方迎接，然后男方先回，在门外迎候。六礼的程序很复杂，一般百姓无力承担，只有贵族才严格遵守。但民间风俗也以此为参考，把一些程序合并，如第一和第二就可以一次完成，第三、第四也可以合并，至今民间的婚俗还可以看到西周时期六礼的影子。

▲ 光绪大婚图

新婚之后还有哪些礼仪？

新婚仪式后，还有瞧亲、拜庙、回门、望夏、送扇等礼仪。

（1）瞧亲。婚后第二日，新娘的伯或叔、舅、兄弟去新郎家瞧姑娘，俗称"瞧亲"。去时给姑娘带些饺子、果子等吃食。

（2）拜庙。古代，新妇婚后要在公婆引导下到族内祠堂参拜，把自己成为新妇之事告知祖先，此后才算真正成为夫家的人，否则便名分不正。

（3）回门。回门是新娘婚后第一次回娘家，多在结婚的第三天。新郎陪新娘一起前往，另有弟侄辈一两人随同，说是挑礼担的，实为新郎的保驾。

（4）望夏。新婚后第一个夏天来临时，新郎新娘要带礼品去看望新娘的父母，以表孝敬、体贴之心，谓之"望夏"。

（5）送扇。新婚夫妻"望夏"之后，新娘的父母买扇子、凉床、凉席等消暑之具，择吉日让新娘的兄弟送给新娘。

古人的丧礼有哪些环节？

丧礼是死者的亲属、邻里、友好为其举行哀悼、纪念、评价的仪礼，同时也是殓殡祭奠的仪式。丧礼内容繁杂，其主要仪式有招魂、哭踊、入殓、出殡、守葬等环节。

▲北京出殡行列图　清

（1）招魂

招魂是人初死时召唤死者灵魂的仪式。招魂是在人死之时，派人登上房屋北面，手持寿衣呼叫，连呼三遍，以示取魂魄返归于衣，然后从后方下屋，将衣敷死者身上。此为古人迷信的做法。

（2）哭踊

哭踊即哭丧。无声叫泣，有声叫哭，大哭叫号。人死后不仅要哭号，还要擗踊。捶胸叫擗，顿足称踊，一般为男踊女擗。

（3）入殓

入殓是向死者遗体告别的仪式，分为小殓和大殓。小殓是给死者洗尸、穿衣；大殓是将沐浴、穿戴好的死者入棺待殡。大殓时亲属必哭，殓毕，家属凭棺而踊。

（4）出殡

出殡是丧礼中最隆重的仪式。古代丧礼，已殓尸体待葬叫殡，有的停数日，有的则要停数月。

（5）守丧

出殡将死者棺材下葬墓室，封土造坟之后，其亲属还要为其守丧，守丧期都有明确规定。《墨子·节葬》说："君死丧之三年，父母死丧之三年。"

什么是服丧？

服丧是指在一定时期内戴孝，通过穿孝服、佩黑纱或戴白花等形式对死去的亲朋表示哀悼。中国古代服丧制度的规格、时间是按照严格的亲疏远近来制定的，从重到轻，依次分为斩衰、齐衰、大功、小功、缌麻五种，谓"五服"。

（1）斩衰。用粗麻布做成，不能锁边，要用刀子随手裁取几块粗麻布，胡乱拼凑缝合在一起。要穿三年，用于直系亲属之间，如儿子为父亲、妻子为丈夫。

（2）齐衰。用生麻布做成，能锁边，把边缝齐。穿的时间长短不一，如为继母服丧是三年，为曾祖父母服丧是五个月。

（3）大功。用熟麻布做成，比"齐衰"稍细，比"小功"稍粗。穿九个月，如为堂兄弟、已婚的姑、姊妹等服丧。

（4）小功。用熟麻布做成，比"大功"稍细。穿五个月，如为本宗曾祖父母、堂姑母等服丧。

（5）缌麻。用细麻布做成的丧服。穿三个月，如为本宗高祖父母、族兄弟等服丧。

区分"五服"有些什么意义？

"五服"制度原本是中国礼制中为死去的亲属服丧的制度。后来，西晋定律第一次把"五服"制度纳入法典之中，作为判断是否构成犯罪及衡量罪行轻重的标准，这就是"准五服以制罪"原则，它不仅适用于亲属间相互侵犯、伤害的情形，也用于确定赡养、继承等民事权利义务关系。"五服"制罪原则的确立，使得儒家的礼仪制度与法律的适用完全结合在一起，是自汉代开"礼律融合"之先河以来封建法律儒家化的又一次重大发展，它不仅体现了晋律"礼律并重"的特点，也是中国封建法律伦理法特征的集中表现。自西晋定律直至明清，"五服制罪"一直是封建法律的重要组成部分，并在实践中不断充实与完善。

什么是"守制"？

"守制"是封建时代的丧礼名。父母死了，在守孝期间须遵守儒家的礼制，称为"守制"。其家门框的"堂号"上贴一蓝纸（或白纸、米色纸）条子，上书"守制"字样。守制期间，孝子须遵礼做到如下几点：

（1）不得参加科举考试。

（2）不缔结婚姻（不娶不聘），夫妻分居不合房。

（3）不举行庆典。如不能庆寿（办生日）、给小孩办满月或百日等。

（4）新年不给亲友、同僚贺年，并在门口贴上"恕不回拜"的字条。春节时，在门楣上贴上蓝灯花纸的挂签，贴蓝对联，上书哀挽行孝之词，如"未尽三年孝，常怀一片心"。有门心的一律贴蓝纸，上书"思齐思治，愚忠愚孝"，以代替"忠厚传家、诗书继世"之类的对联。

民　俗

为什么说"冬至大如年"？

冬至是最重要的节气之一，也是一个传统节日，俗称冬节、长至节、亚岁等。古人认为，冬至为阴极之至，阳气始生。冬至过后，各地气候都进入一个最寒冷的阶段，也就是人们常说的"进九"。

古人对冬至非常重视，曾有"冬至大如年"的说法，北方地区在冬至宰羊、吃饺子、吃馄饨，南方地区则在这一天吃米团、长线面。皇帝要在冬至祭天，民间则在冬至祭祖。

"小年"有些什么祭祀活动？

小年，即腊月二十三（有的地区为二十四），是民间祭灶的日子。传说，每年到这一天，灶王爷就要上天向玉皇大帝禀报这家人的善恶，让玉皇大帝赏罚。于是，家家户户就在这天恭送灶王爷，让他"上天言好事，下界保平安"，祈求灶神"二十三日携吉去，初一五更带福来"。送灶的祭品有糖果、清水、料豆、秣草（灶王升天的坐骑备料）、纸马或轿子等。祭灶时，还要把关东糖用火熔化，涂在灶王爷的嘴上。这样，他就不能在玉帝那里讲坏话了。

▲灶君

腊八节为什么要喝腊八粥？

十二月初八叫"腊八节"，又叫"佛成道节"。相传是佛祖释迦牟尼的成道日。佛寺常于该日举行法会，取香谷及果实等造粥以供佛，名"腊八粥"，后通行于民间，演变成为一种习俗。

喝腊八粥开始于宋代。每逢腊八，上至皇帝贵族，下至平民百姓，都要做腊八粥。民间做好了腊八粥后，要先祭祀祖先，然后赠送亲友，一定要在中午之前送出去。最后才是合家团聚食用。剩下的腊八粥,保存着吃了几天还有剩下来的,就是"年年有余"。如果把粥送给穷苦的人吃,那更是为自己积德。

传统的元旦和现在的元旦是一回事吗?

元旦,也被称为"新历年",是指现行公历的1月1日。但在历史上,中国各个朝代对"元旦"说法不一致:

夏代为正月初一。

商代为十二月初一。

周代为十一月初一。

秦代为十月初一。

汉朝汉武帝太初元年时,邓平等人创立了"太初历",定正月初一为元旦,此后一直沿用至辛亥革命。

中华民国成立后,孙中山为了"行夏正,所以顺农时;从公历,所以便统计",定夏历正月初一为春节,而以公历1月1日为新年。

1949年9月,中国人民政治协商会议第一届全体会议通过使用"公元纪年法",将公历1月1日正式定名为"元旦"。

除夕应该怎么过?

每年农历腊月的最后一天的晚上称除夕,即除去旧的一年,来年另换新岁。在此期间的活动都以除旧迎新,消灾祈福为中心。

除夕的主要活动有三项:吃团圆饭,祭祀,守岁。吃团圆饭时,全家在一起。饭桌上的"鱼"不能动或不能吃完,代表"富裕"和"年年有余",象征来年的"财富与幸运"。

吃完年夜饭后,大人们主持祭拜神佛、祖先,迎接"全神下界"。孩子们跑到户外放鞭炮、烟花,妇女们则要忙着准备包饺子的面和馅。然后大家围炉闲聊,辞旧迎新,这就是守岁。据史料记载,这种习俗最早起于南北朝。

古时,守岁也叫"照虚耗",人们点起蜡烛或油灯,通宵守夜,象征着把一切邪瘟病疫照跑驱走,期待着新的一年吉祥如意。

▲乾隆帝宫中行乐图 清 郎世宁

此外，除夕夜，我国民间还要举行踩岁活动，即在院内将芝麻秸秆粘上用黄纸卷成的元宝形，攒成一捆，谓之"聚宝盆"。然后，全家人用脚将其踩碎，寓意"踩岁"。除夕的高潮是年饭后长辈发"压岁钱"。接着就是张贴春联和门神，并关上大门。到初一的早上才开门"接财神"。

过春节为什么要贴春联、敬门神？

春联也叫"门对""对联""对子"，源于古代的桃符。桃符最初是用来辟邪的桃木板。我国最早的真正的春联是五代后蜀君主孟昶所写（新年纳余庆，佳节号长春）。宋代，春联仍称"桃符"，不过后来把桃木板改为纸张，叫"春贴纸"。"春联"的名称出现于明代，自明朝起春联便沿袭成为习俗，一直流传至今。

门神，传说是能捉鬼的神荼、郁垒。传说上古的时候，有神荼、郁垒住在度朔山上。山上有一棵桃树，树荫如盖。每天早上，他们便在这树下检阅百鬼。如果有恶鬼为害人间，便将其绑了投到山下喂虎。后来，人们便用两块桃木板画上神荼、郁垒的画像，挂在门两边以驱鬼避邪。

到了唐代，秦叔宝和尉迟敬德就是传统的门神了。传说唐太宗有一天生了病，梦中听到"鬼"叫，第二天大将秦叔宝和尉迟敬德知道后，全身披挂，手执兵器，侍卫门旁。当夜唐太宗没再做噩梦。此后，他便命画工画了秦叔宝、尉迟敬德的像挂在宫门上，称作门神。后来众人仿效，也贴此像以避邪恶。

▲尉迟敬德
唐朝州善阳（今山西朔州）人，名恭，字敬德。先从刘武周，兵败后归唐，骁勇善战，屡建功勋。参与玄武门之变，射杀李元吉，论功与长孙无忌并为第一。位列凌烟阁。拜右武侯大将军，封吴国公。晚年笃信方术，居家不通宾客。

其实还有很多人也被当作门神，如孙膑和庞涓、哼哈二将、燃灯道人和赵公明、岳飞和温琼等。

压岁钱有些什么寓意？

过年时，长辈都会给未成年的晚辈发压岁钱，压岁钱原称"压祟钱"，寓意晚辈得到压岁钱就可以平平安安度过一岁。

压岁钱最早出现于唐代宫廷内。当时是后宫妃嫔春日散钱风俗，民间又有"洗儿钱"的风俗。到了宋、元以后，春节就有了发压岁钱的风俗。不过早期压岁钱并不用流通货币，而是一种特制的不能流通的币制，叫"压胜钱"，是不能买东西的。到了明清，"以彩绳穿钱编为龙形，谓之压岁钱。尊长之赐小儿者，亦谓压岁钱"。所以一些地方把给孩子压岁钱叫"串钱"。到了近代则演变为红纸包一百文铜钱赐给晚辈,寓意"长命百岁"。对已成年的晚辈红纸包里则放一枚银圆,寓意"一本万利"。货币改为纸币后,长辈们喜欢到银行兑换票面号码相连的新钞票给孩子,祝愿孩子"连连高升"。

中国有哪些传统财神?

财神是中国民间普遍供奉的善神之一,每逢新年,家家户户悬挂财神像,到正月初二或初五还要迎财神,希冀财神保佑以求大吉大利。

世人奉祀的财神,影响最大的当推"正财神"赵公明。《封神演义》中,姜子牙封赵公明为"金龙如意正一龙虎玄坛真君",职责是专司金银财宝,迎祥纳福,因此人们奉他为财神爷。

除了"正财神"外,民间还有"偏财神""文财神""武财神"。

"偏财神"流行于江西德兴婺源一带。兄弟五人封号首字皆为"显",故称"五显财神"。他们生前劫富济贫,死后仍惩恶扬善,保佑穷苦百姓。

"文财神"是商纣王的大臣比干,比干无心,做生意能不偏不倚,商人便将他也奉为财神。

"武财神"关圣帝君即关羽关云长。一般商家以关公为他们的守护神,关公同时被视为招财进宝的财神爷。

此外,子贡、范蠡、刘海、韩信、沈万三等也被视为财神。

▲财神

古人是怎样拜年的?

春节里有一项重要活动,是向亲朋好友和邻里祝贺新春,俗称拜年。我国拜年的习俗由来已久。古时有拜年和贺年之分:拜年是向长辈叩岁;贺年则是平辈相互道贺。

拜年的习俗,始于宋而盛于明,南宋吴自牧《梦粱录》中载:"正月朔日,为之元旦……士兵皆交相贺,民男女,亦皆鲜服往来拜节。"当时拜年风气甚盛,不仅士兵互拜,朝官也一样。他们不计相识与否,皆望门投帖,以示新春的祝贺。宋朝上层社会中,倘若坊邻亲朋太多,难以登门遍访,就使遣仆人带名刺去拜年,称为"飞帖",各家门前贴一红纸袋,上写"接福"两字,即为承放飞帖之用。明代人们以投谒代替拜年。名刺和名谒即是现今贺年卡的起源。

大约从清朝时候起,拜年又添"团拜"的形式,清人艺兰生在《侧帽余谭》中说:"京

305

师于岁首,例行团拜,以联年谊,以敦乡情。"

为什么说正月初七是"人日"?

晋代董勋的《答问礼俗说》说,正月初一是鸡日,初二是狗日,初三是猪日,初四是羊日,初五是牛日,初六是马日,初七是人日,初八是谷日,初九是豆日,初十是麦日。

人日亦称为"人胜节""人庆节""人口日"及"人七日"。据说汉代已有人日习俗,至魏晋后更开始被重视。人日这天,人们早饭要吃七种菜(芹菜、芥菜、菠菜、青葱、大蒜等)制成的"七宝羹"和"薰天饼"(在露天中煎成的饼)等。人们用五彩丝织品剪成人形,或用金箔刻成人形,挂在屏风或帐子上。妇女将刻的小小的人形戴在鬓发上,既寓意吉利,又是一种装饰。唐代后,皇帝会赐彩缕、人胜,并登高大宴群臣。若人日天气晴朗,则主当年人口平安、出入顺利。人日当天亦有放花炮、烟花等习俗。

"福"字为什么要倒着贴?

农历除夕各家各户喜欢在门上贴一个"福"字。这种传统习俗据传与朱元璋有关。

传说有一年的农历正月十五日明太祖朱元璋微服出行,看到一幅画,画面绘着一个赤脚女人抱着个大西瓜。朱元璋十分愤怒,以为是取笑他的大脚马皇后。他回去便吩咐军士去调查,看看哪些人曾去围观,这幅画出自什么人的手笔,统统记下来。对于没有参与嬉笑的住户,都一律在他们的家门口贴上一个"福"字。杀没"福"的,留有"福"的。

▲福字

马皇后知道后,便想出了一个办法。她偷偷派人令全城所有人家必须在天明之前在自家门上贴上一个"福"字。过了两天,御林军便到没"福"字的百姓家里捉人。却发现家家户户都贴上了"福",唯有一家人不识字,把"福"贴倒了。御林军只得绑了这家人去见朱元璋。马皇后忙对朱元璋说:"那家人知道您今日来访,故意把福字贴倒了,这不是'福到'的意思吗?"朱元璋觉得有理,也就把人放了。

这就是贴"福"和倒贴"福"的由来。

社日有些什么民俗活动?

"社"是土地之神。社神,相传为古代共工氏之子,名曰后土,掌土地与农业之事。《礼记·祭法》:"共工氏之霸九州也,其子曰后土,能平九州,故祀以为社。"在原始社会的农耕时代,人们对土地十分崇拜,每年都举行祭祀土地之神的活动。"社日"是古代春、秋两

第六章 礼仪风俗

季祭祀土地神的日子。一年两次。春天举行时叫"春社",秋天举行时叫"秋社"。春社祈谷,祈求社神赐福、五谷丰登。秋社报神,在丰收之后,报告社神丰收喜讯,答谢社神。汉以前,仅有春社,汉以后才有春、秋两个社日。自宋代起,以立春、立秋后的第五个戊日为社日。社日这一天,人们聚集在社庙,摆上丰富的食品供奉社神,有社酒、社肉、社饭、社面、社糕、社粥等,在祭祀完毕后,把食物给大家分享。

元宵节有些什么民俗活动?

元宵节,又称为"上元节"。元宵节在西汉就有了,汉代把"太一神"的祭祀活动定在正月十五。司马迁创建"太初历"时,就已将元宵节确定为重大节日。

元宵节主要有以下活动:

燃灯——元宵节也称灯节,元宵赏灯始于东汉明帝时期,到了唐代,赏灯活动更加兴盛,宋代的赏灯活动更加热闹,赏灯活动要进行五天。明代要连续赏灯10天,这是中国最长的灯节了。清代赏灯活动虽然只有三天,但是赏灯活动规模很大,盛况空前,除燃灯之外,还放烟花助兴。

猜灯谜——"猜灯谜"又叫"打灯谜",是元宵节后增的一项活动,出现在宋朝。南宋时,都城临安每逢元宵节时制谜、猜谜的人众多。彩灯谜在流传过程中深受社会各阶层的欢迎。

吃元宵——元宵也叫"汤圆""圆子"。据说元宵象征合家团圆,吃元宵意味新的一年合家幸福、万事如意。

舞龙舞狮——"舞龙"也叫"龙灯舞""耍龙灯"。耍龙灯起源于人们对龙的迷信,距今已有2000多年的历史。在古代人们用舞龙祈祷龙的保佑,以求得风调雨顺、五谷丰登。

▲卖元宵 清

为什么二月二又称"龙抬头"?

农历二月二,古代称之为中和节,俗称龙抬头。二月二这天,东方苍龙的第一宿——角宿的主星角宿一在傍晚时升上天空,象征东方苍龙抬头,因此称"龙抬头"。此时百虫开始苏醒。所以俗话说:"二月二,龙抬头,蝎子、蜈蚣都露头。"这天也叫"春龙节",因为此时大地返青,春耕从南到北陆续开始。

当春龙节到来,我国北方大部分地区在这天早晨家家户户打着灯笼到井边或河边挑水,回到家里便点灯、烧香、上供。旧时,人们把这种仪式叫作"引田龙"。这一天,家家户户还要吃面条、炸油糕、爆玉米花,比作为"挑龙头""吃龙胆""金豆开花"以示吉庆。

大约从唐朝开始，中国人就有过二月二的习俗。明朝和清朝前期的帝王每年二月二，都要到先农坛内耕地松土，从清朝雍正皇帝开始，每年的二月二这天改为到圆明园的"一亩园"扶犁耕田。

花朝节有些什么民俗活动？

花朝节是中国传统的节日，又称"花神节"，是岁时八节之一，或称作"百花生日"，其时间因朝代和地区的不同而不同，中国早期有以农历二月十二或二月十五为花朝节两种。清代一般北方以二月十五为花朝节，而南方则以二月十二日为花朝节，这与南北气候不同有关。西南少数民族则以二月初二为花朝节。花朝节的风俗各地也有所不同，有种花、赏花等。明代马中锡《宣府志》载："花朝节，城中妇女剪彩为花，插之鬓髻，以为应节。"节日期间，人们结伴踏青，姑娘们剪五色彩纸粘在花枝上，称为"赏红"或"护花"。

三月三的上巳节有些什么民俗活动？

"上巳节"是中国古老的传统节日，俗称三月三，该节日在汉代以前定为三月上旬的巳日，后来固定在夏历三月初三。"上巳"最早出现在汉初的文献。《周礼》郑玄注："岁时祓除，如今三月上巳如水上之类。"据记载，春秋时期上巳节已流行。宋代以后，上巳节风俗在中华文化中渐渐衰微。古代上巳节活动主要有：

（1）祭祀管理婚姻和生育之神——高禖。
（2）祭祀象征北极星的道教大神——真武大帝。
（3）清洁身体，去除身上的晦气。
（4）曲水流觞，是文人临水宴饮、吟诗作赋的节日，历史上最著名的是王羲之的兰亭之会。
（5）春游踏青，是青年男女谈情说爱的大好时机，此时野合，有所不禁。近世仍未绝迹，《善化县治》中就有记载。

▲兰亭修禊图　明　文徵明

（6）野餐。

（7）采集兰花。

清明节有些什么民俗活动？

清明是二十四节气之一，大约在每年公历的4月4日或5日，此时气温升高，是农民种植庄稼的好时候，因此有"清明前后，种瓜点豆"之说。除此之外，清明节又是我国重要的传统节日。人们在这天会对已经去世的亲人进行祭拜，不但要去祠堂祭祖，还要到墓地扫墓。

四月初八的浴佛节是自古以来就有的吗？

"浴佛节"，又称佛诞，是纪念和庆祝佛教创始人佛祖释迦牟尼诞生的日子。当时，佛祖诞生在印度北部地区，为净饭王之太子，出生时天有九龙吐出香水为太子洗浴。因此典故，浴佛节便有了以香水沐浴佛身的庆祝活动，浴佛节之名也由此而来。当天，佛教庙宇都会举行一连串盛大的浴佛仪式，祈求佛祖福泽社会、消弭灾难，并礼请法师开坛说法，说教论道。佛教徒都会在这一天回顾和学习佛祖慈悲的教导。历史上，由于各地历法的转换，依据不同佛经以及流传到不同地域形成的传统，浴佛节可能在具体日期上有所差别。中国汉传佛教、朝鲜、日本一般把佛诞日定在农历四月初八。其他的有些地方，则把日期定在四月十五日。

端午节有些什么民俗活动？

五月初五端午节，是纪念屈原的节日（江浙一带则是纪念伍子胥和曹娥）。在端午节这天，必不可少的活动是：吃粽子，赛龙舟，挂菖蒲、艾叶，熏苍术、白芷，喝雄黄酒。据说，吃粽子和赛龙舟，是为了纪念屈原，所以中华人民共和国成立后曾把端午节定名为"诗人节"，以纪念屈原。至于挂菖蒲、艾叶，熏苍术、白芷，喝雄黄酒，古人为了避邪。

七夕节有些什么民俗活动？

七夕节又叫女儿节，来源于牛郎织女七夕相会的传说。在北方，妇女们要在这天摆上瓜果，向织女乞巧，希望织女把一手巧艺传给自己。乞巧的方式有穿针乞巧，做些小物品赛巧，摆上些瓜果乞巧，等等。七夕乞巧的应节食品，以巧果最为出名。

在民间还有另一种风俗，就是每到七月初七这一天，就把新出嫁的闺女接回娘家。怕王母娘娘看到新婚夫妇的幸福生活后，强迫他们分开，人们用暂时分离的办法，避开王母娘娘，以求长久的团圆。所以这一天又叫避节。

▲乞巧图卷　清　丁观鹏
每年阴历七月七晚上，妇女们在院子里陈设瓜果，向织女星祈祷，请求帮助她们提高刺绣缝纫的技巧。

七月十五中元节有些什么民俗活动？

农历七月十五，道教称为"中元节"，佛教称为"盂兰盆节"（简称盂兰节），民间俗称"鬼节"。相传这一日，地狱大门打开，阴间的鬼魂会放出来。有子孙、后人祭祀的鬼魂回家去接受香火供养，中元节与除夕、清明、九三节是中国传统节日里的四大祭祖日。传说，在这天，无主孤魂会到处游荡，徘徊于任何人迹可到的地方找东西吃。所以人们纷纷在七月通过设食祭祀、诵经作法等事进行"普度"，以普遍超度孤魂，防止它们为祸人间，又或祈求鬼魂帮助治病，保佑家宅平安。这就是"中元普度"。

中秋节的来源是怎样的？

农历八月十五是我国传统的中秋节，中秋节有悠久的历史，古代帝王有春天祭日、秋天祭月的礼制，早在《周礼》一书中，已有"中秋"一词的记载。汉代，有了"中秋节"，不过不是在八月十五，而在立秋之日。后来贵族和文人学士也仿效起来，在中秋时节，对着天上又亮又圆的一轮皓月，观赏祭拜，寄托情怀，这种习俗就这样传到民间，形成一项传统活动，一直到了唐代，这种祭月的风俗逐渐为人们所重视，中秋节也成了固定的节日，《唐书·太宗记》记载有"八月十五中秋节"。这个节日盛行于宋朝，至明清时，

▲中秋制月饼

第六章　礼仪风俗

已与元旦齐名，成为我国的主要节日之一。

重阳节有些什么民俗活动？

九月初九，又称重九。屈原有"集重阳入帝宫兮"的诗句，说明重阳节在两千多年前的战国时代已形成风俗。重阳节风俗很多，如登高、插茱萸、赏菊、饮菊花酒等。

重阳登高，最早见于梁代吴均《续齐谐记》一书。按照科学分析，重阳节前后正值秋季，是季节交替转换，细菌繁殖，流行病易发生的高峰期，出门登高晒太阳，能够增强抵抗能力。

▲重阳
浙江一带在重阳节做粉糕，又名栗糕。

"十月一，送寒衣"的由来是什么？

"十月一，送寒衣"，也叫"寒衣节"，与春季的清明节、秋季的中元节，并称为一年之中的三大"鬼节"。寒衣节是中国传统节日，为每年的农历十月初一，是民间祭祀祖先的日子，用纸制成棉衣烧掉。该习俗相传与孟姜女不远万里给丈夫送棉衣有关。民间传说，孟姜女新婚宴尔，丈夫就被抓去服徭役，修筑万里长城。秋去冬来，孟姜女千里迢迢，历尽艰辛，来为丈夫送衣御寒。谁知丈夫却屈死在工地，还被埋在城墙之下。孟姜女悲痛欲绝，指天哀号呼喊，感动了上天，哭倒了长城，找到了丈夫的尸体，用带来的棉衣重新装殓安葬。"寒衣节"由此产生。这也反映了生者对亡人的哀思与崇敬，属于一种精神上的寄托。

什么是"本命年"？

本命年就是12年一遇的与生年农历属相相同的年份，俗称属相年。

古人用红色辟邪。在前一年的大年三十，人们便早早地穿上红色内衣，或系上红色腰带，有的随身佩戴的饰物也用红丝绳系挂，来迎接自己的本命年。古人认为这样才能趋吉避凶，消灾免祸。

古代，人逢本命年还有拜祭"本命神"的风俗。本命神的说法来源于道教。按照道教说法，修真炼性须求助于本命元辰，本命年或平常年份礼拜本命元辰，会消灾获福。

中国人的发式经历了怎样的变迁？

古人受传统儒家文化的影响，认为"身体发肤，受之父母"，头发是不能随便剃除的，否则就被认为是不孝。只有犯罪的人，才剃去头发、胡须。

311

剃去头发为称"髡刑",剃去胡须称为"耐刑",一般"耐"要比"髡"轻一些。在秦汉时,这是两种常用的刑罚。清军入关后,顺治二年(1645年)下命令"剃发",即头发剃去前边一圈,后边梳一条长辫子,变成满族的发式。当时抗清英雄立下"头可断,发不可剃"的誓言。在清朝政府的高压下,为抗拒剃发就死了几十万人。此后中国人发式在清代经过了200多年的长辫子历史。

我国创建第一个理发店的时间,是在清顺治年间,地点在当时的奉天府(今沈阳市)。当时理发店里设备简陋,技术很低,主要服务对象是男子。辛亥革命以后,许多在日本的中国理发师纷纷回国开设理发店。至于女子风行剪短发,是在五四运动以后。

▲美人梳妆图

古人怎样洗头洗澡?

古代人洗头发用皂角、淘米水或者猪苓。富裕些的人用猪苓,再加些香料。平常人就用皂角洗头发。秦汉时的人,已形成了三日一洗头、五日一沐浴的习惯。官府每五天还给一天假,也被称为"休沐"。《海录碎事·臣职·官僚》记载"汉律,五日一赐休沐,得以归休沐出谒"。

洗澡用胰子或澡豆洗澡。唐朝的胰子兼有冻疮膏的作用。高档一点儿的称为"面药"和"口脂",用来涂脸和嘴。杜甫《腊日》中有"口脂面药随恩泽,翠管银罂下九霄"。

洗头用淘米水,称为潘,如《左传·哀公十四年》中有"合疾而遗之潘汁"。

女子缠足的陋习是怎样形成的?

南唐后主李煜在位期间,沉湎于声色、诗词、歌舞之中,整日与后妃们饮酒取乐。宫中有一位叫窅娘的嫔妃,生得苗条,善于歌舞,深受李煜宠爱。李煜诏令筑金莲台,高六尺,饰以珍宝,网带缨珞,台中设置各色瑞莲。令窅娘以帛缠足,屈上做新月状,着素袜舞于莲中,回旋有凌云之态。李煜看了,喜不自禁。此后,窅娘为了保持和提高这种舞蹈的绝技,以稳固受宠的地位,便常用白绫紧裹双足,久而久之,便把脚裹成了"红菱形",其舞姿也更为自然,美不胜收了。此后,女子便以此为美,竞相仿效,五代之后逐渐形成风气,风靡整个社会。

中华纹饰

龙在传统文化中有着怎样的地位？

龙是中国神话中的一种善变化、能兴云雨、利万物的神异动物，传说能隐能显，春风时登天，秋风时潜渊。又能兴云致雨，为众鳞虫之长，四灵（龙、凤、麒麟、龟）之首，后成为皇权象征，历代帝王都自命为龙，使用器物也以龙为装饰。《山海经》记载，夏后启、蓐收、句芒等都"乘雨龙"。另有记载称"颛顼乘龙至四海""帝喾春夏乘龙"。前人分龙为四种：有鳞者称蛟龙；有翼者称为应龙；有角的叫虬，无角的叫螭。因为龙最初的形象是集合中原各民族的图腾特色而造出来的，所以一直也被视为中华民族的象征。除了在中华大地上传播承继外，还被远渡海外的华人带到了世界各地，在世界各国的华人居住区，最多和最引人注目的饰物仍然是龙。

▲龙纹

"龙生九子"都有谁？

龙有九子这个说法由来已久，但是究竟是哪九种动物一直没有说法，直到明朝才出现了各种说法。综合来说，龙的九个儿子基本如下：

长子囚牛：平生爱好音乐，因此用来装饰胡琴的头。

次子睚眦：平生好斗喜杀，刀环、刀柄、龙吞口便是它的遗像。

三子嘲风：形似兽，平生好险又好望，殿角上的走兽是它的遗像。

四子蒲牢：形似盘曲的龙，平生好鸣好吼，洪钟上的龙形兽纽是它的遗像。由于蒲牢害怕鲸鱼，所以人们把蒲牢铸为钟纽，而把敲钟的木杵做成鲸鱼形状。

五子狻猊：形似狮子，平生喜静不喜动，好坐，又喜欢烟火，因此佛座上和香炉上的脚部装饰就是它的遗像。

六子霸下：又名赑屃，形似龟，平生好负重，力大无穷，碑座下的龟趺是其遗像。

七子狴犴：又名宪章，形似虎，它平生好讼，却又有威力，狱门上部那虎头形的装饰便是其遗像。

▲ 北京北海九龙壁

　　八子负屃：似龙形，平生好文，石碑两旁的文龙是其遗像。

　　九子螭吻：又名鸱尾、鸱吻，龙形的吞脊兽，口阔噪粗，平生好吞，殿脊两端的卷尾龙头是其遗像。

凤凰有些什么祥瑞含义？

　　凤凰，亦称为朱鸟、丹鸟、火鸟、鹍鸡。凤凰和麒麟一样，是雌雄统称，雄为凤，雌为凰，其总称为凤凰。凤凰齐飞，是吉祥和谐的象征。它跟龙的形象一样，愈往后愈复杂，有了鸿头、麟臀、蛇颈、鱼尾、纹、龟躯、燕子的下巴、鸡的嘴。自古以来凤凰就是中华民族文化的重要组成部分。

　　凤凰的起源约在新石器时代，原始社会彩陶上的很多鸟纹是凤凰的雏形，距今约6700年的浙江余姚河姆渡文化出土的象牙骨器上就有双鸟纹的雕刻形象，这双鸟纹应是古代凤凰的最早记载。

　　凤凰也是中国皇权的象征，常和龙一起使用，凤从属于龙，用于皇后嫔妃，龙凤呈祥是最具中国特色的图腾。民间美术中也有大量的类似造型。凤也代表阴，尽管凤凰也分雄雌，但一般的是将其看作阴性。

　　凤凰亦有"爱情""夫妻"的意思。《诗经·大雅》载："凤凰于飞，刿刿其羽。"比喻夫妻恩爱。另外，神话中说，凤凰每隔500年，就要背负人间的所有仇恨恩怨，纵身于烈火中，然后以更美好的躯体重生。因此，凤凰也有永生、美丽之意。

第六章 礼仪风俗

▲人物龙凤帛画（局部）
图为一只展翅飞舞的凤，它引颈抬头，尾上的两根翎毛清晰可见。画中勾勒用笔流畅，线条曲直配合得当，用色十分讲究，整幅画显得协调并富有装饰意味。很显然，作者是精心处理过的。这是一幅带有迷信色彩的风俗画，画中的妇女在向墓中死者祝福，祈求龙凤引导她升入天国，以求得再生。

龟有着怎样的祥瑞意义？

龟是四灵中唯一真实存在的东西，据说也是所有动物中寿命最长的。人们不仅把龟当作健康长寿的象征，也认为它具有预知未来的灵性。远古时期，每当重大活动，都要请巫师烧龟甲，然后根据龟甲上爆裂的纹路来占卜吉凶。所以，人们都称龟为"神龟""灵龟"。在古代帝王的皇宫、宅院和陵墓里，都有石雕或铜铸的神龟，用来象征国运的久远；不少人起名字时，也愿意用上"龟"字，如"龟年""龟龄"等，以求长寿。

315

鹿有着怎样的祥瑞意义？

鹿在古代是很常见的动物，所以在生活中鹿之意象亦为人们所常用，如"逐鹿中原"即指竞争天下。鹿性情温顺，形象秀丽，尤其梅花鹿棕红色背毛配以白色斑点，备受人们的喜爱。《诗经·鹿鸣》中说："呦呦鹿鸣，食野之苹。"是说鹿遇到食物会鸣叫，以召唤同伴共同进食，后来人们常以此来比喻君臣间像鹿一样有乐共享。此外，鹿在古代还被视为"神物"，认为鹿能给人带来吉祥幸福和健康长寿——寿星就是骑着梅花鹿的。此外鹿、禄谐音，因此鹿常常也被视为禄位、财富的象征。

麒麟有着怎样的祥瑞意义？

麒麟，亦作"骐麟"，雄性称麒，雌性称麟，古代传说中的仁兽、瑞兽，是中国古代传说中的一种动物，与凤、龟、龙共称为"四灵"，被称为圣兽王，主太平、长寿。

麒麟在中国传统民俗文化中备受喜爱，如麒麟送子就是传统民俗画的常见题材。传说孔子将生之夕，有麒麟衔玉书至其家，上写"水精之子孙，继衰周而素王"，意为他有帝王之德而未居其位。因此民间有"麒麟儿""麟儿"之美称。民间普遍认为，求拜麒麟可以得子。唐杜甫《徐卿二子歌》："君不见徐卿二子多绝奇。感应吉梦相追随。孔子释氏亲抱送，并是天上麒麟儿。"

麒麟按分类有送子麒麟、赐福麒麟、镇宅麒麟，其名字代表其寓意。麒麟因其深厚的文化内涵，深受人们喜爱。

▲ 颐和园里的麒麟

鹤有着怎样的祥瑞意义？

所谓仙鹤，实际上就是丹顶鹤，其性情高雅，形态美丽，素以喙、颈、腿"三长"著称，直立时可达一米多高，看起来仙风道骨，被称为"一品鸟"，地位仅次于凤凰。古人多用翩翩然有君子之风的白鹤，比喻具有高尚品德的贤能之士，把修身洁行而有时誉的人称为"鹤鸣之士"。

据说，鹤寿无量，与龟一样被视为长寿之王，后世常以"鹤寿""鹤龄""鹤算"作为祝寿之词。鹤常为仙人所骑，老寿星也常以驾鹤翔云的形象出现。鹤也常和松画在一起，

第六章 礼仪风俗

取名为"松鹤长春""鹤寿松龄";鹤与龟画在一起,其吉祥意义是龟鹤齐龄、龟鹤延年;鹤与鹿、梧桐画在一起,表示"六合同春";画着众仙拱手仰视寿星驾鹤的吉祥图案,谓为"群仙献寿";鹤立潮头岩石的吉祥图案,名叫"一品当朝"。

而有鹤、凤、鸳鸯、鹡鸰和黄莺的画称为"五伦图",凤象征君臣,鹤象征父子,鸳鸯象征夫妻,鹡鸰象征兄弟,黄莺象征朋友。

鸳鸯有着怎样的祥瑞意义?

在我国古代,最早是把鸳鸯比作兄弟的。《文选》中有"昔为鸳和鸯,今为参与商","骨肉缘枝叶"等诗句,此处鸳鸯比喻兄弟之情。将鸳鸯比作夫妻,最早出自唐代诗人卢照邻《长安古意》诗,诗中有"愿做鸳鸯不羡仙"一句,赞美了美好的爱情,以后一些文人竞相仿效。

崔豹的《古今注》中说:"鸳鸯、水鸟、凫类,雌雄未尝相离,人得其一,则一者相思死,故谓之匹鸟。"在人们心目中,鸳鸯是永恒爱情的象征,是一夫一妻、相亲相爱、白头偕老的表率,自古以来,在"鸳侣""鸳盟""鸳衾""鸳鸯枕""鸳鸯剑"等词语中,都含有男女情爱的意思,"鸳鸯戏水"更是我国民间常见的年画题材。其实这只是人们看见鸳鸯在清波明湖之中的亲昵举动,通过联想产生的美好愿望,于是人们将自己的幸福理想赋予了美丽的鸳鸯。事实上,鸳鸯在生活中并非总是成对生活的,配偶更非终生不变,在鸳鸯的群体中,雌鸟也往往多于雄鸟。

▲鸳鸯

喜鹊有着怎样的祥瑞意义?

喜鹊自古以来就被中国人视为好运与福气的象征,农村喜庆婚礼时最乐于用剪贴"喜鹊登梅枝"来装饰新房,寓意"喜上眉梢"。此外,在中国的民间传说中,每年的七夕人间所有的喜鹊会飞上天河,搭起一条鹊桥,引分离的牛郎和织女相会,因而在中华文化中鹊桥常常成为男女情缘的象征。

人们相信喜鹊能报喜。据说贞观末年有个叫黎景逸的人,家门前的树上有个鹊巢,他常喂食巢里的鹊儿,长期以来,人鸟有了感情。一次黎景逸被冤枉入狱,受尽折磨。突然有一天,他喂食的那只鹊停在狱窗前欢叫不停,他暗自想大约有好消息要来了。果然,三天后他被无罪释放,因为喜鹊变成人,假传圣旨释放了他。有了这些故事印证,画鹊兆喜的风俗大为流行,品种也有多样:两只鹊儿面对面叫"喜相逢";双鹊中加一枚古钱叫"喜在眼前";一只獾和一只鹊在树上树下对望叫"欢天喜地",等等。

317

蝙蝠有着怎样的祥瑞意义？

蝙蝠是哺乳动物；又名仙鼠、飞鼠。蝙蝠简称"蝠"，因"蝠"与"福"谐音，人们以"蝠"表示福气，福禄寿喜等祥瑞。民间绘画中画五只蝙蝠，意为"五福临门"。旧时丝绸锦缎常以蝙蝠图形为花纹。婚嫁、寿诞等喜庆妇女头上戴的绒花（如"五蝠捧寿"等）和一些服饰、器物上也常用蝙蝠造型。

但蝙蝠也有形象不佳的一面，冯梦龙在《笑府·蝙蝠骑墙》中写道："凤凰寿，百鸟朝贺，唯蝙蝠不至。"它说自己不是鸟类而是一种四足动物。后来轮到麒麟过生日，百兽都来朝贺，蝙蝠又不到。这次它说自己有翅膀能飞，是鸟不是兽。这个笑话，讽刺蝙蝠是一个滑头的骑墙派。

蟾蜍为什么能成为财富的象征？

人们通常把蟾蜍叫金蟾，古语讲"家有金蟾，财源绵绵"。传说中的三脚蟾蜍，通常被人们看成是财富的象征。传说它能口吐金钱，是旺财之物。相传此三脚蟾蜍原是一只妖邪，且法力高强，喜爱金银财宝，还危害人间老百姓。最后被修道士"刘海"收服，能吐出义钱，来济贫助人。三脚蟾蜍天性喜欢金银财宝，对钱财有敏锐洞悉力，很会挖掘财源。刘海禅师平生喜欢布施济贫，得到三脚蟾蜍之相助，救济贫穷百姓无数。此后，三脚蟾蜍被认定为"招财宝物"。金蟾的造型很多，一般为坐蹲于金元之上的三足蟾蜍，背负钱串，丰体肥硕，满身富贵自足，有"吐宝发财，财源广进"的美好寓意，所以民间有俗语"得金蟾者必大富"也。

▲刘海戏蟾

什么是饕餮？

饕餮是中国传说中的一种凶恶贪食的野兽。《山海经》载，羊身，眼睛在腋下，虎齿人爪，是一种想象中的神秘怪兽，有一个大头和一个大嘴。这种怪兽没有身体是因为它太能吃，甚至把自己的身体也吃掉了。饕餮是贪欲的象征，所以常用来形容贪食或贪婪的人。古代青铜器上面常用它的头部形状做装饰，叫作饕餮纹。传说是龙的九子之一，一说是断头的蚩尤。现在则用来形容极度好食的人。

"岁寒三友"分别指什么？

所谓"岁寒三友"，指的是松、竹、梅三种植物。这三种植物因为在寒冬时节仍然可以保持顽强的生命力而得名，是中国传统文化中高尚人格的象征，传到日本后又加上了长寿的意义。宋朝林景熙《霁山集·五云梅舍记》："即其居梁土为山，种梅百本，与乔松、修篁为岁寒友。"《孤本元明杂剧》："那松柏翠竹，皆比岁寒君子，到深秋之后，百花皆谢，惟有松、竹、梅花，岁寒三友。"清代《高宗御制诗三集》记载："南宋马远有岁寒三友图。所绘松竹梅……三友图在内府。乾隆帝有题诗。"据此，可见宋代已把松、竹、梅作为岁寒三友了。松和竹在严寒中不落叶，梅在寒冬里开花，而有"清廉洁白"的意思，是古代文人的理想人格。

鱼有些什么吉祥寓意？

鱼在中国图案中是一个流传极广的装饰形象。我们可以看到，早在原始时期的彩陶上，就已经出现了许多优美生动的鱼形装饰形象。

在骨刻、石刻、玉雕、陶瓷彩绘以及织绣等历代工艺美术品中，众多的鱼形更是形态生动、造型优美，实在是中国图案美术中的珍品。中国人喜爱鱼纹，更赋予它一定的人情味。人们把盼望书信交流的美好情感称作"鱼雁传书"，把夫妻恩爱称作"如鱼得水"。鱼与"余"和"裕"音同和相近，因此，鱼一直都是民间吉祥物之一，例如过年时的百姓都喜欢吃鱼，以希望年年有余、生活富裕。

十二生肖指的是哪些？

十二生肖即鼠、牛、虎、兔、龙、蛇、马、羊、猴、鸡、狗、猪，依次分配于十二地支，是中国民间计算年龄的方法，也是一种古老的纪年法。用以纪年、纪月、纪日或纪时辰时，则称为十二兽历。十二生肖（兽历）广泛流行于亚洲诸民族及东欧和北非的某些国家之中。在早期提到十二生肖的文献中与现今版本略有不同（如龙不存在，其位置由虫代替）。史载文献最早并广为流传的完整十二生肖循环是由东汉王充所著《论衡》中提出的，按顺序依次为：鼠、牛、虎、兔、龙、蛇、马、羊、猴、鸡、狗、猪。每一个生肖都对应一个地支（子、丑、寅、卯、辰、巳、午、未、申、酉、戌、亥）。例如子年的人属鼠，丑年的人属牛等。每一个人在其出生年都有一个动物作为生肖。

中国"十大名花"都有哪些？

中国十大名花，指的是：

梅花、牡丹、菊花、兰花、月季、杜鹃、荷花、茶花、桂花、水仙。另外也有人剔除了水仙和月季这两种花卉，而将芍药和君子兰列入其中。十大名花的美称如下：

月季——花中皇后

水仙——凌波仙子

牡丹——花中之王、富贵花

芍药——花中丞相

兰花——花中君子、天下第一香、空谷佳人
菊花——花中君子、花中隐士
梅花——花中君子、雪中高士
荷花——出水芙蓉、花中仙子、花中君子
杜鹃花——花中西施
桂花——九里飘香、十里飘香、花中仙客
茶花——花中珍品、花中娇客、花中妃子

还有哪些动物被视为祥瑞的象征？

除了以上龙凤龟麟、鹤鹿鸳鸯等吉祥动物之外，还有一些动物也被中国人赋予了祥瑞意义。

狮子。狮子以其勇猛受到中国人的喜爱，常常被当作神佛人物的坐骑，因而更具神性。在宅院门前，人们往往会摆一对石狮子，以示威严。丰年过节人们还以舞狮的方式进行庆贺，祈求来年风调雨顺，万事顺遂。

▲ 至圣林牌坊前的一对石狮子

大象。大象和狮子一样，都是进贡的神兽。古代皇室往往会养些大象，以备礼仪之用，显示皇家威严。玉石雕塑中，在大象背上放一个瓶子，寓意"太平有象"。

蝴蝶。蝴蝶因"梁祝"的传说而被人们视为爱情的象征，同时蝶谐音"耋"，即八九十岁。人们往往画小猫扑蝶的图献给老人，谐音"耄耋"，以此祝愿老人长寿。小孩的长命锁也被打造成蝴蝶的形象或錾刻蝴蝶花纹，也是期盼孩子长命百岁的意思。

虎。古时，人们往往画虎贴在门上或挂在厅中，以驱邪镇宅。

羊。"羊"谐音"阳""祥"，被视为吉祥的象征。

其他还有鹌鹑（"鹌"谐音"安"，象征平安）、猴子（"猴"谐音侯，寓意封侯），等等。

第七章 艺术美学

琴

中国传统的鼓有哪些分类？

鼓是中国文化中最早出现的乐器，据考古资料显示，中国最早的鼓应是马家窑文化出土的"土鼓"。由于鼓有优良的共鸣作用，声音激越雄壮且传声广远，所以很早就被古人作为军队上助威之用。相传黄帝征服蚩尤的涿鹿之战中，"黄帝杀夔，以其皮为鼓，声闻五百"。民间的鼓南北有所不同，俗语说："南有铜鼓，北有皮鼓。"中国的鼓常常是依据材料和地区而产生相对不同的特色。中国传统的鼓的分类如下所述：

1. 依材料分：图鼓、涛鼓、亩鼓、与鼓、是鼓、忒鼓、同鼓等。
2. 依形状大小：月鼓，打鼓，四鼓，扁鼓等。
3. 依特殊命名：太平鼓，堂鼓，花盆鼓，排鼓、套鼓，八角鼓，花鼓、腰鼓、抓鼓等。其中抓鼓是中国最小的鼓，仅用手指夹住就可敲打。

▲建鼓　清
建鼓是中国最早的鼓种之一，战国时即广泛应用。在清代时是开典领奏乐器。

为什么说古琴充满传奇的象征色彩？

古琴，是中国最古老的乐器之一，被尊为"国乐之父""圣人之器"，在中华传统文化中占有举足轻重的地位。古时文人心中视琴为高雅的代表，古琴常作为文人吟唱时的伴奏

▲鸣凤琴(正面)　北宋

乐器，是古代每个文人的必修之器。伯牙子期因"高山流水"而成知音的故事流传至今，古琴台因此也被视为友谊的象征。古琴乐器本身就充满传奇的象征色彩，比如，它长三尺六寸五分，代表一年有 365 天；琴面是弧形，象征"天圆"，琴底为平，象征"地方"。古琴有 13 个标志泛音位置的徽，代表着一年 12 个月及闰月。古琴最初有五根弦，象征着"五行"金、木、水、火、土。约公元前 1000 多年，周文王为了悼念他死去的儿子伯邑考，增加了一根弦；武王伐纣时，为了增加士气，又增添了一根弦，所以古琴又称"文武七弦琴"。

瑟是一种什么样的乐器？

瑟是我国传统弹拨弦乐器的一种，外形类似古琴和筝。瑟有 25 根弦，每弦有一柱，按五声调式定弦。瑟最早的使用记载出自《诗经》。唐朝以前很流行，以后则比较少见，但是其使用一直延续到现代。瑟的音质饱满，高音清脆、中音明亮、低音浑厚，音域可覆盖五个八度，可以独奏或合奏，或者用来伴奏歌唱。演奏者一般将瑟横放于膝前，左右手交替配合弹奏。古瑟形制大体相同，瑟体多用整木斫成，瑟面稍隆起，体中空，体下嵌底板。瑟面首端有一长岳山，尾端有三个短岳山。尾端装有四个系弦的枘。首尾岳山外侧各有相对应的弦孔。另有木质瑟柱，施于弦下。曾侯乙墓共出土瑟 12 具，多用榉木或梓木斫成，全长约 150－170 厘米，宽约 40 厘米，通体髹漆彩绘，色泽艳丽。

琵琶是一种什么样的乐器？

琵琶，被称为"民乐之王""弹拨乐器之王""弹拨乐器首座"，是东亚传统弹拨乐器，已经有 2000 多年的历史。琵琶南北朝时由印度经龟兹传入内地，木制，音箱呈半梨形，张四弦，颈与面板上设有以确定音位的"相"和"品"。演奏时竖抱，左手按弦，右手五指弹奏，是可独奏、伴奏、合奏的重要民族乐器。其名"琵""琶"是根据演奏这些乐器的右手技法而来的。琵和琶原是两种弹奏手法的名称，琵是右手向前弹，琶是右手向后弹。琵琶是我国历史悠久的主要弹拨乐器。经历代演奏者的改进，至今形制已经趋于统一，成为六相二十四品的四弦琵琶。琵琶音域广阔、演奏技巧为民族器乐之首，更是民乐中表现力最为丰富的乐器之一。

▲螺钿琵琶 唐
其背面嵌螺钿花纹，面板装有捍拨，上绘一白象，四人骑坐奏乐。

古筝是一种什么样的乐器？

古筝，又称筝、秦筝，是中国传统弹弦乐器的一种，深深植根于中国民间音乐文化，具有悠久的历史。古筝音域宽广，音色清亮，表现力丰富，深受大众喜爱。古筝的结构由面板、雁柱、琴弦、前岳山、弦钉、调音盒、琴足、后岳山、侧板、出音口、底板、穿弦孔组成。筝的形制为长方形木质音箱，弦架"筝柱"可以自由移动，一弦一音，按五声音阶排列，最早以25弦筝为最多，唐宋时有弦13根，后增至16根、18弦、21弦等，目前最常用的规格为21弦，通常古筝的型号前用S163-21，S代表"S"形岳山，是"筝父"徐振高发明，163代表古筝长度是163厘米左右，21代表古筝弦数21根。传统的筝乐分南北两派，又分"浙江、山东、河南、客家、潮州"五大流派。现代，流派的区别已经很小了，几乎每个大家都兼具各家之长。

箜篌是一种什么样的乐器？

箜篌是中国古老的一种弹拨乐器，名称来自古代西域的译名，流传至今已有2000多年的历史了。弦数因乐器大小而不同，最少的五根弦，最多的二十五根弦，分卧式和竖式两种。琴弦一般系在敞开的框架上，用手指拨弹。新型雁柱箜篌，是根据古代立式竖箜篌的基本造型研制而成的。它有两排琴弦，每排张有三十六根弦，每根弦都由"人"字形的弦柱支撑在共鸣箱上，这种弦柱的形状看起来很像天上飞的大雁的队形，所以这被称为雁柱箜篌。它音色柔美清澈，音域宽广，表现力丰富，既可以演奏古今民族乐曲，又可以演奏竖琴曲。由于左右两排弦为同音，它可以左右手同时在音色最美的中音区奏出旋律和伴奏，这是其他乐器所不能比拟的。另外，在演奏揉弦、滑弦、颤音等演奏手法上，雁柱箜篌也都有独到之处。

编钟是一种什么样的乐器？

▲ 编钟　战国

编钟是中国古代的一种打击乐器，用青铜铸成，由大小不同的扁圆钟按照音调高低的次序排列起来，悬挂于一个巨大的钟架上。演奏者用"丁"字形的木槌和长形的棒分别敲打铜钟，就能发出不同的乐音。因为每个钟的音调不同，按照音谱敲打，就可以演奏出美妙的乐曲。编钟最早出现于商代，兴起在西周，盛行于春秋战国至秦汉，从宋代起在中国逐渐衰落，但在朝鲜半岛、日本等地仍然会使用。比较著名的编钟是1978年在湖北省随县（今随州市）曾侯乙墓出土的曾侯乙编钟。

编磬是一种什么样的乐器？

编磬是中国古代的打击乐器的一种，在木架上悬挂一组音调高低不同的石制或玉制的磬，用小木槌敲打奏乐，多用于宫廷雅乐或盛大祭典。编磬起源于鲁，用石或玉做成，十六面一组。它的音色，除黄钟、大吕、太簇、夹钟、姑洗、仲吕、蕤宾、林钟、夷则、南吕、无射、应钟等十二正律外，又加四个半音，演奏打击时，发出不同音响。清宫所藏玉编磬，是清乾隆时制，在重大典礼演奏中和韶乐时使用。据传，春秋时代的孔子是制磬的高手。

二胡是一种什么样的乐器？

二胡，又称为南胡，始于唐朝，已有1000多年的历史。它最早发源于我国古代北部地区的一个少数民族，那时称为"奚琴"。最初，二胡多用于民间丝竹音乐演奏或民歌、戏曲的伴奏。20世纪20年代，二胡开始作为独奏乐器出现在舞台上。二胡的构造比较简单，由琴筒、琴杆、琴皮、弦轴、琴弦、弓杆、千斤、琴码和弓毛等组成。各种乐器不同的加工材料和形制等诸多因素都会影响其音色。二胡的音色具有柔美抒情的特点，发出的声音极富歌唱性，宛如人的歌声。形成这一特点的原因，一方面是它的内外定弦的音高与弦的张力适宜，另一方面是琴筒的一侧是用蟒皮蒙制的。因此，在一般演奏时无须大力度按弦和大力度运弓，即可发出平和柔美之声。

箫是一种什么样的乐器？

箫是中国最古老的乐器之一，是直吹的气鸣乐器，为文人所爱好，分为洞箫、南箫和琴箫。传统的洞箫沿用古制，五音六孔。

新洞箫经过十二平均律的改造和八个指孔的修改，提升了表现力和转调能力。琴箫为八孔，改进后降低了声音，适宜与古琴合奏。

南箫由中国唐代尺八发展而来，与日本目前流行的现代尺八分别为唐尺八所不同的两个支派，在箫的形制、音律方面有较大的差异。

传统南箫的主要特点是采用匀孔以及外切形吹口，目前仅见于民间和传统南音音乐。

新南箫则经过了十二平均律和八指孔的改造，吹口方面，同时存在外切吹口和内切吹口。

经过箫的制作家和演奏家的不断拓展，箫的音域由不足两个八度，已经逐步扩展为超过四个八度，表现力大为提升。相传东晋大将桓伊作《梅花三弄》，成为绝响。

▲ 吹箫图轴　明　唐寅

中国古典"十大名曲"有哪些？

中国十大古典名曲包括：《高山流水》《梅花三弄》《夕阳箫鼓》《汉宫秋月》《阳春白雪》《渔

樵问答》《胡笳十八拍》《广陵散》《平沙落雁》《十面埋伏》。只是听了这些名字就已经为之动情，中国古曲的韵味之美，可见一斑。这些古曲的由来都有美好的传说，曲子的意境也由此而来。据专家考证，这些古代名曲的原始乐谱大都失传，今天流传的不少谱本都是后人伪托之作。即便如此，这些古曲仍然是不可多得的经典之作。

古曲《梅花三弄》有哪几种风格流派？

《梅花三弄》，又名《梅花引》《梅花曲》《玉妃引》，是中国传统艺术中表现梅花的佳作。据《太音补遗》和《蕉庵琴谱》载，它原本是晋朝桓伊所写的一首笛曲，后来改编为古琴曲。琴曲的乐谱最早见于《神奇秘谱》。乐曲通过梅花的洁白芬芳和耐寒等特征，借物抒怀，来歌颂具有高尚节操的人。此曲共有10个段落，因为在结构上采用循环再现的手法，重复整段主题3次（上准、中准、下准三个部位演奏），每次重复都采用泛音奏法，故称"三弄"。《梅花三弄》有三种风格流派：一是吴景略《琴谱谐声》（清1820年刻本）的琴箫合谱，技巧加花较多，风格洒脱，节奏规整。二是张子谦《蕉庵琴谱》（清晚期1868年刊本）中的《梅花三弄》，节奏较跌宕自由，人称《老梅花》。三是傅雪斋演奏的《梅花三弄》，节奏规整，风格清丽，被称为《新梅花》。

古曲《阳关三叠》的主题是什么？

《阳关三叠》是根据唐代诗人王维《送元二使安西》一诗而谱写的一首琴歌。王维这首诗在唐代就曾经以歌曲形式广为流传，后来又被谱入琴曲，以琴歌的形式流传至今。因为诗中有"渭城""阳关"两处地名，因此又称为《渭城曲》或《阳关曲》。后来经过筝家的移植而成为古筝独奏曲，该曲同《梅花三弄》相似，乐曲因用一个曲调（主题乐调）作变化反复，迭唱三次，故称"三叠"。乐曲优美典雅，不愠不火，不紧不慢，表现了依依惜别友人的感人场面。现存《阳关三叠》琴歌谱共30多种，它们在曲式结构上有些区别，曲调却大同小异。全曲曲调纯朴而富有激情，略带淡淡的愁绪，以同音反复作为结束音，强化了离情别意及对远行友人的关怀，与诗的主题十分吻合。

古曲《高山流水》由何而来？

古代琴曲《高山流水》取材于"伯牙鼓琴遇知音"的故事，有多种谱本。传说先秦的琴师伯牙一次在荒山野地弹琴，樵夫钟子期竟能领会这是描绘"巍巍乎志在高山"和"洋洋乎志在流水"。伯牙惊曰："善哉，子之心与吾同。"

子期死后，伯牙痛失知音，摔琴断弦终身不弹，《高山流水》之曲即由此而来。

乐谱最早见于明代《神奇秘谱》，此谱之《高山》《流水》解题有："《高山》《流水》二曲，本只一曲。初志在乎高山，言仁者乐山之意。后志在乎流水，言智者乐水之意。至唐分为两曲，不分段数。至来分高山为四段，流水为八段。"2000多年来，《高山》《流水》这

▲ 高山流水遇知音

两首著名的古琴曲与伯牙鼓琴遇知音的故事一起，在民间广泛流传。

古曲《秦王破阵乐》是为了纪念什么事件？

《秦王破阵乐》是唐时著名歌舞大曲，原是唐初军歌，主要是歌颂唐太宗李世民（秦王是他的封号）的英勇战绩。公元620年，秦王李世民打败了叛军刘武周，巩固了刚建立的唐政权。于是，他的将士们遂以旧曲填入新词，为李世民唱赞歌："受律辞元首，相将讨叛臣。咸歌《破阵乐》，共赏太平人。"公元633年，李世民亲自设计了《秦王破阵乐舞图》，据图可知，舞队的左面呈圆形，右面呈方形；前面模仿战车，后面摆着队伍，队形展开像簸箕伸出两翼、做成打仗的态势。太宗叫吕才按图教授给128位乐工，经常穿甲持戟练习。此曲即为这场乐舞的主题曲。

古曲《春江花月夜》有些什么特色？

《春江花月夜》原是一首琵琶独奏曲，又名《夕阳箫鼓》，1925年首次被改编成民族管弦乐曲。乐曲旋律委婉质朴，节奏流畅多变，配器巧妙细腻，演奏丝丝入扣，形象地描绘了春江月夜的迷人景色，尽情赞颂了江南水乡的魅力风姿。全曲如同一幅工笔精细、色彩柔和、清丽淡雅的山水画卷，引人入胜。第一段"江楼钟鼓"乐队齐奏出优美如歌的主题，乐句间同音相连，委婉平静；大鼓轻声滚奏，意境深远。第二、三段，表现了"月上东山"和"风回曲水"的意境。第五段"水深云际"，节奏加快，犹如白帆点点，遥闻渔歌，由远而近,歌声四起的画面。第七段,琵琶用扫轮弹奏,恰似渔舟破水,掀起波涛拍岸的动态。第九段表现了归舟远去,万籁皆寂,春江宁静的意境。全曲在悠扬徐缓的旋律中结束,让人回味无穷。

古曲《汉宫秋月》的主题是什么?

《汉宫秋月》为中国著名十大古曲之一,原为崇明派琵琶曲,现在流传的演奏形式有二胡曲、琵琶曲、筝曲、江南丝竹等,主要表达的是古代宫女哀怨悲愁的情绪以及一种无可奈何、寂寥清冷的生命意境,以唤起人们对她们不幸遭遇的同情。筝曲演奏运用了吟、滑、按等诸多技巧,风格纯朴古雅,是一首有代表性的山东筝曲;二胡曲则速度缓慢,用弓细腻多变,旋律经常出现短促的休止和顿音,音乐时断时续,加之各种复杂技法的运用,表现了宫女哀怨、悲愁的情绪,具有很深的艺术感染力。琵琶曲,又名《陈隋》,以歌舞形象写后宫寂寥,更显清怨抑郁,有不同传谱。目前一般是据无锡吴畹卿所传,但刘德海加上了许多音色变化及意向铺衍的指法,一吟三叹,情景兼备,很有感染力。

▲昭君出塞

为什么说《阳春白雪》是高雅的音乐?

《阳春白雪》原本是春秋战国时期楚国的两首高深的歌曲名,即《阳春》和《白雪》,是由楚国著名歌舞家莫愁女(姓庐,名莫愁)在屈原、宋玉的帮助下传唱开来的,至今已有2000多年的历史。现存琴谱中的《阳春》和《白雪》是两首器乐曲,相传这是春秋时期晋国的师旷或齐国的刘涓子所作。《神奇秘谱》在解题中说:"《阳春》取万物知春,和风淡荡之意;《白雪》取凛然清洁,雪竹琳琅之音。"后来泛指高深的、不通俗的文学艺术。阳春白雪虽被指称高雅艺术,但古曲《阳春白雪》在很多书籍里被解题时,都称它以清新流畅的旋律、活泼轻快的节奏,生动地表现了冬去春来,大地复苏,万物欣欣向荣,生机勃勃的初春景象。阳春白雪的典故和琴曲《阳春白雪》年代相隔太远,已无音乐上的关联。

古曲《渔樵问答》反映了一种什么生活态度?

《渔樵问答》是一首古琴曲,存谱最早见于明代萧鸾撰写的《杏庄太音续谱》(1560年)。萧鸾解题为:"古今兴废有若反掌,青山绿水则固无恙。千载得失是非,尽付渔樵一话而已。"近代《琴学初津》说此曲:"曲意深长,神情洒脱,而山之巍巍,水之洋洋,斧伐之丁丁，橹声之欸乃，隐隐现于指下，迨至问答之段，令人有山林之想。"此曲在历代传谱中，有 30 多种版本，有的还附有歌词。现存谱初见于明代。此曲通过渔樵在青山绿水间自得其乐的情趣，表达出对追逐名利者的鄙弃。乐曲采用渔者和樵者对话的方式，以上升的曲调表示问句，下降的曲调表示答句，旋律飘逸潇洒，表现出渔樵悠然自得的心态。

《广陵散》背后有着怎样的故事？

《广陵散》是古代一首大型琴曲，其内容虽然说法不一，但一般是将它与《聂政刺韩王》琴曲联系起来。《聂政刺韩王》主要是描写战国时期铸剑工匠之子聂政为报杀父之仇，刺死韩王，然后自杀的悲壮故事。据蔡邕《琴操》记载，聂政的父亲为韩王铸剑，因延误日期而惨遭杀害。聂政立志为父报仇，入山学琴十年，学成绝技，名扬韩国。韩王召他进宫演奏，聂政终于实现了刺杀韩王的夙愿，最后自己毁容而死。后人根据这个故事，谱成琴曲，慷慨激昂，气势宏伟。汉魏时期嵇康因反对司马氏专政而遭杀害，临刑前曾从容弹奏此曲。今存《广陵散》曲谱，最早见于明代朱权的《神奇秘谱》，谱中有关于"刺韩""冲冠"等内容的小标题，所以人们把《广陵散》与《聂政刺韩王》看作异曲同名。

古曲《兰陵王破阵曲》是为了纪念谁而创制的？

《兰陵王破阵曲》是唐代假面舞蹈，源于北齐，盛于唐代。此舞是表现北齐兰陵王高长恭作战的勇猛英姿，为带有简单情节的男子独舞。兰陵王是北齐文襄皇帝高澄第三子高肃，因其骁勇善战，屡建奇功，被封为兰陵郡王。兰陵郡王英俊潇洒，他怕自己的相貌不能威慑敌军，便戴上一面凶恶的面具，令敌军望而生畏。最著名的一次战役是邙山之战，北周发兵十万攻打北齐，并大败北齐军于邙山，进而围困都城洛阳。兰陵王带领五百骑士救援，两次冲入敌阵，在金墉城遭到围困，由于戴假面，城上士兵认不出他，怀疑是敌人的计谋。兰陵王摘下假面对守城齐军示以面容，城上军心大振，立刻放箭射敌，并开城与敌决战，北周军大溃而逃。为庆祝胜利并赞颂兰陵王的威猛，将士们编了《兰陵王破阵曲》，戴着面具边舞边歌。

▲《兰陵王入阵曲》演出剧照

古曲《平沙落雁》的主题是什么？

《平沙落雁》是一首古琴曲，最早刊于明代《古音正宗》，又名《雁落平沙》，其意在借鸿鹄之远志，写逸士之心胸。自其问世以来，刊载的谱集达 50 多种，有多种流派传谱，仅

1962年出版的《古琴曲集》第一集就收入了6位琴家的演奏谱，关于此曲的作者，有唐代陈立昂之说，宋代毛敏仲、田芝翁之说，又有明代朱权所作之说。因为没有可靠的史料，很难证实究竟出自谁人之手。《平沙落雁》的曲意，各种琴谱的解题不一。《古音正宗》中说此曲："盖取其秋高气爽，风静沙平，云程万里，天际飞鸣。借鸿鹄之远志，写逸士之心胸也。"全曲委婉流畅，隽永清新。

古曲《十面埋伏》有些什么特色？

《十面埋伏》流传甚广，是传统琵琶曲之一，又名《淮阳平楚》。这是一首历史题材的大型琵琶曲，它是中国十大古曲之一。关于乐曲的创作年代迄今尚无定论。资料追溯可至唐代，在白居易写过的著名长诗《琵琶行》中，可探知白居易曾经听过有关表现激烈战斗场景的琵琶音乐。本曲现存乐谱最早见于1818年华秋萍编的《琵琶行》。乐曲描写公元前202年楚汉战争垓下决战的情景。汉军用十面埋伏的阵法击败楚军，项羽自刎于乌江，刘邦取得胜利。明末清初，《四照堂集》的"汤琵琶传"中，曾记载了琵琶演奏家汤应曾演奏此曲时的情景："当其两军决战时，声动天地，屋瓦若飞坠。徐而察之，有金鼓声、剑弩声、人马声……使闻者始而奋，继而恐，涕泣无从也。其感人如此。"

古曲《霓裳羽衣曲》有什么来历？

▲仿唐乐舞《霓裳羽衣舞》
相传唐玄宗梦游仙山，见到仙女们穿着云彩和羽衣在空中飞舞，醒后据记忆写下音乐，命贵妃杨玉环和乐舞蹈。在表演上要求手、眼、身、法、步紧密配合，形体上讲究圆、曲、美。

《霓裳羽衣曲》是唐代大曲中法曲的精品，唐玄宗作曲，安史之乱后失传。它是唐代歌舞的集大成之作，至今仍无愧于音乐舞蹈史上的一个璀璨的明珠。此曲约成于公元718—720年，关于它的来历，有三种说法：一是说玄宗登三乡驿，望见女儿山（传说中的仙山），触发灵感而作；二是根据《唐会要》记载，天宝十三载，唐玄宗以太常刻石方式，更改了一些西域传入的乐曲，此曲就是根据《婆罗门曲》改编；三是折中前两种说法，认为此曲前部分（散序）是玄宗望见女儿山后悠然神往，回宫后根据幻想而作；后部分（歌和破）则是他吸收河西节度使杨敬述进献的印度《婆罗门曲》的音调而成。《霓裳羽衣曲》在开元、天宝年间曾经盛行一时，安史之乱之后，宫廷就没有再演出了。五代时，南唐后主李煜和昭惠后曾一度整理排演，但那时宫廷传存的乐谱已经残缺不全。

第七章　艺术美学

李渔的戏曲理论

《闲情偶寄》中价值最高者，首推论及戏曲理论的部分，包括词曲、演习及声容的某些章节。在这些部分中，李渔联系元明以来的戏曲创作实践，结合自己的创作体会，并吸取前代理论批评家的真知灼见，对中国古代戏曲理论作了较系统的总结，从而构造出一个结构完整、内容丰富、具有民族特色的戏曲理论体系。

总结昆曲艺术的教学和舞台演出的经验，论及了戏曲演出中应注意的一些问题，如如何选择和改造剧本、如何教授演员唱曲道白以及演员服饰装扮和音乐伴奏等，并提出演戏不能落于俗套，推陈出新等。

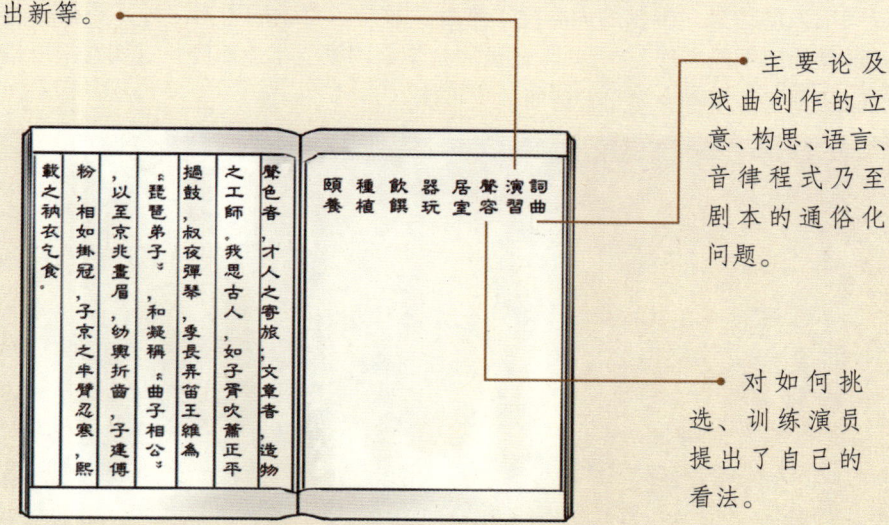

- 词曲、演习：主要论及戏曲创作的立意、构思、语言、音律程式乃至剧本的通俗化问题。

- 声容：对如何挑选、训练演员提出了自己的看法。

总体而言，李渔的戏曲理论称得上是中国古代戏曲史上的一座丰碑，有些见解在今天仍具有重要的参考价值。

棋

围棋为何历数千年而不衰？

围棋，是一种策略性二人棋类游戏（如是联棋，可达成2对2的对战模式），使用格状棋盘及黑白二色棋子进行对弈。围棋起源于中国。据说远古帝王伏羲氏为了启发愚钝的儿子，而发明了围棋让他学习。现在围棋已成为东方文化的精粹，广受大众的喜爱。围棋为何历数千年而不衰？答案十分简单，因为围棋妙趣无穷，而且棋理深微，不但可以锻炼头脑，还可以陶冶人的情操。围棋的内容除了推理、数学、哲学的要素之外，还存在着一种无法用公式计算的"理外之理"。有些人还没完全学会围棋就半途而废，这实在很可惜，倘若能进一步去学会它，你就会为它着迷而欲罢不能。

▲重屏会棋图
图中所绘人物，分别为南唐中主李璟（居中者）及其弟景遂、景达和景逖，四人正在对弈。李璟正面前视，若有所思，景达和景逖做侧身或半侧身状，于微笑中透着决心角逐的神气，而旁边观战的景遂则轻松自若，人物形态生动传神。

中国象棋有些什么特点？

象棋，是中国传统的两人对弈棋类游戏，其他类似的有国际象棋及日本将棋，主要流行于华人及亚太地区。与国际象棋比较，中国象棋的特点如下：象棋的棋盘较大，棋子密度较低，开局和中局每步的分支较多，增加了对弈程式设计的难度。象棋的状态空间复杂度可达1048；而赛局复杂度可达10150。整体复杂度介于日本将棋与国际象棋之间。国际象棋的残局比中国象棋相对较为复杂，因为王的移动不受限制，且没有"将帅不可照面"的限制，兵的走法更为多样。两者在和局的规定上有不同。中国象棋中无棋可走的一方作负，但国际象棋中立即成为和棋。另外，中国象棋重复长将作负，国际象棋却是和棋。这对两种棋的残局战术均有极大影响。

什么是叶子戏？

叶子戏，最早是一种纸牌游戏，又称马吊，有四十张牌，分为十万贯、万贯、索子、文钱四种花色，后来演变为麻将。相传是唐代天文学家张遂（僧一行）发明的，纸牌只有树叶那样大小，最初只限于宫中玩耍，后来传入民间，很快流传开来。南宋时称叶子戏为"扇儿牌"。明朝万历年间盛行马吊，因兴起于吴中，时称"吴吊"，马吊牌上绘有《水浒传》的人物，万万贯画有宋江。每人先取八张牌，剩余八张放在桌子中间。四人轮流出牌，类似玩大老二。明代的文人多热衷此道，冯梦龙还写有《马吊牌经》。吴伟业的《绥寇纪略》认为："万历末年，民间好叶子戏，图赵宋时山东群盗姓名于牌而斗之，至崇祯时大盛。"清代，叶子戏又衍生出"斗虎""红楼叶戏""诗牌"等游戏。

▲ 明代叶子戏纸牌
人们习惯在叶子戏纸牌上画上各种人物。这张叶子戏纸牌为一文钱，画的是水浒人物神行太保戴宗。

什么是骨牌？

骨牌的得名来自它的制作材料。因为大多是用牛骨制成的，故称骨牌。骨牌也有用象牙制成的，故又称牙牌。骨牌最早产生的时间大约在中国北宋宣和年间，因此，也被称作"宣和牌"。骨牌由骰子演变而来，但骨牌的构成比骰子要复杂得多，例如两个"六点"拼成"天牌"，两个"幺点"拼成"地牌"，一个"六点"和一个"五点"拼成"虎头"，时人谓之"天地遇虎头，越大越封侯"。因而骨牌的玩法也比骰子更为多变和有趣。在明清时期盛行的"推牌九""打天九"都是较吸引人的游戏。麻将是骨牌中影响最广的一种游戏。

图解·国学常识

书

中国现存最古老的成熟文字是什么？

甲骨文是现代汉字的最初的样子，是中国现存的最古老的成熟文字。甲骨文最初发现于河南安阳小屯村一带，距今约3000多年，经过鉴定是比篆文、籀文更早的文字。

商朝人好占卜，以火灼烧甲骨出现的"兆"（细小的纵横裂纹）来预测吉凶。

古人用龟甲、兽骨占卜后把占卜时间、占卜者的名字、所占卜的事情用刀刻在卜兆的旁边，有的还把过若干天后的吉凶应验也刻上去。

不过具体的情形因甲骨分期而有详略的差异，大致上以武丁时期的刻辞最为完整。学者称这种记录为卜辞，这种文字为甲骨文。殷墟出土了大量刻有卜辞的甲骨，这些字都具备了汉字的基本结构。

▲大型涂朱红牛骨刻辞　商
商朝的甲骨文是占卜时刻在龟甲或者兽骨上的象形文字，也称卜辞。河南安阳殷墟有大量出土。

大量的甲骨文及铭文记载了当时政治、经济、军事以及气象、占卜方面的情况，有很多与现存史籍的记载相符合，是研究我国早期历史的重要资料。

▲毛公鼎铭文
毛公鼎是现存西周青铜器中铭文最多的一个，其文字奇逸飞动，气象浑雄，是西周金文的代表作。

金文有些什么特点？

金文，又称铭文或钟鼎文，是铸或刻在青铜器上的文字，由甲骨文发展而来。始于商末，盛行于西周，记录的内容与当时王公贵族的活动息息相关，多为祀典、赐命、征伐、围猎以及契约之事，以周宣王在位时期铸造的毛公鼎金文（又称西周金文）为代表。毛公鼎铭文共32行，497字。据统计，目前发现的金文约有3005字，可辨识的，共计1804字，比甲骨文略多。由于商周盛行青铜器，而青铜礼器以"鼎"为代表，乐器以"钟"为

334

第七章　艺术美学

代表，因其刻于青铜器、大钟之上，所以也称为"钟鼎文"。金文可分为四种：殷金文、西周金文、东周金文和秦汉金文。

小篆有些什么特点？

秦始皇统一六国之后，有感于全国文字的繁杂和书体的不一，于是提出"书同文"，文字统一，书体统一。秦始皇命令擅长书法的李斯去做这项工作。李斯于是推行小篆作为统一的标准字体，因此小篆又被称为"秦篆"。小篆的制定是中国第一次有系统地将文字的书体标准化。秦代小篆风貌，可由现存的《泰山刻石》《琅琊台刻石》及权量铭文等遗物中得见之。小篆的笔画较细，所以也有"玉箸篆"之称；在字形上呈长方形，结构往往有左右对称的现象，给人挺拔秀丽的感觉。汉代小篆化长为方，改变了秦篆修长圆挺的字形与风格。三国至隋，小篆字体变化又有异于汉，以《天发神谶碑》为代表。唐代李阳冰创"铁线篆"。清代邓石如则将秦汉两代篆书融为一体，形成了独特风格，成为继李斯、李阳冰之后第三个篆体书法的杰出代表人物。

▲篆书四言联　清　吴大澂
小篆字体优美，历来为书法家所喜爱，唐代的李阳冰、清代的邓石如都是篆书高手。吴大澂也是清代篆书名家，此联文为：友天下士，读万卷书。

楷书有些什么特点？

楷书，字形较为正方，是由古隶演变而成的，初期"楷书"，仍残留极少的隶笔，结体略宽，横画长而直画短。观其特点，诚如翁方纲所说"变隶书之波画，加以点啄挑，仍存古隶之横直"。东晋以后，南北分裂，书法亦分为南北两派。北派书体，带着汉隶的遗型，笔法古拙劲正，而风格质朴方严，长于榜书，这就是所说的魏碑。南派书法，多疏放妍妙，长于尺牍。唐代推崇王羲之的书法，因此南派书体大行其道，成为楷书的主流。唐代的欧阳询、颜真卿、柳公权和元代的赵孟頫对楷书多有创新，自有风格，被誉为"楷书四大家"。到了清朝，楷书书风渐趋死板，于是书法家又从北派中寻找灵感，因而大力推崇魏碑体楷书，直接促成了清朝碑学的兴起。

隶书有些什么特点？

隶书是一种庄重的字体，书写效果略微宽扁，横画长而直画短，讲究"蚕头雁尾""一波三折"。隶书起源于秦朝，在东汉时期达到顶峰，书法界有"汉隶唐楷"之称。隶书基本是由篆书演化来的，主要将篆书圆转的笔画改为方折，书写速度更快，在木简上用漆写字

335

很难画出圆转的笔画。西汉初期沿用秦隶的风格，到新莽时期开始产生了点画的波尾的写法。东汉时期，隶书产生了众多风格，留下大量石刻。魏晋以后，草书、行书、楷书迅速形成和发展，隶书虽然没有被废弃，但变化不多。清代，在碑学复兴浪潮中隶书再度受到重视，出现了郑燮、金农等著名书法家，在继承汉隶的基础上加以创新。隶书的演变过程称为"隶变"，隶变承前启后，对草书和楷书的形成有重要的作用。

草书有些什么特点？

草书是汉字的一种字体，因字迹潦草而得名。草书的特点是结构简省、笔画连绵。

草书形成于汉代，是为了书写简便在隶书的基础之上演变而来的，有章草、今草和狂草之分。章草笔画省变有章法可循，代表作有三国吴皇象《急就章》的松江本。今草不拘章法，笔势流畅，代表作有晋代王羲之《初月》《得示》等帖。

狂草出现于唐代，以张旭、怀素为代表，笔势狂放不羁，成为完全脱离实用的艺术创作。狂草的代表作，如唐代张旭《肚痛》帖和怀素《自叙帖》等，都是现存的珍品。

行书的结构特点有哪些？

行书是介于楷书、草书之间的一种字体，是楷书的草化或草书的楷化。行书的笔势不像草书那样潦草，也不像楷书那样端正。特点如下：

一、大小相兼。每个字呈现大小不同，一个字的笔与笔相连，字与字之间的连带，

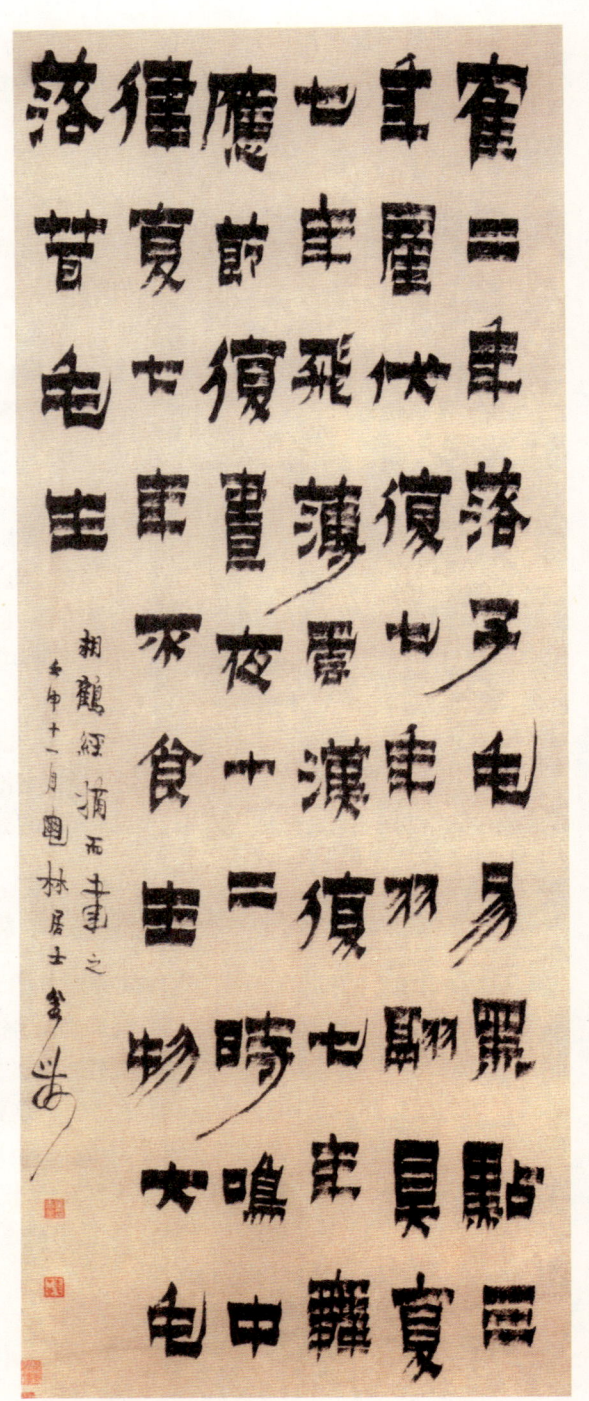

▲相鹤经 清 金农

金农书法效法汉魏诸碑，鼎力创新，遂有"漆书"揭其风格。冬心之"漆书"，乃是其个性之展示，其横笔粗直，起收如切、如斫，撇纵之际，细劲锋利，整体构字明朗，色效甚佳。

既有实连,也有意连,有断有连,顾盼呼应。

二、收放结合。线条短的为收,线条长的为放;回锋为收,侧锋为放;多数是左收右放、上收下放,但也可以互相转换,不排除左放右收、上放下收。

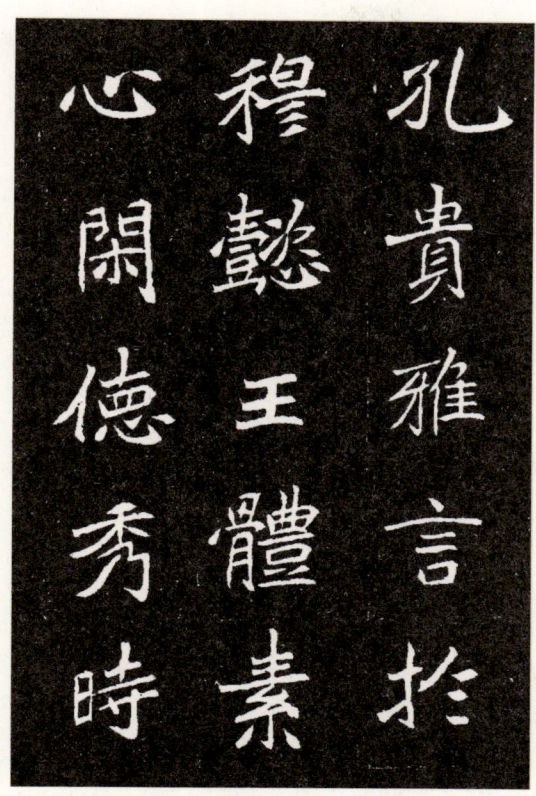

三、疏密得体。上密下疏,左密右疏,内密外疏。中宫紧结,凡是框进去的留白越小越好,画圈的笔画留白也是越小越好。布局上字距紧压,行距拉开,跌扑纵跃,苍劲多姿。

四、浓淡相融。书写应轻松、活泼、迅捷,掌握好疾与迟、动与静的结合。墨色安排上应首字为浓,末字为枯。线条长细短粗,轻重适宜,浓淡相间。

▲元怀墓志拓片(局部) 北魏
魏碑是楷书的一种,康有为对魏碑推崇备至,称其有"十美"。元怀墓志于1925年出土于河南,是魏碑的代表作品之一。

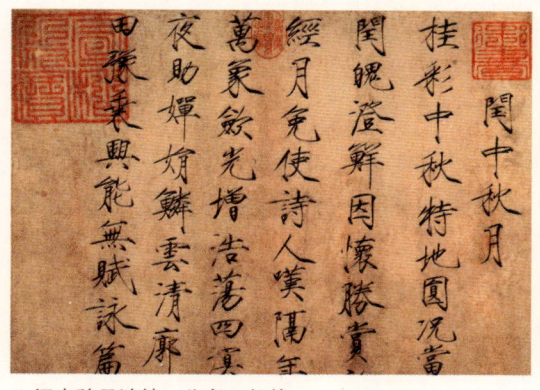

▲闰中秋月诗帖 北宋 赵佶
此帖乃宋徽宗独创的瘦金体的代表作,细劲有神,瘦挺险峭,兼黄山谷、薛稷二家之长,变化以适己意。

魏碑体有些什么特点?

魏碑体是指南北朝时期北朝的碑刻书法作品的统称,其特点是笔力、字体强劲,是后世书法的一种楷模。现存的魏碑书体都是楷书,因此有时也把这些楷书碑刻作品称为"魏楷"。魏碑体的特点主要有以下三点:(1)横画和捺画保持隶书的特点,常伸展到字形边界甚至超出边界;(2)字形与隶书相比呈扁方形;(3)突出的特点是撇捺向两侧伸展,收笔前的粗顿以及抬峰,使整个字形厚重稳健略显飞扬、规则中正而有动态,颇具审美价值。康有为称魏碑有十美,概括了魏碑书法雄强、朴拙、自然天成的艺术特点。

瘦金体有些什么特点?

宋徽宗赵佶是个天分极高的书画家。他的书法,早年学薛稷、黄庭坚,参以褚遂良诸家,出以挺瘦秀润,融会贯通,变化二薛,形成自己的风格,号称"瘦金体"。其特点是:瘦直挺拔,横画收笔带钩,竖划收笔带点,撇如匕首,捺如切刀,竖钩细长;有些联笔字像游丝行空,已近行书。其用笔源于

337

褚、薛，写得更瘦劲；结体笔势取黄庭坚大字楷书，舒展劲挺。他的瘦金体书法独步天下，至今也没有人能够超越，真可谓是古今第一人。宋徽宗传世的瘦金体书法作品有《瘦金体千字文》《欲借风霜二诗帖》《夏日诗帖》等。

什么是石鼓文？

石鼓文刻于十座花岗岩石墩上，因石墩形似鼓，故称为"石鼓"。石鼓文上承西周金文，下启秦代小篆，是中国现存最早的刻石文字。其笔法方正、均衡，布局紧凑，笔法圆阔，极为周致，为历代习篆书家所喜爱。

石鼓文于唐代出土于天兴三畤原（今陕西省宝鸡市凤翔三畤原），唐代诗人韩愈曾作《石鼓歌》，其中有"周纲凌迟四海沸，宣王愤起挥天戈"的诗句。可见，在唐代普遍认为石鼓文出于周代。至宋代，欧阳修仍认为石鼓文为周宣王时期史籀所作。近代罗振玉《石鼓文考释》和马叙伦《石鼓文疏记》将石鼓文的历史缩短到了秦代，认为是秦文公时期出现的。郭沫若又考证石鼓文的制作年代为秦襄公八年（公元前770年）。

石鼓文于唐末流散，现存的石鼓文是宋朝收集的十石鼓，但有的字已经残缺不全，其后又经历多次战乱迁徙，现存于北京故宫博物院。

"钟王"之前还有哪些著名的书法家？

李斯，秦朝丞相，"书同文"的主要推动者。他擅长小篆，其书法运笔坚劲畅达，线条圆润，结构匀称，点画粗细均匀，既具图案之美，又有飞动之势，代表作有《泰山刻石》《峄山刻石》《琅琊台刻石》等。

史游，西汉元帝时期人，精字学，工书法。他公元前40年前后作《急就章》一篇，后人称其书体为章草模范。章草之名，即由此而来。

蔡邕，生活于东汉晚期，是蔡文姬的父亲，官拜左中郎将。蔡邕通经史、善辞赋，还精通音律、书法，其书法精篆、隶，尤以隶书造诣最深，名望最高，有"蔡邕书骨气洞达，爽爽有神力"的评价。其代表作有《熹平石经》，据传《史晨碑》也出自蔡邕之手。蔡邕还著有《笔法》一书，论述了书法运笔技巧，传说钟繇曾在韦诞处见此书，索书不得，几致吐血。韦诞死后，他盗掘韦诞墓，终得此书。

张芝，东汉敦煌人，擅长草书，曹魏书法家韦诞称他为"草圣"，他的草书精劲绝伦，被称为今草。传说他临池学书，池水尽黑。王羲之推崇钟繇、张芝两家，狂草大师怀素承认从"二张"（张芝、张旭）得益最多。

皇象，三国时期东吴书法家。其书法被视为东吴"八绝"之一，其字沉着痛快，"似龙蠖蛰启，伸盘复行"。在魏晋时期与张芝、索靖、钟繇并称为"书圣"。《天发神谶碑》据传为他所作。

索靖，晋朝敦煌人，擅长书法，特别是草书。数年前争议颇大的《出师颂》即署名为他所作。

钟繇在隶变楷的过程中起到了怎样的关键作用?

钟繇,字元常,颍川长社(今河南长葛市东)人,举孝廉为郎,历官侍中尚书仆射,封东亭武侯。魏国初建,迁相,明帝即位,迁太傅,世称"钟太傅"。工书,师法曹喜、蔡邕、刘德升,博采众长,兼善各体,尤精于隶书和楷书。点画之间,多有异趣,结体朴茂,出于自然,形成了由隶入楷的新貌。钟繇与张芝、王羲之齐名,并称"钟张""钟王",同张芝、王羲之、王献之合称书中"四贤"。《书法正传》中说:"钟繇书法,高古纯朴,超妙入神。"真迹今已不存,宋以来法帖中所刻《宣示表》《荐季直表》《力命表》等,都后人临摹。唐张怀瑾《书断》称:"真书绝妙,乃过于师,刚柔备焉。点画之间,多有异趣,可谓幽深无际,古雅有余,秦汉以来,一人而已。"钟繇在中国书法史上影响很大,历来都认为他是中国书史之祖。他对书法的看法也对后世产生了重大影响,其书论散见于后世文集中。

四大书法家指的是哪四位?

中国古代四大书法家指的是:王羲之、欧阳询、颜真卿、柳公权。晋代王羲之被称为"书圣",在秦汉书法的基础上创造了新的风格,作品平和自然,奇逸豪放,是承前启后的书法家,代表作《兰亭序》。唐代欧阳询,吸收了北朝碑刻和其他唐代书法家的长处,形成了"险劲"而"平稳"的书法风格,代表作《九成宫醴泉铭》。唐代颜真卿,书法刚健有力,气势雄伟,富于创新,代表作《多宝塔感应碑》。唐代柳公权,作品受王羲之和颜真卿的影响较大,风格清瘦、秀丽,代表作《神策军碑》。

王羲之为何被称为"书圣"?

王羲之,东晋书法家,字逸少,琅琊临沂(今山东临沂)人,后徙居山阴(今浙江绍兴)。官至右军将军、会稽内史,故世称王右军、王会稽。王羲之楷书师法钟繇,草书学张芝,亦学李斯、蔡邕等,博采众长。他的书法被誉为"龙跳天门,虎卧凤阙",给人以静美之感,恰与钟繇书形成对比。他的书法圆转凝重,易翻为曲,用笔内厌,全然突破了隶书的笔意,创立了妍美流便的今体书风,被后代尊为"书圣"。王羲之作品的真迹已难得见,我们所看到的都是摹本。王羲之楷、行、草、飞白等体皆能,如,楷书《黄庭经》《乐毅论》,草书《十七帖》,行书《姨母帖》《丧乱帖》《快雪时晴帖》,等等。他的行楷《兰亭序》最具有代表性。

王羲之的代表作《兰亭序》被誉为"天下第一行书"。王羲之的书法影响了一代又一代的人,历代书法名家都对王羲之心悦诚服,因而王羲之享有"书圣"美誉。

▲羲之爱鹅图 清 任颐

智永的书法有些什么特色？

智永，山阴（今浙江绍兴）永欣寺僧，人称"永禅师"，善书法，尤工草书，王羲之七世孙。他初从萧子云学书法，后以先祖王羲之为宗，在永欣寺书阁上潜心研习了30年，所退废笔头满五大竹簏，埋之成冢，称"退笔冢"。智永是当时声名卓著的书法家，求墨宝者络绎不绝，踏破门槛，不得不用铁皮包裹，后来，这故事变成了一个典故，叫"铁门限"。明董其昌说他学钟繇《宣示表》，"每用笔必曲折其笔，宛转回向，沉著收束，所谓当其下笔欲透纸背者"。清何绍基称赞他所写的《千字文》："笔笔从空中来，从空中住，虽屋漏痕，犹不足以喻之。"的确，他用笔上藏头护尾，一波三折，含蓄而有韵律的意趣。董、何之说可谓精确、具体、恰当。

欧阳询对楷书的发展有些什么贡献？

欧阳询，字信本，潭州临湘（今湖南长沙）人，博览古今，书则八体尽能，尤工楷、行书。初学王羲之、王献之，吸收汉隶和魏晋以来楷法，别创新意，笔力险劲、瘦硬，意态精密俊逸，自成"欧体"，对后世影响深远。唐代张怀瓘《书断》中称赞欧阳询："真行之书出于大令，别成一体，森森焉若武库矛戟，风神严于智永，润色寡于虞世南。"欧阳询最大的贡献，是对楷书结构的整理。相传欧阳询总结了有关楷书字体的结构方法共三十六条，名为"欧阳询三十六法"，此法虽掺入了后人所做的若干解释，但其中肯定有很大成分依然是欧阳询的。他的研究已经完全摆脱了不稳定字形的无规律性的变化，而进入了造型分析的层次，书法结构的成熟观念，至此才算真正成立。

▲九成宫醴泉铭（局部） 唐 欧阳询

书法中的"初唐四家"都有谁？

"初唐四家"是中国唐朝初期对欧阳询、虞世南、薛稷和褚遂良四位书法家的合称，四人皆以楷书见称。

欧阳询，世称"欧阳率更"。他的楷书笔力遒劲，法度森严，结构平稳之中寓险奇。他的楷书，被后人奉为楷书极则，称为"欧体"或"率更体"。代表作品有《九成宫醴泉铭》。

虞世南，世称"虞永兴"。他曾师从智永，得王羲之嫡系真传。他的楷书继承"二王"，精神内守，含润温和。有《夫子庙堂碑》传世。

褚遂良，世称"褚河南"。他深得隋碑之髓，又参以虞世南、王羲之，体势更为宽博。《雁塔圣教序》最能代表其风格。

薛稷，世称"薛少保"。薛稷的楷书接近褚的风格，但更有清奇之趣，当时有"买褚得薛，不失其节"的说法。以《信行禅师碑》较为著名。

王羲之之后成就最高的书法家是谁？

王羲之之后成就最高的书法家当属颜真卿。颜真卿是唐代中期最杰出的书法家，字清臣，京兆万年人，祖籍唐琅琊临沂（今山东临沂）。官至吏部尚书、太子太师、封鲁郡开国公，世称"颜太师""颜鲁公"。颜真卿是继"二王"之后成就最高，影响最大的书法家。其书法初学褚遂良、张旭、"初唐四家"，后来广收博取，在前人基础上自创一种方严正大，朴拙雄浑，大气磅礴的"颜体"，对后世影响巨大。颜真卿与柳公权并称"颜柳"，有"颜筋柳骨"之称。传世墨迹有楷书《自书告身》，碑刻《多宝塔碑》《颜家庙碑》《麻姑仙坛记》《裴将军帖》等，行草书《祭侄文稿》《争座位帖》等。

▲争座位帖 唐 颜真卿

张旭的狂草有些什么特色？

张旭，字伯高，一字季明，吴郡（江苏苏州）人。工诗书，晓精楷法，以草书最为知名。为人洒脱不羁，豁达豪放，嗜好饮酒，常于醉中以头发濡墨大书，如醉如痴，称"张颠"。时与李白诗、裴文剑舞称"三绝"。其书得之于"二王"而又独创新意，有《郎官石记》《草书右诗四帖》等。《郎官石记》，完全是虞欧笔法，端严规整；《古诗四帖》以其崭新、高美的形式，巨大的气魄展开雄伟壮阔的书卷，后世评论其"行笔如从空掷下，俊逸流畅，焕乎天光，若非人力所为"。《宣和书谱》说："其草字虽奇怪百出，而求其源流，无一点画不该规矩者。"相传他见公主与担夫争道，又闻鼓吹而得笔法之意；在河南邺县时爱看公孙大娘舞西河剑器，并因此而得草书之神韵。

怀素的狂草有些什么特色？

怀素，字藏真，俗姓钱，永州零陵（今湖南零陵）人，以"狂草"闻名于世。自幼出家为僧，经禅之暇，爱好书法，刻苦临池，采蕉叶练字，木板为纸，板穿叶尽，秃笔成冢，其后笔走龙蛇，满纸云烟，王公名流也都爱结交这个狂僧。他性情疏放，好饮酒，酒酣兴发，于寺壁里墙，衣裳器具，无不书之，自言"饮酒以养性，草书以畅志"。怀素与张旭齐名，合称"颠张狂素"。怀素草书，笔法瘦劲，飞动自然，如骤雨旋风，随手万变。他的书法虽率意颠逸，千变万化，而法度具备。怀素与张旭形成唐代书法双峰并峙的局面，也是中国草书史上两座不可企及的高峰。书迹有《自叙帖》《食鱼帖》《论书帖》《苦笋帖》《圣母帖》《大草千文》《小草千文》传世。

▲玄秘塔碑（局部） 唐 柳公权

柳公权的书法有些什么特色？

柳公权的书法在唐朝时极负盛名，民间更有"柳字一字值千金"的说法。他的书法结构匀称，而且字字严谨，一丝不苟。在字的特色上，以瘦劲著称，所写楷书，有斩钉截铁之势，骨力遒健，以行书和楷书最为精妙。也由于他作品有独到的特色，被后世誉为"柳体"。

书法中的"宋四家"都有谁？

所谓"宋四家"，指的是苏轼、黄庭坚、米芾和蔡襄，这四人是最能代表宋代书法成就的书法家。

苏轼，字子瞻，号东坡居士，四川眉山人。北宋著名文学家、书画家。擅长行书，代表作有誉为"天下第三行书"的《寒食帖》。

黄庭坚，字鲁直，号山谷道人，后世称他为"黄山谷"，晚号涪翁，洪州分宁（今江西修水）人。北宋诗人，书法家。

米芾，字元章，号襄阳漫士、海岳外史、鹿门居士。祖籍山西太原，后定居江苏镇江。米芾能诗文，擅书画，精鉴别，集书画家、鉴定家、收藏家于一身，在"宋四家"中首屈一指。

蔡襄，字君谟，兴化（今福建仙游）人。

宋四家中，蔡襄的年龄辈分，应在苏、黄、米之前。从书法风格上看，苏轼丰腴跌宕；黄庭坚纵横拗崛；米芾俊迈豪放。他们的书风自成一格，苏、黄、米都以行草、行楷见长，而喜欢写规规矩矩的楷书的，只有蔡襄。

▲ 绝交书　元　赵孟頫

赵孟頫以宋宗室降元,虽显赫一时,封侯晋爵,然静思此生,岂有不问心无愧处。此卷所书时,赵孟頫66岁,暮年光景,更有一番难言滋味。此卷开首颇平淡,行楷之雅全出,渐后渐急,纵横欹侧,韵致齐出,将胸臆中一股抑郁发泄而出,姿态变化,是古今行书之神品。

赵孟頫书法的特色和代表作品有哪些?

赵孟頫的书法艺术,历来与唐代欧阳询、颜真卿、柳公权齐名,素有入笔流利、丰腴不俗、结构紧凑、搭配灵巧、工整秀丽、笔法稳健的艺术风格。

其书法代表作品有:《洛神赋》《道德经》《胆巴碑》《玄妙观重修三门记》《四体千字文》《赤壁赋》《临兰亭帖》《真草千字文》《归去来辞》《临右军帖》《纨扇赋》《绝交书》《汲黯传》《闲居赋》《酒德颂》等。

董其昌的书画对后世产生了怎样的影响?

董其昌,字玄宰,号思白,又号香光居士,汉族,华亭(今上海闵行区马桥镇)人。"华亭派"的主要代表。明万历十六年(1588年)进士,官至礼部尚书,卒谥文敏。

董其昌精于书画鉴赏,收藏了很多名家作品,在书画理论方面也有很多论著,其中"南北宗"的画论对晚明以后的画坛影响深远。董其昌的书画创作讲求追摹古人,但又不拘泥不化,在笔墨的运用上追求先熟后生的效果,拙中带秀,充分表达了一种平淡天真的个性。再加上他当时显赫的政治地位,其书画风格名重一时,并成为明代艺坛的主流。著有《画禅室随笔》《容台集》《画旨》等文集。

清代书法出现了哪些不同的风格?

清代书法在近300年的发展历史中,突破了宋、元、明以来帖学的樊笼,开创了碑学,特别是在篆书、隶书和北魏碑体书法方面的成就,可以与唐代楷书、宋代行书、明代草书并驾齐驱,形成了雄浑渊懿的书风。尤其是在碑学方面,清代书法家借古开今的精神和表现个性的书法创作,使清代书坛显得十分活跃,流派纷呈,形成一派兴盛的局面。

为什么称《兰亭序》为"天下第一行书"？

《兰亭序》，又名《兰亭宴集序》《兰亭集序》《临河序》《禊序》《禊帖》。此帖共28行，324字，章法、结构、笔法都很完美，是王羲之50岁时的得意之作。后人评道"右军字体，古法一变。其雄秀之气，出于天然，故古今以为师法"。因此，历代书家都推《兰亭序》为"天下第一行书"。

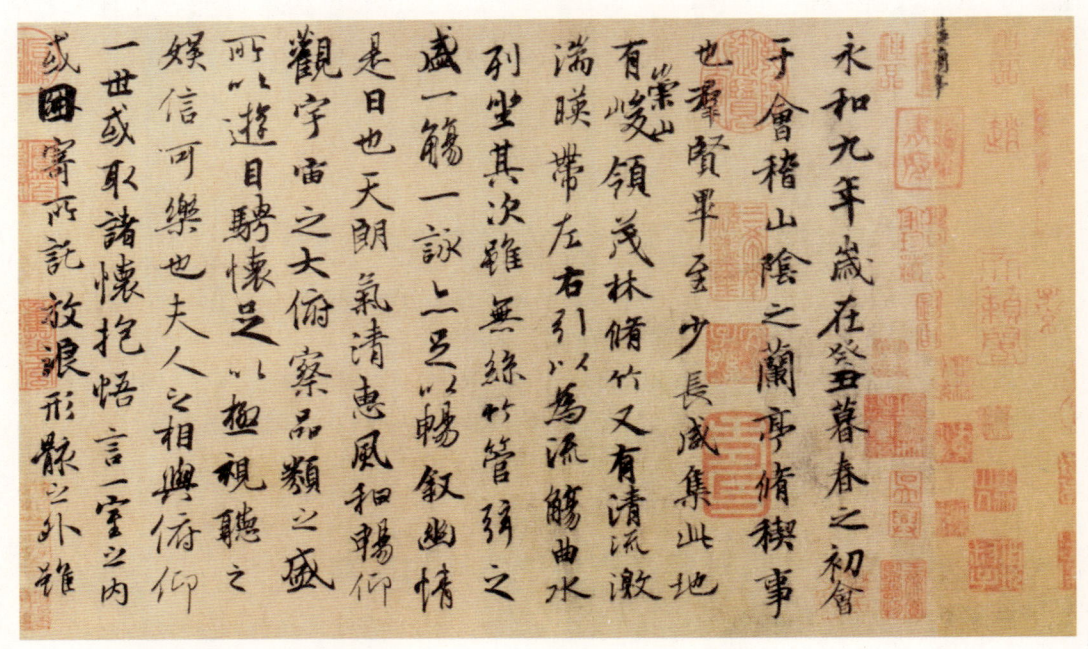

▲《兰亭集序》帖　东晋　王羲之

为什么称《瘗鹤铭》为"大字之祖"？

《瘗鹤铭》原刻在镇江焦山西麓的石壁上，中唐以后始有著录，后遭雷击崩裂落入长江，南宋淳熙年间发现一块残石20余字，康熙五十二年又发现5块残石70余字。自宋代《瘗鹤铭》残石被发现以来，历代书法家都给予其高度评价。

北宋黄庭坚认为"大字无过《瘗鹤铭》""其胜乃不可貌"，誉之为"大字之祖"。宋曹士冕则推崇其"笔法之妙，书家冠冕"。此碑之所以被推崇，是因为其南朝时代的书法气韵，特别是篆书的中锋用笔的渗入；再加上风雨剥蚀的效果，又增强了线条的雄健凝重及深沉的韵味。《瘗鹤铭》的书法，意态雍容，格调高雅，堪称逸品，是艺术性极高的著名碑刻。此碑的拓本及字帖久传于国际，名震海内外，是研究书法艺术的重要资料。它既是成熟的楷书，同时又是可以从中领会楷书发展过程中篆、隶笔势遗踪发展史的重要实物资料。

故宫三希堂收藏的"三希"各指什么？

古文"希"同"稀"，故宫三希堂收藏的"三希"即三件稀世珍宝。

乾隆帝文韬武略、博学多识，能诗词，尤擅书法，曾多次在全国寻求历代大家的名帖，乾隆十一年（1746年）他收藏了晋朝大书法家王羲之的《快雪时晴帖》、王献之的《中秋帖》和王珣的《伯远帖》。这三件古代墨宝，乾隆帝非常珍爱，特意设堂贮存，不时把玩，称为"三希"。

北朝时期留下了哪些著名的魏碑作品？

南北朝时期是楷书发展的第一个高峰。魏碑原本也称北碑，在北朝相继的各个王朝中以北魏的立国时间最长，后来就用"魏碑"来指称包括东魏、西魏、北齐和北周在内的整个北朝的碑刻书法作品。这些碑刻作品主要是以"石碑""墓志铭""摩崖"和"造像记"的形式存在的。魏碑书法以索靖为宗，以碑板见称。

著名的魏碑石刻有《龙门二十品》《郑文公碑》，以及云峰山诸石刻、《郑文公碑》《张猛龙碑》《石门铭》《张玄墓志铭》《刁遵墓志铭》等。代表书法家有索靖、崔悦、高遵、沈馥、姚元标、赵文深等。

《龙门二十品》是指在龙门石窟中发现的北魏时期二十方造像记，这些作品被认为是魏碑书法的代表作。《郑文公碑》是北魏书法家郑道昭的作品，历来为书家所重。清朝学者叶昌炽认为："其笔力之健，可以剸犀兕，搏龙蛇，而游刃于虚，全以神运。唐初欧虞褚薛诸家，皆在笼罩之内，不独北朝第一，自有真书以来，一人而已。"《张猛龙碑》也备受书法家们的推崇。明朝金石考据学者赵函则指出："正书虬健，已开欧、虞之门户。"认为唐朝书法家欧阳询和虞世南都深受此碑影响。

《书谱》对书法的发展有些什么影响？

唐代孙过庭所著的《书谱》，是中国书学史上一篇划时代的书法论著。在这一著作中，孙过庭提出了著名的书法观，"古不乖时，今不同弊"，为书法美学理论奠定了基础，对中国书法影响巨大。

《书谱》奠定了书法理论的基本框架。其中提到反对写字如同绘画"巧涉丹青功亏翰墨"，认为书法审美观念要"趋变适时"，所谓"质文三变，驰骛沿革，物理常然"，反对把书法当作秘诀，择人而授的保守态度，认为楷书和草书要融合交会，"草不兼真，殆于专谨；真不通草，殊非翰札"。

唐代最著名的楷书碑刻有哪些？

唐代最著名的楷书碑刻主要有：（1）孔子庙堂碑。此碑为北宋建隆、乾德年间摹刻。唐武德九年虞世南撰文并书写，是其最著名的代表作。

(2)道德寺碑。唐显庆三年刻。
(3)道因法师碑。唐龙朔三年李俨撰,欧阳通书。
(4)多宝塔感应碑。唐天宝十一载岑勋撰,颜真卿书,徐浩题额。
(5)臧怀恪碑。全称《唐故右武卫将军赠工部尚书上柱国上蔡县开国侯臧公神道并序》。颜真卿撰并书,李秀严题额。
(6)郭家庙碑。现藏于西安碑林。郭子仪为其父建家庙,由颜真卿撰文书碑。
(7)颜勤礼碑。颜真卿书,楷书,唐大历十四年刻。
(8)颜家庙碑。唐建中元年颜真卿撰并书,李阳冰题额。
(9)玄秘塔碑。唐会昌元年裴休撰,柳公权书并篆额。
(10)开成石经。唐开成二年艾居晦、陈玠等书。

为什么称《祭侄文稿》为"天下第二行书"?

《祭侄文稿》全称《祭侄季明文稿》,为唐代书法家颜真卿所作。此文是一篇书札草稿,内容是追悼在安史之乱中牺牲的兄长颜杲卿和侄子季明的祭文。本为稿本,原不是作为书法作品来写的,但正因为是无意之作,所以使得这幅字写得神采飞动,笔势雄奇,姿态横生,深得自然之妙。此文稿书法备受后人推崇。张晏评云:"告不如书简,书简不如起草。盖以告是官作,虽楷端终为绳约;书简出于一时之意兴,则颇能放纵矣;而起草又出于无心,是其手心两忘,真妙见于此也。"元代鲜于枢评此帖为"天下第二行书"。

为什么称《寒食帖》为"天下第三行书"?

《寒食帖》在书法史上影响很大,是苏轼行书的代表作,被称为"天下第三行书",也是苏轼书法作品中的上乘之作。

这是一首遣兴诗作,是苏轼被贬黄州第三年的寒食节所发的人生之叹。诗写得苍凉多情,表达了苏轼此时惆怅孤独的心情。此诗的书法也正是在这种心情和境况下,有感而出。通篇书法起伏跌宕,气势奔放,而无荒率之笔。

为什么称《蜀素帖》为"中华第一美帖"?

米芾的《蜀素帖》,又称《拟古诗帖》。书于乌丝栏内,但气势丝毫不受局限,率意放纵,用笔俊迈,笔势飞动,提按转折挑,曲尽变化。米芾用笔喜"八面出锋",变化莫测。此帖用笔多变,正侧藏露,长短粗细,体态万千,充分体现了他"刷字"的独特风格。

在章法上,紧凑的点画与大段的空白强烈对比,粗重的笔画与轻柔的线条交互出现,流利的笔势与涩滞的笔触相生相济,风樯阵马的动态与沉稳雍容的静意完美结合,形成了《蜀素帖》独具一格的章法。所以清高士奇曾题诗盛赞此帖:"蜀缣织素乌丝界,米颠书迈欧虞派。出入魏晋酝天真,风樯阵马绝痛快。"

董其昌在《蜀素帖》后跋曰："此卷如狮子搏象，以全力赴之，当为生平合作。"总之，率意的笔法，奇诡的结体，中和的布局，一洗晋唐以来和平简远的书风，创造出激越痛快、神采奕奕的意境。因此被后人誉为"中华第一美帖"。

"中华十大传世名帖"有哪些？

"中华十大传世名帖"指的是：(1) 东晋王羲之家族的"三希宝帖"，包括王羲之的《快雪时晴帖》、王献之的《中秋帖》和王珣的《伯远帖》，它们是现存最为古老的法书真迹，是当之无愧的中华神品，现分藏于北京和台北。

（2）东晋王羲之的《兰亭序》。此帖代表了王羲之书法艺术的最高境界，虽然现存的《兰亭序》只是唐人摹本，依然弥足珍贵。

（3）唐代欧阳询的《仲尼梦奠帖》。欧阳询被后世誉为"唐人楷书第一"，《梦奠帖》为其晚年力作，功底深厚。

（4）唐代颜真卿的《祭侄文稿》。此帖被誉为"天下第二行书"，其遒劲而和润的笔法与书写者痛彻切骨的感情融为一体，给人极强的震撼力。

（5）唐代怀素的《自叙帖》。此帖被誉为"中华第一草书"，是怀素晚年力作，奥妙绝伦，精彩动人。

（6）北宋苏轼的《黄州寒食帖》。此帖为"天下第三行书"，通篇书法起伏跌宕，气势奔放，而无荒率之笔。

（7）北宋米芾的《蜀素帖》。此帖结构奇险率意，变幻灵动，字形秀丽颀长，风姿翩翩，被后世誉为"天下第一美帖"。

（8）北宋徽宗赵佶的《草书千字文》。此帖是赵佶40岁时的精意作品，笔势奔放流畅，变幻莫测，一气呵成，颇为壮观。

（9）元代赵孟頫的《前后赤壁赋》。其字点画精到，结体周密，行笔劲健酣畅，是赵孟頫的经典力作。

（10）明代祝允明的《草书诗帖》。此帖纵情奔放、酣畅淋漓，是祝允明书法的代表作品。

▲黄州寒食诗卷　北宋　苏轼

画

传统中国画有些什么特色？

中国画，简称国画，在世界美术领域中自成体系，独具特色，成为东方绘画体系的主流。中国画的特点，首先表现在工具材料上，往往采用中国特制的毛笔、墨或颜料，在宣纸或绢帛上作画。由于采用特制的毛笔来作画，使得"笔墨"成为中国画技法和理论中的重要术语，甚至有时成为中国画技法的总称。

中国画的另一个重要特点，是在构图方法上不受焦点透视的束缚，多采用散点透视法（即可移动的远近法），使得视野宽广辽阔，构图灵活自由，冲破了时间与空间的局限。

中国画还有一个重要的特点，就是诗书画印四者有机地结合在一起，相互补充，交相辉映，形成中国画特有的内容美和形式美。

中国画的写意技法有些什么特色？

写意，俗称"粗笔"，与"工笔"对称，是一种通过简练放纵的笔致着重表现描绘对象的意态风神的画法。

写意技法要求通过简练概括的笔墨，着重描绘物象的意态神韵，如南宋梁楷、法常，明代陈淳、徐渭，清初朱耷等，均擅长此法。清代恽寿平说："宋人谓能到古人不用心处，又曰写意画。两语最微，而又最能误人，不知如何用心，方到古人不用心处；不知如何用意，乃为写意。"宋代韩拙说："用笔有简易而意全者，有巧密而精细者。"

中国画的工笔技法有些什么特色？

工笔，又称"细笔"，与"写意"对称，是一种工整细致的密体画法，要求用细致的笔法制作，工笔着重线条美，一丝不苟，如宋代的院体画，明代仇英的人物画，清代沈铨的花鸟走兽画等。北宋韩拙《山水纯全集》有"用笔有简易而意全者，有巧密而精细者"之说，工笔的要求乃属于后者。

工笔画的技法有：描、分、染、罩等。

▲珍禽图 五代 黄筌

什么是"皴"？

皴，是中国画表现技法之一。是古代画家在艺术实践中，根据各种山石的不同地质结构和树木表皮状态，加以概括而创造出来的一种表现形式。

皴法种类都是以各自的形状而命名的。早期山水画的主要表现手法为以线条勾勒轮廓，之后敷色。随着绘画的发展，为表现山水中山石树木的脉络、纹路、质地、阴阳、凹凸、向背，逐渐形成了皴擦的笔法，形成中国画独特的专用名词"皴法"。

其基本方法是以点线为基础来表现山岳的明暗（凸凹），因地质构造的不同，表现在山石的形貌亦各不相同，因而形成了各类型的皴擦方法与名称，一般称为披麻皴、乱麻皴、芝麻皴、大斧劈皴、小斧劈皴、卷云皴（云头皴）、雨点皴（雨雪皴）、弹涡皴、荷叶皴、矾头皴、骷髅皴、鬼皮皴、解索皴、乱柴皴、牛毛皴、马牙皴、斫皴、点错皴、豆瓣皴、刺梨皴（豆瓣皴之变）、破网皴、折带皴、泥里拔钉皴、拖泥带水皴、金碧皴、没骨皴、直擦皴、横擦皴等。

泼墨技法有些什么特点？

泼墨技法，创始于唐代王洽（又名王墨、王默），《唐代名画录》《历代名画记》都有记载。王洽喜豪饮，醉后解衣磅礴，激情迸发，用墨泼在绢上，然后根据墨迹的形态，画成山石林泉，云雨迷茫，浑然一体，时人称他为"王泼墨"。后世所谓泼墨法，是指落笔大胆、点画淋漓、水墨浑融、气势磅礴的写意画法。运用这种技法，毛笔要大。用饱含水的笔头，蘸上浓淡得宜的墨汁，大胆落笔，点拓出山石的形体。运笔要胸有成竹，轻重得宜，可以重笔，也可有飞白，随物形而变化，即可获得墨色丰富、滋润生动的效果。明代徐渭擅长此技法。

白描技法有些什么特点？

白描，是中国画中完全用线条来表现物象的一种作画技法，有单勾和复勾两种。以线一次勾成为单勾，有用一色墨，亦有根据不同对象用浓淡两种墨勾成。复勾则以淡墨勾成，再根据情况复勾部分或全部，其线并非依原路刻板复叠一次，其目的是为加重质感和浓淡变化，使物象更具神采。复勾线必须流畅自然，否则易呆板。物象之形、神、光、色、体积、质感等均以线条表现，难度很大。因取舍力求单纯，对虚实、疏密关系刻意对比，故而白描有朴素简洁、概括明确的特点。白描多见于人物画和花鸟画。

什么是"十八描"？

"十八描"，中国画技法名，指的是古代人物衣服褶纹的各种描法。明代邹德中《绘事指蒙》载有"描法古今一十八等"，亦见于明代汪砢玉《珊瑚网》。清王瀛将其付诸图画，并注明每种描法的要点，现在我们看到的总结十八描技法的图画即出自他手。

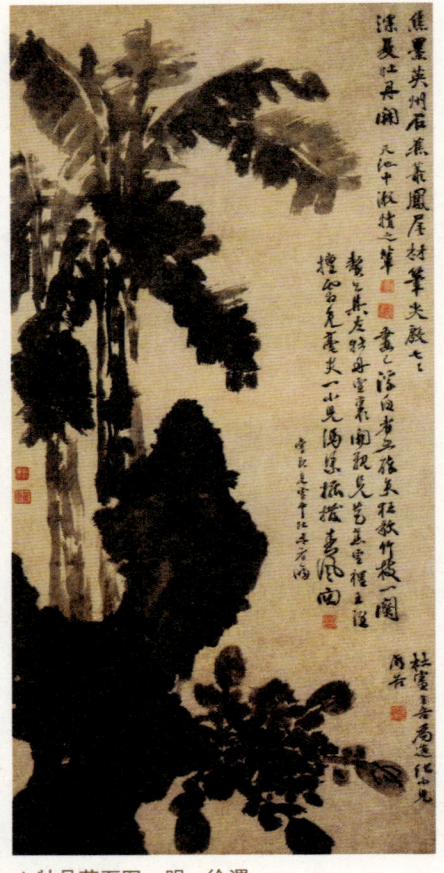

▲牡丹蕉石图　明　徐渭
此图绘芭蕉、牡丹与湖石。作者以浓墨泼挥出之，不做细致刻画，墨韵蕴藉，不觉粗疏简陋。画风潇洒奔放，极富情致。

十八描可分为：（1）高古游丝描；（2）琴弦描；（3）铁线描；（4）混描；（5）曹衣描；（6）钉头鼠尾描；（7）橛头钉描；（8）蚂蝗描；（9）折芦描；（10）橄榄描；（11）枣核描；（12）柳叶描；（13）竹叶描；（14）战笔水纹描；（15）减笔描；（16）枯柴描；（17）蚯蚓描；（18）行云流水描。

上述各种描法，都是根据历代各派人物画的衣褶表现程式，按其笔迹形状而起的名称。《芥子园画谱》有示范稿本。

什么是指画？

指画，是中国传统绘画中的一种特殊画法，即以画家的手指代替传统工具中的毛笔蘸墨作画，别有一种特殊趣味和技巧。故被称为指画。历史上清代高其佩，近代潘天涛、洪世清所作指画作品影响较大。

顾恺之的绘画有些什么特点？

顾恺之擅长人物画，他的人物画，强调传神，注重点睛。其认为传神写照，正在阿堵（指眼珠）中。其笔迹紧劲连绵，如春蚕吐丝，又如春云浮空，流水行地，皆出自然，通称为高古游丝描。着色则以浓色微加点缀，不求藻饰。他善于用睿智的眼光来审察题材和人物性格，加以提炼，因而他的画具有一定的思想深度，耐人寻味。

顾恺之是继东汉张衡、蔡邕等以来所有士大夫画家中成就最突出的画家。他总结了汉魏以来民间绘画和士大夫画的经验，把传统绘画向前推进了一大步。与他同时代的谢安对他的评价极高，认为"顾长康画，有苍生来所无"。对于顾恺之的画艺，唐代张怀瓘有一段评论说："像人之美，张（僧繇）得其肉，陆（探微）得其骨，顾（恺之）得其神，以顾为最。"这段评论对后世颇有影响，已成定论。

▲林榭煎茶图　明　文徵明

张僧繇的绘画有些什么特点？

张僧繇，梁武帝时期的著名画家，是当时绘画成就最大的人。他与顾恺之、陆探微以及唐代的吴道子并称为"画家四祖"。张僧繇擅长描写人物面貌，他吸收了天竺等外来艺术的长处，在中国画中首先采用凹凸晕染法，画出的人物像和佛像栩栩如生、传神逼真。

后人论其作画用笔多依书法，点曳斫拂，如钩戟利剑，点画时有缺落而形象具备，一变东晋顾恺之、南朝宋陆探微连绵循环的"密体"画法。其画法与唐吴道子并称为"疏体"。

阎立本的绘画有些什么特点？

阎立本的绘画主要有两大特点：

一是擅长刻画人物神貌，笔法圆劲、气韵生动，能从画中看出人物的性格特点。阎立本的传世作品《历代帝王图卷》，其艺术成就代表了初唐人物画的高水平，在古代绘画史上有着重要地位。

▲步辇图 唐 阎立本

二是擅长政治题材。阎立本的不少创作活动与初唐政治事件有密切关系。据记载，他画过《职贡图》《西域图》《外国图》《异园斗宝图》《步辇图》，都是通过对边远各民族人物形象的描绘，反映唐王朝与各少数民族的友好关系，从而歌颂唐的强大。

吴道子为何被称为"画圣"？

吴道子，唐代画家，画史尊称吴生，又名道玄。吴道子是一位全能的画家，人物、鬼神、山水、楼阁、花木、鸟兽无所不能，无所不精。同时吴道子是中国山水画的开山祖师之一。他创造了笔间意远的山水"疏体"，使得山水成为独立的画种，从而结束了山水只作为人物画背景的附庸地位。

吴道子的出现，是中国人物画史上的光辉一页。他吸收民间和外来画风，确立了新的民族风格，即世人所称的"吴家样"。就人物画来说，"吴装"画体以新的民族风格，闪耀于画坛之上。因此，吴道子被人们尊为"百代画圣"，被民间画工尊为祖师。

吴道子的画作有《明皇受箓图》《十指钟馗图》《孔雀明王像》《大护法神像》等93件，其中《天王送子图》是吴道子的传世作品，也是他的代表作。

宋徽宗为中国绘画的发展做出了哪些贡献？

宋徽宗在位时广收古物和书画，扩充翰林图画院，对绘画艺术有很大的推动和倡导作用，使得当时画家的地位显著提高，在服饰和俸禄方面都比其他艺人高。因为优厚的待遇，再加上作为书画家的徽宗对院画创作的指导和关怀，使得这一时期的院画创作最为繁荣。在他的指示下，皇家的收藏也得到了极大丰富，他还将宫内书画收藏编纂为《宣和书谱》

和《宣和画谱》，成为今天研究古代绘画史的重要资料。

宋代李唐的绘画有些什么特点？

李唐，北宋末南宋初时期的画家，字晞古。他擅画山水，变荆浩、范宽之法，用峭劲的笔墨，写出山川雄峻的气势。晚年去繁就简，创"大斧劈"皴，所画石质坚硬，立体感强。他画的山水画对南宋画院有极大的影响，是南宋山水新画风的标志。他兼工人物，初似李公麟，后衣褶变为方折劲硬，并以画牛著称。李唐的画风为刘松年、马远、夏圭、萧照等师法，在南宋一代流传很广，对后世影响很大。

李公麟的绘画有些什么特点？

李公麟，北宋著名画家，字伯时，号龙眠居士，舒州桐城（今属于安徽桐城）人。他除擅长山水花鸟题材之外，更擅长人物、鞍马。在这方面，他继承了顾恺之以来的传统，而又有所创造，自立新意，在刻画人物个性和情态上极具功力。他把过去仅作为粉本的白描画法确立为一种画种，使之独立成科。有描写文人诗酒生活的《莲社图》和《西园雅集图》等作品，今有摹本传世。

▲五马图（局部）　北宋　李公麟

马远的绘画有些什么特点？

马远，南宋时期画家，字遥父，号钦山。擅山水、花鸟、人物，其山水师法李唐，多画江浙山水，树木杂卉多用夹笔，用大斧劈皴带水墨画山石，方硬严整；构图取自然山水之一角，山峦雄奇峭拔，或峭峰直上而不见顶，或绝壁直下而不见其脚，或近山参天而远山则低，或孤舟泛月而一人独坐。

马远继承并发展了李唐的画风，以拖枝的多姿形态画梅树，尤善于在章法大胆取舍剪裁，描绘山之一角水之一涯的局部，画面上留出大幅空白以突出景观。所以马远又号"马一角"。其花鸟作品善于在自然环境中描绘花鸟的神情野趣。所画人物，取材广泛，多画佛道、

353

贵族、文人雅士、渔樵、农夫等,闲雅轩昂,神气盎然。马远在当时影响极大,有独步画院之誉,与李唐、刘松年、夏圭并称"南宋四家",又与夏圭并称"马夏"。有《踏歌图》《水图》《梅石溪凫图》《西园雅集图》《孔丘像》等传世。

"元四家"指的是哪几位元代画家?

"元四家"指的是元代黄公望、吴镇、倪瓒、王蒙四位画家。他们的创作集中体现了元代山水画的最高成就。四家既有各自的鲜明特点,又都具有元代山水画的时代风貌。他们强调诗书画印的有机结合,状物寄情,属于典型的文人画,对明、清绘画影响巨大。

"元四家"对于山水画起到了举足轻重的作用,他们四人均是江浙一带人,都擅长水墨山水并兼工竹石,为典型的文人画风格。虽然每个人社会地位及境况不尽相同,但他们不得意的遭遇是相似的,在艺术上都受到赵孟頫的影响,通过他们的探索和努力,使中国山水画的笔墨技巧达到了一个高峰,对后世的绘画,尤其是"南宗"一派影响巨大。

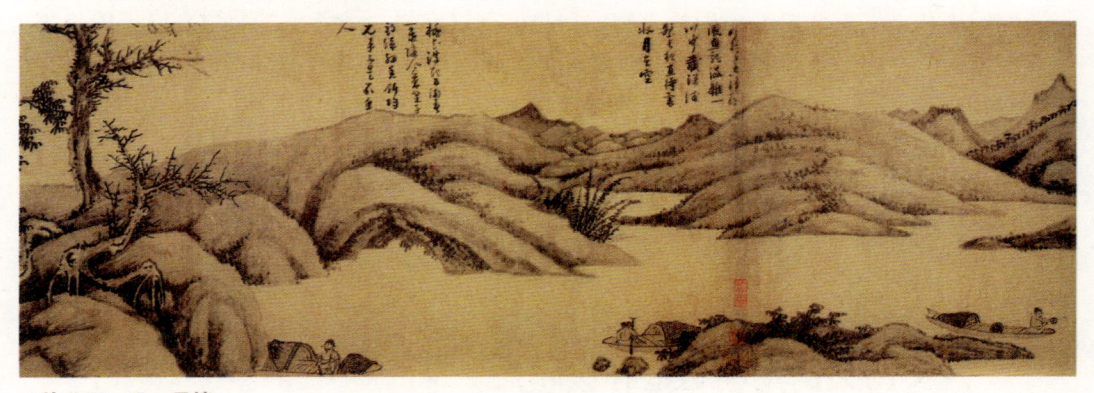

▲渔父图 元 吴镇

金代有哪些著名画家?

金灭北宋之后,控制北宋首都汴京,大量北宋内府收藏进入金代宫廷,极大地影响了金代的绘画创作。金代画家在中国绘画史上常被人忽略,但现代画作中许多佚名的宋代山水作品,很可能是金人所作,而如今存有名字的画家,如武元直、李山、王庭筠、张瑀等,其山水花鸟画作,足可与南宋院画相媲美。

王庭筠,字子端,祖籍辽宁盖县,号黄华山主。擅诗文绘画,备受金章宗完颜璟重视。史载其画多以梅竹和山水为题材,也善写真。传世作品仅《幽竹枯槎图》卷,构图笔法皆似苏轼《枯木竹石图》。

武元直,别号善夫,工山水,画多避世山水题材,属文人画家之流。他的艺术活动在金代中后期。今传世画迹有藏于台北"故宫博物院"的《赤壁图》卷,笔法劲利,墨色浓淡相间,表现山石皆有特色。

张瑀,生平不详,传世书画有《文姬归汉图》,现藏吉林省博物馆,此图绢本淡设色,笔法简练劲拔，衣带飘忽。画蔡文姬及侍从等十余人骑马而行，有鹰、犬相随。另有一卷宫素然作《明妃出塞图》，藏于日本大阪美术馆，构图人物皆与此相似，究竟两画是何关系，专家争议较大。

"明四家"指的是哪几位画家？

"明四家"，指的是沈周、文徵明、唐寅、仇英四位明代画家。他们都在江苏苏州从事绘画活动。因苏州古为吴地，故又称为"吴门四家"。四人中沈周、文徵明都擅长画山水，上承元人山水画的传统；唐寅山水、人物都很擅长，他以南宋院体为法；仇英以人工笔人物、青绿山水见称。四人各有所长，先后齐名。

沈周，江苏人，出身于书画世家，具有多方面的艺术才能，善画山水人物，长卷《沧州趣图》是他晚年的杰作。

文徵明，长洲人，画家兼学者。能画人物、花鸟、山水，以细笔画山水的作品最佳。

唐寅，也就是唐伯虎，苏州人，才艺过人。

仇英，太仓人，漆工出身，是人物、山水画高手，被称为异才。

▲桃源仙境图　明　仇英

八大山人的绘画有些什么特点？

八大山人，名朱耷，江西南昌人，明末清初画家、书法家。

朱耷擅长花鸟、山水画，其花鸟承袭陈淳、徐渭写意花鸟画的传统，发展为阔笔大写意画法。特点是通过象征寓意的手法，对所画花鸟、鱼虫进行夸张手法，以其奇特的形象和简练的造型，使画中形象突出，主题鲜明，甚至将鸟、鱼的眼睛画成"白眼向人"，以此来表现自己孤傲不群、愤世嫉俗的性格，从而创造了一种前所未有的花鸟造型。

其画笔墨简朴豪放、苍劲率意、淋漓酣畅，构图疏简、奇险，风格雄奇朴茂。他的山水画初师董其昌，后又上窥黄公望、倪瓒，多作水墨山水，笔墨质朴雄健，意境荒凉寂寥。亦长于书法，擅行、草书，宗法王羲之、王献之、颜真卿等，以秃笔作书，风格流畅秀健。

石涛的绘画有些什么特点？

石涛，"清初四僧"之一。中国清代画家，僧人。

石涛擅长山水，兼工兰竹。其山水不局限于师承某家某派，而广泛师法历代画家之长，将传统的笔墨技法加以变化，又注重师法造化，从大自然中吸取创作源泉，并完善表现技法。作品笔法流畅凝重，松柔秀拙，尤长于点苔，密密麻麻，劈头盖面，丰富多彩；用墨浓淡干湿，或笔简墨淡，或浓重滋润，酣畅淋漓，极尽变化；构图新奇，或全景式场面宏阔，或局部特写，景物突出，变幻无穷。画风新颖奇异、苍劲恣肆、纵横排奡、生意盎然。其花鸟、兰竹，亦不拘成法，自抒胸臆，笔墨爽利峻迈，淋漓清润，极富个性。

石涛的绘画，在当时即名重于世，由于他饱览名山大川，"搜尽奇峰打草稿"，最终形成了自己苍郁恣肆的独特风格。

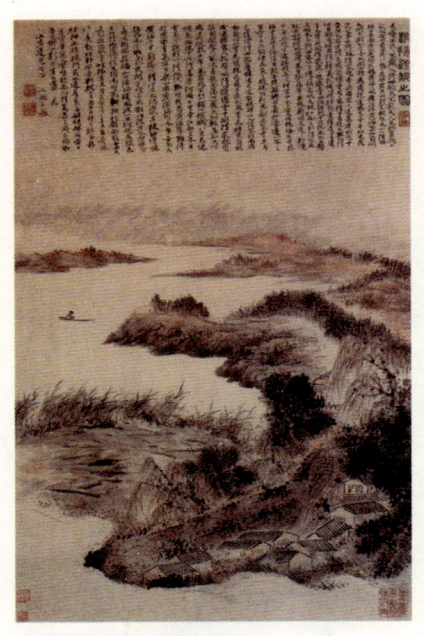

▲ 淮扬洁秋图　清　石涛

"扬州八怪"都有谁？

"扬州八怪"，指的是中国清代中期活动于扬州地区的一批风格相近的书画家的总称，或称扬州画派。"扬州八怪"之说，由来已久。但八人的名字，说法不一。据李玉棻《瓯钵罗室书画过目考》中的"八怪"为：罗聘、李方膺、李鳝、金农、黄慎、郑燮、高翔和汪士慎。此外，各书列名"八怪"的，还有高凤翰、边寿民、闵贞等，说法并不统一。今人多从李玉棻说。

吴门画派对中国绘画的影响有哪些？

吴门画派指的是中国明代中期的绘画派别，亦称"吴派"，主要代表人物有沈周、文徵明、唐寅、仇英等。

吴派在山水画上成就突出，无论对元四家或南宋院体绘画，都有新的突破。在人物画和花卉画方面也各有建树，除仇英外，另外三人尤其注重诗、书、画的有机结合，使文人画的这一优良传统更臻完美、普遍。

在吴派后期画家中，著名的有陈淳、陆治、钱穀、陆师道、周天球等人，其中不少人在某些领域有新的发展。如陈淳发展了水墨写意花卉画，周之冕创造了钩花点叶的小写意花鸟画法，陆治以工整妍丽的花鸟画著称于世。另外，谢时臣的粗笔山水，尤求的白描人物，周天球的水墨兰石，均别开生面。

吴派绘画对明末清初重要画派的影响很大，以董其昌为主的松江派，以及后来派生的苏松派、云间派等，都与吴门派有一脉相承的关系。

清代宫廷画有些什么特点？

清代宫廷绘画，大致可分为纪实绘画、装饰绘画、历史题材绘画和宗教绘画四类。

纪实绘画包括皇帝后妃及文武大臣的肖像、皇帝日常生活的图景和记录当时重大事件。装饰绘画包括大量粘贴于宫殿墙壁和案头观赏的山水、花鸟画。历史题材绘画创作不多。宗教绘画、佛道题材均有一部分受藏传佛教艺术的影响，颇具特色。

帝后肖像画上作者不署名款，其余作品署款有固定格式，须用工楷字体书写，画家姓名前必冠以"臣"字，如"臣丁观鹏奉恭绘""臣郎世宁恭画"。纪实绘画中人物肖像、服饰、武备、仪仗、阵式、舟车等的描绘具体写实，具有很高的史料价值。部分山水、花鸟画往往描绘塞外景物，在题材上有新的开拓。清代宫廷绘画作品与过去各代画院绘画作品一样，宫廷富贵气息浓厚，用笔细密烦琐，色彩浮华艳丽，但是格式严整少有变化是其一大弱点。

吴昌硕的绘画有些什么特点？

吴昌硕，晚清著名画家、书法家、篆刻家，为"后海派"中的代表。

吴昌硕最擅长写意花卉，受徐渭和八大山人影响最大。由于他的书法、篆刻功底深厚，能够把书法、篆刻的行笔、运刀及章法、体势融入绘画，形成了富有金石味的独特画风，他自己说："我平生得力之处在于能以作书之法作画。"他常常用篆笔写梅兰，狂草作葡萄。所作花卉木石，笔力老辣，力透纸背，纵横恣肆，气势雄强，布局新颖，构图也近书印的章法布白，喜取"之"字和"女"的格局，或作对角斜势，虚实相生，主体突出。用色上似赵之谦，喜用浓丽对比的颜色，尤善用西洋红，色泽强烈鲜艳。形成了影响近现代中国画坛的直抒胸襟、酣畅淋漓的"大写意"表现形式。

▲桃实图　清　吴昌硕

顾恺之的《洛神赋图》有些什么特点？

《洛神赋图》取材于魏国的杰出诗人曹植的名篇《洛神赋》，是连续性的神话故事画。《洛神赋》是一首爱情诗篇，曹植将其恋人甄氏（后依曹操旨意嫁与植兄丕）化作可望而不可求的洛水女神。此画描绘了曹植从京城回东藩路经洛水时遇洛神宓妃的爱情故事，格调缠绵，情节浪漫。顾恺之发挥了高度的艺术想象力，富有诗意地表达了原作的意境。此长卷采用连环画的形式，随着环境的变化让曹植和洛神重复出现。原赋中对洛神的描写，如"翩若惊鸿，婉若游龙"，"髣髴兮若轻云之蔽月"，"皎若太阳升朝霞"等，以及对人物关系的描写，在画中都有生动入神的体现。此画用色凝重古朴，具有工笔重彩画的特色。作为衬托的山水树石均用线勾勒,而无皴擦,与画史中记载的"人大于山,水不容泛"的时代风格相吻合。

我国现存最早的山水画是哪一幅?

展子虔的《游春图》是中国现存最早的山水画(如今也被疑为北宋复制品),也是历史上早期山水画的代表。展子虔,历经北齐、北周而活跃于隋文帝时期,善画人物、鞍马,尤长宫观台阁和山水作品。此图是描绘自然景色为主的青绿山水画,表现了贵族人家春游的情景,江南早春的湖光山色尽收幅中,山有层峦绵延之状,水有咫尺千里之感。在构图上,以山水为主体、人物为点景,用纯山水画手法处理画面,图中各种物象的大小比例、远近关系,前后层次和空间关系等都处理得较为妥帖,与自然形态相去不远,并给人以"咫尺千里"之感。这种结构处理,标志着中国山水画已走向一个新的发展阶段,但也体现了早期山水画的稚拙古朴形态,在中国绘画发展史上具有划时代的意义。

▲游春图 隋 展子虔

阎立本的《历代帝王图》有些什么特点?

《历代帝王图》,又称《古帝王图》,刻画了两汉、南北朝至隋代的13位帝王形象:汉昭帝刘弗陵、汉光武帝刘秀、魏文帝曹丕、吴主孙权、蜀主刘备、晋武帝司马炎、陈文帝陈蒨、陈废帝陈伯宗、陈宣帝陈顼、陈后主陈叔宝、北周武帝宇文邕、隋文帝杨坚和隋炀帝杨广。此图的每个形象都寓有褒贬,而这一褒贬又是寓于每个帝王的性格和精神气质之中的。在表现帝王的形象时,作者善于通过人物的面容、眼神、眉宇和神情,来刻画不同的个性、气质,以表达作者对前代帝王的评价。如杨坚,不仅表现了"体貌奇特,仪表绝人",而且以深沉的眼神、紧闭的双唇,显示出"雄图内断、英谋外决"的性格,这与杨广的虚浮外貌、萎靡身躯形成对照。此图卷有别于魏晋时"秀骨清像"的类型化表现,而使人物肖像画达到一个新的水平。

敦煌壁画在中国绘画史上有着怎样的地位？

敦煌壁画是敦煌石窟艺术形式中最重要的组成部分。敦煌石窟（包括敦煌莫高窟、西千佛洞、安西榆林窟在内）共有历代壁画 5 万多平方米，是中国也是世界上壁画最多的石窟群。按照壁画所描绘的内容可分为佛像画，经变画，故事画，供养人画像等。

敦煌壁画填补了我国唐代以前绘画传世作品极为稀少的重大空缺。敦煌完整保留了自北朝至元代的佛教绘画真迹，是我国最为完整的宗教绘画体系，这些是探索中国美术发展史最系统、最丰富的历史资料。此外，敦煌壁画蕴涵了诸多历史时段中国绘画技法与绘画风格的承传与沿革。从中可以看出我国各个朝代绘画风格、技巧的发展与演变。其博大精深的内涵，为后世画家提供了丰富的营养。著名画家张大千就曾在敦煌临摹学习将近 3 年，这对他的绘画艺术产生了巨大影响。

顾闳中的《韩熙载夜宴图》有些什么特点？

《韩熙载夜宴图》此图以手卷形式，一共用 5 个场景——琵琶独奏、六幺独舞、宴间小憩、管乐合奏、夜宴结束，描绘了整个夜宴的活动内容。在场景之间，顾闳中非常巧妙地运用屏风、几案、管弦乐品、床榻等之类的器物，使之既有相互连接性，又有彼此分离感；既独立成画，又是一幅整画。实际上，这不仅仅是一张描写韩熙载夜生活的图画，更重要的是它反映了当时的时代风貌。画家观察细微，不放过任何一个细节，把官居中书舍人的韩熙载纵情声色、欢宴达旦的情景描绘得淋漓尽致，人物的音容笑貌栩栩如生，活脱绢上。在这幅巨作中，40 多个神态各异的人物，虽一再重复出现，而面目始终保持统一，但性格突出，神情变化多端。《夜宴图》从一个侧面，十分生动地反映了当时统治阶级的奢靡生活。

范宽的《溪山行旅图》有些什么特点？

《溪山行旅图》是范宽的代表作，也是中国绘画史上的杰作。这件作品给人的第一感觉就是气势雄强，巨峰壁立，几乎占满了画面，山头杂树茂密，飞瀑从山腰间直流而下，山脚下巨石纵横，使全幅作品体势错综。在山路上出现一支商旅队伍，路边一湾溪水流淌，正是山上流下的飞瀑，使观者如闻水声、人声、骡马声，也点出了溪山行旅的主题。范宽以雄健、冷峻的笔力勾勒出山的轮廓和石纹的脉络，浓厚的墨色描绘出秦陇山川峻拔雄阔、壮丽浩莽的气概。这幅竖长的大幅作品，不仅层次丰富，墨色凝重、浑厚，而且极富美感，整个画面气势逼人，使人犹如身临其境一般。

王希孟的《千里江山图》有些什么特点？

《千里江山图》是北宋青绿山水画作品。作者王希孟描绘了岗峦起伏的群山和烟波浩渺的江湖；依山临水，布置了渔村野市、水榭亭台、茅庵草舍、水磨长桥，同时穿插了捕鱼、驶船、行路、赶脚、游玩等人物活动；刻画人物精细入微，虽细小如豆，而意态栩栩如生；描绘飞鸟虽轻轻一点，却具翱翔之势。作者设色继承了唐以来的青绿画法，于单纯统一的蓝绿色调中求变化；用赭色为衬托，使石青、石绿颜色在对比中更加鲜亮夺目；整个画面雄浑壮阔、气势磅礴，充满着浓郁的生活气息；将自然山水，描绘得如锦似绣，分外秀丽壮美，是一幅既写实又极富理想色彩的山水画作品。此图既壮阔雄浑而又细腻精到，不愧是青绿山水画中的一幅杰作。

张择端的《清明上河图》有些什么特点？

《清明上河图》的画卷长528厘米，高24.8厘米，最早的版本是北宋画家张择端的作品，现藏于北京的故宫博物院。此图描绘了北宋京城汴梁及汴河两岸的繁华和热闹的景象和优美的自然风光。该作品以长卷形式，采用散点透视的构图法，将繁杂的景物纳入统一而富于变化的画卷中，画中有814人，牲畜60多匹，船只28艘，房屋楼宇30多栋，车20辆，轿8顶，树木170多棵，往来衣着不同，神情各异，栩栩如生，其间还穿插各种活动，注重情节，构图疏密有致，富有节奏感和韵律的变化，笔墨章法都很巧妙，颇见功底。全图可分为3个段落：前段描绘了汴京郊外的景物，中段主要描绘的是上土桥及大汴河两岸的繁忙景象，后段则描绘了汴京市区的街景。人物大者不足3厘米，小者如豆粒，仔细品察，个个形神毕备、毫纤俱现，极富情趣。

▲清明上河图（局部） 北宋 张择端

第八章
医学天文科技

图解·国学常识

医 学

什么是"四诊法"?

所谓"四诊法",指的是中国战国时代的名医扁鹊根据民间流传的经验和自己多年的医疗实践,总结出来的四种基本的诊断疾病的方法,包括望诊、闻诊、问诊和切诊。

(1)望诊。医生用肉眼观察患者外部的形、色、神、态,以及各种排泄物(如粪、痰、脓、尿、血、月经和白带等),来推断疾病的方法。

(2)闻诊。医生运用自己的听觉和嗅觉,根据患者说话的声音以及呼吸咳嗽散发出来的气味等材料,作为判断病症的参考。

(3)问诊。医生通过患者或其家属,了解患者的主观症状、疾病发生及演变过程、治疗经历等情况,作为诊断依据的方法。

(4)切诊。主要是通过医生的切脉,也包括对患者体表一定部位的触诊。中医切脉大多是用手指切按患者的桡动脉处(腕部的寸口),根据患者体表动脉搏动显现的部位、强度、频率、节律和脉波形态等因素组成的综合特征,来了解患者所患病症的内在变化。

▲ 明切脉罗汉塑像
四川新津观音寺明代重修大雄宝殿中,有一对切脉诊病罗汉十分生动传神。病僧平伸左手微笑待诊,医僧凝神定气,圆睁双眼,全神贯注地沉浸在诊脉之中。表现中医诊脉的古代艺术品不多,遗存今日实属罕见。

穴位究竟是什么?

穴位指的是人体神经末梢密集或神经干线经过的地方。穴位的学名叫"腧穴",别名有"气穴""气府""骨空""节""砭灸处""会""脉气所发"等。人体全身大约有52个单穴、300个双穴、50个经外奇穴,总计720个穴位。有108个要害穴,其中,72个穴一般点击不会致命,其余36个穴是致命穴,因此,俗称"死穴"。死穴又分为"软麻""昏眩""轻"和"重"四穴,各种皆有9个穴位。合起来总共有36个致命穴位。在生死搏斗中,可以作

第八章　医学天文科技

为"杀手"使用。古人有歌诀如下：百会倒在地，尾闾不还乡，章门被击中，十人九人亡，太阳和哑门，必然见阎王，断脊无接骨，膝下急亡身。

什么是经络？

所谓"经络"，指的是人体运行气血的通道，共包括经脉和络脉两个部分。其中，纵行的干线称为"经脉"，由经脉分出网络全身各个部位的分支称为"络脉"。

《黄帝内经·灵枢·经脉》中记载："经脉十二者，伏行分肉之间，深而不见；其常见者，足太阴过于外踝之上，无所隐故也。诸脉之浮而常见者，皆络脉也。"

经络的主要内容包括：十二经脉、十二经别、十二经筋、十二皮部、奇经八脉、十五络脉等。其中属于经脉方面的，以十二经脉为主；属于络脉方面的，以十五络脉为主。经脉和络脉纵横交汇，遍布全身，使人体内外、脏腑、肢节成为一个有机统一的整体。

经络学是人体针灸和按摩的基础，也是中国医学基础理论的核心之一。在2000多年的医学长河中，经络学一直为人们的健康发挥着重要的作用。

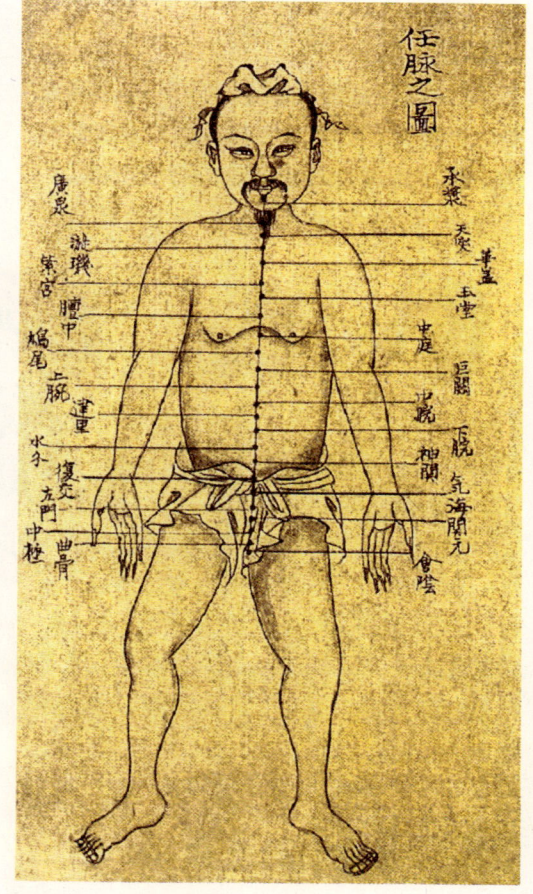

▲任脉图

什么是脉象？

所谓"脉象"，指的是手指感到的脉动征象。人生了病，脉象就会发生相应的变化和反应。因此，脉象是中医辨证论治的依据之一。健康人的脉象应为一次呼吸跳4次，寸关尺三部有脉，脉不浮不沉，和缓有力，尺脉沉取应有力。而常见的病脉则包括浮脉、沉脉、迟脉、数脉、虚脉、实脉、滑脉、洪脉、细脉、弦脉等。

脉象的形成，与脏腑气血的关系十分密切。脏腑功能变化，可导致脉象的改变。因此，不同的脉象可以反映出脏腑气血的生理和病理变化。除此之外，脉象与内外环境的关系也很密切。由于气候、年龄、性别、劳逸及精神状态等因素的影响，脉象也会有不同的变化。例如：一年四季，脉象有春弦、夏洪、秋浮、冬沉的变化；年龄越小，脉搏越快；胖人脉稍沉，瘦人脉稍浮；劳动之后、饮酒饱食或情绪激动时，脉多快而有力，饥饿时则脉搏较弱；脑力劳动者脉多弱于体力劳动者等。这些都不属于病脉。

363

图解·国学常识

什么是针灸？

"针灸"是针法和灸法的合称。"针法"是把毫针按照一定的穴位刺入患者体内，运用捻转与提插等不同的针刺手法来治疗疾病。"灸法"是把燃烧着的艾绒按照一定的穴位来熏灼皮肤，从而利用热的刺激来治疗疾病。

针灸疗法是中国医学遗产的一部分，也是我国特有的一种民族医疗方法。它通过经络、腧穴的作用，以及应用一定的手法，来治疗人体疾病。在临床上，按中医的诊疗方法首先诊断出病因，找出疾病的关键，然后辨别疾病的性质，确定病变属于哪一经脉、哪一脏腑，再辨明它是属于表里、寒热、虚实中哪一类型，从而做出诊断。然后，再进行相应的配穴处方，来进行治疗。"针灸"以通经脉，调气血，使阴阳归于相对平衡，使脏腑功能趋于调和，从而达到防治疾病的目的。

▲各种针灸器具

推拿有什么作用？

所谓"推拿"指的是医生使用双手在患者身体上施加不同的力量、技巧和功力用以刺激某些特定的部位来达到恢复或改善人体的生机、促使病情康复的一种方法。这是一种"以人疗人"的方法，属于目前所崇尚的自然疗法的一种。其功能有以下四个方面：

一、调气血。可以改善气血循环，推拿后可使血流明显增加。

二、调节内脏功能。通过经络、气血起作用或直接影响脏腑功能，如在腹部按摩，可使肠蠕动亢进者得到抑制而恢复正常；功能减退者则可以促进蠕动恢复正常。

三、改善血液、淋巴系统的循环。将患者背部平推10分钟，可见推拿后的皮肤温度有所提高，证明推拿可改善血液循环。

四、提高机体免疫力。用拇指以强手法自上而下在背部平推后，经化验可见白细胞总数及白细胞的噬菌能力增加，可提高机体的免疫力。

刮痧有什么作用？

刮痧是中医常用的一种治疗手法，以刮拭皮肤表面特定部位，从而达到治病、防病的效果。那么，刮痧到底有什么医疗保健作用呢？

第八章 医学天文科技

一、舒筋通络。刮痧疗法首先是增强局部血液循环，使局部组织温度升高。其次，在刮痧板直接刺激下，提高局部组织的痛阈。再次，通过刮痧板的作用使紧张或痉挛的肌肉得以舒展，从而消除疼痛。

二、活血祛瘀。刮痧可以调节肌肉的收缩和舒张，使组织间的压力得以调节，从而促进刮拭组织周围的血液循环，增加组织血流量，进而起到活血化瘀、祛淤生新的作用。

三、调整阴阳。刮痧疗法对内脏功能有明显的调整阴阳平衡作用，如肠蠕动亢进者，在腹部和背部等处进行刮痧，可使蠕动亢进的肠道受到抑制而恢复正常；反之，肠蠕动功能减退者，则可促进其蠕动恢复正常。

▲刮痧器
刮痧是中国民间使用的一种十分方便的治疗手段。主要适用于痧症腹痛、天行时疫等疾病。刮痧后，患者常感到局部或周身轻松，症状减轻。图中为一青玉刮痧器，从名医后代处征集，上有"杏林春暖"铭。

什么是拔火罐？

"拔火罐"是中国民间流传很久的一种独特的治病方法，俗称"拔罐子""吸筒"。拔罐法又名"火罐气""吸筒疗法"，古称"角法"，通过物理的刺激和负压，人为地造成毛细血管破裂瘀血，调动人体干细胞修复的功能，以及坏死血细胞的吸收功能，促进人体血液循环，达到提高和调节人体免疫力的作用。古代中医在治疗疮疡脓肿时用它来吸血排脓，后来又扩大应用于肺痨、风湿等内科疾病。目前，拔罐疗法有了新的发展，进一步扩大了治疗范围，已经成为针灸治疗中的一种重要疗法。

▲竹火罐

什么是药膳？

药膳是在中医学、烹饪学和营养学理论指导下，严格按照一定的配方，将中药和某些具有药用价值的食物相配伍，采用我国独特的饮食烹调技术和现代科学方法制作而成的具有一定色、香、味的美味食品。简而言之，药膳就是药材与食材相配伍而做成的美食。药膳是中国传统的医学与烹调经验相结合的产物。它"寓医于食"，在将药物作为食物的同时，又将食物赋以药用。药借食力，食助药威，两者相辅相成，相得益彰，既具有较高的营养价值，又可保健强身、防病治病、延年益寿。因此，药膳既不同于普通的中药方剂，又有别于一般的饮食，是一种兼有药物功效和食品美味的独特膳食。它可以使人们既得到美食享受，又在享受中使其身体得到滋补，疾病得以治疗。因而，中国传统药膳的制作和应用，不但是一门科学，更可以说是一门艺术。

药膳对治疗疾病有些什么功效？

一、以药膳为主治疗疾病。

某种疾病或疾病中的某个阶段可以用药膳或食物为主加以治疗。如《金匮要略》中的甘麦大枣汤以治妇人脏躁，就是以食疗方为主治病的实例。

二、药食结合以辅助治疗疾病。

食物疗法是综合疗法中的一种重要的不可缺少的方法。古代医家主张在病邪炽盛阶段依靠药物，一旦病邪已衰，在用药治疗的同时，饮食营养亦须及时与保证，以恢复正气，增强其抗病能力。

三、辨证施膳治疗疾病。

辨证施膳从辨证论治发展而来，根据食性理论，以食物的四气、五味、归经、阴阳属性等与人体的生理密切相关的理论和经验为指导，针对患者的症候，根据"五味相调，性味相连"的原则，以及"寒者热之，热者寒之，虚者补之，实者泻之"的法则，应用相关的食物和药膳，以达到治病康复的目的。

▲宝玉喝莲叶汤

此为清孙温绘全本《红楼梦》中插图。讲的是宝玉要喝莲叶汤，贾母自己做好，让玉钏送去。莲叶汤正是药膳中的一种。

第八章 医学天文科技

"药引子"有什么作用？

药引子是引药归经的俗称，指的是某些药物能引导其他药物的药力到达病变部位或某一经的"向导"的作用。药引子一般是常见的药物或普通食物，可起到引药入经，直达病变部位，提高药效、调和药性、扶助正气、矫味矫臭、降低毒性、方便中药服用等作用。在治疗处方中，需不需要药引子，由医生根据患者病情而定，一般不需要患者自己去配制。"药引子"可以说是起到了化学中的"催化剂"的作用，但其作用不仅仅局限于"催化剂"，还有其他的辅助作用。服用中药、中成药，多用白开水、酒、淡盐水、蜂蜜水、米汤、红糖水、葱白汤、姜汤等作药引子来送服。药引子有引药归经、增强疗效的功用，有时还兼有调和、顾护、制约、矫味等功效，与中药、中成药适当配合，可收到相得益彰的效果。

什么是"道地药材"？

所谓"道地药材"，指的是一定的药用生物品种在特定环境和气候等诸因素的综合作用下，所形成的具有明显地域特征、历史悠久、使用考究、产量大、质量优，生产及加工技术成熟的药材。这是一个约定俗成的、古代药物标准化的概念。"道地药材"以固定产地生产、加工或销售来控制药材质量，是古人对药用植物资源疗效的认知和评价。"道地药材"的药名前大多数冠以地名，以示其道地产区。如"浙八味""四大怀药"等就是闻名遐迩的道地药材。

▲生地、熟地
新鲜或干燥块根，鲜地黄被称为"生地黄"；蒸熟后称"熟地黄"。

▲三七
化瘀止血、消肿止痛，为理血药。

什么是"方剂"？

方剂是在辨证审因确定治疗方法之后，选择合适的药物，酌定用量，按照组方结构的要求，妥善配伍而成的。方，指药方、处方；剂指调配、调和。"方剂"的原意是指药物按照一定方法组合而成。因此，方剂不是简单的药物拼凑和堆砌，也不是任何一张处方都可以被称为符合要求的方剂。

方剂一般由君药、臣药、佐药、使药四部分组成。君药是方剂中针对主症治疗的药物，必不可少，药味较少但用量较大。臣药协助君药，以增强治疗作用。佐药师协助君药治疗次要症状，或抑制君药、臣药的毒性和不良反应。使药则指引药方中的各种药物直达病症所在。

植物药

植物药

中药中,植物药占大多数,所以中药也称中草药。植物药主要利用植物的根、茎、叶、花、果(子)。

薄荷

子:【性味】味甘,性微寒,无毒。【功效】定魂魄,止惊悸。

叶:【性味】味甘,性微寒,无毒。【功效】除邪气,明目益智。

根:【性味】味甘,性微寒,无毒。【功效】补五脏,安精神。

花:【性味】味辛,性温,无毒。【功效】清头目,除风热。

人参

叶:【性味】味辛,性温,无毒。【功效】消胀。

茎:【性味】味辛,性辛,无毒。【功效】有助于消化。

五色	五气	五味	五性	五用
青(青皮)	香(五加皮)	酸(酸枣仁)	寒(知母)	升(上升、升提)
红(红花)	臭(墓头回)	苦(苦参)	凉(巴茅根)	降(下降、降逆)
黄(黄连)	臊(天麻)	甘(甘草)	温(远志)	浮(上行发散)
白(白茅根)	腥(鱼腥草)	辛(薄荷)	热(黄麻子)	沉(下行泄利)
黑(黑芝麻)	膻(淫羊藿)	咸(肉苁蓉)	平(黄精)	中(温中降逆)

生长环境不同,中药材质量也有差异,质量最好的就称为"道地药材",例如,广东的砂仁、东北的人参、云南的茯苓、河南的地黄、江苏的薄荷,等等。

第八章 医学天文科技

中药源自草药

植物取天地之灵气、吸日月之光华，秉受了天地之气而生，人类也是秉受天地之气而生，一本同源，漫山遍野的花花草草都可作药而治病。这些治病之花草习惯上称为草药。

中药必须炮制

中药必须经过炮制之后才能入药。炮制，是指药物在使用前必要的加工处理。加工方法有纯净、切碎、水洗、火炒、蒸、煮、焯等。

中药炮制的目的

- 降低或者消除药物的毒副作用。如附子、巴豆有较强的毒副作用，必须炮制后才能用。

- 增强药物的作用，提高疗效。如酒炒当归、川芎增加温经活血的作用。

- 改变药物的性能或者功效，使药物更加适合临床需要。何首乌生用泻下通便，制熟后补肝肾。

- 改变药物的某些性状，便于储存、运输和制剂。如肉苁蓉易腐烂，故浸泡在盐水中加工为盐苁蓉。

- 纯净药材，保证药材品质和用量准确以及消除不良气味，便于服用。

为什么中医又称"岐黄之术"？

相传黄帝常与岐伯、雷公等臣子坐而论道，探讨医学问题，对疾病的病因、诊断以及治疗等原理以问答的形式予以阐明，其中的很多内容都记载于《黄帝内经》这部医学著作中。后世出于对黄帝、岐伯的尊崇，称中医学为"岐黄之术"，"岐黄"也被视为医家之祖。并由此引申而专指正统中医、中医学，如，"岐黄之术""岐黄之道"指中医学术或医术、中医理论；"岐黄家"指中医医生、中医学家；"岐黄书"指中医医书；"岐黄业"指中医行业等等。

扁鹊对中医的发展做出了哪些贡献？

扁鹊是中国传统医学的鼻祖，中医理论的奠基人，战国时期著名的医学家。姓秦，名越人，渤海郡莫州（今河北任丘）人，大约生活在公元前 5 世纪。他精于内、外、妇、儿、五官等科，应用砭刺、针灸、按摩、汤液、热熨等法治疗疾病，被人们尊称为"医祖"。扁鹊年轻时虚心好学，刻苦钻研医术。他把积累的医疗经验，用于平民百姓，周游列国，到各地行医，为人民解除痛苦。在治疗方面，扁鹊能熟练运用综合治疗的方法。治疗虢太子的例子显示，他所用的方法有砭石，即针刺法，还有热熨法和服汤药法等。可见，综合疗法是扁鹊行医时的主要治疗措施。同时，扁鹊是一位能兼治各科疾病的多面手，齐桓侯、虢太子等案例，都说明他是内科方面的能手。据记载，扁鹊还精于外科手术，而且应用了药物麻醉来进行手术。

张仲景对中医的发展做出了哪些贡献？

▲张仲景塑像

张仲景，名机，字仲景，南阳郡涅阳（今河南省南阳市）人，东汉末年著名医学家，人称"医圣"。张仲景刻苦学习《黄帝内经》，广泛收集医方，写出了传世巨著《伤寒杂病论》。此书确立的辨证论治的原则，是中医临床的基本原则，是中医的灵魂之所在。在方剂学方面，《伤寒杂病论》也做出了巨大的贡献，创造了很多方剂类型，记载了大量有效的方剂。张仲景所确立的六经辨证的治疗原则，受到历代医学家的竭力推崇。《伤寒杂病论》是中国第一部从理论到实践、确立辨证论治法则的医学专著，是中国医学史上影响最大的著作之一，是后学者研习中医必备的经典著作，受到医学生和临床大夫的广泛重视。张仲景在《伤寒杂病论》序中说"上以疗君亲之疾,下以救贫贱之厄,中以保生长全以养其身",表现了他作为医学大家的仁心仁德,这也是后人尊称他为"医圣"的原因之一。

华佗的医学成就主要体现在什么地方?

华佗,东汉末医学家,汉族,字元化,一名旉,沛国谯(今安徽亳州谯城区)人,华佗的高明之处,就在于能批判地继承前人的学术成果。他在总结前人经验的基础上,创立了自己新的学说。中医学到了春秋时代已经有辉煌的成就,而扁鹊对于生理病理的阐发可谓集其大成。华佗的学问极有可能是从扁鹊的学说发展而来。与此同时,华佗对同时代的张仲景的学说也有深入的研究。当他读到张仲景所著《伤寒论》第十卷的时候,高兴地说:"此真活人书也。"可见张仲景学说对华佗的影响之大。华佗沿着前人开辟的途径,脚踏实地地开创出了一片新天地,如发现了体外挤压心脏法和口对口人工呼吸法。最突出的,应数麻醉术——"酒服麻沸散"的发明和体育疗法——"五禽之戏"的创造。华佗精于医药的研究,《后汉书·华佗传》说他"兼通数经,晓养性之术",尤其"精于方药"。因此,人们称他为"神医"。

▲ "五禽戏"动作示意图
"五禽戏"是东汉名医华佗在前人的基础上创编而成的。它模仿虎、熊、鹿、猿、鸟五种动物的行为活动,将动物的行为人格化,帮助人们锻炼身体、养生长寿。

"药王"孙思邈的养生妙法有哪些?

药王孙思邈相传活到141岁才仙逝,其长寿心得必有过人之处。现将孙思邈的养生之法概述如下,相信会对你有所裨益。

1. 发常梳

用手掌互搓36下令掌心发热,然后由前额开始经后脑回颈部,可以防止头痛、耳鸣、白发和脱发。

2. 耳常鼓

手掌掩双耳,用力向内压,放手,重复做10下,可以增强记忆和听觉。

3. 面常洗

搓手 36 下，暖手以后上下扫面，可令脸色红润有光泽，同时可除皱纹。

4. 头常摇

双手叉腰，闭目，垂下头，缓缓向右扭动，直至复原位为一次，共做 6 次，可以令头脑灵活。

5. 腰常摆

当身体扭向左时，右手在前，左手在后，在前的右手轻轻拍打小腹，在后的左手轻轻拍打"命门"穴位，反方向重复，可以强化肠胃，固肾气，防止消化不良、胃痛、腰痛。

6. 腹常揉

搓手 36 下，手暖后两手交叉，围绕肚脐顺时针方向揉 36 下，可以帮助消化、吸收，消除腹部鼓胀。

7. 摄谷道（即提肛）

吸气时，将肛门的肌肉收紧。闭气，维持数秒，直至不能忍受，然后呼气放松。相传这动作是乾隆最得意的养生功法。

8. 脚常搓

由脚跟向上至脚趾，再向下擦回脚跟为一下；两手大拇指轮流擦脚心涌泉穴，可以强化各器官，可缓解失眠、头痛。

宋慈对法医学做出了哪些重要贡献？

宋慈，字惠父，中国古代杰出的法医学家，人称"法医学之父"。建阳（今属福建南平地区）人，祖籍河北邢台市南和县，唐相宋璟后人，与理学大师朱熹同居建阳。西方普遍认为，正是宋慈于 1235 年开创了"法医鉴定学"。宋慈早岁习儒，入仕后历任十余个地方的长官，多负刑狱之责，官至广东经略安抚使。宋慈一生经办案件数不胜数，在他逝世的前两年（1247 年），撰成并刊刻了《洗冤集录》五卷。此书是宋慈一生经验、思想的结晶，是世界上第一部法医学专著，比意大利人佛图纳图·菲得利写成于 1602 年的同类著作早了 350 多年。

什么是"种痘"？

"天花"又名痘疮，是一种传染性较强的急性发疹性疾病。据记载，此病最早于东汉初期由西方传入中国。中国医生很早就注意天花的治疗，而且积极采取措施进行预防。中国发明的最重要的预防技术就是种痘。关于种痘的记载最早可追溯到宋代，但一般认为此技术在明代最终形成。清初医家张璐在《医通》中综述了痘浆、旱苗、痘衣等多种预防接种方法。以前种人痘具有一定的不确定性，风险较高。后来英国人发明更为安全的牛痘之后，人痘技术逐渐被替代。1980 年，世界卫生组织宣布已经消灭天花，自此种痘也就取消了。

"中华十大名医"都有谁？

1. 针灸之祖：黄帝。现存《黄帝内经》就是托名黄帝与岐伯、雷公而作。

2. 脉学倡导者：扁鹊。姓秦，名越人。善于运用四诊法，尤其是脉诊和望诊来看病，被后世视为脉学倡导者。

3. 外科之祖：华佗。又名敷，字无化，后汉末沛国（今安徽亳州）人。尤擅外科，他发明麻沸散，为患者减轻了手术的痛苦。

4. 医圣：张仲景。名机，汉末南阳郡（今河南南阳）人。其著作《伤寒杂病论》总结了汉代300多年的临床实践经验，对中医学的发展有重大贡献。

5. 预防医学的倡导者：葛洪。字稚川，自号抱朴子，晋朝丹阳句容（今属江苏）人。著有《肘后备急方》，书中最早记载了一些传染病如天花、恙虫病症候及诊治。"天行发斑疮"是世界上最早的关于天花的记载。

6. 药王：孙思邈。唐朝京兆华原（今陕西耀州区）人，著有《千金方》，集唐代以前的诊治经验之大成，对后世医家影响极大，后世尊他为"药王"。

7. 儿科之祖：钱乙。字仲阳，北宋郓州（今山东东平）人。著作《小儿药证直诀》，以脏腑病理学说立论，根据其虚实寒热而立法处方，系统地做出了辨证论治的范例。

8. 法医之祖：宋慈。宋朝福建人。所著《洗冤集录》，是世界上最早的法医学著作。

▲孙思邈扎针

针灸包括针法和灸法，起源于新石器时期的砭石疗法，后世不断地加以发展和完善。针法和灸法所依据的理论、施行的体位基本相同，并常常配合应用，故一般合称为针灸。灸法是将艾叶（或其他药物）捣碎，加工成艾绒，再制成艾条或艾炷，点燃后熏烤、烧灼体表的特定部位，如穴位、患处等来治疗疾病的方法。

9. 药圣：李时珍。字东璧，号频湖，明朝蕲州（今湖北蕲春）人。他参考历代医书800余种，经27年艰苦劳动，著成《本草纲目》，所载药物共1758种。

10. 《医宗金鉴》总修官：吴谦。字文吉，清朝安徽歙县人。著作《医宗金鉴》是清代御制钦定的一部综合性医书，全书90卷，是我国综合性中医医书中最完善简要的一部。

天文历法

世界上最早的天文学著作是哪一部？

春秋战国时期，随着生产的发展，天文学也有很多成就。《晋书·天文志上》记载："鲁有梓慎，晋有卜偃，郑有裨湛，宋有了韦，齐（一说是楚或鲁）有甘德，楚有唐昧，赵有尹皋，魏有石申夫皆掌著天文，各论图经。"战国时期楚人甘德、魏人石申夫各自经过长期观测天象，各有著作刊行于世。甘德的著作名为《天文星占》，石申夫的著作名为《天文》，都是8卷。汉朝时，这两部著作还是分开的。后人把这两部著作合起来，称为《甘石星经》。书里记录了800个恒星的名字，其中121个恒星的位置已经测定，这是世界上最早的恒星表。书里还记录了木、火、土、金、水等五大行星的运行情况，发现了它们的出没规律。

《甘石星经》是世界上最早的天文学著作。但《甘石星经》在宋代就失传了，在唐代的《开元占经》中还保存一些片段，南宋晁公武的《郡斋读书志》的书目中保存了它的梗概。

中国人对陨石有着怎样的认识？

陨石是从宇宙空间穿过地球大气层落到地面上的天然固态物体（流星体），又称陨星。常常以降落处或发现处的地名命名。如落在河南省信阳的陨石就称为信阳陨石。我国古代很早就有关于陨石的记载。《竹书纪年》和《世本》等古书中，有"夏发七年，泰山振"，"夏桀十年，夜中星陨如雨"等记载，这也是世界上最早关于地震和陨石雨的文字记录。

《春秋》："僖公十六年春，王正月戊申朔，陨石于宋五。"《左传》解释说："十六年春，陨石于宋五，陨星也。"经考古证实，此处陨石在今河南省商丘城北。《左传》解释还首次提出了陨石是星陨至地之说，比欧洲人认识到这一点要早2000多年。

古人不仅仅认识到陨石，还懂得利用陨石。在中国河北省藁城县的商代中期古墓中，发掘出一件铁刃铜钺，经研究证明，铜钺的铁刃是由八面体铁陨石锻制而成的。在河南省浚县出土的商末周初的两件青铜武器，其铁刃和铁援部分也是由铁陨石锻制而成的。中国是世界上最早用铁陨石制作武器和其他器物的国家。

第八章　医学天文科技

中国早期天文台经历了哪些演变？

中国是一个在天文上很有研究的大国，而要研究天文就要有天文台，相传在夏朝就有天文台了，那时叫作清台，而到商代改为神台，到了周代改为灵台。"天子有灵台，以观天文……诸侯卑，不得观天文，无灵台。"天文台是专属于天子的，中国古代帝王认为他们是上天之骄子，受命于天来统治天下，只有他们才有权知道上天的意旨。帝王通过天文台得知自己的命运和国家的命运。

▲简仪　元

早期的灵台不仅进行天文观测，还是祭祀和每月初一举行告朔仪式的地方。后来，随着天文工作和祭祀活动日益扩大，灵台成为专门进行天文观测的场所，而祭祀和告朔则在社坛神庙和明堂进行。

现存最早的天文台遗址在今天的河南省偃师县境内，是在东汉中元元年（56年）建造的。这座灵台在当时属太史令管辖，设有一个灵台丞主持全台的工作。全台共有42名工作人员，其中14人负责观星，2人负责观测太阳，其他人则分别负责对风、气、晷影和钟律进行观测和测量。这座天文台从管理和组织上都已经相当完备，对后世官方天文台的建立模式产生了很大的影响。汉代以后，历代均有天文台，其规模和人员编制更为宏大，管理和组织更加完备，成为天文观测和历法编制的重要场所。

中国现存最早的观星台是哪一座？

我国现存最早的观星台，在河南省登封告成镇。建于元代至元十三年（1276年），距今已有700多年的历史，它是我国现存最古老的天文台。是世界上现存较早天文科学建筑物。元代统一后，任用著名科学家郭守敬和王恂等进行历法改革。郭守敬创制了新的天文仪器，然后又组织了规模空前的天文大地测量，在全国二十七个地方建立了天文台和观测站，登封观星台就是当时的中心观测站。著名的《授时历》就是在这座天文台上观测编制的。

观星台的主要作用在于测量太阳的影长，即所谓"测景"（影）。但历代记载都称之为观星台，可见我国

▲登封观星台

375

古代，观星和测影常常是互相配合的。观星台不仅保存了我国古代圭表测影的实物，也是自周公土圭测影以来测影技术发展的高峰，它反映了我国天文科学发展的卓越成就，对于研究我国天文史和建筑史都具有很高的价值。

世界上公认的关于太阳黑子的最早记载是哪一条？

黑子，在太阳表面表现为发黑的区域。与太阳太磁场的强弱变化有关，经常处于变化之中。有的存在不到一天，有的可达一个月以上，个别的长达半年之久。

现在世界上公认的关于太阳黑子的最早记载，是西汉河平元年（公元前28年）三月所见的太阳黑子现象，载于《汉书·五行志》："河平元年……三月己未，日出黄，有黑气大如钱，居日中央。"这一记载，把太阳黑子的位置和时间，都叙述得很详尽。其实在我国太阳黑子的记录还有更早的，《淮南子》："日中有踆乌。"踆乌，也就是黑子现象。《淮南子》约成书于公元前140年。而欧洲到1610年才因伽利略使用望远镜而看到这一现象。

根据我国研究人员搜集与整理，自公元前165年至1643年史书中观测黑子记录为127次。这些古代观测资料为今人研究太阳活动提供了极为珍贵、翔实可靠的资料。

历史上著名的古老星图有哪些？

▲天文图　黄裳
黄裳绘制的《天文图》被刻在石碑上，现存放于苏州，是我国古代最精准的天文图之一。其按照二十八宿绘制，将二十八宿的分野、十二宫次位置都标注得相当准确。

星图是将恒星的球面视位置投影到平面上所构成的图。中国古代就能制作这样的星图。中国星图起源可追溯到新石器时代，当时已有陶尊画有太阳纹、月亮纹和星象图案。其后，随着时代的推移，星图也得到不断发展。历史上著名的星图有陈卓星图、唐代敦煌星图、宋代苏州石刻天文图等。

陈卓星图，是我国目前最多的星图。陈卓，三国时吴太史令。陈卓把当时天文学界存在的石氏、甘氏、巫咸三家学派所命名的恒星，并同存异，合画成一张全天星图。图上一共有星283组，1464颗。陈卓的工作一直被后世的中国天文学家奉为圭臬。

敦煌星图，是世界上现存最古老的星图，是在940年前后绘制在绢上的星图，分三垣二十八宿绘制，位置准确，也十分珍贵。

宋代苏州石刻天文图,也是流传至今最早的星图之一。原系北宋黄裳在元丰年间(1078—1085年)根据天文观测结果所绘制,南宋理宗淳祐七年(1247年)刻之于石,现保存于江苏省苏州市。图高8尺,宽3.5尺,上部绘一圆形星图,下部刻有文字,图上约有1440颗恒星。

除了恒星图的制作外,古人也制作了彗星图。1973年,在湖南长沙马王堆3号墓中出土了一种占验吉凶的帛书。在这部2200多年前的迷信著作中,记录了目前所知世界上最早的彗星图,共有29幅,形状各异。那长长的、像扫帚一样的是彗尾,圆圈或黑点代表彗头。在每幅彗星图下都写有占文,每条占文的开头记有彗星的名称。

世界上对哈雷彗星最早的记载是哪一条?

在欧洲,哈雷彗星最早是被阿皮亚尼斯于1531年第一次发现的,开普勒于1607年第二次发现了它。哈雷于1682年第三次发现它时,推算出了它的运行轨道和76年的绕日周期,并预言它将于1759年重返。1759年,这个预言被证实了,人们便称这颗彗星为哈雷彗星。

其实,我国是最早发现和记载哈雷彗星的国家。早在3000多年以前,周武王率领大军征伐商纣王,队伍走到共头山时,一颗彗星从东方升起。古书《淮南子》讲了这个故事:"武王伐纣,彗星出。"这是公元前1057年哈雷彗星回归的记录。我国当代著名天文学家张钰哲利用电子计算机算出,这颗彗星就是哈雷彗星。但由于它记载得过于简单而未被公认。公元前613年,鲁国天文学家和周朝史官,同时观测到一颗彗星扫过北斗,《春秋》鲁文公十四年(公元前613年)所载:"七月,有星孛(《公羊传》:'孛者何?彗星也。')入于北斗。"这是世界上关于哈雷彗星的最早记录。《史记·六国年表》秦厉公十年(公元前467年)所云"彗星见",是哈雷彗星的第二次记录。但这三次记录文字太简,未被公认。

世界公认的最早的一次哈雷彗星的观测记载见于《史记·秦始皇本纪》。书中写道,秦王政七年(公元前240年),"彗星先出东方,见北方,五月见西方……彗星复见西方……"。这比外国最早的有关彗星的记录——古罗马的记载(公元前12年),早228年。自此至1910年,哈雷彗星以76年为周期,共出现29次,我国史书均有记载。这在世界上也是最完整的,甚至连彗星发光的原因,《晋书》中都谈到了。书中写道,彗星本没有光,在它接近太阳的时候,靠反射太阳光才发出光来。宋、元以后,对哈雷彗星的观测越来越精确,记载越来越详细。譬如,阿皮亚尼斯、开普勒、哈雷分别观测到的三次哈雷彗星,在《明史》《清史稿》《东华录》等书中都有详尽的记载。

什么是五星、七曜?

《史记·天官书》中记载:"天有五星,地有五行。"古人把实际观测到的金、木、水、火、土五个行星合起来称作五纬。纬为织物的横线。这五颗行星在天空上,像纬线一样由东向西穿梭行进,故称作五纬,亦称作五曜。

▲ 铜方日晷　元
郭守敬设计制造的天文仪器，现存于南京紫金山天文台。

木星：古名岁星或岁。木星12年绕天一周，每年居12次的一次，故名岁星。木星和太阳活动周期相近，古人把木星的周期和农事联系起来，并用岁星所在的次名作为纪年的标准。

水星：古名辰星，离太阳最近，看上去总是在太阳两边摆动，离开太阳最远不超过30度。我国古代把一周天分为12辰，每辰约30度，故称水星为辰星。

火星：古名荧惑，以其红光荧荧似火而得名。火星又名罚星、执法。《广雅·释天》中记载道，荧惑谓之罚星，或谓之执法。

土星：古名镇星。土星每约28年绕天一周，每年进入二十八宿中的一宿，叫岁镇一宿，好像轮流坐着二十八宿一样，故名镇星。也写作填星（镇与填为通假字）。

古人又把日月同五星合起来，称为日月五星，谓之七政，亦称作七曜。宋蔡沈传："七政，日月五星也。七者，运行于天，有迟有速，犹人之有政事也。"

什么是"七政四余"？

"七政四余"是中国古代占星学系统的星曜。所谓"七政"，是指日（太阳）、月（太阴）、金、木、水、火、土七显曜。"四余"则是指紫气、月孛、罗睺、计都等四隐曜。其中紫气为木星之余气，月孛为水星之余气，罗睺为火星之余气，计都为土星之余气，而金星精严、日月为主星，均无余气。罗睺又称天首，计都又称天尾，实际上就是黄道和白道的升降交点，日食和月食就发生在这两个交点上。紫气据古书记载为景星，也就是突然产生的星曜，据推测可能是超新星。而月孛则可能是彗星，但具体是哪一颗仍无定论。

星曜	太阳	太阴	水星	金星	火星	木星	土星	紫气	月孛	罗睺	计都
周期	1年	1月	1年	1年	2年	12年	28年	29年	9年	18年	18年

▲ 七政四余运行周期

什么是"三垣"？

《史记·天官书》将地球上看到的北天极一片天空划为紫微、太微、天市，此即"三垣"。紫微垣是三垣的中垣，居于北天中央，所以又称中宫，或紫微宫。紫微宫即皇宫的意思,各星多数以官名命名。太微垣是三垣的上垣,位居于紫微垣之下的东北方,北斗之南。太微即政府的意思,星名亦多用官名命名,例如,左执法即廷尉,右执法即御史大夫,等等。天市垣是三垣的下垣,位居紫微垣之下的东南方向,天市即集贸市场,《晋书·天文志》中云:"天子率诸侯幸都市也。"故星名多用货物、星具,经营内容的市场命名。紫微垣包括北天极附近的天区,大体相当于拱极星区;太微垣包括室女、后发、狮子等星座的一部分;天市垣包括蛇夫、武仙、巨蛇、天鹰等星座的一部分。

什么是"四象"?

由于地球绕太阳公转一周,太阳的直射点在南北回归线内移动的轨道,即黄道。古人将黄道附近的星空分出东、南、西、北四方,并分别用相应的吉祥灵兽代表,这四种动物形象,叫作四象。东方七宿如同飞舞在春末夏初夜空的巨龙,故而称为东官苍龙;北方七宿似蛇、龟出现在夏末秋初的夜空,故而称为北官玄武;西方七宿犹猛虎跃出深秋初冬的夜空,故而称为西官白虎;南方七宿像一展翅飞翔的朱雀,出现在寒冬早春的夜空,故而称为南官朱雀。

▲四象二十八宿
此图即反映了四象二十八宿的顺序、位置和形状,中央的勾陈、太子等星曜则属于紫微垣,是北天星辰的核心。

什么是二十八宿?

星宿,即星座。古人将四象中每象分七宿(宿念秀,即一撮星的宿舍),共二十八宿。二十八宿又叫二十八舍或二十八星,是古人为观测日、月、五星运行而划分的二十八个星区,用来说明日、月、五星运行所到的位置。二十八宿的名称,自西向东排列为:

东方苍龙七宿:角、亢、氐、房、心、尾、箕;
北方玄武七宿:斗、牛、女、虚、危、室、壁;
西方白虎七宿:奎、娄、胃、昴、毕、觜、参;
南方朱雀七宿:井、鬼、柳、星、张、翼、轸。
另外,二十八宿还可以与二十八种动物一一匹配:

东官苍龙:角木蛟,亢金龙,氐土貉,房日兔,心月狐,尾火虎,箕水豹;
北官玄武:斗木獬,牛金牛,女土蝠,虚日鼠,危月燕,室火猪,壁水貐;
西官白虎:奎木狼,娄金狗,胃土雉,昴日鸡,毕月乌,觜火猴,参水猿;
南官朱雀:井木犴,鬼金羊,柳土獐,星日马,张月鹿,翼火蛇,轸水蚓。

379

"动如参商"是什么意思?

参指西官白虎七宿中的参宿,商指东官苍龙七宿中的心宿,是心宿的别称。参宿在西,心宿在东,二者在星空中此出彼没,彼出此没,因此常用来喻人分离不得相见。如曹植"面有逸景之速,别有参商之阔"。

《左传·昭公元年》有一个相关的故事:高辛氏(喾)有二子,大的叫阏伯,小的叫实沈。弟兄俩很不和睦,总是动不动就打架。高辛氏没有办法,只得把阏伯调去商丘,那儿是归商星(也就是心宿)主管的;把实沈调去大夏,那儿是归参星(参宿,即猎户座)主管的。参和商在天空中恰好遥遥相对,参宿永远在黄昏时出现在西方,而心宿在黎明时出现于东方,他俩从此再也不能见面了。他们死后,成为参商二神,还是永远不能相见。

"动如参商"出自杜甫的诗:"人生不相见,动如参与商。"与此相关的词语还有"意见参商",形容意见不合。

南斗和北斗各指哪个星宿?

南斗即二十八宿的斗宿,包括在人马座中,构成人马的胸部。斗柄二星和箕宿四星构成人马的弓。南斗连柄共六颗星,所谓"北斗七星南斗六"。它和北斗七星的形状都像裁缝用的旧式熨斗又像水勺,所以人们叫它们大斗小斗,或大勺小勺。

北斗又称"北斗七星",指在北方天空排列成斗形(或勺形)的七颗亮星。七颗星的名称是:天枢、天璇、天玑、天权、玉衡、开阳、摇光。排列如斗杓,故称"北斗"。根据北斗星便能找到北极星,故又称"指极星"。

古人重视北斗,利用它来辨方向、定季节。北极星的方向是正北方,全夜全年不变动位置,找出了正北方,其余的方向东、西、南也就跟着找到了。所以天璇和天枢两颗星有"指极星"的名称。至于定季节,《鹖冠子》书中指出斗柄指东,天下皆春;斗柄指南,天下皆夏;斗柄指西,天下皆秋;斗柄指北,天下皆冬。

道教认为,北斗注死,南斗注生。老能朝拜北斗,便可得道成仙;朝拜南斗,则可增加阳寿。

什么是"十二次"?

▲《国语》书影

中国古代为了观测日、月、五星的位置和运动,把黄赤道带自西向东划分为十二个部分,称为十二次。十二次的名称依次是:星纪、玄枵、娵訾、降娄、大梁、实沈、鹑首、鹑火、鹑尾、寿星、大火、析木。

春秋战国时代的《左传》《国语》等书中就已有这些名称的记载,它们被用来记述岁星(木星)的位置。古代把木星的恒星周期定为十二年,所以一般认为,十二次的创立是起源于对木星的观测。它的时代大约在春秋时期或更早。

但《国语》中记伶州鸠(周景王时的占星家)的话说:"武王伐殷,岁在鹑火。"据此,十二次的创立时代也有可能推至殷末周初。

什么是"太岁"?

太岁(又称太阴、岁阴)是中国古代天文和占星中虚拟的一颗与岁星(木星)相对并相反运行的星。尔后,演变成一种神灵信仰。

太岁最早出现在《荀子·儒效》篇中,而避太岁的信仰则是从避岁星的占星术中分化出来的,两种信仰在战国时代常常混淆,一直要到汉代以后才逐渐厘清。出于对太岁的敬畏,人们常常说太岁某一年在某一方,这一方就不能动土搞建筑,否则触犯了太岁,就会招来灾祸。后来,人们把别人侵犯自己怒斥为"太岁头上动土",以显示自己的威风。

与此相关的还有"命犯太岁"。中国人纪年的干支,也称"太岁"。"命犯太岁",就是碰到了自己生肖年份的地支(太岁),亦即本命年了。

什么是十二次和二十八宿的"分野"?

春秋时期,占星术盛行,占星家们创"上天变异,州国受殃"的说法,以天空中出现的星象变化来占卜各个地方人世间的吉、凶、祸、福。他们将天上星空区域与地上的国州互相对应,称作分野。具体说就是把某星宿当作某封国的分野,某星宿当作某州的分野,或反过来把某国当作某星宿的分野,某州当作某星宿的分野。《周礼》中所记"保章氏":"以星土辨九州岛之地,所封封域皆有分星,以观妖祥",就是按照分野来预卜各地吉凶。

天区有十二次和二十八宿(或二十八舍)等不同的划分法,所以分野也有不同的对应方式。除此以外,州、国又因时代不同而有变化,所以不同时代的分野也不尽相同。

▲二十八宿铜镜
此铜镜约铸于8世纪,中心是蛙钮,自内往外由五个圈饰组成,边饰为朵云图案。无论作为古铜镜艺术品,还是古天文学的文物,这都是一件难得的珍品。

十二辰	丑	子	亥	戌	酉	申	未	午	巳	辰	卯	寅
十二宫	摩羯	宝瓶	双鱼	白羊	金牛	双子	巨蟹	狮子	室女	天秤	天蝎	人马
十二次	寿星	大火	析木	星纪	玄枵	娵訾	降娄	大梁	实沈	鹑首	鹑火	鹑尾
二十八宿	角亢氏	房心	尾箕	斗牛女	虚危	室壁	奎娄胃	昴毕	觜参	井鬼	柳星张	翼轸
国	郑	宋	燕	吴越	齐	卫	鲁	赵	魏	秦	周	楚
州	兖州	豫州	幽州	扬州	青州	并州	徐州	冀州	益州	雍州	三河	荆州

▲十二星次、二十八宿与国、州分野

"彗星袭月"与"白虹贯日"各代表什么星象?

彗星俗称扫帚星,彗星袭月即彗星的光芒扫过月亮,按迷信的说法是重大灾难的征兆。如《唐雎不辱使命》:"夫专诸之刺王僚也,彗星袭月。"

"虹"实际上是"晕",大气中的光学现象。这种现象的出现,往往是天气将要变化的预兆,可是古人却把这种自然现象视作人间将要发生异常事情的预兆。如《唐雎不辱使命》:

"聂政之刺韩傀也，白虹贯日。"

中国现存最早的历书是哪一部？

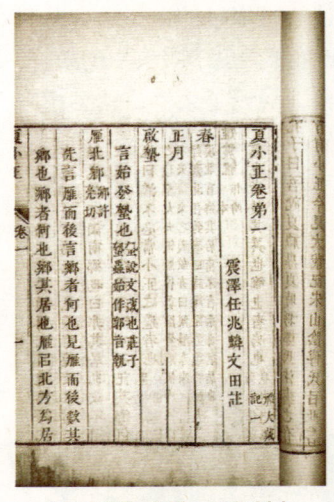

《夏小正》是我国现存最早的文献之一，也是现存采用夏时最早的历书。隋代以前，它只是西汉戴德汇编的《大戴礼记》中的一篇，以后出现了单行本，在《隋书·经籍志》中第一次被单独著录。

《夏小正》由"经"和"传"两部分组成，全文共400多字。它的内容是按一年12个月，分别记载每月的物候、气象、星象和有关重大政事，特别是生产方面的大事。书中反映当时的农业生产的内容包括谷物、纤维植物、染料、园艺作物的种植，蚕桑、畜牧和采集、渔猎；蚕桑和养马颇受重视；马的阉割，染料的蓝和园艺作物的芸、桃、杏等的栽培，均为首次见于记载。

《夏小正》出现的时间非常早，《礼记·礼运》载："孔子曰：我欲观夏道，是故至杞，而不足征也；吾得夏时焉。"郑玄笺："得夏四时之书也，其书存者有《小正》。"《史记·夏本纪》也说："太史公曰：孔子正夏时，学者多传《夏小正》云。"可见，《夏小正》在春秋时代以前已经出现。

▲《夏小正》书影　明代刻本
《夏小正》据传是夏代的历书，其中记录了每月的气候星象，并对当时的农业生产进行了介绍。

夏历、周历、秦历有哪些不同的变化？

这三种历法，是战国至汉初中国的常用历法。相同点在于，它们都是以365.25日为一回归年。不同点在于每年的开端不同：夏历建寅，即以阴历正月为岁首；周历建子，即以阴历十一月为岁首。岁首的月建不同，四季也就随之而不同。

在先秦古籍中，《春秋》和《孟子》多用周历，《楚辞》和《吕氏春秋》则用夏历。秦始皇统一中国后，以颛顼历为基础，以建亥之月（即夏历十月）为岁首，但春夏秋冬和月份的搭配，完全和夏历相同。自汉武帝起改用夏历以后，历代沿用。

以上三历的月建对应情况列表如下：

	子月	丑月	寅月	卯月	辰月	巳月	午月	未月	申月	酉月	戌月	亥月
夏历	十一月	十二月	正月	二月	三月	四月	五月	六月	七月	八月	九月	十月
周历	正月	二月	三月	四月	五月	六月	七月	八月	九月	十月	十一月	十二月
秦历	二月	三月	四月	五月	六月	七月	八月	九月	十月	十一月	十二月	正月

什么是"老黄历"？

考古发现，中国在4000多年以前就开始有了历法，用甲骨文记载的历书，距今已有3000多年历史。"黄历"与"皇历"都是中国古代使用的历书。但它们一开始并不是同一回事。

第八章 医学天文科技

黄历是黄帝历的简称。唐朝诗人卢照邻《中和乐·歌登封章》："炎国丧宝，黄历开睿。"黄帝历传说是黄帝创造的历法，它在我国西汉之前使用的六种古历法（黄帝历、颛顼历、夏历、殷历、周历和鲁历）是最古老的。所以人们习惯把历书称为黄历。

"皇历"则是"官方"历书。历代皇帝都很重视历法。历书能够在民间广泛流传，还是在有了印刷术之后。中国第一本雕版印刷的历书，是唐文宗（李昂）大和九年（835年）制订的《宣明历》。《宣明历》对日月、时辰和节令等已有详细的记载。唐文宗下令历书必须经皇帝亲自审定后才能颁布，并且规定了只许官方印，不准私人印。从此，历书就成了"皇历"。当时的"皇历"是将一年分为若干日期，由服侍皇帝的太监在每天日期的空白处记下皇帝的言行，每月月终先交皇帝过目，然后交史官存档。关于"皇历"一词，也有说法认为与宋太宗有关，宋太宗每年到了岁晚，都给文武百官各送历书一本。这本历书里刻有农历日期节令，以及在耕作种植方面的普通知识。因为历书是皇帝所送，故此叫它作"皇历"。

"皇历"与"黄历"谐音，所以，也习惯称作"黄历"。黄历在清朝还有一个名称叫"时宪书"或"宪书"，那是为了避乾隆皇爱新觉罗·弘历之名讳而改的。

▲ 明崇祯刻本《崇祯历书》

什么是闰月？

阴历是按照月亮的圆缺即朔望月安排大月和小月，一个朔望月的长度是29.5306日，是月相盈亏的周期，阴历规定，大月30天，小月29天，这样一年12个月共354天。阴历的月份与季节没有关系，因而就出现了矛盾。如农历年某年春节为大雪纷飞的冬天，第二年的春节就会在季节上提前11天，第16个农历年就会出现在赤日炎炎的夏天。因此，古人用闰月来解决这个矛盾，以保证农历年的正月到三月为春季，四月到六月为夏季，七月到九月为秋季，十月到十二月为冬季，也同时保证了农历岁首在冬末春初。

现在通行的是19年7闰的方法，即19年中设置7个闰月，大约隔一两年一闰。具体闰哪个月需参照二十四节气，如果某一个月只有一个节气，那么该月就要置闰。

什么是二十四节气？

二十四节气是我国民间传统节令。早在周朝和春秋时代就用"土圭"测日影办法而定夏至、冬至、春分、秋分。春秋末年，根据每年"冬至"时刻的测定，推算出一年岁实是365.25日，这在当时是世界上最精密的数值，为准确预报季节、反映气候寒暖变化创造了条件。人们把一年内太阳在黄道上的位置变化和引起的地面气候的演变次序，将全年平分为二十四等份，并给每个等份起名，这就是二十四节气的由来。《春秋》书中，已有许多春夏秋冬四季的记载。西汉时问世的《淮南子·天文训》则完整地记录了全部"二十四节气"。

每个节气约间隔半个月的时间，分列在十二个月里面。在月首的叫作节气，在月中的叫作"中气"，所谓"气"就是气象、气候的意思。

立春：立是开始的意思，春是蠢动，天气逐渐回暖，广阔大地将呈现一片万物复苏的景象。

雨水：表示气候逐渐回暖，冰雪融化，雨水逐渐增多。

惊蛰：春雷响动，惊动万物，蛰伏地下冬眠的动物开始出土活动。

春分：分就是半，这是春季九十天的中分点，叫春分，太阳正好直射赤道。这天的白天和夜晚一样长。

清明：清洁明净的意思。气候温暖，草木繁茂，天气明朗。

谷雨："雨生百谷"的意思。这一天起雨量增多，对谷物生长有利。

立夏：夏季开始，作物生长旺盛。

小满：满指饱满，麦类等夏熟作物籽粒逐渐饱满，但是没有成熟。

芒种：在这个时期，麦类等有芒作物成熟，进入夏收夏种的大忙时期。所以，农谚中有"芒种忙种"的说法。

夏至：至者权也，这一天日影短至。这一天北半球白天最长，黑夜最短，表示盛夏就要来临，气温将继续升高。

小暑："暑"是炎热的意思。小暑表示还没有达到最炎热的程度。这时正值初"伏"前后，进入炎热初期。

大暑：这是一年中最热的时期，正当中"伏"前后。

立秋：暑去凉来，秋天开始。秋是植物快成熟的意思，此后气温逐渐下降。

处暑：处是终止的意思，表示炎热即将过去，暑气将于这一天结束，我国大部分地区气温逐渐下降。

白露：这一时期气温下降较快，夜间较凉，近地面水汽在草木等物体上凝结为白色露珠，因此早上露水较重。

秋分：这是秋季九十天的中分点，这一天昼夜再次相等，从这一天后，北半球日短夜长。

寒露：气温继续下降，入夜已寒气袭人，露滴凝冷，是气候将逐渐由凉变冷的意思。

霜降：开始降霜的意思。天气渐凉，夜间露水可以凝成小晶冰。

立冬：冬是终了，是作物收割后要收藏起来的意思，这一天起冬天开始。

小雪：北方开始降雪，但雪量还小，

▲端阳故事图册　悬艾人

次数也不多。

大雪：雪将由小到大，降雪天数和降雪量比小雪节气增多，地面渐有积雪。

冬至：日影最长，这一天北半球白天最短，黑夜最长，并开始进入数九寒天。

小寒：冷气积久而为寒，天气寒冷，小寒表示还没到最寒冷的时期。

大寒：天气冷到极点，到了天寒地冻的时期。人们习惯把这一节气当作一年中最冷的时期（实际上小寒往往比大寒更冷）。

二十四节气与天气、物候相对应，同农业畜牧与人民生活息息相关。它至今仍为我国人民所沿用，具有旺盛的生命力。

什么是"三伏"？

三伏，是初伏、中伏、末伏的统称。三伏期间统称"伏天"或"伏日"。三伏的最早记载见于春秋时代的秦德公二年，即公元前676年。我国从公元前776年至今，流行"干支纪日法"，即是把天干的甲乙丙丁戊己庚辛壬癸；地支的子丑寅卯辰巳午未申酉戌亥各取一个字结合而得甲子、乙丑、丙寅等六十组的不同名称来记日子，每逢有"庚"字的日子叫"庚日"。按照我国传统的推算法，夏至后第三个庚日为初伏，第四个庚日为中伏，立秋后第一个庚日为末伏。两个庚日之间相隔十天，初伏到中伏固定为十天，但是，由于有立秋后的第一个庚日是末伏的规定，所以中伏到末伏就有10天和20天这两种情况。自入伏到出伏相当于阳历7月中旬到8月下旬，正是我国夏季最热时期。

▲消夏图页
夏季天气炎热，宜于"虚堂、净室、水亭、木阴、洁净空敞之处"纳凉，自然清新。

什么是"三九"？

"三九"是指冬至后的第三个"九天"，即冬至后的第十九天到第二十七天。我国阴历有"九九"的说法，用来计算时令。计算的方法是从冬天的冬至日算起（从冬天开始叫"交九"，意思是寒冷的开始），每九天为一"九"，第一个九天叫"一九"，第二个九天叫"二九"，依此类推，一直到"九九"，即到第九个九天，数满九九八十一天为止。这时冬天已过完，春天来到了。一般"三九"时最冷。

什么是"入梅"？什么是"出梅"？

我国传统方法上，入梅和出梅的确定是根据节气结合干支来推算的。按照历法规定，芒种后逢第一个丙日为入梅，小暑后逢第一个未日为出梅。如果芒种当天的天干为丙，则将该日定为入梅，小暑当日地支为未，则将该日定为出梅。所以历书上的入梅总是在六月六日到十五日之间；出梅日期在七月八日至十九日之间，每年的梅期比较固定而且各地都一样。

气象学上确定的入梅、出梅与历书上的不一样。气象学上的入梅、出梅和梅雨期的划定是根据大范围的天气环流形势背景；天气系统的地理分布特征、降水的地理分布位置以及气象要素的变化等条件来确定的。由于每年环流形势的演变不尽一致或相同，所以气象学上的入、出梅的日期和梅期存在着复杂的差异。当梅雨锋区及其雨带抵到或形成在长江中下游或江淮地区一带时称入梅；雨带停滞或徘徊时期称梅雨期；待雨带北抬并较稳定地抵到黄河流域时，江淮地区转受西太平洋副热带高压控制时，江淮地区梅雨结束，也就是出梅了。

帝王年号纪年是如何来的？

帝王年号纪年是我国古代比较普遍的一种纪年方法。所谓的年号，就是封建帝王为了纪在位之年而立的名号。据清朝赵翼的《廿二史札记》考证，最早的年号是从汉武帝时开始的，使用年号纪年是在汉武帝十九年（公元前122年）首创的。在此之前的君王只有年数，而无年号。而年号是皇权的象征，是"家天下"的具体表现。

《汉书》记载，汉武帝率领群臣狩猎，捕获一只稀有的独角兽白麟，众臣一致认为这是吉祥之物，值得纪念，便向武帝建议用来纪年。汉武帝应允，因为是在狩猎的时候捕获的白麟，所以就立年号为"元狩"，称当年（公元前122年）为元狩元年。以后就称元狩二年、三年……但由于汉武帝时在即位的第十九年才有元狩的年号，所以为了便于记载他在位的时间，他就将之前的十八年，追补了三个纪元年号，分别是建元、元光、元朔，也就是每隔六年换一个年号。把他即位的第一年（公元前140年）称为建元元年。"建元"就是建为元年之意，表示年号纪元开始使用。后代的史学家就把建元元年作为中国史上的第一个年号纪年的开始。

年号纪年从汉武帝之后一直使用，到了清宣统三年（1911年）清朝末代皇帝爱新觉罗·溥仪宣告退位，长达2000多年的君主专制也因此画上了句号，而年号纪年法也随着封建王朝的结束而废除了。目前仍使用皇帝年号的国家是日本。西元纪年就是西历纪年，也叫基督纪元，开始于西元6世纪，是以耶稣基督的诞生年为元年。因为流通最广，世界上大多数国家都采用，所以又称

▲ 大顺通宝、永昌通宝
李自成在西安称帝，建国号曰"大顺"，建元曰"永昌"，改六部为政府，设局铸造钱币名曰"永昌通宝"。

为公元。

如何用天干地支纪年？

天干地支纪年，简称干支纪年。古人以一个天干和一个地支相配，排列起来，天干在前，地支在后，天干由甲起，地支由子起，阳干配阳支，阴干配阴支（阳干不配阴支，阴干不配阳支），以六十为周期，用以纪年，称六十甲子。如甲子为第一年，乙丑为第二年，丙寅为第三年……六十年为一周。一周完了，再由甲子年起，周而始，循环下去。干支纪年法始于汉朝，与年号纪年法同时并用。如公元184年为东汉中平元年甲子。近代常用干支纪年来表示重大历史事件，如"甲午战争""戊戌变法""庚子赔款"、《辛丑条约》、"辛亥革命"等。

下面为六十干支表：

1甲子	11甲戌	21甲申	31甲午	41甲辰	51甲寅
2乙丑	12乙亥	22乙酉	32乙未	42乙巳	52乙卯
3丙寅	13丙子	23丙戌	33丙申	43丙午	53丙辰
4丁卯	14丁丑	24丁亥	34丁酉	44丁未	54丁巳
5戊辰	15戊寅	25戊子	35戊戌	45戊申	55戊午
6己巳	16己卯	26己丑	36己亥	46己酉	56己未
7庚午	17庚辰	27庚寅	37庚子	47庚戌	57庚申
8辛未	18辛巳	28辛卯	38辛丑	48辛亥	58辛酉
9壬申	19壬午	29壬辰	39壬寅	49壬子	59壬戌
10癸酉	20癸未	30癸巳	40癸卯	50癸丑	60癸亥

注：表中各干支前的阿拉伯数字是该干支名在六十干支周中的序号。通常以甲子为0序号。阳历年份除以60的余数减3便得该年农历干支序号数，再查上面的干支便是干支纪。如果序号数小于、等于零则干支序号数加60。例如，求1991年干支：1991÷60=33余11，这一年年干支序号数=11-3=8。查干支表知该年为辛未年。又如求1983年干支：1983÷60=33余3，干支序号=3-3=0，加上60，查干支表知该年为癸亥。

天干地支如何纪月？

古人有所谓"月建"的观念，就是把子、丑、寅、卯等十二地支和十二个月份相配，以通常冬至所在的夏历十一月配子，称为建子之月（周代以建子月为岁首）；十二月为建丑之月（商代以建丑月为岁首）；正月为建寅之月（夏代以建寅月为岁首。汉以后皆采用夏正）。以此类推，直至十月为建亥之月，这种纪月法，详于《史记·历书》。如杜甫《草堂即事》诗："荒村建子月，独树老夫家。""建子月"即指农历十一月。庾信《哀江南赋》："以戊辰之年，建亥之月，金陵瓦解。""建亥"即农历十月。

月相的朔、望、晦分别指代什么？

农历每月初一是朔日，朔日当天的月亮称为朔月。朔月是新月，农历每月初一时，月亮正好位于地球和太阳之间，能被太阳光照到的地方正好位于月亮的背面，加之它和太阳一同升降，因此地球人都看不见。

农历每月十五是望日，望日当天的月亮称为望月，望月又称满月，月影呈圆形。此时月亮在天球上运行到太阳的正对面，日、月相距180°，即地球位于太阳和月亮之间，从地球上看去，月亮的整个光亮面对着地球。《尔雅·释名·释天》："望，月满之名也。月大十六日、小十五日，日在东，月在西，遥相望也。"满月阶段，黄昏时满月由东边升起，黎明时向西边沉落。

农历每月最后一天是晦日，这天的月亮称晦月。月终之日。许慎《说文》："月尽也。"从每，许慎《说文》释每："草盛上出也。"每与萌同声相借，萌芽欲出但未显。又每与昧字声同。

人们把每月朔月、望月这样循环的变化过程称为朔望月。

农历一月为何又被称为"正月"？

中国农历新年的第一天，民间习惯称这一天为正月初一。习惯把农历一月称作"正月"。

我国古代，每年以哪个月为第一个月，各朝代都不相同，在汉朝以前，每换一个朝代，就往往把月份的次序改一次。夏朝以一月为第一个月，商朝以十二月为第一个月，周朝又以十一月为第一个月。这些朝代每改正一次月份次序，就把改正的第一个月称作"正月"。直到汉朝的汉武帝，才恢复夏朝的月份排列法，一直沿用到

▲雍正帝十二月令行乐轴　清

现在。据春秋时代《春王正月》说："正月为一月，人君即位，欲其常居道，胡月称正也。"意思是：古代帝王，大都在每年的头一个月接受文武百官的朝拜，为了表示庄重独尊，便将一月改为了正月。

以上解释中可见，正月的"正"为"改正"的正。那么为何又读"长征"的"征"音呢？这是因为到了秦朝，秦始皇名嬴政，为了避名讳，就把"正月"读作"正（征）月"。后来人们习惯了，就一直沿用到现在。

农历十二月为何又被称为"腊月"？

农历十二月称腊月。腊月是一年之岁尾，正值寒冬。民谚云"腊七、腊八，冻掉下巴"，正是言之其冷。"腊月"二字由来久远，主要是与岁时之祭祀有关。在我国人们把岁终祭祀祖先，祭拜众神，以祈福求寿，避灾迎祥的祭奠仪式称为"腊"。在商代，人们每年用猎获的禽兽举行春、夏、秋、冬四次大祀，祭祀祖先和天地神灵。其中的冬祀规模最大，也最隆重。

后来将冬祀称为"腊祭"。到公元前 221 年，秦始皇统一全国，下令制定历法，将冬末初春新旧交替的十二月，称为"腊月"。将举行冬祭这一天称为"腊日"。到了汉代，将腊日定为冬至后第三个戌日（干支纪日法地支为戌的日子）。因为冬至日在农历上是不固定的，故腊日也是不固定的。后来又将十二月八日定为腊日。《荆楚岁时记》载："十二月八日为腊日。"因腊日定在十二月，故十二月也称腊月。

各个不同月相的名称是什么？

在农历的每月初一，为"新月"或"朔"。

新月过后，月亮渐渐移出地球与太阳之间的区域，这时我们开始看到月亮被阳光照亮的一小部分，形如弯弯的蛾眉，所以这时的月相叫"蛾眉月"。这种"蛾眉月"只能在傍晚的西方天空中看到。

到了农历初八左右，从地球上看，月亮已移到太阳以东 90°。这时我们可以看到月亮西边明亮的半面，这时的月相叫"上弦"。上弦月只能在前半夜看到，半夜时分便没入西方。

上弦过后，月亮一天天变得丰满起来，我们可以看见月亮明亮半球的大部分，这时的月相叫"凸月"。

到了农历十五、十六时，叫"望月"或"满月"。

望月之后，月亮继续东移，月亮上升的时刻一天比一天迟，同时月亮的明亮部分也一天比一天少，到了望月后七八天，月亮又以明亮半球和黑暗半球各一半朝向地球，又成了半圆的形状，这叫作"下弦"。它依次经历凸月、下弦月和蛾眉月几个阶段后，又重新回到新月的位置。我国习惯上把下半月的"蛾眉月"称为"残月"。

古人如何纪日？

日是最早出现的计时单位。古代的纪日法，归纳起来有以下四种：

序数纪日法：如《梅花岭记》："二十五日，城陷，忠烈拔刀自裁。"《项脊轩志》："三五之夜，明月半墙。""三五"指农历十五日。《〈黄花岗七十二烈士事略〉序》："死事之惨，以辛亥三月二十九日围攻两广督署之役为最。"

干支纪日法：与干支纪年、纪月方法相同。在干支表上看，甲子为第一日，乙丑为第二日，丙寅为第三日……60 日为一周。一周完了再由甲子日起，周而复始，循环下去。例如农历己巳年（1989 年）正月初一是丁酉日，初二是戊戌日……到三月初七正好是 60 天，因此三月初二又是丁酉日。如《殽之战》："夏四月辛巳，败秦军于殽。""四月辛巳"指农历四月十三日；《石钟山记》"元丰七年六月丁丑"，即农历六月九日；《登泰山记》"是月丁未"，指这个月的十八日。古人还单用天干或地支来表示特定的日子。如《礼记·檀弓》"子卯不乐"，"子卯"，代指恶日或忌日。

月相纪日法：指用"朔、朏、望、既望、晦"等表示月相的特称来纪日。每月第一天叫朔，每月初三叫朏，月中叫望（小月十五日，大月十六日），望后这一天叫既望，每月最后一天叫晦。如《祭妹文》"此七月望日事也"；《五人墓碑记》"在丁卯三月之望"；《赤壁赋》"壬戌之秋，七月既望"；《与妻书》"初婚三四个月，适冬之望日前后"。

干支月相兼用法：干支置前，月相列后。如《登泰山记》："戊申晦，五鼓，与子颖坐日观亭。"

什么是"大时"？什么是"小时"？

古时候，在汉朝以前，"时"是指季节，"一时"相当于现在的一季。一年有四季，当然一年也就有"四时"了。直到现在，有些书中仍有用"四时"来表示一年的说法。

汉朝以后，"时"不再表示季节，而是用来表示每天计算时间的单位了。人们用"铜壶滴漏"的方法计时，把一昼夜分为12个时辰，古代的一个时辰相当于今天的两个小时。

后来，人们有把每天平均分成24份，每份仍用"时"来表示。由于这时的"一时"，只相当于汉代以后的"一时"，即"一个时辰"的一半，所指的时间缩短了，为了区别于以前的"时"，所以就把现在的"时"称为"小时"了。接着，人们又把一小时的时间划分成60等份，每份的时间叫1分；每分的时间又分成60等份，每份叫1秒。时、分、秒就这样确定下来了，这就是我们现在所知道的时、分、秒。

另外，既然有"小时"，古代也有"大时"。"小时"也是从"大时"引申而来的。人们把一昼夜分为12个时辰后，钟表传入我国。人们就把一个时辰叫作"大时"，新的时间一个钟点叫作"小时"。以后，随着钟表的普及，"大时"一词也就消失了，而"小时"却沿用至今。

什么是日晷？

最初，人们根据日月星辰在天空中的位置来判断时间，但是这种判断并不准确。后来，人们设计了一种利用太阳测定时刻的计时器——日晷。秦汉时，日晷已在民间流行。日晷是个大圆盘，晷面上刻着"子丑寅卯辰巳午未申酉戌亥"12个时辰，晷面中间插着一根铜针。在太阳的照射下，铜针的影子随着太阳的移动在晷面上慢慢地移动。移到哪个刻度上，就是到了哪个时辰。这样，计算时间就准确多了。

▲故宫日晷

古代的计时单位有哪些？

古代计时单位，跟纪时法相关。因此计时单位就有时、刻、更、点。

时：即时辰，分12个时辰。

刻：古人将一昼夜等分为100刻，一刻合现在的14分24秒。古语中的"顷刻""少顷"，均指很短的时间。

更：夜晚计时单位，一夜分五更。

点：夜晚计时单位，一更为五点，一夜五更合起来就是二十五点。

古代有哪些计时方法？

我国古代计时的四个单位是时、更、点、刻。我国古代纪时法主要有两种：

天色纪时法：古人计时，只根据天色把一日划分为若干时段，如，天将亮时为昧旦，日出为晨，太阳正中时为日中，日落之后为黄昏，夜晚叫宵或夕，等等。后来，又将一昼夜分为十二等份，即十二个时辰。古人最初是根据天色的变化将一昼夜划分为十二个时辰，它们的名称是：夜半、鸡鸣、平旦、日出、食时、隅中、日中、日昳、晡时、日入、黄昏、人定。如《孔雀东南飞》："鸡鸣入机织，夜夜不得息。""奄奄黄昏后，寂寂人定初。"

地支纪时法：汉武帝时，以十二地支代表十二时辰，以十二地支来表示一昼夜十二时辰的变化。每一时辰又分为两个小时段，如子时为子初、子正，丑时为丑初、丑正……这样，一昼夜十二时细分为二十四小时，和现在的用法完全一致了。如《失街亭》："魏兵自辰时困至戌时。"《景阳冈》："可教往来客人于巳、午、未三个时辰过冈。"《祭妹文》："果予以未时还家，而汝以辰时气绝。"

古天色纪时、地支纪时与今序数纪时对应关系见下表。

天色纪时	夜半	鸡鸣	平旦	日出	食时	隅中	日中	日昳	晡时	日入	黄昏	人定
地支纪时	子	丑	寅	卯	辰	巳	午	未	申	酉	戌	亥
现代纪时	23–1点	1–3点	3–5点	5–7点	7–9点	9–11点	11–13点	13–15点	15–17点	17–19点	19–21点	21–23点

▲地支纪时

古代十二个时辰是怎样划分的？

旧时把一昼夜平分为十二段，每段为一个时辰，合现在的两小时。十二个时辰分别以十二地支为名称。十二时辰制自西周时就已经开始使用。汉代又将其命名为夜半、鸡鸣等十二种名称，也用十二地支来表示，具体如下：

子时：夜半，又名子夜、中夜，夜最深的时候（23时至1时）。

丑时：鸡鸣，又名荒鸡，雄鸡大概在这个时候开始鸣叫（1时至3时）。

寅时：平旦，又称黎明、早晨、日旦等，东方泛白，太阳即将升起（3时至5时）。

卯时：日出，又名日始、破晓、旭日等，太阳刚刚露脸，冉冉初升（5时至7时）。

辰时：食时，又名早食等，也就是吃早饭时间（7时至9时）。

巳时：隅中，又名日禺等，临近中午（9时至11时）。

午时：日中，又名日正、中午等，太阳位于中天（11时至13时）。

未时：日昳，又名日跌、日央等，太阳偏西为日昳（13时至15时）。

申时：哺时，又名日铺、夕食等，即吃晚饭的时候（15时至17时）。

酉时：日入，又名日落、日沉、傍晚，即太阳落山的时候（17时至19时）。

▲ 故宫交泰殿铜壶滴漏

戌时：黄昏，又名日夕、日暮、日晚等，太阳已落山，天将黑未黑（19时至21时）。

亥时：人定，又名定昏等，此时夜色已深，人们已经停止活动，安歇睡眠了（21时至23时）。

什么是"更"？什么是"点"？

古人将夜里的时间分为更和点。

一夜分为五更，用鼓打更报时，所以叫作五更、五鼓，或称五夜。每更约等于一个时辰，也就是现在的两个小时。从晚上7时开始起更，一更指7时至9时，二更指9时至11时，三更指11时至次日凌晨1时，四更指1时至3时，五更指3时至5时。因为夜有长有短，所以，作为夜间的计时单位，也就随之而变化了。但无论怎样变，作为夜半的三更天，永远是五更的中段，也就是俗话说的"子夜""三更半夜"。"鸡鸣五更"就是"五更"天，就是拂晓时分。如《孔雀东南飞》："仰头相向鸣，夜夜达五更。"

古人又将一更分为五点，古代的1点合现代24分钟。例如古代人说的"三更二点"，就是指夜间11时48分。旧时北京城中有鼓楼，黄昏后鼓楼鸣鼓108声然后起更。南京、西安、天津等城市也建有鼓楼，每夜有更夫根据鼓楼上指示的时间打更报时。

夜间时辰	五更	五鼓	五夜	现代时间（大致）
黄昏	一更	一鼓	甲夜	19—21
人定	二更	二鼓	乙夜	21—23
夜半	三更	三鼓	丙夜	23—1
鸡鸣	四更	四鼓	丁夜	1—3
平旦	五更	五鼓	戊夜	3—5

科 技

为什么勾股定理又称"商高定理"？

勾股定理，即直角三角形中夹直角两边的平方和，等于直角对边的平方。这是几何中最重要的一条定理，用途很广。

据《九章算术》记载，勾股定理是在距今3000多年前的周朝的商高发现的，后来汉朝的赵爽对此做过注释，因此，在我国，勾股定理又称"商高定理"。在西方国家，勾股定理叫作"毕达哥拉斯定理"，但毕达哥拉斯发现这一定理的时间远比我国商高迟。

我国求取圆周率的重要方法割圆术是谁发明的？

割圆术是刘徽最先提出的，是古代证明圆面积公式和计算圆周率的方法。割圆术，即将圆周用内接或外切正多边形穷竭的一种求圆面积和圆周长的方法。当圆内接正多边形边数逐步增加时，其周长和面积分别逼近圆周长和圆面积。刘徽曾用此法算出圆内接正3072边形的面积，以验证圆周率的正确性。他利用割圆术科学地求出了圆周率 $\pi=3.1416$ 的结果。刘徽在割圆术中提出的"割之弥细，所失弥少，割之又割以至于不可割，则与圆合体而无所失矣"，这可视为中国古代极限观念的佳作。刘徽的割圆术，为圆周率研究工作奠定了坚实可靠的理论基础，在数学史上占有十分重要的地位。

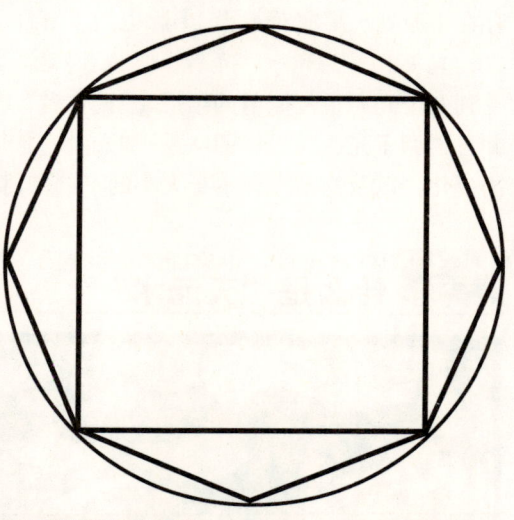

▲刘徽的割圆术原理

割圆术就是用圆的内接或外切正多边形来无限逼近圆周和圆面积，刘徽曾分割圆为192边形，得到3.14的近似值。后来他又发明了一种快捷算法，可以只用96边形得到和1536边形同等的精确度，从而得出了3.1416的数值。

祖冲之测算的圆周率数值是多少？

祖冲之，南北朝人，古代杰出的数学家、天文学家。祖冲之在数学上的杰出成就，是关于圆周率的计算。三国时期，刘徽运用割圆术，计算出圆周率 π=3.14，并指出，内接正多边形的边数越多，所求得的 π 值越精确。祖冲之在前人研究的基础上，反复演算，求出 π 在 3.1415926 与 3.1415927 之间．并得出了 π 分数形式的近似值，取 22/7 为约率，取 355/113 为密率，密率取六位小数是 3.1415929，它是分子分母在 1000 以内最接近 π 值的分数。这样精确的计算在世界上是无与伦比的，欧洲得出这个精确结果已经是 1000 多年以后的事了。

针孔成像原理是谁最早发现的？

公元前 4 世纪，墨家就做过针孔成像的实验，并给予分析和解释。《墨经》中明确地写道："景到（倒），在午有端，与景长，说在端。"这里的"午"即小孔所在处。这段文字表明小孔成的是倒像，其原因是在小孔处光线交叉的地方有点（"端"），成像的大小，与这交点的位置无关。从这里也可以清楚看到，古人已经认识到光是直线行进的，所以常用"射"来描述光线径直向前。墨家利用光的直线传播这一性质，讨论了光源、物体、投影三者的关系。《墨经》中写道："景不徙，说在改为。""光至，景亡。若在，尽古息。"说明影是不动的，如果影移，那是光源或物体发生移动，使原影不断消逝，新影不断生成的缘故。投影的地方，如果光一照，影子就会消失，如果影子存在，表明物体不动，只要物体不动，影子就始终存在于原处。墨家对本影、半影也做了解释。《墨经》中有这样的记载："景二，说在重。""景二，光夹。一，光一。光者，景也。"意思是一物有两种投影（本影、半影），说明它同时受到两个光源重复照射的结果（"说在者""光夹"）；一种投影，说明它只受一个光源照射，并且强调了光源与投影的联系（"光者，景也"）。与此相连，墨家还根据物和光源相对位置的变化，以及物与光源本身大小的不同来讨论影的大小及其变化。

什么是"天元术"？

▲汉代规矩图

天元术是中国古代求解高次方程的方法，是金朝数学家李冶在其著作《测圆海镜》中所提出的。用天、地分别表示方程的正次幂和负次幂，设天元一为未知数，根据问题的已知条

什么是盗泉？

指的是宁死不接受不义之物，以保持清白节操。典出《尸子》卷下："（孔子）过于盗泉，渴矣而不饮，恶其名也。"春秋时代，有泉名为"盗泉"，孔子经过盗泉时，虽然口渴，但恶其名，坚持不喝这里的水。

什么是"半部《论语》"？

全句为"半部《论语》治天下"。古人认为只要熟悉和运用半部《论语》，就可以治理好国家。此典与宋代的开国宰相赵普有关，赵普为小吏出身，识字不多，他每次遇到不能解决的问题，就回家闭门读书，第二天总能想出办法来。后来人们才知道他只看《论语》。

据宋人罗大经的《鹤林玉露》记载，宋太宗时赵普再次为相，朝中有人不服，讥笑他平生所读只有一部《论语》而已。宋太宗闻言召见赵普询问。赵普回答："臣平生所知，诚不出此。昔以其半辅太祖定天下，今欲以其半辅陛下致太平。"

从此以后，赵普以"半部《论语》治天下"的故事就传开了。这个故事既说明读书不在多而在精，也反映了《论语》在社会生活和政治生活中的巨大作用，以及人们对《论语》的推崇。

什么是结缨？

结缨指的是慷慨献身，为维护自身尊严而死。《左传·哀公十五年》记载，孔子的学生子路在卫国做官，在卫国内乱中，敌方用戈将子路系"冠"的带子割断了，子路因此停止战斗，捡起冠来，系上带子，结果被乘虚杀害。子路的观念与当时的士人一致，认为"君子死，不免冠"，也就是说身为君子一旦戴冠了，就是成年了，必须对自我负责，因此对冠至死亦须诚惶诚恐。子路死后受醢刑（即剁成肉酱），对此孔子非常难过，看到有肉糜的饭都不再食用。子路的英勇就义，就是践行了孔子"临危授命"等教导，对于他的死，孔子给予了极高的评价，他说子路："岁寒然后知松柏之后凋也。"只有在危难时刻才能见到一个人的真

▲子路问津图　明　仇英

来请祖父陈寔裁决。陈寔说:"元方难为兄,季方难为弟。"意思是他俩的功德都很高,难以分出上下。后来用这个成语指共过患难的人或彼此处于同样困境的人。

什么是吴下阿蒙?

吴下:现江苏长江以南;阿蒙:指孙吴大将吕蒙。后人用吴下阿蒙来比喻人学识尚浅。典出《三国志·吴书·吕蒙传》裴松之注引《江表传》:三国时,吴国大将吕蒙因军务繁忙不肯读书,后来接受孙权的劝告才努力学习。后来鲁肃接替周瑜的职务;经常与吕蒙商谈争论,总是落于下风。鲁肃拍着吕蒙的背说道:"原先我以为老弟只有武略,如今看来,老弟学识卓见渊博,不再是当年的吴下阿蒙了。"吕蒙回答:"士别三日,当刮目相看。"

什么是马齿徒增?

马齿徒增比喻年岁虽增加了,学业或事业却没有什么成就。典出《谷梁传·僖公二年》:"荀息牵马操璧而前曰:'璧则犹是也,而马齿加长矣。'"后以"马齿徒增"谦称自己虚度年华,没有成就。

什么是祸起萧墙?

祸起萧墙指祸乱发生在家里,比喻内部发生祸乱。典出《论语·季氏》:"今由与求也,相夫子,远人不服而不能来也;邦分崩离析而不能守也;而谋动干戈于邦内,吾恐季孙之忧,不在颛臾,而在萧墙之内也。"是说鲁国大夫季孙准备讨伐鲁国境内的附庸国颛臾,当时孔子的弟子冉有在季氏手下做官,便来征求孔子的意见。孔子反对季氏的征伐行动,认为财富平均,便没有贫穷;和平相处,便不会人少;安定,便不会倾危。做到这样,远方的人还不归服,就可发扬文治教化使他们归服。现在季氏之忧,不在颛臾,而在萧墙之内。

什么是散木?

散木比喻无用之才。典出《庄子·人间世》:相传古时一棵很大的栎树,枝叶能遮住上千头牛,树干有百尺围。看的人很多,但有一个姓石的木匠却不去看。他的徒弟问他为什么这样好的木材却不去看一看。他说:这是散木,做船船会沉,做棺材会很快腐烂,做用具会坏得快,做门户会吐脂,做屋柱会蛀,做什么都不行,我去看他又有什么用呢?

什么是周公吐哺?

周公吐哺形容在位者礼贤下士。典出《史记·鲁周公世家》:周公唯恐失去天下贤人,"一沐三捉发,一饭三吐哺",就是说洗一次头时,曾多次握着尚未梳理的头发;吃一顿饭时,亦数次吐出口中食物,以迫不及待地去接待贤士。曹操的《短歌行》诗云:"周公吐哺,天下归心。"

远古社会鼎盛时期的王朝——西周

西周的建立和巩固,有3个人贡献是巨大的,影响也是深远的。他们是周文王姬昌、周武王姬发、周公旦。

周朝奠基者——周文王

周文王为周王朝的建立打下坚实的基础

周文王之父季历对周边的戎狄部落发动了一系列战争,取得了辉煌的胜利。周族势力不断扩张,引起了商王文丁的猜忌,以莫须有的罪名杀了季历。周文王即位后,四处拓土,周的势力大幅度扩张;迁都到丰,并建立了一套以卿士为首的官制,健全了政治机构,积聚了一大批有才能的贵族。

嫡次子

西周王朝开国君主——周武王

周武王灭商立周

武王即位后,继行文王的治国之策,趁纣王残暴失道之机,率军讨伐。公元前1046年会诸侯于孟津,二月在殷都郊外牧野与纣王的军队展开决战,纣王的军队纷纷倒戈帮助武王,武王轻松攻进了都城朝歌,纣王在鹿台自焚身亡,殷商灭亡,周立。

四弟

周初杰出政治家——周公旦

周公旦使周王朝对天下的统治得到巩固

周武王病逝后,其子诵(13岁)继位,是为周成王。因成王年幼,由周公旦摄政。不久,武庚与管叔、蔡叔通谋发动叛乱。周公旦率军东征,用3年时间平定了叛乱,杀武庚和管叔,流放蔡叔;又消灭了东方的一些不服周的国家、部族,使周王朝对天下的统治得到巩固。

什么是南柯一梦?

南柯一梦形容一场大梦,或比喻一场空欢喜。典出唐李公佐《南柯太守传》:淳于棼做梦到大槐安国,被国王招为驸马,又任命为南柯太守,30年内有了五男二女,享尽荣华富贵。不料邻国进犯,他出师不利,妻子也死去,自己也被打发回家。醒后根据梦中光景寻找,发现所梦大槐安国原来是门前大槐树树洞中的蚂蚁窝,槐树南枝下的另一个蚁窝就是他做太守的地方。

什么是棠棣?

棠棣,又称唐棣,是一种树木名,即郁李。后用来比喻兄弟或兄弟之谊。典出《诗经·小雅》:相传周公为管叔、蔡叔兄弟不和而悲伤,召公为此做《棠棣》之歌,共八章,第一章云:"棠棣之华,鄂不韡韡,凡今之人,莫如兄弟。"

《击壤歌》说的是什么?

《击壤歌》是中国歌曲之祖。它表达了赞颂劳动、藐视"帝力"的态度。"击壤"是一种非常古老的投掷游戏。典出《帝王世记》:传说尧时有壤父五十人,击壤于康衢,有观看者赞美尧帝:"大哉!尧之为君也。"其中一壤父反驳说:"日出而作,日入而息。凿井而饮,耕田而食。帝力于我何有哉!"意为:白天出门辛勤地工作,太阳落山了便回家休息,凿井取水便可以解渴,在田里劳作就可以过上自给自足的生活。这样的生活多么惬意,遥远的皇帝老儿我也不稀罕喽,和我有什么关系呢?

《击壤歌》这首淳朴的民谣,描绘了上古尧时代的太平盛世,人们无忧无虑的生活场景,是劳动人民自食其力的生活的真实写照。

▲击壤之戏

什么是乌台诗案?

"乌台诗案"是北宋元丰二年(1079年)发生的文字狱,御史中丞李定、舒亶等人摘取苏轼《湖州谢上表》中语句和此前所作诗句,以讥讪新政的罪名逮捕了苏轼,苏轼的诗歌确实有些讥刺时政,但此事纯属政治迫害。此事为苏轼政治生涯的重大转折,他因此被

什么是掉书袋？

掉书袋是讥讽爱引用古书词句，卖弄才学的人。一般称那些说话好引经据典、卖弄学问的人为"掉书袋"。典出宋代马令《南唐书·彭利用传》："对家人稚子，下逮奴隶，言必据书史，断章破句，以代常谈，俗谓之掉书袋。"

我国明末清初时的文学家张岱在他著的《陶庵梦忆》中记载了一件典型的"掉书袋"之事：有一次，他到一个读书人家去做客，天黑时，他要告辞回家，主人挽留他道："请宽心再坐会儿，等看了'少焉'再走吧！"张岱不明白"少焉"是什么意思，主人说："我们这儿有位官宦先生喜欢掉书袋，因为苏东坡的《赤壁赋》里面有'少焉月出于东山之上'的句子，于是就把月亮叫作'少焉'，刚才我讲的'少焉'，就是指月亮。"

什么是田横五百士？

田横五百士典出《史记·田儋列传》：秦末时，原田齐宗室中的田儋和田荣、田横兄弟反秦自立，田儋为齐王。后来田儋被秦将章邯所杀，从弟田荣为王。项羽伐齐，田荣被杀，田横收复失地，立田荣子田广为王，自为相。楚汉战争中，汉王刘邦派使者郦食其赴齐连和，终于说服了田广与田横。于是田横解除了战备，设宴大事庆贺。正当齐国懈备之际，汉将韩信争功好胜，趁郦食其在齐未归之际，引兵东进，攻入齐国。田横、田广非常愤怒，认

▲田横五百士　徐悲鸿
此画是徐悲鸿大师最重要的两幅之一，完成于1930年，徐悲鸿被田横及其五百壮士的精神所打动，他甚至把他自己也绘入了画中。

为刘邦背信弃义,便立即处死了郦食其。后来韩信陷齐都城临淄,田广逃亡中被杀,田横孤军奋战,自立为王。后与其徒属五百人入海,居岛中(即今田横岛)。后田横自杀,誓死不降汉,其所从五百士也一同自杀。后人常以田横五百士为守义之士的典范。

什么是草木皆兵?

"草木皆兵"此典全句为"风声鹤唳,草木皆兵",即把风声和鸟叫声当成了敌人追赶的异常声响,一草一木也看成了敌人的军队。典出《晋书·苻坚载记》:东晋时,前秦统一北方后,一直想吞并偏安东南的晋朝,秦王苻坚亲自率领90万大军攻晋。晋国派大将谢石、谢玄领8万兵马迎战。苻坚当然很傲慢,根本没把晋军看在眼里。不料首战失利,苻坚慌了手脚。他和弟弟苻融趁夜去前线视察,他看到晋军阵容严整、士气高昂,连晋军驻扎的八公山上的草木,也影影绰绰像是满山遍野的士兵。后来双方在淝水(今安徽瓦埠湖一带)决战,秦军被彻底击溃,损失惨重,秦王苻坚自己受伤,弟弟苻融也阵亡了。前秦军队仓皇北逃,他们听到风声鸟声,都以为是晋兵仍在后穷追不舍,结果当他们回到北方时,百万大军已失去了十之七八。后人便以草木皆兵形容人在受过刺激后,心灵变得脆弱不堪,一旦风吹草动都会受不了,或者亦可形容岌岌可危的处境。

什么是华亭鹤唳?

华亭鹤唳表示对过去生活的留恋。典出南朝宋刘义庆《世说新语·尤悔》:"陆平原河桥败,为卢志所谮,被诛,临刑叹曰:'欲闻华亭鹤唳,可复得乎?'"陆平原即陆机,因其曾任平原内史,故称。华亭在今上海市松江西。陆机于吴亡入洛以前,曾闭门勤学十年,常与弟陆云同游于华亭墅中,欣赏园中仙鹤。后以"华亭鹤唳"为感慨生平,悔入仕途。

什么是千金市骨?

千金市骨比喻招揽人才的迫切。典出《战国策·燕策一》:燕昭王招纳贤才,老臣郭隗向他讲了一个寻找千里马的故事,说从前有位国君用千金求购千里马,三年都没有买到。有位侍臣用五百金买下千里马的骨头,带回来见国君。国君大怒。侍臣回答:"天下人得知你肯用五百金买回马骨,还怕千里马没有人送上门来吗?"结果不到一年,他就得到了三匹千里马。

什么是沧海一粟?

沧海一粟比喻非常渺小,微不足道。典出宋·苏轼《前赤壁赋》:"寄蜉蝣于天地,渺沧海之一粟。"苏东坡因反对王安石变法而被贬苏州。其间他两次游览黄州赤壁,并写下著名的《赤壁赋》和《后赤壁赋》。

《赤壁赋》形象地描绘了月下泛舟的场景,并写出苏轼与朋友争辩的过程。

第九章 名典名句

◀ 赤壁图　南宋　李嵩
在这幅神妙的小品画中描绘了苏轼与黄庭坚等人共游黄州赤壁的雅事。在这里，东坡居士写下《前赤壁赋》《后赤壁赋》和《念奴娇·赤壁怀古》等名篇。《念奴娇·赤壁怀古》为："大江东去，浪淘尽，千古风流人物。故垒西边，人道是三国周郎赤壁。乱石穿空，惊涛拍岸，卷起千堆雪。江山如画，一时多少豪杰。遥想公瑾当年，小乔初嫁了，雄姿英发。羽扇纶巾，谈笑间樯橹灰飞烟灭。故国神游，多情应笑我，早生华发。人间如梦，一樽还酹江月。"

他的朋友认为，曹操当年十分风光，但到了现在，也是死了，人的这一生十分短暂，如蜉蝣之于天地，粟米之于大海，匆匆而过，微不足道。但苏轼认为，人的一生虽然短暂，但可以创造价值，死而无憾。

什么是白云苍狗？

"白云"指白色云朵；"苍狗"指黑色的狗，白云苍狗比喻世事变幻无常。典出唐杜甫《可叹》："天上浮云似白衣，斯须改变如苍狗。"亦作"白衣苍狗"。

诗人王季友之妻嫌其穷困，离他而去，但世人却说这是因为王季友有外遇。杜甫深感不平，便写了《可叹》诗为王季友鸣屈。杜甫认为，这种把好人变成坏人的社会舆论，就如同白云苍狗一样。

秋天高空白云聚成许多形状，看的人可以会意为各种动物或什物，但不大一会儿，就又变成别的形状。白云与苍狗是两种毫不相干的事物，但世情之冷暖和舆论却能使它们发生关联和使之变化无常。起初可以像一件白衫，瞬息之间能使之变成黑狗。

什么是孟母断织？

孟母断织，此典故有两种说法。据《韩诗外传》记载，孟子年少时，有次吟诵诗文，其母在一旁纺织。孟子（受其影响）突然停了下来。过了一会儿，又开始吟诵。孟母知道他忘记了，便问他："为什么中间停顿了？"孟子回答说："忘记了，一会儿又记起来。"孟母便拿起刀子割断了织物，说："这个织物割断了，能够再接上去吗？"从此，孟子读书非常专心了。

407

第二种说法出自《列女传》：孟子年少时，有一天放学回家，其母问他："学习怎么样了？"孟子说："和往常一样。"孟母便拿剪刀将织好的布剪断了，孟子见状，便问母亲原因，孟母说："你荒废学业，就如同我剪断这布一样。有德行的人学习是为了增长知识，如果你现在就荒废了学业，就不免于做下贱的劳役，甚至成为盗窃之辈。"孟子听说后很受感动，于是日夜勤学，师从子思，终成一代大儒。

什么是东床快婿？

东晋时期，太尉郗鉴派一门生去王家给自己的女儿招一名乘龙快婿。王家同意了，并邀请他到东厢房去看，王家的所有子弟都在那里。门生逐个观察以后，就回去向太尉禀报。他说，王家的子弟看上去个个是青年才俊，卧虎藏龙。但是他们知道我是来招女婿以后，态度就显得非常矜持，不自然。唯有东床上面有一个青年，旁若无人、袒腹而食，根本不把这个消息当成一回事。太尉听到这里，马上脱口而出："此人正是佳婿！"第二天，他再去派人去打听这个青年是何许人也，原来此人正是王羲之。此后人们便称女婿为"东床快婿"。

什么是结草衔环？

结草衔环比喻感恩报德，至死不忘。"结草"与"衔环"出自不同的典故。

"结草"典出《左传·宣公十五年》：晋国大夫魏武子有位爱妾祖姬，无子。魏武子每次出征都的时候嘱咐儿子魏颗说："我若死了，你一定要选良配把她嫁出去。"

后来魏武子病重，又对魏颗说："我死之后，一定要让她为我殉葬，使我在九泉之下有伴。"等到魏武子死后，魏颗没有把祖姬杀死陪葬，而是把她嫁给了别人。后来秦桓公出兵伐晋，晋军和秦兵交战，晋将魏颗与秦将杜回相遇，正在二人厮杀难分难解之际，突然一老人用草编的绳子套住杜回，使其站立不稳，摔倒在地，当场被魏颗所俘，使得魏颗在这次战役中大败秦师。当天夜里，魏颗梦见了那位老人，老人说："我是祖姬的父亲。我在九泉之下感谢你救女之恩，今天这样做是为了报答你！"

"衔环"典出《后汉书·杨震传》中的注引《续齐谐记》：杨震的父亲杨宝9岁时，在华阴山北，见一黄雀被老鹰所伤，坠落在树下，为蝼蚁所困。杨宝怜之，将其带回家养伤，百日之后，黄雀羽毛丰满，就飞走了。

当夜，有一黄衣童子向杨宝拜谢说："我是西王母的使者，君仁爱救拯，实感成济。"并以白玉环四枚赠予杨宝，说："它可保佑你的子孙位列三公，为政清廉，处世行事像这玉环一样洁白无瑕。"后来杨宝的儿子杨震、孙子杨秉、曾孙杨赐、玄孙杨彪四代官至太尉，且都刚正不阿、为官清廉，为后人所敬仰。

什么是苏武节？

苏武节赞美忠贞不屈的节操，尤其体现在爱国方面。典出《汉书·苏武传》：汉武帝天

第九章 名典名句

汉元年(公元前100年)派中郎将苏武庑执节出使匈奴,被匈奴扣留19年。匈奴的首领单于多次威胁利诱,劝说苏武投降,却被苏武严词拒绝了。单于见劝说无效,就把他流放到北海(今贝加尔湖)边牧羊,并断绝食物供应,希望这样可以改变苏武的信念。单于说:"什么时候这些羊生了羊羔,你就可以回到中原去。"

苏武到了贝加尔湖边,发现分给他的羊都是公羊,这里人迹罕至、交通不便,单凭个人的能力是无论如何也逃不掉的。苏武只好和这些羊做伴,每天拿着手中的"节"放羊,心想总有一天能够拿着回到自己的故乡。

当时正是数月寒冬,下着鹅毛大雪。苏武渴了,就吃一把雪;饿了,就嚼毡毛、掘野鼠充饥。就这样一直坚持了19年,后来汉匈关系缓和,苏武终于回到汉朝,此时他所持庑节上的毛都脱落了,苏武须发皆白。苏武忠贞不屈的精神,受到后人的敬仰,他的事迹被编成歌曲、戏剧、故事等,广为流传。

▲苏武牧羊图　清　任颐

什么是沧海桑田?

沧海:大海;桑田:种桑树的地,泛指农田。沧海桑田,指大海变成农田,农田变成大海。比喻世事变化很大。

典出葛洪的《神仙传·麻姑》:汉桓帝时,神仙王方平下凡到蔡经家里……一会儿,麻姑也到了,蔡经全家都见了她。她进来拜见王方平,王方平也站起来迎接她。

麻姑说道:"从上次接见以来,已经看到东海三次变为桑田。刚才到蓬莱仙岛,见东海水又比过去浅了,计算时间大约才过了一半,难道又要变成丘陵和陆地吗?"方平笑道:"圣人都说,东海又要干涸,行将扬起尘土呢!"

什么是杵臼之交?

杵:即舂米的木棒;臼:为舂米时放谷子的石臼。杵臼之交比喻交朋友不计较贫富和身份。典出《后汉书·吴佑传》:汉儒生公沙穆到京城游学,因资粮匮乏,就变装受雇为吴佑舂米;吴佑跟他交谈,发现他很有才能,二人就定为杵臼之交。

什么是东山再起?

东山再起指退隐后再度出任要职,也比喻失势后重新得势。典出《晋书·谢安传》:东晋时期，谢安坚决辞去官职到会稽附近的东山隐居，经常有文人前来拜访他，与他饮酒赋诗。前秦南侵，东晋危在旦夕，谢安临危授命，当了东晋的宰相，指挥军队在淝水成功打败前秦军队，并趁机率军北伐收复许多失地。

什么是陈蕃室？

陈蕃室喻指胸怀天下者的居室。典出《后汉书·陈蕃传》：陈蕃15岁时，所居室院污秽不堪，父亲的朋友薛勤来访，问他："为什么不打扫待客？"陈蕃回答："大丈夫应当扫除天下，何必在乎区区一居室呢？"薛勤认为陈蕃胸怀大志，从此对他刮目相看。这便是"陈蕃室"一词的来源。待到清朝之时，刘蓉的《习惯说》中讲道："蓉少时，读书养晦堂之西偏一室……室有洼，径尺……即久而遂安之。一日，父来室中，顾而笑曰：'一室之不治，何以天下家国为？'"于是又出现了"一屋不扫，何以扫天下"的反驳观点。

什么是相濡以沫？

相濡以沫比喻一家人同在困难的处境里，用微薄的力量互相帮助，延续生命。典出《庄子·大宗师》：泉水干了，两条鱼一同被搁浅在陆地上，互相呼气、互相吐沫来润湿对方，显得患难与共而仁慈守义，其实与其这样，倒不如湖水涨满时，各自游回江河湖海，彼此相忘来得悠闲自在。

庄子的意思是说，与其称誉尧而谴责桀，不如把两者都忘掉而把他们的作为都归于事物的本来规律。因此相濡以沫实质上是并没有感情色彩的本能性求生行为，但现在一般用来赞扬亲情爱情的忠贞，与"患难见真情"相似。

什么是解衣推食？

解衣推食形容对人热情关怀，甚至有笼络之意。典出《史记·淮阴侯列传》：楚汉相争时，韩信奉刘邦之命，率军攻打齐王田广，消灭了田广和前来增援的楚军大将龙且。韩信平定齐国后，派人向汉王上书说："齐国人狡诈多变，反复无常，并且南面的边境与楚国交界，如果不设立一个暂时代理的王来镇抚局势，必定不能稳定齐国。为了稳定当前的局势，请允许我暂时代理齐王。"

当时，汉王刘邦正被楚军困于荥阳，看到来信，刘邦只得封韩信为齐王，征调他的军队攻打楚军。

韩信被册立为齐王后，一心一意归属汉。项

▲韩信像

羽见韩信占领齐地,就派一名叫武涉的人去劝说韩信,让他脱离汉王,自立为王。韩信拒绝说:"汉王不仅重用我,封我为大将军,让我指挥几万人的大军,而且还非常关心我,'解衣衣我,推食食我'(把衣服脱给我穿,把食物让给我吃),所以我才会有今天。汉王对我如此亲近、信赖,我怎能背叛他呢?"

什么是程门立雪?

程门立雪比喻求学心切,而且对有学问的长者非常尊敬。典出《宋史·杨时传》:杨时到洛阳拜见程颐,程颐正在午睡,杨时就立在门外没有离开。等程颐察觉的时候,门外的雪已经一尺多深了,但杨时依然站在那里。

程颐被杨时诚心求学的精神所感动,尽心尽力地教导他。后来,杨时不孚众望,学到了程门理学的真谛。

什么是一字师?

一字师指订正一字之误,即可为师,亦指尊称仅更换诗文中一二字而使诗文更加经典的人。典出五代王定宝《唐摭言·切磋》:李相读《春秋》,叔孙婼之"婼"应读"敕略切",李误为"敕晷切",旁边小吏帮他纠正过来,李公大为惭愧,于是"命小吏受北面之礼,号曰'一字师'"。

什么是鼓盆而歌?

鼓盆而歌表达对生死的乐观态度。典出《庄子·至乐》:庄子的妻子去世了,惠施前来吊唁,只见庄子满不在乎地叉开双腿坐在地上,一面敲击瓦盆,一面唱歌。惠施说:"你同妻子共同生活,生儿育女过了一辈子。现在她死了,你不哭已经不近人情,竟然还敲盆唱歌,也未免太过分了!"庄子说:"不是这样的。妻子刚死的时候,我又何尝不悲伤!不过转念一想,当初她本来就是没有生命的;不但没有生命,而且也没有形体;不但没有形体,也没有变成人的那种元气。后来恍恍惚惚之间,有了变成人的那种元气,元气变化成她的形体,形体变化为有生命。如今,又重新变化为死。这种生与死的变化,正像春秋冬夏四季的变化一样,是十分自然的事情。现在她怡然安卧于天地之间,如果我呜呜地为此痛哭,那就太不懂得自然变化的至理了,所以我就不哭了。"

什么是沆瀣一气?

沆瀣一气比喻志趣相同的人联合在一起,现在表示臭味相投的人勾结在一起,为贬义。典出宋代钱易的《南部新书·戊集》:唐僖宗当政期间,京城举行会试。有个叫崔瀣的很有才华,考下来自己感觉也不错就等着发榜了。而主管这次考试的官员名叫崔沆,他觉得崔瀣的文章不错，便将崔瀣录取了。发榜那天，崔瀣见自己榜上有名，非常高兴，去拜访崔沆。正巧"沆""瀣"二字合起来是一个词，表示夜间的水气、雾露。于是，爱凑趣的人就把二人名字合在一起编成两句话："座主门生，沆瀣一气。"意思是，他们师生两人像是夜间的水气裹在一起，言外之意是二人有舞弊的嫌疑。

什么是好好先生？

好好先生形容一团和气、与人无争、不问是非曲直、只求相安无事的人。典出南朝刘义庆的《世说新语·言语》：后汉时候的司马徽从来不说别人的短处、坏处，他跟人说话时，不论是美的丑的，还是好的坏的，他都说好。别人问他"身体好吗"，他就回答"好"。曾经有个人告诉他，自己的孩子死了，司马徽说："非常好。"结果他妻子就责备他说："别人因为你品德好，才告诉你这件事，为什么你听到人家的孩子死了，你也说好呢？"司马徽接着说："你说的这些话也非常好！"

司马徽之所以总说"好"，是由于当时社会斗争复杂，有不少文人因言论获罪下狱，甚至惨遭极刑。因此，司马徽经常装糊涂，从来不说别人的短处，无论事情是好是坏，他都回答"好"。

后来，人们就将脾气随和、四面顺应，不肯轻易得罪人的人称为"好好先生"。

▲ 司马徽
司马徽，号水镜先生，就是《三国演义》中向刘备推荐卧龙、凤雏的那位名士。

什么是皮里阳秋？

皮里：指内心。阳秋："阳"为避"春"讳，实为"春秋"，指《春秋》。《春秋》相传为孔子编订的鲁国历史，其对历史人物和事件往往寓有褒贬而不直言，这种写法被后世称为"春秋笔法"。"皮里阳秋"就是指藏在心里而不说出来的言论。典出《晋书·褚裒传》："谯国桓彝见而目之曰：'季野有皮里阳秋。'其言外无臧否，而内有所褒贬也。"

什么是郢匠挥斤？

郢匠挥斤比喻纯熟、高超的技艺。典出《庄子·徐无鬼》：古代郢人鼻尖上沾上一点如苍蝇翅膀大小的白垩，他让匠人用斧子把白垩削掉。匠人挥动斧子呼呼有风，得心应手地削尽白垩，而郢人鼻子却不曾受伤，其脸上也毫无惧色。

什么是中山狼？

中山狼比喻忘恩负义的无耻之徒。典出明代马中锡的《中山狼传》：赵简子在中山打猎，一只狼将被杀时遇到了东郭先生，并求东郭先生救它。狼对东郭先生说："先生，如果你能借布袋让我躲一会儿，等灾难过去，我一定会报答你的大恩的。"东郭先生答应了。猎人没有发现狼，向远处走去了。危险过去后，狼反而想吃掉东郭先生。

什么是抱刺？

刺：名片。抱刺比喻求人引荐。典出《后汉书·文苑传上·祢衡》：东汉祢衡生性傲慢，为了寻找名人替他引荐，便用木片做了一块名刺，外出求人，但一直也没找到合适的对象。久而久之，名刺上的字都磨灭了。

什么是挂冠？

挂冠指辞官、弃官。典出东晋袁宏的《后汉纪·光武帝纪五》：王莽执政时，杀了逢萌的儿子。逢萌见政治黑暗，天下将大乱，就摘下帽子挂在长安东郭的城门上，携家眷泛海而去，客居于辽东。

什么是李广难封？

李广难封形容功高不赏，命运乖舛。典出唐王勃《滕王阁序》："嗟乎！时运不齐，命途多舛；冯唐易老，李广难封。"西汉大将李广屡击匈奴，身历70余战，战功显赫，有"飞将军""猿臂将军"之称。当时，诸部校尉以下，才能、名声不如李广而因军功封侯者有数十人，唯独李广至死未被封侯。

▶ 李广射石图　清　任颐
唐代诗人卢纶诗："林暗草惊风，将军夜引弓，平明寻白羽，没在石棱中。"即讲李广射石这件事，极力称赞李将军的高超箭术和神勇。

什么是楚囚？

楚囚本指春秋时被俘到晋国的楚国人钟仪，后用来借指被囚禁的人，也比喻处境窘迫、无计可施的人，现在多用来比喻陷入敌方阵营但仍然坚贞不屈的人。典出《左传·成公九年》：楚共王在位时，楚国攻郑，钟仪随军出征，由于战败，钟仪沦为战俘，后来郑国人将他转交晋国，称其为"楚囚"。

在被囚期间，钟仪怀念故国，不忘家乡，被关押两年，仍戴着楚国的帽子。晋景公感其忠贞，将钟仪释放出来，并召见了他，询问其家世。钟仪说："我的先世是职业乐师。"晋景公让他奏乐，钟仪拿起琴，弹起了楚国的乐曲。晋景公又让他评论一下楚共王，钟仪拒不评论。

晋国大夫范文子得知后，对晋景公说："这个楚囚，真是既有学问，又有修养。他尊敬君王，不忘故旧，应该放他回去，让他为晋楚两国修好做一些事。"晋景公听从了范文子的建议，释放了钟仪。

接舆歌凤说的是什么？

接舆是春秋时楚国的隐士。姓陆，名通，字接舆。平时"躬耕以食"，佯狂不仕，所以也被人们称为楚狂接舆。典出《论语·微子》：楚国狂人接舆唱着歌从孔子车前走过，他唱道："凤兮凤兮，何德之衰？往者不可谏，来者犹可追！已而！已而！今之从政者殆而！"意思是说：凤鸟啊凤鸟！你的德行怎么衰退了呢？过去的事情已经不能挽回了，未来的事情还来得及把握。算了吧，算了吧！如今那些从政的人都危险啊！孔子认为他是贤人，于是下车，想和他交谈，但接舆很快就走开了。唐代李白有诗曰："我本楚狂人，凤歌笑孔丘。"

▲楚狂接舆　明
接舆是楚国的隐士，他路遇孔子，将孔子比喻为凤鸟，劝他不要为政治而奔波，转而归隐山林。

什么是断袖之癖？

断袖之癖原指男子的同性恋行为，现男女不限。典出《汉书·董贤传》：西汉的董贤长得很美，深受汉哀帝的喜爱，两人形影不离，同车而乘，同榻而眠。一次午睡，董贤枕着哀帝的袖子睡着了。哀帝想起身，却又不忍惊醒董贤，便拔剑割断了衣袖。

什么是五日京兆？

五日京兆比喻任职时间不会长或即将去职，也指凡事不做长久打算。典出班固的《汉书·张敞传》：西汉时期，平通侯杨恽因居功自傲而被判死刑，与杨恽有关的官员几乎都被停职，唯有他的朋友京兆尹张敞因为受汉宣帝的信任暂时还没有停职。张敞的手下絮舜认为他也即将停职，说他是"五日京兆"而拒绝办公，结果张敞在卸任之前严惩絮舜。

什么是身无长物？

身无长物形容极其贫穷。典出南朝刘义庆的《世说新语·德行》：王恭从会稽回来，王大去看他。王大看王恭坐在一张六尺长的竹席上，就对他说："你从东边回来，一定有很多这种东西，能不能给我一条？"王恭没有回答。王大离去后，王恭就把席子给王大送去了，自己没有竹席了，就坐在草垫上。后来王大听说此事，十分吃惊，就对王恭说："我本来以为你那里有很多呢，所以才要的。"王恭回答说："您不了解我，我身边从来没有多余的东西。"

什么是问鼎？

问鼎指图谋夺取政权，也指取得某些体育运动的顶尖成绩。典出《左传·宣公三年》：楚庄王以讨伐入侵者的名义来到周天子的都城洛阳，在周天子境内检阅军队。周定王派大夫王孙满去劳军，楚庄王借机询问九鼎的大小轻重。

九鼎是大禹治水时，用九州进贡的铁铸成的，九鼎被视为传国重器，是国家和权力的象征。它象征着天子的尊严、王位的神圣，从来都是奉若神明，不容许任何人过问的。听到楚庄王的问话，王孙满便说："政德清明，鼎小也重；国君无道，鼎大也轻。周王朝定鼎中原，权力天赐，鼎的轻重不当询问。"楚庄王问鼎，大有欲取周朝天下而代之的意思，结果遭到定王使者王孙满的严词斥责。

▲ 后母戊大方鼎　商

什么是长乐老？

长乐老喻借指凭靠阿谀取荣而长保禄位的人。典出《新五代史·杂传十六·冯道》："当是时，天下大乱，戎夷交侵，生民之命，急于倒悬。道方自号'长乐老'，著书数百言，陈己更事四姓及契丹所得阶勋官爵以为荣。"五代时期，冯道历任后唐、后晋之宰相，契丹灭后晋，又到契丹任太傅，后汉时任太师，后周时任太师、中书令。他一人事五朝，且官职都不下宰相，在中国历史上绝无仅有。后人对其多有贬斥，认为他毫无原则、不守臣节。

什么是弹冠相庆？

弹冠相庆比喻一个人做了官，而他的朋友也互相庆贺，认为将有官可做，多用于贬义。后泛指坏人得意的样子。典出东汉班固的《汉书·王吉传》：王吉与贡禹很要好，王吉做了官，贡禹也拿出帽子弹去灰尘，准备出仕。

什么是坠楼人？

"坠楼人"指晋石崇的宠姬绿珠，一般引申为忠于夫君的女子。典出《晋书·石崇传》：石崇宠爱丽姬绿珠，为她造金谷园。绿珠能吹笛，又善舞。石崇自制《明君歌》以教之。孙秀闻其名，惊其艳，故遣使求绿珠。石崇怒曰："吾所爱，不可得也！"孙秀恼羞成怒，

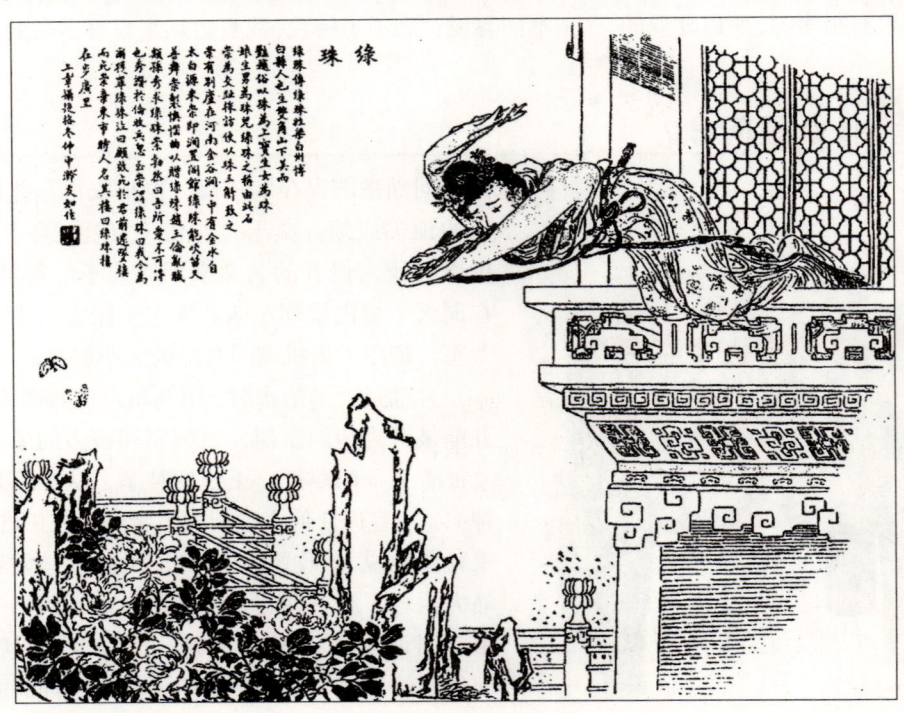

▲ 绿珠　清　吴友如
绿珠是中国历史上著名的美女，她为石崇跳楼而死，后人怜之，便以她为八月桂花神。

在赵王司马伦前陷害石崇。其时石崇正在楼上设宴，有士兵来缉拿他。石崇对绿珠说："我今为尔获罪。"绿珠哭着说："当效死于君前！"遂自投于楼下而死。杜牧有诗："日暮东风怨啼鸟，落花犹似坠楼人。"

什么是捉刀人？

捉刀人原指曹操。因上古以刀为笔，在甲骨、竹简上刻字，所以后又称代人写文章者为"捉刀人"。典出南朝刘义庆的《世说新语·容止》，传说，魏武帝曹操要接见匈奴的使者，却觉得自己的相貌不好看，不足以镇服匈奴，就让他认为相貌较好的崔琰代替他接见，他自己则握刀站在坐榻旁边做侍从。接见完毕后，曹操派间谍去问匈奴使者："魏王这人怎么样？"匈奴使者评价说："魏王气质高雅，不同寻常，但是坐榻边上拿刀的那个人，才是真正的英雄。"曹操听说后，就派人追去，杀掉了这个使者。

什么是画虎不成反类犬？

画虎不成反类犬比喻好高骛远，却终无成就，反留笑柄，也比喻仿效失真，反而弄得不伦不类。典出范晔《后汉书·马援传》：东汉伏波将军马援的两个侄子喜欢结交游侠，马援写信告诫他们说："你们应当学谦恭好学的龙伯高，而不要学豪侠好义的杜季良。因为豪侠学不到，反而变得轻薄，就像画虎不成反类狗一样。"

什么是应声虫？

应声虫比喻自己胸无主张，随声附和他人的人。典出唐代刘束的《隋唐嘉话》：相传，古时有人得了应声虫病，他说什么，肚里的虫也说什么。有人叫他读《本草》，当他读到中药"雷丸"时，虫就不作声了。于是他就吃"雷丸"，病果然好了。

什么是上下其手？

上下其手比喻玩弄手法，串通作弊。典出《左传·襄公二十六年》：楚襄王二十六年（公元前547年），楚国攻打郑国，穿封戍和公子围合攻郑国大夫皇颉，穿封戍俘获了他。战后，公子围争功，穿封戍不服，请太宰伯州犁裁决。伯州犁对皇颉介绍公子围时便有意把手抬高，介绍穿封戍时便把手降低，于是皇颉会意说是公子围俘获他的。

什么是羞与哙伍？

哙指樊哙。韩信鄙视樊哙，不屑与他同为列侯。羞与哙伍泛指以跟某人在一起为耻。典出司马迁的《史记·淮阴侯列传》："信尝过樊将军哙，哙跪拜送迎，言称臣，曰：'大王乃肯临臣！'信出门，笑曰：'生乃与哙等为伍。'"

什么是丧家之犬？

丧家之犬比喻无处投奔、到处乱窜的人。典出《史记·孔子世家》：孔子到郑国时，与弟子们走散。这时有个郑国人对子贡说："东门有一个人，额头长得像尧，颈项长得像皋陶，肩膀长得像子产，自腰以下比禹短三寸，神情疲惫，像只丧家之犬。"子贡见到孔子后，把这番话如实告诉了他。孔子欣然笑着说："说我像尧啊像舜啊我看未必，说我惶惶如丧家之犬，倒真有点儿神似。"

▲孔子圣迹图页

什么是弄獐宰相？

弄獐宰相多用来讥讽缺乏文化知识，又自以为是的为官者，也用来讽刺常用错别字、文化水平低的官员。典出《旧唐书·李林甫传》：唐朝权相李林甫一次写信庆贺亲戚生了孩子，将"弄璋"（古称生男为"弄璋"，璋为玉器）写成了"弄獐"（獐为一种野兽）。后人便以"弄獐宰相"来戏称没有文化的权贵。

什么是伴食宰相？

伴食宰相用来讽刺无所作为、不称职的官员。典出《旧唐书·卢怀慎传》：唐代官员卢怀慎开元三年升黄门监，与紫微令姚崇共同处理军机大事。卢怀慎胆小怕事、懦弱无能，遇事不敢自己做主，把一切事务全推给姚崇处理。很多人都对卢怀慎的这种吃饭不做事的行为不满，私下送他"伴食宰相"的外号。

什么是执牛耳？

执牛耳泛指在某一方面居于权威的地位。典出《左传·哀公十七年》：当时各国诸侯订立盟约，必须举行"歃血为盟"的仪式。先将牛耳割下取血，并将牛耳放在珠盘上，由主盟者执盘，当时便称主盟者为"执牛耳"。

什么是食言而肥？

食言而肥指不守信用，只图自己占便宜。典出《左传·哀公二十五年》：在春秋时代，鲁国有个大臣叫孟武伯，他最大的毛病是说话不算数。有一天，鲁哀公举行宴会招待群臣，孟武伯参加了。在宴席上，孟武伯不喜欢另一位大臣郑重，便故意问他："先生怎么越来越胖了？"哀公听见了，说："一个人常常吃掉自己的诺言，能不胖吗！"

什么是唾面自干？

唾面自干形容受了污辱，却依然极度容忍，不加反抗。典出《新唐书·娄师德传》：娄师德的才能颇受武则天赏识，招来很多人的嫉妒。在他弟弟外放做官的时候，他告诫他弟弟说："我现在得到陛下的赏识，已经很多人在陛下面前诋毁我了，所以你这次在外做官一定要事事忍让。"他弟弟说："就算别人把吐沫吐在我的脸上，我也自己擦掉。"娄师德说："这样还不行，你擦掉就是违背别人的意愿，要能让别人消除怒气，你就应该让唾沫在脸上自己干掉。"

什么是杜撰？

杜撰指没有根据地编造、虚构。典出宋代王楙的《野客丛书·杜撰》：古时候，有个叫杜默的人，喜欢作诗。但是，他写的诗，内容空泛，不着边际，毫无真情实感。而且，他的诗不讲韵律，有人说他写的东西，诗不像诗，文不像文，实在是不伦不类。他却常常在诗的后面署上自己的大名"杜默撰"三字，所以经常被人耻笑。后来人们就把"杜默所撰"简化为"杜撰"了，用来指称信口开河或不通文理的文章。

什么是逐客令？

秦始皇曾下令驱逐从各国来的客卿，后泛指主人赶走不受欢迎的客人为下逐客令。典出《史记·李斯列传》：秦国贵族劝秦始皇下令驱逐在秦做官的外国人。楚人李斯当时在秦做客卿，也在被驱逐之列。这时李斯写出了著名的《谏逐客书》，慷慨陈词，反对逐客。秦始皇被李斯说服，废除了逐客令，并恢复了李斯的官职。

▲泰山刻石 秦
此相传为秦丞相李斯手书，书体是标准的小篆，结构特点直接继承了石鼓文，又比之更加简化和方整。

什么是牛衣对泣？

牛衣：牛畜御寒遮雨的覆盖物。牛衣对泣原指睡在牛衣中，相对涕泣；后比喻夫妻共度贫困生活。典出《汉书·赵尹韩张两王传》：王章少时为诸生，求学于长安，与妻共居。一日，王章得病，因贫无被，只好睡在麻编的牛衣之中，自料必死无疑，便与妻诀别而泣。其妻斥之曰："仲卿！京师朝中贵人无一超乎君，今贫病交迫，不自发愤图强，反而啜泣，无志气也！"

什么是青蝇吊客？

青蝇吊客原指死后只有青蝇作为吊唁的宾客，后比喻人生无一知己。典出《三国志·吴志·虞翻传》裴注：三国时期，会稽人虞翻在孙权手下任都尉，他为人狂放不拘，敢于直言劝谏。他因醉酒骂张昭与孙权，被孙权流放到交州。虞翻在流放途中潜心钻研古籍，广收门生。闲暇中，他感慨自己没人可以交谈，死后只有青蝇作为吊唁的宾客。

什么是糟糠？

糟糠指贫穷时共患难的妻子。典出《后汉书·宋弘传》：光武帝的姐姐湖阳公主不幸亡夫，刚刚守寡，想下嫁宋弘，便托光武帝说亲。光武帝对宋弘说："贵易交，富易妻，这都是人之常情。"宋弘却说："贫贱之交不可忘，糟糠之妻不下堂。"

什么是社鼠？

"社鼠"典故全句为"城狐社鼠"，比喻依仗权势作恶的人。典出《晏子春秋》：齐景公问晏子："治理国家怕的是什么？"晏子回答说："怕的是社庙中的老鼠。"景公问："说的是什么意思？"晏子答道："社是指，把木头一根根排立在一起，并给它们涂上泥。但是老鼠却栖居于此。你用烟火熏则怕烧毁木头，用水灌又有怕毁坏涂泥。这种老鼠之所以不能被除杀，是由于社庙的缘故啊。国家也有啊，国君身边的便嬖小人就是社鼠啊。在朝廷内便对国君蒙蔽善恶，在朝廷外又向百姓卖弄权势，不诛除他们，他们便会胡作非为，危害国家；要诛除他们吧，他们又受到国君的保护，国君包庇他们，宽恕他们，实在难以对他们施加惩处。"

什么是掩鼻工谗？

掩鼻工谗指因嫉妒而设计陷害。典出《韩非子·内储说下》：战国时期，魏襄王送给楚怀王一位美人，楚怀王对她非常宠爱，楚王的夫人郑袖因此非常嫉妒。有一天，郑袖对这位美人说："君王非常喜欢你的美貌，可是不喜欢你的鼻子，你要得到君王的长久宠爱，今后见君王时，最好把鼻子掩住。"这位美人听了就按她说的去办。楚王对此大为不解，就前去问郑袖其中的缘故。郑袖装出欲说不说的样子，在楚王的再三追问下，她才说这位美人是厌恶楚王有臭味。楚王听后非常生气，便下令将美人的鼻子割掉了。

名 句

关于修身的名句有哪些？

人必其自爱也，然后人爱诸；人必其自敬也，然后人敬诸。

——出自汉代扬雄《法言·君子》。诸：之。意思是：人一定要先自爱，然后别人才会爱他；一定要先自敬，然后别人才会尊敬他。

人谁无过？过而能改，善莫大焉。

——出自《左传·宣公二年》。意思是：人，有谁能够没有过错呢？有了过错能够改正，就是再好不过的事了。

宁人负我，无我负人。

——出自元代张养浩《牧民忠告》。负：辜负，对不起。意思是：宁可让别人对不起我，也不愿自己对不起别人。

吾日三省吾身：为人谋而不忠乎？与朋友交而不信乎？传不习乎？

——出自《论语·学而》。省：反省，检查。传：老师讲授的知识。意思是：我每天都问自己三件事：为别人做事是否忠诚？与朋友交往有没有不守信用？老师传授的知识都学了吗？

▲ 吾日三省吾身

耳不闻人之非，目不视人之短，口不言人之过。

——出自宋代林逋《省心录》。闻：探听。意思是：耳朵不要探听别人的错误，眼睛不要盯着别人的短处，嘴巴不要说道别人的过失。

不苟訾，不苟笑。

——出自《礼记·曲礼》。訾：诋毁。苟：随便，轻易。笑：讥笑。意思是：不随随便便诋毁别人，也不随随便便讥笑别人。

不可以律己之律律人。

——出自元代张养浩《牧民忠告》。意思是：不能拿着要求自己的准则来要求别人。

责己要厚，责人要薄。

——出自《养正遗规》。厚：严格。意思是：对待自己要严格，而对待别人则要多加宽容。

宁为鸡口，无为牛后。

——出自《战国策·韩策一》。牛后：指牛肛门。意思是：宁愿做小而洁净的鸡口，也不愿做大而肮脏的牛肛门。现多用来比喻人宁愿在小地方自主，也不愿在大地方受人支配。

满招损，谦受益。

——出自《尚书·大禹谟》。意思是：骄傲自满会招致损害，谦虚谨慎会带来益处。告诫人们应谦虚处世。

男儿要当死于边野，以马革裹尸还葬耳。

——出自《后汉书·马援传》。马革裹尸：用战马的皮包裹尸体，比喻战死沙场。意思是：好男儿应当为国家而战死沙场，用战马的皮包裹着自己的尸体回来安葬。

苟利社稷，死生以之。

——出自明代张居正《答福建巡抚耿楚侗谈王霸之辩》。以：给予，付与。意思是：只要是对国家对社稷有好处，我就会连生命都全部献上。

人必自侮，然后人侮之。

——出自《孟子·离娄上》。意思是：人一定是先自取其辱了，然后别人才会来侮辱他。

▲马援 明 《三才图会》
马援是东汉初期的著名大将，他老当益壮，60多岁仍然出征。他曾说："男儿要当死于边野，以马革裹尸还葬耳，何能卧床上，在儿女手中邪？"

小善不足以蔽身，勿以小善而自怠；小恶不足以灭身，勿以小恶而自暇。

——出自宋代黄晞《聱隅子·道德篇》。蔽身：遮护自身。意思是：小的善行虽然不足以庇护自身，但不要因为是小善就懒得去做；小的恶行虽然不足以毁掉自身，但也不要因为是小恶就轻易而为之。说明"勿以善小而不为，勿以恶小而为之"的道理。

第九章 名典名句

天作孽，犹可违；自作孽，不可活。

——出自《孟子·公孙丑上》。意思是：如果是自然所造成的灾害，还可以避免；但如果是自己种下的罪孽，则是不能逃避的。

勿以恶小而为之，勿以善小而不为。

——出自《三国志·蜀志·先生传》。意思是：不要因为一件坏事很小，就放任自己去做；不要因为一件善事很小，就轻易不做。

多行不义，必自毙。

——出自《左传·隐公元年》。毙：死亡。意思是：多做不道义的事情，一定会自取灭亡。

玩人丧德，玩物丧志。

——出自《尚书·旅獒》。意思是：喜欢玩弄别人，会有损自己的道德，只顾迷恋喜欢的器物，会让人丧失掉进取的心志。

欲人不知，莫若不为；欲人不闻，莫若勿言。

——出自唐代吴兢《贞观政要·公平》。意思是：要想不让人知道，最好的办法是不要做；要想不让人听到，最好的办法就是不要说。

画龙画虎难画骨，知人知面不知心。

——出自明代施耐庵《水浒传》。意思是：龙和虎的外形都容易描画，但却难画其骨；认识一个人、认识他的面孔，但却不知道他的心里在想什么。用来比喻人心难测。

桃李不言，下自成蹊。

——出自汉代司马迁《史记·李将军列传》。意思是：桃树和李树本不会讲话，但因为其花果能吸引人们，所以，树下人来人往自然就踏出小路来了。用来比喻品德高尚的人不

▲梁山泊收关胜

尚虚名，而实至名归。

大丈夫宁可玉碎，不能瓦全。

——出自唐代李百药《北齐书·元景安传》。意思是：宁可做玉器被打碎，也不能做陶器而得到保全。用来比喻为了保持气节宁可牺牲，也不会不顾名节地苟且偷生。"宁为玉碎，不为瓦全"即由此而来。

有欲则不刚，刚者不屈于欲。

——出自宋代杨时《河南程氏粹言·论学篇》。欲：私欲。意思是：人有了私欲就会变得不刚正，而刚正的人是不会向私欲屈服的。

与政治有关的名句有哪些？

以德服人者，中心悦而诚服也。

——出自《孟子·公孙丑上》。意思是：依靠自己的德行让人信服的，人们才会喜欢，才能心悦诚服。

君有妒臣，则贤人不至。

——出自《荀子·大略》。意思是：如果国君周围有爱嫉妒他人的臣子，那么贤良之士就不会来辅佐他。

上不正，下参差。

——出自晋代杨泉《物理论》。参差：指混乱的样子。居上位的人行为不端正、不正派，居下位的人就会错误百出。说明领导者应严于律己、以身作则。

公生明，偏生暗。

——出自《荀子·不苟》。暗：愚昧、糊涂。意思是：公正就会使人明于事理，偏私就会使人愚昧糊涂。说明为政者应该时刻保持公正之心。

家贫思良妻，国乱思良相。

——出自《资治通鉴》。意思是：家境贫困，就会想要一个贤德的妻子；国家出现动乱，就会渴求一位治国有方的宰相。比喻形势艰难时，就会盼望能解决问题的人出现。

其身正，不令而行；其身不正，虽令不从。

——出自《论语·子路》意思是：执政者如果自身言行正当，即便不下命令，下面的人也会去做；如果其言行不正，纵然下了命令，下面的人也不会听从。

民之所好好之，民之所恶恶之，此之谓民之父母。

——出自《礼记·大学》。好：喜好。恶：憎恶。意思是：当权者应该爱民之所爱，恨民之所恨，才能算得上是百姓的父母。

小不忍，则乱大谋。

——出自《论语·卫灵公》。意思是：小事上不能忍耐，就往往会坏大事。

利不百，不变法；功不十，不易器。

——出自《商君书·更法》。意思是：没有百倍的利益，不要轻易变法；没有十倍的功效，不要轻易改变器具。

治世不一道，便国不必法古。

——出自《商君书·更法》。道：方法。便：便利。意思是：治理国家不一定只用一种方法，只要对国家有利，就不必效法过去。

时移而法不易者乱。

——出自《韩非子·心度》。意思是：时代已经变化了，而治理国家的方法不改变，那么，国家就会出现混乱。

治国常富，乱国常贫。

——出自《管子·治国》。安定的国家往往富有，而社会混乱的国家则常常贫穷。说明国家的贫富与政治有着直接的关系。

贫生于富，弱生于强，乱生于治，危生于安。

——出自汉代王符《潜夫论·浮侈》。意思是：贫穷生于富贵，弱小生于强大，混乱生于太平，危急生于安定。说明事物矛盾的两方面总是相互转化的，提醒君主应防微杜渐。

水至清则无鱼，人至察则无徒。

——出自汉代班固《汉书·东方朔传》。察：苛察。徒：同伙，朋友。意思是：水太过清澈，就没有鱼在里面生长了；人太过苛察，就没有朋友了。

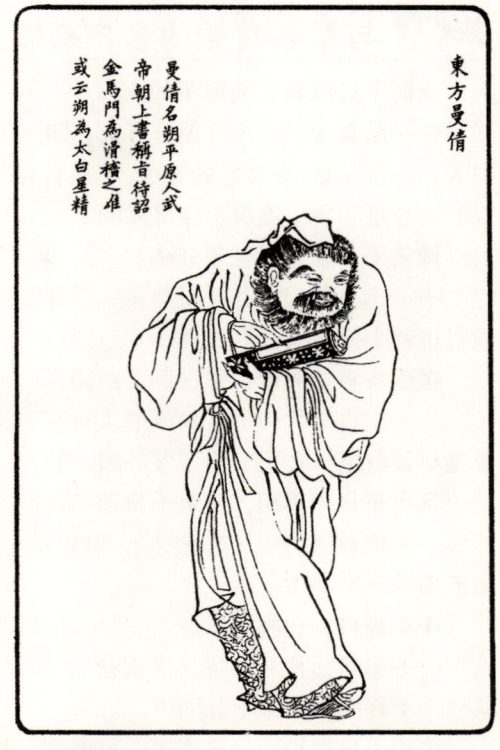

官在得人，不在员多。

——出自《资治通鉴·唐太宗贞观元年》。意思是：选择官员不在多，而在于能真正得到贤能之人。

天网恢恢，疏而不漏。

——出自《老子》。天网：天道之网。恢恢：广大的样子。意思是：天道之网，极为广大，虽然看起来稀疏，但绝不会有所疏漏。用来比喻坏人难以逃脱制裁。

民不畏死，奈何以死惧之？

——出自《老子》。奈何：为什么。意思是：既然人民不畏惧死亡，为什么还要用死亡来威胁他们呢？是说严酷的刑法不能让人民屈服。

赏罚不信，则禁令不行。

——出自《韩非子·外储说左上》。行：施行。意思是：如果赏罚不分明，那么禁令就难以推行。

▲ 东方朔

东方朔是中国历史上有名的机智滑稽之士，"水至清则无鱼，人至察则无徒"即出自他给汉武帝的奏对之中，他劝汉武帝不要太过苛责，应该宽容对待臣下。

与军事有关的名句有哪些？

天时不如地利，地利不如人和。

——出自《孟子·公孙丑下》。天时：阴晴寒暑的变化。地利：地形优势。人和：团结，得人心。意思是：有良好的时令，不如有有利的地势；有有利的地势，不如有团结一致的人心。说明人心是战争中最重要和可靠的。

政善于内，则兵强于外也。

——出自曹魏桓范《世要论·兵要》。意思是：国家内部的政治清明了，军队在对外作战时也就十分强大了。

善保家者戒兴讼，善保国者戒用兵。

——出自宋代何坦《西畴老人常言》。兴讼：与人打官司。意思是：善于保护家庭的人，总是尽量避免打官司；善于保护国家的人，总是尽量避免出兵征战。

兵可千日而不用，不可一日而不备。

——出自《南史·陈暄传》。意思是：军队可以一千日不打仗，但不可以一天不为战争做准备。

千军易得，一将难求。

——出自元代马致远《汉宫秋》。意思是：即使要召集一千名士兵也不用费力，但是要找到一个好的将领却十分困难。

夫战，勇气也。一鼓作气，再而衰，三而竭。彼竭我盈，故克之。

——出自《左传·庄公十年》。意思是：作战，凭借的是勇气。击第一遍鼓，士气振奋；击第二遍鼓，士气开始低落；击第三遍鼓，士气就完全消失了。敌人的士气消失了，而我军却士气高昂，所以能够打败敌人。

重赏之下，必有勇夫。

——出自明代刘基《百战奇略·赏战》。意思是：给以丰厚的奖赏，就一定有勇敢的人站出来。说明给士兵以重赏，士兵就会斗志倍增、奋勇杀敌。

用兵之道，攻心为上，攻城为下。

——出自三国时期蜀国诸葛亮《南征教》。意思是：出兵作战以征服敌军的人心为上策，攻破敌人的城池为下策。

运筹策帷幄之中，决胜于千里之外。

——出自《史记·高祖本纪》。成语"运筹帷幄"即由此而来。意思是：在营帐中运用策略，就能让在千里之外作战的军队取得胜利。说明谋略和指挥才能之高超。

将欲败之，必姑辅之；将欲取之，必姑与之。

——出自《战国策·魏策》。姑：暂且。辅：帮助。意思是：若想将敌人打败，不妨先暂且给他一点儿帮助；若想得到东西，不妨先给他点儿东西。

十则围之，倍则战之。

——出自《史记·淮阴侯列传》。意思是：如果自己的兵力是敌人的十倍，就采用围攻；如果自己的兵力是敌人的两倍，就与敌人交战。

上兵伐谋，其次伐交，其次伐兵，其下攻城。

——出自《孙子兵法·谋攻》。上兵：用兵的上策。交：结盟，交好。意思是：用兵的上策是在战略上挫败敌人，其次是在外交上挫败敌人，再次是用进攻挫败敌人，最下策是攻打敌人的城池。

▲ 孙五(武)子演阵教美人战 版画
图中孙武着道士装，举旗于城上教宫女演习战术，吴王坐于对面的台上，俯视两队演武的阵容。

以近待远，以逸待劳，以饱待饥，此治力者也。

——出自《孙子兵法·军争》。逸，安逸，从容。意思是：用靠近战场的优势对付敌人的远途跋涉，用自己的安闲从容等待敌人的疲惫劳顿，用自己的粮草充足来对付敌人的饥饿处境，这是出兵作战的高明所在。

水因地而制流，兵因敌而制胜。

——出自《孙子兵法·虚实》。制：制约。意思是：水根据地形的不同而决定其流向，作战用兵根据敌人的情况而制订取胜的战略战术。

兵贵胜，不贵久。

——出自《孙子兵法·作战》。意思是：用兵作战贵在能速战速胜，不要拖延。

失之东隅，收之桑榆。

——出自《后汉书·冯异列传》。东隅：日出的地方，指早晨。桑榆：落日的余晖照在桑榆树梢上，指晚上。意思是：在早晨失去了，但在晚上又得到了。比喻一方面失败了，却在另一方面胜利了。

胜败兵家常事。

——出自宋代尹洙《叙燕》。现在常说：胜败乃兵家常事。意思是：胜利和失败是领兵打仗经常遇到的事情。

427

图解·国学常识

百世谈兵之祖，历代镇国之经

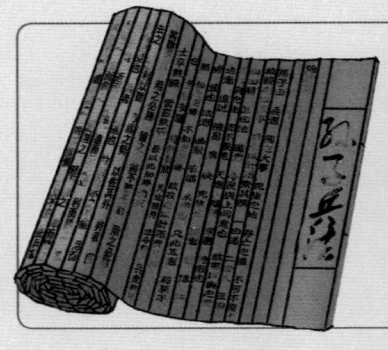

《孙子兵法》于公元前512年在吴国问世，孙武著，是中国现存最早的兵书，也是世界上最早的军事著作，被誉为"古代第一兵书"。

观诸兵书，无出孙武。

——李世民

世界三大兵书
- 《孙子兵法》，春秋末期孙武著。
- 《战争论》，欧洲大革命时代德国克劳塞维茨著。
- 《五轮书》，日本战国时代宫本五藏著。

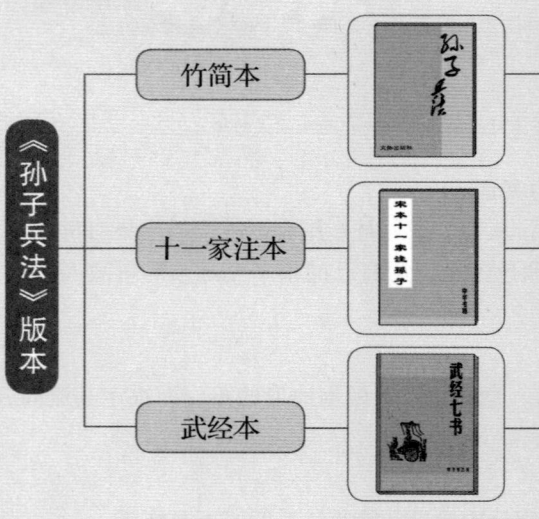

《孙子兵法》版本

- 竹简本：迄今最早的传世本为1972年山东银雀山出土的汉墓竹书《孙子兵法》，惜为残简，不能窥其全貌。经汉简专家整理，于1975年由文物出版社出版。

- 十一家注本：现存最早的刻本为南宋孝宗、光宗年间的《十一家注孙子》本。1961年中华书局上海编辑所影印《宋本十一家注孙子》。

- 武经本：1935年中华学艺社影宋刻《武经七书》本。

著名注释

曹操的《孙子略解》为《孙子兵法》最早的注释本。欧阳修曰："世所传孙子十三篇多用曹公、杜牧、陈皞注，号三家。"

——曹操

428

第九章 名典名句

《兵法》十三篇

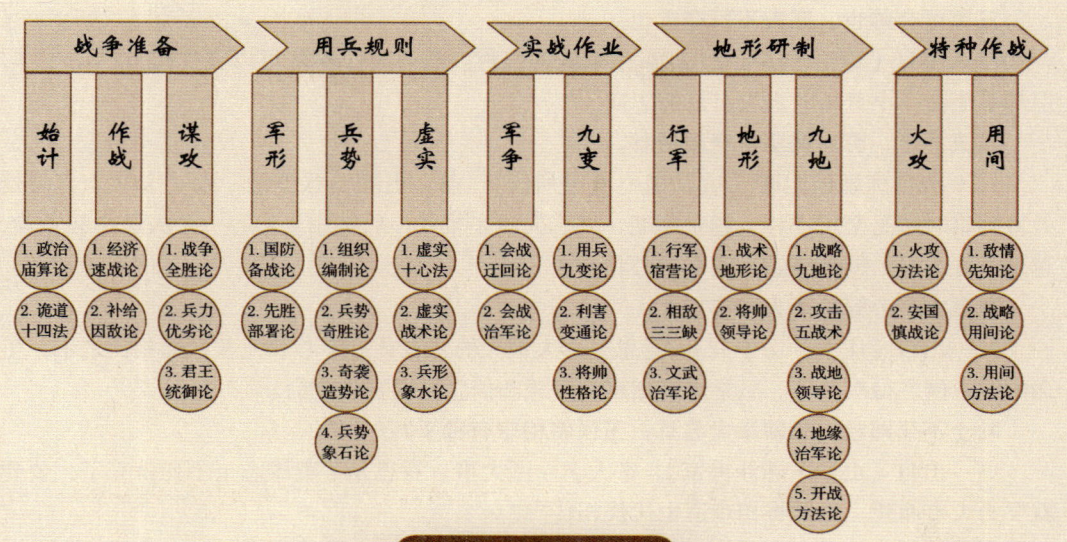

战争准备
- 始计
- 作战
- 谋攻

用兵规则
- 军形
- 兵势
- 虚实

实战作业
- 军争
- 九变

地形研制
- 行军
- 地形
- 九地

特种作战
- 火攻
- 用间

始计
1. 政治庙算论
2. 诡道十四法

作战
1. 经济速战论
2. 补给因敌论

谋攻
1. 战争全胜论
2. 兵力优劣论
3. 君王统御论

军形
1. 国防备战论
2. 先胜部署论

兵势
1. 组织编制论
2. 兵势奇胜论
3. 奇袭造势论
4. 兵势象石论

虚实
1. 虚实中心法
2. 虚实战术论
3. 兵形象水论

军争
1. 会战迂回论
2. 会战治军论

九变
1. 用兵九变论
2. 利害变通论
3. 将帅性格论

行军
1. 行军宿营论
2. 相敌三三缺
3. 文武治军论

地形
1. 战术地形论
2. 将帅领导论

九地
1. 战略九地论
2. 攻击五战论
3. 战地领导论
4. 地缘治军论
5. 开战方法论

火攻
1. 火攻方法论
2. 安国慎战论

用间
1. 敌情先知论
2. 战略用间论
3. 用间方法论

《孙子兵法》的传播

《孙子兵法》问世后并未迅速广泛传播 → **原因**
- 吴国王廷对十三篇秘而不宣。
- 当时传播媒介落后。
- 社会上重礼轻诈观对此书的贬斥。
- 其价值未被时人所发现等。

战国时广泛传播

孙、吴之书家有之

战国时，出现中国历史上最早的"孙子热"，《韩非·五蠹篇》说："藏孙、吴之书者，家有之。"

吉备真备

传入日本。734年，在中国留学的日本学生吉备真备将《孙子兵法》传入日本。

阿米欧

传入欧洲。1772年，法国天主教耶稣会传教士约瑟夫·J.阿米欧翻译的《孙子兵法》在巴黎出版。

429

关于立业的名句有哪些？

三军可夺帅也，匹夫不可夺志也。

——出自《论语·子罕》。三军：军队的统称。意思是：军队可以丧失掉自己的主帅，但却不能让一个普通人丧失自己的志向。

丈夫为志，穷当益坚，老当益壮。

——出自南朝宋范晔《后汉书·马援列传》。益：更加。意思是：大丈夫立志，越是处境困难时越是坚定不移；越是年老，其志向越是雄壮。后常用来形容一个人经得起考验，越是条件不好，越是年老，越有雄心壮志。

哀莫大于心死，而人死亦次之。

——出自《庄子·田子方》。意思是：人最大的悲哀莫过于心如死灰，而相比之下，生命的结束倒显得次要了。后常用来指丧失理想和信念胜过丧失生命。

壮士不死即已，死即举大名耳，王侯将相宁有种乎？

——出自《史记·陈涉世家》。举大名：图大事。意思是：英雄志士不死就算了，要死就要为大事而死，王侯将相难道也代代相传吗？

不是一番寒彻骨，怎得梅花扑鼻香？

——出自明代冯梦龙《醒世恒言·张淑儿巧智脱杨生》。意思是：如果不经历一番彻骨的寒冷，怎么会有梅花那扑鼻的香味呢？比喻只有经过一番艰苦的磨难，才能取得辉煌的成就。

▲ 四梅图未开、欲开部分
左边蓓蕾含苞，嫩枝舒张，预告花期将临；右边花蕾初绽，犹如含羞少女半露粉靥。

天将降大任于斯人也，必先苦其心志，劳其筋骨，饿其体肤，空乏其身，行拂乱其所为。

——出自《孟子·告子下》。拂：违背。意思是：上天要将重大的责任降临给某人时，一定会先让他的内心经受痛苦，让他的身体经受劳累，使他经受饥饿；经受贫穷，使他的所为遭受不顺。说明做任何事都要经历一番磨难。

皇天不负苦心人。

——出自清代李宝嘉《文明小史》。意思是：上天不会辜负勤苦的人。比喻只要肯努力奋斗，就一定能够取得成功。

业精于勤，荒于嬉；行成于思，毁于随。

——出自唐代韩愈《进学解》。意思是：学业所以专精，在于勤奋，所以荒废，在于散漫；事情做得好，在于深思熟虑，做得不好，在于因循随俗。说明做事要多下功夫，多动脑筋。

克勤于邦，克俭于家。

——出自《尚书·大禹谟》。意思是：报效国家，要能够勤劳；主持家政，要能够节俭。

忧劳可以兴国，逸豫可以亡身。

——出自宋代欧阳修《五代史·伶官传序》。逸豫：安逸享乐。意思是：忧虑操劳可以使国家兴盛，安逸享乐会使自身堕落。用来告诫人们不能贪图安逸，要想成就事业必须操劳勤苦。

天行健，君子以自强不息。

——出自《易经·乾》。健：刚健。意思是：自然界运行刚健有力，周而复始，君子也应像自然界一样努力向上，永无休止。这句话原是用来解释"乾"卦的，后常被用来自勉与勉人。成语"自强不息"即由此而来。

三思而后行。

——出自《论语·公冶长》。三思：指经过多次考虑。意思是：做事一定要经过深思熟虑后才去行动。

无欲速，无见小利。欲速，则不达；见小利，则大事不成。

▲《乾卦》卦图
后世解释乾卦时，认为其是六龙行天之卦，并配备了玄奥的卦图，图中有鹿，象征天禄；有贵人登云梯而上，象征步入蟾宫；下有匠人琢玉，去表见光，皆为吉象。

——出自《论语·子路》。意思是：做事不要急于求成，不要只顾眼前的小利。急于求成，反而达不到预期的目的；只顾小利，就做不成大事。成语"欲速则不达"即由此而来。

不涸泽而渔，不焚林而猎。

——出自《淮南子·主术训》。涸泽：枯竭、水干。意思是：不把池里的水汲干了捕鱼，不把树林焚烧了来猎兽。比喻做事要从长远来考虑，不能只顾眼前的利益。

权，然后知轻重；度，然后知长短。

——出自《孟子·梁惠王上》。权：称一称。度：量一量。意思是：称一称，这样才能知道是轻还是重；量一量，这样才能知道是长还是短。原来是指权衡利弊，决定取舍，后人常用来比喻无论做什么事，都要权衡利弊得失。

前事之不忘，后事之师。

——出自《战国策·赵策一》。师：这里指借鉴。意思是：不忘记以前做事的经验教训，以后做事就可以有所借鉴了。

二者不可得兼，舍鱼而取熊掌者也。

——出自《孟子·告子上》。意思是：当两个不能同时得到时，就舍弃鱼而选择熊掌。比喻当所想要的东西发生矛盾时，要舍弃次要的，而选择重要的。

得时无怠，时不再来，天予不取，反为之灾。

——出自《国语·越语下》。意思是：遇到了时机就不要懈怠，时机一旦错过，就不会重来。上天给予的良机，如果不能利用，反而会遭受灾祸。

当断不断，反受其乱。

——出自汉代司马迁《史记·齐悼惠王世家》。意思是：应该做出决断的时候而不做出决断，反而会给自己招来灾祸。

关于治学的名句有哪些？

不以规矩，不能成方圆。

——出自《孟子·离娄上》。规：圆规。矩：曲尺。意思是：不使用圆规和曲尺，就不能准确地画出方形和圆形。用来比喻行事如果没有准则，就什么事情也办不好。

弟子不必不如师，师不必贤于弟子。

——出自唐代韩愈《师说》。不必：不一定。意思是：做弟子的不一定比不上老师，做老师的不一定比弟子高明。

▲灵公郊迎

孔子周游列国时，曾到卫国，受到卫灵公的热情招待。"有教无类"就出自《论语·卫灵公》。

朽木不可雕也，粪土之墙不可污也。

——出自《论语·公冶长》。意思是：腐烂的木头不能再用来雕刻了，用粪土垒成的墙不能粉刷了。比喻对无法造就的人，用不着再去培养他了。

有教无类。

——出自《论语·卫灵公》。意思是：教育不应有贫富贵贱、地域种族之分，而是对所有的人都应该给予教育。

敏而好学，不耻下问。

——出自《论语·公冶长》。意思是：机敏而好学，不以向不如自己的人请教学问为耻辱。

不积跬步，无以至千里；不积小流，无以成江海。

——出自《荀子·劝学》。跬步：半步。意思是：没有半步半步的积累，就无法行走千里的路程；不汇聚细小的溪流，就不能汇聚成广阔的江海。比喻学习在于积累。

不登高山，不知天之高也；不临深溪，不知地之厚也。

——出自《荀子·劝学》。深溪：深谷。意思是：不登上高山，就不知道天有多么高远；不看到深谷，就不知道地有多么深厚。

发愤忘食，乐以忘忧，不知老之将至。

——出自《论语·述而》。意思是：发奋读书，便忘记了吃饭，学有所得就高兴得忘记了忧愁，不知道老年就要到了。形容学习之勤奋。

学而不厌，诲人不倦。

——出自《论语·述而》。厌：满足。诲：教导。意思是：对自己的学习不感到满足，教诲别人不觉得厌倦。后多用这两句来形容人勤奋学习、耐心教人的高尚行为。

温故而知新，可以为师矣。

——出自《论语·为政》。故：指旧知识。意思是：温习旧的知识，从而得到新的领悟，获得新的知识，可以做老师了。

三月不知肉味。

——出自《论语·述而》。意思是：孔子欣赏音乐，沉醉其中，以致后来很长一段时间吃肉时都感觉不出肉的香味。后常用来形容人专注于某事而忘记其他事情。

学而不思则罔，思而不学则殆。

——出自《论语·为政》。罔：迷惘，迷惑。殆：危险。意思是：只读书而不思考，就会迷惘，无所得；只空想而不读书，就会感到疲惫而无所获。

人所易言，我寡言之；人所难言，我易言之；诗便不俗。

——出自清代袁枚《随园诗话》。意思是：别人轻易就说出来的，我就少说；别人不易说出来的，我能用简洁明了的话轻松地说出来，这样的诗就避免了俗套。说明创作应独辟蹊径，不能跟在别人后面亦步亦趋。

不著一字，尽得风流。

——出自唐代司空图《二十四诗品·含蓄》。著：同"着"，接触到。风流：指诗中所描绘的事物的精神实质。意思是：不使用一个直接的词语，却将事物的精神实质透彻地表达出来。

读书百遍，其义自见。

——出自《三国志·魏志·董遇传》注引《魏略》。意思是：一本书能读上百遍，书中的含义也就自然懂了。

读十篇不如做一篇。

——出自清代唐彪《文章多做始能精熟·引谚》。意思是：读十篇文章也不如自己写一篇文章的收获大。

关于德行的名句有哪些？

小人之未得志也，尾尾焉；一朝而得志也，岸岸焉。

——出自明代刘基《郁离子·小人犹膏》。意思是：小人没得志的时候，总是像个尾

▲浴马图　元　赵孟頫

巴似的跟在别人后头，一副垂头丧气的样子；一旦有朝一日得志了，便立刻变得趾高气扬，不可一世。

路遥知马力，日久见人心。

——出自元代无名氏杂剧《争报恩》。意思是：长途跋涉，才能够知道马的力气有多大；日久天长，才能够看出人心到底是好是坏。

仁者见之谓之仁，知者见之谓之知。

——出自《易经·系辞上》。知：同"智"。意思是：对待同样的问题，仁者见了说它是仁，而智者见了说它是智。说明同样的事情，不同的人有不同的见解。

男儿有泪不轻弹，只因未到伤心处。

——出自明代李开先《宝剑记》。意思是：男子汉是不轻易哭泣的，但那只是因为还没有到达让他伤心的地步。现在常用"男儿有泪不轻弹"来形容男子汉大丈夫应当意志坚强。

君子坦荡荡，小人长戚戚。

——出自《论语·子路》。意思是：君子胸怀坦荡，无忧无虑；小人心胸狭隘，常常忧虑重重。

君子泰而不骄，小人骄而不泰。

——出自《论语·子路》。泰：泰然，镇定。意思是：君子泰然自若而不骄傲，小人骄傲却不能泰然自若。

木秀于林，风必摧之；堆出于岸，流必湍之；行高于人，众必非之。

——出自《昭明文选·运命论》。意思是：如果树木长得高出了树林，那么风就会先将它摧折；如果土堆突出了河岸，那么湍急的流水就会将其冲毁；如果人的品行超出了众人，那么就会遭到众人的非议。

贫居闹市无人问，富在深山有远亲。

——出自明代罗贯中《三遂平妖传》。意思是：家境如果贫寒，即使住在热闹的街道也没有人探访；家境如果富有，就算住在幽深的山谷也同样有远房的亲戚去拜访。诗句深刻揭露了以金钱交往的炎凉世态。

生于忧患，死于安乐。

——出自《孟子·告子下》。意思是：忧愁患祸能够锻炼人的意志，让人更坚强地生存下去；而安逸享受则会消磨人的意志，使人沉沦颓废甚至灭亡。

冰炭不同器，日月不并明。

——出自汉代桓宽《盐铁论·刺赋》。意思是：冰和炭不能放在同一个容器之中，太阳和月亮也不会同时照耀大地。比喻君子与小人不能同处，或比喻相互矛盾的理论不能同时运用。

好称人恶，人亦道其恶；好憎人者，亦为人所憎。

——出自汉代刘向《说苑·说丛》。意思是：爱讲别人坏话的人，别人也会讲他的坏话；喜欢憎恶别人的人，别人也会憎恶他。

人不可貌相，海水不可斗量。

——出自元代无名氏《小尉迟》。意思是：评判一个人不能光看他的相貌，测量海水多少不可以用斗。比喻不可以貌取人。

巧言令色，鲜矣仁。

——出自《论语·学而》。意思是：凡是那些花言巧语、貌似可爱的人，很少有仁慈的。

知人者智，自知之明。

——出自《老子》。意思是：能够了解别人的人才算有智慧，能够认识自己的人，才算得上聪明。

燕雀不知天地之高也，坎井之蛙不知江海之大。

——出自汉代桓宽《盐铁论·复古》。坎井：坏井，废井。意思是：燕雀不知道天有多高，废井里的青蛙不知道江海有多大。用来比喻平庸之人的眼界狭小和见识短浅。

古之君子，交绝不出恶声。

——出自《战国策·燕策》。恶声：谩骂的话。意思是：古时候的君子，即便断绝了交情，也不会口出恶言。

礼尚往来。往而不来，非礼也；来而不往，亦非礼也。

——出自《礼记·曲礼》。意思是：礼所崇尚的是彼此之间要相互往来。有往而无来，不符合礼数；有来而无往，也不符合礼数。

天有不测风云，人有旦夕祸福。

——出自元代无名氏杂剧《合同文字》。旦夕：形容极短的时间。意思是：天有意想不到的风云变幻，人有意想不到的福祸交替。

居安思危，思则有备，有备无患。

——出自《左传·襄公十一年》。意思是：身处安乐的环境要考虑到危险，考虑到了就能有所防备，有了防备也就没有祸患了。成语"居安思危"即由此而来。

人固有一死，或重于泰山，或轻于鸿毛。

——出自汉代司马迁《报任少卿书》。鸿毛：鸿雁的羽毛，比喻轻微。意思是：人总难

▲《富春山居图》局部

免一死，但有的人死得比泰山还重，而有的人死得比鸿毛还轻。

君子之接如水，小人之接如醴。

——出自《礼记·表记》。醴：甜酒。意思是：君子之间的交往和接触像水一样清淡，而小人之间的交往接触则像醴酒一样甜蜜。

月满则亏，物盛则衰。

——出自《史记·范雎蔡泽列传》。意思是：月亮到了最圆的时候，就会开始亏损；事物到了极鼎盛的时候，就会走向衰落。

蓬生麻中，不扶而直；白沙在涅，与之俱黑。

——出自《荀子·劝学》。蓬：蓬蒿。涅：污泥。意思是：蓬蒿长在麻田中，不用扶助，自然挺直；白沙混在污泥之中，会与污泥一样变黑。说明环境对人的影响。

皮之不存，毛将焉附？

——出自《左传·僖公十四年》。也作"皮之不存，毛将安附"。意思是：皮不存在了，毛还在哪儿长呢？用来比喻根本和基础没有了，与之相关的事物也就无法生存了。

近朱者赤，近墨者黑。

——出自晋代傅玄《太子少傅箴》。意思是：接近红色的东西就会被染红，靠近黑色的东西就会被染黑。比喻接近好人使人变好，接近坏人使人变坏。

一卷在手，含英咀华。